**Vom frühen Mittelalter
bis zur Industrialisierung**

EXPEDITION
Geschichte

Herausgegeben
von Florian Osburg,
Dagmar Klose,
Uwe Uffelmann

Von Pedro Barcelo,
Petra Beetz,
Peter Johannes Droste,
Dieter Hallek,
Wolfgang Hasberg,
Wieland Herold,
Gabriele Intemann,
Werner Isensee,
Achim Jenisch,
Herbert Kolewa,
Günter Kosche,
Sieglinde Kühne,
Florian Osburg,
Armin Reese,
Stefan Semel,
Ulrich Steppat,
Ruth Stepper,
Uwe Uffelmann,
Elke Vagts

Diesterweg

**Expedition Geschichte
Ausgabe G
Band 2**

**Vom frühen Mittelalter
bis zur Industrialisierung**

Genehmigt für den Gebrauch an Schulen, Genehmigungsdaten teilt der Verlag auf Anfrage mit.

© 2004 Bildungshaus Schulbuchverlage Westermann Schroedel Diesterweg Schöningh Winklers GmbH, Braunschweig
www.diesterweg.de

Das Werk und seine Teile sind urheberrechtlich geschützt. Jede Nutzung in anderen als den gesetzlich zugelassenen Fällen bedarf der vorherigen schriftlichen Einwilligung des Verlages. Hinweis zu § 52 a UrhG: Weder das Werk noch seine Teile dürfen ohne eine solche Einwilligung gescannt und in ein Netzwerk eingestellt werden. Dies gilt auch für Intranets von Schulen und sonstigen Bildungseinrichtungen.

Druck A² / Jahr 2006

Alle Drucke der Serie A sind im Unterricht parallel verwendbar.

Redaktion: Ulrich Steppat; *Herstellung:* Corinna Herrmann; *Umschlaggestaltung und Layout:* Lichtenberg Unternehmenskommunikation, Karlsruhe; *Satz und Reproduktion:* Lettern Partners, Düsseldorf; *Druck:* klr mediapartner, Lengerich; *Bindearbeiten:* westermann druck, Braunschweig.

ISBN 978-3-425-03262-7
alt: 3-425-03262-3

Herausgegeben von:
Prof. Dr. Florian Osburg, Berlin
Prof. Dr. Dagmar Klose, Potsdam
Prof. Dr. Uwe Uffelmann, Heidelberg

Band 2 wurde erarbeitet von:
Prof. Dr. Pedro Barcelo, Potsdam
Dr. Petra Beetz, Potsdam
Dr. Peter Johannes Droste, Aachen
Dr. Dieter Hallek, Magdeburg
Dr. Wolfgang Hasberg, Augsburg
Wieland Herold, Göttingen
Gabriele Intemann, Bremen
Dr. Werner Isensee, Kathendorf
Achim Jenisch, Karlsruhe
Dr. Herbert Kolewa, Bedburg
Dr. Günter Kosche, Rostock
Dr. Sieglinde Kühne, Leipzig
Prof. Dr. Florian Osburg, Berlin
Prof. Dr. Armin Reese, Heidelberg
Stefan Semel, Heidelberg
Ulrich Steppat, Frankfurt a. M.
Dr. Ruth Stepper, Potsdam
Prof. Dr. Uwe Uffelmann, Heidelberg
Dr. Elke Vagts, Hamburg/Berlin

INHALT

- ▬ Angebote für vertiefte Arbeit mit **schriftlichen Quellen**
- ▬ In die Kapitel integrierte **Methodenschulung**
- ▬ Doppelseite zur **Kulturgeschichte**

1 Herrschaft und Kirche im Mittelalter 2
Karl der Große – Vater von Europa? 2
1 Der Islam und seine Bedeutung für Europa 4
  1.1 Eine neue Macht 4
  1.2 Die Rolle der Frau im Islam 5
  1.3 Der Islam klopft an die Tore Europas 6
2 Das Frankenreich 8
  2.1 Der Aufstieg der Franken 8
  2.2 Frankenreich und Christentum 9
       ▬ *Archiv: Die Entstehung des Frankenreiches* 11
  2.3 Neuerungen im Frankenreich durch ein neues Königtum 12
       ▬ *Gewusst wie! Eine Lehenspyramide verstehen* 14
       ▬ *Archiv: Karl herrscht über das Frankenreich* 15
       ▬ *Gewusst wie! Eine Urkunde als Quelle* 17
       ▬ *Geschichte kontrovers: Karl der Große oder Sachsenschlächter?* . 19
3 Das ostfränkisch-deutsche Reich 20
  3.1 Das riesige Frankenreich zerfällt 20
  3.2 Heinrich I. wollte Erster unter Gleichen sein 21
       ▬ *Archiv: Heinrich I. festigt das Ostfrankenreich* 23
  3.3 Otto I. wird römischer Kaiser 24
       Expedition Geschichte: Wir spielen die Krönung Ottos I. nach 25
  3.4 Im Bündnis mit Erzbischöfen, Bischöfen und Äbten 27
  3.5 Christianisierung der Westslawen mit Feuer und Schwert .. 28
       ▬ *Archiv: Die Ottonische Reichskirche* 30
4 Kaiser und Papst im Streit 32
       ▬ *Archiv: Quellen zum Investiturstreit* 34
       ▬ *Geschichte kontrovers: Zur Bewertung des Investiturstreits* 35
5 Neue Ordnung im Deutschen Reich: Die Stauferzeit 36
  5.1 Gute, alte Stauferzeit? 36
  5.2 Fürsten als Träger des Reiches: Konkurrenz für das Königtum 36
  5.3 Ministerialen: Neue Dienstleute des Königs 37
  5.4 König und Fürsten 38
       ▬ *Gewusst wie! Ahnentafeln entschlüsseln* 38
       ▬ *Gewusst wie! Was ist ein Siegel?* 39
       ▬ *Archiv: Kaiser Friedrich I. Barbarossa und seine Gegner* 40
  5.5 Das Lehnswesen bestimmt das Leben 41
  5.6 Höhepunkt und Ende staufischer Macht 41
6 Das kurfürstliche Reich 42
       ▬ *Archiv: Kaiser Friedrich II. verändert Deutschland* . 43
7 Die Kreuzzüge – bewaffnete Wallfahrten nach Jerusalem 44
  7.1 Expedition Heiliges Grab 44
  7.2 Gott will es 44
  7.3 Leben im Heiligen Land 45
  7.4 Auswirkungen der Kreuzzugsbewegung 46
       ▬ *Geschichte kontrovers: Die Eroberung Jerusalems 1099: Erlöserwerk oder Massenmord?* 48
8 Slawen und Deutsche im östlichen Mitteleuropa 50
  8.1 Die Anfänge des polnischen Staates 50
  8.2 Der Beginn der Ostbesiedlung 51

8.3 Der Landesausbau 52
   ▪ *Gewusst wie! Vergleich thematischer Karten* 53
8.4 Gewaltsame Unterwerfung und friedliche Siedlung 54
8.5 Stadtgründungen im Osten 55
   ▪ *Geschichte kontrovers: Deutsche und Slawen begegnen sich: Ostsiedlung oder Ostexpansion?* 56
8.6 Polen und der Deutsche Orden 57
   ▪ *Geschichte kontrovers: Deutscher Orden – Fluch oder Segen?* . . . 59
   ▪ *Kulturspiegel: Kirchen als Abbild des Himmels* 60
   Geschichte im Überblick 62

2 Lebensformen im Mittelalter 64

Das Leben auf einer Burg 65
1 Das Leben der Ritter 67
   1.1 Krieger oder Kavaliere 67
   1.2 Frauenleben im Mittelalter 68
   Expedition Geschichte: Burgbesichtigung 70
2 Die Klöster 72
   2.1 Zentren christlicher Kultur 72
   2.2 Komm mit ins Kloster! 74
   2.3 Hildegard von Bingen – eine berühmte Klosterfrau 76
   ▪ *Archiv: „Bete und arbeite" – Klosterleben im Mittelalter* 77
3 Bäuerliches Leben und Grundherrschaft 78
   3.1 Alltag auf dem Lande 78
   3.2 Die gesellschaftliche Ordnung im frühen Mittelalter 82
   ▪ *Archiv: Mittelalterliches Leben auf dem Lande* 84
4 Die Stadt im Mittelalter 86
   4.1 Städte entstehen und entwickeln sich 86
   4.2 Leben in der mittelalterlichen Stadt 88
   ▪ *Gewusst wie! Ein Säulendiagramm lesen* 89
   4.3 Der Rat 90
   4.4 Die Gilden der Kaufleute 91
   ▪ *Gewusst wie! Was ist eine Autobiografie?* 92
   4.5 Handwerk in der Stadt 92
   ▪ *Geschichte kontrovers: Konflikte in der mittelalterlichen Stadt: Stadtherren – Patrizier – Handwerker* 95
   4.6 Unterschichten und Randgruppen 96
   ▪ *Archiv: Das Leben der Unterschichten* 97
   4.7 Schule und Bildung 98
   ▪ *Archiv: Quellen zu Schule und Bildung* 99
   4.8 Städte verbünden sich 100
   ▪ *Archiv: Quellen zur Geschichte der Hanse* 102
   Expedition Geschichte: Eine „Stadterkundung" 103
5 Der schwarze Tod bringt das große Sterben 104
6 Juden im Mittelalter: Von der Freiheit zur Ausgrenzung 106
   ▪ *Kulturspiegel: „Mitten Wyr am leben sind/ mit dem Tod umbfangen" – Sterben und Tod im Mittelalter* 110
   Geschichte im Überblick 112

3 Eine neue Zeit 114

Weit übers Meer 114
1 Christoph Kolumbus glaubt sich in Indien 117
    Gewusst wie! Arbeit mit historischen Karten 118
2 Armer Westen – reicher Osten 119
  2.1 Heinrich der Seefahrer 120
  2.2 Endlich in Indien! 120
  2.3 Kolonialismus und „Dritte Welt" 122
    Archiv: Quellen zu den Gefahren der Entdeckungsfahrten 123
  2.4 Die Eroberung des Azteken- und Inkareiches 124
    Expedition Geschichte: Wie lebten die Ureinwohner Amerikas? 126
    Geschichte kontrovers: Die Entdeckungen aus unterschiedlichen Perspektiven 127
3 Renaissance und Humanismus 128
  3.1 Ein neues Bild der Welt 128
  3.2 Experimente und Erfindungen 129
  3.3 Städte und Gelehrte 130
  3.4 Woher kam die Energie? 131
  3.5 „Die schwarze Kunst" 132
    Archiv: Quellen zum technischen Wandel 133
  3.6 Der Humanismus – die Antike wird neu entdeckt 134
    Archiv: Quellen zu Humanismus und Renaissance 135
4 Neuer Reichtum 137
  4.1 Der Fernhandel 137
  4.2 Transport und Verkehr 137
  4.3 Kaufleute – reicher als der Kaiser 138
    Archiv: Die Macht der Fugger 139
5 Das Zeitalter der Reformation 140
  5.1 Wer war Martin Luther? 140
  5.2 Missstände in der mittelalterlichen Kirche 140
  5.3 Sekten und Ketzer 141
    Gewusst wie! Was ist eine Karikatur? 142
    Archiv: Die Krise in der römisch-katholischen Kirche im 15. Jh. . 143
  5.4 Martin Luther protestiert gegen den Ablasshandel 144
    Gewusst wie! Anekdoten als Geschichtsquellen 145
  5.5 Kampf um die Erneuerung der Kirche 146
  5.6 Die Bibelübersetzung auf der Wartburg 147
    Expedition Geschichte: Auf den Spuren Martin Luthers .. 148
  5.7 Reformation – für wen? 148
    Archiv: Quellen zur Reformation 149
  5.8 Der deutsche Bauernkrieg 150
    Geschichte kontrovers: Was hat der deutsche Bauernkrieg den Bauern gebracht? 154
  5.9 Von der Volks- zur Fürstenreformation 155
  5.10 Calvinisten und Anglikaner 157
  5.11 Die katholische Kirche erneuert sich 158
  5.12 Die Gegenreformation 159
6 Hexenwahn 161
7 Dreißig Jahre Krieg (1618–1648) 163
    Gewusst wie! Anlass und Ursachen eines Krieges unterscheiden 163
    Geschichte kontrovers: Der Dreißigjährige Krieg – ein Ereignis, viele Sichtweisen, verschiedene Urteile? 167
    Kulturspiegel: Renaissance – Die Wiedergeburt in der Kunst ... 168
    Geschichte im Überblick 170

4 Absolutismus und Aufklärung … 172

Der Glanz einer neuen Herrschaft … 173
1 Der Absolutismus in Frankreich … 174
   1.1 Ein „Sonnenkönig" regiert Frankreich … 174
   1.2 Versailles – ein goldener Käfig für den Adel … 174
      Gewusst wie! Herrscherporträts – und was sie uns erzählen … 176
   1.3 Der Alleinherrscher und seine Machtstützen … 176
      Archiv: Französischer Absolutismus: Staatsauffassung und höfisches Leben … 178
   1.4 Der Sonnenkönig und die Staatskasse … 179
      Archiv: Französischer Absolutismus: Finanzen, Wirtschaft und Soziales … 181
2 „Habe den Mut, dich deines Verstandes zu bedienen." … 182
      Archiv: Aufklärung – Theorien über eine neue Gesellschaft … 185
3 Juden im Zeitalter der Aufklärung: Zwischen Getto und Salon … 187
      Archiv: Quellen zur Situation der Juden im Zeitalter der Aufklärung … 189
4 Brandenburg-Preußen … 190
   4.1 Preußen wird Königreich … 190
   4.2 Der aufgeklärte Absolutismus in Preußen … 192
   4.3 Preußen und die Teilungen Polens … 196
      Geschichte kontrovers: Friedrich II. oder Friedrich der Große? … 197
      Kulturspiegel: Barock und Rokoko … 198
      Geschichte im Überblick … 200

5 Die großen Revolutionen … 202

Freiheit – Gleichheit – Brüderlichkeit … 202
1 Die Englischen Revolutionen … 204
   1.1 Das älteste Parlament … 204
   1.2 Der König will alle Macht … 204
   1.3 Die Revolution 1640–1660 … 206
   1.4 Die Restauration … 209
   1.5 „Glorreiche Revolution" … 209
2 Die Entstehung der USA … 210
   2.1 Die ersten Europäer … 210
   2.2 Weiße Vertragsarbeiter und schwarze Sklaven … 211
   2.3 Die 13 Kolonien … 212
   2.4 Der Konflikt mit England … 214
   2.5 Die Unabhängigkeit … 215
   2.6 Die Verfassung … 216
   2.7 Die Sklavenfrage … 217
      Archiv: Quellen zur Geschichte der USA … 218
3 Die Französische Revolution … 220
   3.1 Ursachen der Revolution … 220
   3.2 Die Revolution 1789 bis 1792 … 222
      Geschichte kontrovers: Die Ursachen der Revolution … 224
      Archiv: Die Erklärung der Menschen- und Bürgerrechte vom 26. August 1789 … 229
   3.3 Der Krieg … 232
   3.4 Frankreich wird Republik … 234
      Archiv: Quellen zur Frage der Gleichheit in der Französischen Revolution … 235
   3.5 Die Schreckensherrschaft … 236

*Geschichte kontrovers: Die Jakobinerdiktatur –
Schreckensregiment oder notwendige Etappe der Revolution?* 238
Gewusst wie! Kleidung als Geschichtsquelle 239
*Geschichte kontrovers: Die Französische Revolution im Urteil
von Zeitgenossen* 240
*Geschichte kontrovers: Historiker-Urteile über die
Französische Revolution – 200 Jahre später* 241

4 Die Herrschaft Napoleons 242
   4.1 Die bürgerliche Republik und der Aufstieg Napoleons 242
   4.2 Deutschland und die Revolution 244
      Archiv: Springt der Funke der Revolution nach Deutschland über? 245
   4.3 Reformen in Preußen 246
      Archiv: Die preußischen Reformen 248
   4.4 Kontinentalsperre und Widerstand gegen Napoleon 249
      Archiv: Quellen zur Herrschaft Napoleons 251
   4.5 Der Russlandfeldzug Napoleons 252
      *Geschichte kontrovers: Napoleon Bonaparte:
Befreier – Eroberer – Despot* 253
   4.6 Die Befreiungskriege 254
      Archiv: Die Befreiungskriege 255
      Kulturspiegel: Revolution und Kulturrevolution 256
   Geschichte im Überblick 258

6 Die Zeit der liberalen und nationalen Bewegungen 260

Eine romantische Zeit? 260

1 Der Wiener Kongress 1814/15 262
   Archiv: Quellen zu Verlauf und Ergebnissen des Wiener Kongresses 264

2 „Vormärz" – Die Zeit zwischen den Revolutionen 265
   2.1 Aufbruchstimmung und Demagogenverfolgung 265
      Gewusst wie! Politische Lieder als Geschichtsquelle 266
      Archiv: Quellen zu den Anfängen der modernen Nationalbewegung 268
   2.2 In Europa erwachen die politischen Kräfte 270
   2.3 Für die Zukunft Deutschlands 271
   2.4 „Hinauf, Patrioten, zum Schloss, zum Schloss!" 272
      Archiv: Quellen zum Vormärz 273

3 „Zum Volk gehört auch die Frau!" 274
   *Archiv: Materialien zu den Anfängen einer
organisierten Frauenbewegung* 275

4 Die Revolution von 1848/49 276
   4.1 Warum drei Februartage in Frankreich ein Signal setzten 276
      Archiv: Quellen zu den Anfängen der Arbeiterbewegung 278
   4.2 Die Märzereignisse in den Staaten des Deutschen Bundes 279
   4.3 Die Nationalversammlung ringt um eine deutsche Verfassung 280
      Archiv: Aus den Programmen der Fraktionen der Paulskirche ... 281
      *Geschichte kontrovers: Positionen zur
Frankfurter Verfassung von 1849* 284
   4.4 Das Ende der Revolution 286
      Gewusst wie! Der Brief als historische Quelle 286
      *Geschichte kontrovers: Ursachen für das Scheitern der
Revolution von 1848/49 im Meinungsstreit* 288
      Kulturspiegel: Ein neues Leitbild: der gebildete Bürger 290
   Geschichte im Überblick 292

7 Industrialisierung und soziale Frage 294

„Fang mich, wer kann" 294
1 Die Industrialisierung in England und Deutschland 297
   1.1 Der Beginn: Englands Textilindustrie 297
       ▰ *Archiv: Warum beginnt die Industrialisierung in England?* 300
   1.2 Neue Antriebsmaschinen werden gebraucht 301
       ▰ *Archiv: Der Siegeszug der Dampfmaschine* 303
   1.3 Die Dampfmaschine verändert Transport und Verkehr 304
       ▰ *Gewusst wie! Statistische Zahlen als Kurven- und*
       Säulendiagramm gestalten 306
   1.4 Die Schwerindustrie entwickelt sich 307
   1.5 Der Bergbau „boomt" 309
   1.6 Die große Binnenwanderung 310
       ▰ *Archiv: Industrialisierung in Deutschland* 311
   1.7 Veränderungen in der Landwirtschaft 312
       ▰ *Geschichte kontrovers: Auswirkungen und Ergebnisse der*
       preußischen Agrarreformen 313
2 Die soziale Frage 314
   2.1 Eine neue Gesellschaft 314
       ▰ *Archiv: Neue gesellschaftliche Kräfte formieren sich* 315
   2.2 Arbeiter – eine neue Kraft 316
   2.3 Arbeiterfrau – ein Leben voller Mühsal 317
   2.4 Kinder – die billigsten Arbeitskräfte 318
       ▰ *Archiv: Die soziale Lage der Arbeiter und ihrer Familien* 319
   Expedition Geschichte: Ist Kinderarbeit schon Geschichte? 321
   2.5 Wie die Menschen in den Industriestädten lebten 322
       ▰ *Archiv: Quellen zur Verstädterung* 323
   2.6 Umweltverschmutzung und Krankheiten 324
       ▰ *Archiv: Bleibt die Umwelt auf der Strecke?* 325
3 Wer löst die sozialen Probleme? 326
   3.1 Die Auswanderung 326
   3.2 Der Kampf der Gewerkschaften 327
       ▰ *Archiv: Zum Kampf der Gewerkschaften* 329
   3.3 Soziales Engagement einzelner Unternehmer 330
   3.4 Hilfe aus christlicher Nächstenliebe 331
       ▰ *Archiv: Prominente Geistliche greifen ein* 331
   3.5 Marx und Engels – Revolution als Antwort auf die soziale Frage 333
       ▰ *Geschichte kontrovers: Quellen zur marxistischen*
       Gesellschaftsanalyse 335
       ▰ *Kulturspiegel: Schneller – höher – weiter: Technik,*
       Wissenschaft und Kultur in der 2. Hälfte des 19. Jahrhunderts 336
   Geschichte im Überblick 338

Anhang

Worterklärungen 340
Register 345
Literatur 350

VORWORT

Liebe Schülerinnen und Schüler, hier beginnt der zweite Teil unserer „Expedition Geschichte"! Er führt euch vom frühen Mittelalter bis zur Industrialisierung. Damit ihr euch auch auf diesem Abschnitt unserer Reise durch die Geschichte nach wie vor gut zurechtfindet, zeigen wir zu Beginn noch einmal, wie wir die „Expedition Geschichte" ausgestattet haben.

Weiterhin viel Spaß und Erfolg mit „Expedition Geschichte"!

Die *Auftaktseiten* beschäftigen sich mit Vorgängen, die euch bestimmt neugierig machen. Oft geht es um etwas, das typisch ist für einen bestimmten Zeitabschnitt, sodass ihr schon einen ersten Einblick in das neue Thema bekommt.

Dies sind *Verfassertexte*. Obwohl die Verfasser sich um möglichst sachliche Aussagen bemühen, spiegeln die Texte doch immer auch die persönliche Meinung und den Stil der einzelnen Autorinnen und Autoren wider.

Hier handelt es sich um *Quellentexte*. Wir unterscheiden zeitgenössische Quellentexte (Primärquellen) und solche, die sich deutlich später über einen geschichtlichen Vorgang äußern (Sekundärquellen). Quellentexte sind nach Unterkapiteln nummeriert und haben einen Quellennachweis.

Schriftliche Quellen sind das wichtigste Instrument zur Erschließung der Geschichte. Die Rubrik „Archiv" bietet eine **Sammlung zentraler** zeitgenössischer, z.T. auch kontroverser *Quellentexte* zu besonders interessanten Themen.

Es gibt nicht „die Geschichte". Vieles wurde und wird, z.B. abhängig vom politischen Standort, unterschiedlich gesehen *(Multiperspektivität)*. „Geschichte kontrovers" bietet Quellenmaterial zu umstrittenen Themen und *Kontroversen* in Geschichtswissenschaft bzw. Öffentlichkeit.

Abbildungen sind bildhafte Quellen, wenn sie aus der Zeit stammen, von der sie berichten. Sind sie deutlich später entstanden, sprechen wir von Rekonstruktionen. Bilder haben eine Bildunterschrift, die euch bei der Erschließung des Bildes hilft.

Karten und andere *grafische Darstellungen* sind von Zeichnern gestaltet, um geschichtliche Entwicklungen anschaulicher zu machen. Wie man mit Karten und Grafiken arbeitet, erfahrt ihr im Buch.

Hier erhaltet ihr *Arbeitsanregungen*, Fragen und Tipps, die euch Hinweise geben, wie ihr euch mit Texten, Karten und Bildern befassen könnt. Arbeitsanregungen sind seitenweise nummeriert.

„Gewusst wie!" Immer wieder begegnet euch auf unserer „Expedition" in die Vergangenheit etwas Neues. „Gewusst wie!" gibt Hilfestellungen, um das Neue zu entschlüsseln. In diesen *Methodenschulungen* lernt ihr, wie ihr z.B. Bilder, Karten und verschiedene Textarten zum „Sprechen" bringen könnt.

„Expedition Geschichte". Hier findet ihr Ideen für kleine und größere *Projekte*, Spielanleitungen und Experimente.

Geschichte ist mehr als z.B. politische oder wirtschaftliche Entwicklung. Der „Kulturspiegel" versucht, *„Zeitgeist"* und Selbstverständnis einer Epoche abzubilden.

„Geschichte im Überblick". Die letzte Doppelseite eines Kapitels enthält eine kurze *Zusammenfassung* und einen *Zeitstrahl*, der euch die zeitliche Einordnung wichtiger Vorgänge erleichtert.

Zu wichtigen Begriffen findet ihr am Ende des Buches ein kleines *Lexikon mit Worterklärungen*.

1 Herrschaft und Kirche im Mittelalter

Karl der Große – Vater Europas?

Nach Jahrhunderten der Kriege versuchen die Völker Europas heute, eine neue, friedliche Gemeinschaft zu formen. Die Europäische Union, auch der Euro als gemeinsame Währung sollen das Zusammenwachsen der Nationen fördern. Der Gedanke vom gemeinsamen „Haus Europa" ist nahezu unumstritten. Wo aber liegen die Ursprünge dieses Europas? Viele verbinden mit dem Beginn der europäischen Einigung den Frankenherrscher Karl, der schon zu Lebzeiten „der Große" genannt wurde. Seine Herrschaft reichte von Nordspanien bis an die Ostsee, von der Bretagne bis nach Ungarn. Franzosen und Deutsche führen den Anfang ihrer Geschichte auf ihn zurück. „Leuchtturm Europas" nannte ein Gefährte diesen Mann, der andererseits fast ständig Krieg führte, sogar Massaker befahl und ganze Volksstämme gewaltsam umsiedelte.

Reiterstatuette Karls des Großen

Q1 In einem modernen Lexikon heißt es über Karl den Großen:
„Karl gilt als eine der größten europäischen Herrscherpersönlichkeiten. Durch seine politische Konzeption (Verschmelzung antiken Erbes, christ-
5 licher Religion und germanischer Gedankenwelt) hat er die geschichtliche Entwicklung Europas maßgeblich bestimmt."

Und an anderer Stelle:

„Karl wurde gelegentlich als ‚Vater
10 Europas' gefeiert, doch führte gerade die Erneuerung des weströmischen Imperiums im fränkisch-römischen Reich dazu, dass der Europa-Gedanke hinter den zentralen Begriffen ‚Reich'
15 und ‚Kaisertum', ferner ‚Abendland' zurücktrat."
(Brockhaus-Enzyklopädie, 19. Aufl., Bd. 11, S. 468 u. Bd. 6, S. 640)

■ **A1** Was stellst du fest, wenn du die beiden Lexikon-Abschnitte vergleichst?
■ **A2** Wieso ist es so schwierig, Karls Bedeutung für Europa genau zu erfassen?
■ **A3** Kommt am Ende dieses Kapitels noch einmal auf diese Seite zurück und diskutiert dann, welches Bild von Karl ihr gewonnen habt.

Wer war also dieser Herrscher wirklich, dessen Erscheinung ein Zeitgenosse, der Chronist Einhard, so beschrieb:

Q2 „Karl war kräftig und stark, dabei von hoher Gestalt, die aber das rechte Maß nicht überstieg. Es ist allgemein bekannt, dass er sieben Fuß
5 groß war. Er hatte einen runden Kopf, seine Augen waren sehr groß und lebhaft, die Nase etwas lang; er hatte schöne graue Haare und ein heiteres und fröhliches Gesicht. Seine Erschei-
10 nung war immer imposant und würdevoll, ganz gleich, ob er stand oder saß. Sein Nacken war zwar etwas dick und kurz und sein Bauch trat ein wenig hervor, doch
15 fielen diese Fehler bei dem Ebenmaß seiner Glieder nicht
20 sehr auf. Sein Gang war selbstbewusst, seine ganze Körperhaltung männlich und seine Stimme klar, obwohl sie nicht so stark war, wie man bei seiner
25 Größe hätte erwarten können (…) Er kleidete sich nach der nationalen Tracht der Franken (…) An hohen Festtagen trug er golddurchwirkte Kleider und Schuhe, auf denen Edelsteine
30 glänzten. Sein Umhang wurde dann von einer goldenen Spange zusammengehalten und er schritt im Schmucke eines Diadems aus Gold und Edelsteinen einher. An anderen Tagen unter-
35 schied sich seine Kleidung nur wenig von der des gewöhnlichen Volkes."
(Krieger, H.: Handbuch des Geschichtsunterrichts, Bd. 3, S. 85 f.)

■ **A4** Male nach der Quelle Einhards ein Bild von Karl.
■ **A5** Vergleicht eure Bilder mit der Reiterfigur aus jener Zeit.

Das Frankenreich Karls des Großen hatte keine wirkliche Hauptstadt. Denn um seine Herrschaft zu sichern, reiste Karl mit seinem Gefolge ständig durch das Land. Besonders gern und oft hielt er sich allerdings in Aachen auf. Hier ließ er sich diesen Palast bauen, die Kaiserpfalz. Deren wichtigster Teil war die nach 790 errichtete Pfalzkapelle. In ihr steht noch heute der Thron Karls des Großen.

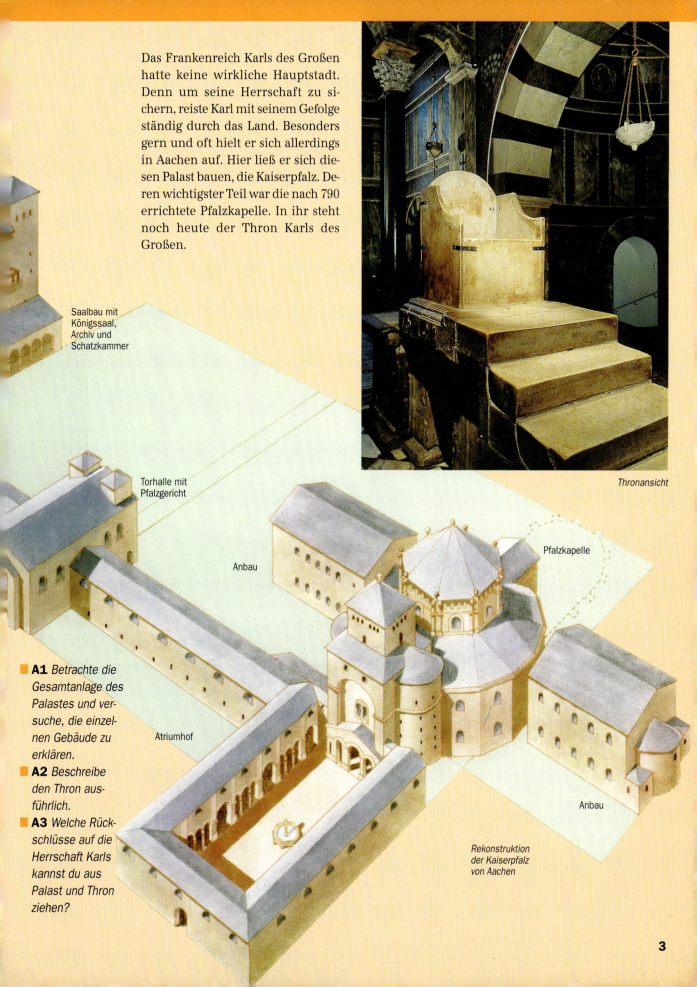

Thronansicht

Saalbau mit Königssaal, Archiv und Schatzkammer

Torhalle mit Pfalzgericht

Anbau

Pfalzkapelle

Atriumhof

Anbau

Rekonstruktion der Kaiserpfalz von Aachen

■ **A1** *Betrachte die Gesamtanlage des Palastes und versuche, die einzelnen Gebäude zu erklären.*
■ **A2** *Beschreibe den Thron ausführlich.*
■ **A3** *Welche Rückschlüsse auf die Herrschaft Karls kannst du aus Palast und Thron ziehen?*

1 Der Islam und seine Bedeutung für Europa

1.1 Eine neue Macht

■ **A1** *Kennt ihr Menschen aus eurer Umgebung, die sich zum Islam bekennen? Aus welchen Ländern stammen sie? Welche Vorstellungen verbindet ihr mit dem Islam?*

In der Auflösungsphase des Römischen Reiches entstand in Arabien ein neuer Glaube, der bald zu einer der führenden Weltreligionen aufsteigen sollte: der Islam. Sein Verkünder war der um 570 in Mekka geborene Muhammed. Von seinen Anhängern wurde er als Prophet verehrt.

Im Mittelpunkt des Islam steht der Glaube an einen einzigen Gott (Allah). Ihm unterwerfen sich die Gläubigen (Muslime) bedingungslos. Die Muslime müssen folgende fünf Gebote beachten:
- Verrichtung der Tagesgebete
- Aussprechen des Glaubensbekenntnisses
- Spenden von Almosen an Bedürftige
- Einhaltung von Fastentagen
- Durchführung einer Pilgerfahrt nach Mekka

■ **A2** *Stelle mithilfe der Karte fest, in welchen Weltgegenden der Islam bevorzugt Fuß fassen konnte.*

■ **A3** *Was lässt sich aus der Karte über den heutigen Stellenwert des Islam in der Welt ablesen?*

Doch der Weg des Islam zu einer Weltreligion war am Anfang alles andere als glatt verlaufen. Als der Prophet Muhammed in seiner Heimatstadt Mekka den Islam zu predigen anfing, sah er sich vielen Bedrohungen ausgesetzt. Er hatte zunächst nur wenig Erfolg und konnte lediglich eine kleine Gruppe von Getreuen um sich scharen. Als man ihm in Mekka das Leben schwer machte, beschloss er, nach Medina auszuwandern. Mit der Übersiedlung Muhammeds von Mekka nach Medina im Jahr 622 setzt die islamische Zeitrechnung ein. In Medina wuchs die islamische Glaubensgemeinschaft unaufhörlich. Schließlich konnte Muhammed an der Spitze eines Heeres Mekka erobern, das von nun an zum Mittelpunkt des Islam aufstieg. Muhammeds Offenbarungen und Berichte wurden in dem 114 Kapitel umfassenden heiligen Buch der Muslime, dem Koran, gesammelt und niedergeschrieben. Bis heute ist der Koran Wegweiser, Gesetzesbuch und Glaubensregel für die Muslime auf der ganzen Welt.

■ **A4** *An welchem Ereignis orientiert sich unsere Jahreszählung 2000? Welches Jahr entspricht unserem 2000 in der islamischen Welt?*

■ **Q1** Auszüge aus dem Koran, der heiligen Schrift der Muslime:
Aus der 4. Sure über die Ehrung der Mutter:
„Verehrt allein Allah (...) und ehrfürchtet die Mutter, die euch gebar, pflegt die Verwandtschaftsbande!"

Aus der 5. Sure über die Bestrafung von Verbrechen:
„Und hackt dem Dieb und der Diebin
5 die Hände ab (...) dies als abschreckende Strafe von Seiten Gottes (...). Wenn aber einer, nachdem er Unrecht getan hat, umkehrt und Besserung zeigt, wird Gott sich gewiss ihm zu-
10 wenden. Gott ist ja voller Vergebung und barmherzig."

Sure 9 über Almosen:
„Die Almosen sind bestimmt für die Armen, die Bedürftigen (...), die Gefangenen, die Verschuldeten, für den
15 Einsatz auf dem Weg Gottes und für die Reisenden. Es ist eine Rechtspflicht von Seiten Gottes."

Aus der 47. Sure über den heiligen Krieg gegen die Ungläubigen (Djihat):
„Wenn ihr mit den Ungläubigen zusammentrefft, dann haut ihnen (mit
20 dem Schwert) über den Nacken (...) Und denen, die um Gottes Willen (= im Kampf für den Islam) getötet werden, wird er (= Allah) ihre Werke nicht fehlgehen lassen. Er wird sie
25 recht leiten, alles für sie in Ordnung bringen und sie ins Paradies eingehen lassen (...)"

■ **A6** *Vergleicht mit Geboten und Verboten der deutschen Gesetzgebung und der christlichen Kirchen.*

■ **A5** *Beschreibe den abgebildeten Platz. Welchen Eindruck vermittelt er dir?*

Innenhof der Harem-i-Sharif-Moschee in Mekka mit dem Heiligtum der Kaaba, einem würfelförmigen Bau

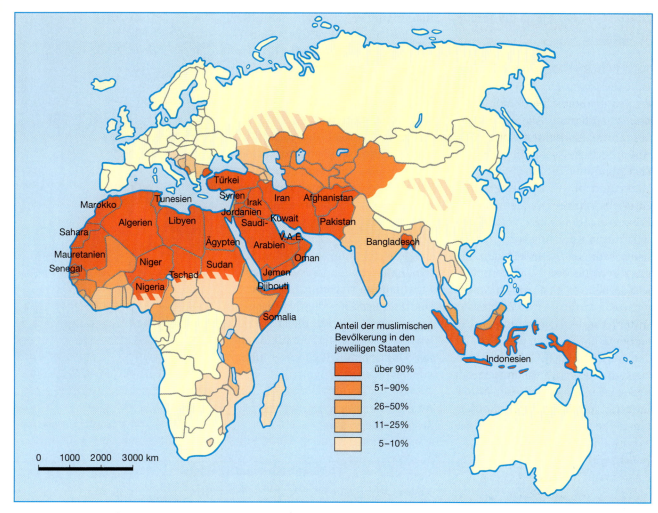

Heutige muslimische Bevölkerung in der Welt

1.2 Die Rolle der Frau im Islam

Wenn heute vom Islam die Rede ist, so ist die Frage nach der Stellung der Frau in der muslimischen Gesellschaft eines der umstrittensten Themen. Neben einer allgemein verbreiteten Neigung, Frauen als nicht gleichberechtigt anzusehen, gibt es immer mehr Frauen, die aufbegehren. Sie treten für eine Gleichberechtigung der Geschlechter ein. Einige von ihnen sind recht erfolgreich, wie das Beispiel Marokko zeigt, wo die Zahl der Frauen, die qualifizierte Berufe ausüben (etwa Ärztinnen, Hochschullehrerinnen usw.), ständig im Wachsen begriffen ist. Diese Frauen berufen sich darauf, dass in der Zeit des Propheten die Frauen sehr geachtet waren. Dazu Textstellen aus dem Koran:

Q1 Sure 9, 73: *„Allah hat den Gläubigen versprochen, Männern und Frauen, Gärten, durch die Bäche fließen, in denen sie ewig verweilen können, und ein angenehmes Zuhause."*
Sure 16, 98 f.: *„Was bei euch ist, vergeht, und was bei Allah ist, besteht; und wahrlich, belohnen werden wir die Standhaften mit ihrem Lohn für ihre besten Werke. Wer das Rechte tut, sei es Mann oder Frau, wenn er nur gläubig ist, den wollen wir lebendig machen zu einem guten Leben und wollen ihn belohnen für seine besten Werke."*

■ **A1** Was wisst ihr über die Stellung der Frau in der islamischen Welt?
■ **A2** Erläutere, warum sich Frauen mit dem Ziel der Gleichberechtigung auf den Koran berufen können.

1.3 Der Islam klopft an die Tore Europas

Nach dem Tod Muhammeds (632) hatte der islamische Staat den größten Teil der arabischen Halbinsel in Besitz genommen. Die Nachfolger Muhammeds (Kalifen) betrieben eine energische Ausbreitungspolitik. Sie verknüpften die Ausbreitung des Islam und die Gewinnung neuer Glaubensanhänger mit dem Ziel der Eroberung der Welt. Vollauf beschäftigt mit der Abwehr germanischer Stämme bemerkte Byzanz den um die Mitte des 7. Jahrhunderts ausbrechenden Ansturm der Araber nicht. 635 wurde Damaskus, ein Jahr später Jerusalem eingenommen. Unter dem Kalifen Omar, dem Begründer der arabischen Großmacht, eroberten die Araber das Perserreich und setzten sich im östlichen Mittelmeer (Syrien, Ägypten) fest. Nach einer Reihe innerer Kämpfe um das Kalifenamt begann um 700 unter der Führung tatkräftiger Kalifen eine neue Expansionswelle. Bis zum Ende des 7. Jahrhunderts war ganz Nordafrika bis zum Atlantik erobert. Im Jahre 711 betraten die Araber die Iberische Halbinsel. Sie zerstörten das Westgotenreich in Spanien, zogen über die Pyrenäen und bedrohten zeitweise das Frankenreich. In Südspanien vermochte sich die arabische Kultur besonders erfolgreich zu entfalten. Die unter islamischem Einfluss stehende Stadt Córdoba entwickelte sich zum kulturellen Mittelpunkt. Keine andere europäische Stadt konnte sich mit ihr messen. Die Überlegenheit der islamischen Kultur zeigte sich auf vielen Gebieten (Astronomie, Mathematik, Medizin, Philosophie). Auch unser Alltag gibt davon noch Zeugnis.

■ **A1** *Erläutere anhand der Karte die Ausbreitung des Islam.*

Inneres der Moschee in Córdoba (Spanien)

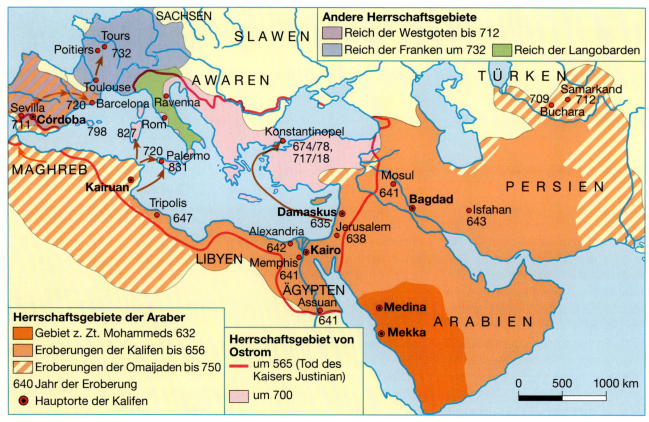

Die Ausbreitung des Islam im 7. und 8. Jahrhundert

Das „Haus des Wissens". Zeitgenössische Darstellung.

Q1 Ein moderner Historiker über die Bedeutung Bagdads im 9. und 11. Jahrhundert:
„Die Kalifen erhoben Bagdad nicht nur zum Zentrum der neuen Weltreligion, sondern auch zu einer Hochburg der Wissenschaft, wie es keine zweite gab
5 (außer allenfalls Byzanz), und zu einem der größten Handelsplätze der Erde. (...) Der Kalif Harun al-Raschid (786–809) baute eine Brücke über den Tigris und dehnte das Stadtgebiet auf das Ost-
10 ufer des Flusses aus; es wurde dadurch viermal so groß wie das von Rom. Der Kalif Mamun, Sohn Harun al-Raschids, gründete das ‚Haus der Weisheit', zu dessen Aufgaben es gehörte,
15 wissenschaftliche Bücher aus dem Griechischen ins Arabische zu übersetzen (...) Nicht weniger als 100 000 Moscheen, Kapellen und Bethäuser soll Bagdad während seiner beiden
20 Blütezeiten im 9. und 11. Jahrhundert gehabt haben, dazu 60 000 öffentliche Bäder."
(Schneider, W.: Überall ist Babylon, S. 174 f.)

■ **A1** Vergleiche die Beschreibung Bagdads mit dem, was du über Rom erfahren hast.

■ **A2** Weshalb wohl wurden griechische Bücher ins Arabische übersetzt?

Q2 Der spanische Bischof Alvaro berichtete im Jahr 854:
„Meine Mitchristen genießen die Gedichte der Araber. Sie studieren die Werke mohammedanischer Theologen und Philosophen, nicht um sie zu
5 widerlegen, sondern um sich einen korrekten und eleganten arabischen Stil anzueignen. Wo gibt es heutzutage einen Laien, der die lateinischen Kommentare zur Heiligen Schrift lesen
10 kann? Ach! die jungen Christen (...) kennen keine andere Literatur als die arabische; sie lesen und studieren arabische Bücher; sie häufen unter ungeheuren Kosten ganze Bibliotheken
15 an und singen überall das Loblied arabischen Brauchtums."
(Dozy, R.: Geschichte der Mauren, S. 310 f.)

■ **A3** Versuche herauszufinden, womit sich diese muslimischen Gelehrten befassen. Manches kannst du deinen Schulfächern zuordnen.

■ **A4** Versuche, die Wirkung der islamischen Kultur auf die jungen spanischen Christen zu erklären.

2 Das Frankenreich

2.1 Der Aufstieg der Franken

Vor knapp 350 Jahren fand man bei Tournai im heutigen Belgien eine in den felsigen Boden gehauene, mit Holz verkleidete Grabkammer. Die Ausgräber konnten feststellen, dass das Grab 482 angelegt worden war. Sie entdeckten Überreste eines Mannes, der in prächtige Kleidungsstücke gehüllt war. Aber es gab auch noch das wertvolle Zaumzeug eines Pferdes, ein Langschwert, eine Axt, einen goldenen Armreif und einen Siegelring.

Siegelring-Abdruck des germanischen Königs Childerich vom Stamm der Franken

■ **A1** *Hier ist ein Abdruck des Siegelringes abgebildet. Beschreibe ihn.*

Die Frisur und die Lanze sind Abzeichen germanischer Könige, Panzer und Mantel sind Kleidungsstücke römischer Offiziere. Die Umschrift CHILDERICI REGIS lautet übersetzt „(Das Siegel) des Königs Childerich".

Was war dieser Childerich nun wirklich, König eines germanischen Stammes oder römischer Offizier?

Childerich gehörte zur Familie der Merowinger und war – wie bereits sein Vater – König eines fränkischen Stammes.

Childerichs Franken siedelten auf römischem Reichsboden. Die Römer hatten ihnen das erlaubt und sie als Bundesgenossen (Föderaten) auch für die militärische Sicherung des Reiches eingesetzt. So konnte ein germanischer König römischer Befehlshaber werden. Besser kann man nicht zeigen, wie sich auf dem Boden des Römerreiches Römisches mit Germanischem vermischte.

Aber das Weströmische Reich war doch 476 untergegangen. Wie konnte dann 482 ein germanischer König in einer römischen Uniform bestattet werden?

Nicht nur Childerich hat das Römerreich überlebt. Im Norden Galliens „arbeitete" eine römische Provinz um Paris unter ihrem Statthalter Syagrius nach 476 weiter, als wäre nichts geschehen. Und so konnte Childerich auch nach 476 noch in römischen Diensten stehen. Es ist eine tolle Sache, dass man das Königsgrab von Tournai überhaupt gefunden hat.

■ **A2** *Begründe, warum dieser Fund für unser Wissen von damals so wichtig ist.*

Childerichs Sohn Chlodwig (482–511) trat seine Nachfolge an. Auch er wurde also König eines fränkischen Stammes und gleichzeitig Befehlshaber in römischen Diensten. Der katholische Bischof dieses Amtsbezirks, Remigius von Reims, bat ihn, besonnen und im Interesse der Bürger zu regieren. Er empfahl ihm, den Rat der christlichen Kirche, welcher der Heide Chlodwig nicht angehörte, zu nutzen. Als Römer ermahnte er ihn, so zu handeln, dass sich vor ihm niemand als ein Fremder fühle. Offensichtlich war den seit 6 Jahren ohne Kaiser lebenden Römern die Unterstützung der germanischen Bundesgenossen wichtig, denn Remigius beschwor die Erinnerung an die römertreuen Vorfahren Chlodwigs.

Das machte aber offensichtlich keinen großen Eindruck, denn weder die Franken noch die Westgoten und Burgunder erneuerten ihre Verträge mit den römischen Statthaltern. Und so kam 486 der Tag, an dem Chlodwig seinen „Chef" Syagrius in einem Staatsstreich stürzte. Er brachte die Provinz mit allen Staatsgütern und dem vorzüglichen Verkehrsnetz in seine Gewalt. Den Pariser Raum machte er zum Zentrum seines Reiches.

Das war der eigentliche Anfang des Frankenreiches. Indem Chlodwig die Könige anderer fränkischer Stämme ermorden ließ, herrschte er schließlich über alle Franken. Systematisch vergrößerten er und später seine Söhne das Frankenreich zu einem Großreich.

Reste eines Schwertes aus dem Grab des Childerich

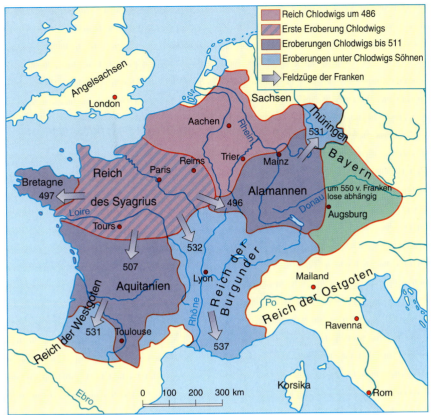

Das Frankenreich unter Chlodwig und seinen Söhnen

■ **A1** *Beschreibe die Karte und sprich darüber, was mit dem westgotischen und mit dem burgundischen Königreich geschah.*

2.2 Frankenreich und Christentum

Die Festigung des Reiches nach außen hin gelang bald, aber die Herrschaft der Merowinger und ihrer fränkischen Krieger stand doch auf brüchigem Boden. Einmal machten die Franken nur einen kleinen Teil der Bevölkerung aus, zum anderen war die Mehrheit der Bevölkerung Galliens christlichen Glaubens. Chlodwig musste sich anpassen, wenn er auf Dauer sein Reich erhalten wollte.

Die Entscheidung, die die bereits christlich getaufte Ehefrau König Chlodwigs stark beeinflusst hat, beschreibt etwa 100 Jahre später der Bischof Gregor von Tours:

Q1 „Darauf ließ die Königin heimlich den Bischof von Reims, den heiligen Remigius, rufen und bat ihn, er möchte das Wort des Heils dem Könige
5 zu Herzen führen (...). Jener aber sprach: ‚Gern würde ich, heiligster Vater, auf dich hören, aber eins macht mir noch Bedenken. Das Volk, das mir anhängt, duldet nicht, dass ich seine
10 Götter verlasse; doch ich gehe und spreche mit ihnen nach deinem Worte.' Als er darauf mit den Seinigen zusammentrat, rief alles Volk zur selben Zeit, noch ehe er den Mund auftat, denn
15 die göttliche Macht kam ihm zuvor: ‚Wir tun die sterblichen Götter ab, gnädiger König, und sind bereit, dem unsterblichen Gott zu folgen, den Remigius verkündet.' (...) Also bekannte
20 der König den allmächtigen Gott als den dreieinigen und ließ sich taufen im Namen des Vaters, des Sohnes und des Heiligen Geistes (...). Von seinem Heer aber wurden mehr als drei-
25 tausend getauft."

(Gregor von Tours: Zehn Bücher Geschichten, in: Ausgewählte Quellen zur deutschen Geschichte des Mittelalters II, S. 116/117–118/119)

■ **A2** *Welches Bekenntnis nahm Chlodwig also an?*

■ **A3** *Erläutere die Bedeutung dieses Schrittes.*

Wie sehr das Christentum als Kitt der fränkischen Gesellschafts- und Herrschaftsordnung benutzt wurde, kannst du an folgendem Beispiel sehen:

Die Annahme des Christentums im späteren Deutschland war ein langwieriger Prozess. Die Menschen waren nicht so leicht davon zu überzeugen, dass der christliche Gott besser als ihre heidnischen Gottheiten sein sollte. In Hessen erreichte die Christianisierung im 8. Jahrhundert ihren Abschluss. Obwohl schon einmal bekehrt, lebten die Bewohner der Umgebung von Fritzlar immer noch mit ihren alten Göttern. In Geismar bei Fritzlar veranstaltete der berühmte Missionsbischof Bonifatius, der heute im Dom zu Fulda begraben liegt, eine große „Schau". Das Ereignis wurde immer wieder erzählt und war so nachwirkend, dass es noch um 1500 dargestellt wurde.

Q2 Der Mönch Willibald hat als Erster wenige Jahre nach dem Tod des Bonifatius (754) die Geschichte aufgeschrieben:
Bonifatius unternahm es, *„eine ungeheure Eiche, die mit ihrem alten heidnischen Namen die Jupitereiche genannt wurde, in einem Orte, der
5 Gäsmere hieß, im Beisein der ihn umgebenden Knechte Gottes zu fällen. Als er nun (...) den Baum zu fällen begonnen hatte, verwünschte ihn die*

9

Die Fällung der Eiche in Geismar bei Fritzlar (Darstellung um 1500)

■ **A1** *Beschreibe das Bild. Vergleiche es mit der Erzählung des Mönches Willibald.*

■ **A2** *Warum wurde das Ereignis von Geismar immer wieder erzählt und abgebildet?*

■ **A3** *Prüfe die Behauptung, die Tat des Bonifatius sei eine „Schau" gewesen.*

Das Beispiel zeigt, wie schwer es war, das Christentum ins Volk zu bringen. Um einen weiteren Rückfall in heidnische Bräuche zu verhindern, richtete Bonifatius mithilfe des Papstes Bistümer (= Bischofssitze) in Hessen, Thüringen und Franken ein.

■ **A4** *Suche auf der Karte die neu gegründeten Bistümer.*

■ **A5** *Die Karte sagt dir auch, welche anderen Maßnahmen Bonifatius traf.*

Menge der anwesenden Heiden als einen Feind ihrer Götter lebhaft in ihrem Innern. Als er jedoch nur ein wenig den Baum angehauen hatte, wurde sofort die gewaltige Masse der Eiche von höherem göttlichen Wehen geschüttelt und stürzte mit gebrochener Krone zur Erde (...) Als dies die vorher fluchenden Heiden gesehen, wurden sie umgewandelt, (...) priesen Gott und glaubten an ihn. (...) Als er dann alles solches vollendet, (...) zog er sofort nach Thüringen weiter. Dort wandte er sich an (...) die Fürsten des Volkes und brachte sie dazu, die Blindheit ihrer Unwissenheit abzutun und den schon früher empfangenen christlichen Glauben wieder anzunehmen."

(Ausgewählte Quellen zur deutschen Geschichte des Mittelalters IV b, S. 494/495)

Missionsgebiete und Bistumsgründungen des Bonifatius

ARCHIV

Die Entstehung des Frankenreiches

Q1 Wie viele germanische Stämme treten die Franken in der Zeit der Völkerwanderung in die Geschichte ein. Gregor, Chronist der Franken und seit 573 Bischof von Tours, schrieb über den Ursprung des Frankenreiches:

„Viele (Geschichtsschreiber) erzählen aber, die Franken seien aus Pannonien (= heutiges Ungarn) gekommen und hätten sich zuerst an den Ufern des
5 Rheins niedergelassen, dann seien sie über den Rhein gegangen und nach Thoringien gezogen, dort hätten sie nach Gauen und Stadtbezirken gelockte Könige über sich gesetzt, aus
10 ihrem ersten und sozusagen adligsten Geschlecht. (...) Damals soll Chlogio, ein tüchtiger und sehr vornehmer Mann unter seinem Volke, König der Franken gewesen sein. In diesen
15 Gegenden aber, d.h. im südlichen Landstrich, wohnten die Römer bis zur Loire. Jenseits der Loire dagegen herrschten die Goten. Weiter wohnten die Burgunder, welche der Irrlehre des
20 Arius folgten, jenseits der Rhône, in der Gegend der Stadt Lyon. Chlogio aber schickte Kundschafter aus nach der Stadt Cambrai, und als sie alles erforscht, folgte er ihnen nach, über-
25 wand die Römer und nahm die Stadt ein; hier hielt er sich kurze Zeit auf und eroberte dann das Land bis zur Somme. Aus seinem Stamm, behaupten einige, sei der König Merovech ent-
30 sprossen, dessen Sohn Childerich war."
(Gregor von Tours: Zehn Bücher Geschichten, S. 89 und 91)

A1 Nutze einen Atlas und die Karte auf S. 9, um den Zug des Frankenstammes zu verfolgen.

Q2 Unter den Nachkommen des Merovech – den Merowingern – gewann König Chlodwig eine herausragende Stellung. Dazu Gregor von Tours:

„Zu dieser Zeit herrschte nach Childerichs Tode an seiner Stelle sein Sohn Chlodovech. Im fünften Jahre seiner Regierung hatte Syagrius, der König
5 der Römer, des Aegidius Sohn, seinen Sitz in der Stadt Soissons, die einst schon Aegidius beherrscht hatte. Gegen ihn zog Chlodovech mit seinem Vetter Ragnachar, der wie er ein Königreich
10 hatte, und forderte, dass der Kampfplatz bestimmt werde. Syagrius aber zögerte nicht und scheute sich nicht, ihm standzuhalten. Es kam nun zwischen beiden zur Schlacht, und als Syagrius
15 sein Heer zurückgedrängt sah, wandte er sich zur Flucht und eilte spornstreichs nach Toulouse zum König Alarich. Chlodovech aber sandte zu Alarich, dass er ihm Syagrius auslie-
20 fere; wo nicht, werde er mit bewaffneter Hand ihn angreifen, weil er seinen Feind bewahre. Da fürchtete Alarich, er möchte seinethalben den Zorn der Franken auf sich laden (wie denn das
25 Zagen überhaupt Gewohnheit der Goten ist), und er lieferte Syagrius gefesselt den Gesandten aus. Chlodovech ließ ihn in Haft halten; er nahm sein Reich in Besitz und ließ ihn dann heim-
30 lich mit dem Schwerte töten. Dazumal wurden viele Kirchen von Chlodovechs Heer geplündert, denn er war noch vom heidnischen Aberglauben befangen."
(Ebenda, S. 111)

A2 Nenne die Hauptgegner Chlodwigs.
A3 Warum hatte die Schlacht bei Soissons 486 große Bedeutung für die Entwicklung des Frankenreiches?

Q3 Nach der Niederwerfung seines wichtigsten Widersachers trat der Frankenkönig vermutlich 497 oder 498 zum Christentum über. Gregor von Tours schilderte dies in ungewöhnlicher Weise:

„Die Königin aber ließ nicht ab in ihn zu dringen, dass er den wahren Gott erkenne und ablasse von den Götzen. Aber auf keine Weise konnte er zum
5 Glauben bekehrt werden, bis er endlich einst mit den Alamannen in einen Krieg geriet: Da zwang ihn die Not, zu bekennen, was sein Herz vordem verleugnet hatte. Als die beiden Heere
10 zusammenstießen, kam es zu einem gewaltigen Blutbad, und Chlodovechs Heer war nahe daran, völlig vernichtet zu werden. Als er das sah, erhob er seine Augen zum Himmel, sein Herz
15 wurde gerührt, seine Augen füllten sich mit Tränen und er sprach: ‚Jesus Christ, Chrodichilde verkündet, du seiest der Sohn des lebendigen Gottes; Hilfe, sagt man, gebest du den
20 Bedrängten, Sieg denen, die auf dich hoffen – ich flehe dich demütig an um deinen mächtigen Beistand; gewährst du mir jetzt den Sieg über diese meine Feinde und erfahre ich so jene Macht,
25 die das Volk, das deinem Namen sich weiht, an dir erprobt zu haben rühmt, so will ich an dich glauben und mich taufen lassen auf deinen Namen. Denn ich habe meine Götter angerufen, aber,
30 wie ich erfahre, sind sie weit davon entfernt, mir zu helfen. Ich meine daher, ohnmächtig sind sie, da sie denen nicht helfen, die ihnen dienen. Dich nun rufe ich an und ich verlange, an
35 dich zu glauben; nun entreiße mich aus der Hand meiner Widersacher': Und da er solches gesprochen hatte, wandten die Alamannen sich und fingen an, zu fliehen. Als sie aber ihren
40 König getötet sahen, unterwarfen sie sich Chlodovech und sprachen: ‚Lass, wir bitten dich, nicht noch mehr des Volkes umkommen. Wir sind ja dein.' Da tat er dem Kampfe Einhalt, er-
45 mahnte das Volk und kehrte in Frieden heim. Der Königin aber erzählte er, wie er Christi Namen angerufen und so den Sieg gewonnen habe (...)."
(Ebenda, S. 117)

A4 Was soll nach Gregor von Tours Chlodwig veranlasst haben, den Glauben seiner Väter abzulegen?
A5 Überlege, welche Gründe wohl wirklich maßgebend waren.

2.3 Neuerungen im Frankenreich durch ein neues Königtum

2.3.1 Die Macht der „Hausmaier"

Das Jahr 751 ist ein wichtiges Datum in der Geschichte des Frankenreiches:

Q1 Der Geschichtsschreiber Einhard schrieb etwa 80 Jahre später über diesen Einschnitt:
„Das Geschlecht der Merowinger, aus dem die Franken ihre Könige zu wählen pflegten, herrschte nach allgemeiner Ansicht bis zur Zeit Hilderichs.
5 *Hilderich wurde (…) abgesetzt, geschoren und ins Kloster geschickt. Obwohl das Geschlecht nach allgemeiner Ansicht erst mit ihm ausstarb, hatte es schon lange seine Bedeutung einge-*
10 *büßt und besaß nur mehr den leeren Königstitel. Die wirkliche Macht und Autorität im Königreich hatten die Vorsteher des Palastes, die Hausmaier genannt wurden und die an der Spitze*
15 *der Regierung standen (…) Als Hilderich abgesetzt wurde, bekleidete Pippin, der Vater Karls des Großen, das schon fast erblich gewordene Amt des Hausmaiers (…) Pippin aber wurde*
20 *vom Hausmaier zum König erhoben und regierte mehr als fünfzehn Jahre allein über die Franken."*
(Krieger, H.: Handbuch des Geschichtsunterrichts, Bd. 3, S. 75)

■ **A1** Fasse die wichtigsten Aussagen des Textes zusammen.
■ **A2** Womit rechtfertigt Einhard den Anspruch Pippins (751–768) auf den fränkischen Königsthron?

Nach Auffassung der Karolinger (so später nach Karl dem Großen genannt) ist der König von Gott mit seinem Amt beauftragt. Er soll Gottes Vorstellungen von der Ordnung in der Welt verwirklichen. Ein schwacher König ist dazu nicht in der Lage. Diese Auffassung konnte Pippin bei den weltlichen und geistlichen Grundherren des Frankenreiches durchsetzen. So konnte er die gewaltsame Absetzung des „schwachen" Hilderich erfolgreich durchführen. Pippin wurde in der Tat ein starker König. Und sein Sohn Karl der Große (768–814) konnte die Königsmacht noch weiter steigern. Die Karolinger sind von der Nachwelt niemals vergessen worden.

2.3.2 Das Lehnswesen und die Festigung des Reiches

Um das große Frankenreich besser als die Merowinger regieren zu können, entwickelten Pippin und dann sein Sohn Karl neue Herrschaftsinstrumente: Über ein Zusammentreffen mit Herzog Tassilo III. von Bayern berichten die aus dieser Zeit stammenden „Jahrbücher" des Frankenreiches:

Q2 *„Und König Pippin hielt seinen Reichstag in Compiègne (bei Paris) mit den Franken. Dorthin kam der Herzog der Bayern, Tassilo, und hul-*
5 *digte ihm als Vasall (= Lehnsmann), indem er seine Hände in die des Königs legte. Daraufhin schwur er viele Eide ohne Zahl (…) und gelobte Treue dem König Pippin und (…) seinen Söh-*
10 *nen Karl und Karlmann (gest. 772), als Vasall aufrecht und ergeben nach dem Recht, wie ein Vasall gegen seinen Herrn sein soll."*
(Ausgewählte Quellen zur deutschen Geschichte des Mittelalters V, S. 16–19)

■ **A3** Beschreibe anhand Q2 und der Abbildung, was die Geste mit den Händen bedeutet.

Die persönliche Bindung stärkten die Karolinger dadurch, dass sie ihren Vasallen, die bald die gesamten adligen und freien Herren des Reiches ausmachten, Land mit den dazugehörigen abhängigen Bauern liehen. So bekam der Vasall zu seinem eigenen Land (Allod) noch ein Lehen (Geliehenes) aus dem Land, über das der König verfügte, dazu.

■ **A4** Führt zu zweit ein Gespräch darüber, was der König für den Vasallen sowie der Vasall für den König tut.

Der Vasall legt seine Hände in die seines Herrn (Sachsenspiegel, 13. Jahrhundert)

Dieses „Modell" fanden die Zeitgenossen so attraktiv, dass sie es nach unten weitergaben. So wie Tassilo 757 Pippins Vasall wurde, konnte er auch eigene Vasallen haben. Und die Vasallen Tassilos konnten in derselben Weise verfahren, solange die Lehensträger persönlich frei waren. Abhängige konnten nicht in die Lehnsordnung eintreten. Hier gab es zunächst eine scharfe Grenze nach unten.

Du findest oft den Ausdruck Feudalismus. Er steht für das Lehnswesen, denn feudum ist der lateinische Begriff für Lehen.

Pippin und Karl der Große suchten noch weitere Mittel, um die Verwaltung des Reiches wirkungsvoller zu machen.

■ **A1** *Bestimme zunächst auf der Karte die Ausdehnung des Reiches, die in der Zeit Pippins und Karls noch größer geworden war.*
■ **A2** *Suche zu den folgenden Informationen die entsprechenden Orte auf der Karte.*

732 hatte Pippins Vater, der Hausmaier Karl Martell (Karl der Hammer), bereits die Araber bei Tours und Poitiers zurückgeschlagen. Pippin festigte die fränkische Herrschaft im Süden des heutigen Frankreich. 774 eroberte Karl der Große das Reich der Langobarden in Oberitalien. Schließlich machte er auch langobardische Herzogtümer in Süditalien von sich abhängig. 795 wurde das Reich der Awaren östlich von Bayern zerstört und Bayern entsprechend erweitert. Im Südwesten Europas wurde die spanische Mark (militärische Statthalterschaft) eingerichtet, in der Bretagne die bretonische Mark.

Ab 772 unterwarf Karl die Sachsen in einem 32-jährigen blutigen Krieg.

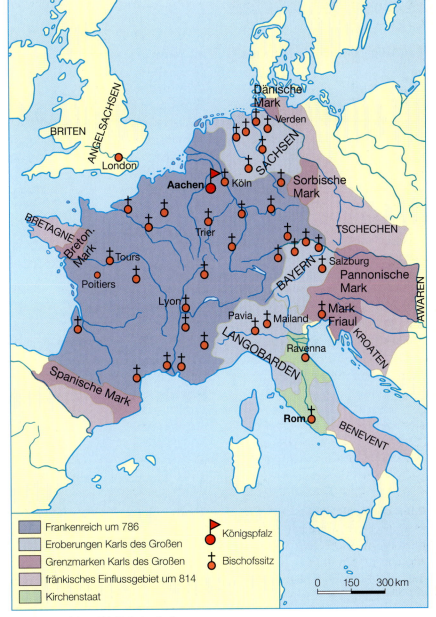

Das Frankenreich zur Zeit Karls des Großen

Höhepunkt war die Niedermetzelung von ca. 4000 Sachsen in Verden an der Aller. Unter Führung sächsischer Adliger, vor allem unter Herzog Widukind, leisteten die Bauern erbitterten Widerstand. Sie kämpften damit auch gegen die Versuche, sie zum christlichen Glauben zu bekehren. Nach der endgültigen Niederlage der Sachsen 804 festigte Karl seine Herrschaft, indem er den sächsischen Adel in das Lehnswesen einband.

■ **A3** *Diskutiert über die Art, wie die Franken die Sachsen zum christlichen Glauben zu bekehren versuchten.*
■ **A4** *Gibt es in der Gegenwart ähnliche Kriege? Wie würde man mit heutigen Maßstäben das Vorgehen Karls bewerten?*

GEWUSST WIE!

Eine Lehenspyramide verstehen

Du hast bereits gelernt, dass Machtverhältnisse in Form einer Pyramide dargestellt werden können. An der Spitze der Pyramide sind die Mächtigsten einer Gesellschaft, darunter sind weniger mächtige bzw. abhängige Bevölkerungsgruppen angeordnet.

Diese Lehenspyramide enthält aber noch zusätzliche Informationen. Es wird durch Pfeile verdeutlicht, wodurch das Verhältnis zwischen den Gruppierungen bestimmt wird, welche Abhängigkeiten und Verpflichtungen zwischen ihnen bestehen. Die Richtung der Pfeile zeigt dabei an, wer wem welche Leistungen erbringen muss.

A1 *Erkläre das Lehenswesen, indem du die Rangordnung der Gruppierungen und anhand der Pfeile die Abhängigkeiten zwischen ihnen beschreibst.*

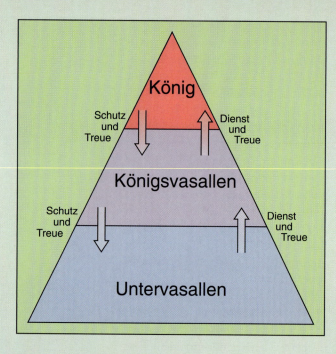

Für die Auswertung empfehlen wir folgende Schritte:
1. Was für ein Thema wird dargestellt?
2. Beschreibe die verwendete Symbolik und die dargestellten Inhalte.
3. Welche Aussagen sollen mit dieser Pyramide vermittelt werden?

2.3.3 Die Königsboten

Wie konnte Karl sein Großreich verwalten? Ein starkes Königtum und ein funktionierendes Lehenswesen reichten nach Erfahrungen der karolingischen Könige noch nicht aus. Der König konnte nicht ständig in jedem Teil des Reiches sein. Das hatte zur Folge, dass viele Vasallen in den Regionen sich nicht nach den königlichen Weisungen richteten. Sie taten so, als hätten sie keinen König über sich.

Schon die Merowinger hatten eine Art von „Beamten" nach römischen Mustern geschaffen. Dazu machten sie Adlige und Freie zu Grafen und Herzögen bzw. Präfekten, die in neu geschaffenen Amtsbereichen (Grafschaften und Herzogtümern/Präfekturen) als oberste Verwaltungsbeamte, Richter und Militärbefehlshaber eingesetzt wurden. Dabei konnten mehrere Grafschaften zu einem Herzogtum bzw. einer Präfektur zusammengefasst werden. Wenn das geschah, dann war der dux oder praefectus Vorgesetzter der Grafen.

Karl hielt es aber für nötig, noch ein neues Mittel zur Kontrolle der Amtsträger zu „erfinden":

Q3 Erlass über die Aufgabe der Königsboten (802):
„Der allergnädigste und allerchristlichste Herr Kaiser Karl hat aus der Reihe seiner klügsten Großen die weisesten Männer ausgewählt, und ⁵ zwar Erzbischöfe und andere Bischöfe und auch ehrwürdige Äbte sowie fromme Laien, und hat sie in sein gesamtes Reich abgeordnet, um allen Untertanen (...) die Möglichkeit zu ¹⁰ geben, nach Recht und Gesetz zu leben. Er befiehlt, dass sie sorgfältige Untersuchungen anstellen, falls irgendwo etwas anders als recht und gerecht verordnet sein sollte, und verlangt ¹⁵ darüber Meldung."
(Lautemann, W. [Bearb.]: Geschichte in Quellen, Bd. 2, S. 72)

A2 *Aus welchen Personengruppen sollen die Königsboten kommen?*
A3 *Wer soll von der Arbeit der Königsboten Nutzen haben?*

ARCHIV

Karl herrscht über das Frankenreich

Q1 Der Gelehrte Alkuin, seit 781 am Hofe Karls tätig, beschrieb 799 in einem Brief an seinen König die Aufgaben des Herrschenden:
„Drei Personen nahmen auf der Welt bisher die höchste Stelle ein, nämlich der Papst in Rom, der den Stuhl des heiligen Apostelfürsten Petrus als Stell-
5 vertreter innehat, dann die kaiserliche Würde und die weltliche Macht des zweiten Rom (Byzanz), an dritter Stelle die königliche Würde, zu der euch, als Lenker des christlichen Volkes, mächti-
10 ger als die genannten, hehrer an Weisheit, erhabener durch die Würde des Reiches, die Gnade unseres Herrn Jesus Christus erhoben hat. Auf dir allein beruht das ganze Wohl der Kirchen
15 Christi. Du strafst die Verbrechen, führst die Irrenden auf den rechten Weg zurück; du bist der Tröster der Betrübten, du erhöhst die Guten."
(Brief Alkuins an Karl den Großen, Quellenhefte Wochenschau Verlag, H. 1/2000, S. 17)

■ **A1** Wie urteilt Alkuin über die Macht seines Königs?
■ **A2** Welche Aufgabe ist vorrangig für den König im Mittelalter?

Q2 Auf welche Weise König Karl seiner Aufgabe, das Christentum zu verbreiten, nachkam, zeigt ein Auszug aus der Sondergesetzgebung für die besiegten Sachsen aus dem Jahre 782:
„4. Wenn jemand das heilige vierzigtägige Fasten verachtet, um das Christentum verächtlich zu machen, und (in dieser Zeit) Fleisch isst, dann sterbe
5 er des Todes. Der Priester aber soll prüfen, ob es jenem vielleicht aus einem zwingenden Grunde widerfahren ist, dass er Fleisch gegessen hat.(...)
8. Wenn zukünftig im Sachsenvolk ein
10 heimlich noch Ungetaufter sich verbergen möchte und sich weigert, zur Taufe zu kommen, weil er Heide bleiben will, dann sterbe er des Todes.
11. Wenn jemand offensichtlich dem
15 Herrn König untreu ist, werde er mit dem Tode bestraft. (...)
17. Dementsprechend ordnen wir nach Gottes Gebot an, dass alle Menschen den zehnten Teil ihres Besitzes und
20 (des Ertrags) ihrer Arbeit ihren Kirchen und Priestern abgeben, Adlige, Freie und Laien, weil sie so einen Teil dessen, was Gott jedem Christen gegeben hat, an Gott zurückerstatten."
(Die Sondergesetzgebung für Sachsen von 782, ebenda, S. 11 f.)

■ **A3** Welche Maßnahmen traf er zum „Wohl der Kirche"?
■ **A4** Beurteile die Härte dieser Maßnahmen.

Q3 Die meiste Zeit während seiner Herrschaft reiste Karl mit großem Gefolge von Ort zu Ort und musste unterwegs Entscheidungen treffen. Dieses Reisekönigtum konnte nur funktionieren, wenn der König über eine ausreichende Anzahl Stützpunkte verfügte, die in der Lage waren, ihn mit seinem Gefolge zu versorgen. Deshalb schenkte Karl der Verwaltung des Reichsgutes großes Augenmerk:
„1. Wir befehlen: Unsere Krongüter, die wir eingerichtet haben, unsere Hofhaltung zu beliefern, sollen allein unserem Bedarf dienen und niemandem sonst.
5 2. Unsere Hofleute sollen wohl versorgt und von niemandem in Schuldknechtschaft gebracht werden.
3. Die Amtsträger sollen sich hüten, unsere Hofleute in ihren eigenen Dienst
10 zu stellen; sie dürfen sie nicht zum Fronen, zum Holzfällen oder irgendeiner anderen Arbeit zwingen und keine Geschenke von ihnen annehmen: weder Pferd, Ochsen, Kuh, Schwein,
15 Hammel, Ferkel, Lamm noch sonst etwas, ausgenommen Würstchen, Gemüse, Obst, Hühner und Eier. (...)
24. Den Abgaben für unsere Tafel wende jeder Amtsträger seine besondere
20 Sorgfalt zu, damit die Lieferungen von guter, ja bester Qualität sowie sorgfältig und sauber zugerichtet sind. Jeder Amtsträger hat für die einzelnen Tage seines Hofdienstes die
25 doppelten Portionen Brot für unsere Tafel bereitzuhalten, auch muss die übrige Speise, Mehl wie Fleisch, ebenso in jeder Hinsicht tadellos sein."
(Verwaltung des Reichsgutes, ebenda, S. 24 f.)

■ **A5** Welche Schlüsse ziehst du aus der Tatsache, dass der König sehr konkrete und detaillierte Festlegungen traf zur Verwendung des Reichsgutes?
■ **A6** Versuche eine Erklärung des oft verwendeten Begriffs „Amtsträger".

Q4 „Amtsträger" halfen dem König bei der Verwaltung des Riesenreiches. Königsboten und Grafen bildeten dabei die Schlüsselfunktionen:
„Und die Königsboten sollen sorgfältig nachforschen, wo immer irgendein Mann geklagt hat, dass ihm von jemandem Unrecht geschehen sei, so wie sie
5 wünschen, sich des allmächtigen Gottes Gnade zu erhalten und die ihm gelobte Treue zu bewahren (...). Und wenn irgendetwas von der Art vorliegt, dass sie selbst es mit den Grafen
10 der Provinz nicht bessern und zur Gerechtigkeit zurückführen konnten, so sollen sie dies ohne jede Zweideutigkeit mit ihren kurzen Berichten zu seiner Aburteilung an uns zurückbringen (...).
15 Grafen und Zentenare (= Stellvertreter der Grafen) sollen erzwingen, dass volle Gerechtigkeit geschehe, und solche Helfer in ihren Diensten haben, auf die sie sicher vertrauen können,
20 die Gesetz und Gerechtigkeit getreulich beachten (...)."
(Grundsätze der Reichsverwaltung, ebenda, S. 21)

■ **A7** Erläutere die Aufgaben eines Königsboten.
■ **A8** In welchem Verhältnis stehen Königsboten und Grafen zueinander?

15

2.3.4 Kaiser Karl und die Kirche

Die Königsboten hatten nicht nur die Grafen zu kontrollieren. In einer Urkunde Karls des Großen aus dem Jahr 787 geht hervor, dass sie auch in kirchlichen Einrichtungen Untersuchungen anstellen mussten.

Karl hat für die Entwicklung der Kirche viel getan. Ob er auch selber Nutzen davon gehabt hat? Der folgende Brief Karls an den Abt Fulrad des Klosters St. Quentin, den er um 806 schrieb, gibt die Antwort darauf:

Q4 *„Du sollst wissen, dass wir für dieses Jahr eine allgemeine Reichsversammlung einberufen haben, und zwar in das östliche Sachsen, nach*
5 *Stassfurt an der Bode. Deshalb befehlen wir dir, mit deiner gesamten wohlbewaffneten und vorbereiteten Mannschaft an diesem Ort zu erscheinen (...) und zwar so, dass du von dort*
10 *aus mit deinen Leuten zu Felde ziehen kannst, wohin wir immer befehlen; das heißt ausgerüstet mit Waffen und persönlichen Gebrauchsgegenständen*
15 *wie mit sonstigem Kriegsgerät, mit Lebensmitteln und mit Bekleidung. Jeder Reiter soll Schild und Lanze sowie Schwert und Kurzschwert, Bogen und Köcher mit Pfeilen haben; auf den*
20 *Kriegswagen sollen sich verschiedene Gerätschaften befinden, nämlich Hacken, Äxte, Bohrer, Beile und Spaten und was man sonst auf einem Kriegszug braucht. Die Lebensmittel-*
25 *vorräte auf den Wagen müssen von jenem Reichstag an für drei Monate reichen, Bewaffnung und Bekleidung ein halbes Jahr (...) Die Abgaben, die du uns für die Reichsversammlung*
30 *schuldest, sende uns bis Mitte Mai an unseren Aufenthaltsort (...) Achte darauf, dass du nichts davon versäumst, wenn dir an unserer Gunst gelegen ist."*

(Jakobi, F.-J.: Klosterkultur des Früh- und Hochmittelalters, S. 15)

■ **A1** Untersuche und bewerte das Schreiben.
■ **A2** Welchen Nutzen brachte die Kirche Karl?

Fränkischer Adliger, eine der ganz wenigen zeitgenössischen Darstellungen

■ **A3** Beschreibe den fränkischen Adligen.

Im 764 gegründeten und bald zur Reichsabtei aufgestiegenen Kloster Lorsch wurde eine Königshalle mit einem Thronsaal errichtet. Karl der Große konnte sie wie eine Residenz nutzen.

■ **A4** Beschreibe die Torhalle von Lorsch.

Die Königshalle in Lorsch

GEWUSST WIE!

Eine Urkunde als Quelle

Am Beispiel dieser Urkunde kannst du lernen, mit dieser besonderen Quellenart umzugehen:

(1) „Karl, König der Franken und Langobarden und Patricius der Römer,

(2) dem hochwürdigen Abt Paul und den Mönchen des St.-Vinzenz-Klosters, das auf dem Territorium von Benevent im samnischen Gebiet liegt.

(3) Weil du uns die Urkunde des Königs Desiderius (von Karl 774 abgesetzt) vorgelegt hast, nach der er die Villa (= das Dorf) Trita im Gebiet von Balve diesem heiligen Kloster zum Unterhalt der Mönche geschenkt hatte, haben auch wir zu dieser genannten Urkunde unsere Bestätigung ausgesprochen.

(4) Aber offensichtlich kam es später zu Auseinandersetzungen zwischen euch und den (in Trita) wohnenden Leuten selbst, denn diese behaupteten unter Berufung auf Urkunden der Herzöge (von Benevent, die Karl anerkannten), sie seien frei. Daher haben wir wegen dieser Leute unsere Königsboten Risinus und Agilbert dorthin geschickt. Von diesen haben wir die ganze Streitfrage eingehender untersuchen lassen und die ganze Wahrheit darüber in Erfahrung gebracht.

(5) Deshalb befehlen wir zur Mehrung unseres (ewigen) Lohnes, dass jede Freiheit der oben erwähnten Leute aus der genannten Villa Trita fortan gänzlich aufgehoben sei und diese beständig für alle Zeit dem Kloster des heiligen Märtyrers Vinzenz gemäß unserer Schenkungsverfügung die rechtmäßigen Abgaben und Dienste leisten, so wie sie aufgrund ihrer Herkunft von alters her verpflichtet waren, Frondienst zu leisten. (...)"

(Castritius, H. u. a.: Herrschaft, Gesellschaft, Wirtschaft, Quellenband I, S. 98 f.)

■ **A1** Gib den Inhalt der Urkunde in eigenen Worten wieder.

■ **A2** Diskutiert über die Forderungen der Bauern von Trita und das Ergebnis sowie über den Nutzen des Klosters.

■ **A3** Sodann versuche zu klären, welcher Art die Quelle ist. Wer „redet" hier? Was ist der „Sinn" dieser Rede? Drücke diesen Sinn mit dem Begriff „Recht" aus.

Es handelt sich bei dieser Quelle um eine Urkunde:
Unter einer Urkunde versteht man ein schriftliche Festlegung über Vorgänge rechtlicher Art. Diese Festlegung erfolgt in einer bestimmten Form.

■ **A4** Ermittle die „bestimmten Formen", in denen die Urkunde abgefasst ist. Damit dir die Unterscheidung der Teile leichter wird, wurde die Urkunde bewusst in Abschnitte gegliedert gedruckt. Die Abschnitte 1 und 2 kannst du ohne Schwierigkeiten auseinander halten. Abschnitt 3 fängt mit „Weil" an. Was tut Karl hier?
Wie kann man – ohne jetzt den Inhalt zu wiederholen – das, was in Abschnitt 4 steht, allgemein bezeichnen?
Der Charakter von Abschnitt 5 unterscheidet sich von dem von 4. Benenne den Unterschied.

Die wichtigsten Teile der mittelalterlichen Königsurkunde sind:
- der Aussteller nennt sich selbst;
- der Aussteller nennt den Empfänger;
- der Aussteller begründet die folgende Behandlung des Sachverhaltes;
- der Aussteller erzählt den Sachverhalt;
- der Aussteller formuliert seine Entscheidung, vollzieht also den Rechtsakt.

Die vorliegende Urkunde ist verkürzt wiedergegeben. Im Anschluss an den Rechtsakt werden fast immer dessen Zeugen genannt, Zeit und Ort der Ausstellung der Urkunde angegeben. Seine Unterschrift leistete Karl der Große durch einen so genannten Vollziehungsstrich in der unteren Mitte des vom Urkundenschreiber schön gestalteten Monogramms (= Namenszeichen) des Königs „Karolus".

Monogramm Karls des Großen

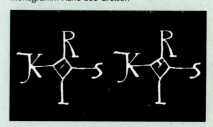

Der Grundherr übergibt eine Pachturkunde (mit spitzem Siegelteil).
Aus dem Sachsenspiegel (13. Jahrhundert).

2.3.5 Panzerreiter: eine neue Waffe

Du hast im Brief Karls (Q4, S. 16) von den Reiterkriegern gelesen. Hier handelt es sich auch um eine Neuerung. Die Fußkämpfer wurden immer mehr von den mit Kettenhemd und Helm gepanzerten Reiterkriegern (Panzerreiter) verdrängt. Auch die Durchsetzung des Lehnswesens ist durch diesen technischen Wandel mit gefördert worden. Die freien Bauern, die du bereits kennen gelernt hast, waren immer weniger in der Lage, eine so teure Ausrüstung aufzubringen. Auch das war ein Grund für ihr Verschwinden als selbstständige Gesellschaftsschicht.

■ **A1** *Beschreibe das Bild.*
■ **A2** *Sprecht über den Wandel im Kriegswesen und dessen Bedeutung für die innere Festigkeit des Frankenreiches.*

Die Reiterkrieger benötigte der König auch bei seinen vielen Italienzügen. Von seinem letzten brachte er die Kaiserwürde mit. Wie kam König Karl zum Kaisertitel?

2.3.6 Kaiser und Papsttum

Schon Karls Vater Pippin hatte gute Beziehungen zum Papst in Rom. Als er selber König werden wollte, hatte er bei ihm anfragen lassen, ob seine Auffassung vom Königtum mit der der Kirche übereinstimme. Der Papst hatte dies bestätigt. Später kam der Papst zu Pippin, um Hilfe gegen die Langobarden zu erbitten, die damals Rom erobern wollten. Pippin versprach Hilfe und gab sie auch. Aber er tat noch mehr: Er „schenkte" das Gebiet, das man später den „Kirchenstaat" nannte, dem Papst.

Karl der Große erneuerte die Schenkung Pippins und wurde so wie sein Vater zum Schutzherrn der römischen Kirche mit dem Titel eines Patricius Romanorum (= Beschützer der Römer). Diesen Titel hast du in der Urkunde von 787 kennen gelernt.

Am 1. Weihnachtstag 800 nahm Karl den Kaisertitel an und erneuerte damit gleichsam das untergegangene Weströmische Reich (476). Die Umstände der Kaiserkrönung sind sehr verwickelt. Auf Papst Leo III. war 799 in Rom ein Attentat verübt worden, das aber misslang. Der Papst suchte Hilfe bei Karl in Paderborn. Damals wurde sicher über das Kaisertum verhandelt. Beide Seiten hatten jedoch unterschiedliche Vorstellungen, die auch bei Karls Romaufenthalt seit November 800 nicht angeglichen wurden. Dennoch kam es zu einer Krönung Karls durch Leo III. Der neue Kaiser wollte das aber eigentlich nicht, weil er dem Papst kein Mitspracherecht am Kaisertum einzuräumen bereit war. Er wollte Kaiser aus eigener Machtvollkommenheit sein. Wie sehr er die päpstliche Einmischung ablehnte, zeigte sich 813, als er seinen Sohn Ludwig den Frommen (814–840) eigenhändig in Aachen, nicht in Rom, zum Mitkaiser machte.

■ **A3** *Fasse die Vorgänge um Karls Kaiserkrönung in eigene Worte.*

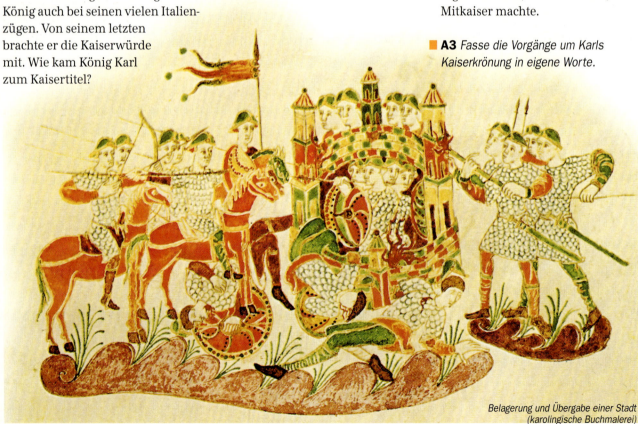

Belagerung und Übergabe einer Stadt (karolingische Buchmalerei)

GESCHICHTE KONTROVERS

Karl der Große oder Sachsenschlächter?

Q1 Seit 1950 verleiht das Karlspreis-Direktorium im Krönungssaal des Aachener Rathauses an verdienstvolle Persönlichkeiten den „Karlspreis der Stadt Aachen". Heute gilt der Karlspreis als begehrteste und angesehenste Auszeichnung innerhalb der Europäischen Union. Anlässlich der fünfzigsten Verleihung des Karlspreises wurde die Stiftung dieser Auszeichnung am 16.12.1999 so begründet (Auszug):
„Karl der Große war mehr als nur ein Namensgeber und Werbeträger, er war auch Programm für den Stifterkreis, der die Keimzelle der späteren
5 Karlspreisgesellschaft bildete. Mit dem Namen des bedeutenden Frankenkönigs fand auch die Idee des christlichen Abendlandes Eingang in die Proklamation (...). Jedenfalls domi-
10 nierte (= bestimmte) diese ‚abendländische Idee' in der von den Stiftern des Karlspreises zu Weihnachten 1949 veröffentlichten Proklamation (...) zunächst symbolisch rückblickend auf
15 das Karolingische Reich Karls des Großen als Sinnbild für ein europäisches Reich und für Einheitlichkeit in Regeln, Wertordnung, Sprache, Währung, Verwaltung, Religion und
20 Kultur, aber auch programmatisch zukunftsweisend als Leitbild für die anstehende Aufgabe einer wirtschaftlichen und politischen Einigung Europas (...)."
(50 Jahre „Karlspreis", S. 4)

■ **A1** Welche Gründe werden genannt für die Würdigung des Frankenkönigs Karl mit dem Beinamen „der Große"?
■ **A2** Welche Argumente werden gebraucht für die Verbindung des europäischen Einigungsprozesses der Gegenwart mit dem Wirken Karls?

Q2 Während des Nationalsozialismus erfuhr Karl eine andere Wertung. Eine „Deutsche Geschichte" schilderte 1934, wie Karl, der in Italien weilte, auf die Nachricht von der Erhebung der Slawen reagierte:
„Die Sachsen weist er an, neben einem ostfränkischen Heere gegen den Feind vorzugehen. Da steht Widukind nochmals auf. Ehe sich noch ein zweites
5 Frankenheer, das nun in Sachsen einrückt, mit dem ersten bedrohten vereinigen kann, wird dieses bei einem unbesonnenen Angriff von den Sachsen am Berge Süntel (782) vernichtet. Vier
10 fränkische Grafen fallen. Was aber nun geschieht, gehört zu dem Entsetzlichsten und Wahnsinnigsten unserer Geschichte. Karl, eilig mit einem mächtigen Heer an der Weser erscheinend,
15 fordert den sächsischen Adel vor Gericht und lässt in einer beispiellosen Tat des Zornes 4 500 Edelinge nach den Buchstaben des Bluteditkes zu Verden an der Aller enthaupten. Das Ende
20 aber ist wieder ein anderes, als der Schlächter erwartet. Eine allgemeine Erhebung erfolgt, und die Franken geraten in schwere Bedrängnis (...)."
(Suchenwirth, R.: Dt. Geschichte, S. 81 f.)

■ **A3** Welchen Vorgang nennt der Autor „entsetzlich" und „wahnsinnig"?
■ **A4** Welches Urteil fällt der Autor über den Frankenkönig Karl?

Q3 Karl hielt es für wichtig, der Nachwelt die Geschichte seiner Zeit zu überliefern. Er ließ Jahrbücher verfassen, die auch die Ereignisse des Jahres 782 darstellten:
„Nachdem hier (am Berge Süntel) der Graf Theoderich sein Lager aufgeschlagen, setzten sie (die Franken) der Verabredung gemäß, um so den Berg
5 leichter umgehen zu können, über die Weser und lagerten sich am Ufer des Flusses. Wie sie sich nunmehr untereinander besprachen, fürchteten sie, die Ehre des Sieges möchte dem Theo-
10 derich allein zufallen, wenn er in der Schlacht bei ihnen wäre, und beschlos- sen, ohne ihn mit den Sachsen anzubinden, nahmen also die Waffen zur Hand und rückten, als ob sie es nicht
15 mit einem zur Schlacht geordneten Feind zu tun, sondern Fliehende zu verfolgen und Beute zu machen hätten, so schnell als jeden sein Ross tragen mochte, auf die Sachsen los, die vor
20 ihrem Lager in Schlachtreihe standen. So schlecht der Anmarsch, so schlecht war auch der Kampf selbst, sobald das Treffen begann, wurden sie von den Sachsen umringt und fast bis auf den
25 letzten Mann niedergehauen. Die, welche davonkamen, flohen nicht in das eigene Lager, von dem sie ausgezogen waren, sondern in das Theoderichs, welches über dem Berg drüben lag. Der
30 Verlust der Franken war noch größer, als es der Zahl nach schien, denn die zwei Sendboten Adalgis und Geilo, vier Grafen und von andern erlauchten und vornehmen Männern bis zu zwan-
35 zig wurden getötet außer den Übrigen, welche ihnen gefolgt waren und lieber mit ihnen starben, als sie überleben wollten. – Als der König die Nachricht von diesem Ereignis erhielt, glaubte er
40 keinen Augenblick zögern zu dürfen, schleunigst bot er sein Heer auf und zog nach Sachsen. Hier berief er alle sächsischen Großen vor sich und forschte nach den Rädelsführern der
45 letzten Empörung. Da nun alle den Widukind als den Anstifter angaben, ihn aber nicht ausliefern konnten, weil er nach Ausführung jener Tat zu den Nordmannen sich begeben hatte, so
50 ließ er sich von den Übrigen, die seinem Rat folgend die schwere Tat vollbracht hatten, bis zu 4 500 ausliefern und sie zu Ferdi (Verden) an der Aller alle an einem Tag enthaupten. Nachdem er so
55 Rache genommen hatte, begab sich der König (...) ins Winterlager (...)."
(Einhards Jahrbücher, S. 52 f.)

■ **A5** Wie wird in den Jahrbüchern über das Ereignis in Verden geurteilt?
■ **A6** Diskutiert über die Widersprüche in der Bewertung Karls.

3 Das ostfränkisch-deutsche Reich

3.1 Das riesige Frankenreich zerfällt

Karl der Große hinterließ ein Reich, in dem sehr unterschiedliche Völker lebten, die teilweise noch vor wenigen Jahren – wir denken beispielsweise an die Sachsenkriege – miteinander gekämpft hatten. Zudem waren die Franken mit Vorrechten ausgestattet, die sie nicht auf Dauer behaupten konnten. Durch die Entwicklung verschiedener Sprachen (Altfranzösisch, Althochdeutsch u. a.) wurde die Verständigung erschwert. Die Verkehrsverbindungen waren nicht gut genug entwickelt. Auch deshalb versagte schließlich die Organisation der Königsboten. Kurzum: Bereits im Sterbejahr des großen Kaisers trug das Frankenreich den Keim des Zerfalls in sich.

Ludwig der Fromme versuchte deshalb frühzeitig, die Reichseinheit zu festigen, indem er 817 seine drei Söhne Ludwig, Lothar und Pippin als Könige in ihr Erbe einsetzte. Lothar gab er zusätzlich die Kaiserwürde. Als er aber selbst 829 die Bestimmungen zugunsten seines später geborenen Sohnes Karl ändern wollte, kam es zum offenen Kampf zwischen den Söhnen und – auf wechselnden Seiten – Ludwig dem Frommen. Nach verlustreichem dreizehnjährigem Kampf einigten sich schließlich die Enkel Karls des Großen im Vertrag von Verdun 843 auf die Teilung des Großreiches:
- Ludwig der Deutsche erhielt das Ostfrankenreich,
- Karl der Kahle war König im Westfrankenreich,
- Lothar erhielt das Mittelreich (es wurde nach ihm Lotharingien = Lothringen genannt) und Italien.

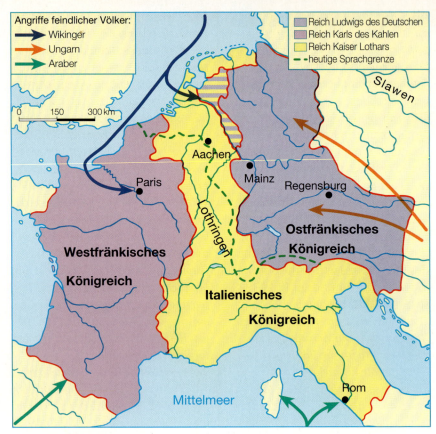

Angriffe fremder Völker und die Teilung des fränkischen Reiches

■ **A1** Welche Gefahren drohten dem Frankenreich?
■ **A2** Überlege, warum das riesige Frankenreich zerfiel.
■ **A3** Nenne heutige Staaten, die sich aus Teilen des Frankenreiches entwickelt haben.

Damit hatten die Kämpfe noch kein Ende. Weitere Verträge führten 880 zum endgültigen Zerfall des alten fränkischen Kaiserreiches. Auf den Trümmern des Frankenreiches entstanden neue Staaten: Frankreich, Italien und der ostfränkisch-deutsche Staat. Die Machtverhältnisse mussten neu geordnet werden, deshalb waren diese Staaten anfällig für Angriffe von außen. Selbst im 12. Jahrhundert berichten noch Quellen über diese Gefahren:

Q1 „Das Normannenheer war aus den Tapfersten der Dänen, Schweden und Norweger gesammelt, die, damals gerade unter einer Herrschaft
5 vereinigt, als Erste von allen die ihrem Zugriff nächsten Slawen zinspflichtig machten und dann die übrigen benachbarten Reiche zu Lande und zur See heimsuchten (...). Damals wurde
10 auch Sachsen von den Normannen und Dänen verwüstet, Herzog Bruno mit zwölf Grafen erschlagen und die Bischöfe Dietrich und Marquard umgebracht. Damals wurde Friesland
15 entvölkert und der Bischofssitz Utrecht zerstört. Damals steckten die Seeräuber Köln und Trier in Brand und benutzten die Aachener Pfalz als Pferdestall. (Selbst) Mainz begann
20 man in der Angst vor den Barbaren zu befestigen."
(Bosau, H. v.: Slawenchronik, S. 57)

Q2 „Als nun Konrad herrschte, ereignete sich ein schwerer Einfall der Ungarn, welche nicht nur unser Sachsen und die anderen Länder diesseits des Rheines verheerten, sondern auch jenseits Lothringen und Franken. Kirchen wurden damals angezündet, Kreuze von den Barbaren abgehauen und zum Spott gemacht, Priester vor den Altären niedergemetzelt, Geistlichkeit und Volk unterschiedslos umgebracht oder in Gefangenschaft geführt. (...)"

(Bosau, H. v.: Slawenchronik, S. 59)

■ **A1** Stelle fest, welche Gefahren den fränkischen Teilreichen zu Beginn des 10. Jahrhunderts drohten.
■ **A2** Stelle fest, aus welchen Himmelsrichtungen Feinde in das Ostfrankenreich eindrangen (siehe Karte S. 20).
■ **A3** Welche Schlüsse lassen sich aus diesen Eroberungszügen auf den Zustand des Ostfrankenreiches ziehen?
■ **A4** Erläutere die Bestandteile des Wikingerschiffes.

3.2 Heinrich I. wollte Erster unter Gleichen sein

Im ostfränkischen Reich regierten bis 911 Könige aus dem Geschlecht Karls des Großen, die Karolinger genannt. Aber sie waren Könige mehr dem Namen nach, denn die wirkliche Macht lag in den Händen der Herzöge. Diese standen an der Spitze der vier Herzogtümer: Franken, Sachsen, Bayern und Schwaben. Allein gestellt konnte aber ein Herzog nicht den Gefahren begegnen, die dem Ostfrankenreich drohten. Die Herzöge wählten daher 911 Konrad, Herzog der Franken, zu ihrem König. Als Konrad spürte, dass seine Macht nicht ausreichte, fasste er einen bedeutsamen Entschluss. Wie uns überliefert ist, schlug er den Herzögen vor, nach seinem Tod denjenigen zum König zu wählen, der tatsächlich über die größte Macht verfügte. Das war in dieser Zeit Heinrich, der Herzog der Sachsen. Die Franken und Sachsen folgten dem Vorschlag Konrads und wählten 919 Heinrich zum König. Heinrich nahm die Wahl an und versicherte den Herzögen, dass er „Erster unter Gleichen" sein wolle. Auf eine feierliche Krönung verzichtete er. Er wolle den Großen seines Reiches nur voraushaben, dass er König hieße. Die Schwaben und Bayern blieben jedoch der Wahl fern. Der bayerische Herzog ließ sich sogar zum Gegenkönig wählen. König Heinrich I. befand sich folglich am Beginn seiner siebzehnjährigen Regierungszeit in einer überaus schwierigen Situation. Im Innern des Reiches wurde ihm die Krone streitig gemacht. Von außen bedrängten Feinde das ostfränkisch-deutsche Reich.

Der Mönch Widukind schrieb ca. 40 Jahre später im Kloster Corvey nieder, wie Heinrich I. auf diese Situation reagierte:

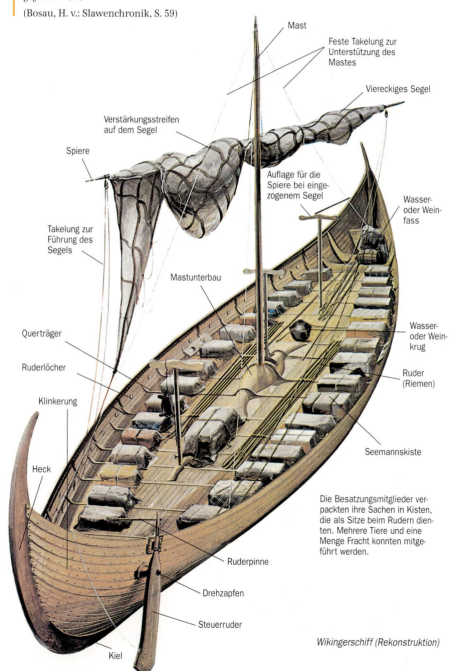

Die Besatzungsmitglieder verpackten ihre Sachen in Kisten, die als Sitze beim Rudern dienten. Mehrere Tiere und eine Menge Fracht konnten mitgeführt werden.

Wikingerschiff (Rekonstruktion)

Der Ausbau des ostfränkisch-deutschen Reiches

A1 Erläutere anhand der Quelle und der Karte, wie das ostfränkisch-deutsche Reich entstand.

A2 Was könnte Heinrich I. beabsichtigt haben, als er den Bayernherzog „Freund des Königs" nannte und sich selbst „Erster unter Gleichen"?

Um die schnellen und beweglichen Reiterheere der Ungarn bekämpfen zu können, suchte Heinrich I. die besten mit Rüstungen gepanzerten Reiter aus. Diese Panzerreiter schulte er mehrere Jahre. 933 konnte er die Schlacht gegen die Ungarn wagen und siegte.

Q2 Aber Heinrich führte nicht nur Verteidigungskriege. Über Kämpfe gegen die Slawen berichtete Widukind:

„Jeden neunten von seinen Lehensleuten auf dem Lande veranlasste er, in befestigte Plätze zu ziehen, um seinen anderen acht Genossen Wohnungen zu
5 bauen und den dritten Teil von aller Ernte aufzubewahren. Die anderen acht sollten säen und ernten (...). Als er die Einwohner so an Strenge und Disziplin gewöhnt hatte, fiel er plötz-
10 lich über die als Heveller bekannten Slawen her, trieb sie in zahlreichen Gefechten zur Erschöpfung (...) und bezwang die Stadt Brandenburg durch Hunger, Waffengewalt und Kälte."

(Lautemann, W.: Geschichte in Quellen, Bd. 2, S. 140)

Q1 „Als Heinrich auf diese Weise König geworden war, brach er mit seinem ganzen Gefolge auf, um gegen Burchard, den Herzog von Schwaben,
5 zu streiten. Obgleich dieser ein unwiderstehlicher Krieger war, erkannte er doch als ein sehr kluger Mann, dass er eine Schlacht mit dem König nicht bestehen könne, und
10 ergab sich ihm mit allen seinen Burgen und Leuten. Nach diesem Erfolge zog er weiter nach Bayern, wo Herzog Arnulf herrschte. Da er erfuhr, dass dieser in der Stadt
15 Regensburg Schutz gesucht hatte, belagerte er ihn. Arnulf aber sah, dass er nicht stark genug war, dem König zu widerstehen, öffnete die Tore, zog hinaus zum König und unterwarf
20 sich ihm mit seinem ganzen Reich. Er wurde von Heinrich ehrenvoll empfangen und Freund des Königs genannt."

(Quellen zur Geschichte der sächsischen Kaiserzeit, S. 59)

A3 Erkläre, wie Heinrich I. die Stärkung der Königsmacht gelang.

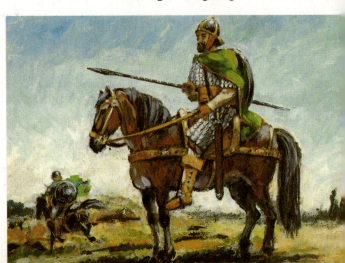

Panzerreiter (Rekonstruktion)

ARCHIV

Heinrich I. festigt das Ostfrankenreich

Q1 Die „Chronik der Slawen" über die Bedrohung des Ostfrankenreichs:

„Unter Konrads Regierung also fanden zuerst die verderblichen Einfälle der Ungarn statt (…). Auch die Dänen plünderten mithilfe der Slawen zuerst die Nordelbinger, darauf die überelbischen Sachsen und erfüllten das Sachsenland mit großem Schrecken. Bei den Dänen regierte damals Worm, ich möchte sagen, ein grausamer Wurm, und den Christen in nicht geringem Grade Feind. Er war eifrigst bemüht, das Christentum in Dänemark ganz zu vertilgen, vertrieb die Priester aus seinem Lande und ließ auch sehr viele eines qualvollen Todes sterben."

(Helmhold: Chronik der Slaven, S. 49)

■ **A1** Beschreibe die Lage im Ostfrankenreich.
■ **A2** Nenne die Hauptgefahren für die Existenz des Reiches.

Q2 Die Krönung des Sachsenherzogs Heinrich unterschied sich in einem Punkt, der die Historiker immer wieder beschäftigt hat, von den vorausgegangenen Königskrönungen:

„Die Fürsten hielten unmittelbar nach der Leichenfeier zu Weilburg an der Lahn eine Wahlversammlung in Fritzlar (919). Sie krönten Heinrich und übertrugen ihm mit Tränen in den Augen, was ihnen anvertraut war, während sie Christus und die ganze Kirche in ihrer tiefen Gläubigkeit als Zeugen anriefen. Demütig empfing er zunächst das Geschenk der göttlichen Gnade und dann den Beweis so großer Liebe in innigem Dank an Gott. Er gelobte, all ihren Anliegen nachzukommen. Die Salbung und den Segen der Kirche, die Erzbischof Heriger spenden wollte, lehnte er im Gegensatz zu seinen Vorgängern ab, da er versicherte, nicht würdig genug zu sein. Ich fürchte aber, dass er hier einen Fehler begangen hat."

(Thietmar von Merseburg: Chronik I, S. 52 f.)

■ **A3** Was ist das Besondere in der Krönung Heinrichs I.?
■ **A4** Welche Gründe könnten Heinrich dazu veranlasst haben, auf eine Salbung zu verzichten?

Q3 Neun Jahre bereitete der neue König Heinrich I. die Entscheidungsschlacht gegen die mächtigen Ungarn vor. Widukind von Corvey, der Chronist der sächsischen Königsherrschaft, beschreibt die Schlacht bei Riade (der Schlachtort lässt sich bis heute noch nicht eindeutig lokalisieren):

„Der König hatte nämlich sein Lager bei dem Orte, der Riade heißt, aufgeschlagen. Da verließen sie (die Ungarn) von Furcht ergriffen das Lager und riefen die zerstreuten Schwärme nach ihrer Weise durch Feuer und ungeheuren Rauch zusammen. Der König aber führte am folgenden Tage sein Heer aus dem Lager und ermahnte es, seine Hoffnung auf Gottes Gnade zu setzen und nicht zu zweifeln, dass ihnen die göttliche Hilfe gleichwie in ihren anderen Kämpfen beistehen werde; die Ungarn seien die gemeinsamen Feinde aller, sie sollten allein auf den Schutz des Vaterlandes und der Eltern bedacht sein; bald würden sie sehen, dass die Feinde den Rücken kehrten, wenn sie mannhaft kämpfend standhielten. Diese vortrefflichen Worte feuerten die Ritter an, und da sie ihren Feldherrn bald unter den Vordersten, bald in der Mitte und bei den Letzten sahen und vor ihm den Engel – mit dem Namen und dem Bildnis desselben war nämlich das vornehmste Feldzeichen kenntlich gemacht –, überkam sie Zuversicht und große Festigkeit. Der König aber besorgte, dass – wie es auch eintraf – die Feinde beim Anblick der schwer bewaffneten Reiter sogleich die Flucht ergreifen würden, daher sandte er eine Abteilung Thüringer aus mit nur wenigen Reitern, damit jene den leicht Bewaffneten folgen und bis ans Haupttheer herangelockt würden. Und so geschah es, aber nichtsdestoweniger flohen sie, sobald sie das gewappnete Kriegsvolk erblickten, sodass auf acht Meilen Weges kaum einige wenige getötet oder gefangen wurden. Das Lager wurde erstürmt und sämtliche Gefangenen befreit. Nach seiner Heimkehr als Sieger stattete der König auf alle Weise der Ehre Gottes, wie es sich gehörte, Dank ab für den Sieg, den ihm Gott über seine Feinde verliehen hatte: Er gab den Tribut, den er den Feinden zu geben gewohnt war, dem göttlichen Dienste zu Eigen und bestimmte ihn zu Schenkungen an die Armen."

(Quellen zur Geschichte der sächsischen Kaiserzeit, S. 77)

■ **A5** Wie begeisterte der König seine Ritter für den Kampf gegen die Ungarn?
■ **A6** Nach der Schlacht begrüßte das Heer den König als „Vater des Vaterlandes". Versuche selbst eine Erklärung.
■ **A7** Welche Auffassung hat Widukind von Corvey vom Christentum Heinrichs I.?

Q4 Ein Historiker über Heinrichs I. Kampf gegen die Ungarn:

„Die Ungarnnot gab dem König die Grundlage zur Führung einer Reichspolitik und zur Festigung der Reichseinheit (…). Mag die Schlacht von Riade als Sieg über die Ungarn nur geringe Bedeutung gehabt haben, wesentlicher für die deutsche Geschichte ist es, dass man sie als Zeichen der beginnenden Einigung und Einheit des Reiches unter Heinrich I. betrachten darf."

(Krieger, H. [Hg.]: Handbuch des Geschichtsunterrichts, Bd. 3, S. 112)

■ **A8** Vergleiche diese Position mit Q3.

Verschiedene Geschichtsschreiber sehen in Heinrich I. den Gründer des ersten Deutschen Reiches. Die Bewohner des Gebietes zwischen Nordsee und Alpen, Rhein und Elbe/Saale begriffen sich jedoch in dieser Zeit noch nicht als „Deutsche", sondern als Sachsen, Thüringer, Bayern, Schwaben, Franken. Der Begriff „deutsch" kommt von den althochdeutschen Wörtern „theod" (Volk) und „theodisk" (zum Volk gehörig), die uns im 8. Jahrhundert zuerst überliefert sind. Erst im 10. Jahrhundert tauchen im Osten des früheren Frankenreiches die Wörter „teutiscus" oder „teutonicus" für Land und Leute auf. Im ersten deutschen Staat konnten sich die verschiedenen deutschen Stämme zu einem Volk entwickeln. Im Verlauf vieler Jahre wuchs das Zusammengehörigkeitsgefühl. Etwa Mitte des 12. Jahrhunderts wurde von „Diutschen" und „Dutiskland" gesprochen.

Siegel König Heinrichs I.

3.3 Otto I. wird römischer Kaiser

Vieles in der Geschichte der Herausbildung des deutschen Volkes ist noch unbekannt. Über einen Tag aber sind wir recht gut informiert: den 7. August 936. Es ist der Tag, an dem Heinrichs Sohn Otto I. in Aachen zum König gewählt und gekrönt worden ist. Dem Bericht des Mönches Widukind können wir entnehmen,
- wie eine Königskrönung verlief,
- mit welchen Zeichen der Macht (Krönungsinsignien) der König ausgestattet wurde,
- welche Aufgaben ihm übertragen wurden,
- warum gerade Aachen als Krönungsort gewählt wurde,
- dass Otto I. mit einem anderen Anspruch als sein Vater die Königsherrschaft antrat,
- warum dieser Tag große Bedeutung in der deutschen Geschichte besitzt.

Q1 „(Es) versammelten sich die Herzöge und die Ersten der Grafen mit der Schar der vornehmsten Ritter im Säulenhof (...) und sie setzten den ⁵neuen Herrscher auf einen hier aufgestellten Thronsessel. Hier huldigten sie ihm, gelobten ihm Treue und versprachen ihm Hilfe gegen alle seine Feinde und machten ihn so nach ¹⁰ihrem Brauche zum König. Während dies die Herzöge und die übrige Beamtenschaft taten, erwartete der Erzbischof Hildebert (von Mainz) mit der gesamten Priesterschaft und dem ¹⁵ganzen Volk innen in der Basilika den Aufzug des neuen Königs. Als dieser eintrat, ging ihm der Erzbischof entgegen (...). Dann zum Volke gewandt, das ringsumher stand (...), sprach er ²⁰also: ‚Sehet, hier bringe ich euch den von Gott erkorenen und einst vom großmächtigen Herrn Heinrich bestimmten, nun aber von allen Fürsten zum König gemachten Otto. Wenn ²⁵euch diese Wahl gefällt, so bezeugt dies, indem ihr die rechte Hand zum Himmel emporhebt.' Darauf hob alles Volk die Rechte in die Höhe und wünschte mit lautem Zuruf dem ³⁰neuen Herrscher Heil. Sodann schritt der Erzbischof mit dem König (...) hinter den Altar, auf dem die Abzeichen des Königs lagen, das Schwert (...), der Mantel mit den Spangen, der Stab mit ³⁵dem Zepter und das Diadem. Dieser trat an den Altar, nahm hier das Schwert (...) und sprach zum König gewendet: ‚Empfange dieses Schwert und treibe mit ihm aus alle Widersacher ⁴⁰Christi, die Heiden und schlechten Christen, da durch Gottes Willen alle Macht im ganzen Frankenreich dir übertragen ist, zum bleibenden Frieden aller Christen.' Sodann nahm ⁴⁵er die Spangen und den Mantel und bekleidete ihn damit. (...) Darauf nahm er Zepter und Stab und sprach: ‚Diese Abzeichen sollen dich ermahnen, mit väterlicher Zucht deine Untertanen ⁵⁰zu leiten und vor allem den Dienern Gottes, den Witwen und Waisen die Hand des Erbarmens zu reichen (...).' Darauf wurde er alsbald mit dem heiligen Öle gesalbt und mit ⁵⁵dem goldenen Diadem gekrönt von den Bischöfen Hildebert und Wichfried (von Köln), und als nun die rechtmäßige Weihe vollzogen war, wurde er von ebendenselben Bischöfen zum ⁶⁰Thron geführt, zu dem man auf einer Wendeltreppe hinaufstieg (...). Nachdem man das ‚Te deum laudamus' (Großer Gott, wir loben dich) gesungen und das Messopfer feierlich ⁶⁵begangen hatte, stieg der König herab und ging in die Pfalz; hier trat er an die mit königlicher Pracht geschmückte Tafel und setzte sich mit den Bischöfen und allem Volk; die ⁷⁰Herzöge aber warteten auf (= bedienten ihn). Der Herzog der Lothringer, Giselbert (...), ordnete die ganze Feier (als Kämmerer). Eberhard (Herzog von Franken) besorgte (als Truchsess) ⁷⁵den Tisch, Hermann der Franke führte (als Herzog von Schwaben) die Mundschenken, Arnulf (von Bayern) sorgte (als Marschall) für die ganze Ritterschaft (...)."

(Widukind von Corvey: Sachsengeschichte, Buch II, S. 87 ff.)

■ **A1** *Beschreibe die Zeichen der Königsmacht.*

Otto I. beeindruckte seine Zeitgenossen. Machtbewusst verfolgte er mit Nachdruck seine Ziele. Wie willensstark er war, beschreibt ein Historiker:

Q2 „Als er siebenunddreißig Jahre alt geworden war, versuchte er, lesen und schreiben zu lernen. Die langen Winternächte saß er beim flackernden Licht des in Öl schwimmenden Dochtes und grub Buchstaben für Buchstaben in die mit Wachs überzogene Holztafel, die Hand verkrampft, die Stirn in tiefen Falten ... Schreiben, die Sichtbarmachung des Gesprochenen, der geheimnisvolle Vorgang, der es ermöglichte, Gesagtes zu verewigen, er war ihm über lange Jahre als eine Kunst erschienen, die zu erlernen eines echten Mannes nicht würdig war. Schreiben, dafür hatte man den Kleriker, dem es auf der Klosterschule beigebracht worden war. Doch eines Tages hatte es ihn zu ärgern begonnen, dass er ihre Bücher nicht lesen konnte, die sie in ihren Bibliotheken verwahrten, dass er sich die Handschreiben vorlesen lassen musste, die er von fremden Fürsten erhielt, Botschaften nicht entziffern konnte, kein Latein verstand, für alles und jedes einen Dolmetsch brauchte (...)."

(Fischer-Fabian, S.: Die deutschen Cäsaren. S. 17)

■ **A2** *Erläutere, welche Vorteile Otto davon hatte, dass er lesen und schreiben lernte.*

Reichskrone, Reichsapfel, Reichsschwert, Mantel und Zepter. Diese Reichskrone wurde bis 1806 als Zeichen kaiserlicher Würde getragen.

EXPEDITION GESCHICHTE

Wir spielen die Krönung Ottos I. nach

Wir ermitteln als Erstes im Text,
- welche Personen auftreten,
- wie sich der Ablauf der Krönung gliedert, also die einzelnen Szenen, die gespielt werden sollen,
- welche Handlungen den einzelnen Personen zuzuordnen sind,
- welche Texte sie zu sprechen haben,
- welche Krönungsinsignien (Zeichen der Königsmacht) benötigt werden.

Nun wählen wir einen Spielführer. Er achtet darauf, dass unser Spiel der Beschreibung Widukinds entspricht.

Wir verständigen uns:
- Wer übernimmt welche Person und Rolle?
- Wer hilft bei der Anfertigung der Zeichen der Königsmacht?
- Wir üben den Text.
- Wir proben die Handlung.
- Wir spielen die Königskrönung.

Nach dem Spiel verständigen wir uns:
- Was ist gelungen, was könnten wir verbessern?

Otto I. erhielt den Beinamen „der Große". In langwierigen Kämpfen zwang er die Herzöge, sich seiner Oberhoheit unterzuordnen. Viele Grafen und Herzöge wollten, dass auch Otto I. als „Erster unter Gleichen" regierte. Otto I. aber verstand sich durch Gott allen, auch der Kirche, übergeordnet. Er herrschte als König und Priester. Besonders wurde sein Ansehen in der damaligen Welt durch den endgültigen Sieg des deutschen Heeres über die wieder in das Reich eingedrungenen Ungarn gefördert. Nach dieser Schlacht im Jahr 955 auf dem Lechfeld bei Augsburg war das Reich Ottos I. die stärkste Macht Europas. Erkennbar wurde das auch an der Bitte des Papstes, ihn unter seinen Schutz zu nehmen. Der Bitte folgend, zog Otto I. über die Alpen nach Rom. Er übernahm das Amt eines ständigen Schutzherrn der Kirche. 962 ließ er sich zum römischen Kaiser krönen.

Bedeutung für seinen Weg nach Italien und zur Kaiserkrone hatte auch der Hilferuf Adelheids, der Königswitwe von Italien. Otto I. folgte diesem Hilferuf, besiegte die Feinde Adelheids und heiratete sie. Als burgundische Königstochter, Königin von Italien und römische Kaiserin galt sie mehrere Jahrzehnte als „Mutter der Königreiche" und nahm großen Einfluss auf die Beziehungen zwischen den Nachfolgestaaten des Frankenreiches. Sie brachte die Königreiche Burgund und Italien in das Reich Ottos I. ein. Otto I. war der Meinung, dass er nur Kaiser werden konnte, wenn er auch unangefochten König von Italien war.

Seit Otto I. galt der deutsche Herrscher als Erster unter den Königen von Europa. Lange Zeit hatte er großen Einfluss auf die Wahl des Papstes. Bereits zu dieser Zeit gab es aber auch Kräfte, die der Ausdehnung des Reiches nach Italien, der dadurch erzwungenen langen Abwesenheit des Herrschers und der römischen Kaiserwürde ablehnend gegenüberstanden.

Statue Kaiser Ottos I. im Westportal des Magdeburger Doms (um 1310)

Adelheid, Figur im Meißener Dom

Kaiser Otto I. und seine erste Frau Editha im

■ **A1** *Beschreibe diese Herrscherstatuen. Woran erkennst du Otto als König und Adelheid als Königin?*

■ **A2** *Der Herrscher (rechts) hält in seiner rechten Hand den Erdkreis und in seiner Linken den Rest des Zepters. Was bringt der Herrscher mit diesen beiden Symbolen zum Ausdruck?*

■ **A3** *Wie Karl erhielt auch Otto I. den Beinamen „der Große". Finde Gemeinsamkeiten heraus.*

■ **A4** *Tragt zusammen, welche Ziele Otto I. verfolgte.*

3.4 Im Bündnis mit Erzbischöfen, Bischöfen und Äbten

Otto I. suchte nach zuverlässigen Stützen der Reichsgewalt. Nach seiner Krönung setzte er zunächst Angehörige seiner Familie als Stammesherzöge ein. Rasch wurde aber deutlich, dass die Familienbeziehungen nicht ausreichten, die Selbstständigkeitsbestrebungen in den Stammesherzogtümern niederzuhalten. Auf Anraten seines Bruders, der Erzbischof von Köln war, verbündete sich Otto I. daher mit der Kirche. Er machte Erzbischöfe, Bischöfe und Äbte zu ‚Reichsbeamten', indem er sie neben ihrem kirchlichen Amt auch mit großem Grundbesitz ausstattete. Zudem übertrug er ihnen Regierungsaufgaben.

Die Geistlichen durften nicht heiraten (die Ehelosigkeit heißt Zölibat). Deshalb hatten sie keine Erben. So konnte der König nach ihrem Tode immer wieder neue Männer seines Vertrauens in die höchsten Reichsämter bringen. Zumeist wählte er diese aus den Mitgliedern des königlichen Hofes. Sie waren mit den Absichten Ottos I. bestens vertraut. Der Herrscher konnte ihre Eignung für hohe Reichsämter nach längerer Bekanntschaft gut einschätzen.

Durch die Ausstattung der Kirche mit neuen Gütern und Rechten sicherte Otto I. auch die Unterbringung und Versorgung des Königshofes. In dieser Zeit besaß das Deutsche Reich keine Hauptstadt. Der König hatte keinen Regierungssitz. Die Regierung übte er aus, indem er „vor Ort" Entscheidungen traf, Urkunden ausfertigen ließ und zu Gericht saß. Er reiste daher ständig durch das Reich. Ein jahrelanger Aufenthalt des großen Königshofes an einem Ort war nicht möglich, weil die Versorgung aus der Umgebung nach einer gewissen Zeit nicht mehr zu sichern war. Neben den Pfalzen, die zuerst Aufenthaltsorte des reisenden Königs waren, gewannen nun Bischofskirchen und Reichsklöster große Bedeutung für den Reiseweg des Königshofes. Für die Dauer des königlichen Aufenthaltes mussten diese den König und sein Gefolge versorgen.

■ **A1** *Untersuche, wo der Kaiser besonders oft war.*
■ **A2** *Erläutere den Begriff „Reisekaisertum".*

Magdeburger Dom. 13. Jahrhundert.

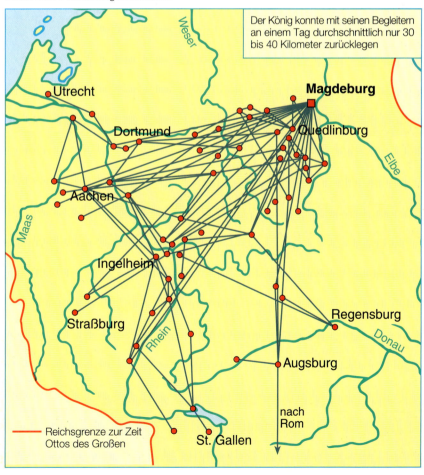

Reisen Ottos I. in Ausübung seines Amtes

Zunehmend wichtig wurden die hohen geistlichen Amtsträger für die Stärke des königlichen Heeres. Wenn der König Krieg führte, mussten ihn die geistlichen und weltlichen Großen mit einer festgelegten Zahl von Soldaten begleiten. Als der König einmal in Italien etwas mehr als 2 000 Panzerreiter benötigte, stellten die Bischöfe und Äbte 1 510, die weltlichen Großen zusammen 534. Es ist folglich anzunehmen, dass die Kirche die Hauptlast der Feldzüge des Königs getragen hat, weil sie über die größten Besitzungen verfügte.

■ **A1** Welche Vorteile brachte dem König das Bündnis mit der Kirche?
■ **A2** Wie regierte der König das Deutsche Reich?

3.5 Christianisierung der Westslawen mit Feuer und Schwert

Zwischen Elbe/Saale und Oder lebten die Westslawen. Wie die slawischen Bevölkerungsgruppen am Unterlauf der Elbe und südwestlich der Saale sind sie im Verlauf der Jahrhunderte im deutschen Volk aufgegangen. Die westslawischen Stämme betrieben Handel mit ihren Nachbarn. Sie führten Häute, Pelzwerk, Honig, Wachs und vor allem Sklaven aus. Eingeführt wurden insbesondere Waffen und Luxusgüter. Ähnlich wie die deutschen Bauern lebten sie in Dorfgemeinden von Ackerbau und Viehzucht. Entwickelt war auch das dörfliche Handwerk. Geführt wurden sie von Stammesfürsten. Die befehligten das Stammesaufgebot und geboten über die Hauptburg ihres Landes. Die Burgen waren Mittelpunkt des Lebens der Slawen. An geschützten Stellen auf Inseln oder am Hang der Steilküste gelegen, wurden sie von einer Befestigung aus Holz und Erde umgeben. Diese Burgwälle hatten etwa 80 bis 200 Meter Durchmesser. Jeder Stamm hatte Stammesheiligtümer. Bekannt sind verschiedene Götterbilder. Über den heidnischen Kult der Liutizen berichtet Thietmar von Merseburg:

Q1 „In der Burg befindet sich nur ein kunstfertig errichtetes, hölzernes Heiligtum, das auf einem Fundament aus Hörnern verschiedenartiger Tiere
5 steht. Außen schmücken seine Wände, soviel man sehen kann, verschiedene, prächtig geschnitzte Bilder von Göttern und Göttinnen. Innen aber stehen von Menschenhänden gemachte
10 Götter, jeder mit eingeschnitztem Namen. Furcht erregend sind sie mit Helmen und Panzern bekleidet. Der höchste heißt Swarozyc und alle Heiden achten und verehren ihn be-
15 sonders. Auch dürfen ihre Feldzeichen nur im Falle eines Krieges, und zwar durch Krieger zu Fuß, von dort weggenommen werden."
(Thietmar von Merseburg: Chronik, S. 269)

■ **A3** Beschreibe Religion und Lebensweise der westslawischen Stämme.
■ **A4** Legt in Gruppenarbeit eine Tabelle an: links die Namen der slawischen Stämme, rechts, was ihr evtl. mit den Namen verbinden könnt.
Beispiel: Heveller/Havel(land)

Wohngebiete der Westslawen

Schätzungen gehen davon aus, dass im 10. Jahrhundert etwa eine Viertelmillion Menschen zwischen Elbe, Saale und Oder lebten. In den Grenzgebieten wurde oft gekämpft. Deutsche wie Slawen überschritten häufig die Grenze, um Beutezüge durchzuführen. Im 10. Jahrhundert veränderte sich jedoch das Kräfteverhältnis zugunsten der deutschen Nachbarn. Der Mönch Widukind von Corvey charakterisierte dies wie folgt:

Q2 *„Nichtsdestoweniger zogen die Slawen den Krieg dem Frieden vor, indem sie alles Elend der teuren Freiheit gegenüber gering achteten. Es ist*
5 *nämlich dieser Menschenschlag hart und scheut keine Anstrengung. Gewöhnt an die dürftigste Nahrung, halten die Slawen für eine Lust, was den Unsern als schwere Last erscheint.*
10 *Wahrlich, viele Tage gingen darüber hin, während auf beiden Seiten verschieden gekämpft wurde, hier für Kriegsruhm und Ausbreitung der Herrschaft, dort für Freiheit oder*
15 *schlimmste Versklavung."*
(Quellen zur Geschichte der sächsischen Kaiserzeit, S. 107)

■ **A1** *Wofür kämpften nach Aussage Widukinds die Slawen, wofür die Krieger Heinrichs I.?*
■ **A2** *Nenne Gründe für die zunehmende Überlegenheit des deutschen Heeres.*

Otto I. hatte schon als Jugendlicher an den Feldzügen gegen die slawischen Nachbarn teilgenommen. Er kannte die Kampfkraft des deutschen Heeres und die Verteidigungsfähigkeit der Westslawen. In seinen Plänen spielte Magdeburg eine große Rolle.

Magdeburg lag am westlichsten Punkt des Mittellaufes der Elbe und im Schnittpunkt mehrerer Handelswege. Es bot daher aufgrund seiner verkehrs- und wehrtechnischen Lage beste Voraussetzungen als Ausgangspunkt für Eroberungszüge gen Osten. Die Furt durch die Elbe ermöglichte auch großen Heeren einen gefahrlosen Übergang. 929 vermachte Otto I. seiner ersten Frau Editha Magdeburg als Hochzeitsgeschenk. Magdeburg war der bevorzugte Aufenthaltsort Ottos. Für keinen anderen Ort hat er mehr Königs- und Kaiserurkunden ausgestellt.

Das Siegel Ottos I. auf den Urkunden des 9. Juli 965

Wie einst Karl der Große seine ganze Fürsorge Aachen zugewandt hatte, so wandte sie Otto I. jetzt Magdeburg zu, das er zum Zentrum des deutschen Staates ausbauen ließ. 968 erreichte er beim Papst, dass Magdeburg Sitz eines Erzbischofs und damit Mittelpunkt einer neuen Kirchenprovinz wurde. Der Erzbischof von Magdeburg war mit ungewöhnlicher Machtfülle ausgestattet. Dom und Kaiserpfalz zu Magdeburg waren die bedeutendsten Bauvorhaben in Ottos Regierungszeit. Er ließ zahlreiche antike Bauteile wie Säulen, Marmorplatten und den Taufstein über die Alpen nach Sachsen schaffen. So machte er jedem deutlich, dass in Magdeburg an römische Traditionen angeknüpft werden sollte.

Von Magdeburg aus wurde die Christianisierung der Westslawen mit Feuer und Schwert schnell vorangetrieben. Schon 934 hatte das deutsche Heer die Oder erreicht. Zwei Vertraute Ottos I., die Markgrafen Gero und Billung, brachen mit allen Mitteln den erbitterten Widerstand der Slawen. So berichtet uns der Mönch Widukind von Corvey, dass Markgraf Gero einmal eine größere Zahl slawischer Fürsten zu einem Gastmahl einlud. Dabei ließ er wortbrüchig „ungefähr dreißig Fürsten, die nach einem schwelgerischen Gastmahle vom Weine trunken waren", erschlagen. Der Freiheitswille der Westslawen blieb aber ungebrochen. Als das deutsche Heer 982 in Süditalien eine Niederlage hinnehmen musste, erhoben sie sich gegen die Herrschaft der Deutschen und der Kirche. Der Slawenaufstand 983 war erfolgreich. Die Aufständischen zerstörten die Städte Havelberg und Brandenburg und drangen bis nach Hamburg vor; nur die Marken Meißen und Lausitz konnten gehalten werden. Die Folge des Aufstandes waren nicht nur erhebliche Gebietsverluste, sondern auch ein Wiederaufleben des Heidentums, also der Verehrung der alten Götter. Erst im Laufe des 12. Jahrhunderts konnten diese Gebiete erneut christianisiert werden.

■ **A3** *Erinnere dich an Ottos Krönung: Mit welchem Auftrag wurde ihm das Krönungsschwert übergeben? (Vgl. S. 24) Wie erfüllte er den Auftrag?*
■ **A4** *Wie denkst du über eine Christianisierung „mit Feuer und Schwert"?*
■ **A5** *Welche Rolle spielte Magdeburg in den Plänen Ottos I.?*

ARCHIV

Die Ottonische Reichskirche

Q1 Schon im frühen Mittelalter gab es stabile Vorstellungen von der Weltordnung und der Regierung der Christenheit. In seinem Brief an den Kaiser Anastasios erläuterte Papst Gelasius 494 das Zusammenwirken der beiden herrschenden Gewalten: „Zwei sind es nämlich, erhabener Kaiser, durch die an oberster Stelle diese Welt regiert wird: die geheiligte Autorität der Päpste und die kaiserliche Gewalt. Von diesen beiden ist die Last der Priester umso schwerer, als sie auch selbst für die Könige der Menschen vor Gottes Gericht Rechnung abzulegen haben. Denn Ihr wisst es, allergnädigster Sohn: Wohl überragt Ihr an Würde das ganze Menschengeschlecht, dennoch beugt Ihr fromm den Nacken vor den Verwaltern der göttlichen Dinge und erwartet von ihnen die Mittel zum Seelenheil. Ebenso erkennt Ihr, dass Ihr beim Empfang der himmlischen Sakramente, wenn sie geziemend gespendet werden, nach geheiligter Ordnung eher der demütig Nehmende, nicht aber der Befehlende seid. In diesen Dingen seid Ihr demnach vom Urteil der Priester abhängig und dürft sie nicht Eurem Willen unterjochen wollen. Wenn nämlich im Bereich der staatsrechtlichen Ordnung auch die Vorsteher der Religion willig anerkennen, dass Euch die kaiserliche Herrschaft durch göttliche Anordnung übertragen ist und deshalb auch sie Euren Gesetzen Gehorsam zu leisten haben, um nicht etwa in weltlichen Dingen Eurer einzig maßgeblichen Befehlsgewalt entgegen zu sein - wie freudig, so frage ich Euch, muss man denen dann gehorsam sein, die zur Spendung der hochgeweihten Mysterien gesetzt sind? (...) Und wenn sich schon allen Priestern insgesamt, falls sie der göttlichen Dinge würdig walten, die Herzen der Gläubigen demütig hingeben müssen, um wie viel mehr ist dann dem Bischof jenes Stuhles Beipflichtung zu zollen, welchen die höchste Gottheit erwählte, alle Bischöfe zu überragen, und welchen auch in der Folgezeit die gesamte Kirche immer in kindlicher Verehrung gefeiert hat."

(Weltgeschichte im Aufriss, Frankfurt a. M. 1963, S. 216)

■ **A1** Welche Gewalten herrschen nach Auffassung Gelasius' über die Welt?
■ **A2** Wie erklärt er ihre gegenseitige Abhängigkeit?

Q2 Wie Thietmar von Merseburg vermerkt, gab es bereits in der Karolingerzeit und unter dem ersten Sachsenkönig erhebliche Belastungen des Wechselverhältnisses der beiden Gewalten der Christenheit: „König Heinrich erlebte gerade seinen Machthöhepunkt, als in Bayern ein Herzog Arnulf herrschte, ein an Körper und Geist vollkommener Mann, dem die besondere Macht verliehen war, sämtliche Bistümer selbst zu besetzen. Er starb, nachdem er zu Lebzeiten mannigfache Beweise seiner Fähigkeiten abgelegt hatte. Das Ehrenrecht der Bischofseinsetzung hinterließ er seinen Nachfolgern allerdings nicht. Dies besorgten vielmehr unsere Könige und Kaiser, die irdischen Stellvertreter des Allerhöchsten. Sie stehen mit Recht vor allen anderen über den Geistlichen. Es ist nämlich ungut, wenn diejenigen, die Christus nach seinem Vorbild zu Fürsten auf Erden bestellt hat, jemandem untertan sein sollten, ausgenommen denjenigen, die nach göttlichem Vorbild und durch geistlichen Segen und die Krönung alle Sterblichen überragen."

(Thietmar von Merseburg: Chronik I, S. 68 f.)

■ **A3** Wer sollte nach Auffassung Thietmars, selbst ein Kirchenmann, die Bischofseinsetzung vornehmen?
■ **A4** Wie begründet er seine Sicht der Bischofseinsetzung?

Q3 Otto I. brachte seine Getreuen in die höchsten geistlichen und weltlichen Ämter. Beispielgebend war dafür sein Bruder Brun. Um 955 schrieb der Chronist Widukind v. Corvey: „Noch andere Kinder gebar ihm die herrliche und edle und an Klugheit unübertroffene Königin Mathilde, nämlich den Erstgeborenen, (...) namens Otto, den zweiten (...), Heinrich, (...) und den dritten, namens Brun, den wir das Amt eines obersten Priesters und gewaltigen Feldherrn zugleich bekleiden sahen. (Er war Erzbischof von Köln und Herzog von Lothringen.) Und möge ihn nicht etwa jemand deshalb für strafwürdig halten, denn wir lesen ja, dass sowohl der heilige Samuel als mehrere andere zugleich Priester und Richter gewesen sind."

(Quellen zur Geschichte der sächsischen Kaiserzeit, S. 63)

■ **A5** Weshalb könnte jemand die Vereinigung von herzoglicher und erzbischöflicher Gewalt „für strafwürdig halten"?
■ **A6** Wie wird die Vereinigung beider Gewalten hier gerechtfertigt?
■ **A7** Stelle diese Auffassung der von Papst Gelasius (Q1) gegenüber.

Q4 Der Historiker F. Prinz 1985 über Schwächen des Reichskirchensystems: „Schon in der Geburtsstunde des ottonisch-salischen Reichskirchensystems zeigten sich auch dessen mögliche Entartungen deutlich, vor allem die Gefahr, dass kirchlich kaum vertretbare Personen aus politischen oder familiären Gründen Bistümer erhielten, um dem Reichsregiment als willige Werkzeuge zu dienen (...); ein Umstand, der in ganz entscheidender Weise die Kirchenreformer des 11. Jahrhunderts zum Angriff gegen das gesamte Reichskirchensystem treiben sollte."

(Weltgeschichte im Aufriss, Bd. 1, S. 302)

■ **A8** Erläutere diese Einschätzung und vergleiche sie mit Q2.

Die Christianisierung der Westslawen

Q1 Widukind v. Corvey 936 über die Organisation des Grenzkampfes gegen die Slawen zur Zeit Heinrichs I.:

„(...) Der Merseburger Heerbann bestand aus Räubern. Denn während König Heinrich sehr streng gegen Fremde war, so war er doch seinen Landsleuten gegenüber sehr gnädig; daher erließ er, wenn er einen Dieb oder Räuber vor Augen bekam, der aber starke Arme hatte und zum Kriege brauchbar war, ihm die verwirkte Strafe, siedelte ihn in der Vorstadt von Merseburg (an der Grenze) an, gab ihm Land und Waffen, befahl ihm, alle Landsleute in Frieden zu lassen, die Heiden aber könne er nach Belieben plündern."
(Lautemannn, W./Schlenke, M. [Hg.]: Geschichte in Quellen, Bd. 2, S. 601)

■ **A1** Kommentiere diese Maßnahme.

Q2 Zu allen Zeiten zeichneten sich die Kämpfe zwischen Westslawen und Sachsen durch große Grausamkeit aus. Auf sächsischer Seite wurde in der Regierungszeit Ottos I. Markgraf Gero zur Schlüsselfigur:

„Die Barbaren aber, durch unsere Schwierigkeiten übermütig geworden, hörten nirgends auf, mit Morden und Brennen das Land zu verwüsten, und trachteten danach, den Gero, den der König über sie gesetzt hatte, mit List zu töten. Er aber kam der List mit List zuvor und räumte ungefähr an die dreißig Fürsten der Barbaren, die nach einem großen Gastmahl von Wein und Schlaf trunken waren, in einer Nacht aus dem Wege. Da er aber gegen alle Völkerschaften der Barbaren allein zu schwach war – es hatten sich nämlich um diese Zeit auch die Abodriten empört, unser Heer vernichtet und den Anführer desselben namens Haika erschlagen –, so führte der König selbst mehrere Male ein Heer gegen sie, fügte ihnen vielen Schaden zu und brachte sie fast in das äußerste Verderben. Nun gab es einen Slawen namens Tugumir (...), dem nach dem Rechte seines Stammes die väterliche Nachfolge bei den so genannten Hevellern zukam. Dieser ließ sich durch viel Geld (...) gewinnen und versprach, sein Land auszuliefern. So als ob er entsprungen wäre, kam er in die Stadt Brandenburg, wurde vom Volke (...) als Herrscher angenommen und erfüllte in kurzer Zeit, was er versprochen hatte (...). Denn er setzte seinen Neffen, der allein von allen Fürsten des Volkes noch über war, gefangen (...), tötete ihn und übergab die Stadt mit ihrem ganzen Bereich dem König. Daraufhin unterwarfen sich alle Slawenstämme bis zur Oder gleichermaßen der Tributzahlung an den König."
(Quellen zur Geschichte der sächsischen Kaiserzeit, S. 107.)

■ **A2** Beschreibe die Mittel, derer sich Gero im Kampf gegen die Westslawen bediente.

Q3 Die Christianisierung der Westslawen wurde von Otto dem Großen langfristig geplant:

„Nachdem aber Otto der Große die Stämme der Slawen unterjocht und sie dem christlichen Glauben zugeführt hatte, erbaute er die berühmte Stadt Magdeburg an den Ufern der Elbe und ließ, indem er sie den Slawen zur Mutterkirche bestellte, daselbst den Adalbert, einen Mann von größter Heiligkeit, zum Erzbischof weihen. Dieser wurde also als der erste Erzbischof in Magdeburg ordiniert und verwaltete sein Bistum zwölf Jahre hindurch unverdrossen und bekehrte durch seine Predigt dort viele Slawenstämme. Seine Einführung fand statt im fünfunddreißigsten Jahre des Kaisers, und es waren seit der Ordination des heiligen Ansgar hundertdreiunddreißig Jahre verflossen. Dem Magdeburger Erzbistum aber ist das ganze Slawenland bis an die Peene untertan; Suffraganbistümer (dem Erzbischof unterstellt) gehören dazu fünf, von denen Merseburg und Zeitz an der Saale liegen, Meißen an der Elbe, Brandenburg und Havelberg im Inneren."
(Helmhold: Chronik der Slawen, S. 56.)

■ **A3** Wodurch wird deutlich, dass Otto der Große einen Plan verfolgte?
■ **A4** Welche Rolle spielte Magdeburg in diesem Plan?

Q4 Lediglich fünfzehn Jahre nach Einrichtung der neuen Kirchenprovinz Magdeburg scheiterte das Vorhaben Ottos I.:

„Die Freveleien begannen am 29. Juni (983), indem die Besatzung von Havelberg niedergemetzelt und der dortige Bischofssitz zerstört wurde. Nach drei Tagen überfiel die geballte Macht der Slawen das Bistum Brandenburg, das bereits 20 Jahre vor dem Bistum Magdeburg errichtet worden war. Dies geschah am sehr frühen Morgen, als zur ersten Messe geläutet wurde. Bischof Folkmar, der dritte Bischof seit Gründung des Bistums, war bereits geflohen, und Dietrich, der die Stadt verteidigte, kam an diesem Tag mit seinen Bewaffneten nur äußerst mühsam. Der gesamte Klerus wurde von den Slawen gefangen genommen. Dodilo, der zweite Bischof, der von seinen eigenen Leuten erdrosselt worden war und nun schon drei Jahre im Grab geruht hatte, wurde aus dem Grab gerissen (...) Der gesamte Kirchenschatz wurde verschleudert. An Stelle von Christus und Petrus (...) wurden viele Götzen in teuflischer Ketzerart angebetet. Diese beklagenswerte Veränderung wurde nicht nur von den Heiden, sondern auch von den Christen befürwortet."
(Thietmar von Merseburg: Chronik I, S. 135 f.)

■ **A5** Berichte über die Ereignisse des Jahres 983.
■ **A6** Auch Christen hätten diese Veränderungen befürwortet. Irrt sich hier nicht Thietmar von Merseburg?

4 Kaiser und Papst im Streit

Viele Gläubige waren unzufrieden mit der Kirche, weil die von den weltlichen Herrschern eingesetzten Bischöfe und Äbte sich mehr um Herrschaft und Luxus kümmerten als um die Seelsorge. Dagegen richtete sich, ausgehend von den Klöstern Gorze und Cluny, eine starke Reformbewegung. Sie wollte das innere Leben der Kirche und auch das Papsttum erneuern. Dazu gehörte aber auch die Ausschaltung des Einflusses weltlicher Machthaber aus den Angelegenheiten der Kirche. Das musste auch den deutschen König treffen. Seit der Kaiserkrönung Karls des Großen stellte sich das Problem, wie das Verhältnis zwischen Kaiser und Papst sein solle: ob der Kaiser, der sein Amt als direkt von Gott gegeben ansah, oder ob der Papst als Stellvertreter Gottes höher im Range sei oder ob beide gleich seien.

Wie die Menschen sich das Verhältnis vorstellten, kannst du an den Bildern (rechts) erkennen.

■ **A1** Wie wird in den Abbildungen (rechts) das Verhältnis zwischen Kaiser und Papst dargestellt?
■ **A2** Welche Zeichen der Macht erhalten Kaiser und Papst?

Die Reformer wollten die Position des Papstes stärken. Im päpstlichen Archiv lag eine Urkunde, die man erst viel später als Fälschung entlarvte. In ihr steht, dass Kaiser Konstantin am Anfang des 4. Jahrhunderts, als er seine Residenz nach Konstantinopel verlegte, dem Papst Sylvester kaiserliche Gewalt über den Westteil des Römischen Reiches übertragen habe. Papst Gregor VII., aus dem Kreis der Reformer stammend, benutzte diese Urkunde, als er 1075 die Grundsätze seines päpstlichen Selbstverständnisses formulierte.

Kaiser — Papst — Gott

Kaiser und Papst, von Gott mit ihren Herrschaftszeichen ausgestattet (Sachsenspiegel, 13. Jahrhundert)

Q1 Auszug aus den 27 Grundsätzen Gregors VII.:
„1. Die römische Kirche wurde von Gott allein gegründet.
3. Er allein kann die Bischöfe ernennen oder absetzen. (…)
6. Es ist untersagt, mit einer Person, die von ihm gebannt wurde, Umgang zu pflegen (…).
8. Er allein kann die Reichsinsignien verwenden.
9. Die Fürsten dürfen nur dem Papst die Füße küssen (d. h. und nicht dem Kaiser!).
11. Sein Titel ist einzigartig auf der ganzen Welt.
12. Er hat die Macht, den Kaiser abzusetzen.
19. Niemand kann über ihn richten. (…)
22. Die römische Kirche hat sich nie geirrt und wird sich nie irren, so wie es in der Heiligen Schrift geschrieben steht."
(Nach: Das Register Gregors VII., S. 201 ff.)

■ **A1** Welche Behauptungen über die Rolle des Papstes stellt Gregor VII. in Q1 auf?
■ **A2** Wer soll die Bischöfe in ihr Amt einsetzen? Wer tat das bislang?
■ **A3** Gegen wen richten sich Gregors Forderungen?
■ **A4** Versucht herauszufinden, welche dieser Aussagen sich in der katholischen Kirche bis heute erhalten haben?

Nach seiner Wahl zum Papst setzte Gregor VII. zahlreiche Bischöfe ab, die durch den König in ihr Amt gekommen waren. Damit begann der Streit um die Einsetzung (= Investitur) der Bischöfe, der Investiturstreit. König Heinrich IV. drohte er – sollte dieser mit der Bischofsinvestitur fortfahren – mit dem Kirchenbann. Das war die schärfste Waffe des Papstes. Ein Gebannter war aus der Kirche ausgeschlossen, durfte an keinem Gottesdienst teilnehmen. Ihm geleistete Eide – auch Lehnseide – waren ungültig. Jedem war verboten, zusammen mit einem Gebannten zu essen, zu trinken oder ihm Unterkunft zu geben. Man konnte ihn ungestraft töten. Da die Bischofsinvestitur von großer Bedeutung für die Macht des Königs war, hielt sich Heinrich IV. nicht an das Verbot. Daraufhin sprach der Papst den Bann über den König aus – mit ungeheurer Wirkung. Heinrich IV. sah sich schlagartig allein gelassen.

■ **A5** Sprecht über die Maßnahmen Gregors. Wie denkt ihr darüber?

Die Reichsfürsten forderten von Heinrich IV., dass er sich innerhalb eines Jahres vom Banne befreite. Ansonsten würden sie einen neuen König wählen. Heinrichs IV. Reaktion ist sprichwörtlich geworden: Er trat den Gang nach Canossa an.

In einem furchtbar kalten Winter, in der Jahreswende 1076/1077, reiste Heinrich IV. mit seiner Gemahlin und seinem zweijährigen Söhnchen unter großen Strapazen nach Italien. Die Kronvasallen Italiens versammelten sich in der Annahme, Heinrich IV. würde Gregor VII. absetzen und verjagen. Aber Heinrich IV. verzichtete auf Waffengewalt. Der Papst selbst schilderte in einem Schreiben an die deutschen Fürsten, wie sich Heinrich IV. verhielt:

Q2 „Drei Tage harrte er vor den Toren der Burg (von Canossa) aus, ohne jeden königlichen Prunk in Mitleid erregender Weise, barfuß und in
5 wollener Kleidung. Er ließ nicht eher ab, unter reichlichen Tränen Hilfe und Trost des päpstlichen Erbarmens zu erflehen, bis alle, die dort anwesend waren und zu denen diese Kun-
10 de gelangte, von Mitleid und Barmherzigkeit überwältigt, sich für ihn unter Bitten und Tränen verwendeten und sich über die ungewohnte Härte unseres Sinnes wunderten. Einige
15 aber klagten, in unserem Herzen sei nicht die Festigkeit päpstlicher Strenge, sondern die Grausamkeit wilder Tyrannei."
(Schmale, F.: Quellen zum Investiturstreit I., S. 243 f., bearbeitet)

Heinrich IV. wurde nach diesen drei Tagen vom Bann losgesprochen.

■ **A6** Warum trat Heinrich IV. den Gang nach Canossa an?
■ **A7** Diskutiert in zwei Gruppen die Argumente für bzw. gegen den Gang nach Canossa.
■ **A8** Wie erreichte Heinrich IV. die Lossprechung vom Bann?

Der Streit zwischen Heinrich IV. und dem Reformpapst Gregor VII. um die Investitur der Bischöfe endete nicht mit dem Gang nach Canossa. Fast fünfzig Jahre dauerte es, bis zwischen Kaiser und Papst eine Vereinbarung geschlossen wurde (Konkordat genannt), die die Investitur der Bischöfe neu regelte. In diesem Wormser Konkordat 1122 wurde zwischen geistlichen und weltlichen Aufgaben der Bischöfe unterschieden. Der Papst setzte nun die Bischöfe in ihr geistliches Amt ein, der Kaiser übertrug ihnen weltliche Aufgaben wie Regierungsgeschäfte und Machtausübung über ein Gebiet.

■ **A9** Erkläre, was sich mit dem Wormser Konkordat gegenüber früherer Zeit verändert hatte.

Heinrich IV. bittet im Januar 1077 die Markgräfin Mathilde von Tuszien und den Abt Hugo von Cluny, sich beim Papst für ihn einzusetzen. Die Burg Canossa, auf der sich der Papst aufhielt, gehörte der Markgräfin. Buchmalerei um 1114.

ARCHIV

Quellen zum Investiturstreit

Q1 Vor dem Gang nach Canossa tauschten König und Papst 1076 in Streitschriften ihre wichtigsten Argumente aus. Sie richteten sich in erster Linie an die Öffentlichkeit und sollten deren Position zum Hauptkonflikt der Zeit beeinflussen. Heinrich IV. begründete die Absetzung Gregors VII. wie folgt:

„Heinrich, nicht durch Anmaßung, sondern durch Gottes heilige Einsetzung König, an Hildebrand, den falschen Mönch, nicht mehr Papst.
5 Solchen Gruß hast du zu deiner Beschimpfung verdient, der du keinen Stand in der Kirche verschont, sondern alle der Schmach, nicht der Ehre, des Fluches, nicht der Segnung teilhaf-
10 tig gemacht hast. Denn um von vielem nur weniges, und zwar das Hervorragende anzuführen: Die Leiter der heiligen Kirche, nämlich die Erzbischöfe, Bischöfe, Priester, die Gesalbten des
15 Herrn, hast du nicht nur nicht gescheut anzutasten, sondern wie Knechte, die nicht wissen, was ihr Herr tut, hast du sie unter deine Füße getreten; und durch deren Misshand-
20 lung hast du dir Lob von dem Munde der Masse bereitet; sie alle, so urteilst du, wüssten nichts, du aber allein verstündest alles.(...)
Und wenn wir alles dies ertragen, da
25 wir des Apostolischen Stuhles Ehre zu wahren suchten. Du aber betrachtest unsere Demut für Furcht und scheutest dich deshalb nicht, gegen die von Gott uns verliehene königliche Gewalt selber
30 dich zu erheben, und hast gewagt zu drohen, du werdest sie uns entreißen, gleich als ob wir von dir das Reich empfangen hätten, als ob die Königs- oder Kaiserkrone in deiner, nicht in Gottes
35 Hand sei, in der Hand unseres Herrn Jesu Christi, der uns zur Herrschaft, dich aber nicht zum Priestertum berufen hat. Du nämlich bist auf diesen Stufen emporgestiegen: Durch Schlauheit
40 hast du, was doch das Mönchsgelübde verabscheut, Geld, durch Geld Gunst, durch Gunst Waffengewalt, durch Waffen den Stuhl des Friedens erlangt, und vom Stuhle des Friedens hast du den
45 Frieden verscheucht, indem du die Untergebenen gegen ihre Vorgesetzten bewaffnetest, indem zur Verachtung unserer von Gott berufenen Bischöfe du, der Nichtberufene, anleitetest, indem
50 du den Laien das Amt derselben über die Priester anmaßlich beigelegt hast, auf dass sie selbst diejenigen absetzen oder verdammen, denen sie von der Hand des Herrn durch die Auflegung
55 der Hände der Bischöfe zur Unterweisung übergeben waren. Mich auch, der ich, wenngleich unwürdig, unter den Gesalbten zur Herrschaft geweiht bin, hast du angetastet, da doch die Über-
60 lieferung der heiligen Väter gelehrt hat, dass ich von Gott allein zu richten sei, und erklärt hat, dass ich um keines Vergehens willen entsetzt werden dürfe, ich wäre denn, was ferne sei, vom
65 Glauben abgeirrt. Denn selbst Julian, den Abtrünnigen, zu richten und zu entsetzen, wies die Weisheit der Bischöfe nicht sich, sondern Gott allein zu. Selbst der selige Petrus, wahrhaftiger
70 Papst, ruft aus: „Gott fürchtet, den König ehret" (1. Petr. 2, 17). Du aber, weil du Gott nicht fürchtest, verunehrst mich, den von ihm Verordneten.(...)
Du also durch diesen Fluch und aller
75 unserer Bischöfe Urteil und das unsrige verdammt, steige herab, verlasse den angemaßten Apostolischen Stuhl! Ein anderer besteige den Thron des seligen Petrus, der keinerlei Gewalttat
80 unter der Religion birgt, sondern des seligen Petrus lautere Lehre verkünde."
(Weltgeschichte im Aufriss, Bd. 2, S. 73 f.)

■ **A1** Liste die Vorwürfe auf, die Heinrich IV. gegen Gregor VII. vorträgt.
■ **A2** Welche Drohung Gregors VII. lässt Heinrich IV. zornig werden?

Q2 Gregor VII. zögerte nicht, seine Drohung wahr zu machen:

„Heiliger Petrus, Fürst der Apostel, neige mir zu, ich bitte Dich, gnädig Dein Ohr und höre mich, Deinen Knecht,
5 den Du von Kindheit an beschützt und bis auf diesen Tag aus der Hand der Ungerechten gerettet hast, welche mich um Deinetwillen hassten und auch jetzt noch hassen. Du bist mein Zeuge und
10 meine Herrin, die Mutter Gottes, und der heilige Paulus, Dein Bruder, mit allen Heiligen, dass Deine Heilige Römische Kirche mich wider meinen Willen zu ihrer Leitung berufen hat und dass
15 ich es nicht für einen Raub hielt, Deinen Stuhl zu besteigen, dass ich vielmehr lieber mein Leben als Pilger in der Fremde beschließen wollte, als um weltlichen Ruhm mit weltlicher List Deinen
20 Platz mir anmaßen. Und deshalb glaube ich, um Deiner Gnade, nicht um meiner Werke willen, habe es Dir gefallen und gefalle Dir noch, dass die Christenheit, welche Dir besonders anvertraut ist, mir gehorche. Besonders ist
25 mir an Deiner statt und durch Deine Gnade von Gott die Gewalt, zu binden und zu lösen im Himmel und auf Erden, anvertraut und verliehen worden. Auf diese Zuversicht also bauend, zur
30 Ehre und zum Schutze Deiner Kirche, widersage ich im Namen des allmächtigen Gottes, des Vaters, des Sohnes und des Heiligen Geistes, kraft Deiner Macht und Gewalt, dem König Hein-
35 rich, Kaiser Heinrichs Sohn, der gegen Deine Kirche mit unerhörtem Hochmut sich erhoben hat, die Herrschaft über das gesamte Reich der Deutschen und Italiens und löse alle Christen von
40 dem Band des Eides, welches sie ihm geleistet haben oder noch leisten werden, und ich untersage jedem, ihm fürder als einem Könige zu dienen."
(Weltgeschichte im Aufriss, Bd. 2, S. 74 f.)

■ **A3** Welche Waffe gebrauchte der Papst gegenüber Heinrich IV.?
■ **A4** Wie begründet er die Rechtmäßigkeit seiner Handlungsweise?

GESCHICHTE KONTROVERS

Wer war Sieger im Investiturstreit?

A1 Inwiefern veränderte Canossa die Welt des Mittelalters?

A2 Canossa – ein Triumph Gregors VII.? Diskutiert darüber.

A3 Weshalb nötigt das politische Handeln Heinrichs IV. den Historikern Respekt ab?

A4 Beschreibe Folgen des Investiturstreits für die Zentralgewalt in Deutschland.

Q1 War der Gang nach Canossa der Triumph des Papsttums über Heinrich IV. oder eine kluge politische Entscheidung des Königs? Dazu der Historiker W. Landgraf 1991:
„Die Wahrheit liegt dazwischen! Der Salier musste die Lösung vom Bann erreichen, wollte er nicht seine Macht für immer verlieren. Er tat (ob nun
5 mit oder ohne Heeresmacht im Rücken) Buße. Für den mittelalterlichen Menschen hatte dieser kirchliche Bußakt nichts Demütigendes! Ein Christ bereute seine Sünden vor Gott –
10 das Ergebnis aber verschaffte dem König wieder Bewegungsfreiheit. Doch über die Tagespolitik hinaus war Canossa ein Triumph Gregors VII. Ganz gleich, wie die Ereignisse verlaufen
15 sind – Heinrich IV. hatte den selbst für Zeitgenossen ungeheuerlichen Anspruch des Papstes, den König absetzen zu dürfen, grundsätzlich anerkannt, indem er sich dem Papst als
20 Richter unterwarf. (…) Der König, bisher unantastbarer Mittler zwischen göttlicher Gewalt und den Menschen (…) verlor weitgehend seine Heiligkeit. Durch den Bann Gregors VII. war er
25 zur bloßen weltlichen Person geworden; das Reich war kein göttliches Wollen mehr, sondern menschliches Tun. Und guten Gewissens setzten Deutschlands Fürsten bald dem Geblütsrecht
30 das Recht der freien Wahl entgegen. Die beiden, in göttlichem Auftrag vergebenen Schwerter der Gewalt, von denen das eine der Papst, das andere aber der König führen sollte, gerieten
35 immer mehr in die Hände Roms. Gott habe Petrus beide Schwerter anvertraut, so ließ man dort verlauten. Das weltliche habe er nur dem Kaiser überlassen, doch könne er es jederzeit
40 zurückfordern."
(Landgraf, W.: Heinrich IV., S. 17)

Q2 Heinrich IV. hat in dieser Epoche der Zeitenwende aber zweifellos auch einiges bewirkt. Dazu der Historiker E. Boshof 1990:
„Der Konflikt mit diesem Papst, dessen radikalem Sendungsbewusstsein und revolutionärem Elan der Salier nicht gewachsen war, hat die Welt des
5 Frühmittelalters grundlegend verändert. Heinrich hat sich der Umwertung der Werte, die von den Ideen Gregors VII. ausging, dem geistigen Umbruch seiner Zeit entgegenge-
10 stemmt, aber er hat lediglich die überlieferte Ordnung verteidigt; und er führte diesen Abwehrkampf von der Position des (…) Gewaltdualismus aus, der regnum und sacerdotium,
15 weltliche und geistliche Gewalt, in gleichberechtigtem Nebeneinander unmittelbar zu Gott sah. (…)
In der zähen Verteidigung der Königsrechte gegenüber der Reichskirche und
20 den Partikulargewalten (= Fürsten) hat Heinrich IV. immerhin die Voraussetzungen dafür geschaffen, dass der Episkopat (= Bischöfe des Landes) auch nach Beendigung des Investitur-
25 streites noch für fast ein Jahrhundert eine Stütze der Zentralgewalt darstellte und die Auflösung des Reiches in fürstliche Territorien aufgehalten wurde. Der Aufstieg neuer sozialer
30 Gruppen wie Ministerialen und Bürger bot dabei die Möglichkeit, die Staatsgewalt auf eine breitere Grundlage zu stellen, dem Königtum Helfer zuzuführen, die es vom Hochadel un-
35 abhängiger machten. Heinrich IV. hat diese Möglichkeiten genutzt, und er hat darüber hinaus auch die Friedensbewegung in den Dienst des Reiches gestellt, den Landfrieden als
40 ein Instrument königlicher Rechts- und Machtpolitik eingesetzt. (…)"
(Boshof, E.: Heinrich IV., S. 119 f.)

Q3 Historiker bescheinigen beiden Konkurrenten persönliche Niederlagen. Heinrich IV. wurde von seinem Sohn und Nachfolger Heinrich V. gefangen gesetzt und der Throninsignien beraubt. Gregor VII. wurde von einem Gegenpapst aus Rom verdrängt und floh zu seinen Verbündeten, den Normannen, in den Süden Italiens. K. Hampe schrieb 1953:
„Dort ist er, in seiner geistigen Energie ungeschwächt, aber durch die Aufregungen und Entbehrungen der letzten Jahre körperlich gebrochen, im Gefühl
5 des unverdienten persönlichen Unterliegens und des allgemeinen, im Zeichen des nahenden Antichrist heranbrechenden Niedergangs der Kirche am 25. Mai 1085 gestorben. Noch waren die
10 politischen Kräfte, auf die sich das Papsttum bei der gewaltsamen Umwandlung der Kirche stützen konnte, zu schwach und unzuverlässig, um mit ihnen den entfesselten Kampf gegen
15 das Kaisertum und alle Mächte der Gewohnheiten zum siegreichen Ende durchführen zu können. Aber für Durchbruchsmenschen von dem Maße Gregors werden Erfolg und Misslingen
20 nicht endgültig durch die Schicksale ihrer Lebensspanne bestimmt; der gegebene Anstoß wirkt weit darüber hinaus. Entschiedener als alle seine Vorgänger hat Gregor VII. dem Papsttum
25 die Richtung auf Weltherrschaft aufgeprägt. Er hat die Romanisierung der katholischen Kirche zwar nicht eingeleitet, aber vollendet, d.h. die Lösung von der deutschen Herrschaft und den
30 deutschen Rechtsvorstellungen (…)."
(Hampe, K.: Das Hochmittelalter, S. 138.)

A5 Trotz seiner persönlichen Niederlage wird Gregor VII. historische Größe zugesprochen – wie ist das zu erklären?

5 Neue Ordnung im Deutschen Reich: Die Stauferzeit

5.1 Gute, alte Stauferzeit?

Q1 Als das Deutsche Reich von französischen Truppen erobert worden war, erinnerte 1814 ein Gedicht an die staufischen Könige:

„*Der alte Barbarossa,
der Kaiser Friederich.
Im unterird'schen Schlosse
Hält er verzaubert sich.*
*Er ist niemals gestorben,
Er lebt darin noch jetzt.
Er hat im Schloss verborgen
Zum Schlaf sich hingesetzt.
Er hat hinabgenommen*
*Des Reiches Herrlichkeit
Und wird wiederkommen
Mit ihr, zu seiner Zeit.*"

(Rückert, F.: Staufensage. Zit. nach: Fischer-Fabian, S.: Die dt. Cäsaren im Bild, S. 238)

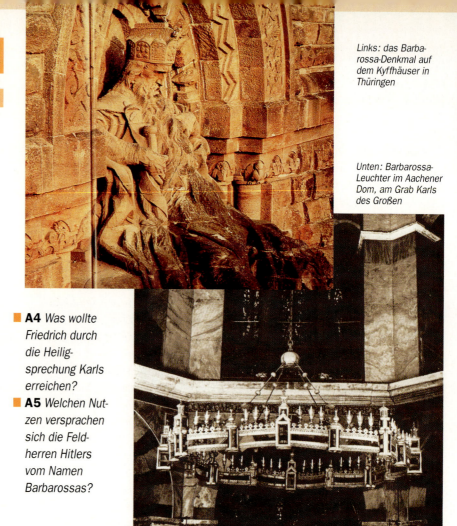

Links: das Barbarossa-Denkmal auf dem Kyffhäuser in Thüringen

Unten: Barbarossa-Leuchter im Aachener Dom, am Grab Karls des Großen

■ **A1** Glaubte der Dichter wohl wirklich, Kaiser Friedrich würde Deutschland befreien?

■ **A2** Welche Hoffnung wird hier zum Ausdruck gebracht?

Friedrich I. Barbarossa (Rotbart) besann sich gern auf Karl den Großen, dessen Heiligsprechung er vorantrieb.

Die Sage von einem Kaiser, der einst das Reich wieder aufrichten wird, ist schon zur Zeit der Staufer entstanden. Gemeint war der berühmte Friedrich I. Barbarossa, der sich schon damals großer Beliebtheit erfreute. Auch die Nationalsozialisten nutzten später diese Beliebtheit, als sie ihren Angriff auf die Sowjetunion „Unternehmen Barbarossa" nannten.

■ **A3** Schaue im Lexikon nach, was das Wort Porträt bedeutet. Und überlege, worin er sich von älteren Königs- und Kaiserdarstellungen unterscheidet.

■ **A4** Was wollte Friedrich durch die Heiligsprechung Karls erreichen?

■ **A5** Welchen Nutzen versprachen sich die Feldherren Hitlers vom Namen Barbarossas?

Porträtkopf Barbarossas aus Cappenberg (um 1160)

5.2 Fürsten als Träger des Reiches: Konkurrenz für das Königtum

Im Streit um die Einsetzung der Bischöfe (Investiturstreit) hatte sich das Papsttum gegen das Königtum durchgesetzt. Seit dem Wormser Konkordat von 1122 standen dem König auch die Fürsten in einer neuen Anordnung gegenüber: Die Bischöfe waren nicht mehr dem König gleichsam untergeben. Sie waren jetzt wie die weltlichen Großen Lehnsleute des Königs. Anders als vorher verstanden sich die Reichsfürsten jetzt als eine geschlossene Gruppe, die gleichberechtigt neben dem König für die Angelegenheiten des Reiches zuständig war. Die veränderte Lage zeigte sich bei der nächsten Königswahl im Jahr 1125. Über die Wahl Lothars, der bis dahin Herzog von Sachsen war, schrieb ein Chronist:

Q1 „Von allen Seiten versammelten sich die Fürsten (...), und das so zahlreich, wie sich bis zu unserer Zeit noch niemals ein Reichstag versammelt hat. Denn herbeigeführt hatte sie nicht der Befehl des Kaisers wie sonst, sondern die gemeinsame Pflicht ihrer höchsten Aufgabe (...). Dann schlugen sie aus (...) Bayern, Schwaben, Franken und Sachsen je zehn umsichtige Fürsten vor, die eine Vorwahl vornehmen sollten, der beizustimmen alle Übrigen versprachen. Auf einmal riefen [in der Beratung] viele weltliche Herren: ‚Lothar soll König sein.' Viele Fürsten, vor allem die bayerischen Bischöfe, ärgerte das aber (...). Von Gott erleuchtet nahm der (Bischof v. Mainz) die Bischöfe beiseite (und) machte sie für die mögliche Spaltung verantwortlich (...). Nun einte die Gnade des Heiligen Geistes den Sinn aller Wähler in gemeinsamem Geist, und König Lothar (...) wurde durch allgemeine Übereinstimmung (...) zur Königswürde erhoben.
Dann strömten von allen Seiten die Fürsten des Reiches zusammen, bestätigten den König sowohl durch Vasalleneid wie durch Huldigung und (...) empfingen vom König, was zu geben dem König recht war."
(Pollmann, B.: Lesebuch zur Deutschen Geschichte, Bd. 1, S. 250–254)

■ **A1** Nenne anhand des Berichtes die „höchste Aufgabe" der Reichsfürsten.
■ **A2** Versuche dich als Reporter, der einen Zeitungsartikel über die Geschehnisse auf dem Reichstag anfertigt. Dabei kommt es darauf an, das Neue herauszustellen. Dazu müssen Reporter oftmals nachlesen. Ganz wichtig ist auch, welche Überschrift man wählt.

5.3 Ministerialen: Neue Dienstleute des Königs

Da die Fürsten immer weniger ihre Aufgabe darin sahen, den König beim Regieren zu unterstützen, suchten die deutschen Herrscher nach neuen Helfern.

Auf ihren zahlreichen Burgen setzten auch die Staufer unfreie Dienstleute ein, die das Land überwachen sollten. Damit diese Ministerialen (Ministerium = Dienst) ihrer Verwaltungsaufgabe nachkommen konnten, übertrugen die Staufer ihnen ein Dienstgut. Auf diesem konnten sie unfreie Bauern für sich arbeiten lassen. So waren sie gut versorgt und ihrem Herrn treu ergeben. Denn der konnte sie absetzen, falls sie seine Anweisungen missachteten. Das Beispiel machte Schule. Schon bald „hielten" sich weltliche wie geistliche Herren Ministerialen.

■ **A3** Liste die staufischen Besitzungen mithilfe einer heutigen Karte auf.
■ **A4** Auch die Welfen machten eine vergleichbare Politik. Vergleiche den staufischen mit dem welfischen Besitz und stelle Vermutungen über mögliche Auseinandersetzungen zwischen den staufischen Königen und den welfischen Herzögen an.

Auch König Konrad III. nahm die Politik, Ministerialen auf Burgen anzusiedeln, wie sie in Schwaben von den Staufern angewandt wurde, auf und verwaltete auf diese Weise das dem König zustehende Reichsgut.

Besitz der Staufer und Welfen im 12. Jahrhundert

5.4 König und Fürsten

Die Ministerialen dienten ursprünglich zur Unterstützung der Könige und Herzöge. Im Laufe der Zeit versuchten aber alle Adligen, ihren verstreut liegenden Grundbesitz durch Tausch oder Krieg zu einem geschlossenen Territorium umzugestalten. Du hast bereits davon gehört, dass es Fürsten gab, die über mehr Land und damit auch Macht als der König selbst verfügten. Auch Friedrich I. Barbarossa hatte gegen starke Konkurrenz zu kämpfen. Dieses Problem zeigte sich bereits 1152, bei seiner Wahl, wie Otto von Freising berichtete:

Q1 „Es gab im Römischen Reich (…) bisher zwei berühmte Familien; die eine war die der Heinriche von Waiblingen (= Staufer), die andere die der Welfen (…) Wie es unter bedeutenden und ruhmgierigen Männern zu gehen pflegt, wetteiferten sie häufig miteinander und hatten schon oft die Ruhe des Reiches gestört (…) Da geschah es, wohl durch eine Fügung Gottes, der seinem Volke für die Folgezeit den Frieden schenken wollte, dass unter Heinrich V. der Vater unseres Friedrich, Herzog Friedrich (II.) aus der Familie der Könige, eine Tochter aus der anderen Familie, des Baiernherzogs Heinrich Tochter (Judith), heiratete. Aus dieser Ehe nun stammt der jetzt lebende Friedrich. So zogen also die Fürsten nicht nur die Tatkraft und Tüchtigkeit des oft genannten jungen Fürsten (Friedrich) in Betracht, sondern auch, dass er, der beiden Familien angehörte, (…) die Feindschaft dieser beiden Häuser überwinden könnte. Deshalb beschlossen sie, ihn zum Oberhaupt des Reiches einzusetzen."
(Ausgewählte Quellen zur deutschen Geschichte des Mittelalters, Bd. 17, S. 284 f.)

A1 Nenne die beiden Gründe, warum nach Ottos Ansicht die Fürsten Friedrich zum König wählten!

Doch Friedrichs Vetter Heinrich der Löwe, der mit Sachsen und Bayern über zwei Herzogtümer verfügte, wurde schließlich sein mächtigster Gegenspieler. Nachdem sie zunächst zum gegenseitigen Vorteil miteinander auskamen, verweigerte Heinrich dem Kaiser 1076 in Italien zusätzliche Reiterkrieger. Damit hatte der Löwe den Lehnsvertrag gebrochen: Barbarossa ließ ihm deshalb die Gebiete, die er vom Kaiser zu Lehen

GEWUSST WIE!

Ahnentafeln entschlüsseln

Um Ottos Aussage zu überprüfen, muss man die familiären Beziehungen klären. In der Geschichtswissenschaft übernimmt diese Aufgabe die Genealogie (lateinisch gens = Familie), die ihre Befunde in übersichtlichen Tafeln darstellt.

Unsere Tafel zeigt die Nachkommenschaft der Welfen und Staufer nur zum Teil, weil die Seite zu schmal wäre, um alle Namen zu erfassen. Die Verwandtschaft beider Familien erkennt man daran, dass sich ihre Linien verbinden. Willst du wissen, welcher Familie Friedrich I. (Barbarossa) angehörte, suche seinen Namen. Du findest ihn fast in der Mitte. Liest du nach oben, erkennst du: Sein Vater war Staufer, seine Mutter eine Welfin.

A2 Nun suche Heinrich den Löwen. In welchem Verhältnis stand sein Vater zu Judith, der Mutter Friedrichs I. (Barbarossa)? Also war Friedrich I. Heinrichs (…)

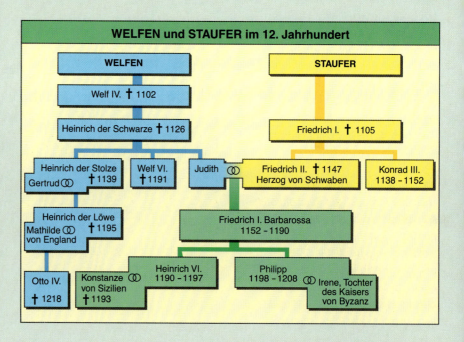

WELFEN und STAUFER im 12. Jahrhundert

trug, abnehmen. Profitiert hat von diesem Streit der Erzbischof von Köln, Philipp von Heinsberg, der einen Teil dieser Lehen für das Erzbistum Köln gewinnen konnte.

Die deutschen Könige waren gleichzeitig Könige über Oberitalien. Friedrich I. Barbarossa sah hier wichtige Quellen seiner Macht. Die oberitalienischen Städte waren im Investiturstreit immer selbstständiger geworden, weil die damaligen Könige sich nicht genügend um sie kümmern konnten. Friedrich hielt 1158 einen Reichstag in Roncaglia ab.

Q2 Der Geschichtsschreiber Rahewin berichtet darüber (1158): „*Er stellte eine sorgfältige Untersuchung über die Reichsrechte und die Regalien (= Königsrechte) an, die dem Reiche schon seit langem teils durch*
5 *freche Übergriffe, teils durch die Lässigkeit der Könige verloren gegangen waren. Weil die Bischöfe, die Großen und die Städte keine Entschuldigungsgründe vorweisen*
10 *konnten, gaben sie einstimmig die Regalien in die Hand des Königs zurück (...) Auf die Frage, was zu diesen Rechten gehört, sprachen sie ihm zu: Herzogtümer, Markgrafschaften,*
15 *Grafschaften, (...), Münzrechte, Zollrechte, (...), Steuern, Häfen, (...), Mühlen, Fischrechte, Brücken und alle Nutzung der Flussläufe (...) Von denen, die sich die Regalien zu*
20 *Unrecht angemaßt hatten, flossen (nun) jährlich ungefähr 30 000 Pfund in die Staatskasse.*"
(Gesta friderici: Ausgewählte Quellen zur deutschen Geschichte des Mittelalters, Bd. 17, S. 521/23)

■ **A1** Erläutere: Was sind die königlichen Rechte (Regalien)?
■ **A2** Warum ließ Friedrich I. wohl so genau feststellen, welche Rechte ihm als König in Italien zustanden? Weshalb führte er immer wieder Kriege gegen die italienischen Städte?

GEWUSST WIE!

Was ist ein Siegel?

Das Siegel Heinrichs des Löwen

Siegelstempel

Siegelwachs

Hier siehst du ein Siegel. Damit wurden wichtige Urkunden bestätigt und Briefe verschlossen. Entweder wurde das Pergament kreuzförmig durchschnitten und an dieser Stelle ein flüssiger Wachsklumpen befestigt, in den mit dem Siegelstempel das Siegelbild gedrückt wurde; oder das Siegel wurde mit einer kurzen Kordel an der Urkunde befestigt. Weil es jedes Siegelbild nur einmal gab, konnte es eine Unterschrift ersetzen und diente zugleich als Absender.

■ **A3** Woran erkennt man, dass das Siegel Heinrich dem Löwen gehörte?
■ **A4** Was wollte Heinrich mit seinem Siegelbild wohl zum Ausdruck bringen?
■ **A5** Zeichne ein Siegel, so wie du es gerne führen würdest.

ARCHIV

Kaiser Friedrich I. Barbarossa und seine Gegner

Q1 Aus einem Rundschreiben Kaiser Friedrichs I. an die Großen des Reiches vom Oktober 1157:

„Als Wir nämlich vor kurzem zu Besançon einen Hoftag abhielten (...) erschienen päpstliche Gesandte, die versicherten, sie hätten Unserer Majestät eine Botschaft zu überbringen, welche die Ehre des Reiches nicht wenig fördern würde. Wir empfingen sie ehrenvoll (...). Da legten sie Uns, als wären sie vom Teufel der Bosheit aufgebläht, so ganz von oben herab (...) ihre Botschaft in einem päpstlichen Handschreiben vor. Dies besagte, Wir müssten uns immer vor Augen halten, wie der Papst Uns die Auszeichnung der Kaiserkrone verliehen habe und dass es ihn nicht reuen würde, wenn Unsere Herrlichkeit noch größere Lehen von ihm empfangen hätte. Das also war die Botschaft der väterlichen Liebe (...). Bei diesen ruchlosen und jeglicher Wahrheit baren Worten war die Kaiserliche Majestät mit Recht empört, und alle anwesenden Fürsten erfasste solcher Grimm und solche Wut, dass sie die beiden Priester auf der Stelle zum Tode verurteilt hätten, wenn Wir nicht dazwischengetreten wären. (...) Da Uns das Königtum und das Kaisertum einzig von Gott durch die Wahl der Fürsten zuteil wurde, von Gott, der bei dem Leiden seines Sohnes Christi die Welt der Regierung durch die beiden notwendigen Schwerter unterwarf, und da der Apostel Paulus der Welt die Lehre gab: „Fürchtet Gott, ehret den König!", so ist jeder, der da sagt, Wir hätten die Kaiserkrone vom Herrn Papste als Lehen empfangen, ein Widersacher der göttlichen Ordnung und der Lehre Petri; solch einer ist ein überwiesener Lügner."

(Lautemann, W. [Hg.]: Geschichte in Quellen, Bd. II., S. 401)

■ **A1** Worüber beklagt sich der Kaiser?
■ **A2** Welche Bedeutung hätte es, wenn der Papst die Kaiserkrone als Lehen vergibt?

Q2 Obgleich mit Herzog Heinrich dem Löwen verwandt und viele Jahre im Bündnis mit ihm, entzog der Kaiser dem Welfen am 13. April 1180 alle Reichslehen:

„Allen Getreuen des Reiches (...) tun Wir (...) kund und zu wissen: Da Heinrich, ehemals Herzog von Bayern und Westfalen, die Freiheit der Kirchen Gottes und der Edlen des Reiches schwer bedrückt hat durch Einnahme ihrer Güter und durch Schmälerung ihrer Rechte, da er, auf dringende Klage der Fürsten und zahlreicher Adligen vorgeladen, sich Unserer Majestät zu stellen verschmäht hat und wegen dieser Säumnis dem auf Unsere Acht lautenden Spruch der Fürsten wie der Schwaben seines Standes verfallen ist, da er auch fernerhin gegen die Kirchen Gottes und gegen Rechte und Freiheit der Fürsten und Edlen zu wüten nicht aufgehört hat, so ist er sowohl wegen der Beleidigung jener als auch wegen der Uns erwiesenen vielfachen Nichtachtung, und zwar insbesondere wegen der offenkundigen Majestätsverbrechen, da er, nach Lehnrecht durch gesetzmäßige dreimalige Ladung vor Uns beschieden, sich nicht gestellt und keinen Bevollmächtigten gesandt hat, als Säumiger abgeurteilt worden; und so sind durch einmütigen Fürstenspruch auf dem feierlichen Tage zu Würzburg die Herzogtümer Bayern und Westfalen-Engern wie auch alle Reichslehen ihm aberkannt und Unserem Recht und Unserer Gewalt zugesprochen worden."

(Kroeschell, K.: Deutsche Rechtsgeschichte I [bis 1250], S. 166 f.)

■ **A3** Welche Vergehen gegen die bestehende Ordnung werden von der Fürstenversammlung und vom Kaiser Herzog Heinrich dem Löwen zur Last gelegt?

■ **A4** Erarbeite die Handlungsmotive des Kaisers. Berücksichtige dabei auch die Karte auf S. 37.

Q3 1167 informierte Kaiser Friedrich I. den Bischof Albert von Freising über eine „entsetzliche Tatsache":

„Wir sind der Überzeugung, dass du in deiner Treue bis in dein Innerstes Schmerz empfindest und verstört bist über diese so ganz und gar entsetzliche Tatsache, über die alle Himmel staunen und der Erdkreis erzittert. Alle Elemente empören sich angesichts eines so verbrecherischen Verrats, (...) vor dem Gerücht gottlosester Treulosigkeit, die einige lombardische Städte, Mailand, Placentia, Cremona, Bergamo, Brissia, Parma, Mantua, dazu die Markgrafschaft Verona, gegen unsere Majestät, gegen unseres Reiches Ehre ohne Grund, ohne jede Schuld unsererseits begangen haben. Und nicht allein gegen unsere Person erhebt sich ihr Aufstand, sondern sie versuchen, nach dem Sturze unserer Herrschaft das Reich der Deutschen, das mit so viel Mühe und so viel Aufwand und dem Blute so vieler Fürsten und ausgezeichneter Männer errichtet ist und das bis heute festgehalten ist, abzuschütteln und zu stürzen, und sie sagen: ‚Wir wollen nicht, dass dieser unser König ist, und wir wollen nicht, dass die Deutschen über unsere Leute herrschen.' Aber bei Gott, lieber wollen wir einen ehrlichen Tod unter den Feinden (finden), als dass wir erdulden, wie zu unseren Lebzeiten das Reich zerstört wird und wir unseren Nachkommen solch ein Durcheinander und derartige Verluste hinterlassen."

(Lautemann, W. [Hg.]: Geschichte in Quellen, Bd. II., S. 422)

■ **A5** Welche Empörung ließ den „Erdkreis erzittern"?
■ **A6** Wie reagierte der Kaiser?
■ **A7** Fasse zusammen: Womit musste sich Friedrich I. bei der Festigung seiner Macht auseinander setzen?

5.5 Das Lehnswesen bestimmt das Leben

Wie das Lehnswesen entstanden ist, hast du schon gelesen. Doch seit dem Investiturstreit hatte sich einiges geändert. Die Bischöfe und Äbte konnten nun nicht mehr als Reichsbeamte in Dienst genommen werden. Wie die weltlichen Fürsten erhielten sie ihre Amtsgewalt jetzt als Lehen. Solange sie sich nichts zu Schulden kommen ließen, konnte der König ihnen dieses nicht entziehen.

Nur wer unmittelbar vom König belehnt wurde, galt nun als Reichsfürst. Dazu gehörten weltliche wie geistliche Herren. Sie konnten ihrerseits wieder Lehen an Freie vergeben. Infolge ihrer Rangerhöhung konnten auch Ministerialen Lehen erwerben. Sie wurden frei und bildeten den niederen Adel. Am Ende des 12. Jahrhunderts regelte das Lehnswesen alle Beziehungen zwischen den Freien. Wer von wem Lehen empfangen konnte, war genau festgelegt.

■ **A1** *Erläutere das Schema unten. Wo ist in dem Schema der neu entstandene „niedere Adel" zu finden?*

Ausgenommen waren neben den einfachen Mönchen und Nonnen auch die Bauern. Das waren ungefähr 90 Prozent der Bevölkerung. Sie konnten kein Lehen empfangen. Sie arbeiteten auf den Grundherrschaften der Lehnsmänner.

5.6 Höhepunkt und Ende staufischer Macht

Friedrich I. Barbarossa ertrank 1190 auf dem Kreuzzug ins Heilige Land. Sein Sohn Heinrich VI. (1190–1197) erweiterte das Reich. Durch Heirat mit Konstanze, der Erbin des Normannenreiches, gewann er Süditalien und regierte fortan zwei Reiche, die sich zusammen von der Nordsee bis Sizilien erstreckten.

■ **A2** *Beschreibe anhand der Karte auf Seite 42 die Machtveränderungen in Italien.*

■ **A3** *Denke darüber nach, wie der Papst auf die Veränderungen reagiert haben könnte.*

Heinrich VII. starb in jungen Jahren und hinterließ seinem Sohn Friedrich II. ein gewaltiges Reich. In der Tat war der Papst erst bereit, Friedrichs deutsches und sizilisches Königtum anzuerkennen und ihn zum Kaiser zu machen, als dieser versprach, beide Teile nicht zu einem Staat zu vereinigen.
Friedrich II. (1212–1250) hielt sich meist im Süden auf. Den deutschen Fürsten gab er umfassende Rechte, die eigentlich dem König gehörten, und förderte damit deren schon vorher große Selbstständigkeit.
Kaiser Friedrich II. geriet mit dem Papst in große Konflikte, weil er einen versprochenen Kreuzzug mehrfach verschob. Schließlich bannte ihn der Papst 1237. Die deutschen Fürsten fühlten sich von ihren Eiden gegenüber dem Kaiser befreit und wählten Gegenkönige. 1250 starb Friedrich II. Bis 1273 gab es in Deutschland kein einheitliches, von allen anerkanntes Königtum mehr.

■ **A4** *Überlege, wie sich die Territorialherren in diesen Jahren der königlosen Zeit verhalten haben könnten. Formuliere deren Interessen.*

Gesellschaft im 12./13. Jahrhundert

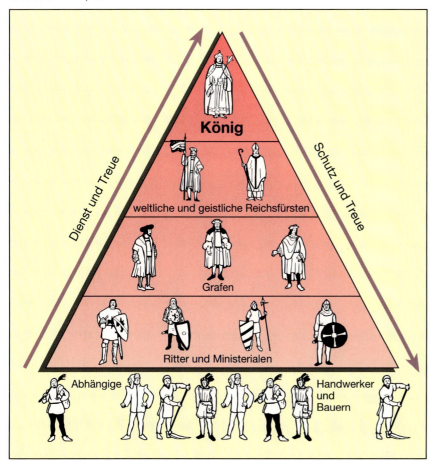

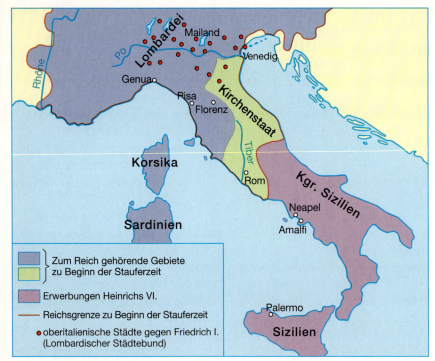

Italien in der Stauferzeit

Zum Reich gehörende Gebiete zu Beginn der Stauferzeit
Erwerbungen Heinrichs VI.
Reichsgrenze zu Beginn der Stauferzeit
oberitalienische Städte gegen Friedrich I. (Lombardischer Städtebund)

■ **A1** Bildet Gruppen. Je ein Schüler übernimmt die Rolle des Königs, der weltlichen und geistlichen Fürsten. Tauscht eure Argumente für oder gegen die Goldene Bulle aus.

In der Tat war es außerordentlich wichtig, die Königswahl zu regeln. Du weißt, dass es zwischen den Fürsten und mit dem Papst immer wieder zu Auseinandersetzungen gekommen war. Nun war erstmals schriftlich geregelt, wer den König wählen und absetzen konnte: nur die Kurfürsten. Damit hatte der König gemeinsam mit den Fürsten auch einen Sieg über das Papsttum errungen: Der Papst war von der Königswahl ausgeschlossen.

■ **A2** Die Goldene Bulle nennt die sieben Kurfürsten „Säulen des Reiches". Erkläre diese Aussage mithilfe des Bildes.

6 Das kurfürstliche Reich

Nach dem Ende der Staufer kämpften die größeren und kleineren deutschen Machthaber um die Vergrößerung ihrer Herrschaftsgebiete. Dabei bildete sich auch eine Gruppe heraus, die fortan allein berechtigt war, den König zu wählen. Ein Reichsgesetz von 1356, nach seinem Metallsiegel die „Goldene Bulle" genannt, regelte die Königswahl in allen Einzelheiten. In den Bestimmungen heißt es:

- Nach dem Tod übernimmt bis zur Neuwahl eines Königs der Pfalzgraf dessen Aufgaben.
- Spätestens nach drei Monaten soll die Neuwahl stattfinden.
- Als Wähler sind nur die Kurfürsten zugelassen. Das sind die Erzbischöfe von Mainz, Köln und Trier sowie die Kurfürsten von Böhmen, Brandenburg, Pfalz und Sachsen.
- Bei der Königswahl gilt das Mehrheitsprinzip.
- Die Kurländer dürfen nicht geteilt werden, sondern werden als Ganzes vererbt.

Die sieben Kurfürsten und ihre Wappen

ARCHIV

Kaiser Friedrich II. verändert Deutschland

Q1 Bewunderer fanden für Friedrich II. Ehrennamen wie „stupor mundi" (Staunen der Welt). Papst Innozenz IV. schrieb 1251 hingegen an verbündete Sizilianer:
„Frohlocken sollen die Himmel, jauchzen die Erde, dass der entsetzliche Gewittersturm sich nach der unaussprechlichen Barmherzigkeit des Herrn in einen linden Tauwind umgewandelt zu haben scheint, nachdem der Kaiser aus der Welt genommen ist, der die Gläubigen unablässig mit dem Hammer der Verfolgung zerstoßen und die Kirche Gottes in Verwirrung gestürzt hat."
(Deutsche Könige und Kaiser des Mittelalters, S. 209.)

■ **A1** Wie urteilt der Papst über den 1250 verstorbenen Kaiser? Die Karte auf S. 42 hilft dir, eine Erklärung zu finden.

Q2 Chronisten gelangten allerdings zu einem ganz anderen Urteil.
„Er war ein hochgemuter Mann, mäßigte aber seinen hohen Mut durch die große Weisheit, die in ihm wohnte, sodass ihn nie der stürmische Drang zu einer Tat fortriss, sondern er in allem mit reiflicher Überlegung vorging; war er doch der Philosophie beflissen, die er auch in seinem Reiche auszubreiten verordnete. Der Kaiser verfasste auch in seinem gewaltigen Scharfsinn, der sich besonders in der Naturwissenschaft zeigte, ein Buch über die Natur und die Pflege der Vögel. Die Gerechtigkeit liebte und pflegte er so, dass es niemandem verboten war, mit dem Kaiser selbst um sein Recht zu streiten. Kein Anwalt trug Bedenken, gegen ihn die Vertretung irgendeines Armen zu übernehmen, da der Kaiser selbst dies für erlaubt erklärt hatte."
(Grundzüge der Geschichte, Quellenband I, S. 208)

■ **A2** Vergleiche die Beschreibung des Chronisten mit Q1.

Q3 Friedrich II. hat mit den Reichsfürsten zwei für die Entwicklung in Deutschland bedeutende Vereinbarungen getroffen:

1220: Vereinbarung mit den geistlichen Fürsten:
„1. Zum Ersten versprechen wir, dass wir von nun an niemals beim Tode eines geistlichen Fürsten seinen Nachlass für den Fiskus in Anspruch nehmen werden. Wir verbieten auch, dass irgendein Laie unter irgendeinem Vorwande sich denselben zueigne, sondern er soll dem Nachfolger anheimfallen, denn der Vorgänger ohne Testament verschieden ist.
2. Neue Zölle oder Münzstätten werden wir in ihren Territorien ohne ihr Befragen oder gegen ihren Willen künftig nicht errichten; sondern die alten Zölle und Münzrechte (...) werden wir unverletzt (...) bewahren und beschützen.
3. Leute, die in irgendeiner Form der Dienstbarkeit zu ihnen stehen, werden wir, aus welchem Grunde auch immer sie sich ihrem Dienste entzogen haben, nicht zu ihrem Nachteil in unsere Städte aufnehmen (...).
5. (...) Auf welche Weise auch immer, sei es auch durch den Tod des Belehnten, ein Lehen einem geistlichen Fürsten ledig geworden ist, so werden wir jenes aus eigner Macht, geschweige mit Gewalt, in keiner Weise angreifen, es sei denn, dass wir es mit seinem guten Willen und freien Zugeständnis werden erlangen können, sondern wir werden mit Eifer es für seine Benutzung zu verteidigen streben (...).
9. Ferner setzen wir fest, dass keine Gebäude, nämlich Burgen und Städte, auf kirchlichem Besitze, sei es aus Anlass der Vogtei, sei es unter irgendeinem andern Vorwande, errichtet werden, und falls solche wider Willen derer errichtet sind, denen der Grund gehört, kraft königlicher Vollmacht zerstört werden sollen (...)."
(Ebenda, S. 190 f.)

1232: Vereinbarung über Vorrechte der deutschen Reichsfürsten:
„1. Zuerst setzen wir fest, dass keine neue Burg oder Stadt auf geistlichem Gebiet oder aus Veranlassung der Vogtei durch uns oder durch irgend sonst jemand unter irgendeinem Vorwand errichtet werden darf.
2. Dass neue Märkte die alten in keiner Weise hindern sollen.
3. Dass niemand gezwungen werden soll, wider seinen Willen einen Markt zu besuchen.
6. Jeder Einzelne unter den Fürsten soll der Freiheiten, Gerichtsbarkeiten, Grafschaften und Zehnten, seien sie ihm eigen oder zu Lehen gegeben, gemäss der Gewohnheit seines Landes ruhig genießen.
7. Die Zentgrafen sollen die Zenten vom Landesherrn (dominus terrae) oder von dem empfangen, welcher vom Landesherrn damit belehnt worden ist.
8. Die Dingstätte des Zentgerichts soll niemand ohne Zustimmung des Landesherrn verlegen.
12. Die Eigenleute der Fürsten, Edlen, adligen Dienstmannen (Ministerialen) und der Kirchen sollen in unseren Städten keine Aufnahme finden.
14. Das Geleitsrecht der Fürsten durch ihr Land, das sie als Lehen von uns innehaben, darf weder durch uns noch durch die Unseren behindert oder beeinträchtigt werden.
17. Wir wollen keine neue Münze im Lande irgendeines Fürsten schlagen lassen, durch welche eine Münze des betreffenden Fürsten verschlechtert werden könnte.
23. Eigenholde, Vogtleute, Lehensleute, welche zu ihren Herren übergehen wollen, sollen zum Bleiben durch unsere Beamten nicht gedrängt werden."
(Ebenda, S. 191 f.)

■ **A3** Was sichert Friedrich II. den geistlichen und weltlichen Großen zu?

■ **A4** Diskutiert über die Auswirkungen dieser Zugeständnisse. Wer wird gestärkt, wer geschwächt? Welche Folgen ergeben sich daraus?

7 Die Kreuzzüge – bewaffnete Wallfahrten nach Jerusalem

7.1 Expedition Heiliges Grab

Am 3. Mai 1096 herrschte im Judenviertel in Speyer heller Aufruhr. Juden lebten seit römischer Zeit verstreut in verschiedenen Reichsteilen, so auch in Speyer und anderen Städten am Rhein. Eine Schar armer, zerlumpter Pilger war vor der Stadt angelangt. Doch es waren keine gewöhnlichen Pilger, die sich auf der Wallfahrt zu einem heiligen Ort befanden. Denn sie führten Waffen mit sich und wollten bis nach Jerusalem ziehen. Für einen so langen Weg reichten ihre Vorräte aber nicht aus. Weil die Juden Jesus umgebracht hätten, so erklärte ihr Anführer, wollte man ihnen wegnehmen, was man für die Reise brauchte. So setzten die Pilger die Synagoge in Brand. Einige Juden wurden umgebracht, andere zwangsweise getauft. Der Rest flüchtete sich zum Bischof, der – wie in vielen Städten – ihr Schutzherr war. Fast ohne Beute mussten die Plünderer abziehen. In Worms und Mainz, wohin sie nun zogen, schützten die Bischöfe die Juden nicht. Hier wurde fast die ganze jüdische Gemeinde ausgerottet. Was aber hatte die armen Leute veranlasst, nach Jerusalem zu ziehen und über ihre jüdischen Mitbürger herzufallen?

7.2 Gott will es

In der französischen Stadt Clermont fand 1095 ein Konzil (= Versammlung der höchsten Geistlichen) statt, an dem auch Papst Urban II. teilnahm. Gemeinsam mit den Bischöfen des Landes beriet er über Kirchenfragen. Zur Abschlusspredigt waren auch die Fürsten und Freien des Landes eingeladen. Boten des by-

Urban II. in Clermont. Holzschnitt von 1482.

zantinischen Kaisers waren zu ihm gekommen, erklärte der Papst. Sie berichteten, dass der Stamm der Seldschuken die Grenzen ihres Reiches und die Kirchen im Vorderen Orient bedrohte. Deshalb baten sie, Ritter zur Hilfe zu schicken, weil ansonsten das ganze Christentum bedroht wäre. Denn die Seldschuken waren Muslime. Der Papst forderte alle Ritter auf, sich zu rüsten und nach Jerusalem zu ziehen, um das Heilige Grab Jesu zu befreien.

Alle Anwesenden waren von den Worten des Papstes empört und begeistert zugleich. Sie schrien „Gott will es" und nähten sich ein Kreuz auf die Brust. Damit wollten sie zeigen, dass sie dem Aufruf des Papstes folgten. Dabei hatten sie ganz unterschiedliche Gründe: Manche zogen aus frommem Glauben. Andere wollten im Orient eine neue Herrschaft oder ein Stück Land erwerben. Auch Verbrecher zogen mit, um sich ihrer Strafe zu entziehen.

Q1 Brief Papst Urbans II. an die Christen in Flandern (1095):

„Wir glauben, dass es ein Unrecht ist, (...) die Kirche Gottes in den beklagenswerten Teilen des Orients (=Morgenland) den Muslimen preiszugeben, die sie ausplündern, insbesondere auch die Heilige Stadt Christi, die durch die Leiden und die Auferstehung (Jesu) (...) verherrlicht worden ist. Deshalb haben wir die, die in gottgefälliger Weise mit diesem Unheil Mitleid haben, in Frankreich besucht und dort die Fürsten und Untertanen zur Befreiung der orientalischen Kirchen bewegt. Für ihre Bereitschaft dazu haben wir ihnen (...) alle ihre Sünden erlassen. (...) Wenn Gott auch unter euch welchen dieses Gelübde (= Versprechen) eingeflößt hat, so sollen sie wissen, dass (...) sie sich der Reisegesellschaft anschließen können."

(übersetzt nach Hagenmeyer, H.: Die Kreuzzugsbriefe aus den Jahren 1088–1100, Nr. II)

■ **A1** *Äußere deine Meinung zu den vom Papst in Aussicht gestellten Belohnungen.*

■ **A2** *Diskutiert das Für und Wider der Teilnahme an den Kreuzzügen.*

■ **A3** *Beschreibe die Zuhörer (Bild). Welche Personen erkennst du?*

Eine solche weite und gefährliche Reise musste gut vorbereitet werden. Pferde, Rüstungen und Waffen waren teuer. Mancher Ritter verpfändete sein Eigentum, um sich das nötige Geld zu besorgen. Der schlecht ausgerüstete Kreuzzug der Armen wurde bald von feindlichen Truppen vernichtet. Aber der größte Teil des Heeres, dem sich die Ritter aus allen Teilen Europas angeschlossen hatten, erreichte nach dreijähriger mühsamer Reise Jerusalem. Bei der Eroberung Jerusalems im Juli 1099

Die Eroberung von Jerusalem. Im oberen Teil des Bildes ist die Leidensgeschichte Jesu dargestellt. Buchmalerei aus dem 13. Jahrhundert.

■ **A1** Wie stellt der Maler die Eroberung Jerusalems dar?

Bedrohlich wurde die Situation für die Franken, als die Muslime in Sultan Saladin einen neuen Anführer erhielten. Er vereinte die seit langem zerstrittenen islamischen Staaten unter seiner Herrschaft. Bei Hattin brachte er 1187 den Franken eine vernichtende Niederlage bei und eroberte Jerusalem zurück.

Saladin und König Guido von Jerusalem nach der Schlacht von Hattin (Malerei aus dem 15. Jahrhundert).

kannten die Kreuzfahrer keine Gnade. Sie plünderten die Häuser und fielen über die einheimische Bevölkerung her. Den Männern schlugen sie die Köpfe ab. Auch Frauen und Kinder wurden nicht verschont.

Schließlich gingen die Kreuzritter glücklich und vor Freude weinend zum Grab Jesu, um Gott für ihren Sieg zu danken.

7.3 Leben im Heiligen Land

Nach der Einnahme Jerusalems kehrten die meisten Kreuzfahrer nach Europa zurück. Nur wenige blieben in den neuen Staaten. Man nannte sie Franken, weil die Mehrzahl aus Frankreich stammte. Zum Schutz gegen die Muslime, die in den angrenzenden Ländern lebten, bauten sie Burgen.

Das Land gaben die fränkischen Ritter ihren Getreuen zu Lehen. Die einheimischen Christen und die Muslime, die als Bauern in den Kreuzfahrerstaaten geblieben waren, mussten das Land für sie bebauen.

Q1 Ibn Jubair, ein muslimischer Reisender, berichtet:
„(Ich kam) auf eine Straße, an der aufgereiht von Muslimen bewohnte Bauernhöfe liegen, deren Wohlstand unter der Frankenherrschaft unverkennbar ist (…). Sie müssen die Hälfte ihrer Erträge zur Erntezeit abliefern und eine (geringe) Kopfsteuer (…) zahlen. Die Christen verlangen darüber hinaus nur noch eine geringe Fruchtsteuer (…). Doch die Muslime sind in ihren Wohnstätten ihre eigenen Herren und können tun, was ihnen beliebt."
(Prawer, J.: Die Welt der Kreuzfahrer, S. 56)

■ **A2** Wie schätzt Ibn Jubair das Leben der Muslime in den Kreuzfahrerstaaten ein?

Rekonstruktion der Kreuzfahrerburg Krak des Chevaliers.

■ **A3** Beschreibe, wie der christliche Maler Saladin darstellt.

■ **A4** Wie behandelt Saladin nach dieser Darstellung seine Gegner?

■ **A5** Bestimme die einzelnen Bestandteile der Kreuzfahrerburg. Welche Aufgaben hatten sie?

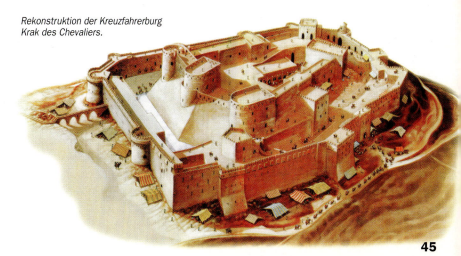

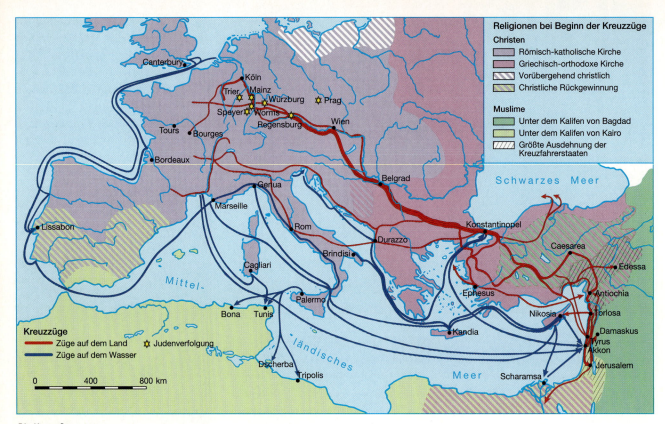

Die Kreuzzüge

Trotz der hoffnungslosen Lage wirkte die Kreuzzugsidee fort. Immer wieder zogen Heere ins Heilige Land. Und nicht nur Ritter machten sich auf den Weg.

■ **Q2** Ein Geschichtsschreiber berichtet zum Jahr 1212:
„Zur selben Zeit unternahmen Kinder und törichte Leute eine alberne Heerfahrt. Sie nahmen ohne eigene Überlegung das Zeichen des Kreuzes an,
5 mehr aus Abenteuerlust als ihres Heils wegen. Kinder beiderlei Geschlechts, (…) nicht nur kleinere, sondern auch Erwachsene, Verheiratete und Jungfrauen zogen mit leerem
10 Geldsack durch ganz Deutschland und durch Teile von Frankreich und Burgund. Von Eltern und Freunden ließen sie sich in keiner Weise abhalten (…) Da aber kein Unternehmen,
15 das unvernünftig und unüberlegt begonnen wird, gut endet, verbreitete und zerstreute sich diese törichte Menge, als sie in Italien angekommen war, und viele davon wurden von den
20 Bewohnern des Landes als Knechte und Mägde zurückbehalten. Andere sollen ans Meer gekommen sein, wo sie von den Schiffern und Seeleuten getäuscht und (als Sklaven) in ent-
25 fernte Länder gebracht wurden. (…) Und die vorher in Scharen (…) durch die Lande gezogen waren, kehrten jetzt einzeln und im Stillen, barfuß und hungernd zurück und wurden
30 zum Gespött aller."
(Lautemann, W./Schlenke, M. [Hg.]: Geschichte in Quellen, Bd. 2, S. 372)

■ **A1** Stell dir vor: Eine Gruppe von kindlichen Kreuzfahrern hat sich vor den Toren der Stadt gelagert. Würdest du mitziehen? Du triffst Bekannte. Wie sehen sie die Sache? Überlegt, welches Gespräch sich ergeben haben könnte. Spielt es der Klasse vor.

Zwar konnten die Franken die Küstenstädte noch längere Zeit behaupten, doch im Jahre 1291 wurden die Kreuzritter dann mit dem Verlust ihres letzten Stützpunktes, der Burg Akkon, endgültig aus dem Heiligen Land vertrieben.

■ **A2** Gib anhand der Karte einen Überblick über die Kreuzzüge.

7.4 Auswirkungen der Kreuzzugsbewegung

Die ersten Kreuzfahrer waren ins Heilige Land gezogen, um die Stätten der Christenheit zu befreien. 200 Jahre später waren diese wieder im Besitz der Muslime. Ganze Adelshäuser Europas waren ausgestorben, weil ihre Söhne auf den Kreuzzügen gestorben waren.

Q1 Der Mönch Humbert von Romans dachte um 1270 über den Sinn der Kreuzzüge nach:
„Manche fragen, was der Wert dieses Angriffs auf die Sarazenen (hier = Muslime) ist. Denn sie werden dadurch nicht zur Bekehrung erweckt,
5 sondern eher gegen den christlichen Glauben herausgefordert. Überdies: Wenn wir siegen und sie töten, schicken wir sie zur Hölle, was gegen das Gesetz der Liebe zu verstoßen
10 scheint. Außerdem: Wenn wir ihre Länder erobern, besiedeln wir diese nicht als Siedler, weil unsere Landsleute sich in diesen Gegenden nicht aufhalten wollen. Und daher scheint
15 es bei dieser Art des Kampfes keinen geistlichen, sinnlichen oder weltlichen Nutzen zu geben."

(Borries, B. v.: Massenmord – Heldentat – Erlösungswerk?; in: Geschichte lernen 7/1989, S. 44 f.)

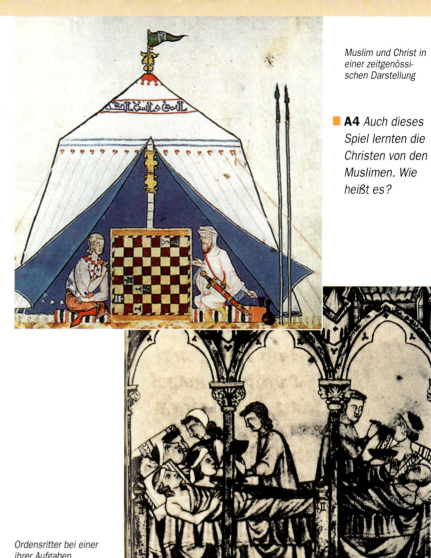

Muslim und Christ in einer zeitgenössischen Darstellung

A4 Auch dieses Spiel lernten die Christen von den Muslimen. Wie heißt es?

Ordensritter bei einer ihrer Aufgaben (zeitgenössische Darstellung)

A1 Vergleiche Humberts Aussagen mit den ursprünglichen Gründen der Kreuzfahrer.

A2 Was berichtet er über das Leben im Heiligen Land? Was hast du darüber erfahren?

In 200 Jahren hatten die Kreuzfahrer die Muslime besser kennen gelernt. Und manches haben sie von ihnen übernommen: z. B. den Burgenbau und neue Techniken der Textilproduktion. Auch manche Wörter unserer Sprache haben arabische Wurzeln:

Taft, Mohair, Damast	=
Orange, Spinat, Artischocke	=
Kümmel, Zimt, Muskat	=
Kittel, Mütze, Jacke	=

A3 Übertrage die Begriffe in dein Heft und suche zu jeder Reihe einen passenden Oberbegriff.

Solche Waren wurden vor allem von italienischen Kaufleuten aus Venedig, Pisa und Genua nach Europa gebracht. In den Küstenstädten der Kreuzfahrerstaaten hatten sie Stützpunkte gegründet und trieben von dort aus Handel mit den Muslimen. Weil diese Dinge in Europa selten und deshalb teuer waren, wurden die Handelsstädte reich und mächtig.

Vielleicht kennst du die Orden der Johanniter und Malteser. Als Erster aber war 1122 der Ritterorden der Tempelherren entstanden. Sie waren Ritter, die als Gemeinschaft nach festen Regeln lebten. Sie waren also Ritter und Mönche zugleich. Auch in Europa besaßen sie Niederlassungen. Durch Spenden wurden sie sehr reich. So konnten die Ordensburgen im Heiligen Land mit allem Notwendigen versorgt werden, damit sie ihre Aufgaben erfüllen konnten. Auch der Deutsche Orden, der später im Osten einen eigenen Staat gründete, wurde während der Kreuzzüge gegründet.

A5 Erläutere anhand des Bildes oben eine Aufgabe, die die Orden wahrnahmen.

A6 Diskutiert über eine Bewertung der Kreuzzüge

GESCHICHTE KONTROVERS

Die Eroberung Jerusalems 1099: Erlöserwerk oder Massenmord?

Q1 Der Erzbischof Wilhelm von Tyrus (1130–1186) schreibt in seinem Werk „Geschichte des Königreiches Jerusalem" um 1170: „Sofort durchzogen der Herzog und die Seinen (...) die Straßen und Plätze der Stadt; alle Feinde, die sie finden konnten, streckten sie mit der Schärfe des Schwertes nieder, ohne auf Alter oder Rang Rücksicht zu nehmen. Und es lagen überall so viele Erschlagene und solche Haufen abgehauener Köpfe umher, dass man keinen anderen Weg oder Durchgang mehr finden konnte als über Leichen. (...) Der größte Teil der Bevölkerung hatte sich nach dem Tempelhof geflüchtet, weil dieser in einem entfernten Teil der Stadt lag, auch mit einer Mauer, mit Türmen und starken Toren verwahrt war. Diese Flucht brachte den Leuten wahrlich keine Rettung; denn sogleich begab sich Herr Tankred mit dem größten Teil des Heeres dorthin. Er brach mit Gewalt in den Tempel ein und machte Unzählige nieder. (...) Sofort gingen auch die übrigen Fürsten, nachdem sie niedergemacht hatten, was ihnen in den andern Stadtteilen unter die Hände gekommen war, nach dem Tempel, hinter dessen Einfriedigung sich die Bevölkerung, wie sie gehört, geflüchtet hatte. Sie drangen mit einer Menge von Reitern und Fußgängern hinein und stießen, was sie dort fanden, mit den Schwertern nieder, ohne jemanden zu schonen, und erfüllten alles mit Blut. Es geschah sicherlich nach gerechtem Urteil Gottes, dass die, welche das Heiligtum des Herrn mit ihren abergläubischen Gebräuchen entweiht und dem gläubigen Volk entzogen hatten, es mit ihrem eigenen Blut reinigen und den Frevel mit ihrem Tode sühnen mussten. (...) Im Tempelbezirk sollen an die zehntausend Feinde umgekommen sein, wobei also die, welche da und dort in der Stadt niedergemacht wurden und deren Leichen in den Straßen und auf den Plätzen umherlegen, noch nicht gerechnet sind, denn ihre Zahl soll nicht geringer gewesen sein. Der übrige Teil des Heeres zerstreute sich in der Stadt, zog diejenigen, welche sich in engen und verborgenen Gassen versteckt hatten, um dem Tode zu entrinnen, wie das Vieh hervor und stieß sie nieder. (...)
Als endlich auf diese Weise die Ordnung in der Stadt hergestellt war, legten sie die Waffen nieder, wuschen sich die Hände, zogen reine Kleider an und gingen dann demütigen und zerknirschten Herzens, unter Seufzen und Weinen, mit bloßen Füßen, an den ehrwürdigen Orten umher, welche der Erlöser durch seine Gegenwart heiligen und verherrlichen mochte, und küssten sie in größter Andacht. Bei der Kirche zu den Leiden und der Auferstehung des Herrn kamen ihnen sodann das gläubige Volk der Stadt und der Klerus, welche beide seit so vielen Jahren ein unverschuldetes Joch getragen hatten, voll Dankes gegen ihren Erlöser, der ihnen wieder die Freiheit geschenkt, entgegen und geleiteten sie unter Lobliedern und geistlichen Gesängen nach der vorgenannten Kirche."
(Lautemann, W./Schlenke, M. [Hg.]: Geschichte in Quellen, Bd. Mittelalter, S. 369 f.)

■ **A1** Beschreibe die Vorgehensweise der Kreuzfahrer und charakterisiere sie mit treffenden Worten.
■ **A2** Wie rechtfertigt Wilhelm von Tyrus das Handeln der Kreuzfahrer? Diskutiert über seine Argumente.

Q2 Ibn al-Atir (1160–1235), ein arabischer Gelehrter, beschrieb die Eroberung Jerusalems durch die Franken, wie die Kreuzritter von den Muslimen genannt werden: „Die Franken nahmen sie (die Stadt Jerusalem) tatsächlich von der Nordseite, morgens am Freitag, dem 22. Sa'bān (492/15. Juli 1099). Die Einwohner wurden ans Schwert geliefert, und die Franken blieben eine Woche in der Stadt, während derer sie die Einwohner mordeten. Eine Gruppe von diesen suchte Schutz in Davids Bethaus, verschanzte sich dort und leistete einige Tage Widerstand. Nachdem die Franken ihnen das Leben zugesichert hatten, ergaben sie sich; die Franken hielten den Vertrag (...). Im Masgid al-Aqsā dagegen töteten die Franken mehr als siebzigtausend (!?) Muslime, unter ihnen viele Imāme, Religionsgelehrte, Fromme und Asketen, die ihr Land verlassen hatten, um in frommer Zurückgezogenheit an diesem heiligen Ort zu leben. Aus dem Felsendom raubten die Franken mehr als vierzig Silberleuchter, von denen jeder über dreitausendsechshundert Drachmen wog, einen großen Silberleuchter im Gewicht von vierzig syrischen Pfund, außerdem von den kleineren Leuchtern einhundertundfünfzig silberne und mehr als zwanzig goldene und andere unermessliche Beute. Die Flüchtlinge erreichten Bagdad im Ramadan (...). In der Kanzlei des Kalifen gaben sie einen Bericht, der die Augen mit Tränen füllte und die Herzen betrübte. Am Freitag kamen sie in die Hauptmoschee und flehten um Hilfe; sie waren in Tränen und rührten zu Tränen bei der Erzählung, was die Muslime in dieser erhabenen heiligen Stadt erlitten hatten: die Männer getötet, Frauen und Kinder gefangen, alle Habe geplündert. Wegen des schweren Unglückes, das sie erduldet hatten, brachen sie sogar das Fasten."
(Gabrieli, F. [Hg.]: Die Kreuzzüge aus arabischer Sicht, S. 49 f.)

■ **A3** Welche Sicht auf die Eroberung Jerusalems erfährst du aus der arabischen Quelle?
■ **A4** Vergleiche die Aussagen in Q1 und Q2. Arbeite Unterschiede und Übereinstimmungen in wichtigen Punkten beider Darstellungen heraus.

Q3 Lateinisches Gedicht auf die Eroberung von Jerusalem:
„Vom Blut viel Ströme fließen,
indem wir ohn' Verdrießen
das Volk des Irrtums spießen -
Jerusalem, frohlocke!

5 Des Tempels Pflastersteine
bedeckt sind vom Gebeine
der Toten allgemeine -
Jerusalem, frohlocke!

Stoßt sie in Feuersgluten!
10 Oh, jauchzet auf, ihr Guten,
dieweil die Bösen bluten -
Jerusalem, frohlocke!"

(Zitiert nach Wollschläger, H.: Die bewaffneten Wallfahrten gen Jerusalem, S. 11)

■ **A1** Setze dich mit der Beurteilung des Vorgehens in Q3 auseinander. Wie wirkt das Gedicht auf dich persönlich?

Auch die Anhänger der Ostkirche, besonders die Syrer und Armenier, verfolgten aufmerksam den Fall von Jerusalem. Michael der Syrer und Matthäus von Edessa berichten darüber:

Q4 „In diesem Jahr 548 (1099/1100) (...) wandten die Franken sich gegen die heilige Stadt Jerusalem, damit sich die Prophezeiung des heiligen Nerses,
5 Patriarch von Armenien, erfüllte. Der hatte gesagt: ‚Aus dem Volk der Franken wird das Heil für Jerusalem kommen. Aber die Stadt wird - zur Strafe für ihre Sünden - unter das Joch der
10 Ungläubigen zurückfallen.' (...) So also wurde Jerusalem genommen und das Grab Christi, unseres Gottes, von der Sklaverei unter den Muselmanen befreit. Es war das dritte Mal seit der
15 Kreuzigung des Herrn, dass das Schwert (...) gegen Jerusalem wütete."

(Matthäus von Edessa, übersetzt nach Recueil des historiens ..., Doc. Arm. I, 1869, S. 44 f.)

Q5 „Die Kreuzritter ergossen sich mit dem Schwert in der Hand über sie (die Araber) und löschten sie aus. Die Wichtigsten unter den Ungläubigen
5 hatten sich im Tempel (Salomos) zusammengeballt; dort wurden sie weggerissen und getötet. Der Patriarch (Oberhaupt der Ostkirche) folgte einer Straße und kam - die Ungläubigen
10 auf seinem Wege abschlachtend - bei der (Kirche der) Heiligen Auferstehung an. Seine Hände waren klebrig vom Blut (...). Er wusch sie und zitierte dieses Psalmenwort: ‚Der Gerechte
15 jauchze in dem Herrn (Gott), wenn er die Rache betrachtet, deren Werkzeug er ist. Er wasche seine Hände, die vom Blut des Sünders gefärbt sind!' Dann feierte er eine Messe und sagte, dass
20 er niemals im Leben ein Opfer gebracht habe, das Gott angenehmer gewesen sei."

(Michael der Syrer, übersetzt nach Recueil des historiens ..., Doc. Arm. I, 1869, S. 329)

■ **A2** Beschreibe die Stellung von Vertretern der östlichen christlichen Kirche zum Blutbad von Jerusalem?

■ **A3** Suche nach einer Erklärung für das Handeln und Verhalten der Christen. Wie konnte sich die Religion der Liebe in ihr Gegenteil verkehren?

Die Eroberung Jerusalems am Ende des ersten Kreuzzuges wurde immer wieder von Historikern dargestellt. Dabei stützten sie sich auf die vorhandenen Quellen:

Q6 Steven Runciman, 1957:
„Die Kreuzfahrer (...) rasten wie Besessene durch Straßen, Häuser und Moscheen und machten jedermann nieder, der ihnen in den Weg kam,
5 Männer, Frauen und Kinder ohne Unterschied. Das Massenmorden währte den ganzen Nachmittag und die ganze folgende Nacht hindurch.
(...)
10 Das Blutbad von Jerusalem machte auf die ganze Welt einen tiefen Eindruck. Niemand vermag zu sagen, wie viele Opfer es forderte; aber es entleerte Jerusalem von all seinen mohammeda-
15 nischen und jüdischen Einwohnern. Selbst viele Christen waren über die Untat entsetzt (...). Es war dieser blutrünstige Beweis christlichen Fanatismus (= übertriebener Eifer), der den Fa-
20 natismus des Islam neu entfachte. (...)"

(Runciman, St.: Geschichte der Kreuzzüge, Bd. I, S. 274)

Q7 Hans Eberhard Mayer, 1965:
„Der Rausch des Sieges, der religiöse Fanatismus der Kreuzfahrer (...) entlud sich in einem entsetzlichen Blutbad, dem unabhängig von Religion
5 und Rasse jedweder zum Opfer fiel, der den metzelnden Kreuzfahrern vor die Klinge geriet. (...)
Die islamische Welt war über den christlichen Vandalismus aufs Tiefste
10 empört und entsetzt, und die Erinnerung an diesen Massenmord wurde durch lange Zeit hindurch im Islam wach gehalten."

(Mayer, H. E.: Geschichte der Kreuzzüge, S. 66 f.)

Q8 Karam Khella, 1991:
„Stellenweise räumen (westliche) Autoren ein, dass es sich von europäischer Seite um einen ungerechten Krieg gehandelt habe. Dabei gehen sie aller-
5 dings sehr schonend mit den Angreifern um und verharmlosen insgesamt die Aggression. Schon die Bezeichnung ‚Kreuzzüge' ist ein Ausdruck von Verharmlosung. Es heißt ‚Zug', nicht ‚Ag-
10 gression' (...) oder wenigstens ‚Krieg'. Entsprechend heißen die Truppen ‚Kreuzfahrer'; das weckt eine glaubensmäßige Sympathie. (...) Die Kreuzzüge sind zwar abgeschlossen, aber
15 ihre säkulare (staatliche) Weiterentwicklung ist viel gefährlicher (...)."

(Khella, K.: Geschichte der arabischen Völker, S. 139)

■ **A4** Welchen Vorwurf macht der Hamburger Professor K. Khella den Historikern?
■ **A5** Stelle Vermutungen über die Gefahren an, die er darin in der Gegenwart sieht.

8 Slawen und Deutsche im östlichen Mitteleuropa

8.1 Die Anfänge des polnischen Staates

Im Bereich der Flüsse Warthe und Weichsel sowie in Schlesien siedelten im frühen Mittelalter jene slawischen Stämme, die seit dem 10. Jahrhundert zum polnischen Volk zusammenwuchsen. Darunter waren auch die Polanen, denen Polen seinen Namen verdankt. Wichtige Handelswege von der Ostsee bis ans Schwarze Meer durchzogen dieses Gebiet. Um frühe Handelsplätze bildeten sich allmählich Herrschaftsgebiete, so auch um die Orte Posen und Krischwitz. Dort hatte die Herrschaft des polnischen Adelsgeschlechtes der Piasten ihren Anfang.

Mieszko I. ist der erste namentlich bekannte Fürst der Piasten. Über ihn schrieb um 965 der jüdische Händler Ibrahim ibn Jakub:

Q1 *„Was nun das Land des Mieszko betrifft, so ist es das größte ihrer (der Slawen) Länder (...). Es ist reich an Getreide und Fleisch und Honig und*
5 *Fisch (...). Die von ihm eingesammelten Abgaben werden gezahlt in gangbarer Münze. Sie bilden den Unterhalt seiner Leute (...). Er hat 3 000 gepanzerte Gefolgsleute, das sind Krieger, von*
10 *denen ein Hundert gleichkommt zehn Hunderten anderer. Und er gibt diesen Leuten Kleider, Pferde und Waffen und alles, was sie nötig haben (...)."*
(Breyer, R./Nasarski, P./ Piekalkiewicz, J.: Nachbarn seit tausend Jahren, S. 11)

■ **A1** Wie wird Mieszkos Herrschaft in der Quelle beschrieben?

■ **A2** Was schließt du aus dem Hinweis auf 3 000 gepanzerte Gefolgsleute?

Im Jahr 963 hatte Mieszko eine militärische Auseinandersetzung mit dem deutschen Markgrafen Gero. Mieszko musste sich daraufhin verpflichten, dem deutschen Kaiser Otto I. Tribut zu zahlen. Aber wahrscheinlich war nicht die militärische Überlegenheit des Kaisers ausschlaggebend. Der noch heidnische Mieszko suchte wohl auch die Zugehörigkeit zum christlichen Westen. Denn kurz darauf heiratete er eine christliche Prinzessin und ließ sich taufen. Damit mussten auch seine Untertanen den katholischen Glauben annehmen. Schon bald nahm Mieszko an den Hoftagen des Kaisers teil und ab 986 galt er als dessen Lehensmann. Damit war er im gleichen Rang wie die Reichsfürsten. Als wichtiger Bundesgenosse unterstützte er den Kaiser bei Kämpfen gegen aufständische Slawen im Elbegebiet. Um 990 festigte er seine Bindung an den christlichen Westen, indem er sein Land dem Papst unterstellte. Bis heute besteht eine enge Bindung des polnischen Volkes an die katholische Kirche.

Als Mieszko 992 starb, hinterließ er einen gefestigten Herrschaftsbereich, den die Piasten als „Patrimonium", als gemeinsamen erblichen Besitz ihrer Familie, betrachteten. Boleslaw Chobry, der älteste Sohn Mieszkos, erlangte bald die Alleinherrschaft über das gesamte Patrimonium. In zahlreichen Kämpfen mit heidnischen Stämmen der Umgebung erweiterte er seinen Herrschaftsbereich.

Damals wurde Gnesen zum religiösen Mittelpunkt Polens. Denn dort hatte Boleslaw die Gebeine des Bischofs Adalbert von Prag bestatten lassen, der als Missionar von den heidnischen Pruzzen erschlagen worden war. Boleslaw hatte den Pruzzen den Leichnam abgekauft.

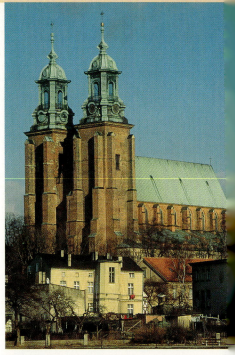

Die Kathedrale von Gnesen. Sie wurde 977 von Mieszko I. gegründet und später mehrfach umgebaut.

Das Grab in Gnesen galt bald als wundertätig und Adalbert wurde heilig gesprochen. Sogar der junge Kaiser Otto III. pilgerte dorthin und machte Gnesen schließlich im Jahre 1000 zum Erzbistum.

Boleslaw Chobry, König von Polen, aus dem Geschlecht der Piasten.

■ **A3** Woran erkennst du, dass hier ein König dargestellt ist?

Der Herrschaftsbereich der Piasten im Jahr 1000

Weil er sich verraten fühlte, womöglich auch, weil er die Königskrone anstrebte, führte Boleslaw später Krieg gegen das Reich. Im Jahre 1025 schließlich erlangte er, wohl mit Zustimmung des Papstes, die Königswürde. Doch die Herrschaft der Piasten zerfiel, wie überhaupt die polnische Geschichte bis in die neueste Zeit sehr wechselvoll blieb. Zwischen Deutschen im Westen und Russen im Osten mussten sich die Polen behaupten. Zeiten glanzvoller Herrschaft wechselten mit langen Phasen, in denen ein selbstständiger polnischer Staat nicht mehr existierte.

■ **A1** Schildere anhand des Textes und der Karte die Anfänge des polnischen Staates.

■ **A2** Nenne die slawischen Stämme, die zum polnischen Volk zusammenwuchsen.

■ **A3** Eine Aufgabe zum Nachforschen: Es gibt etwas an diesem Schwert, das bis heute als Zeichen für den polnischen Staat steht.

Das Krönungsschwert des polnischen Königs Boleslaw Chobry

8.2 Der Beginn der Ostsiedlung

Zur Zeit der Völkerwanderung vollzog sich eine breite Wanderungsbewegung vom Osten zum Westen Europas, die das Römische Reich erschütterte. Ab dem 12. Jahrhundert gab es erneut eine große Wanderungsbewegung – diesmal von West nach Ost. Menschen verließen ihre Wohnorte an der Nordseeküste, in Holland oder auch in Deutschland und zogen in entfernte Gebiete. Diese Wanderungsbewegung hat das heutige Gesicht Europas wesentlich mitbestimmt.

Menschen verlassen in der Regel dann ihren angestammten Wohnsitz, wenn sich ihre Lebenssituation verschlechtert. Lebten noch zu Beginn des ostfränkisch-deutschen Reiches etwa zweieinhalb bis drei Millionen Menschen zwischen Nordsee und Alpen, Rhein und Elbe/Saale, so waren es in der Regierungszeit des Staufers Friedrich Barbarossa im 12. Jahrhundert nahezu acht Millionen. Um die wachsende Bevölkerung mit Nahrungsmitteln versorgen zu können, waren bereits im 11. Jahrhundert fast alle Landreserven unter den Pflug genommen worden. Nachdem auch die dichten Wälder in Höhenlagen größtenteils gerodet (abgeholzt) worden waren, setzte eine Neulandsuche ein.

Dieses Neuland war durchaus vorhanden – östlich von Elbe und Saale. Die dort lebenden Westslawen hatten sich 983 von der deutschen Vorherrschaft befreit. Sie lebten zum Großteil im Umkreis der zahlreichen Seen, Flüsse und Bäche. Die Bevölkerung war im Unterschied zum benachbarten deutschen Gebiet nur geringfügig angewachsen. Weite Landstriche waren dünn besiedelt oder fast menschenleer. Schon in der ersten Hälfte des 12. Jahrhunderts

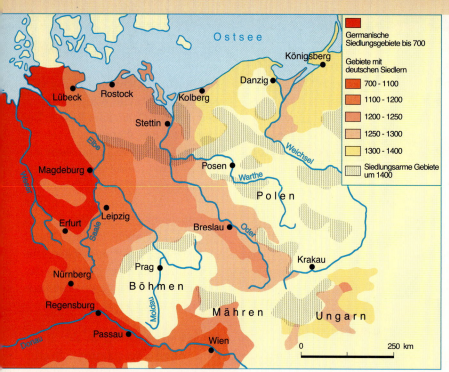

Die deutsche Ostkolonisation

Q1 Ein Sachbuchautor schreibt über die Rodungen:
„Die mittelalterliche Waldrodung ging wie folgt vor sich:
Die Bäume wurden angehauen, Hütten und Feuerstellen errichtet. Nach
5 drei Tagen galt der Boden als ersessen (d. h. in Besitz genommen). Dann brannte man die Bäume nieder oder fällte sie und verbrannte die Wurzeln und das Strauchwerk, um Asche als
10 Dünger zu gewinnen. Drei Arbeitsgruppen waren in der Regel tätig: eine Kolonne der Baumfäller, eine der Wurzelgräber und eine dritte, die Wurzeln und Holzabfälle verbrannte."
(Hühns, E.: Bauer, Bürger, Edelmann, S. 31)

■ **A4** Beschreibe anhand der Quelle, wie im 11. und 12. Jahrhundert der Wald gerodet wurde.

■ **A5** Wie werden heute derartige Arbeiten verrichtet?

■ **A6** Ortsnamen mit bestimmten Endsilben verraten uns, dass diese Orte durch Rodungen entstanden sind. Welche Rückschlüsse auf Rodungstätigkeiten erlaubt die Karte?

■ **A7** Suche dazu Ortsnamen aus deiner Heimat.

siedelten Bauern aus Flandern, Holland, Friesland und Westfalen im östlichen Schleswig-Holstein. Der heutige Fläming erhielt seinen Namen nach den Flamen, die ihn kultivierten. Die Besiedlung der Slawengebiete, auch Kolonisation genannt, erfolgte zunächst recht langsam und planlos.

Landesausbau hatte erhebliche Folgen für die Lebensbedingungen der Menschen. Im 10. Jahrhundert gab es noch viele Niederschläge. Die Wälder wirkten als große Wasserspeicher. Im 13. Jahrhundert verringerte sich die Regenhäufigkeit jedoch und es stellten sich die klimatischen Verhältnisse ein, die wir heute kennen.

■ **A1** Nenne Gründe für die Landsuche im Osten.

■ **A2** Zeige anhand der Karte Schwerpunkte der Ostkolonisation.

■ **A3** Welche Schritte lassen sich in der Ostkolonisation feststellen?

8.3 Der Landesausbau

Im Zuge der deutschen Ostsiedlung gab es zwischen dem 10. und 13. Jahrhundert wesentliche Veränderungen in der Landschaft.

Weiträumige Rodungen, die Trockenlegung von Mooren und die Eindeichung von Küstenlandstrichen stellen tiefgehende Eingriffe des Menschen in die Natur dar. Dieser

Deutsche und slawische Rodungsnamen

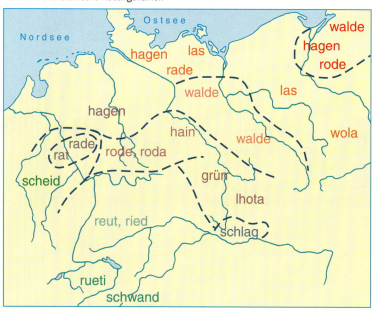

Q2 Über die mittelalterliche Holzverknappung, die Wirtschaft und Umwelt beeinträchtigte, schrieb die Historikerin M. Hillebrecht 1986:
„*Einschneidende Beschränkungen erfährt der Wald durch den mittelalterlichen Landesausbau des 10. bis 13. Jh., in dem die Waldfläche enger begrenzt wird. Man nimmt an, dass der Wald nördlich der Alpen in dieser Zeit die stärksten Beschränkungen seit der Jungsteinzeit erfahren habe. Gleichzeitig aber steigt der Bedarf nach einer Nutzung des Waldes als Folge einer expandierenden Bevölkerung. Mit der Aufnahme und Ausbreitung des Bergbaus im Mittelgebirgsraum kommt ein unersättlicher Holzabnehmer hinzu: die Bergwerke und Hütten. Ähnliche große Abnehmer sind in anderen Regionen zum Beispiel die Lüneburger Saline (= Salzgewinnung durch Erhitzen salzhaltigen Wassers), im Salzkammergut konkurrierende Salinen und Hütten, in Nordfrankreich schon sehr früh, in Deuschland etwas später die Glashütten und in den Töpfereizentren (z. B. an Weser, Werra und Rhein) die Töpfereien.*"
(Hillebrecht, M., in: Mensch und Umwelt im Mittelalter, S. 275)

■ **A1** *In welchem Verhältnis stehen Bevölkerungswachstum, Rodungen und Energiebedarf?*

Die Waldverknappung durch Landesausbau und gewerbliche Nutzung führte in vielen Regionen zu einer Energiekrise, die Anlass war für erste Umweltschutzmaßnahmen: Waldschutzverordnungen der Grundherren und gezielte Aufforstungen nahmen hier ihren Anfang. Um das Jahr 1300 war trotz Rodungen und Verbesserungen in der Landwirtschaft eine Grenze erreicht. Mehr Menschen konnten mit damaligen Mitteln nicht ernährt werden.

GEWUSST WIE!

Vergleich thematischer Karten

Einen Vergleich thematischer Karten können folgende Arbeitsschritte erleichtern:

1. Entnimm aus den Überschriften die Absicht der beiden Karten.
2. Prüfe, welche Unterschiede in den Absichten der Karten bestehen. Vermute, warum sie miteinander verglichen werden.
3. Lies die Kartenlegende.
4. Welche Aussagen enthält jede der beiden Karten für sich?
5. Vergleiche die Aussagen beider Karten und stelle fest, welche Unterschiede und Gemeinsamkeiten es gibt.

Wir halten fest:
Thematische Karten sind immer so angelegt, dass ein spezielles Thema (hier z. B. die Rodungen) möglichst anschaulich verdeutlicht wird. Die in Geschichtskarten sonst üblichen Merkmale, z. B. die Staatsgrenzen, treten daher oft in den Hintergrund.

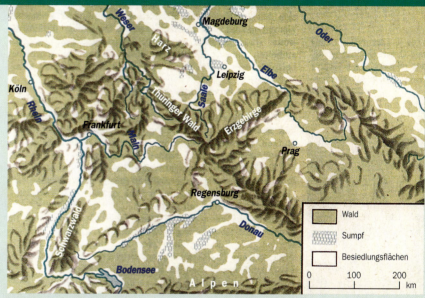

Die Besiedlungsflächen vor (oben) und nach (unten) den großen Rodungen

8.4 Gewaltsame Unterwerfung und friedliche Siedlung

Zunächst erfolgte die Landnahme mehr willkürlich. Im Frühjahr 1147 wurde in Frankfurt am Main ein Kreuzzug gegen die Slawen, der „Wendenkreuzzug", verkündet. Der Schlachtruf der Teilnehmer war: „Taufe oder Tod!"

Q1 Aus einem zeitgenössischen Bericht:
„Zwei mächtige Heere, wie man sie niemals zuvor gegen die Wenden ausgesandt hatte, taten sich nun zusammen. Das eine, 60 000 Mann stark, unterstand dem Markgrafen Albrecht dem Bären und versammelte sich bei Magdeburg; das andere, mit 40 000 Kreuzfahrern, zog sich am Unterlauf der Elbe zusammen, sein Führer war der Sachsenherzog Heinrich der Löwe. Eine dänische Flotte unterstützte die beiden Heere über die Ostsee (…) Im Juli unterwarf sich Niklot, der Fürst von Mecklenburg, der im Norden operierenden Armee und ließ sich taufen. Das weiter südwärts vordringende Heer erreichte im August das Land der Liutizen und verwüstete es."
(Higounet, Ch.: Die deutsche Ostsiedlung im Mittelalter, S. 69)

A1 Wer leitete den Kreuzzug gegen die Slawen?

A2 Kannst du erklären, warum damals „Christus für die Slawen nichts weiter (war) als ein deutscher Gott"?

A3 Welche Fragen stellen sich dir, wenn du von einem Kreuzzug gegen die Slawen und der Losung „Taufe oder Tod" liest?

Q2 Ein Zeitgenosse berichtet über die friedliche Ostkolonisation:
„Als dann die Slawen allmählich verschwanden, sandte er (Albrecht der Bär) nach Utrecht und die Rheinlande sowie zu denen, die am Ozean wohnten und unter der Gewalt des Meeres zu leiden hatten, den Holländern, Seeländern und Flamen, und holte von ihnen eine riesige Menge Volkes herbei und ließ sie in den Städten und Dörfern der Slawen wohnen (…) Zur gleichen Zeit begannen holländische Siedler, sich auch am südlichen Ufer der Elbe niederzulassen, von der Stadt Salzwedel an hatten die Holländer das ganze Sumpfgebiet und Ackerland (…) im Besitz."
(Bosau, H. v.: Slawenchronik, S. 313, bearbeitet)

A4 Suche eine Erklärung dafür, dass gerade Küstenbewohner angesiedelt wurden.

Die Siedler folgten oft Werbern, die im Auftrag ihrer Grundherren Versprechungen machten: Die Siedler sollten z. B. frei von Fron- und Transportdiensten bleiben, die Abgaben genau festgelegt sein usw. Die Werber, Dorfschulzen oder Schultheiß genannt, waren zuvor meist selbst Bauern oder Handwerker gewesen, manchmal auch verarmte Adlige. Sie erhielten für ihre Werbetätigkeit mehr Land als die Siedler.

Je nach Herkunft der Siedler entstanden Angerdörfer, Rundlinge (Haufendörfer), meist jedoch Waldhufendörfer.

A5 Erklärt die drei Dorfformen anhand der Abbildungen unten.

A6 Prüft in eurer Umgebung, welche der abgebildeten Dorfformen heute noch zu erkennen sind.

Rundling

Angerdorf

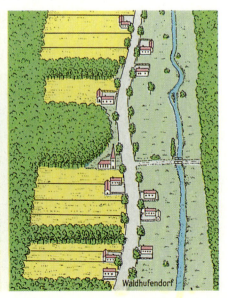
Waldhufendorf

Ab Mitte des 12. Jahrhunderts unterwarfen sich die slawischen Stämme, die 983 im Slawenaufstand ihre Freiheit behauptet hatten. Heinrich der Löwe vergab 1167 das Reich der Abodriten – Mecklenburg – als Lehen an den slawischen Fürstensohn Pribislaw. Albrecht der Bär nannte sich 1157 nach der Eroberung Brandenburgs, der Hauptstadt der Heveller, Markgraf von Brandenburg. Der slawische Adel verschmolz mit den deutschen Adelsfamilien. Auch slawische Herren riefen deutsche Siedler ins Land. Der Christianisierung stand nun nichts mehr im Wege. Die so genannten Slawenbistümer wie Havelberg und Brandenburg wurden wieder errichtet.

In der Geschichtsschreibung gibt es sehr unterschiedliche Darstellungen der deutschen Ostsiedlung. Einerseits wird der friedliche Charakter dieser Landnahme betont, andererseits wird herausgestellt, dass sie sich auch auf Gewalt gründete und große Opfer, vor allem von den Westslawen, forderte. Tatsächlich sind ganze Landstriche in Mecklenburg im Ergebnis des Wendenkreuzzuges menschenleer geworden. Die Westslawen gingen in der Ostkolonisation bis auf geringe Reste im deutschen Volk auf. Dabei verloren sie ihre eigene Sprache und das eigene Volkstum. Es gibt jedoch in Deutschland bis heute noch eine slawische Sprachinsel, in der das Volkstum gepflegt wird. Die Sorben in der Lausitz haben ihre Kultur bis in die Gegenwart bewahren können.

Gegen Mitte des 13. Jahrhunderts war die Christianisierung der Westslawen weitgehend vollendet.

■ **A1** *Sucht nach einer Erklärung dafür, dass Bauernsöhne aus dem Westen, aus Holland, Franken, Sachsen dem Ruf der Landesherren folgten und neue Dörfer im westslawischen Gebiet anlegten.*
■ **A2** *Versuche, die einzelnen Personen auf dem Bild zu bestimmen.*
■ **A3** *Ein Teil des Bildes müsste dir bekannt vorkommen. Erläutere ihn.*

8.5 Stadtgründungen im Osten

Der Landesausbau führte nicht nur zur Anlage vieler neuer Dörfer, sondern auch zur Gründung neuer deutscher oder zur Umgestaltung älterer slawischer Städte. So ist beispielsweise Lübeck, das später eine herausragende Rolle spielen sollte, 1143 am früheren slawischen Fürstensitz in Alt-Lübeck gegründet worden. Nach seiner Zerstörung wurde Lübeck 1158/59 von Heinrich dem Löwen neu gegründet. Bald nahm Lübeck eine schnelle, erfolgreiche Entwicklung.

Die Städtegründer im Osten Europas orientierten sich an den Rechtsverhältnissen im mittelalterlichen Magdeburg und Lübeck. Man sprach daher auch vom „Magdeburger Recht" und vom „Lübischen Recht". Gab es komplizierte Rechtsfälle in den neuen Städten, wurde das Magdeburger Gericht befragt.

■ **A4** *Welche Schlüsse ziehst du aus der Tatsache, dass sich ein Großteil der neu gegründeten Städte in Osteuropa an deutschen Rechtsverhältnissen orientierte?*

Das zeitgenössische Bild zeigt Bauern beim Roden und beim Bau eines Hauses. Ein Herr übergibt dem Schulzen eine Urkunde mit dreieckigem Siegel, 13. Jh.

GESCHICHTE KONTROVERS

Deutsche und Slawen begegnen sich: Ostsiedlung oder Ostexpansion?

Q1 Der deutsche Historiker Karl Hampe 1921 über die Gründe der mittelalterlichen Ostsiedlung:
„Der engere, aber ungleich begünstigtere Westen erschloss sich früher der Kultur, wurde volkreich, gewerbefleißig, rohstoffbedürftig; die Eingliederung in die Welt des römischen Reiches förderte solche Entwicklung. Die weiten Ebenen des unwirtlichen Ostens dagegen blieben von höherer Kultur unberührt, dünn bevölkert, arm an Gewerbe, reich an Rohstoffen. Aus diesem Unterschiede ergab sich die Notwendigkeit eines west-östlichen Austausches, und naturgemäß waren es die westlichen Kulturträger, welche in die östlichen Gebiete, die für sie Kolonialland wurden, vordrangen. Diese durch die natürlichen Gegebenheiten bedingte Bewegung ist erst seit der Entdeckung des neuen Kolonialgebietes von Amerika durchkreuzt (...)."
(Hampe, K.: Der Zug nach dem Osten, S. 10)

A1 Stelle die Unterschiede gegenüber, die Karl Hampe für den Westen und den Osten Europas formuliert.
A2 Diskutiert seine Schlussfolgerung.

Q2 Bericht über die Besiedlung des Landes im Osten in einem polnischen Schulbuch von 1957:
„Die deutschen Feudalherren bemühten sich, der Einigung der polnischen Lande, der Entwicklung des polnischen Staatswesens entgegenzutreten. Im 10. Jahrhundert wandte sich die feudale Aggression gegen die Elb- und die Ostseeslawen. Hier, auf slawischem Land, das durch Gewalt und Hinterlist erobert worden war, entstanden die Marken, die Ausgangspunkte weiterer feudaler deutscher Expansion im westslawischen Land waren, einer Expansion, die sich ebenfalls gegen das kräftige polnische Staatswesen wandte. Diesem eroberungssüchtigen deutschen Streben stellte sich Mieszko I. entgegen. (...) So gestaltete sich am Ende des 10. Jahrhunderts das Territorium des feudalen polnischen Staates, welches die Grundlage der Gestaltung der heutigen Grenzen unseres Staates ist."
(Michnik, H./Mosler, L.: Historia Polski, Warszawa 1957, S. 20)

A3 Analysiere die Auffassung aus dem polnischen Schulgeschichtsbuch.
A4 Vergleiche diese Sicht mit der des deutschen Historikers Karl Hampe.

Q3 Bewertung der Ostsiedlung durch den Historiker Fritz Gause, 1969:
„Die deutsche Ostsiedlung als eine großartige Leistung des deutschen Volkes zu bezeichnen, trifft nur eine Seite des historischen Vorganges. Diese Aussage könnte auch dahin missverstanden werden, als ob es sich um ein Ergebnis deutsch-nationaler imperialistischer Politik gehandelt habe, um eine planmäßige Erweiterung des deutschen Lebensraumes und eine Verschiebung der deutschen Grenzen nach dem Osten. Das war ein Ergebnis, aber nicht das Ziel der Ostsiedlung. Wenn Pommern und Schlesien Teile des Deutschen Reiches wurden, dann nicht durch Eroberung, sondern dadurch, dass ihre Fürsten die Länder vom Kaiser bzw. vom König von Böhmen zu Lehen nahmen. Der Ordensstaat in Preußen und Livland war eine europäische Macht und mehr ein Kirchenstaat an der Ostsee als ein Teil des Reiches. Die deutsche Ostsiedlung darf aber nicht nur aus der Sicht der deutschen Geschichte betrachtet werden. Sie war das Mittel, dessen sich die Fürsten des Ostens bedienten, um den Anschluss ihrer Länder und Völker an die Kultur und Gesittung des europäischen Abendlandes schneller zu erreichen, als sie es aus eigener Kraft vermocht hätten. Sie wollten diesen Anschluss zu ihrem und ihrer Völker Nutzen, und was die Zuwanderer in ihrer neuen Heimat leisteten, kam nicht so sehr Deutschland zustatten, sondern in erster Linie den Ländern, in denen sie jetzt arbeiteten, und den Völkern, innerhalb deren sie jetzt lebten."
(Gause, F.: Mittelalterliche deutsche Ostsiedlung, S. 5)

A5 Worin unterscheiden sich die Auffassungen über die deutsche Ostsiedlung, die in Q1 und Q3 zum Ausdruck gebracht werden?

Q4 Der tschechische Historiker Frantisek Graus zu den verschiedenen Urteilen über die Besiedlung des Landes im Osten:
„Bei der Untersuchung des Landesausbaus in Mitteleuropa und seinem Höhepunkt, der so genannten deutschen Kolonisation, ist meines Erachtens heute sowohl der traditionelle ‚Standpunkt' der deutschen Geschichte als auch der slawischen (bzw. tschechischen, polnischen usw.) nicht nur überholt, sondern geradezu für ein besseres Verhältnis hinderlich. (...) Weder die ‚Großtat des deutschen Volkes' sollte verherrlicht noch ein verkappter ‚Drang nach dem Osten' verteufelt werden. Wenn von einer Großtat gesprochen werden kann, dann von der Tat zahlloser Siedler, die – gewiss aus Eigennutz und im wohlverstandenen Eigeninteresse – die Siedlungskarte Europas in vielen Teilen nachhaltig veränderten, ohne letztlich an dem Ergebnis ihrer Mühen und jener ihrer Vorfahren recht froh werden zu können."
(Graus, F.: Die Problematik der deutschen Ostsiedlung aus tschechischer Sicht, in: Schlesinger, W. [Hg.]: Die deutsche Ostsiedlung des Mittelalters als Problem der europäischen Geschichte, S. 70)

A6 Wie beurteilt Frantisek Graus die Standpunkte in Q1 bis Q3? Arbeite seine Position heraus.
A7 Suche nach Gründen für die unterschiedlichen Sichtweisen.

8.6 Polen und der Deutsche Orden

Während der Kreuzzüge war der Deutsche Ritterorden entstanden. Ehelosigkeit, persönliche Armut der Ordensmitglieder und vor allem der Kampf gegen die Feinde des christlichen Glaubens waren in seinen Ordensregeln festgeschrieben. Als der polnische Herzog von Masowien im Kampf gegen den noch heidnischen Stamm der Pruzzen Hilfe benötigte, holte er daher die Ordensritter ins Land. Denn nach den Kreuzzügen suchte der Orden neue Aufgaben. Ab 1231 unterwarfen die Ordensritter in jahrelangen Kämpfen die Pruzzen und benachbarte Stämme. Noch im 14. Jahrhundert versuchten sie, in Kreuzzügen auch die Litauer zum Christentum zu bekehren. Aus den Kämpfen gegen die Samaiten ist von 1399 folgende Klage überliefert:

Ritter des Deutschen Ordens (Rekonstruktion aus dem 19. Jh.)

Schwerterkette des Deutschen Ordens, um 1500

Q1 „Der Orden will nicht unsere Seelen für Gott, sondern unsere Felder für sich selbst gewinnen (…). Alle Früchte unserer Felder haben uns die
5 Ritter genommen (…). Jedes Jahr führen sie unsere Kinder als Geiseln weg. Unsere Ältesten haben sie nach Preußen verschleppt, andere samt ihren Familien mit Feuer ausgerottet,
10 unsere Schwestern und Töchter haben sie mit Gewalt weggeführt – und dann tragen sie noch das heilige Kreuz auf dem Mantel! Habt Erbarmen mit uns! Von ganzem Herzen wollen wir Chris-
15 ten werden, aber wir wollen mit Wasser, nicht mit Blut getauft werden."
(Gitermann, V.: Geschichte Russlands, S. 396)

A1 Erläutere die Vorwürfe gegen den Orden. Was könnte ein Ordensritter erwidert haben?

A2 Beschreibe Kleidung und Bewaffnung der Ordensritter.

A3 Vergleiche die Abbildungen. Welche Aufgaben des Ordens werden jeweils betont?

A4 Wenn du die Schwerterkette mit den übrigen Abbildungen vergleichst, findest du heraus, welches Wappen der Deutsche Orden hatte.

Ordensritter (zeitgenössische Darstellung)

Der Herrschaftsbereich des Ordens entwickelte sich zu einem mächtigen und straff verwalteten Staat. Regiert wurde er von einem „Hochmeister", den die Ritter auf Lebenszeit wählten. Ihm unterstanden fünf Großgebietiger, die sich die Verwaltung des Staates teilten. Ordensburgen und das sie umgebende Land wurden von einem Komtur verwaltet. Mehrere Komtureien bildeten eine Ballei. Der Orden holte deutsche Siedler ins Land, gründete ca. 90 Städte und mehr als 1000 Dörfer, förderte Handel und Handwerk und legte zahlreiche Burgen an. Wälder wurden gerodet und Sümpfe trockengelegt. Danzig wurde zu einem bedeutenden Handelszentrum. Die Städte im Gebiet des Ordens traten dem Städtebund der Hanse bei, der Wirtschaft und Handel im Ostseeraum bestimmte. Sitz der „Hochmeister" und damit Machtzentrum des Ordens war die Marienburg bei Danzig.

■ **A1** Beschreibe anhand der Karte die Entwicklung des Ordensstaates.

Der Deutsche Orden, Polen und Litauen 1224–1466

Die Nachbarn des Ordensstaates fühlten sich durch dessen Machtzuwachs bedroht. Vor allem die Erwerbung Pomerellens 1309 und der reichen Stadt Danzig führte in den Konflikt mit dem Königreich Polen. In Polen war es König Kasimir (1333–1379) gelungen, das in kleine Herrschaften zersplitterte Land zu einen und wieder stark zu machen. Durch Heirat der polnischen Königstochter mit dem litauischen Fürsten Jagiello wurden 1386 das Königreich Polen und das Großfürstentum Litauen verbunden (Personalunion). So entstand eine Großmacht, die es mit dem Ordensstaat aufnehmen konnte. Hinzu kam, dass durch die Christianisierung Litauens der Orden eine Hauptaufgabe, nämlich die Bekämpfung und Bekehrung der Heiden, verloren hatte. Immer weniger Ritter kamen daher aus dem Reich. Und wegen der Pest (1347) und des damit verbundenen Bevölkerungsrückgangs blieben auch die Siedler mehr und mehr aus. Schließlich hatte die harte Herrschaft der Ordensritter sogar zu Widerstand und Aufständen der deutschen Untertanen geführt. Nach jahrelangen Kämpfen wurde der Orden daher 1410 in der Schlacht bei Tannenberg von Polen und Litauern entscheidend besiegt. Er musste an Polen Gebiete abtreten und schließlich 1466 dessen Oberhoheit anerkennen. Der Aufstieg Polens zur Großmacht setzte sich noch weiter fort. Um 1500 gehörten sogar Teile Russlands sowie Böhmen und Ungarn zu seinem Machtbereich.

■ **A2** Weshalb wohl haben zeitweise auch deutsche Untertanen des Ordensstaates gemeinsam mit Polen gegen die Ordensritter gekämpft?

Bis heute ist in Polen die Politik des Deutschen Ordens umstritten und der Begriff „Kreuzritter" sogar ein Schimpfwort. Das zeigt, wie wenig „abgeschlossen" Geschichte ist, vor allem wenn zwei Völker in einer wechsel- und leidvollen Geschichte so eng verbunden sind wie Deutsche und Polen. Die unterschiedlichen Geschichtsbilder spiegeln sich auch in Schulbüchern. In den 70er-Jahren versuchte eine deutsch-polnische Schulbuchkonferenz mit begrenztem Erfolg, einseitige Auffassungen zu überwinden.

Q2 Über die Ergebnisse der Schulbuchkonferenz heißt es in einem Bericht von 1977:

„In den polnischen Schulbüchern wird vor allem die Rolle des Deutschen Ordens als Herrschaftsträger und die Geschichte der Ausdehnung des Ordenslandes durch Kriege und Waffengewalt aufgezeigt (...). Die westdeutschen Schulbücher betonen die Missionsarbeit des Ordens und seine Leistungen für die Verbesserung der Lebensverhältnisse."

(Aus Politik und Zeitgeschichte B 47/77 vom 26.11.1977, S. 5 ff., bearbeitet)

■ **A3** Versuche zu erklären, warum es zu so unterschiedlichen Auffassungen kommen kann.

■ **A4** Habt ihr ältere Schulbücher in eurer Schulbibliothek? Vergleicht doch einmal die verschiedenen Darstellungen des Ordensstaates.

GESCHICHTE KONTROVERS

Deutscher Orden – Fluch oder Segen?

Q1 Der Geschichtsphilosoph Johann Gottfried Herder urteilte 1791 über den Deutschen Orden:
„Die deutschen Ritter endlich (...) eroberten Preußen, vereinigten sich mit den Schwertbrüdern in Livland, erhielten Estland (...), und so herrschten sie zuletzt von der Weichsel bis zur Düna und Newa in ritterlicher Üppigkeit und Ausschweifung. Die alte preußische Nation ward vertilgt, Litauer und Samojiten, Kuren, Letten und Esten wie Herden dem deutschen Adel verteilet. Nach langen Kriegen mit den Polen verloren sie zuerst das halbe, sodann das ganze Preußen, endlich auch Liv- und Kurland; sie ließen in diesen Gegenden nichts als den Ruhm nach, dass schwerlich ein erobertes Land stolzer und unterdrückender verwaltet worden, als sie diese Küste verwaltet haben (...)."
(Herder, J. G.: Ideen zur Philosophie der Geschichte der Menschheit, S. 540 f.)

Q2 Über den Umgang des Deutschen Ordens mit der Zivilbevölkerung schreibt 1959 ein Historiker:
„Vorweg muss betont werden, dass der Orden die eingeborene Bevölkerung seines Landes weder ‚ausgerottet', noch planmäßig ‚germanisiert' hat. Der letzte Begriff war dem Mittelalter ohnehin fremd, und so hat sich der Orden mit der Christianisierung der Prussen begnügt (...). Eher könnte man von einer Kultivierung sprechen (...)."
(Schumacher, B.: Geschichte Ost- und Westpreussens, S. 68)

Q3 W. Sonthofen, Historiker, 1990 über den Deutschen Orden:
„Die Geschichte des Deutschen Ordens ist eines der bedeutendsten und interessantesten Kapitel in der deutschen Geschichte. Diese Wertung mag überraschen, denn Geschichte ist politische Geschichte, die für eine geistliche Organisation, wie es ein Orden ist, im Allgemeinen nicht in Betracht kommt. Der Deutsche Orden war aber ein geistlicher Ritterorden, der neben einer militanten auch eine starke politische Ausprägung hatte. Seine bedeutendste Leistung war die Erschaffung des Ordensstaates Preußen (...)."
(Sonthofen, W.: Der Deutsche Orden, S. 7)

Q4 Der ehemalige Hochmeister, Marian Tumler, 1992 über den Deutschen Orden:
„Diese Entwicklung hatte den Orden zu einem souveränen Staat gelangen und damit zu einem unübergehbaren Machtfaktor nicht nur im Ostseebereich werden lassen. Er besaß internationales Ansehen und seine Beziehungen gingen durch ganz Europa (...). Er galt als das Ideal des Kreuzfahrertums schlechthin und im 14. Jahrhundert in Europa als die eigentliche Verkörperung der Kreuzzugsidee, aus welcher er entstanden war. Das zeigte gerade die Entwicklung Preußens am deutlichsten. Bereits die Eroberung und Unterwerfung mit der anschließenden Bekehrung zu Christentum und Taufe war ein Werk europäischer Gemeinschaftsleistung, vom Orden geführt. Der friedliche Ausbau des Landes geschah auf derselben Basis der Zusammenarbeit, verständlicherweise in erster Linie mit dem deutschen Reich (...). Entgegen auch heute noch vorgetragenen Angriffen gegen den Orden zeigt die ganze historische Überlieferung, dass er keineswegs die Urbevölkerung ausrottete, sondern sie seinem Staatswesen als Untertanen einordnete."
(Tumler, M./Arnold, U.: Der Deutsche Orden, S. 22 f.)

Q5 Bewertung des Deutschen Ordens 1946 durch den polnischen Historiker Karol Górski:
„Hier regierte der Orden, ein grausamer und rücksichtsloser Herrscher, der gerade diese Ideologie der Gewaltherrschaft verkörperte (...). Der Kreuzritterstaat (...) wird Jahrhunderte der preußischen Geschichte belasten (...). Der Orden hat sich die gesamte Eroberungskraft des Deutschtums zusammengeballt und drängte zur Unterjochung der Nachbarn."
(Górski, K.: Panstwo krzyzacie w Prusach [Kreuzritterstaat in Preußen], S. 13–15)

Q6 Der polnische Historiker Marian Biskup im Jahre 2000 über den Deutschen Orden:
„Aus der Sicht der Völker des südlichen Ostseeraumes muss eine Bewertung des Ordens und seines Staates in Preußen negativ ausfallen. (...) Konzentriert auf die Interessen der niederen deutschen Ritterschaft bedrohte der Ordensstaat die normale Entwicklung, manchmal sogar die Existenz anderer Völker und Staaten an der Ostsee. Er erschwerte die ruhige Entwicklung vor allem Polens, sein livländischer Zweig unterband die freie Entfaltung der Liven, Letten und Esten. Der unter Missachtung der ursprünglichen Zielsetzungen der Ordensorganisation entstandene Ordensstaat missbrauchte religiöse Grundsätze für rein weltliche, gesellschaftliche und ethnische eng begrenzte Ziele. Er verzerrte den Verlauf der Geschichte an der Ostsee und störte die freie Entwicklung, insbesondere das freie und natürliche Zusammenwachsen Pommerellens und Preußens mit dem Staat und der Gesellschaft Polens bzw. Litauens (...)."
(Biskup, M./Labuda, G.: Die Geschichte des Deutschen Ordens in Preußen, S. 541)

■ **A1** Beschreibe das Bild vom Deutschen Orden aus deutscher Sicht.
■ **A2** Arbeite aus Q1 bis Q4 Gemeinsamkeiten und Unterschiede heraus.
■ **A3** Analysiere die Urteile der polnischen Historiker.
■ **A4** Vergleiche sie mit den Einschätzungen der deutschen Historiker.

KULTURSPIEGEL

Kirchen als Abbild des Himmels

Bauten aus Stein waren in der Zeit der Entstehung des deutschen Reiches die große Ausnahme. Fast ausschließlich wurden als Baumaterial Holz und Lehm benutzt. Die Bearbeitung von Steinquadern war ungleich komplizierter und zeitraubender.

Inbegriff mittelalterlicher Baukunst sind die gewaltigen Kathedralen und Dome. Ihr Bau dauerte Jahrzehnte, mit Unterbrechungen manchmal Jahrhunderte. Sie waren Ausdruck der tiefen Gläubigkeit der Menschen und der Macht der Kirche. Vom 10. bis 12. Jahrhundert wurde im kraftvoll und massiv wirkenden romanischen Stil gebaut, der oft an Festungsbauten erinnert. Ab ca. 1200 setzte sich von Frankreich aus ein neuer Baustil, Gotik genannt, durch.

Q1 Der Kunsthistoriker H. Lützeler schrieb 1969 über die Entwicklung der abendländischen Baustile:
„Jedes christliche Gotteshaus ist gebautes Gleichnis des himmlischen Jerusalem. Aber die Himmelsstadt wird unter sehr verschiedenen Aspek-
5 *ten gesehen. Das Haus Gottes entfernt sich immer weiter von der zeitgenössischen, der profanen Architektur und erscheint unter den Häusern der Menschen immer unvergleichlicher; in*
10 *der Spätantike ist es den öffentlichen Gebäuden noch nahe, in der Romanik knüpft es an die Wohnung der Großen an, aber übersteigert sie; in der Gotik lässt es alle ‚irdischen'*
15 *Gestaltungen weit unter sich."*
(Epochen der Kunst, Bd. 2, S. 115)

■ **A1** Anhand der Zeichnungen und Fotos könnt ihr (am besten in Gruppenarbeit) wichtige Unterschiede zwischen Romanik und Gotik selbst herausfinden. Achtet vor allem auf die Form der Fenster, der Gewölbe über der Kirchenmitte, der Stützpfeiler und der Türme.
■ **A2** Stellt in einer Tabelle die Ergebnisse gegenüber.
■ **A3** Vergleicht eure Ergebnisse mit Q1.

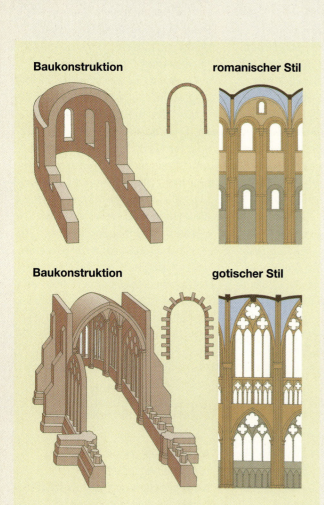

Baukonstruktion — romanischer Stil

Baukonstruktion — gotischer Stil

Stiftskirche in Gernrode (Harz). Der Bau dauerte fast zwanzig Jahre (961–980). Große, roh behauene Steinquader fügen sich zu hohen Außenmauern zusammen. In Höhe des Erdbodens sind die Mauern etwa drei Meter dick.

In Magdeburg ist der erste Dom in Deutschland nach dem Vorbild französischer Bischofskirchen im gotischen Baustil errichtet worden. Begonnen wurde der Bau 1209.

Gewaltige Mittel und Anstrengungen waren nötig, um diese beeindruckenden Kirchen zu errichten. Die Abbildung aus einer französischen Handschrift (1448) zeigt uns die verschiedenen Stadien des Kirchenbaus. Die Mauern sind aus Ziegeln und mit Sandstein verkleidet. Die Säulen an den Portalen bestehen aus dunklerem Stein. Die übrigen Kirchen sind ganz oder nahezu fertig. Die Kirchtürme tragen, da sie zuletzt gebaut werden, alle noch das Baugerüst.

■ **A1** Erkläre den Bauablauf mittelalterlicher Kirchen.
■ **A2** Beschreibe die unterschiedlichen Tätigkeiten der Handwerker.

Wie aber wurden die großen Steinquader in die Höhe gehoben? Das Hinaufbefördern der Steine geschah mit einem Kran, der durch ein großes Käfigrad, in dem die Lehrjungen wie die Hamster liefen, angetrieben wurde. Mit einer Übersetzung wurde die Drehbewegung auf eine Holztrommel übertragen, von der das Kranseil über die Rolle des Auslegers lief und an dessen Ende eine so genannte Schere die Steine fest packte. Das ganze schwere Gerät wurde mit jeder Lage Steine höher hinaufgerückt.

■ **A3** Wir erwarten Besucher in unserer Stadt. Natürlich führen wir sie zu den Bauwerken, auf die wir stolz sind. Wir bereiten uns auf eine Erklärung vor. Erkläre die Unterschiede zwischen dem romanischen und dem gotischen Baustil.
■ **A4** Was können wir tun, um diese Bauwerke für die nächsten Generationen zu erhalten?

Verschiedene Baustadien des Kirchenbaus. Buchmalerei von 1488

Mittelalterlicher Kran (Rekonstruktion)

■ **A5** Erkläre mithilfe der Zeichnung, wie der Baukran funktionierte.

GESCHICHTE IM ÜBERBLICK

486 — **622** — **800** — **880** — **919** — **962**

Chlodwig begründet das Frankenreich.

Franken und andere Germanen werden Christen.

Karl d. Gr. festigt das Frankenreich (Kaiserkrönung 800).

Das Frankenreich zerfällt. Ostfränkisch-deutsches Reich.

Heinrich I. wird König des ostfränkisch-deutschen Reiches.

Aufstieg des von Mohammed begründeten Islam.

Das Lehenswesen entsteht.

Kaiserkrönung Ottos d. Gr. Reichskirchensystem. Christianisierung der Westslawen.

Zusammenfassung

- Childerich (gest. 482) einigt fränkische Stämme, Chlodwig begründet das fränkische Großreich (486).
- Die Franken und später weitere germanische Stämme werden Christen.
- **Karl der Große** (742–814) erweitert (Sachsenkriege) und festigt das Frankenreich (Kaiserkrönung 800).
- Das **Lehenswesen** entsteht: Vasallen stehen dem König mit Rat und Tat zur Seite und erhalten von diesem Land mit abhängigen Bauern als Lehen.
- Nach Karls Tod (814) zerfällt das Frankenreich (880). Aus dem **ostfränkischen Reich** entwickelt sich allmählich das spätere Deutschland.
- **Heinrich I.** wird 919 König und verteidigt das ostfränkische Reich gegen die Ungarn (933). Sein Nachfolger wird **Otto I.** (Kaiserkrönung 962), der durch das Reichskirchensystem die Zentralgewalt festigt und von Magdeburg aus die Westslawen gewaltsam christianisiert.
- Infolge der **Kirchenreform** (Cluny; Hirsau) entsteht 1077 zwischen Papst **Gregor VII.** und **Heinrich IV.** ein Streit um die Einsetzung von Geistlichen in ihr Amt (Investi-

Herrschaft und Kirche im Mittelalter

1077	1099	1122	1147	1190	1356	1466
Investiturstreit zwischen Papst Gregor VII. und König Heinrich IV.	Kreuzfahrer erobern Jerusalem.	Wormser Konkordat.	Ostkolonisation: teils friedlich, teils mit Gewalt (Wendenkreuzzug).	Friedrich I. Barbarossa ertrinkt während eines Kreuzzuges.	„Goldene Bulle" regelt Königswahl. Die Fürsten sichern sich immer mehr Macht, schaffen zusammenhängende Herrschaften (Territorien).	Deutscher Orden unter polnischer Oberhoheit.

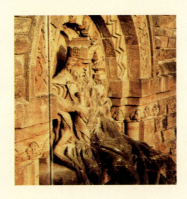

turstreit). Letztlich kommt es zwischen Papsttum und Königtum zu einem Kompromiss (**Wormser Konkordat** 1122).
- Die Zeit der **Staufer** (Friedrich I. Barbarossa gest. 1190, Friedrich II. gest. 1250) gilt als glanzvolle Epoche deutscher Kaiser. Doch gewinnen die **Fürsten** auf Kosten des Königs zunehmend an Macht und schaffen zusammenhängende Länder, in denen sie schließlich uneingeschränkt herrschen.
- Von Arabien aus tritt ab 622 der von **Muhammed** gegründete **Islam** das Erbe Roms im südlichen und östlichen Mittelmeerraum an. Die **Kreuzfahrer** erobern 1099 Jerusalem und gründen eigene Staaten. Die hoch entwickelte Kultur der Muslime beeinflusst die christliche Welt.
- Nach Abschluss des **Landesausbaus** im 11. Jh. suchen deutsche **Siedler im Osten** Neuland, meist friedlich, manchmal gewaltsam. Der **Deutsche Orden** begründet (ab 1231) einen eigenen Staat im Osten. Nach langen Kämpfen unterliegt er dem aufstrebenden Königreich **Polen** (1466).

2 Lebensformen im Mittelalter

Mittelalterliche Burganlage (Rekonstruktion)

Das Leben auf einer Burg

Viele Leute denken sofort an Ritter, wenn vom Mittelalter die Rede ist. Bestimmt hast auch du schon durch Sagen, Abenteuerromane, Spielfilme oder einen Museumsbesuch einiges über diese geheimnisvollen Personen erfahren. Mit dem Rittertum verbindet man normalerweise Begriffe wie Burg, Burgfräulein, Turnier, Streitross, Knappe, Minnesang und ritterliche Ehre. Hier kannst du dein Vorwissen überprüfen.

■ **A1** *Eine Burg wie diese hast du vielleicht schon gesehen. Unterhalte dich mit deinen Mitschülerinnen und Mitschülern darüber, wozu die einzelnen Bestandteile dieser Burg wohl gedient haben.*

Mit dem Aufstieg des Rittertums entstanden in West- und Mitteleuropa seit dem 10. Jh. zahlreiche Burgen, die den Rittern als Wohnsitz und Befestigung dienten. Burgen, die aus militärischen Gründen oft hoch auf einem Berg gebaut wurden, stellten auch Symbole der Macht dar und halfen den Rittern dabei Herrschaft über das Umland auszuüben. Die Ritter waren die Grundherren der Bauern der Umgebung und lebten von deren Abgaben und Frondiensten. Das Leben auf einer Burg war dennoch nicht immer angenehm.

■ **Q1** Aus einem Bericht des Ritters Ulrich von Hutten aus dem Jahre 1518:
„Die Burg ist von Mauern und Gräben umgeben, innen ist sie eng und durch Stallungen von Vieh und Pferden zusammengedrängt. Daneben liegen
5 *dunkle Kammern, voll mit Geschützen, Pech, Schwefel und allen übrigen Waffen und Kriegsgerät. Überall stinkt es nach Schießpulver; und dann die Hunde und ihr Dreck, auch das –*

65

So stellt ein moderner Zeichner sich ein ritterliches Festmahl vor.

ich muss schon sagen – ein lieblicher Duft. (...) Man hört das Blöken der Schafe, das Brüllen der Rinder, das Bellen der Hunde, die Rufe der auf dem Feld Arbeitenden, das Knarren der Fuhrwerke (...) ja sogar das Heulen der Wölfe hört man in unserem Haus, weil es nahe am Wald liegt. Der ganze Tag bringt vom Morgen an Mühe und Plage, ständige Unruhe und dauernden Betrieb. (...)"
(Pleticha, H.: Ritter, Burgen und Turniere, S. 25)

■ **A1** Spielt folgende Szene: Zwei Ritter treffen sich und erzählen sich gegenseitig vom Leben auf ihrer Burg. Der eine ist zufrieden, der andere unzufrieden.

Festliche Gelage, wie man sie in Ritterfilmen häufig sehen kann, waren eher eine Seltenheit. Der Ritter Parzival, die Figur in einem mittelalterlichen Roman, sagte: „Daheim in meinem eignen Haus erlabt sich selten eine Maus." Wenn allerdings Gäste zu Besuch waren, wurde die ritterliche Tafel reich gedeckt. Wenn es sich der Gastgeber leisten konnte, waren die Speisen mit Pfeffer und anderen damals sehr seltenen Gewürzen zubereitet. Bei der ritterlichen Festtafel sollten bestimmte Tischsitten eingehalten werden.

Q2 Von höfischen Tischsitten schrieb der Sänger Tannhäuser im 13. Jahrhundert:
„Kein edler Mann soll mit einem Löffel trinken noch mit einer Schüssel. Auch soll sich niemand während des Essens über die Schüssel legen und dabei wie ein Schwein schnaufen und schmatzen. Gar mancher beißt von seinem Brotstück ab, taucht es dann wieder nach bäuerischer Sitte in die Schüssel; ja, mancher legt den Knochen, den er benagt hat, wieder in die Schüssel zurück. Wer gern Senf und Salz isst, der soll nicht mit den Fingern hineingreifen. Man soll nicht gleichzeitig reden und essen wollen. (...) Man stochere nicht mit dem Messer in den Zähnen herum und schiebe nicht Speise mit den Fingern auf den Löffel. Auch lockere niemand bei Tisch den Gürtel. Man schnäuze nicht die Nase mit der Hand, auch sollen nicht alle zugleich in die Schüssel greifen; man esse nicht gierig, dass man sich in die Finger beißt. (...)"
(Zeitschrift für deutsches Altertum, Bd. VI/1848, S. 489 f.)

■ **A2** Fasse zusammen, was damals bei Tisch so alles passieren konnte.
■ **A3** Was wollte die höfische Gesellschaft mit der Festlegung dieser Regeln erreichen?
■ **A4** Vergleiche das Bild mit dem Inhalt von Quelle 2.

1 Das Leben der Ritter

1.1 Krieger oder Kavaliere?

Die Abbildung stammt aus einer Handschrift, die um das Jahr 1300 von Rüdiger Manesse, einem Bürger aus Zürich, zusammengestellt wurde.

■ **A1** Nenne die Gegenstände, die der Ritter bei sich trägt, und beschreibe seine Kleidung.

■ **A2** Vergleiche die Größe der beiden Personen und des Pferdes. Was wollte der Künstler damit ausdrücken?

■ **A3** Vergleiche die Fotos aus dem Museum Altena mit dem Ritterbild.

Im 15. Jahrhundert, als die Glanzzeit der Ritter schon zu Ende war, schrieb ein Pfarrer aus Eisenach über die Aufgaben der Ritter:

Q1 „Zur Ritterschaft gehören sieben besondere Ehren. Zuerst das Schwert, welches durch Ritterschlag zugeteilt wird. Zweitens ein goldener Fingerring mit einem Edelstein (...). Drittens ein frommer Knappe, der den Ritter beständig bedient und ihm sein Schwert nachträgt (...). Viertens ist es sein Recht, Gold an seinem Leibe und eine goldene Spange an seinem Gewand zu tragen. Fünftens ein buntes Kleid von mehrerlei Farben. Sechstens führt er den Ehrennamen Herr, den er nicht seiner Herkunft verdankt, sondern der eigenen Tüchtigkeit. Und endlich hat er das Vorrecht, dass man nach Tische Wasser über seine Hand gieße und ihm ein Handtuch reiche. (...) Ein vollkommener Mann soll siebenerlei Fertigkeiten besitzen. Er soll verstehen reiten, schnell auf- und absitzen, traben und rennen, umwenden und im Reiten etwas von der Erde aufheben. Zum Zweiten soll er schwimmen und tauchen, zum Dritten schießen mit Armbrust, Büchse und Bogen, zum Vierten klettern an Leitern, Stange und Seil, zum Fünften gut turnieren, stechen und tjostieren (Die Tjost ist der Einzelkampf Mann gegen Mann), zum Sechsten ringen, parieren und fechten mit der linken Hand wie mit der rechten und weitspringen, zum Siebenten wohl aufwarten bei Tische, tanzen und hofieren und das Schachspiel verstehen. (...)"
(Pleticha, H.: Deutsche Geschichte, Bd. 3, S. 98 f.)

■ **A4** Unterhaltet euch zunächst in Kleingruppen und dann im Klassenverband darüber, warum ein Ritter die genannten Fertigkeiten erlernen musste.

Ritter, Darstellung um 1300

Topfhelm aus Stahlblech aus dem 14. Jahrhundert, (Museum Burg Altena)

Ringelpanzer, so genanntes „Kettenhemd" aus dem 15. Jahrhundert (Museum Burg Altena)

Im 8. Jahrhundert wurde zum ersten Mal von gepanzerten Reiterkriegern berichtet. Ihr Pferd, die Rüstung und die Waffen waren sehr teuer. Nur die adligen Vasallen des Königs, die Kriegsdienst leisten mussten, konnten sich aufgrund ihrer Einkünfte aus ihren Grundherrschaften die kostspielige Ausrüstung leisten. Wer Ritter werden wollte, musste zunächst all das lernen, was in der Quelle oben aufgezählt wurde. Die Ausbildung zum Ritter begann mit etwa sieben Jahren als Page, mit 14 Jahren konnte man der Knappe eines Ritters werden, bevor man mit 21 Jahren dann selbst den Ritterschlag erhielt.

A1 *Beschreibe die Abbildung. Wer verleiht dem Knappen das Schwert?*

Seit dem 11. Jahrhundert übten auch viele Nichtadlige den Beruf des Ritters aus. Sie leisteten Kriegsdienst und übernahmen Verwaltungsaufgaben für die Kronvasallen. Die ursprünglich Unfreien stiegen durch den Dienst zum niederen Adel (Ministerialen) auf und bildeten den Ritterstand innerhalb der Lehnspyramide. Ein Mönch aus dem Kloster St. Gallen erzählte um das Jahr 1040, wie sich einige Meier (Verwalter eines grundherrschaftlichen Hofes) verhielten:

Q2 „Die Meier verschiedener Orte begannen Schilde und Waffen zu führen. Sie lernten anders als die übrigen Dorfbewohner die Hörner
5 blasen. Sie züchteten Hunde, zunächst um Hasen zu jagen, dann aber auch zur Jagd auf Bären und Eber. Die Verwalter sollen sich, so sagten sie, um die Höfe und Äcker kümmern. Wir
10 wollen unsere Lehensgüter versorgen und jagen, wie es sich für Männer gehört."
(Franz, G.: Quellen zur Geschichte des dt. Bauernstandes im Mittelalter, Bd. 31, Nr. 53)

A2 *Sprecht darüber, warum die Meier gerne Ritter sein wollten. Was reizte sie besonders daran?*

Als die Glanzzeit der Ritter eigentlich schon vergangen war, gab es immer noch Unfreie, die statt Bauer lieber Ritter sein wollten. Dies wird in dem Buch „Meier Helmbrecht" des Autors Wernher der Gärtner beschrieben. Dort wird ein Gespräch zwischen Vater und Sohn erzählt:

Q3 „Sohn: ‚Aufs Ritterleben steht mein Sinn.'
Dem Vater war die Bitte leid.
Vater: ‚Das Rittertum – lass ab
5 davon.

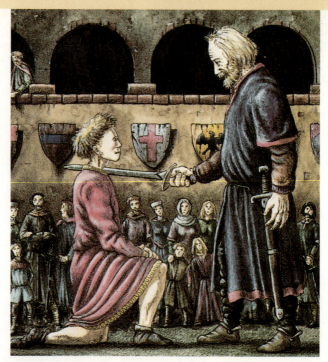
Der Ritterschlag (Rekonstruktion)

Glaub mir, die höfische Lebensart
Wird allen denen drückend hart,
Die nicht von Kind auf heimisch drin.
(…)'
10 Sohn: ‚Lass, Vater, sein. Es muss geschehn
So und nicht anders. Ich will sehn,
Wie höfisches Leben schmecke;
Will nie mehr deine Säcke
15 Mir bürden auf den Kragen
Noch will auf deinen Wagen
Mit Mist ich mich beklecken.
Schmach müsste mich bedecken,
Wenn ich dir Klee noch mähte
20 Und deinen Hafer säte' (…)"
(Wernher der Gärtner: Meier Helmbrecht, S. 9 ff.)

A3 *Formuliere Argumente für die Position des Vaters und des Sohnes. Bring dabei dein bisheriges Wissen über die Ritter ein.*

A4 *Nun könnt ihr ein Rollenspiel durchführen: Diskussion zwischen Vater und Sohn.*

A5 *Versetze dich in die Lage eines Ritters und überlege, ob du gerne so gelebt hättest.*

1.2 Frauenleben im Mittelalter

Während die nichtadligen Frauen hart arbeiten mussten, verehrten Minnesänger die adligen Damen:

Q1 Walther von der Vogelweide, einer der bekanntesten Minnesänger, schrieb dieses Gedicht:
„Ihr Haupt ist so wunderschön,
als ob es mein Himmel sein
wollte. Zwei Sterne leuchten
dort herab (…) Gott hat auf ihre
5 Wangen viel Mühe verwandt,
er hat so kostbare Farbe
draufgestrichen, so reines Rot,
so reines Weiß (…) Ihr Hals,
ihre Hände, beide Füße, das ist
10 alles vollkommen gestaltet. (…)"
(Brinker, C./Flüher-Kreis, D.: Die Manessische Liederhandschrift, S. 134)

A6 *Das Wort Kavalier bedeutete ursprünglich Ritter. Was versteht man heute darunter?*

A7 *Welches Bild der adligen Frau vermitteln dir das Gedicht und die Abbildungen? Wie passt das zu dem, was du bis jetzt über höfisches Leben erfahren hast?*

Eine Minneszene (Anfang des 14. Jh.)

Ritter beim Turnier (Anfang des 14. Jahrhunderts)

■ **A2** *Wieso ist es für die kämpfenden Ritter wichtig, dass sich Frauen unter den Zuschauern befinden?*

Es gab im Mittelalter Königinnen, die großen Einfluss auf die Politik ausübten. Sie nahmen entweder direkt an der Herrschaft teil oder übten sie für ihre unmündigen Söhne und Enkel aus. Ein berühmtes Beispiel ist die Kaiserin Theophanu, die nach dem frühen Tod ihres Gatten, Kaiser Ottos II., als Vormund des noch unmündigen Ottos III. die Reichspolitik bestimmte.

Auch als Vorsteherin (Äbtissin) eines reichen Klosters konnten adlige Frauen Politik gestalten.

Krönung Ottos II. und der Theophanu durch Christus (Elfenbeinschnitzerei, Paris)

Einfache Frauen hingegen mussten – wie die Männer – Fronarbeit für ihre Grundherren leisten. Sie produzierten Textilien und übten Handwerksberufe aus.

Q2 Das Frauenbild der Kirche überliefert Thomas von Aquin:
„*Die Bildung der Frau aus der Rippe Adams war richtig. Erstens um anzudeuten, dass zwischen Mann und Frau eine Gemeinschaft bestehen muss. Denn weder soll die Frau den Mann beherrschen und darum wurde sie nicht aus dem Haupt gebildet; noch darf der Mann die Frau als ein sklavisch unterworfenes Wesen verachten, darum wurde sie nicht aus seinen Füßen gebildet.*"
(Thomas v. Aquin: Summa theologica, I, qu. 92)

■ **A1** *Beschreibe die Darstellung von König und Königin. Kannst du sie leicht unterscheiden?*

■ **A3** *Schaue im Lexikon unter Theophanu nach und versuche, mehr über diese Kaiserin herauszufinden.*

■ **A4** *Wie wird das Verhältnis zwischen Mann und Frau beschrieben? Vergleiche mit deinen Erfahrungen.*

Bei aller Verehrung der Frauen durch Minnegesang und Turniere darf man nicht vergessen, dass der Alltag der Frauen auf einer Burg mühevoll war. Auf den Bildern und in den Gedichten der Minnesänger wurde eine „Traumfrau" dargestellt, die es in der Wirklichkeit nicht gegeben hat. Die Burgherrin war für das Kinderkriegen, die Führung des Haushalts und für Handarbeiten, wie Weben, zuständig. Aufgezogen wurden die Kinder der Adligen meist von einer Amme. Die adligen Frauen waren oft sehr gebildet und konnten meist besser lesen und schreiben als die Ritter.

Q3 Im 13. Jahrhundert schrieb der Dichter Gottfried von Straßburg in seinem Versepos „Tristan und Isolde" über die Ausbildung von Mädchen aus dem Hochadel:

„*Das schöne Mädchen beherrschte (...) Französisch und Latein und konnte (...) ganz vorzüglich Fiedel spielen (...), auch sang das begabte Mädchen mit einer*
5 *lieblichen Stimme. In allem, was sie sonst noch konnte, half ihr der Lehrer und förderte sie nach Kräften. Daneben unterwies er sie in einem Gegenstand, den wir die Sittenlehre nennen,*
10 *die Kunst, die feinen Anstand lehrt. Damit sollten sich alle Frauen in ihrer Jugend befassen (...) Diese Lehre umfasst die Welt und Gott zugleich. Sie lehrt in ihren Geboten, Gott und der Welt zu*
15 *gefallen; sie ist die Nährmutter aller edlen Herzen, damit sie Kraft und Leben in dieser Lehre finden. Denn weder Gut noch Ehre können sie besitzen, wenn es die Ethik sie nicht lehrt.*
20 *(...) (Das Mädchen) wurde dadurch wohl gebildet, schönen und reinen Sinnes und ihr Benehmen war lieblich.*"
(Gottfried von Straßburg: Tristan und Isolde, S. 94 ff. und 199 ff.)

Eine Rittersfrau unterweist ihre Tochter (1. Hälfte des 14. Jahrhunderts).

■ **A1** Was versteht der Dichter unter Ethik? Sprecht über dieses Erziehungsideal.

■ **A2** Vergleiche mit den Erziehungszielen, die du kennst.

■ **A3** Denke dir zu dem Bild ein Gespräch zwischen der Rittersfrau und ihrer Tochter aus.

EXPEDITION GESCHICHTE

1) Burgbrücke
2) Torturm
3) Burgbrunnen
4) innere Ringmauer
5) Burghof
6) Verliesturm
7) Hauptturm- (Bergfried-)Ruine
8) Wohnbau- (Palas-)Ruine
9) Kaminküche
10) äußere Ringmauer
11) Wassergraben

Burgbesichtigung

Bei einem Besuch einer gut erhaltenen Ritterburg, aber auch einer Burgruine, könnt ihr viele Entdeckungen machen, die euch helfen, das Alltagsleben der Ritter besser zu verstehen. Wichtig ist es allerdings, genau hinzuschauen und sich Gedanken über die Bedeutung der einzelnen Bestandteile der Burg zu machen. Vielleicht gibt es eine mittelalterliche Burg in der Nähe eures Schulortes, wenn nicht, könnt ihr auch mit Prospekten und den Abbildungen dieses Buches arbeiten. Also los geht's, unternehmt mit eurer Klasse eine Reise in die Zeit der Ritter und Burgfräuleins!

Wasserburg Kapellendorf (Landkreis Weimarer Land)

Nicht jede Ritterburg sah im Mittelalter gleich aus. Der Reiz liegt gerade darin, Typisches und Besonderes der Burg, die ihr euch für euer Projekt ausgewählt habt, zu erforschen.

Hier habt ihr eine „Checkliste" mit Themen, über die es sich lohnt, etwas herauszufinden.

• **Das Erscheinungsbild der Burg**
Steht die Burg auf einem Berg, auf einem hervorstehenden Felssporn, in einer Ebene oder auf einer Insel? Ist der Grundriss quadratisch, rechteckig oder rund? Welche einzelnen Bestandteile der Burg lassen sich unterscheiden? Gibt es eine Vorburg? Stehen nahe der Burg hohe Bäume und war das früher auch schon so?

• **Wem gehörte die Burg?**
Kann man Wappen, eine Inschrift im Mauerwerk oder Grabsteine entdecken, die darüber Auskunft geben?

• **Wohnen auf der Burg**
Welcher Teil der Burg war zum Wohnen vorgesehen? Wo ist der Rittersaal, der als Aufenthalts- und Speiseraum diente? Gibt es eine Kemenate (heizbarer Raum mit einem Kamin) und wer hielt sich dort auf? Wie bequem war das Leben auf der Burg? An welcher Stelle steht die Burgkapelle?

• **Wovon lebten die Burgbewohner?**
Wie lösten die Ritter das Problem, ausreichend Wasser zu haben? Sind Gebäude in oder vor der Burg zu sehen, die zur Bewirtschaftung dienten? Gibt es Kasematten (Kellergewölbe mit dicken Mauern), in denen man Vorräte lagern konnte?

• **Wie verteidigte man die Burg?**
Wie sieht die Ummauerung aus? Haben die Mauern Wehrgänge, Zinnen und Schießscharten? Sind neben dem Hauptturm, dem sogenannten Bergfried, noch weitere Türme vorhanden? Wie ist der Zugang zur Burg gesichert? Gibt es einen Graben, einen Wall, eine Zugbrücke, ein Fallgatter? Könnt ihr Vorrichtungen wie Pechnasen und Gusserker erkennen, die dazu dienten, auf anstürmende Feinde heißes Pech und siedendes Öl herabzugießen?

• **Gibt es Besonderheiten?**
Hat die Burg einen Gefängnisturm oder ein Verlies? Gibt es unterirdische Gänge, die als Fluchtweg dienten?

Diese Fragen könnt ihr als Anregung benutzen und euch in der Planungsphase, aber auch noch vor Ort weitere Fragen überlegen.

A1 *Die Ergebnisse eurer Erkundungen könnt ihr in einer kleinen Ausstellung in eurer Schule präsentieren. Es bietet sich an, Zeichnungen und Fotos auf Plakate zu kleben und zu beschriften. Einige von euch, die gerne basteln, können auch ein Modell der Burg anfertigen.*

A2 *Die Abbildung hilft dir, typische Verteidigungsanlagen zu erkennen. Wie funktionierten sie im Einzelnen?*

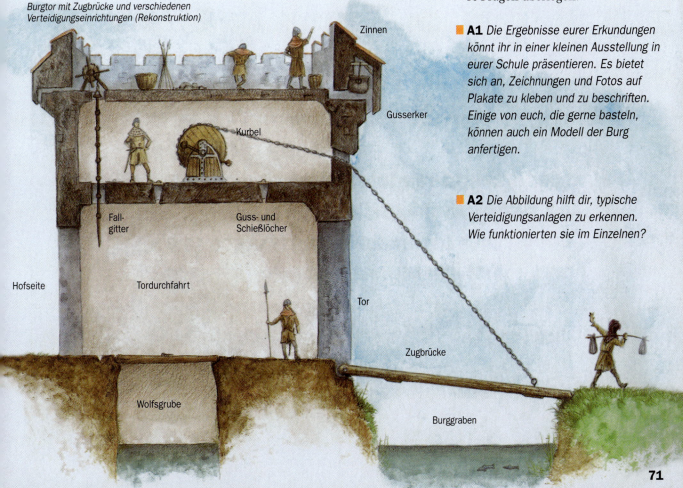

Burgtor mit Zugbrücke und verschiedenen Verteidigungseinrichtungen (Rekonstruktion)

2 Die Klöster

2.1 Zentren christlicher Kultur

Manche Jugendliche können mit Christentum und überhaupt mit Religion nicht mehr viel anfangen. Und was hat das überhaupt mit Geschichte zu tun? Über viele Jahrhunderte hat das Christentum unser Land tief geprägt. Vor allem im Mittelalter war die Kirche nicht nur eine religiöse, sondern auch eine politische Macht. Im Namen Gottes wurde geherrscht und sogar Krieg geführt. Weite Gebiete Europas wurden durch die Arbeit von Mönchen und Nonnen überhaupt erst bewohnbar. Von der Bedeutung des Christentums zeugen noch immer gewaltige Kirchen und eindrucksvolle Klosteranlagen. Bis heute wird unser Leben von christlichen Festen und Bräuchen geprägt. Wenn ein Kind getauft wird, wenn wir uns im Winter auf die Weihnachtsferien freuen oder im November Sankt Martin durch die Straßen reitet, dann verbinden uns diese Bräuche mit einer zweitausendjährigen christlichen Tradition.

Große Bedeutung für die Christianisierung Mitteleuropas hatten die Klöster. Erstmals im 3. Jahrhundert hatten sich Christen in die Einöde zurückgezogen, Besitz, Beruf und ihr gewohntes Umfeld aufgegeben, um allein oder in kleinen Gruppen ihr Leben nur Gott zu widmen. So entwickelten sich Klostergemeinschaften, die nach bestimmten Regeln ein rein religiöses Leben zu verwirklichen suchten. Später entstanden aus Abspaltungen bestehender Klostergemeinschaften oder auf Initiative herausragender Einzelpersonen immer wieder neue Gemeinschaften, Orden genannt, die sich oft besondere Aufgaben vornahmen, z. B. die Pflege der Kranken, die Betreuung von Pilgern oder auch den Kampf gegen Heiden.

Von Klöstern gingen immer wieder wichtige Impulse für die Entwicklung des Abendlandes aus. Es waren Mönche aus Irland, die im 7. und 8. Jahrhundert weite Teile des noch heidnischen Mittel- und Nordeuropa christianisierten und mit Klostergründungen Vorposten einer neuen Kultur schufen. In der rohen und fast vollständig analphabetischen

Gesellschaft des frühen Mittelalters blieben die Klöster lange Zeit Inseln der Bildung und Zivilisation. Nur hier gab es Schulen, hier wurde die Bildungs- und Wissenschaftssprache Latein gepflegt, wurden Pflanzen kultiviert und Arzneien entwickelt. In den Klöstern kopierten Mönche nicht nur in kunstvoller Handschrift Bibeltexte, sondern bewahrten und interpretierten auch die Werke der antiken Schriftsteller und Philosophen, die Jahrhunderte später wesentlich zur Entwicklung unseres modernen Weltbildes beitragen sollten. An den Höfen der Kaiser, Könige und Fürsten, noch bis ins 12. Jahrhundert hinein manchmal Analphabeten, waren gebildete Mönche als Verwalter und Berater, oft auch als Erzieher der Kinder tätig.

Es waren auch häufig Klöster, die auf innerkirchliche Fehlentwicklungen und Probleme reagierten, manchmal mit gravierenden Folgen. So ging aus den Klöstern Cluny und Gorze eine mächtige Reformbewegung gegen die damals weithin herrschende Verweltlichung der Kirche hervor, gegen die Käuflichkeit von Kirchenämtern (Simonie), die Einsetzung von Kirchenmännern durch weltliche Herren (Investitur) und den unchristlichen Lebenswandel nicht nur der Kirchenfürsten, sondern auch vieler Priester, Mönche und Nonnen. Der Mönch Hildebrand kam aus dieser Bewegung und versuchte als Papst Gregor VII. im Investiturstreit die Prinzipien und Ideale dieser Bewegung gegen den Widerstand des Kaisers durchzusetzen (vgl. S. 32 ff.), ein Konflikt der auf den weiteren Verlauf der Geschichte großen Einfluss hatte.

■ **A1** Fasse in eigenen Worten zusammen, welche Bedeutung klösterliches Leben im Mittelalter hatte.

Mönche bei der Getreideernte, Darstellung von Jörg Breu dem Älteren (um 1500)

Rekonstruktion eines typischen mittelalterlichen Klosters

■ **A2** Schau dir die Bilder dieser Seite genau an. Was „erzählen" sie über das Christentum? Welche Fragen stellen sich dir?

■ **A3** Schreib einen kurzen Bericht, wie du dir den Tagesablauf in dem unten links abgebildeten Kloster vorstellst.

■ **A4** Stelle weitere Informationen (Lexikon, Internet) über Klöster gestern und heute zusammen.

2.2 Komm mit ins Kloster!

Im Mittelalter gehörten getrennte Wohngemeinschaften von frommen Männern (Mönchen) und Frauen (Nonnen) zum normalen alltäglichen Leben. Heute sind sie eine seltene Ausnahme und wir drehen uns um, wenn wir eine Nonne oder einen Mönch sehen.

Das Haus, in dem sie wohnten, nannte man lateinisch „claustrum", das bedeutet: von den anderen Menschen „abgeschlossener Bereich". Hier konnten die Bewohner immer an Gott denken und zu ihm beten. Mönche und Nonnen durften keinen eigenen Besitz haben und mussten ehelos sein. Dem Abt oder der Äbtissin mussten sie gehorchen. Man nannte sie auch „Benediktiner", weil sie nach Regeln lebten, die der Mönch Benedikt von Nursia um 500 nach Christus aufgeschrieben hatte. Fast immer waren auch Kinder in den Klöstern.

■ **A1** Beschreibe das Bild oben, das aus der Zeit um 1000 nach Christus stammt.

Die deutsche Übersetzung des lateinischen Textes unter den Figuren lautet: „Flores gibt den Sprössling. Es kommt zu einer Zusage. Er vermacht Ländereien."

■ **A2** Stell dir vor, du bist das Kind. Schreibe deine Gedanken auf. Wo ist wohl deine Mutter? Warum gibt dein Vater Ländereien an das Kloster?

Nun betrittst du das Kloster, das vielleicht so aussieht wie das Kloster St. Gallen in der Nähe des Bodensees.

■ **A3** Suche den Ort, wo du hingehörst.
■ **A4** Der Schulleiter-Mönch zeigt das ganze Kloster, damit du dich zurechtfindest. Was zeigt er dir? Was verstehst du? Wobei brauchst du seine Hilfe?

Übergabe eines Kindes an ein Kloster

Grundriss des Klosters St. Gallen um 820

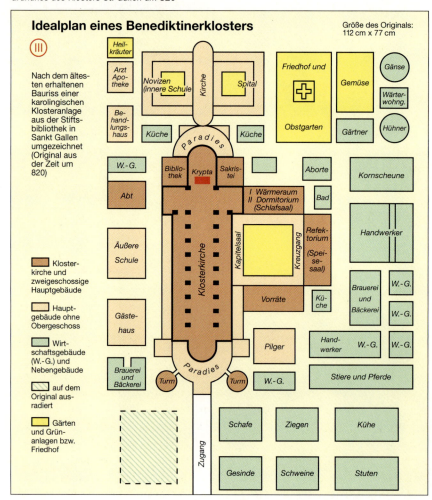

Es gibt einen Grundriss deiner Novizenschule (novus = neu), die man auch „innere Schule" nennt.

■ **A1** *Zeichne den Grundriss ab und richte dich darin zum Wohnen ein. Stelle dein Bett im Schlafsaal auf und suche einen Platz für deinen Tisch im Arbeitsraum.*

Bei deinem Rundgang hast du auch die „äußere Schule" entdeckt und mit den Kindern gesprochen. Sie haben dir erzählt, dass sie dort nicht wohnen, sondern nur zum Unterricht hier sind. Sie werden zu Pfarrern und Seelsorgern für die Kirchengemeinden der Dörfer und Städte ausgebildet. Ihr zukünftiger Dienst findet also nicht in der Abgeschlossenheit des Klosters statt.

■ **A2** *Welche Vorzüge und Nachteile siehst du, wenn du Mönche und Weltgeistliche vergleichst?*
■ **A3** *Ob Mädchen Pfarrer werden konnten? Wie ist das eigentlich heute?*

Jetzt bist du aber auf deinen zukünftigen Tagesablauf gespannt. Die vereinfachte Beschreibung eines modernen Autors gibt dir einen Einblick:

■ **Q1** „Wie die Mönche mussten auch die Novizen (die ‚Neuen') an den sieben Gottesdiensten in der Kirche teilnehmen. Da sich ihr Beginn nach Sonnenaufgang und -untergang richtete, verschoben sich ihre Anfangszeiten ständig. Je nach Jahreszeit begann der Tag zwischen 2 und 3 Uhr nachts mit der ‚Mette', die etwa eine Stunde dauerte und in der biblische Geschichten vorgelesen wurden. Nach dem Lobgesang gegen 6 Uhr morgens bzw. bei Sonnenaufgang gingen die Schüler direkt von der Kirche in ihren Klassenraum. Bis gegen 9 Uhr arbeiteten sie dort unter Aufsicht, dann wuschen sie sich, zogen sich im Schlafraum an und gingen erneut zur Kirche. Dann kam der unangenehmste Teil des Tages: Die Aufseher brachten ihre Klagen über einzelne Schüler vor, die verschlafen hatten oder beim Stundengebet nicht aufgepasst hatten. Die körperliche Strafe folgte sofort. Auch Mitschüler hatten beobachtetes Fehlverhalten mitzuteilen. Wenn sie es nicht taten, wurden sie ebenfalls bestraft. Im Winter erhielten die Knaben zusätzliche Essrationen. Üblicherweise aßen sie mit den Mönchen zusammen. Im Kloster St. Gallen gab es einen Speiseraum für die Schüler, den du auf dem Schulgrundriss sehen kannst. Nach dem Essen war strenge Bettruhe bis gegen 3 Uhr. Bis zum Abendgebet um 18 Uhr war wiederum Unterricht. Nach dem Abendessen gab es ‚Freizeit' bis zum Gottesdienst vor dem Schlafengehen gegen 20 Uhr."
(Kronenberg, M.: Erziehung ..., in: Praxis Geschichte 6/1989, S. 2)

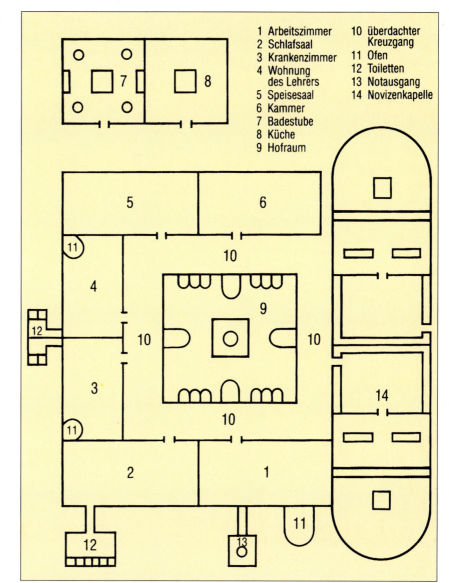
Grundriss der inneren Schule des Klosters St. Gallen

■ **A4** *Entwickle einen Stundenplan für den Tagesablauf im Kloster. Vergleiche mit deinem Tagesablauf.*
■ **A5** *Vergleiche deinen Bericht zur Klosterabbildung von S. 73 mit dem, was du jetzt über klösterliches Leben weißt.*

2.3 Hildegard von Bingen – eine berühmte Klosterfrau

Hildegard (1098–1179) wurde als zehntes Kind einer Familie, die zum niederen Adel gehörte, geboren. Für adlige Mädchen gab es damals meist nur zwei Lebenswege: Entweder sie wurden standesgemäß verheiratet oder sie wurden in ein Kloster gegeben. Ihre Eltern entschieden sich für ein Kloster. Schon mit acht Jahren kam die kleine Hildegard in das Benediktinerkloster auf dem Disibodenberg an der Nahe.

Hier lernte sie nicht nur Latein und studierte die Bibel, sondern interessierte sich vor allem für die Natur. 1136 wurde sie selbst Oberin der Nonnen. 1150 zog sie in ein neues, von ihr selbst gegründetes Kloster auf dem Rupertsberg bei Bingen um. Etwas unterschied sie aber von den anderen Nonnen:

Q1 Aus einem Brief Hildegards:
„Es geschah im Jahr 1141 nach der Menschwerdung des Gottessohnes Jesus Christus, als ich 42 Jahre und 7 Monate alt war. Aus dem offenen Himmel fuhr blitzend ein feuriges Licht hernieder. Es durchdrang mein Gehirn und setzte mein Herz und meine ganze Brust wie eine Flamme in Brand."
(Die großen Deutschen, Bd. 5, S. 42)

■ **A1** Beschreibe, wie der mittelalterliche Künstler das Ereignis in der Abbildung rechts darstellt.

■ **A2** Kennst du aus der Bibel ähnliche Geschichten?

Schon als kleines Mädchen hatte sie Visionen, die sie aufzuschreiben begann. So entstanden eine ganze Reihe lateinischer Bücher und Lieder. Schnell wurde sie wegen ihrer prophetischen Gabe berühmt. Selbst Kaiser und Päpste ermahnte sie, wie etwa Papst Anastasius IV.:

Q2 „Du, o Mensch, der du auf dem päpstlichen Thron sitzt, bist ein Gottesverächter, wenn du das Böse umfängst und nicht von dir schleuderst, (...) indem du es bei verdorbenen Menschen stillschweigend duldest. Die ganze Welt ist in Verwirrung geraten durch die vielfachen ungeheuren Irrtümer. O Rom, es ist, als lägest du in den letzten Zügen. Die Kraft deiner Füße (...) schwindet dahin, weil du (...) die Gerechtigkeit nicht (...) liebst, sondern sie wie im Schlafestaumel von dir stößt."
(Die großen Deutschen, Bd. 5, S. 42)

Auch vor dem mächtigsten Mann ihrer Zeit, dem Kaiser Friedrich I., senkte sie nicht ihre Stimme:

Q3 „O König, es ist dringend notwendig, dass du in deinen Handlungen vorsichtig bist. Ich sehe dich nämlich in der geheimnisvollen Schau wie ein Kind. Gib Acht, dass der höchste König dich nicht zu Boden streckt."
(Die großen Deutschen, Bd. 5, S. 42)

■ **A3** Was warf Hildegard dem Papst vor? Wozu ermahnte sie ihn?

■ **A4** Was sagst du zu der Art, wie sie mit Papst und Kaiser sprach?

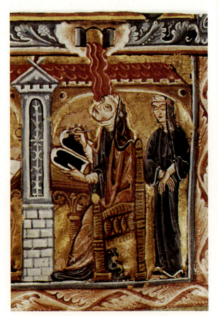

Daneben befasste sie sich mit der Wirkung von Heilpflanzen und der Zubereitung von Arznei. Jedes Kloster hatte einen Kräutergarten, der nicht nur für die Küche benutzt wurde. Hildegard verfügte über umfangreiche medizinische Kenntnisse. Auf diese Weise entstand ein Buch über Heilkunde. Hildegard beschrieb darin über 100 Pflanzen und ihre Wirkungen.

■ **A5** Kennst du Naturheilmittel, die von der Werbung mit Klöstern in Verbindung gebracht werden?

■ **A6** Manche Menschen ziehen heute natürliche Heilmittel vor. Warum?

Trotzdem war Hildegard in ihrem Denken und Handeln eine ganz und gar mittelalterliche Frau. Sie achtete streng auf Standesunterschiede. Neben dem Rupertsberg, wo nur adlige Frauen Aufnahme fanden, gründete sie 1165 in Eibingen ein Kloster für Nonnen aus einfachen Familien. Als man ihr vorwarf, eine solche Trennung sei unchristlich, antwortete sie:

Q4 „Gott unternimmt auch bei jeder Person eine genaue Unterscheidung, sodass der geringere Stand nicht über den oberen steigt. (...) Welcher Mensch sperrt seine ganze Herde in einen Stall, also Rinder, Esel, Schafe, Böcke? Deshalb herrsche Unterscheidung auch darin, dass nicht unterschiedliche Leute in eine Herde zusammengeführt sich in Überheblichkeit und in der Schande der Unterschiedlichkeit zerstreuen."
(Boockmann: Das Mittelalter, S. 84)

■ **A7** Wie begründet Hildegard die Standesunterschiede im Kloster?

■ **A8** Was war am Leben Hildegards „typisch mittelalterlich", was erscheint dir modern?

Links: Hildegard von Bingen. Mittelalterliche Miniatur aus dem Kodex Latinus.

ARCHIV

„Bete und arbeite" – Klosterleben im Mittelalter

Im Mittelalter gab es zahlreiche kirchliche Ordensgemeinschaften, die für das Leben der Mönche und Nonnen in den Klöstern strenge Regeln aufstellten.

Q1 Aus den Regeln des Augustinerordens:

„Vor allem, teuerste Brüder, werde Gott geliebt und dann der Nächste. Dies sind die Hauptgebote, die uns gegeben wurden. Was wir aber beten
5 und psallieren (= Psalme singen) sollen, führen wir nun an. (...) Man arbeite vom Morgen bis zur Sext (= Mittag), von der Sext bis zur Non (= Mittennachmittag) liest man; zur
10 Non werden die Kodizes (= Gesetze) zurückgestellt. Nach der Mahlzeit arbeitet man im Garten oder wo es sonst notwendig ist bis zum Sonnenuntergang.
15 Niemand maße sich Kleider oder sonst etwas als sein Eigentum an. Wir wollen ja das Leben der Apostel führen. (...) Nach den Gebeten der Terz (= Mitte - Vormittag) geht man ebenfalls an
20 seine Arbeit, man steht nicht zu müßigem Gerede beisammen. Nur was dem Seelenheile förderlich ist, mag man besprechen (...)."

(Narciß, G. A. [Hg.]: Klosterleben im Mittelalter, S. 318)

Q2 Aus den Regeln der Benediktiner, dem ältesten Mönchsorden in Europa:

„Wir glauben, dass zur täglichen Hauptmahlzeit, sei sie zur sechsten oder neunten Stunde, für jeden Tisch auch bei Berücksichtigung der ver-
5 schiedenen Schwächen zwei gekochte Speisen ausreichen (...) und wenn man noch Obst oder frisches Gemüse haben kann, so werde ein drittes Gericht dazugegeben. Ein gut gewogenes
10 Pfund Brot genüge für den Tag (...)."

(Narciß, G. A. [Hg.]: Klosterleben im Mittelalter, S. 54 f.)

■ **A1** Beschreibe mithilfe von Q1 und Q2 den Alltag in einem Kloster.
■ **A2** Widerlege die Behauptung: „Klöster sind Stätten des Müßigganges".

Q3 Aus den Bestimmungen des Zisterzienserordens für den Bau und die Ausstattung der Klöster:

„1. Kap. Keines unserer Klöster ist in Städten, Kastellen oder Dörfern zu errichten, sondern an entlegenen Orten, fern vom Verkehr der Menschen.
5 20. Kap. Wir verbieten, dass in unseren Kirchen oder in irgendwelchen Räumen des Klosters Bilder und Skulpturen sind, weil man gerade auf solche Dinge seine Aufmerksamkeit lenkt und
10 dadurch häufig der Nutzen einer guten Meditation (= Nachdenken) beeinträchtigt und die Erziehung zu religiösem Ernst vernachlässigt wird (...)."

(Bestimmungen des Generalkapitels, zit. nach: Braunfels, W.: Abendländische Klosterbaukunst, S. 300 f.)

■ **A3** Erkläre den Zweck der Bestimmungen in Q3.

Q4 Der Zisterzienser Caesarius von Heisterbach (gest. 1245) über das Besitzstreben seines Ordens, das sprichwörtlich geworden war:

„Als sich in Köln die Kunde verbreitete, die Schiffe des Zisterzienser seien in Seeland durch Seeräuber gekapert worden, hätten einige gesagt: ‚Recht
5 ist ihnen geschehen; die Mönche sind habgierig, sie sind Kaufleute, Gott kann ihre Habsucht nicht ertragen.'"

(Caesarius von Heisterbach: Dialogus Miraculorum, zit. nach: Schreiner, K.: Zisterziensisches Mönchtum und soziale Umwelt, S. 89)

■ **A4** Was erfährst du aus Q4 über das Ansehen der Zisterziensermönche in der Öffentlichkeit?
■ **A5** Schließe in diesem Fall auf die Einhaltung der Ordensregeln.

Q5 Bericht aus der Chronik des Klosters Mariengarde bei Utrecht um 1240 über einen Prämonstratensermönch:

„Friedrich war ein Meister der freien Künste, ein hervorragender Gelehrter. In der Grammatik, welche von den freien Künsten die erste heißt und ist,
5 galt er bei allen Menschen damals als der gelehrteste, so dass öfters gebildete Kleriker oder in den Künsten Erfahrene aus allen Gauen Frieslands zu ihm kamen, um ihm verwickelte
10 und schwierige Fragen, die sie in langem Nachsinnen und bei ihrer Lektüre fanden, vorzulegen. Unglaublich leicht löste und erklärte er sie. Ganz Friesland hatte kaum einen Literatur-
15 kenner wie ihn. Persius, Juvenal, die Gedichte des Vergil, Horaz und Ovid wusste er großenteils auswendig, kannte und las sie. Ich hörte ihn selbst zuweilen sagen, dass er als Jüngling
20 bei ihrer wiederholten, andauernden Lektüre den höchsten Genuss und die größte Freude empfand. Freilich blieb es bei zunehmendem Alter, wie ich teilweise bemerkte, nicht dabei. Denn
25 er legte jene Heidenbücher beiseite und übte den Geist seiner Schüler mit katholischen Büchern (...). Außerdem sorgte er dafür, dass die Schüler fleißig dem Studium des Prosastiles
30 sowie der Verskunst, den Deklinationen und der Satzlehre oblagen. Er selbst forschte viel und angespannt in den Büchern des Alten und Neuen Testamentes, insbesondere aber ver-
35 legte er sich mit größter Sorgfalt auf die stete Wiederholung der Psalmen Davids und auf ihre Betrachtung und Erwägung, die ihm honigsüß war (...)."

(Narciß, G. A. [Hg.]: Klosterleben im Mittelalter, S. 361 f.)

■ **A6** Über welche weiteren Tätigkeiten in den Klöstern gibt Q5 Auskunft?
■ **A7** Beschreibe zusammenhängend die Merkmale klösterlichen Lebens.

3 Bäuerliches Leben und Grundherrschaft

3.1 Alltag auf dem Lande

Im frühen Mittelalter gab es nur wenige Städte. Das waren die römischen Gründungen an Rhein und Donau, die erhalten geblieben waren. Die meisten Menschen wohnten auf dem Lande und ernährten sich von Ackerbau und Viehzucht. Und wie wohnten sie?

In diesem Haus wohnte die Familie eines freien sächsischen Bauern. In kleineren Häusern lebten die Mägde und Knechte mit ihren Familien.

Das Wohnhaus bestand oft nur aus einem Raum. Er war Wohn- und Arbeitsraum, meistens auch Schlafraum zugleich. Hier befand sich die Feuerstelle, es wurde gekocht und gegessen. Außerdem war dieses Feuer die einzige Wärmequelle, Öfen gab es nicht. Ein Loch im Dach diente als Rauchabzug. Licht kam durch die Tür und Luken, die mit Flechtwerk geschlossen werden konnten. Zur Einrichtung des Hauses gehörten Tisch, Bänke, Hocker und Kisten, z. T. auch Betten. Aber ein Strohsack auf einer Bank konnte auch Schlafplatz sein.

■ **A1** *Vergleiche die Siedlung mit heutigen Dörfern und stelle Vermutungen über die Bedeutung der verschiedenen Bauwerke an.*

■ **A2** *Versetze dich in einzelne Personen auf dem Bild und beschreibe, was sie gerade tun.*

Rekonstruktion einer frühmittelalterlichen Siedlung

Der Beetpflug riss die Erde auf und wendete sie zu einer Seite.

■ **A1** *Beschreibe die Bilder.*
■ **A2** *Wie funktionierte der Pflug?*
■ **A3** *Vergleiche beide Pflüge und stelle die Unterschiede fest.*

Pflügender Bauer. Der Hakenpflug ritzte die Erde lediglich auf.

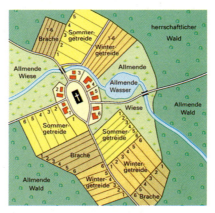

Die Dreifelderwirtschaft

Die Dreifelderwirtschaft führte seit Mitte des 11. Jahrhunderts zu besseren Ernteerträgen. Im Wechsel wurde ein Feld mit Sommer-, ein anderes mit Wintergetreide bestellt, ein drittes blieb brach (= unbebaut) liegen, damit sich der Boden erholte. Die Allmende, das Eigentum der Gemeinde, wurde gemeinsam genutzt.

■ **A4** *Erläutere anhand der Zeichnung die Dreifelderwirtschaft.*
■ **A5** *Was gehörte alles zur Allmende?*

Getreideernte (Abbildung aus dem 14. Jh.)

■ **A1** *Beschreibe das aus dem 14. Jahrhundert stammende Bild.*
■ **A2** *Warum haben die Sicheln Zähne?*
■ **A3** *Was sagt dir die Information, dass man schon um 800 nicht anders erntete?*
■ **A4** *Nenne andere Erntegeräte und zeichne sie.*

Und was wissen wir über die Tiere?

■ **A5** *Beschreibe die Unterschiede. Veranschauliche dir die Unterschiede mithilfe eines Zollstocks.*

Eine intensive Züchtung wie in der Römerzeit erfolgte im früheren Mittelalter nicht. Weiden, abgeerntete Felder und Wälder (Eicheln für Schweine) waren die Ernährungsgrundlage. Diese Tierhaltung bewirkte kleinen Körperwuchs und geringes Gewicht. Rinder hatten kleine gekrümmte Hörner. Die Kuh gab nur 3 bis 5 l Milch, heute sind es 25 l. Das ist nicht erstaunlich. Denke an die Verwendung, die du auf der Abbildung „Pflügender Bauer" gesehen hast. Die Pferde dienten überwiegend zum Reiten, Schafe hielt man wegen der Wolle. Aus Schafshaut stellte man Pergament zum Beschreiben her. Der Mist der Tiere diente nicht nur zum Düngen, sondern in getrockneter Form auch als Brennmaterial.

■ **A6** *Besuche an einem Wandertag mit deiner Klasse ein Heimatmuseum in deiner Umgebung und betrachte die dort ausgestellten alten landwirtschaftlichen Geräte.*
■ **A7** *Suche dort nach Darstellungen von Tätigkeiten, die besonders die Frauen ausübten.*

Die Arbeiten auf den Feldern bestimmten den Lebensrhythmus über das Jahr: Pflügen und Säen, Getreide- und Heuernte, Holzeinschlag im Wald hatten ihre Jahreszeit. Dazu kam die Viehzucht und die Weiterverarbeitung der Erträge. Der Tag begann mit dem Sonnenaufgang. Wenn es dunkel wurde, ging man schlafen.

■ **A8** *Vergleiche: Wodurch wird dein Lebensrhythmus über das Jahr bestimmt? Wie ist dein Tagesverlauf?*

Größenverhältnisse der Tiere um 700 (weiß) und heute (schwarz): Rind, Schwein

Viele bäuerliche Arbeiten waren nach dem Gebot der Kirche an Sonn- und Feiertagen verboten. Viele Arbeiten haben in erster Linie in den Händen von Frauen gelegen, so das Scheren von Schafen oder das Dreschen von Flachs bis zum Nähen und Waschen. Neben der täglichen Hausarbeit gehörten die Versorgung von Vieh und das Melken zu ihren Aufgaben. Dazu kam die Sorge um die Kinder. Viele Kinder starben in den ersten Lebensjahren. Man geht heute davon aus, dass zwei bis vier Kinder pro Familie die ersten Lebensjahre überlebten. Viel früher als heute wurden sie in die Arbeiten auf dem Hof einbezogen. Zwölfjährige galten schon als erwachsen.

Kirchenfeste, der Beginn des Frühlings oder der Ernte, aber auch Hochzeiten und Taufen waren die Feste zum Ausgleich des harten Arbeitsalltags. Hier wurde reichlicher gegessen und ausgiebig getanzt. Geburtstage waren kein Anlass zum Fest. Sie galten nicht als wichtig und wurden nicht registriert, oft sogar vergessen. Der Lebensraum der Bauern und ihrer Familien blieb meist auf das Dorf und seine Umgebung beschränkt. Manchmal kamen sie bis zum nächsten Marktort, aber kaum darüber hinaus.

Textilarbeiten im 9. Jh.

■ **A1** *Was siehst du auf dem Bild oben? Beschreibe die beiden Tätigkeiten (links und in der Mitte).*

Noch einmal siehst du ein Bild (rechts) aus dem 14. Jahrhundert, das einen Vorgang zeigt, der bereits um 800 nicht anders aussah.

■ **A2** *Wer arbeitet hier und auch bei den Textilarbeiten?*

■ **A3** *Diskutiert über die Behauptung, dass Frauen eigentlich nur Hilfsdienste für die Männer leisteten.*

Wäschewaschen

3.2 Die gesellschaftliche Ordnung im früheren Mittelalter

Der Adel machte nur einen kleinen Teil der Bevölkerung aus. Es gab zunächst eine breite Schicht freier Krieger, die eigene kleine Bauernhöfe hatten. Die meisten Menschen aber waren abhängig. Sie waren der Herrschaft von adeligen Grundbesitzern – Grundherren – unterworfen, die über sehr großen Landbesitz verfügten. Von ihnen erhielten sie Land zum Bewirtschaften und für sie mussten sie Dienst tun (Fronarbeit leisten). Viele Freie mussten mit eigener Ausrüstung jedes Jahr für den König in den Krieg ziehen. Sie konnten deshalb auf ihren eigenen Höfen nicht ausreichend arbeiten und verarmten. Zunehmend begaben sie sich deshalb in die Abhängigkeit von Großgrundbesitzern. Dann brauchten sie nicht in den Krieg zu ziehen und hofften, dass ihr Leben jetzt einfacher würde. So geschah es, dass die Freien bis zur Mitte des 11. Jahrhunderts langsam verschwanden.

■ **A1** Erläutere, was es für die Bauern bedeutete, wenn sie häufig in den Krieg ziehen mussten.

Aus der Zeit um 1040 ist ein eindrucksvoller Bericht über ein Ereignis in Wohlen im Aargau in der heutigen Schweiz überliefert:

Q1 Eintritt freier Bauern in die Grundherrschaft Guntrans:
„In Wohlen lebte einst ein sehr mächtiger Grundherr mit Namen Guntran, (...) mit viel Grundbesitz versehen und gierig auf seiner Nachbarn Eigentum.
5 *Einige Freie nun, die in diesem Dorf wohnten, übergaben ihm in der Meinung, er sei gütig und milde, ihr Land gegen den gesetzmäßigen üblichen Zins mit der Bedingung, dass sie unter*
10 *seinem Schutz und Schirm sicher sein könnten. Jener begann sogleich übermütig und voller Arglist diese Leute zu unterdrücken. Zunächst kam er mit vorsichtigen Forderungen. Dann*
15 *machte er von seiner unbeschränkten Machtfülle Gebrauch und befahl ihnen, fast als wären sie seine Grundhörigen, ihm Dienst zu leisten, und zwar (...) beim Schneiden und Einbringen des*
20 *Heues. Er bedrückte sie bei jeder Gelegenheit, die ihm passte. (...) Jene waren unfähig, sich zu widersetzen, und taten unter Zwang, was er befahl. Unterdessen kam der König zur Burg Solo-*
25 *thurn. Da zogen die Bauern hin und begannen, wegen ihrer ungerechten Bedrückung Klage zu erheben. Doch unter einer so großen Zahl an Fürsten und wegen der unbeholfenen Rede*
30 *ihrer Wortführer gelangte ihre Klage nicht vor den König. Waren sie in übler Lage gekommen, so zogen sie in noch schlimmerer wieder nach Hause. So verfuhr dieser Grundherr mit ih-*
35 *nen bis zu seinem Tode und hinterließ seiner Tochter Euphemia, diese wiederum ihrem Sohn Rudolf das auf so ungerechte Weise erworbene Erbe."*

(Ausgewählte Quellen zur deutschen Geschichte des Mittelalters XXXI, S. 134/135–136/137)

■ **A2** Suche den Grund dafür, dass sich die Bauern an den König wandten. Benutze dazu den vorher stehenden Sachtext über die Freien.

■ **A3** Bewerte das Ereignis und ziehe Schlüsse über die Lage der bäuerlichen Bevölkerung.

■ **A4** Spiele jetzt mit deinen Mitschülerinnen und Mitschülern die hier erzählten Ereignisse, indem ihr vorher das Spiel gemeinsam oder in Kleingruppen ausarbeitet.

Das Spiel könnte drei Szenen haben: Die freien Bauern diskutieren die Vorteile ihrer Selbstübergabe an Guntran; Guntran schikaniert seine neuen Hörigen; die Bauern wollen sich beim König beschweren.

■ **A5** Stelle Vermutungen über die Gründe der Verhaftung und das Recht dazu an (Bild links).

Grundherr sperrt einen Bauern ein (nach 1000)

Die Karte rechts zeigt dir die Besitzungen des Klosters Lorsch.

■ **A1** *Stelle unterschiedliche Vermutungen (Hypothesen) an, wie man diesen Besitz verwalten konnte. Denke dabei an die Rolle der „Zentrale" Lorsch.*

Die im früheren Mittelalter häufigste Form der Grundherrschaft war die so genannte Fronhofordnung. Sie unterschied zwischen dem Herrenhof mit Herrenland und an Bauern ausgegebenen Landstücken (Bauernhöfen, 1 Hufe = 30 Morgen). Man spricht deshalb von einer zweigeteilten Grundherrschaft.

Die abhängigen Bauern bearbeiteten das ihnen übertragene Land und mussten dem Grundherrn von ihrem Ertrag festgesetzte Abgaben leisten: z.B. Getreide, Brot, Geflügel, Eier, Butter, Wolle, Kleidung usw. Hinzu kamen die Frondienste. An einer festgelegten Anzahl von Tagen mussten diese Bauern auf dem Herrenhof arbeiten: z.B. mit dem eigenen Ochsengespann pflügen, Ernte-, Wald- und Transportarbeiten durchführen. Weil diese Arbeiten oft gerade dann anfielen, wenn Bauer und Gespann auf dem eigenen Hof dringend gebraucht wurden, z.B. in der Erntezeit, belasteten die Frondienste die Bauern sehr. Immer wieder gab es daher Streit zwischen Bauern und Grundherren.

■ **A2** *Beschreibe das Schema (rechts). Suche darin die im Text genannten Informationen.*
■ **A3** *Stelle dir vor, dass du abhängige Bäuerin oder Bauer bist. Überlege dir einen Wochenbericht.*
■ **A4** *Diskutiert über gute und schlechte Seiten des Lebens in der Grundherrschaft, wenn man nicht einen Grundherrn wie Guntran hat.*

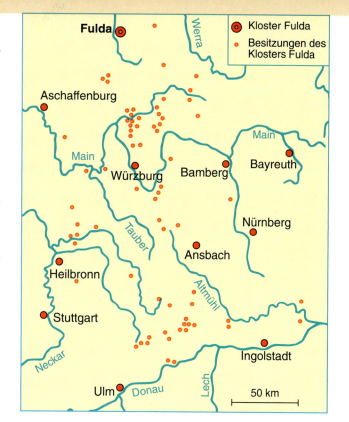

Die Güter des Klosters Fulda nach einer Aufstellung um 830

In den Quellen findet man häufig den Begriff „familia". Damit ist einmal die Gesamtheit der von einem geistlichen oder weltlichen Grundherrn abhängigen Eigenleute, zum anderen die auf einem Bauernhof (einer Hufe) sitzende Bauernfamilie gemeint. Wie groß war die bäuerliche Familie? Die Kernfamilie bestand aus Eltern und zwei bis vier Kindern. Dazu kamen oft unverheiratete Geschwister des Bauern oder seine verwitwete Mutter, schließlich das Gesinde, also Mägde und Knechte. Nicht zuletzt war die Größe der Familie vom Maß der Erträge der Hufe abhängig.

Die Grundherrschaft des früheren Mittelalters

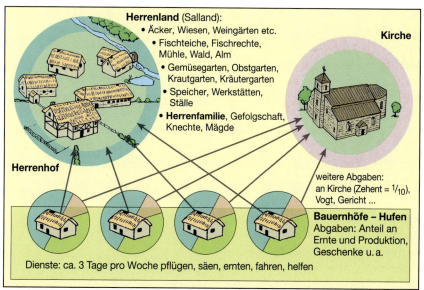

ARCHIV

Mittelalterliches Leben auf dem Lande

Q1 Aus der Versnovelle „Meier Helmbrecht", um 1275:
„Bebau das Feld, bleib bei dem Pflug,
dann nützest du der Welt genug:
Von dir den Nutzen haben kann
der arme wie der reiche Mann.
5 Dem Wolfe nützt du und dem Aar
[Adler] und aller Kreatur fürwahr,
die je auf dieser Erden Gott ließ
lebendig werden.
Drum treibe nur den Ackerbau:
10 Denn sicher manche edle Frau
Wird durch des Bauern Fleiß verschönet, manch König wird gekrönet durch des Ackerbaus Ertrag. Wie stolz mancher auch sein mag,
15 sein Hochmut müsst zuschanden werden,
gäb´s nicht den Bauersmann auf Erden."
(Zit. nach: Franz, G.: Deutsche Agrargeschichte von den Anfängen bis zur Gegenwart, S. 6)

■ **A1** Beschreibe, welche Rolle dem Bauernstand hier für die mittelalterliche Gesellschaft zugeschrieben wird.

Q2 Über den Eintritt freier Bauern in die Abhängigkeit von einem Grundherrn, Freising 975:
„Die Namen der zinspflichtigen Männer und Frauen sind: Hilta mit ihren zwei Söhnen Ruprecht und Erchenprecht und ihren Töchtern Regenlint
5 und Erchenfrint, ferner Hiltas Schwester Salowa mit den zwei Brüdern Uogo und Markuin und den zwei Söhnen Adelmar und Aschuin. Die genannten Männer und Frauen waren ehemals
10 frei, aus eigenem Antriebe haben sie sich in die Untertänigkeit von Abraham, dem Bischof der Freisinger Kirche (begeben), und zwar deshalb, weil die Grundstücke, die sie besaßen, zu ihrem
15 Lebensunterhalt nicht hinreichten."
(Bühler, J.: Bauern, Bürger und Hanse, S. 58)

■ **A2** Nenne den Grund der Bauern für ihren Schritt in die Abhängigkeit von einem Grundherrn.

Q3 Kaiser Karl der Große über die zunehmende Unfreiheit der Bauern:
„Die Freien, die sich in die Knechtschaft Gottes begeben wollen, sollen dies nicht eher tun, als bis sie von uns die Erlaubnis eingeholt haben. Dies
5 gebieten wir darum, weil wir gehört haben, dass manche von jenen dies nicht sowohl aus Frömmigkeit tun als vielmehr, um dem Heeresdienst oder einem anderen königlichen Dienste zu
10 entgehen."
(Starke, D.: Herrschaft und Genossenschaft im Mittelalter, S. 60 ff.)

■ **A3** Erläutere den Standpunkt Karls des Großen.
■ **A4** Setze dich mit den unterschiedlichen Aussagen in Q2 und Q3 auseinander. Erkläre sie.

Q4 Beschwerden höriger Bauern des Abtes von Kempten, 1492:
„Die folgenden Klagen und Artikel bringen die Leute des Gotteshauses Kempten gegen ihren gnädigen Herrn von Kempten vor: (...)
5 2. Die Zinsbauern haben aufgrund ihrer Freiheitsbriefe das Recht, aus dem Klostergebiet wegzuziehen, und sie sollen dieses Recht auch in Zukunft behalten. Der gnädige Herr, der Abt
10 von Kempten, will ihnen dieses Recht jedoch nehmen. Er nimmt sie gefangen, wirft sie in den Turm, legt sie in den Stock und Block und zwingt sie zu unbilligen Versprechungen. Sie müs-
15 sen schriftlich geloben, das Gotteshaus (Gebiet des Klosters) nicht zu verlassen und keinen anderen Schirmherrn als den Abt anzunehmen (...). Wenn sie sich nicht daran halten,
20 bestraft der Abt sie am Gut und bisweilen auch am Leib (...)."
(Buszello, H.: Vom Bundschuh zum deutschen Bauernkrieg, S 11, Übersetzung von Günther Franz, bearb.)

■ **A5** Vergleiche die Situation der Bauern in Q4 und Q2 miteinander. Welche Veränderungen stellst du fest?

Q5 Bericht über die Ernährungssituation auf dem Lande im 14. Jh.:
„Ich habe keinen Penny, um Küken, Gänse oder Schweine zu kaufen, sondern nur zwei frische Käse, ein wenig Quark und Sahne, einen Haferkuchen
5 und zwei Laib Brot aus Bohnen und Kleie, die ich für meine Kinder gebacken habe. Und überdies schwöre ich bei meiner Seele, dass ich weder gepökelten Schinken noch, bei Gott,
10 Eier besitze, um daraus Eier mit Speck zu machen! Doch ich besitze ein wenig Petersilie, etwas Lauch und viel Grünzeug, eine Kuh und ein Kalb und eine Stute, die meinen Dungkarren
15 hinaus auf die Felder zieht (...)"
(Jusserand, J. J.: English wayfaring life, S. 43, bearb.)

■ **A6** Zähle die Nahrungsmittel auf, die den Bauern für ihr Leben zur Verfügung standen.
■ **A7** Warum war die Lebenssituation der Bauern so schwer?

Q6 Johannes Boemus über den Bauernstand um 1520:
„Der letzte Stand ist derer, die auf dem Lande in Dörfern und Gehöften wohnen (...). Ihre Lage ist ziemlich bedauernswert und hart. (...) Hütten
5 aus Lehm und Holz, wenig über die Erde emporragend und mit Stroh gedeckt, sind ihre Häuser. Geringes Brot, Haferbrei oder gekochtes Gemüse ist ihre Speise, Wasser und Molken
10 ihr Getränk. Ein leinerner Rock, ein paar Stiefel, ein brauner Hut ist ihre Kleidung. Das Volk ist jederzeit ohne Ruhe, arbeitsam, unsauber. In die nahen Städte bringt es [das Bauernvolk]
15 zum Verkauf, was es vom Acker, vom Vieh gewinnt, und kauft sich wiederum hier ein, was es bedarf; denn Handwerker wohnen keine oder nur wenige unter ihnen.

In der Kirche, von denen eine für die einzelnen Gehöfte gewöhnlich vorhanden ist, kommen sie (…) alle zusammen und hören von ihrem Priester Gottes Wort und die Messe, nachmittags verhandeln sie unter der Linde oder einem andern öffentlichen Orte ihre Angelegenheiten, die Jüngeren tanzen darauf nach der Musik des Pfeifers, die Alten gehen in die Schenke und trinken Wein. Ohne Waffen geht kein Mann aus; sie sind für alle Fälle mit dem Schwert umgürtet. Die einzelnen Dörfer wählen aus sich zwei oder vier Männer, die sie Bauermeister nennen, das sind Vermittler bei Streitigkeiten und Verträgen und die Rechnungsführer der Gemeinde (…)."

(Franz, G. [Hg.]: Quellen zur Geschichte des deutschen Bauernstandes in der Neuzeit, S. 2 f.)

■ **A1** Schildere die Lebensumstände der Bauern.

Q7 Neuerungen, die das Leben auf dem Lande verbesserten:
„Ein Fortschritt (…) ist die Einführung der Dreifelderwirtschaft. Da nicht genügend Dünger zur raschen Wiederauffrischung der Äcker vorhanden war, ließ man bisher die Anbauflächen eine Zeit lang ausruhen. (…) Der sich daraus ergebende Anbaurhythmus hatte normalerweise das Ausruhen der Hälfte des Bodens während eines Jahres zur Folge; danach erfolgte das Einsäen dieser brachgelegenen Fläche für ein Jahr. Die Zweifelderwirtschaft bedingte demnach einen Produktionsverlust von rund 50 Prozent. Bei der Ablösung dieses Systems durch die Dreifelderwirtschaft ergeben sich deutliche Vorzüge. Zunächst einmal steigt die Erzeugung von der Hälfte auf zwei Drittel, weil die Anbaufläche in drei ungefähr gleiche Teile zerlegt wird, von denen nur einer das Jahr über brachliegt (…). Aber der Fortschritt ist auch qualitativer Natur.

Die beiden Feldstücke werden verschieden bewirtschaftet. Die einen erhalten Herbstsaat und erbringen Wintergetreide (Weizen, Roggen); die anderen werden im Frühjahr mit Hafer, Gerste und Gemüse (Erbsen, Bohnen, Linsen, bald auch Kohl) bestellt, während das dritte Stück brachliegt. Im folgenden Jahr erhält das erste Feld den Sommerbau, das zweite ruht aus, und auf dem dritten baut man Wintergetreide an. So wird eine Abwechslung in der Lebensmittelerzeugung möglich (…)."

(Le Goff, J. [Hg.]: Das Hochmittelalter, S. 42)

■ **A2** Erläutere die Vorteile der Dreifelderwirtschaft?

Q8 Anweisungen für die Feldbestellung, ca. 880:
„Im Herbst soll der Landmann das abgeerntete Feld mit dem Spaten umgraben. Danach soll er alles pflügen, das Saatgut ausbringen. Hierauf soll er eggen, notfalls mehrfach. (…)"
„Nach der Aussaat ist Tag und Nacht Wache zu halten, um Schaden durch Vögel und Waldtiere zu vermeiden. (…). Der kluge Bauer legt den Zugtieren ein Geschirr um den Hals, mit dem sie stark ziehen können. (…) Wenn tiefer gepflügt werden soll, braucht man eiserne Pflugscharen und mehrere Zugtiere, die zu einem Gespann verbunden sind."

(Zit. nach: Konetzke, R.: Rheinische Urbare, S. 16, und der Chronik von St. Hubert [1081]; entnommen aus: Hanquet, K.: Recueil des textes pour servir à l'étude de l'histoire de Belgique, S. 107 f.)

Q9 Über das Mahlen des Getreides:
„Die Weiterverarbeitung des Getreides zu Mehl, Fladen, Grützen, Brot und Bier war ursprünglich ausschließlich Frauenarbeit.
Insbesondere das tägliche Mahlen des Getreides zwischen zwei Steinen oder schließlich mit der Handmühle war eine zeitraubende und außerordentlich kraftanstrengende Arbeit. Sie wurde täglich in den Morgenstunden verrichtet und nahm für 1 kg Getreide bei der Verwendung der Reibsteine etwa 40-60 Min., bei der Verwendung der Handmühle etwa die Hälfte der Zeit in Anspruch. Legt man einen durchschnittlichen Tagesverbrauch von rund 3 kg Getreide in einer frühmittelalterlichen Bauernfamilie zugrunde, so hätte die täglich aufzubringende Arbeitszeit bei etwa 1,5 bis 3 Stunden gelegen."

(Kuhn, A./Rüsen, J.: Frauen in der Geschichte, S. 59)

■ **A3** Beschreibe die Arbeiten, die Bauern und Bäuerinnen zu erledigen hatten. Vergleiche mit der heutigen Situation.

Q10 Bischof Burchard von Worms zur Einteilung der Gesellschaft in Stände, um 1000:
„Der gerechte Gott hat das Leben der Menschen folgendermaßen unterschieden gemacht: Die einen machte er zu Knechten, die anderen zu Herren. Damit soll die Möglichkeit der Knechte, Böses zu tun, durch die Macht der Herren eingeschränkt werden."

(Übersetzt nach: Migne, J.-M.: Patrologia latina 140, Sp. 908)

Q11 Auszug aus dem Schwabenspiegel, um 1280:
„Man kann mit der Heiligen Schrift beweisen, dass niemand des andern Eigen sein soll. Gott hat den Menschen nach seinem Ebenbild gebildet und von der Hölle erlöst. Als man das früheste Recht setzte, waren alle freie Leute."

(Übertragen nach: Franz, G. [Hg.]: Quellen zur Geschichte des deutschen Bauernstandes in der Neuzeit, 368 f.)

■ **A4** Vergleiche Q10 und Q11 miteinander. Erkläre den Gegensatz.

4 Die Stadt im Mittelalter

4.1 Städte entstehen und entwickeln sich

Wie haben die Städte in früherer Zeit wohl ausgesehen und wie sind sie entstanden? Auf den Bildern von Erfurt und Nürnberg kannst du sehen, wie „große" Städte im späten Mittelalter ausgesehen haben.

■ **A1** Welche Bestandteile der mittelalterlichen Stadt kannst du erkennen?
■ **A2** Nenne Gemeinsamkeiten im Erscheinungsbild der beiden Städte.
■ **A3** Erkläre an der Stadtkarte möglichst viele Straßennamen.
■ **A4** Überlege, wie die Wortendungen der Städtenamen Erfurt und Nürnberg zustande kamen.
■ **A5** Suche in einem Atlas weitere Städte, die auf -furt, -berg oder -burg enden.

Die ältesten Städte in Deutschland haben ihren Ursprung in der Zeit der Römerherrschaft. An Rhein und Donau errichteten die Römer Städte, die mit dem Untergang des Römischen Reiches verlassen wurden. Das städtische Leben erlosch jedoch nicht vollständig an diesen Orten. Bischöfe blieben dort und machten sie zu Zentren ihrer Bistümer.

Auf langen Reisen hatten Kaufleute stets Angst überfallen zu werden. Sie suchten daher oft Schutz in der Nähe der Bischofssitze. Aber auch Burgen von weltlichen Herren, Pfalzen des Königs und Klöster boten den Händlern Sicherheit. Auf diese Weise entstanden vor den Herrschaftssitzen häufig Kaufmannssiedlungen.

Nur auf Märkten durfte gehandelt werden. Wenn die Bewohner der Kaufmannssiedlungen einen Markt abhalten wollten, mussten sie vom König das Marktrecht erhalten. Im Jahre 965 verlieh beispielsweise Kaiser Otto I. der Stadt Magdeburg das Recht Markt zu halten, Münzen herauszugeben und Zölle zu erheben.

Die Städte, die aus dem Herrensitz, der Wirtschaftssiedlung und mindestens einer Kirche bestanden, wuchsen und verhalfen den Stadtherren zu außerordentlichem Reichtum. Da ist es nicht verwunderlich, auf welche Idee Herzog Konrad von Zähringen und andere Adlige kamen.

Q1 „Aller Nachwelt und Mitwelt sei kundgemacht, dass ich, Konrad, an dem Platz, der mir als Eigengut gehört, nämlich Freiburg, einen Markt-
5 ort gegründet habe, im Jahre der Geburt des Herrn 1120. Nachdem angesehene Geschäftsleute von überall zusammengerufen worden waren, habe ich angeordnet
10 diesen Marktort (...) anzufangen und auszubauen. Daher habe ich jedem Geschäftsmann für den Hausbau (...) in dem angelegten Marktort eine Hofstätte (ca. 30 x 15 m) zugeteilt und
15 angeordnet, dass mir und meinen Nachkommen von jeder Hofstätte ein Schilling gängige Währung als Zins jährlich am Fest des heiligen Martin (11. November) zu zahlen ist. Es sei
20 nun allen kundgetan, dass ich ihnen auf ihren Antrag und Wunsch folgende Vorrechte zugestanden habe. (...)
– Ich verspreche also allen, die meinen Marktort aufsuchen, im Bereich
25 meiner Macht und Herrschaft Frieden und sichere Reise. (...)
– Wenn einer von meinen (Bürgern) stirbt, darf seine Frau mit ihren Kindern alles besitzen und ohne jede
30 Bedingung alles, was ihr Mann hinterließ, behalten. (...)
– Ich werde meinen Bürgern niemals

Eine Ansicht von Erfurt aus dem 15. Jahrhundert

ohne Wahl einen anderen Vogt (Verwalter) und einen Priester vor-
35 setzen, sondern wen immer sie dazu wählen, werden sie von mir bestätigt bekommen.
– Auch darf jeder, der an diesen Ort kommt, hier frei wohnen, wenn er
40 nicht jemandes Knecht ist (…). Wenn einer aber über Jahr und Tag in der Stadt gewohnt hat, ohne dass irgendein Herr ihn als Leibeigenen gefordert hat, soll er sich fortan sicherer
45 Freiheit erfreuen. (…)"
(Borst, A.: Lebensformen, S. 396 f.)

■ **A1** Versetze dich in die Lage eines Freiburger Kaufmanns, der einem Freund in einem Brief von den Vorteilen, die er durch die Stadtgründung erhält, berichtet.

■ **A2** Schließe aus dem, was Konrad den Frauen zusagte, auf die Situation der weiblichen Bevölkerung auf dem Land.

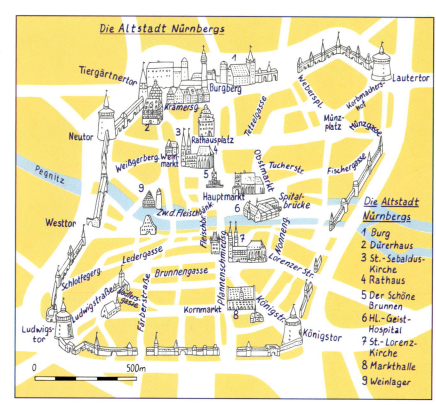

Straßenplan des mittelalterlichen Nürnberg

Stadtansicht von Nürnberg (1492)

87

Auch wenn seit dem 12. Jahrhundert zahlreiche Stadtgründungen in Mitteleuropa erfolgten und sich die gewachsenen Städte weiter entwickelten, lebte der weitaus größte Teil der Menschen weiterhin auf dem Land. Köln, die größte deutsche Stadt im Mittelalter, hatte nur etwa 40 000 Einwohner. Die meisten mittelalterlichen Städte waren kleiner als heutige Dörfer.

Einwohnerzahlen deutscher Städte:

	Einwohnerzahl im 15. Jahrhundert	Einwohnerzahl 1997
Köln	40 000	963 000
Nürnberg	20 000	499 000
Magdeburg	20 000	271 000
Erfurt	18 500	201 000
Hamburg	12 000	1 703 000
Dresden	3 000	479 000

■ **A1** Erkundige dich, wie viele Einwohner in deinem Wohnort leben. Vergleiche die Zahl mit der Tabelle.

In den aufblühenden Städten hatten reich gewordene Kaufleute und Handwerker in politischen Fragen zunächst keine Mitsprache. Die Stadt wurde vom Stadtherrn oder in seinem Auftrag von einem Vogt verwaltet. Wegen zu hoher Abgaben und mancher Bestimmungen, die die Bürger in ihren Geschäften behinderten, kam es an vielen Orten zu Aufständen gegen den Stadtherrn. Nach langen Auseinandersetzungen gelang es den Bürgern in zahlreichen Städten mitbestimmen zu können. Die Oberschicht aus reichen Bürgern bildete einen Rat und verwaltete nun die Stadt selbst. Die prachtvollen Rathäuser, die damals gebaut wurden, kann man in manchen Städten noch heute bewundern.

Der Brandenburger Roland, Zeichen für „Recht und Ordnung" innerhalb der Stadt

■ **A2** Weshalb waren geordnete Rechtsverhältnisse für Städte wichtig?
■ **A3** Kennt ihr andere Roland-Statuen?

Das Rathaus von Brandenburg

4.2 Leben in der mittelalterlichen Stadt

Der Mittelpunkt der mittelalterlichen Stadt war der Marktplatz. Neben dem Hauptmarkt gab es auch häufig kleinere Märkte für bestimmte Waren. An den verschiedenen Marktständen konnten sich die Bürger alles besorgen, was sie zum Leben brauchten.

■ **A4** Schaut euch das Bild rechts genau an. Welche Berufe könnt ihr erkennen?
■ **A5** Beachtet die Kleidung der Marktbesucher. Welche Unterschiede findet ihr?

GEWUSST WIE!

Ein Säulendiagramm lesen

Ein Diagramm stellt eine zeichnerische Veranschaulichung von Zahlen dar. Der Vorteil besteht darin, dass das Wesentliche sofort auffällt und man sich Zusammenhänge oder Entwicklungen besser einprägen kann.

In dem Diagramm sind auf der waagerechten Achse Jahreszahlen angebracht. Zunächst muss man sich vergegenwärtigen, um welchen Zeitraum es sich handelt. Bei unserem Beispiel handelt es sich um den Zeitraum von 1150 bis 1600. Die senkrechte Achse zeigt die Anzahl der Stadtentstehungen.

Hat man das erkannt, kann man für die Jahre zwischen 1150 und 1600 feststellen, wie viele Städte jeweils entstanden sind. Nicht ablesbar ist der Raum, für den dieses Diagramm zutrifft. Deshalb steht als Zusatzinformation, dass es sich um die Stadtentstehung in Mitteleuropa handelt.

Es fällt auf, in welchem Zeitraum in Mitteleuropa die meisten Städte entstanden sind. Warum das so war, ist jedoch nicht zu sehen. Um das herauszufinden musst du die Texte dieses Kapitels lesen. Man muss bei einem Diagramm also aufpassen, dass man nicht etwas herausliest, was gar nicht da ist. Die Tatsache, dass um das Jahr 1300 viele Städte entstanden, sagt nicht aus, dass die meisten Menschen in Städten wohnten. Nur etwa 10 % der Bevölkerung lebte damals in Städten.

Stufen der Stadtentstehung in Mitteleuropa

■ **A1** *In welchem Jahrhundert entstanden in Mitteleuropa die meisten Städte?*
■ **A2** *Ordne die Gründung von Freiburg im Breisgau (S. 86) in diese Grafik ein.*
■ **A3** *Erkundige dich, in welchem Jahr eine Stadt in deiner Umgebung entstanden ist, und ordne sie ebenfalls der Grafik zu.*

So stellt sich ein Maler aus unserer Zeit einen mittelalterlichen Markt vor.

Aus diesem Text aus dem 15. Jahrhundert kannst du erfahren, was ein Ehepaar aus Passau in einem Jahr gekauft hat:

Q1 „Es ist zu merken, was ein Mann, sein Weib und ihre Magd zu Passau in einem Jahr benötigten: (...) drei Personen müssen für Brot alle Wochen vier Pfennige haben. Das macht in einem Jahr sieben Pfund. (...) Für allerlei Fleisch im Jahr: zwölf Pfund. Alle Tage Wein um zwölf Pfennige macht im Jahr acht Pfund achtundvierzig Pfennige. Für Kraut zwölf Schillinge; ebenso viel für Milch, für Schuh, für das Bad und allerlei Lichter.
Alle Wochen für Milchrahm und Käse zwanzig Pfennige, macht im Jahr vier Pfund achtzig Pfennige.
Für Holz, Schmalz und Salz fünf Pfund. (...) für Äpfel, Birnen, Rüben vier Schillinge; um allerlei zum Naschen (...) zehn Schillinge.
Einem Mann für Hemd, Unterhosen und Hosen drei Pfennige; für Ergänzung des Leib- und Bettgewandes für Mann und Frau vier Pfund.
So bedarf eine Frau heimlich von ihrem Mann ein Pfund.
(...) zu Opfer, Beichte und allerlei geistlicher Ordnung zwei Pfund.
Für Schüssel, Teller, Löffel, Häfen, Topfdeckel und Nachttöpfe drei Schillinge.
Zusammen macht das für drei Personen in einem Jahr einundsiebzig Pfund, sechs Schillinge und acht Pfennige."

(Hardach, G./Schilling, I.: Das Buch vom Markt, S. 72)

■ **A1** Welcher Gesellschaftsschicht wird dieses Ehepaar vermutlich angehört haben? Begründe deine Antwort.

■ **A2** Zähle diejenigen Erzeugnisse auf, die in der Stadt hergestellt und gehandelt wurden. Welche Waren mussten wahrscheinlich von weither gebracht werden?

Ein Handwerksmeister hatte damals einen Wochenlohn von etwa einem Pfund, ein Geselle nur ungefähr zehn Schillinge.

■ **A3** Vergleiche den Stand mit einem Fischstand aus unserer Zeit.

> Ein Pfund entspricht einem Gulden. In dem Namen Gulden steckt das Wort Gold, was darauf hindeutet, dass es sich um eine Goldwährung handelte. Die Untereinheiten des Pfundes waren Schillinge und Pfennige.
> 1 Pfund = 20 Schillinge
>   = 240 Pfennige
> 1 Schilling = 12 Pfennige

4.3 Der Rat

Seit dem späteren Mittelalter leiteten vielerorts Ratsherren die Geschicke der Stadt. Neben dem Bürgermeister übernahmen auch andere Mitglieder des Stadtrates Aufgaben als Stadtschreiber, Richter, Waagmeister oder Baumeister. Wieder andere waren für das Einziehen der Steuern, die Erhebung von Zöllen und die Gewerbeaufsicht zuständig. Ratsherr konnte nur werden, wer zur städtischen Oberschicht zählte. Meist waren die Ratsmitglieder reiche Fernkaufleute und in manchen Städten auch erfolgreiche Handwerksmeister. Frauen hatten keine Möglichkeit in den Stadtrat zu gelangen.

Konstanzer Marktstand aus dem 15. Jahrhundert

A1 Erkläre anhand des Schemas, wer in der Stadt regierte und wer mitbestimmen durfte.

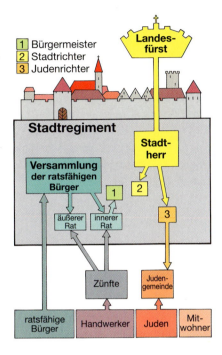

Eine Patrizierfamilie (15. Jahrhundert)

Seit sich die Bürger selbst verwalteten, wurde der Ausruf „Stadtluft macht frei" zu einer geläufigen Redensart. Stellt man die Lebensbedingungen der Stadtbewohner denen der Bauern gegenüber, mag das stimmen. Ein Mensch der Gegenwart würde die Vielzahl der Verordnungen und Bestimmungen aber bestimmt nicht als Freiheit empfinden.

4.4 Die Gilden der Kaufleute

Die Stadtbevölkerung gliederte sich in verschiedene Gesellschaftsschichten. Von Gleichheit konnte in der mittelalterlichen Stadt keine Rede sein.

A2 Erläutere, wie sich das Vermögen in Nürnberg verteilte. Wie denkst du darüber?

Vermögensverteilung in Nürnberg (15. Jahrhundert)

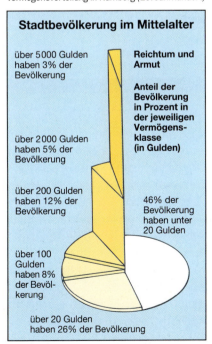

Die vermögenden Bürger, die ratsfähig waren, nennt man auch Patrizier. Unter ihnen waren viele Fernkaufleute, die in den Wirtschaftszentren ganz Europas Handelsgüter umsetzten. Die Kaufleute einer Stadt vereinigten sich in Gilden, um ihre Interessen besser durchsetzen zu können. Oft schlossen sich Kaufleute einer oder mehrerer Familien zu Handelsgesellschaften zusammen und gründeten Niederlassungen in weit entfernten Handelsstädten. In Deutschland waren die Messe in Frankfurt am Main und seit dem 15. Jahrhundert auch die Leipziger Messe bedeutende Umschlagplätze. Süddeutsche Kaufleute reisten bevorzugt nach Venedig, um von dort Pfeffer und Baumwolle aus dem Orient zu erwerben.

Der Augsburger Kaufmann Burkard Zink, der 1396 in Memmingen geboren wurde, schrieb in seiner Lebensbeschreibung (Autobiografie):

Q1 „Als man das Jahr 1419 schrieb, kam ich nach Augsburg zu einem reichen Mann, Jos Kramer, der ein gewaltiger Mann hier war. (...) Er trieb Handel mit Pelzwerk von der Steiermark, auch anderen Handel von Venedig wie Wolle und anderes. (...) Dem trieb ich sein Gewerbe nach Venedig, Frankfurt und Nürnberg. (...)

Danach im Jahre 1431 dachte ich, ich wäre reich, und es verdross mich so viele Wege zu reiten. Und ich gedachte, ob ich eine Anstellung daheim in der Stadt haben könnte, dass ich nicht mehr so arbeiten müsste. Nun fügte es sich zufällig, dass einer, (...) der an der Waage war, davon ging, so dass Peter Egen (der Bürgermeister von Augsburg) keinen Waagmeister hatte. Er schickte zu mir und ließ mich fragen, ob ich sein Waagmeister sein wollte, er wollte mir gütlich tun. Also in Kürze versprach ich mich ihm und wurde sein Diener, er gab mir 53 Gulden im Jahr. Und man muss wissen, dass er mir erlaubte, nach Venedig zu reiten, wann ich wollte. Also ritt ich alle Jahre mindestens ein- oder zweimal nach Venedig und trieb mein Gewerbe also an der Waage wie zuvor (...)"

(Frenzdorff, F.: Die Chroniken der dt. Städte, S. 128 ff.)

Das Standbild von Burkard Zink wurde im 19. Jahrhundert, fast 400 Jahre nach seinem Tod, in der Geburtsstadt des Kaufmanns errichtet. In der linken Hand hält Zink ein Buch als Zeichen dafür, dass er auch als Chronist tätig war.

■ **A1** Warum reiste Burkard Zink nach Venedig?
■ **A2** Auf welche Weise änderte sich das Leben des Kaufmanns im Jahre 1431?
■ **A3** Vergleiche das Jahresgehalt, das Zink für seine Tätigkeit als Waagmeister erhielt, mit den Ausgaben des Ehepaares in Q1, S. 90.

4.5 Handwerk in der Stadt

Die Einwohner der Städte und der umliegenden Dörfer waren auf die Erzeugnisse der verschiedenen Handwerkszweige angewiesen. Bäcker, Metzger, Schneider, Schuster und Schmiede gab es in jeder Stadt. Für die aufwendigen Gebäude wurden Bauhandwerker benötigt. In manchen Städten siedelten sich Gewerbe an, die nicht nur für die Menschen der Umgebung, sondern auch für die Ausfuhr in weiter entfernte Gebiete arbeiteten. Besonders in der Textil- und der Metallbranche fächerte sich das Handwerk in verschiedene Zweige auf. Für die unterschiedlichen Anforderungen reichte es nicht mehr, nur einen Schmied zu haben. Bald gab es in den Städten Huf-, Kupfer-, Gold- und Waffenschmiede, Schlosser, Drahtzieher und Nadler. Die Arbeitsteilung nahm ständig zu.

Jeder, der einen handwerklichen Beruf ausüben wollte, musste Mitglied in einer Zunft sein. Durch diese Zusammenschlüsse wurden Art und Weise der Ausbildung und Ausübung des Handwerks geregelt. Bevor man Meister werden konnte,

GEWUSST WIE!

Was ist eine Autobiografie?

In einer Autobiografie schreibt eine Person über ihr eigenes Leben. Der Vorteil dieser Quellenart ist, dass wir Informationen aus erster Hand erhalten. Über das alltägliche Leben von Menschen kann man darin viel erfahren. Außerdem ist die Sprache einer Autobiografie meistens lebendiger und spannender, als dies beispielsweise bei Urkunden der Fall ist. Die Verfasser wollten ihrer Nachwelt, aus den unterschiedlichsten Gründen, etwas über ihr Leben mitteilen. Bei Autobiografien ist aber auch Vorsicht geboten. Da die Schreiber sich gerne in ein gutes Licht rücken und manche Ereignisse nur aus ihrer Sicht erzählen, darf man nicht zu leichtgläubig sein. Man muss also besonders kritisch an die Textarbeit gehen.

Handwerkerfamilie (15. Jahrhundert)

■ **A1** Vergleiche die Handwerkerfamilie mit der Patrizierfamilie von S. 91. Was fällt dir auf?

■ **A2** Es gab auch Frauen, die ein Handwerk ausübten. Beschreibe die Tätigkeit der Hafnerin.

Q1 „1. Zum Ersten soll sich keine Frau von diesem Amt in unserer Stadt als Meisterin oder selbstständige Seidmacherin niederlassen oder davon
5 ernähren, wenn sie nicht zuvor drei Jahre lang in demselben Amt gelernt und gedient hat. (...)
6. Auch soll jede Tochter, die in das Amt kommt und lernen will, dem Amt
10 eine Mark für die Einschreibung geben, damit man weiß, dass eine jede ihre Zeit recht lernt und im Zunftbuch eingeschrieben wird. (...)
7. Weiterhin soll niemand von den
15 vorgenannten Frauen oder von ihren Männern in unserer Stadt andere Seide verarbeiten, herstellen, bereiten noch färben als diejenige, die hier in unserer Stadt gesponnen wird. Und
20 wer dem zuwiderhandelt, der soll die Seide verloren haben (...). Und außerdem sollen er oder sie sich nicht mehr, nachdem sie überführt worden sind, vom Seidmachen ernähren.
25 8. (...) Und wenn irgendein Seidenfärber trotzdem jemand anders Seide färbt als den Seidmachermeisterinnen,

musste man zuerst als Lehrling und dann als Geselle arbeiten. Die Zünfte überwachten die Qualität der Erzeugnisse, legten die Löhne und die Arbeitszeiten fest und versuchten, ihre Mitglieder vor Konkurrenz zu schützen. Gewerbefreiheit, wie in unserer Zeit, kannte das Mittelalter nicht.

In Leipzig gab es im 14. Jahrhundert 40 verschiedene Zünfte, ein Jahrhundert später waren es bereits 88. Manche Zünfte erlaubten es auch Frauen, Mitglied zu werden. Mancherorts konnte man sogar reine Frauenzünfte vorfinden. In dem Amtsbrief vom 20. Juni 1469 kannst du einige Artikel aus der Verfassung der Kölner Seidenmacherinnen lesen:

Hafnerin an der Töpferscheibe. Die Abbildung stammt von einer Spielkarte aus dem Jahre 1450.

so soll er hundert Mark zur Buße geben und einen Monat im Turm unserer Stadt liegen. (...)
16. Weiterhin sollen alle Seidmacherinnen (...) kein Seidengut außerhalb Kölns oder an geistliche Personen in Klöstern und Konventen zum Spinnen geben. (...)
21. Wenn die Amtsmeister ein Gut finden, das kein taugliches oder kein Kaufmannsgut ist, so sollen sie das mitnehmen und vor das Amt bringen. Und das Gut soll derjenige, bei dem es gefunden wurde, selbst öffentlich in Stücke schneiden." (...)
(Ketsch, P.: Frauen im Mittelalter, S. 191 f.)

■ **A1** Welche Voraussetzungen musste eine Frau erfüllen, bevor sie in Köln Seide herstellen durfte?

■ **A2** Was wurde den Seidenmacherinnen alles verboten? Versuche, Begründungen dafür zu finden.

Die Zünfte überwachten die Arbeit der Handwerker. Verstöße gegen die Zunftordnung wurden streng bestraft. Die Markt- und Gewerbepolizei unterzog Handwerksmeister und -meisterinnen regelmäßigen Kontrollen. Über einen Bäcker aus Leipzig wird 1468 berichtet:

Q2 „Auf heute Sonnabend (...) hat der Rat einem Bäcker, Veitz genannt, auf der Hallischen Brücke sein Bürgerrecht aberkannt und dabei ernsthaft gesagt, dass er bei Sonnenaufgang sich aus der Stadt machen und nicht mehr hereinkommen noch backen solle, weil er sein Brot zu klein gebacken und (...) damit betrogen hat." (...)
(Ausgewählte Quellen zur dt. Geschichte des Mittelalters, Bd. 37)

■ **A3** Findest du die Bestrafung angemessen? Begründe deine Meinung.

Bestrafung eines betrügerischen Bäckers (16. Jahrhundert)

Die Zünfte, die man in manchen Gegenden auch Innungen nannte, haben zur wirtschaftlichen Blüte der Städte viel beigetragen. Aber politische Mitbestimmung wurde den meisten Zunftmitgliedern weiterhin verwehrt. Im Unterschied zu den Patriziern zählten sie nicht zu den ratsfähigen Familien. Damit waren die Handwerker jedoch nicht einverstanden. Nach einer Chronik hat sich in Magdeburg Folgendes zugetragen:

Q3 „In dem Jahre 1330 war hier in der Stadt [Magdeburg] große Zwietracht zwischen der Mehrheit und den Reichesten, also den Gewandschneidern und den Krämern. Und die Reichesten kamen bewaffnet zusammen (...) und hatten bereits Stroh geladen auf Wagen und meinten die Krämer zu verbrennen und waren also zusammengekommen, dass sie sich untereinander erschießen.
Das war, als Bischof Otto hier in der Stadt war, und konnte entwischen und brachte sich mit seinen Mannen mühevoll in ein Versteck. Und war berichtet worden, dass 36 vertrieben wurden, die in dem alten Rat gewesen waren. Und gleichzeitig wurde die Brauer- und die Bäckerinnung (vom Erzbischof) bestätigt und ein neuer Rat in dieser Weise, dass der Rat jedes Jahr gewählt wird aus allerlei Innungen."
(Hegel, C.: Die Chroniken der dt. Städte, Bd. 7, S. 200 f.)

■ **A4** Gestaltet ein Streitgespräch zwischen einem Magdeburger Krämer und einem Gewandschneider.

■ **A5** Was hat sich nach der Bürgererhebung in der Verfassung von Magdeburg geändert?

ARCHIV

Konflikte in der mittelalterlichen Stadt: Stadtherren – Patrizier – Handwerker

Q1 Kölner Bürger revoltieren 1074 gegen ihren Stadtherrn, den Erzbischof: Für die Reise eines Freundes ließ der Erzbischof ein Schiff beschlagnahmen, das einem sehr reichen Kaufmann gehörte. „Dieser hatte einen erwachsenen Sohn, der (…) außerordentlich beliebt war. Dieser lief mit seinen Knechten und mit jungen Leuten aus der Stadt (…)
5 zu dem Schiff und verjagte die Diener des Erzbischofs. (…) Er zog in der ganzen Stadt umher und streute im Volk allerlei Reden aus über die Überheblichkeit und Strenge des Erzbischofs,
10 der so oft Widerrechtliches anordne, so oft Unschuldigen das Ihre wegnahm, so oft die ehrenwertesten Bürger mit den unverschämtesten Worten anfalle (…)." (Der Erzbischof wurde
15 angegriffen, musste vorübergehend fliehen, eroberte die Stadt dann aber zurück.)
(Lampert von Hersfeld: Annalen, in: Kleinknecht/Krieger, S. 261 f.)

■ **A1** Schreibe die Quelle so um, als hätte sie der junge Mann verfasst.

Q2 Auch als Köln „eigener Herr" war, gab es Konflikte. Davon berichtet z. B. ein niederrheinisches Gedicht, hier in Prosa-Übersetzung: „In den Pfingsttagen des Jahres, da man schrieb 1369, rotteten sich in Köln die Weber zusammen, zogen vor das Rathaus und forderten, dass Rat und
5 Schöffen zu ihnen herauskämen. (…) Da sprach ein Weber: ‚Ihr Herren, die Schöffen haben einen Mann in Haft. Über ihn, so wollen es unsere Zunftgenossen, soll Gericht gehalten werden;
10 denn er hat auf der Straße geraubt.' ‚Ihr Herren', gab der Rat zur Antwort, ‚geduldet euch noch einige Tage, bis die Wahrheit an den Tag gebracht worden ist und man die Verteidigung
15 gehört hat; dann mag er nach der Schöffen Urteil sein Leben verlieren.' Da riefen die Weber unter lautem Lärmen, sie wollten es nicht dulden, dass man länger warte; wollte man ihnen
20 den Mann nicht geben, so würden sie ihn auf andere Weise in ihre Gewalt bringen. (…) Da wurde dem Kerkermeister der Befehl gegeben, ihnen den Mann auszuliefern. Sogleich führten
25 die Weber den Mann von dannen und schlugen ihm das Haupt ab."
(Dies war der Beginn größerer Unruhen; sie brachten einen neuen Rat, in dem auch die Zünfte saßen
30 und die Weber die Mehrheit hatten.)
„Musste man eine Abgabe in der Stadt festsetzen, so sollte das Tuch allemal von dieser Abgabe befreit sein und der Wein sie allein tragen. Auch hatten sie
35 die Schlüssel der Stadt, ihr Siegel und ihren Schatz."
(Ein Weber sollte hingerichtet werden, wurde aber dem Henker von einer bewaffneten Menge unter Führung
40 der Weber gewaltsam entrissen und in die Stadt zurück geführt.) „Als man diese Kunde vernahm, war jeder darauf bedacht, sich zu wappnen. Sie liefen nach Hause und legten Waffen
45 an, Arme und Reiche. Auch die Herren vom Rate säumten nicht lange und kamen. (…) Die Ersten, die sich zu ihnen gesellten, waren die Löher; dann eilte die Gesellschaft vom Eisenmarkte
50 herbei; die Kaufleute vom Altenmarkt kamen gleichzeitig. (…) Auch die Fischverkäufer kamen hinzu." (…)
(Die Weber unterlagen im Kampf, der alte Rat wurde nach einem Jahr und
55 fünf Monaten wieder hergestellt.)
(Kleinknecht/Krieger, S. 278 f.)

■ **A2** Beschreibe den jeweiligen Anlass der drei Konflikte und vergleiche!
■ **A3** Was wird den Webern vorgeworfen? Welche Vorwürfe hältst du für zutreffend?

Q3 Ein Umsturz der Stadtverfassung war nicht nur Sache der Stadt. Das erlebte Braunschweig 1375: „Es ist (…) bekannt, dass die Braunschweiger die ehrlichen Leute in ihrem Rate übel behandelt haben. Sie haben sie ohne Schuld, ohne Recht und ohne
5 jegliche Verhandlung getötet, sie haben deren Freunde vertrieben, verfestet (= eingesperrt) und von ihnen Abgaben erhoben. Sie haben sowohl den Toten wie den Lebenden zu Unrecht ihr Gut
10 abgenommen. Und als die verbündeten Seestädte (Hanse) verlangten, dass darüber ein Tag abgehalten werde, haben sie dreimal abgelehnt und erschienen nicht. (…) Deshalb sind die gemei-
15 nen Städte (…) sich darüber einig geworden, dass sie die Braunschweiger aus der Hanse (…) ausschließen wollen. Kein Kaufmann (…) soll (…) irgendeinen Handel mit ihnen treiben,
20 bei Verlust von Gut und Ehre (…)."
(Hanserezesse I a Nr. 92, zit. nach: Dollinger: Die Hanse, S. 518 f.)

■ **A4** Beschreibe, was der Ausschluss aus der Hanse bedeutet. Wurde das Handelsverbot wohl eingehalten?
■ **A5** Wie wird die „Strafe" begründet?

Q4 Verschwörung in Danzig 1463: „In diesem Jahr hatten sich viele Bürger zusammengetan (…), um den Rat zu erschlagen. Und diesen bösen Aufstand wollten sie durchführen zum
5 Sankt-Margareten-Tag (13. Juli) in der Kirche während des Hochamtes, wenn der Priester das heilige Sakrament des Leichnams unseres Herrn Jesu Christi hochhielt, und wenn alle Leute
10 dorthin sähen, wollten sie in die Kirche kommen und wollten den Rat erschlagen in dem Ratsstuhl, in dem der Rat zu stehen pflegte." (Der Plan wurde verraten.)
(Lübecker Ratschronik, Deutsche Chroniken, S. 129.)

■ **A6** Stelle Vermutungen an, warum die Aufständischen gerade diesen Ort und Zeitpunkt ausgesucht haben.

4.6 Unterschichten und Randgruppen

Die große Mehrheit der Stadtbewohner zählte zur Unterschicht. Diese Menschen mussten ihr Leben in sehr ärmlichen Verhältnissen verbringen. Sie wohnten meist in beengten Hinterhöfen, lebten von der Hand in den Mund und besaßen kein Bürgerrecht. Handwerksgesellen, Kaufmannsgehilfen, Tagelöhner und Gelegenheitsarbeiter zählten ebenso zur Unterschicht wie Torwächter, Türmer, Nachtwächter und andere niedrige städtische Angestellte. Im größten Elend lebten die Bettler, die in jeder mittelalterlichen Stadt in Scharen auftraten.

Auf der untersten Stufe der städtischen Gesellschaft standen die „unehrlichen Leute". Das waren Personen, die verachtete Berufe ausübten, wie die Totengräber, Henker, Dirnen und Abdecker.

■ **A1** Erkläre die einzelnen Berufe und sprich über ihre Bedeutung.

■ **A2** Versuche zu erklären, weshalb der Mann bettelt.

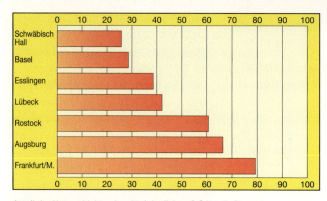

Anteil der Unterschichten in mittelalterlichen Städten in Prozent

Bettler (Altarbild um 1480)

Die seit dem späteren Mittelalter stark wachsenden Städte zogen auch Geistliche an. Mitglieder von Bettelorden, vor allem Franziskaner und Dominikaner, kamen in die betriebsamen Städte. Dadurch unterschieden sie sich von Orden wie den Zisterziensern, die die Einsamkeit suchten. Bettelorden verzichteten auf Eigentum und lebten hauptsächlich von Almosen. Sie predigten, bekämpften Ketzer (Andersgläubige) und kümmerten sich um Arme und Kranke. In Spitälern wurden Kranke zum Teil auch von Beginen gepflegt. Beginen waren Frauen, die in einer klosterähnlichen Gemeinschaft lebten. Sie betätigten sich auch im Textilgewerbe, unterlagen aber nicht dem Zunftzwang. Den Bürgern waren die Beginen deshalb oft ein Dorn im Auge.

■ **A3** Vergleiche mit einem heutigen Krankenhaus.

Ein Spital im Spätmittelalter (15. Jh.)

ARCHIV

Das Leben der Unterschichten

Q1 Angst vor „Mord und Totschlag" in einer Stadt im 13. Jahrhundert:
„Wir verbieten, Schwerter und Dolche innerhalb der Stadt zu tragen. Sooft Leute dabei betroffen werden, dass sie solche tragen, werden sie jedes Mal der Stadt 6 Schillinge zahlen und dem Richter 60 Pfennige (...).
Lotterbuben (= „Taugenichtse", Gaukler, fahrende Musikanten usw.) jeder Art, fahrende Schüler mit langen Haaren halten wir fern. Wer sie länger als eine Nacht beherbergt, den verurteilen wir zu 1 Pfund."
(Städteordnung für Landshut, in: Krieger, H. [Hg.]: Handbuch des Geschichtsunterrichts, Bd. 3, S. 275)

Q2 Über eine Hochzeit zwischen Angehörigen „unehrlicher" Berufe:
„Die praut die ist gewesen der hunt-slaherin (= Hundefängerin, Abdeckerin) Schwester, item der preutigam der schelmschinter hie was. Auf dem kirchgank ist vorher gangen der henker und sein weib, des alten henkers weib, der lebe (= Gehilfe des Scharfrichters) und sein hausfraw, der hunt-slaher und sein weib und die zwen totengraber zu sant Lorentzen und zu sant Sebolt, sunst viel hurn und puben (= Spitzbuben) und wenig frumer leut. Und habent ir mal gehabt zu dem huntslaher, da gegessen und getrunken den gantzen tag und auch da gehabt gar einen schonen löblichen tantz und vil leut sein aus der stat Nurmberg gangen zu sehen solchs löblichs wesen."
(Nürnberger Chronik des Heinrich Deichsler [1506], in: Deutsche Chroniken, S. 211)

■ **A1** Welche Gefahren sollten bekämpft werden? Ging von den genannten Personen wirklich Gefahr aus (Q1)?
■ **A2** Diskutiert, was bei der Hochzeit eines reichen Kaufmanns ähnlich und was anders gewesen wäre (Q2).

Q3 In den schönen Häusern am Marktplatz wohnten nicht alle. Ein Schriftsteller unserer Zeit lässt einen Kaufmannssohn durch das mittelalterliche Straßburg wandern:
„Christoph schaute an den aus Holz gebauten Häusern hinauf. Es gab viele jämmerliche Hütten. Die meisten Häuser waren hier mit Stroh gedeckt, obwohl er rund um das Münster fast nur Ziegeldächer gesehen hatte. Jedes Haus hatte im Dach Gauben oder sonstige Öffnungen, in denen überall tropfende Tierhäute hingen. Die größeren Häuser hatten breite Balkone in den Giebeln, auch hier hingen überall die Tierhäute herab. Oft wurde es dunkel in der Gasse, in der sie gingen, weil Stangen von Haus zu Haus über die Gasse gelegt waren, an denen ebenfalls Tierhäute hingen, aus denen eine stinkende Brühe rann.
Es gab hier viele kleine Holzbrücken über die verzweigten Arme der Ill, von denen aus sie die Gerber und ihre Gesellen bis über die Hüften in schmutzig gelbem Wasser stehen sahen, das sich langsam durch Abfälle schob. (...)
Ein stampfendes Geräusch kam vom anderen Ufer.
,Das sind die Mühlen, ein ganzes Viertel wie das der Gerber. Dort stinkt es nicht mehr so entsetzlich, dafür hält man den Lärm kaum aus.'"
(Bentele, G.: Schwarzer Valentinstag, S.76)

■ **A3** Warum wohnten Gerber und Müller in eigenen Vierteln, und was bedeuteten diese Wohnverhältnisse für die Gesundheit der Menschen?
■ **A4** Sprecht über die Umweltbelastungen für die Stadt.

Q4 Über den Zusammenhang von Armut und Kriminalität:
„Item des jars (1488) da stiegen hie die zwen saktrager, die Katzenpeißer gepruder, an der antlasnaht (3. April) an vier enden ein und nach ostern da prachen sie eim flaschner und eim nagler ir krem (Läden) auf am Milchmark; darnach dem Pegnitzer peim Landkamer den kram (Laden) mit stahel (Stahl) und namen messin zapfen und rechenpfennig fur 20 gulden. Und staln mir Heinrich Deichsler in der Huntgassen zwen silbrein pecher und einen kaltzedomen (aus Achat) frawenpaternoster (Rosenkranz) mit eim vergulten creutz. (...)
Desselben jars da prach man eim hafner in sein stuben auf der erden und zersnaid alle die klaider, mentel, rok, slair (Schleier), was man von claidern in der stuben het gelaßen, zu clainen riemen zwaier zwerher vinger brait und zerprach alle die venster und gleser und hefen und was nützs in der stuben war."
(Nürnberger Chronik des Heinrich Deichsler, in: Deutsche Chroniken, S. 194 f.)

■ **A5** Vergleiche die Absichten der Einbrecher in den beiden Absätzen. Sprecht über Gründe ihres Verhaltens.

Q5 Auch die Justiz konnte gefährlich werden. Aus einer Lübecker Chronik:
„Anno domini 1451 floh ein Diener von etwa 15 Jahren aus Dänemark wegen eines Diebstahls, den man ihm vorwarf, an dem er jedoch unschuldig war, wie man später feststellte. Diesem Diener wurden Briefe nachgeschrieben, dass er viel Geld gestohlen hätte. Also wurde der Diener verhaftet im Lande Holstein und wurde nach Ritzerau im Lande Lauenburg gebracht. Da wurde er einem geschickten Manne anvertraut, genannt Hans von Ritzerau, dass er ihn peinlich befragen sollte, wo er das Geld gelassen hatte; doch sollte er den Diener nicht verletzen oder irgendwie an seiner Gesundheit schädigen." (Das tat er aber doch: Bei der Folter verlor der Diener beide Füße.)
(Lübecker Ratschronik, in: Deutsche Chroniken, S. 121)

■ **A6** Schließe aus der Quelle auf die rechtliche Situation der Armen.

97

4.7 Schule und Bildung

Im früheren Mittelalter waren es fast ausschließlich Geistliche, die lesen und schreiben konnten. Mönche und Priester wurden an Dom- und Klosterschulen ausgebildet. Dort lernte man Latein und beschäftigte sich mit religiösen Inhalten.

Als die Städte anfingen, sich selbst zu verwalten, mussten auch die Ratsherren eine passende Schulbildung erhalten. Kaufleute reisten nicht mehr mit ihren Waren umher, also mussten sie Briefe schreiben, ihre Buchführung erledigen und rechnen können. Aber wo konnten sie das lernen? Mit Latein und Theologie war ihnen nicht gedient.

Der Kaufmann Christoph Fürer, der 1479 in Nürnberg geboren wurde, schrieb in seinen Lebenserinnerungen, welche Ausbildung er in seiner Jugend erfahren hat:

Q1 *„Erstlich bin ich zu Nürnberg im Spital in die Lateinschule gegangen, danach bald herausgenommen und zu einem deutschen Lehrer, genannt*
5 *der Guldenschreiber, gelassen worden, von dannen in die Rechenschule zu einem, genannt Kolberger, gelassen worden. Und als ich ungefähr 13 Jahre alt gewesen, bin ich (...) gen Venedig*
10 *geritten, wo ich drei Jahre lang in der Lehre (...) gewesen bin und alle Jahre einem Italiener 24 Dukaten für die Kost gegeben habe. (...)*

Unterricht in der „Hohen Schule" (Universität) von Bologna. Kupferstich um 1380.

Als ich ungefähr 18 oder 19 Jahre ge-
15 *wesen bin, tat mich mein Vater nach Gräfenthal auf die (Eisen-)Hütte; und als sie einen Diener zu Eisleben hatten, der von ihnen ging, wurde ich nach Eisleben geschickt um den*
20 *Handel zu verwalten. (...)"*

(Wenzel, H.: Die Autobiografie, Bd. 2, S. 78 f.)

■ **A1** Lies zuerst in der Methodenschulung „Autobiografie" (S. 92) nach, was man über diese Quellenart wissen sollte.
■ **A2** Beschreibe die Ausbildung des Nürnberger Fernkaufmanns. Was tat Christoph Fürer, als er in deinem Alter war?

Die erste deutsche Universität wurde 1348 vom böhmischen König Karl IV. in Prag gegründet. Einige Zeit später folgten unter anderem die Universitäten in Wien, Heidelberg, Köln, Erfurt, Leipzig und Dresden. Es konnten nur Wissenschaften studiert werden, die von der Kirche gebilligt wurden. Das waren Theologie, Jura, Medizin und Philosophie.

Für Frauen war es kaum möglich Universitäten zu besuchen. Allerdings lernten viele Bürgerstöchter in deutschen Schreibschulen von Privatlehrern oder von Beginen lesen und schreiben.

■ **A3** Vergleiche die „Schulstube" mit deinem Schulunterricht. Beschreibe, was die einzelnen Personen gerade tun.
■ **A4** Vergleiche die „Schulstube" mit dem „Hörsaal". Zähle auf, was die Studenten tun.

Schulmeister und seine Frau in der „Schulstube" in seinem Haus.

ARCHIV

Quellen zu Schule und Bildung

Q1 Rudolf von Ems beschrieb um 1220, wie sich Kaufleute ohne Schulbildung zu helfen wussten:
„*Ein Schreiber mir zur Seiten / Schrieb meine Zehrung an / und las die Tageszeiten / Mir als ein Capellan / So fuhr ich hin gen Reußen / Wo sich viel Zobels fand / Gen Liefland und gen Preußen / Dem bernsteinreichen Strand. / Von dannen zur Levante / Gings an den Mittelsee / Dahin viel Zeuge sandte / Damask und Ninive (...).*"
(Haase, C.: Die Stadt, Bd. 3, S. 463)

Q2 Der Gelehrte Philipp Melanchthon 1526 über den Lateinschüler:
„*Es vergeht eine Ewigkeit, bis er die Buchstaben kann. Das ist das Vorspiel; jetzt soll er Latein lernen. Man spricht mit ihm Lateinisch, er scharrt aus der Muttersprache seine Antwort zusammen. (...) Erst steht er da, stumm wie eine Bildsäule; dann nimmt er sich zusammen, er sucht nach Worten, verdreht dabei die Augen und reißt den Mund auf. (...) Endlich bringt er einen Ton heraus; aber um nicht auf einem Fehler ertappt zu werden, murmelt er unverständlich. (...) Man ruft: Deutlicher! Er wiederholt, und nun hört man Wortungeheuer, wider Grammatik und Latinität. Es ist ein Jammer! Und nun gar das Lateinschreiben! Nichts verabscheuen sie mehr; jeden Tag muss man mahnen, mit unermesslicher Mühe bringt man es dahin, dass sie im Semester (Halbjahr) ein Brieflein schreiben (...).*"
(Schiffler, H./ Winkeler, R.: Tausend Jahre Schule, S. 68)

■ **A1** Vergleiche die Ausbildung des Kaufmanns aus Q1 mit der Christoph Fürers (S. 98).

■ **A2** Wie wurde Latein gelernt? Vergleiche mit deinem Unterricht (Q2).

Q3 Herrscher und auch Städte gründeten Universitäten:
„*Im Jahre 1348 erlangte der Herr Karl (König Karl IV.) von dem Apostolischen Stuhle Privilegien für eine in der Stadt Prag zu errichtende Universität. (...) Auch berief er aus den verschiedenen anderen Ländern viele Magister der Theologie, Doktoren des kanonischen Rechts (= Kirchenrecht) und verständige, in den einzelnen Wissenschaften erfahrene und unterrichtete Leute, damit sie die Kirche Gottes und die Mitmenschen in den Wissenschaften und Sitten erbauten. Er wollte, dass die Prager Universität in jeglicher Hinsicht nach der Sitte und Gewohnheit der Pariser Hochschule geordnet und geleitet werde, auf der einst der König selbst in seinen Jünglingsjahren studiert hatte. Die Magister, die Vorlesungen hielten, sollten für immer, Jahr für Jahr, ein bestimmtes Gehalt empfangen. (...) Es kamen aus fremden Ländern wie England, Frankreich, der Lombardei, Ungarn und Polen sowie aus den einzelnen benachbarten Ländern Studenten hierher, auch Söhne von Edlen und Fürsten. Die Stadt Prag erlangte durch die Universität großen Ruhm und wurde in fremden Ländern so bekannt, dass wegen der Menge der Studierenden das Leben beträchtlich teurer ward.*"
(Krieger, H. [Hg.]: Handbuch des Geschichtsunterrichts, Band 3, S. 306 f.)

Q4 Man brauchte Bildung nicht nur für den Beruf. Z. B. wird von Kaiser Maximilian I. berichtet:
„*Sooft er nämlich von den Regierungsgeschäften frei war, gab er sich ans Schreiben oder diktierte seinen Sekretären etwas in das Schreibrohr. Sein Hauptaugenmerk richtete er indessen auf die Weltbeschreibung und auf wahrheitsgetreue Geschichtserzählungen, die er auch, um daran seine königlichen Grundsätze darzulegen, bei jedem Zusammensein mit Fürsten, vornehmlich im Kreise von Ausländern, vorzutragen pflegte. Die Lage der Örtlichkeiten, die Verhältnisse der Länder und Meere wusste er nach den Karten des Ptolemäus (= berühmter Geograf) aufs Genaueste anzugeben. Auf die Ruhmestaten seiner Vorfahren kam er besonders gern zu sprechen. (...) Das sei der Grund des Unterganges vieler der blühendsten Staaten, dass ungebildete, träge und allen edlen wissenschaftlichen Bestrebungen abholde Fürsten in ihnen lebten.*"
(Krieger, H. [Hg.]: Handbuch des Geschichtsunterrichts, Band 3, S. 322)

Q5 Auch Ärzte und Juristen mussten zunächst Theologie studieren. Ein wichtiger Lehrer war Thomas von Aquin (1225–1274). Er verband die Gedanken von Aristoteles und Augustinus zur „Scholastik" (von lat. „schola" = Schule). Er schreibt:
„*Ich möchte (...) den Ursprung königlicher Herrschaft und alles, was mit dem Beruf eines Königs verbunden ist, geleitet vom Gebot der Heiligen Schrift, der Erkenntnis der Philosophen und dem Beispiel gepriesener Fürsten, mit aller Sorgfalt entwickeln, soweit mein eigenes Können mich diese Aufgabe erfüllen lässt. Dass ich mein Werk beginnen, weiterführen und vollenden kann, erwarte ich von der Hilfe dessen, der da der König aller Könige und der Herr aller Herrscher ist und durch den allein alle Fürsten ihre Herrschaft üben: von Gott (...).*"
(Oelmüller, W./Dölle, R./Piepmeier, R.: Philosophische Arbeitsbücher 1, S. 113)

■ **A3** Warum wurden Universitäten gegründet? Woher kamen die Studierenden? (Q3)

■ **A4** Sprecht darüber, warum der Kaiser sich gerade mit Geografie und Geschichte beschäftigte. (Q4)

■ **A5** Ordne die von Thomas genannten Hilfsmittel den Kategorien „Glaube", „Vernunft" und „Erfahrungswelt" zu. Wie verhalten sich diese Kategorien zueinander? (Q5)

4.8 Städte verbünden sich

Die Bauern des Umlandes versorgten die Stadt mit Nahrungsmitteln, Kaufleute brachten Waren aus weiter Ferne und kauften die Erzeugnisse der Handwerker. Der Verkehr nahm so sehr zu, dass schon früh Bauvorschriften und Verkehrsregeln aufkamen:

Q1 Aus dem Eisenacher Rechtsbuch, Ende des 14. Jahrhunderts:
„(...) Des Königs Straße oder die Landstraße soll so breit und weit sein, dass ein Wagen dem anderen weichen könne und die Leute daneben gehen. Der ledige Wagen soll weichen dem beladenen, ein jeder beladene Wagen soll weichen dem Mist, außer der Wagen voll Leute, dem soll jedermann weichen wegen der Würde oder der menschlichen Natur. Danach die trockene Ware, die soll weichen der nassen, der berittene Mann soll weichen dem Wagen (...), der gehende Mann soll weichen dem Berittenen. Fährt ein Wagen oder eine Karre in einem engen Wege, da ihm der Berittene oder Gehende nicht ausweichen kann, (...) so soll der Wagen stillstehen, bis er vorbeikommt. Wer auch eher auf die Brücke kommt, der soll zuerst überfahren."
(Rondi, P.: Eisenacher Rechtsbuch III, 87, S. 189)

■ **A1** Erkläre den Sinn der Vorschriften. Welche Vorschrift ist nicht nur praktisch begründet?

■ **A2** Ist die letzte Vorschrift demokratisch? Begründe deine Meinung.

Trotzdem war es auf den Handelswegen im späteren Mittelalter oft sehr gefährlich. Weltliche und geistliche Fürsten, die ihre Herrschaft vergrößern wollten, versuchten sich die Städte einzuverleiben. Außerdem machten verarmte Adelige die Gegend als Raubritter unsicher. In manchen Gegenden verbündeten sich wichtige Städte, um ihre Unabhängigkeit zu wahren und die Wege sicherer zu machen. So gründeten 1346 sechs Städte den Oberlausitzer Städtebund.

Q2 Aus der Gründungsurkunde des Oberlausitzer Städtebundes:
„Wir Bürgermeister, Ratsmänner und Bürgergemeinde der Stadt Lauban tun zu wissen allen denen, die diesen Brief sehen oder hören lesen, dass die Städte Görlitz, Lauban, Zittau, Bautzen, Löbau und Kamenz, des edlen hochgeborenen Königs von Böhmen, unseres gnädigen Herrn, großen lästigen Schaden von Räubern und von anderen bösen Leuten haben. (...)"
(Quellen zur älteren Geschichte des Städtewesens, Teil 1, S. 254 f.)

■ **A3** Warum verbünden sich die Städte?

Wegen der Unsicherheit reisten oft mehrere Kaufleute gemeinsam. Besonders praktisch war das für Schiffstransporte, für die sich schon früh Kaufleute aus mehreren Städten verabredeten. Aus dem Zusammenschluss von Fernkaufleuten aus dem Norden Deutschlands entstand nach und nach ein besonders mächtiger Städtebund: die Hanse. Die Hansestädte trieben schließlich im gesamten Nord- und Ostseeraum Handel und holten auch Salz von der Atlantikküste. In ihrer Blütezeit im 14. Jahrhundert gehörten etwa 200 Städte der Hanse an. In wichtigen Handelszentren, die nicht zum Bund gehörten, eröffneten die hansischen Kaufleute Niederlassungen, die man Kontore nannte. Bekannte Kontore waren der Stalhof in London, die Deutsche Brücke in Bergen und der Petershof im russischen Nowgorod.

Der wichtigste Schiffstyp, mit dem die „Hansen" die See befuhren, war die neu entwickelte Kogge. Sie war dickbäuchig, damit man mit wenig Matrosen viel Ware befördern konnte, aber trotzdem wendig, weil sie das neue Heckruder hatte.

■ **A4** Warum war der Zusammenschluss für Seefahrten besonders praktisch? Denke an die Größe der Schiffsladung und die besonderen Gefahren der Seefahrt.

Im Lübecker Hafen registrierte Seeschiffe März 1368 bis März 1369

kommen	%	kommt aus/fährt nach	%	laufen aus
289	33,7	Mecklenburg-Pommern	42,3	386
250	28,8	Schonen	22,8	207
145	16,8	Preußen	20,1	183
96	11,2	Schweden	7	64
35	4,3	Livland	4,7	43
28	3,2	Fehmarn	3	27
12	1,6	Bergen	0	0
3	0,4	Flandern	0,1	1
858	100		100	911

(nach Dollinger, P.: Die Hanse, S. 550)

■ **A5** Ordne den Ziel- und Herkunftsgebieten wichtige Waren zu!

■ **A6** Erkläre, warum mehr Schiffe aus Schweden kommen als dorthin fahren.

Handelsstraßen, Handelsgüter und Niederlassungen der Hanse

■ **A1** Nenne Handelsgüter, die hanseatische Kaufleute in London, Bergen und Nowgorod kaufen konnten.

■ **A2** Beschreibe Menschen und Schiffe. Wo kannst du eine Kogge entdecken?

Hamburger Hafen um 1497

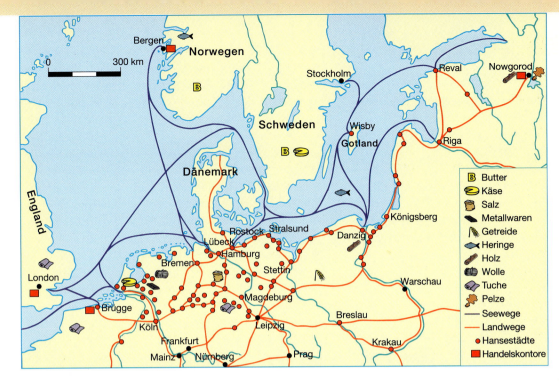

Auch die Hansestädte hatten allerhand Mühe damit, die Handelswege auf See zu sichern:

■ **Q3** „Im Jahre 1402 fochten die England-Fahrer der Stadt Hamburg auf See mit den Seeräubern, die sich Vitalienbrüder nannten, und behielten
5 den Sieg. Sie schlugen an die vierzig tot und fingen an die siebzig bei Helgoland. Sie brachten die Gefangenen alle mit nach Hamburg und ließen ihnen die Köpfe abschlagen. Diese steckten
10 sie an der Elbe auf eine Wiese zum Zeichen, dass die Gerichteten die See beraubt hatten. Die Hauptleute dieser Vitalienbrüder hießen Wichmann und Klaus Störtebecker. (...)"
(Bühler, I.: Bauern, Bürger, Hanse, S. 310)

■ **A3** Vergleiche mit heutigen Strafen.

Die Hanse ist im Bewusstsein der Menschen lebendig geblieben. Dafür sorgten zahlreiche Legenden, aber auch der Name, der noch heute benutzt wird: z.B. Hansestadt Stralsund.

■ **A4** Sicherlich fallen dir weitere Bezeichnungen ein, die an die Hanse erinnern.

ARCHIV

Quellen zur Geschichte der Hanse

Q1 Aus einem Privileg Heinrichs II. für die Kölner Kaufleute in London von 1157:
„Heinrich, von Gottes Gnaden König von England (...) seinen Richtern, Vizegrafen und allen Dienstleuten in England Gruß. Ich befehle Euch, dass Ihr die Leute und Bürger von Köln mitsamt allem ihrem Gut, ihren Handelswaren und Besitztümern schützt, bewahrt und unterstützt, wie meine eigenen Untertanen und Freunde. Ihr sollt weder ihrem Londoner Hause (ihrer Gildhalle), noch ihren Gütern und Handelswaren, oder was sonst ihnen gehört, Unrecht oder Schaden tun oder dulden, dass ihnen solcher geschieht, da sie meine Getreuen sind und sie selbst nebst allem ihrem Gut unter meinem Schutz und meiner Fürsorge stehen. Sie sollen vollkommenen Frieden haben, nach ihrem herkömmlichen Recht zu leben, und Ihr dürft ihnen keine neuen Abgaben oder Vorschriften auferlegen (...). Wenn jemand hiergegen in irgendeiner Form verstößt, sollt Ihr ihnen unverzüglich volle Rechtfertigung zuteil werden lassen (...)."
(Hansisches Urkundenbuch I, Nr. 14, in: Dollinger, P.: Die Hanse, S. 490)

■ **A1** *Was bedeutet es, wenn Kaufleute unter dem Schutz des Königs stehen?*

Q2 Beschwerden König Hakons VI. von Norwegen und Schweden über die Hansekaufleute von 1370:
„1. (...) Zum Ersten, wenn einer von ihnen ein Delikt (Straftat) begeht gegen einen anderen, suchen die Kaufleute, wo sie können, eine geheime Streitbeilegung zwischen dem Angeklagten und dem Kläger, damit die Rechtsfrage nicht vor die Krone und ihre Beamten gezogen werde. Und was schlimmer ist, wenn irgendwelche Leute des Mordes oder anderer schwerer Delikte überführt sind, werden die Übeltäter auf ihren Schiffen fortgebracht, mit der Absicht, weder dem Kläger noch der Krone Genugtuung zuteil werden zu lassen.
2. Auch haben die Seestädte andere Städte sich angeschlossen und in die Hanse aufgenommen, die vorher nicht in ihr waren, ohne unsere oder unserer Vorgänger Zustimmung (...).
11. Auch sind die Kaufleute mit Gewalt über die Mauer in unseren Hof zu Bergen und bei Herrn Sigurd eingedrungen, der zur Wahrung des Gesetzes erschienen war, und sie zwangen denselben Herrn Sigurd zu dem, was sie wollten. Am folgenden Tage gingen sie zu dem Kloster in Bergen und schleppten von dort mit Gewalt einen seiner Diener fort, den sie köpften. Danach drängten sie den Bischof von Bergen, sie loszusprechen und den Rat ebendaselbst über die Gewalttat zu richten nach ihrem Willen. Andernfalls hätten sie sowohl den Bischofssitz wie auch die Stadt Bergen verbrannt (...). Ferner hat ein Kaufmann aus Kolberg namens Buk in Marstrand einen Engländer getötet, und Foltzekin Nortmeyer hat diesen Mörder in Sicherheit gebracht (...)"
(Hanserezesse I, 2, Nr. 2, in: Dollinger, P.: Die Hanse, S. 498 f.)

■ **A2** *Beschreibe Probleme für eine Regierung, wenn ausländische Kaufleute ihre eigene Gerichtsbarkeit haben.*

■ **A3** *Warum wohl warf König Hakon die Kaufleute nicht einfach hinaus?*

Q3 Die Stadt Visby erklärt sich damit einverstanden, dass der Stapel (Ort, wo alle Waren angeboten werden müssen) von Brügge nach Aardenburg verlegt wird:
„Indem wir (...) verstanden haben, dass dort (...) ein jeder Gast mit anderen Gästen oder Bürgern der Stadt ohne Unterschied Käufe und Verkäufe und Geschäfte jeder Art (...) betreiben kann, halten wir es für richtig, unsere Zustimmung zu geben, dass (...) in Aardenburg der Hauptsitz und der Stapel des Handels sein soll, und dies alles, solange der Herr Graf selbst, die Bürger von Aardenburg und deren Nachkommen uns die genannten Freiheiten und Privilegien gewährleisten und unter dem Vorbehalt, dass wir andere Häfen, Orte, Städte und Länder besuchen können (...)."
(Urkundenbuch der Stadt Lübeck I, Nr. 406, in: Dollinger, P.: Die Hanse, S. 498 f.)

■ **A4** *Warum stimmte Visby dem neuen Stapelplatz zu?*

Q4 Über die Folgen eines Danziger Exportverbots für Roggen (1481):
„(...) diesen sommer siegelen von Dantzk 1100 schiffe, klein und grosz, westwarts mit korne geladen in Holland, Sehelandt und Flandern. Dann auf pfingsten gald der rogge in Sehelandt 48 fl (florins = Gulden) und weitze 54 und 55 fl. Auff den herbest aber vorbot man den roggen zu Dantzke, nichts auszuschiffen; und der rogge gald dornoch auf den herbst 70 bisz in 80 gulden."
(Dollinger, P.: Die Hanse, S. 506)

■ **A5** *Berechne den Preisanstieg in Prozent und ziehe daraus Schlüsse.*

Q5 Weil der Kaiser den Handel englischer Kaufleute im Reich verboten hat, weist Königin Elisabeth 1598 alle deutschen Hansekaufleute aus:
„Sie (der Mayor von London und die Sheriffs) sollen ihnen befehlen, vor dem 24. des Monats (...) das Königreich zu verlassen, und alle Untertanen der Hansestädte des Reiches (...) davon unterrichten, dass sie ebenso das Land am genannten Tag zu verlassen haben."
(Dollinger, P.: Die Hanse, S. 510)

■ **A6** *Wer ist von der Ausweisung betroffen? Vergleiche die „Zielgruppe" mit der in Q1. Welcher politische Wandel wird hier sichtbar?*

EXPEDITION GESCHICHTE

Eine „Stadterkundung"

Vielleicht gibt es in der Nähe eures Wohnortes eine Stadt, deren Ursprung bis ins Mittelalter zurückreicht, wenn ihr nicht sogar in einer solchen Stadt lebt. Plant einen Besuch dieser Stadt, um sie zu erkunden.

Teilt eure Klasse in mehrere Gruppen auf. Versucht möglichst viel über die mittelalterliche Stadt herauszufinden. Danach könnt ihr für eure Klassenkameraden einen geschichtlichen Lehrpfad durch die Stadt entwerfen.

Folgende Punkte sind bei einer Stadterkundung zu beachten:
- Das **Erscheinungsbild** der Stadt: Lage, Ummauerung, Straßennetz, Plätze, Gebäude.
- Das **Leben der Einwohner**: Berufe, Häuser (Größe/Baumaterial, Ausschmückungen), Alltag.
- Die **Bedeutung der Stadt**: Einwohnerzahl, Wirtschaftsleben, Bedeutung für das Umland.
- **Besonderheiten**: außergewöhnliche Gebäude, wichtige Ereignisse, Wirken bekannter Persönlichkeiten.

So könnt ihr über die einzelnen Punkte etwas erfahren:
- Ins Touristeninformationszentrum, Rathaus, Museum, in eine Buchhandlung oder Bücherei gehen und nach Broschüren sowie Stadtplänen fragen.
- Fachleute und Einwohner befragen.
- Macht euch selbst auf Spurensuche und achtet dabei besonders auf:
  - Jahreszahlen, Inschriften und Wappen auf Häusern
  - große Prunkbauten (Rathäuser, Kirchen, Klöster, Bürgerhäuser)
  - Straßennamen und Namen von Plätzen
  - Denkmäler, Grabsteine, Schrifttafeln.

Der Lehrpfad soll eine Wegstrecke durch den mittelalterlichen Stadtkern beschreiben und zu wichtigen Gebäuden, Plätzen oder Straßen führen.

A1 So sahen Städte im Mittelalter aus. Versuche Spuren davon im heutigen Stadtbild zu finden.

Mittelalterliches Stadtbild (Rekonstruktion)

5 Der schwarze Tod bringt das große Sterben

Der deutsche Künstler Albrecht Dürer (1471–1528) aus Nürnberg hinterließ diesen Holzschnitt, der uns die Gemütslage der Menschen am Ende des Mittelalters verdeutlicht. Die vier Reiter sind Pest, Krieg, Hunger und Tod. Eine lähmende Angst hat die Menschen ergriffen.

Q1 Ein moderner Schriftsteller schildert den Ausbruch der Pest:
„Als die Galeere sich Messina näherte, brach der Mann, der das Steuerruder führte, zusammen und starb innerhalb von Minuten. Zwei Ruderknechte stießen ihn ins Meer und krochen wieder auf ihre Bänke. (...) In dem Gang zwischen den Ruderbänken lagen, noch angekettet, die Leichen, die über Bord zu werfen niemand mehr die Kraft besaß. Ihre nackten Körper waren bedeckt mit schwarzen Flecken. Aus beulenförmigen Schwellungen unterhalb den Achseln und in der Leistengegend rann eine schwärzliche Flüssigkeit. Die Münder waren vom Blut verkrustet.
Die Galeere lief unter genuesischer Flagge und kam aus dem Schwarzmeerhafen Kaffa auf der Krim, wo die Genuesen einen Handelsstützpunkt besaßen. Ständig beunruhigt von den einheimischen Moslems, war es dort immer wieder zu Streitigkeiten gekommen, (...) schließlich zu einem Krieg. In dessen Verlauf belagerten Tataren die Quartiere der Italiener, als eine Seuche ihre Reihen lichtete. Gezwungen die Belagerung aufzugeben, kamen sie vor ihrem Abzug auf eine fürchterliche Idee: Statt mit Steinen luden sie ihre Belagerungsmaschinen mit Leichen. Die an der geheimnisvollen Epidemie verstorbenen Krieger wurden zu Hunderten über die Wälle katapultiert und wirkten schrecklicher, als es Geschosse je vermocht hätten. Innerhalb weniger Tage starben durch diese bakteriologische Waffe so viele Genuesen, dass der Befehl erging, jeder möge sich retten, wie schnell er nur könne."
(Fischer-Fabian, S.: Der Jüngste Tag, S. 11, bearbeitet)

Die vier apokalyptischen Reiter. Holzschnitt von Albrecht Dürer (etwa 1497/98).

■ **A1** Beschreibe das Bild. Wer liegt am Boden, über den die Reiter hinwegstürmen?

■ **A2** Welche dieser Bedrohungen sind heute verschwunden, welche geblieben? Gibt es neue?

■ **A3** Erläutere anhand des Textes und der Karte, wie die Pest nach Europa gelangte und sich dort ausbreitete.

Die Pest hat die Ratte als Wirtstier. Übertragen wird die Beulenpest (dunkle Beulen an den Leisten-, Achsel- und Halsdrüsen – ihr frühes Aufschneiden konnte das Leben retten) durch den Rattenfloh. Durch Übertragung von Mensch zu Mensch wurde sie zur Lungenpest, die mit absoluter Sicherheit den Tod brachte.

■ **A4** Erkläre den Begriff „der schwarze Tod".

■ **A5** Analysiere mithilfe der Grafiken den Einfluss der Pest auf die Bevölkerungsentwicklung in Europa.

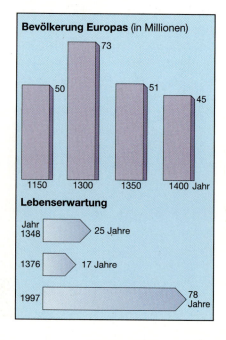

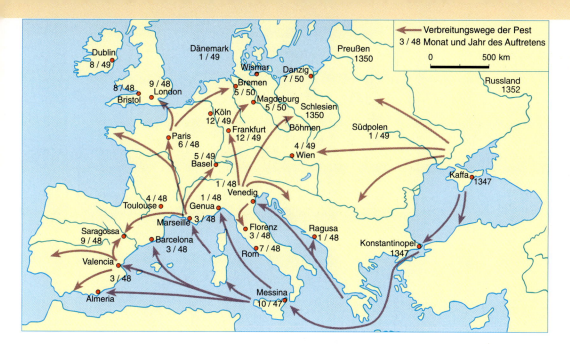

Die Verbreitung der Pest 1347–1352

Q2 Über die Pest in Wismar schreibt ein moderner Schriftsteller: *„In Wismar war die Pest ausgebrochen. Alle Vorsichtsmaßnahmen waren vergeblich gewesen, alle Gebete wirkungslos. Wie in den vergangenen zwanzig Jahren schon zweimal war der schwarze Tod zum dritten Mal in die schwer geprüfte Stadt gekommen. Die Gassen lagen verödet da, wie ausgestorben; die Bürger hockten jammernd und betend in ihren vier Wänden und wagten sich keinen Schritt hinaus. Der Rat der Stadt und die Vornehmen waren gleich in den ersten Tagen geflohen. Alle Schiffe hatten den Hafen verlassen. Die Tore der Stadt waren verschlossen. Durch die leeren Gassen ritten vermummte Bewaffnete. Leichenkarren fuhren herum, und die Leichenknechte schrien in die verschlossenen Häuser, man solle die Leichen herausgeben. Auf den Plätzen brannten große Feuer, um die Luft zu reinigen."*
(Bredel, W.: Die Vitalienbrüder, Hinstorff, Rostock 1976, S. 19)

■ **A1** *Beschreibe das Leben der Menschen in dieser von der Pest befallenen Stadt.*

Menschliche Bindungen gingen verloren. Todkranke Kinder wurden von ihren Eltern verlassen, Kinder verweigerten aus Angst vor Ansteckung ihren Eltern die Hilfe.

Das vermeintlich nahe Weltenende weckte eine übertriebene und eigensüchtige Lebensgier – die Welt schien aus den Fugen geraten. Der Sittenverfall ging so weit, dass anderen „die Pest an den Hals gewünscht" wurde. Das Auftreten der Pest blieb damals unerklärlich. Vermutet wurde die Einwirkung von Himmelskörpern oder Gottes Strafe für sündigen Lebenswandel. In vielen Fällen wurde die Schuld den Juden angelastet. Grausame Judenverfolgungen vergrößerten das Leid. Nur sehr wenige ahnten, dass die Pest im Zusammenhang mit den unhygienischen Lebensumständen, insbesondere der drangvollen Enge der mittelalterlichen Städte, stehen müsste. Der Pesterreger wurde erst 1894 entdeckt.

Wie dem Holzschnitt von Albrecht Dürer zu entnehmen ist, fürchteten die Menschen am Ende des Mittelalters neben Krieg, Pest und Tod den Hunger. Trotz Landesausbau und vergrößerter Anbaufläche gab es im 14. Jahrhundert furchtbare Hungersnöte. Die Erklärung liegt in Seuchen und Kriegen. Aber auch die unterschiedliche Preisentwicklung für landwirtschaftliche Erzeugnisse und handwerklich-städtische Produkte spielte eine Rolle. Während die Preise für landwirtschaftliche Erzeugnisse aufgrund eines Überangebotes schnell fielen, stiegen die Preise für städtische Produkte, denn die Pest hatte besonders die städtische Bevölkerung getroffen. Die Verminderung ihrer Einkünfte veranlasste viele Bauern zur Stilllegung von Äckern und auch zur Landflucht. Die Nahrungsvorräte verringerten sich, so dass schon ein harter Winter und eine schlechte Ernte eine Hungersnot auslösen konnten. Mehr als 150 Jahre bestand diese Ernährungskrise. Die Zahl der Geburten und der Heiraten ging zurück, die Menschen wurden für die Pest anfälliger. Trotz der großen Menschenverluste konnten sich die Städte verhältnismäßig rasch erholen. Durch den Zuzug der landflüchtigen Bauern wuchs die städtische Bevölkerung wieder an.

6 Juden im Mittelalter: Von der Freiheit zur Ausgrenzung

In das Gebiet des heutigen Deutschland kamen die ersten Juden mit den Römern. Sie wurden besonders in den Römerstädten am Rhein ansässig, so in Speyer, Worms, Mainz, Köln und Bonn. Dort lebten sie in Judenvierteln und bildeten jüdische Gemeinden. Sie waren manchmal Handwerker, aber vor allem Kleinhändler und Kaufleute. Eine Ursache bestand darin, dass Juden kein Land kaufen durften.

Im Mittelalter entwickelte sich die Situation der Juden im christlichen Abendland zunächst positiv. Der kulturell und wirtschaftlich überlegene Islam beherrschte seit dem 8. Jahrhundert große Teile der vormals römisch geprägten Mittelmeerwelt. Die Judengemeinden dort und im Abendland hielten aber nach wie vor Kontakt und wurden so zum Mittler zwischen den Kulturkreisen. Juden waren wegen dieser Kontakte und der damit verbundenen geografischen und sprachlichen Kenntnisse oft erfolgreich im Fernhandel tätig.

Q1 Der islamische Geograf Ibn Chordadbeh um 850 über jüdische Fernhändler:
„Diese Kaufleute sprechen Persisch, Griechisch, Arabisch, Fränkisch, Spanisch und Slawisch. Sie reisen vom Abendland nach dem Morgenland und
5 vom Morgenland nach dem Abendland, bald zu Wasser, bald zu Land. Sie bringen aus dem Abendland Eunuchen, Sklavinnen, Knaben, Seide, Pelzwerk und Schwerter. Sie begeben
10 sich im Lande der Franken aufs Meer und fahren nach Farama (bei Port Said), (dann) zu Lande nach Kolzum (Suez) und Dschedda (Hafen von Mekka); von da gehen sie nach Sind,
15 Indien und China. Bei der Rückreise nehmen sie Moschus, Aloe, Kampfer, Zimt und andere Erzeugnisse des Ostens mit und kommen wieder (zum Mittelmeer). Einige begeben sich nach
20 Konstantinopel, um dort ihre Ware zu verkaufen, andere segeln nach dem Lande der Franken."
(Aronius, J. [Hg.]: Regesten zur Geschichte der Juden in Deutschland, Nr. 113, S. 50)

Süßkind von Trimberg (rechts, mit Judenhut). Illustration aus der Manessischen Liederhandschrift. Süßkind ist der einzige bekannte jüdische Minnesänger. Er lebte in der 2. Hälfte des 13. Jahrhunderts.

■ **A1** Weshalb konnten Juden im Fernhandel so erfolgreich sein?
■ **A2** Warum profitierte das gesamte Abendland davon?
■ **A3** Süßkind von Trimberg ist als Jude gekennzeichnet und dennoch ein bekannter Minnesänger. Was schließt du daraus?

Trotz religiöser Vorbehalte und einzelner judenfeindlicher Bestimmungen erging es den Juden relativ gut: Sie konnten Grundbesitz erwerben, Synagogen bauen, sich weitgehend frei bewegen und Waffen tragen. Jüdische Fernhändler zählten in den aufstrebenden Städten zur Ober-

Kaiser Heinrich VII. übergibt 1312 den Juden von Rom einen Schutzbrief.

■ **A4** Warum waren Juden für weltliche und geistliche Herren wichtig?

schicht, die mit der nichtjüdischen Oberschicht durch Heiraten und gemeinschaftliche Geschäfte verbunden war. Juden hatten erheblichen Anteil am Aufblühen der Städte im Hochmittelalter. Denn Juden galten als Wirtschaftsexperten, die von den Obrigkeiten bei Städtegründungen, nicht nur im Zuge der Ostkolonisation wie z. B. in Magdeburg, gezielt angeworben wurden. Sie erhielten als Gegenleistung Privilegien, unterstanden dem Schutz des Landesherrn, waren aber auch zu gesonderten, oft horrenden Steuerzahlungen verpflichtet. So entstand ein enges Abhängigkeitsverhältnis zum jeweiligen Schutzherren. Die zunehmende Annäherung zwischen Christen und Juden erregte jedoch das Misstrauen der Kirche und strenggläubiger Rabbiner.

Ein tiefer Bruch zwischen Juden und Christen war mit dem ersten Kreuzzug 1096 verbunden. Besonders bei den ersten Kreuzzügen waren viele mittellose Menschen dabei, die darauf aus waren, Juden auszurauben. Religiöser Fanatismus breitete sich aus. Plötzlich war der Ruf da: „Christus ist von den Juden ermordet worden!" Dabei war Jesus selbst ein Jude. Absurde Beschuldigungen wurden gegen die Juden erhoben, so der des Ritualmordes: Juden wurde angedichtet, sie würden Christenkinder zu Tode martern, um ihr Blut für kultische Zwecke zu gebrauchen.
Jetzt waren Juden aufgrund ihrer Religion und anderer Lebensweisen nicht mehr nur Fremde, sondern als angebliche „Christusmörder" und „Kinderschänder" zu Feinden geworden. Zu Tausenden wurden sie ermordet und ihr Besitz geraubt. Nur vereinzelt konnten Fürsten und Bischöfe die Juden als wichtige Finanzquelle vor fanatischen Christen schützen.

Q2 Ein Bericht des Albert von Aachen über Judenverfolgungen während des Ersten Kreuzzugs 1096:
„Darauf, ich weiß nicht, ob nach Gottes Ratschluss oder aus irgendeiner Verirrung des Geistes, erhoben sie (die Kreuzfahrer) sich aus einem
5 Anfall von Grausamkeit gegen das jüdische Volk, das zerstreut in verschiedenen Städten wohnte, und richteten unter ihm ein höchst grausames Blutbad an, und zwar vor allem im lo-
10 thringischen Reich, und versicherten, dies sei der Anfang ihres Zuges und ihres Gelöbnisses gegen die Feinde des christlichen Glaubens. Dieses Judenmorden wurde zuerst in Köln von
15 Bürgern verübt. (...) Und gleich darauf machten (die Kreuzfahrer) sich, wie sie es gelobt hatten, auf den Weg und kamen in großer Menge nach der Stadt Mainz, wo Graf Emicho, ein vor-
20 nehmer und in dieser Gegend reich begüterter Herr, mit einer großen Schar Deutscher auf die Ankunft des Pilgerheeres wartete, das von verschiedenen Seiten her dort auf der königlichen
25 Straße zusammentreffen musste. Die Juden dieser Stadt aber, die vom Mord ihrer Glaubensbrüder gehört hatten und wohl merkten, dass sie den Händen dieser großen Menge nicht entrin-
30 nen könnten, flohen in der Hoffnung auf Rettung zum Bischof Ruothard (...). Der Bischof (...) nahm eine ganz unerhörte Menge Geldes aus den Händen der Juden entgegen und legte es
35 in sorgsame Verwahrung. Die Juden selbst versammelte er zum Schutz vor dem Grafen Emicho und seinem Gefolge im geräumigsten Saale seines Hauses, und dort blieben sie auch in
40 sicherer und wohlbefestigter Unterkunft heil und unversehrt. Aber Emicho und seine ganze Schar hielten Rat, und bei Sonnenaufgang griffen sie mit ihren Pfeilen und Lanzen die
45 Juden im bischöflichen Saale an, brachen Riegel und Türen auf, überfielen die Juden, ungefähr 700 an der Zahl, die vergebens dem Ansturm von so vielen Tausenden Widerstand zu leis-
50 ten suchten, trieben sie heraus und machten sie alle nieder (...)."
(Pleticha, H. [Hg.]: Deutsche Geschichte, Bd. 2, Gütersloh 1987, S. 256)

■ **A1** Analysiere anhand der Quelle, wie man gegen die Juden vorging.
■ **A2** Bewerte das Verhalten des Bischofs.
■ **A3** Deute die Abbildung. Warum glaubten viele Menschen solchen Lügen?

In diesem Flugblatt eines christlichen Autors (1475) wird Juden der Ritualmord an einem Christenkind unterstellt.

Q3 Über den Vorwurf des Ritualmordes urteilte 1236 eine von Kaiser Friedrich II. eingesetzte Untersuchungskommission:
„Weder im Alten noch im Neuen Testament ist zu finden, dass die Juden nach Menschenblut begierig wären. Im Gegenteil, sie hüten sich vor der
5 Befleckung durch jegliches Blut. Es spricht auch eine nicht geringe Wahrscheinlichkeit dafür, dass diejenigen, denen sogar das Blut erlaubter Tiere verboten ist, keinen Durst nach Men-
10 schenblut haben können. Es spricht gegen diesen Vorwurf seine Scheußlichkeit, seine Unnatürlichkeit und das natürliche menschliche Gefühl, das die Juden auch den Christen ent-
15 gegenbringen. Auch ist es nicht wahrscheinlich, dass sie Gut und Leben aufs Spiel setzen sollten. Wir haben daher die Juden (…) eines so schändlichen Verdachts nach dem Spruch
20 der Fürsten für völlig unschuldig erklärt."
(Historisches Stadtarchiv Köln, HUA Nr. 2283)

Bauer beim jüdischen Geldverleiher, zeitgenössischer Holzstich

■ **A1** Charakterisiere das Gutachten.
■ **A2** Warum konnten objektive Untersuchungen die Vorurteile dennoch nicht beseitigen?

■ **A3** Vermute, wozu sich ein Bauer Geld leihen musste (Abbildung links).
■ **A4** Interpretiere die unterschiedliche Position der beiden Personen.

Inzwischen hatten sich mit dem anwachsenden Handwerk Zünfte gebildet, aber kein Jude durfte Zunftmitglied sein. So waren nun den Juden handwerkliche Berufe verschlossen. Übrig blieben für die meisten nur „unehrenhafte" Berufe, wie der eines Pfandleihers, Händlers, Geldwechslers und -verleihers. Christen war es verboten, gegen Zinsen Geld zu verleihen. Mit dem Rückgang der Naturalwirtschaft entwickelte sich die Geldwirtschaft immer mehr. Dabei erhielt der Geldverleih eine immer größere Bedeutung. Diese Lücke konnten jüdische Geschäftsleute ausfüllen. Da den Juden das Seelenheil sowieso verwehrt sei, käme es auf weitere Sünden bei ihnen nun auch nicht mehr an – so beruhigten Kirchenvertreter ihr Gewissen. Gleichzeitig sahen Menschen, die aus irgendwelchen Gründen in Not geraten waren, Juden immer häufiger als die Ursache für ihr Unglück an.

Immer öfter wurden Juden auch als Sündenböcke für Krankheiten und Naturkatastrophen benutzt. Der Bildungsstand der Juden war höher als der anderer Stadtbewohner. Das hatte damit zu tun, dass es für Juden von Kindheit an eine religiöse Pflicht war, sich mit Thora und Talmud zu beschäftigen und dabei Bildung zu erwerben. So gab es zu dieser Zeit viele jüdische Ärzte und Gelehrte. Zum gleichen Zeitpunkt waren die meisten anderen Menschen noch Analphabeten. Für sie galt uneingeschränkt, was ihnen die Belesenen, vor allem die Geistlichen, erzählten.

In dieser Situation brach ein schreckliches Unglück über die Menschen in Europa herein – die Pest von 1347 bis 1351. Sehr viele Menschen starben daran – etwa ein Drittel der damaligen Bevölkerung. Die Ursachen – Ratten und Flöhe und die völlig unzureichenden hygienischen Zustände – waren unbekannt. Das Geschehen erschien ihnen als Strafe Gottes, und begierig wurde von den verängstigten Menschen jede Erklärung dafür aufgenommen.

Von Stadt zu Stadt wurde die Nachricht weitergegeben: „Die Juden sind an allem Unglück Schuld. Sie werfen heimlich in die Brunnen Gift, um alle Christen umzubringen. Das Gift besteht aus getrockneten Schlangen, Fröschen, Skorpionen und aus Christenherzen." Als einige Besonnene daran zweifelten, weil die Juden ja ihr Trinkwasser aus den gleichen Brunnen bezögen, wurde ihnen erklärt, dass dieses Gift nur die Christen treffen würde. Jetzt waren die Juden nicht nur „Christusmörder", sondern auch „Brunnenvergifter". Schreckliche Verfolgungen (Pogrome) setzten ein. Die Judengassen wurden mit Billigung der Stadtväter ausgeraubt und die Bewohner zu Tausenden umgebracht.

Q4 Aus der Straßburger Stadtchronik über die Judenverfolgung von 1349:

„(...) An diesem Freitag fing man auch die Juden in Straßburg, und am Samstag verbrannte man sie auf einem hölzernen Gerüst in ihrem Kirchhofe, es waren an zweitausend. Wer sich taufen lassen wollte, durfte am Leben bleiben, es wurden auch viele kleine Kinder aus dem Feuer gegen ihrer Eltern Willen genommen, um sie zu taufen. Was man den Juden schuldig war, galt als bezahlt, alle Pfänder und Schuldbriefe wurden zurückgegeben. Das Bargeld der Juden nahm der Rat und verteilte es unter das Handwerk. Das Geld war auch die Ursache, warum die Juden getötet wurden, wären sie arm und die Landesherren ihnen nichts schuldig gewesen, so hätte man sie nicht verbrannt. Als nun das Geld verteilt war, gaben etliche es an Unser Frauen Werk oder als Almosen nach dem Rat ihrer Beichtväter."

(Bühler, J.: Bauern, Bürger und Hansa, S. 251)

■ **A1** Arbeite die Motive dieser Judenverfolgung heraus. Wer profitierte davon?
■ **A2** Welche Informationen über die Glaubensstärke der Juden vermittelt die Quelle?

Die Verfolgungen trafen die Juden während der Pestzeit in vielen Gegenden des Reiches. Wenige überlebten in ihren Städten, viele flüchteten in den Osten. Im 14. Jahrhundert konnten Juden wieder im Reich aufgenommen werden, aber viele blieben im Osten und schufen dort eine eigene Kultur.

Dass sie im Osten nicht nur an ihrer Religion, sondern auch an ihrer Sprache festhielten, kann man heute noch daran feststellen, dass „Jiddisch", die Sprache der osteuropäischen Juden, dem Deutschen sehr ähnlich ist.

Während eines Pogroms werden Juden verbrannt. Aus der Schedelschen Weltchronik aus dem 15. Jahrhundert.

Die Juden, die den Verfolgungen in deutschen Städten entgangen waren, wurden unter immer strengere Bestimmungen gestellt. Auch kam es immer wieder zu Pogromen und Vertreibungen. Die am Leben gebliebenen Juden wurden unter besondere Pflichten gestellt. Sie mussten nun in mit Mauern umgebenen Wohnvierteln, den „Gettos", wohnen. Nachts wurden deren Tore zugeschlossen. An ihrer Kleidung hatten sie ein besonderes Kennzeichen zu tragen.

Q5 Speyer 1468: Anweisungen des Bischofs an die Juden:

„Ihre Kleidung muss sich von der Kleidung der Christen unterscheiden, alle Juden über fünf Jahre sind verpflichtet, einen gelben Ring an der Kleidung anzubringen. Juden dürfen keinen Umgang mit Christen haben. An christlichen Feiertagen müssen sie ihre Geschäfte schließen, und in der Karwoche vor Ostern müssen sie in den Häusern bleiben. Sie müssen in einem entlegenen Viertel der Stadt wohnen und dürfen nur mit besonderer Genehmigung eine neue Synagoge bauen."

(Jüdische Lebenswelten, S. 110)

■ **A3** Was bedeuteten diese Bestimmungen für das Leben der Juden?
■ **A4** Warum wurden die Juden so behandelt?
■ **A5** Welche Funktion hatten solche erzwungenen äußeren Kennzeichnungen?
■ **A6** Fasse zusammen, wie sich die Situation der Juden im Mittelalter veränderte.
■ **A7** Vergleiche die mittelalterlichen Pogrome mit deinen Informationen über den Holocaust.

Frau mit Judenring, Darstellung aus Worms, 16. Jh.

109

KULTURSPIEGEL

„Mitten Wyr ym leben sind/ mit dem Tod vmbfangen" – Sterben und Tod im Mittelalter

Von allen Lebewesen weiß wohl allein der Mensch um seinen Tod. Dennoch ist in der Spaß- und Freizeitgesellschaft unserer Tage das Sterben nicht eingeplant. Ganz anders sah es im Mittelalter aus. Der Tod war ein Bestandteil des Lebens. Er umgab die Menschen auf Schritt und Tritt, war ihr vertrauter Begleiter. Sogar Kinder erlebten das Sterben aus nächster Nähe und waren häufig selbst davon betroffen.

A1 Warum war für die Menschen im Mittelalter der Tod so alltäglich?
A2 Beschreibe und erläutere das Totentanzbild.

Q1 Kindersterblichkeit im Mittelalter:
„Die Kindersterblichkeit im Mittelalter wird gelegentlich als ‚entsetzlich hoch' eingeschätzt. (...) Wie noch in der Neuzeit starben viele Kinder unmittelbar
5 nach der Geburt; kritisch waren auch die erste Woche, das ganze erste Lebensjahr und dann nochmals die Zeit der Umstellung von der Muttermilch auf andere Kost. Unzulängliche
10 Hygiene und unzweckmäßige Ernährung, Kleidung und Umwelteinflüsse insgesamt ließen nur wenige Kinder ‚durchkommen' (...)."
(Ohler, N.: Sterben und Tod im Mittelalter, S. 28)

Q2 Frauensterblichkeit im Mittelalter:
„Anders als im 19. und 20. Jahrhundert starben Frauen früher als Männer. Schwere Arbeit in Haus und Stall, Garten und Feld schwächte sie so, dass sie
5 zusätzlichen Belastungen nicht gewachsen waren. Wie die Männer wurden sie von zahlreichen Krankheiten bedroht; dazu kam, dass sie wegen des niedrigen Heiratsalters oft noch
10 fast im Kindesalter mit Schwangerschaften belastet waren. Unzureichende hygienische Verhältnisse bei der Entbindung und im Wochenbett kosteten vielen Frauen das Leben."
(Ohler, N.: Sterben und Tod im Mittelalter, S. 29)

A3 Begründe die geringe Lebenserwartung von Kindern und Frauen.

Im Mittelalter glaubten die Menschen fest an ein Leben nach dem Tode. Deshalb fürchteten sie sich auch nicht vor dem Sterben. Der Tod des Leibes bedeutete für sie nicht das Ende, sondern öffnete ihnen vielmehr den Zugang zum ewigen Leben im Paradies. Um vor dem strengen Urteil Gottes im Jenseits zu bestehen und in den Himmel zu kommen, richteten die Menschen ihr Handeln auf Erden an den Lehren der Kirche aus. Durch Beten, Arbeiten und gute Taten sorgten sie für das Heil ihrer Seele. Hatte der Sterbende den Verführungen des Teufels im Leben widerstanden und in der letzten Stunde seine Sünden bereut, so war er sicher vor dem Fegefeuer und der Hölle.

Q3 An die Sorge um das Seelenheil erinnerten nicht nur Pfarrer in den Predigten, sondern auch Mönche. Auszug aus einer Sammlung von Beispielen des Franziskanermönches Sachet vom Ende des 13. Jahrhunderts:
„Ein gewisser Mann, Vater mehrerer Töchter, machte sein Testament; er hinterließ ihnen jeweils eine große Mitgift (...). Ein Weiser kam zu ihm
5 und sagte:
Herr, ihr habt da eine Tochter, der ihr nichts gegeben habt.
Der Erblasser antwortete ihm:
Wer ist das? Habe ich nicht Berta, Ma-
10 ria und Bertranda bedacht?
Habe ich noch eine andere Tochter?
Darauf erwiderte sein Gesprächspartner:
Herr, gewiss habt ihr eine, der ihr
15 noch nichts vermacht habt.
Wer denn? Heraus mit der Sprache!
Darauf entgegnete jener:
Bei Gott, Herr, es ist eure Seele.
Richtig, sagte jener Vater, und ich
20 hatte nicht mehr an sie gedacht."
(Zitiert nach Ohler, N.: Sterben und Tod im Mittelalter, S. 44)

A4 Vermutet, was der Vater für das Heil seiner Seele getan haben wird.

Totentanzbilder zeigen die Macht des Todes über alle Stände und Geschlechter. Eines Tages wird jeder vom Tod zum Tanz aufgefordert. Der Prediger-Totentanz in Basel, 1806, Aquarell von Johann Feyerabend, Kopie nach dem Original um 1440.

Besonders die Ungewissheit der Todesstunde beeinflusste zutiefst jeden frommen Christen. „Mors certa, hora incerta" (= Der Tod ist gewiss, die Stunde ungewiss) lautet ein lateinisches Sprichwort, das in dieser Zeit entstand. Es diente den Menschen als Mahnung und stand deshalb auf vielen Sonnenuhren. Das unverhoffte, plötzliche Ende ohne jede Vorbereitung auf das Sterben, wie z. B. der Sekundentod oder das schmerzlose Hinübergleiten im Schlaf, war ein „hässlicher Tod". Zum Schutz davor dienten in Kirchen und Häusern Bilder des heiligen Christophorus.

Beistand in der Sterbestunde, um 1440.
Aus dem Gebetbuch der Katharina von Kleve.

■ **A1** Entnehmt dem Bild ein weiteres Merkmal des „schönen Todes".

Ein wichtiges Zeichen des „schönen Todes" war auch die rechtzeitige persönliche Einstimmung auf das unabänderliche Ereignis. Wenn die Menschen durch die Abnahme der körperlichen und geistigen Kräfte spürten, dass das Ende ihres Lebens nahte, bereiteten sie sich in Etappen auf das Sterben vor. In der Stunde des Ablebens standen ihnen Geistliche zur Seite, damit sie nicht ohne Buße starben. Die verschiedenen Arten der Sterbehilfe waren festgelegt und in Büchern niedergeschrieben.

Der heilige Christophorus war der Schutzherr gegen den „schlechten Tod".

Im Spätmittelalter wurden solche Bilder sogar in verkleinerter Form auf Reisen mitgeführt. Sie trugen die Inschrift: „An jedem Tag, an dem du dieses Bild des Christophorus siehst, an diesem Tag fürwahr wirst du den schlimmen Tod nicht sterben." Auch das Ableben ohne Zeugen und feierliche Handlungen war ein „gemeiner Tod".

Q4 Vorschriften zur Vorbereitung eines Kranken auf das Sterben:
„Am Anfang stehen Beichte und Bußerteilung; sodann muss der Kranke gewaschen werden, auch frische Kleider erhalten und ist tunlichst in die
5 *Kirche zu bringen. Zum Sterben soll er auf Stroh und Asche gebettet werden; die Priester treten mit dem Kreuz herzu, sprechen den Friedensgruß und sprengen Weihwasser aus; auf das*
10 *Haupt des Sterbenden streuen sie geweihte Asche, beten die sieben Bußpsalmen und die Allerheiligen-Litanei. Darauf folgt die Krankensalbung. Alle beten anschließend das Glaubens-*
15 *bekenntnis und das Vaterunser, und der Kranke soll sich dabei selbst Gott empfehlen. Nun reicht der Priester die Kommunion: Leib und Blut des Herrn. Solange der Tod noch nicht eingetre-*
20 *ten ist, sollen die Priester alle Tage ihre Besuche fortsetzen und für den Sterbenden beten."*
(Angenendt, A.: Geschichte und Religiosität im Mittelalter, S. 664)

Die Pest, der „schwarze Tod", raffte im 14. und 15. Jahrhundert die Menschen zu tausenden hin. Nicht selten lagen zwischen Leben und Tod nur ein paar Stunden, sodass die Sterbenden meistens keine Zeit mehr fanden, sich ausreichend auf den Tod vorzubereiten. Hinzu kamen die Millionen, die der „weißen Pest", der Tuberkulose, und anderen Krankheiten zum Opfer fielen. Eine neue Sterbekultur entstand. Die Geistlichen verteilten Anleitungen zum Sterben. Auf 24 einseitig bedruckten Blättern mit elf Bildern unterwiesen sie die Sterbenden darin, den eigenen Tod „schön", d. h. fromm, zu gestalten. Die Schrift trug den Titel „Die Kunst des Sterbens".

■ **A2** Besuche den Friedhof deines Ortes und suche nach Sterberegeln, die aus dem Mittelalter stammen könnten.
■ **A3** Was weißt du über Sterben und Tod in früheren Gesellschaften?
■ **A4** Überlegt, wie wir in der Gegenwart mit Sterben und Tod umgehen. Was können wir aus dem Mittelalter lernen?
■ **A5** Mit welchen Feiertagen gedenken wir in Deutschland der Verstorbenen? Erkläre ihre Lage im Kalender.
■ **A6** Wie kommt in manchen Familien in der Wahl des Vornamens der Enkelkinder das Weiterleben des Verstorbenen zum Ausdruck?

GESCHICHTE IM ÜBERBLICK

| 800 | 900 | 1000 | 1096 |

Klöster sind die kulturellen Zentren des frühen Mittelalters.

Kloster St. Gallen.

Bauern werden zunehmend von Grundherren abhängig.

Fronhofordnung häufigste Form der Grundherrschaft.

Dreifelderwirtschaft verbessert Bodenerträge.

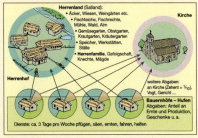

Die Judenverfolgungen während des 1. Kreuzzuges markieren tiefen Bruch zwischen Christen und Juden.

Zusammenfassung

- **Klöster** sind die religiösen und kulturellen Zentren im frühen Mittelalter. **Mönche** und **Nonnen** leben nach strengen Regeln (z. B. Benediktiner).
- Seit dem 10. Jh. entstehen mit dem Aufstieg des **Rittertums** zahlreiche **Burgen**. Ritter leisten für ihre adligen Herren Kriegs- und Verwaltungsdienste und sind ihrerseits die Grundherren über die Bauern der Umgebung, von deren Abgaben und Frondiensten sie leben. Die Ritter entwickeln eine eigene Kultur (Turnier, Minne) und bilden innerhalb der **Lehenspyramide** den **niederen Adel**.
- Freie **Bauern** begeben sich seit dem 9. Jh. zunehmend in die Abhängigkeit von **Grundherren**. So sind sie von den Belastungen des Kriegsdienstes befreit, müssen dem Grundherrn jedoch Abgaben

Lebensformen im Mittelalter

1100 — **1300** — **1347/48** — **1400**

Zeit der Ritter: Burgen, Turniere, Minne.

Ministeriale bilden niederen Adel und entwickeln eigene Kultur.

Höhepunkt der Städtegründungen im Mittelalter.

Beginn der großen Pest in Europa.
Gründung erster deutscher Universität (Prag).

Die Hanse kontrolliert den Nord- und Ostseeraum.

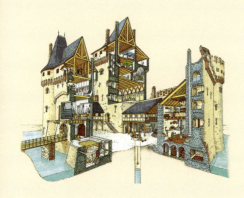

und Dienste leisten. Die **Fronhofordnung** ist die häufigste Form der Grundherrschaft im frühen Mittelalter. Die **Dreifelderwirtschaft** verbessert seit dem 11. Jh. die Bodenerträge.
- **Städte** (Gründungen vor allem um 1300) entwickeln sich zu wichtigen Handels- und Produktionszentren. Sie erkämpfen sich das Recht der **Selbstverwaltung** durch einen Rat, in dem meist reiche Fernkaufleute (Patrizier) bestimmen. Die Handwerker sind in **Zünften** organisiert. Die Armut großer Bevölkerungsteile und die ungesicherte Stellung der **Juden** (Verfolgung z. B. während der Kreuzzüge und der Pest) bleiben Probleme.
- **Städtebünde** bestimmen Politik und Handel in weiten Gebieten. Der mächtigste Bund ist die **Hanse** an Ost- und Nordsee.

3 Eine neue Zeit

Weit übers Meer

■ **A1** *Beschreibe die Rekonstruktion. Was erfährst du über das Leben an Bord?*

Im Jahre 1492 segelte Christoph Kolumbus im Auftrag des spanischen Königspaares mit drei Schiffen über den Atlantik. Am 37. Tag der Überfahrt landete er auf einer Insel, die er „San Salvador" nannte. Er glaubte, einen neuen Weg nach Indien gefunden zu haben, kürzer als der um Afrika herum. Die Leute, auf die er traf, heißen wegen dieses Irrtums bei uns bis heute „Indianer".

Schiffe nahmen damals für längere Reisen folgende Lebensmittel an Bord:

Pökelfleisch
Trockenwurst
Räucherwurst
Trockenfleisch
Räucherfleisch
Trockene Hülsenfrüchte
Zwiebeln und Knoblauch
Mehl in Fässern
Schiffszwieback
Wasser
Wein
Öl

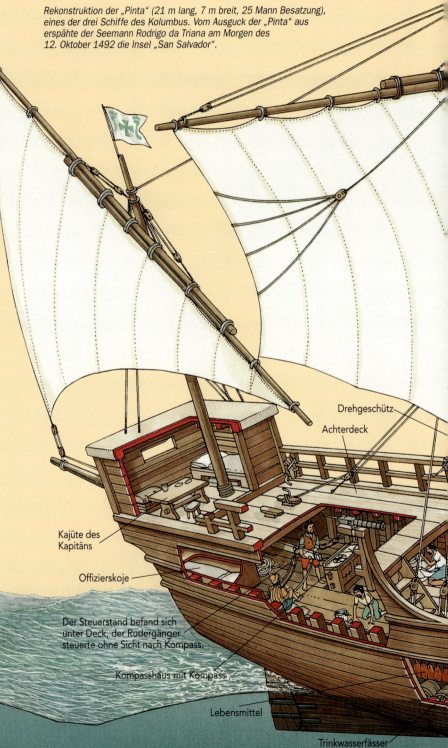

Rekonstruktion der „Pinta" (21 m lang, 7 m breit, 25 Mann Besatzung), eines der drei Schiffe des Kolumbus. Vom Ausguck der „Pinta" aus erspähte der Seemann Rodrigo da Triana am Morgen des 12. Oktober 1492 die Insel „San Salvador".

- Drehgeschütz
- Achterdeck
- Kajüte des Kapitäns
- Offizierskoje
- Der Steuerstand befand sich unter Deck, der Rudergänger steuerte ohne Sicht nach Kompass.
- Kompasshaus mit Kompass
- Lebensmittel
- Trinkwasserfässer

■ **A2** *Welche heute üblichen Lebensmittel fehlen?*

■ **A3** *Stell dir vor, du bist der Schiffskoch. Häng den Speiseplan für eine Woche aus.*

Christoph Kolumbus. Eine zeitgenössische Darstellung ist nicht bekannt. Dieses Bild von 1519 gilt als verlässlichste Darstellung.

- Ausguck
- Ankerwinde
- Beiboot
- Hauptdeck
- Feuerstelle
- Anker
- Brennholzvorräte
- Laderaum
- Ratten, Mäuse und anderes Ungeziefer bedrohten die Vorräte

Die Mannschaft hatte keine Kojen, sondern musste schlafen, wo gerade Platz war.

115

Es gab Leute, die Kolumbus Geld für sein Unternehmen liehen, aber Matrosen bekam er nur sehr schwer, trotz der Aussicht auf großen Reichtum. Eine Seefahrt in unbekannte Meere war gefährlich: Stürme und Strömungen konnten Schiffe beschädigen oder gar versenken, Krankheiten (besonders durch Vitaminmangel) die Mannschaft heimsuchen.

Viele fürchteten Gefahren, wie sie von Sindbad dem Seefahrer berichtet wurden: riesige Kraken, die die Schiffe in die Tiefe ziehen; Inseln, die in Wirklichkeit Fische sind und ein ganzes Schiff verschlingen können; Magnetberge, die das Schiff an sich ziehen und festhalten; das Dunkelmeer, wo nie die Sonne scheint, wo kein Wind mehr das Schiff antreibt und alle verhungern müssen.

■ **A1** *Lies den Text und vergleiche ihn mit den Abbildungen. Welche Gefahren bestanden wirklich, welche waren eingebildet?*

■ **A2** *Spielt ein Interview mit Matrosen, die unter Kolumbus fuhren. Welche Sorgen hatten sie unterwegs, wie fühlten sie sich nach der Rückkehr?*

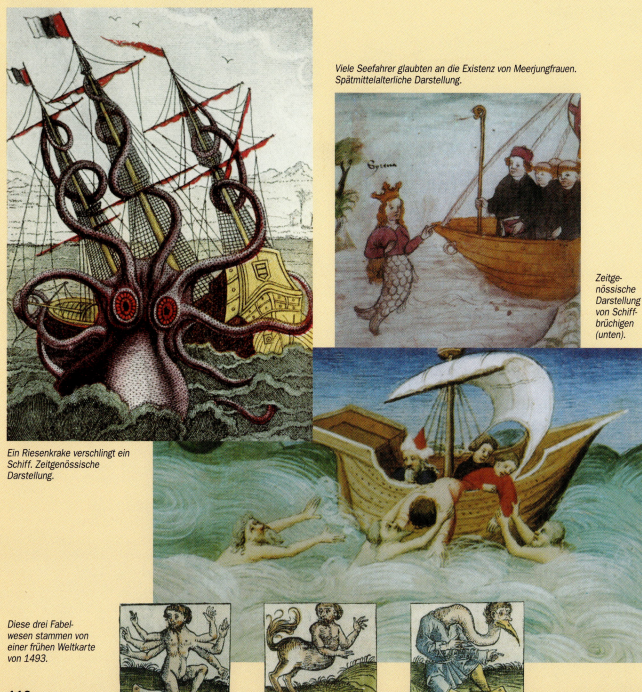

Viele Seefahrer glaubten an die Existenz von Meerjungfrauen. Spätmittelalterliche Darstellung.

Zeitgenössische Darstellung von Schiffbrüchigen (unten).

Ein Riesenkrake verschlingt ein Schiff. Zeitgenössische Darstellung.

Diese drei Fabelwesen stammen von einer frühen Weltkarte von 1493.

1 Christoph Kolumbus glaubt sich in Indien

Wie kam Kolumbus darauf, in Indien zu sein? Viele Gelehrte zweifelten nicht daran, dass die Erde eine Kugel war, aber sie täuschten sich über die Größe. In Wirklichkeit hätte Kolumbus 19 610 km weit segeln müssen, viel zu weit für ein Segelschiff. Auf einer Karte, die er gekannt hat, sind nur 5 635 km angegeben. Der berühmte Geograf Toscanelli hatte ihm geschrieben:

Q1 „Von deinem mutigen und großartigen Plan, auf dem Westwege (...) zu den Ostländern zu segeln, nahm ich Kenntnis (...) Der geschilderte Weg ist nicht nur möglich, sondern wahr und sicher (...) Eine derartige Reise führt zu mächtigen Königreichen (...), die alles im Überfluss besitzen, was wir benötigen, auch alle Arten von Gewürzen in reicher Fülle sowie Edelsteine in großer Menge aufweisen."
(Schmitt, E.: Die großen Entdeckungen, S. 99)

Die Landung des Kolumbus. Dieses Bild wurde fast 100 Jahre nach der Landung gedruckt.

■ **A1** Schließe aus der Quelle, warum Kolumbus die gefährliche Überfahrt gewagt hat.

Trotzdem hatte Kolumbus Schwierigkeiten, seinen Plan zu verwirklichen. Erst nach jahrelangem Warten stimmte das spanische Königspaar zu. Nur dreieinhalb Monate nach Abschluss des Vertrages konnte Kolumbus mit drei Schiffen absegeln: der Santa Maria, der Niña und der Pinta.

Genau dort, wo Kolumbus die ersten „indischen" Inseln zu finden hoffte, lag San Salvador. Das schien seine Theorie zu bestätigen und auch die Mannschaft war begeistert. Kolumbus berichtet:

Q2 „Ich wurde umarmt, geküsst, und alle taten so, als wäre ich bereits ein Mann, der alle Reichtümer und Ehren der Welt zu vergeben hat."
(Grün, R.: Christoph Columbus, S. 99)

Q3 Die erste Begegnung mit den Bewohnern der Insel schildert er so:
„Sofort sammelten sich an jener Stelle (der Landung) zahlreiche Eingeborene der Insel an (...) Sie (...) brachten uns Papageien, Knäuel von Baumwollfäden, lange Wurfspieße und noch viele andere Dinge, die sie gegen das eintauschten, was wir ihnen gaben, wie Glasperlen und Glöckchen. Sie gaben und nahmen alles von Herzen gern, allein mir schien es, als litten sie Mangel an allen Dingen. Sie gehen nackt umher, so wie Gott sie erschaffen (...) Sie führen keine Waffen mit sich, sie sind ihnen nicht einmal bekannt. Ich zeigte ihnen Schwerter, und da sie sie aus Unkenntnis bei der Schneide anfassten, schnitten sie sich."
(Krieger, H.: Handbuch des Geschichtsunterrichts, Bd. 4, S. 20)

■ **A2** Auf dem Bild oben kannst du verschiedene Gruppen von Personen sehen. Beschreibe, was sie tun.

■ **A3** Vergleiche das Bild mit dem, was Toscanelli und was Kolumbus geschrieben haben.

■ **A4** Entwickelt ein Gespräch zwischen Kolumbus und dem Indianer mit den Geschenken. Spielt die Szene nach.

Alles war gut gegangen, aber ganz einfach war es nicht gewesen. Kolumbus hat während der Reise über den Atlantik ein Tagebuch („Bordbuch") geführt:

Q4 *„Die Bedenken und Befürchtungen der Mannschaft: Die Vorräte würden bald zu Ende gehen, die Schiffe seien zu schwach für diese weite Fahrt. Und ich solle daran denken, dass wir den schon zurückgelegten Weg ein zweites Mal – auf der Heimfahrt – zurücklegen müssten, das Land, das wir suchten, gebe es gar nicht. Auch die Gelehrten hätten diese Meinung geäußert. Niño (ein Matrose) lächelte spöttisch, als ich ihm klarlegte, dass es meine feste Absicht sei, weiter nach Westen zu fahren. Er meinte, niemand werde widerlegen können, dass ich auf dem Deck ausgeglitten und über Bord gefallen sei."*
(Grün, R.: Christoph Columbus, S. 86)

A1 Beschreibe die Sorgen der Mannschaft. Wovor musste sich Kolumbus fürchten?

Die Rückreise klappte nur, weil die Flotte wegen eines Rechenfehlers die günstige Westwindzone erwischte. Nach rund einem halben Jahr war Kolumbus wieder in Palos, seinem Ausgangshafen. Sechs Indianer mit Papageien, Goldmasken und anderen Schaustücken begleiteten ihn. Er durfte neben dem Königspaar sitzen und war auf der Höhe seines Ruhmes. Aber er wusste immer noch nicht, dass er nicht Indien erreicht, sondern einen neuen Kontinent entdeckt hatte. Er hat es auch nie erfahren, obwohl er noch drei Reisen dorthin unternahm.

A2 Überlege – auch unter Berücksichtigung der folgenden Eintragung ins Bordbuch – ob Kolumbus die Ehrungen und der große Ruhm tatsächlich zustanden.

GEWUSST WIE!

Arbeit mit historischen Karten

Wenn du die Skizze mit einer Karte des amerikanischen Kontinents vergleichst, siehst du, wie wenig Kolumbus wusste. Aber schon 1493 wurde er als „Finder einer neuen Welt" bezeichnet. Erst später konnte Amerigo Vespucci beweisen, dass ein neuer Kontinent gefunden war. Nach ihm, nicht nach Kolumbus, ist Amerika benannt.

Historische Karten unterscheiden sich meist erheblich von modernen Karten. Sie weisen den damaligen Kenntnisstand auf, sind häufig aus einer anderen Perspektive gezeichnet (nicht immer ist der Norden „oben"). Entfernungsangaben sind oft fehlerhaft, meist fehlt eine „Legende", die die Karte erklärt usw. Folgende Schritte können bei der Erschließung helfen:

1. Aus welcher Zeit, aus welchem Land, ggf. von welchem Autor stammt die Karte?
2. Was wird auf der Karte dargestellt?
3. Welche Erschließungshilfen bietet die Karte (Beschriftung, Legende, Illustrationen, Farbgebung usw.)?
4. Entscheidend ist der Vergleich mit einer entsprechenden modernen Karte. Welche gravierenden Unterschiede sind festzustellen? Welche Schlüsse auf den damaligen Kenntnisstand lassen sich daraus ziehen?

Die handgezeichnete Skizze zeigt die Nordküste von Hispaniola, einer der Inseln, die Kolumbus auf seiner ersten Reise besucht hat. Sie ist vermutlich von Kolumbus selbst gezeichnet und damit die älteste erhaltene Karte von Amerika.
Darunter eine moderne Karte dieses Küstenverlaufs (heute Haiti und Dominikanische Republik).

Q5 Aus dem Bordbuch des Kolumbus, 19. Oktober:
„Ich kann mich gar nicht satt sehen an der schönen Vegetation, die so verschieden von der unseren ist. Und ich glaube sogar, dass es hier viele Kräuter und Bäume gibt, die in Spanien sehr viel wert sind, weil man Farbstoffe und heilkräftige Spezereien daraus gewinnen kann, aber ich kenne sie nicht, was ich sehr bedaure. Bei meiner Ankunft an diesem Kap drang ein solch guter und lieblicher Duft von Blüten oder Bäumen vom Land herüber, dass es unsagbar schön war. Morgen früh will ich vor der Weiterfahrt an Land gehen, um zu sehen, was auf dem Kap zu finden ist. Hier befindet sich nicht – es sei denn weiter im Landesinneren – jene Siedlung, wo – so versichern einige von jenen Männern, die ich mit mir führe – der König wohnt, der viel Gold besitzen soll; morgen will ich so weit ins Inselinnere vordringen, bis ich diese Siedlung finde und diesen König sehe oder gar mit ihm sprechen kann."
(Schmitt, E.: Entdeckungen, S. 114 f.)

2 Armer Westen – reicher Osten

Europa war keine reiche Gegend. In den Jahren 1383–1435 war der König von Portugal so arm, dass er nicht einmal Gold und Silber hatte, um Münzen zu prägen. Der „islamische Gürtel", Kleinasien und Nordafrika, galt bei den Europäern als wohlhabend. Doch die islamische Welt war militärisch so stark, dass man ihnen nichts gewaltsam abnehmen konnte. Aber die Araber holten Gold und Sklaven aus Gegenden südlich der Sahara. Das wusste man von den Juden auf Mallorca. Diese galten damals als beste Geografen, weil sie Beziehungen zu Christen und Arabern hatten. Das klang viel versprechend. Und vielleicht konnte man noch weiter segeln, um Afrika herum, in den Indischen Ozean, wo die Gewürze herkamen. Was man dort sonst noch erwartete, sagen die folgenden Quellen:

Ein Tempel auf Bali

Q1 In Afrika oder Indien sollte der christliche Erzpriester Johannes regieren. Über ihn hieß es:
„Er wird als der Reichste an Gold und Silber angesehen, weil er von den einzelnen Familienvätern (...) an jährlichem Zins eine Unze puren Silbers empfängt."

Q2 Aus einer Beschreibung Japans:
„Das Dach (des Königspalastes) ist mit Goldplatten bedeckt, so wie bei uns Häuser oder Kirchen mit Blei; auch die Decken der Säle und viele Gemächer sind aus dicken Platten von reinem Gold, und die Fenster haben goldene Umrahmungen."
(Reisebericht des Marco Polo um 1300)

Q3 „Aus Indien schließlich werden uns alle Kostbarkeiten überbracht."
(Schmitt, E.: Die mittelalterlichen Ursprünge der europäischen Expansion, S. 129, 108, 131)

Als Kolumbus nach Amerika segelte, hatten schon seit mehr als 50 Jahren viele Leute versucht, von Europa aus über das Meer ins südliche Afrika oder sogar nach Indien zu kommen.

■ **A1** Vergleiche diesen Tempel von Bali mit der oben stehenden Beschreibung des Königspalastes.
■ **A2** Schreibe einige Gewürze aus deiner Küche zu Hause auf und versuche festzustellen, woher sie kommen.
■ **A3** Welche Weltgegenden gelten heute als reich? Warum hat sich das geändert?

2.1 Heinrich der Seefahrer

Vor allem ein portugiesischer Prinz schickte so viele Schiffe aus, dass er bis heute „Heinrich der Seefahrer" heißt. Dabei war er selbst nur einmal ein kleines Stück über das Mittelmeer gefahren. Er wollte Afrika umsegeln lassen, denn er wollte möglichst viel wissen, sein Wissen für neue Entdeckungen ausnutzen und mit Entdeckungen Geld verdienen.

Er fand genügend Helfer, Kapitäne und Geldgeber. Denn Wissen zu sammeln und damit auch Geld zu verdienen, war damals sehr modern. Trotzdem dauerte es rund 60 Jahre, bis das erste portugiesische Schiff das Kap der Guten Hoffnung umrundete.

In diesen 60 Jahren lernten Schiffbauer, Geografen, Seeleute und Geldgeber manches: wie viel Geld eine solche Reise kostete und was sie einbringen konnte; wie die Schiffe für lange Fahrten auszurüsten waren, wie regelmäßige Winde und Strömungen die Fahrt erleichterten oder erschwerten; was man beim Segeln in unbekannten Gewässern beachten musste, wie man ohne Sicht auf die Küste Position und Kurs bestimmte und vieles mehr. Auch Kolumbus hatte seine Erfahrung als Seemann auf dem Atlantik vor Afrika gesammelt.

Henricus Martellus Germanus, Weltkarte, Florenz um 1489

■ **A1** Welche Länder sind auf der Karte (oben) schon ziemlich genau, welche ungenau dargestellt? Wie erklärst du dir das?

■ **A2** Auf der Karte sieht es so aus, als wäre an der Südspitze Afrikas die halbe Strecke nach Indien zurückgelegt. Überprüfe das.

■ **A3** Wie konnten die Portugiesen den Weg durch den Indischen Ozean finden?

2.2 Endlich in Indien!

Im Mai 1498 erreichte die erste portugiesische Flotte unter Vasco da Gama Indien. Am Gewürzhandelsplatz Kalikut waren die einheimischen Händler und der örtliche König offenbar nicht darüber begeistert. Im Folgenden sind zwei Berichte dazu abgedruckt: einer aus dem Bordbuch der Portugiesen, der andere von einem Araber:

Q1 *„Eine Rasse von Teufeln unter den Stämmen der Menschheit, schmutzig in ihren Manieren, Feinde Gottes und seines Propheten trat nun in Malabar auf. (...) Sie verehrten Götzenbilder aus Holz und verneigten sich vor Bildern aus Stein (...). Ihre Augen waren blau wie bei Wüstengespenstern (...). Sie brachten mit Gewalt reine Menschen von ihrer Religion ab. Sie waren erfahren in Aufruhr, Schifffahrt und Betrug. (...) Sie wollten Pfeffer und Ingwer für sich selbst und anderen nur die Kokosnüsse lassen."*

(Reinhard, W.: Geschichte der europäischen Expansion, Bd. 1, S. 51 f.)

Q2 „Sie waren nämlich Kaufleute von Mekka und vielen anderen Gegenden und kannten uns. Sie hatten dem König gesagt, wir seien Seeräuber, und sobald wir beginnen würden nach jenem Lande zu fahren, würde kein Schiff mehr von Mekka (...) her nach seinem Lande kommen können, sodass er keinen Gewinn mehr daraus ziehen könnte. Wir würden ihm auch nichts geben, sondern ihm eher noch etwas nehmen, und dadurch könne sein Land zugrunde gerichtet werden. Abgesehen von diesen Verleumdungen gaben sie ihm noch viel Geld dafür, dass er uns gefangen nehmen und töten lassen sollte (...)"
(Schmitt, E.: Die großen Entdeckungen, S. 141)

■ **A1** *Ordne die Berichte den Arabern und den Portugiesen zu. Begründe deine Entscheidung.*
■ **A2** *Diskutiert über die Ursachen der unterschiedlichen Sichtweisen.*

Die Portugiesen mussten an eine andere Stelle der indischen Küste flüchten. Dort setzten sie ihre Schiffe instand, bunkerten Trinkwasser und starteten zur Rückfahrt. Statt der 23 Tage, die sie von Afrika nach Indien gebraucht hatten, waren sie rund ein Vierteljahr unterwegs.

Q3 Der Vitaminmangel bewirkte, „dass uns die ganze Mannschaft krank wurde, indem das Zahnfleisch ihnen so über die Zähne wucherte, dass sie nicht essen konnten, und desgleichen schwollen ihnen die Beine an, und es kamen auch sonst am Körper große Geschwüre, derart, dass sie einen Mann so weit herunterbrachten, bis er starb, ohne irgendeine andere Krankheit zu haben."
(Schmitt, E.: Die Anfänge der europäischen Expansion, S. 118 f.)

■ **A3** *Versuche herauszufinden, was die Seeleute gegen den Vitaminmangel hätten tun können.*

Vasco da Gama wurde Admiral des Indischen Ozeans. Er durfte 1502–1504 eine weitere Reise nach Indien mit 20 Schiffen unternehmen. 1524 wurde er Vizekönig von Indien. Zur Erinnerung an die Entdeckungsfahrten ließ der portugiesische König den nebenstehenden prächtigen Turm errichten.

■ **A4** *Hat Vasco da Gama diese Ehrungen zu Recht erhalten? Bedenke dabei die Ergebnisse seiner Reise:*

Von drei Schiffen hat er zwei zurückgebracht.
Von 170 Leuten kehrten 55 zurück.
Er hat den Hauptgewürzmarkt Indiens entdeckt.
Er hat bewiesen, dass die Reise möglich war.
Seine Ladung deckte die Kosten der Reise.
Er konnte berichten, dass Gewürze in Lissabon zehnmal so viel kosteten wie in Kalikut.

Der Turm von Belém

Dank ihrer besseren Schiffe und Geschütze konnten die Portugiesen die Inder schließlich zum Handel zwingen.

■ **A1** *Erläutere dieses indische Sprichwort: „Ein Glück, dass Gott nicht mehr Portugiesen geschaffen hat als Löwen und Tiger, denn sonst würden sie die ganze Menschheit vernichten."*

2.3 Kolonialismus und „Dritte Welt"

Im 16. und 17. Jahrhundert folgten zahlreiche weitere Entdeckungsfahrten vieler europäischer Nationen. 1519 startete der Portugiese Magellan in spanischen Diensten zur ersten Weltumsegelung. Portugiesen und Spanier, später Holländer, Franzosen und vor allem Engländer entdeckten oder unterwarfen überseeische Gebiete. Zwischen Portugiesen und Spaniern kam es bald zu Konflikten um die neu entdeckten Gebiete. Im Vertrag von Tordesillas regelte 1494 ein Schiedsspruch des Papstes vorübergehend die Aufteilung der überseeischen Gebiete in eine spanische und eine portugiesische Einflusszone. Andere Staaten hielten sich nicht an diese Regelung. Zahlreiche Kolonialkriege zwischen den seefahrenden europäischen Nationen waren die Folge. So führte England im 16. Jahrhundert vor allem in der Karibik einen regelrechten Kaperkrieg gegen die spanischen Silberflotten, die die Schätze der Neuen Welt über den Atlantik ins Mutterland brachten. Francis Drake, der wohl berühmteste dieser britischen Kaperer, war gleichzeitig ein bedeutender Entdecker, der auf einer Weltumsegelung große Teile der amerikanischen Westküste erforschte.

Viele der vom Kolonialismus europäischer Nationen betroffenen Völker und Staaten konnten sich erst nach Jahrhunderten wieder von ihren „Kolonialherren" befreien, manche erst vor wenigen Jahrzehnten. Wenn wir heute von der „Dritten Welt" und ihren Problemen sprechen, meinen wir diese vom Kolonialismus betroffenen Regionen und die Spätfolgen der Ausplünderung, der sie jahrhundertelang ausgesetzt waren.

■ **A2** *Beschreibe die einzelnen Fahrtrouten und benenne die Herkunftsländer der Entdecker.*

■ **A3** *Vergleiche die Größe der entdeckten Gebiete mit der Größe der Herkunftsländer der Entdecker.*

Wichtige Entdeckungsfahrten im 15. und 16. Jahrhundert

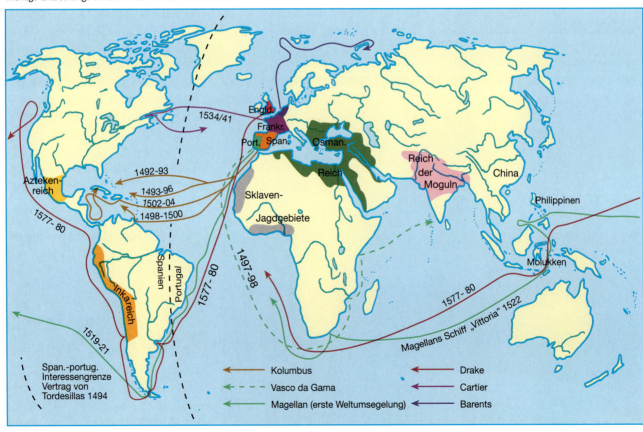

ARCHIV

Quellen zu den Gefahren der Entdeckungsfahrten

Q1 Der Tod des „Weltumseglers" Magellan am 27. April 1521:
„Hier fanden wir die Insulaner, fünfzehnhundert an der Zahl, in drei Scharen geteilt. (...) Die Indianer (in Wirklichkeit Bewohner der südostasiatischen Insel Matan) hatten wahrgenommen, dass ihre Schläge uns, wenn sie unseren Kopf oder unseren Leib trafen, wegen unsrer Rüstung nicht verletzten, dass aber unsre Schenkel keinen Schutz hätten. Sie richteten daher ihre Pfeile, Lanzen und Steine gegen unsre Schenkel, und dies in so großer Anzahl, dass wir ihnen weichen mussten. (...) Wir zogen uns so nach und nach, unter beständigem Fechten, zurück, und wir waren schon (...) bis an die Knie im Wasser (...). Da sie unsern Oberbefehlshaber (Magellan) kannten, richteten sie ihre Würfe hauptsächlich gegen ihn, so dass ihm zweimal der Helm vom Kopf gerissen wurde. Er wich indessen nicht, und wir kämpften in sehr geringer Anzahl (7–8 Mann) an seiner Seite. Dieser ungleiche Kampf dauerte fast eine Stunde. Endlich glückte es einem Indianer, den Oberbefehlshaber mit der Spitze seiner Lanze an der Stirn zu verwunden. Dieser, darüber erzürnt, durchbohrte ihn mit seiner Lanze, die er in seinem Leib stecken ließ. Er wollte dann seinen Degen ziehen, aber er konnte es nicht, weil sein rechter Arm sehr stark verwundet war. Die Indianer, die dies gewahr wurden, drangen alle auf ihn ein, und einer von ihnen versetzte ihm einen so heftigen Säbelhieb in das linke Bein, dass er auf sein Gesicht fiel. In demselben Augenblick warfen sich die Feinde auf ihn, und so kam er um (...). Der christliche König (ein eingeborener Verbündeter des Magellan) hätte uns zur Hilfe kommen können und würde es gewiss getan haben, wenn nicht der Oberbefehlshaber, weit entfernt zu ahnen, was geschah, als er mit seinen Leuten an Land ging, ihm befohlen hätte, (...) unserer Art zu fechten bloß zuzusehen."
(Pigafetta, in: Schmitt, E.: Entdeckungen, S. 302 f., bearbeitet)

■ **A1** *Diskutiert, ob Magellan mutig oder leichtsinnig war. Überlegt dabei, warum er umgekommen ist.*

Q2 Der Untergang der Galeone São João 1552. Nachdem das Schiff im Sturm Segel und Masten verloren hatte und auch das Steuerruder nicht mehr richtig funktionierte, trieb es auf die Küste Afrikas zu:
„Und da das Schiff bereits auf Grund lief und hierdurch fortwährend von Stößen erschüttert wurde, hielten sie es für angeraten, den Anker über die Hand ablaufen zu lassen, damit das Schiff strande; und sie wollten ihn nicht kappen, da sie sonst in den Strudel der Brandung geraten wären. Aber wenige Augenblicke nachdem das Schiff den Kiel auf Grund gesetzt hatte, brach es entzwei, wobei der Vorderteil, der bis zum Mast reichte, vom Heckteil abgetrennt wurde. Und eine Stunde danach zerbrachen diese beiden Teile in vier, und als die Ladeluken aufbrachen, schwemmte es die Ballen und Kisten, in denen die Ware verpackt war, nach oben, und die Leute, welche sich auf dem Schiff befanden, klammerten sich an diese und an die Wrackteile des Schiffes, um mit ihnen an Land gespült zu werden. Dieses Wagnis bezahlten mehr als vierzig Portugiesen und siebzig Sklaven mit dem Leben. Die Übrigen erreichten das Land, wobei einige von ihnen auf und andere unter Wasser schwammen (...). Aber viele von ihnen hatten sich an den Nägeln und an dem Holz der Kisten und Wrackteile verletzt. Vier Stunden danach waren von der Galeone nur noch Trümmer übrig (...) und das vom Sturm gepeitschte Meer warf alles an Land. (...) Als nun der Kapitän sah, dass es nicht möglich war, ein Schiff zu bauen, holte er den Rat seiner Offiziere ein und befragte auch jene Edelleute, welche sich in seiner Gesellschaft befanden, (...) und sie fassten den Entschluss, an jenem Strand (...) einige Tage zu verweilen, denn dort hatten sie Wasser und konnten warten, bis die Kranken genäsen."
(Brito, B.: Historia Tragico-Maritima, S. 40 f.)

Q3 Durch einen Fehler des Lotsen geriet die „Conceição" im Juli 1555 im Indischen Ozean in Untiefen:
„So lief das Schiff Conceição, das alle Segel gesetzt hatte, bei ruhiger See vor dem Wind. Die beiden ersten Stunden der Modorra (= 1. Nachtwache) waren bereits vorüber, da erschütterte plötzlich ein solch ungeheurer Stoß das Schiff, dass es allen schien, als bräche es in Stücke.
In dem Augenblick, da das Schiff den Stoß erhielt, wurden einige der Leute durch die Wucht des Anpralls von den Pritschen, auf denen sie schliefen, herabgeschleudert, und wir glaubten schon, das Schiff würde kentern, und viele konnten sich nicht auf den Beinen halten, denn sie fielen von einer Seite zur anderen und klammerten sich an die Planken. Und sobald man erkannt hatte, dass das Schiff auf Grund gelaufen war, riefen alle, Große wie Kleine, so laut nach der Mutter Gottes, dass man sein eigenes Wort nicht mehr verstehen konnte (...). Daraufhin gab der Lotse das Kommando zum Abfallen, aber der Matrose, der am Ruder stand, meldete: ‚Es ist kein Ruder mehr!' Und als man ihm das mit dem Ruder sagte, befahl er, man solle die Segel reffen. Aber da standen keine Matrosen bereit, hinaufzusteigen und die Segel zu reffen (...); denn alle waren wie von Sinnen (...)."
(Brito, B.: Historia Tragico-Maritima, S. 69)

■ **A2** *Stelle wichtige Gefahren für die Seefahrer zusammen.*

2.4 Die Eroberung des Azteken- und des Inkareiches

Kolumbus hatte den Weg nach Amerika entdeckt, von dem gewaltigen Kontinent aber keine Kenntnis. Der Spanier Hernán Cortés drang 1519 als Erster ins Landesinnere vor und eroberte das große Reich der Azteken. 663 Weiße und ungefähr 200 Indianer, 14 Geschütze und 16 Pferde, so trat er die Reise an. Und damit konnte er ein gut organisiertes Reich erobern? Bei aller Überlegenheit durch Kanonen und Pferde, das hätte er wohl kaum schaffen können. Wahrscheinlicher ist, dass er das Reich nicht einmal gefunden hätte.

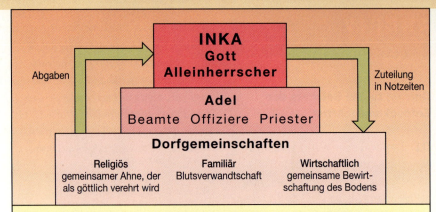

Staat und Gesellschaft des Inkareiches

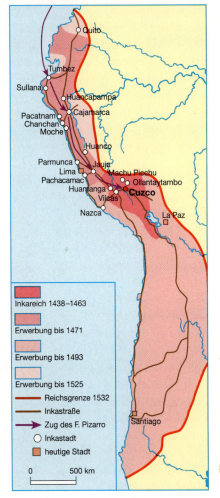

Das Inkareich bis zu seiner Eroberung durch die Spanier

Cortés hatte Glück. Er gewann eine Aztekenprinzessin, die Aztekisch und Maya sprach. So konnte Cortés sich überall verständigen. Die Prinzessin Malitzin, die bald ehrfurchtsvoll Doña Marina genannt wurde, lernte schnell Spanisch. Sie informierte Cortés über die Gegebenheiten des Aztekenreiches. Dazu gehörte, dass das Reich Feinde hatte. So konnte er Verbündete gewinnen, die Hilfstruppen stellten. Bei der Eroberung Tenochtitlans waren vermutlich etwa 50 000 Indianerkrieger aufseiten der Spanier.

Gerüchten über sagenhafte Goldschätze folgend, eroberte der spanische Abenteurer Pizarro wenige Jahre später das gewaltige Inkareich in Südamerika. Auch hier ermöglichten Streitigkeiten zwischen den Indianern es einer winzigen Schar entschlossener Eroberer, ein riesiges, gut organisiertes Reich zu besiegen.

■ **A1** *Erläutere anhand der Karte die Entwicklung des Inkareiches.*

■ **A2** *Beschreibe den Gesellschaftsaufbau des Inkareiches.*

■ **A3** *Weshalb war es für die Spanier entscheidend, den Inkaherrscher in ihre Gewalt zu bekommen?*

Wie lebten die Indios unter spanischer Herrschaft? Den Spaniern ging es vor allem um die reichen Gold- und Silbervorkommen. Hunderttausende versklavter Indios mussten daher unter unmenschlichen Bedingungen in den Bergwerken der Spanier arbeiten. Andere wurden in der Landwirtschaft, oft auf riesigen Zuckerrohr- und Baumwollplantagen, eingesetzt.

Der Bischof Las Casas, selbst Spanier, berichtete:

Q1 „Die spanischen Aufseher behandelten die versklavten Indianer mit solcher Strenge und Härte, dass man sie nur für Teufelsknechte halten konnte. Sie ließen ihnen bei Tag und Nacht nicht einen Augenblick Ruhe. Sie gaben ihnen Stock- und Rutenhiebe, Ohrfeigen, Peitschenschläge,

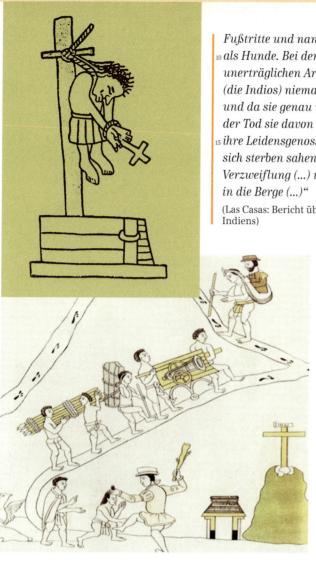

Fußtritte und nannten sie nie anders als Hunde. Bei der (...) pausenlosen unerträglichen Arbeit, bei der man sie (die Indios) niemals ausruhen ließ, und da sie genau wussten, dass nur der Tod sie davon befreien werde, wie ihre Leidensgenossen, die sie neben sich sterben sahen, ergriff sie eine Verzweiflung (...) und Einzelne flohen in die Berge (...)"

(Las Casas: Bericht über die Verwüstung Indiens)

Die Misshandlung von Indios. Zeitgenössische indianische Darstellung.

■ **A1** *Sprecht anhand der Quelle, des Bildes links und des Diagramms über das Verhalten der Spanier.*

■ **A2** *Für welche Seite ergreift Las Casas Partei? Was könnten die Gründe dafür sein?*

Schließlich waren durch unmenschliche Behandlung und Seuchen so viele Indios gestorben, dass Arbeitskräfte knapp wurden. Die Eroberer begannen daher, in großem Umfang schwarze Sklaven aus Westafrika nach Amerika zu bringen, die man für kräftiger und widerstandsfähiger hielt. Es entwickelte sich ein reger Handelsaustausch zwischen Amerika, Europa und Afrika, der heute als „Dreieckshandel" bezeichnet wird.

■ **A3** *Was berichtet die Zeichnung (links) über die Leiden der indianischen Bevölkerung?*

■ **A4** *Erläutere den „Dreieckshandel" anhand des Schemas.*

■ **A5** *Sklaven als Handelsware: Wie denkst du darüber?*

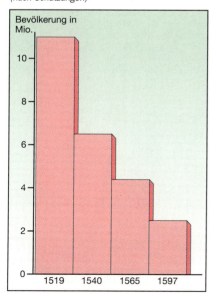

Die Bevölkerungsentwicklung in Mittelamerika (nach Schätzungen)

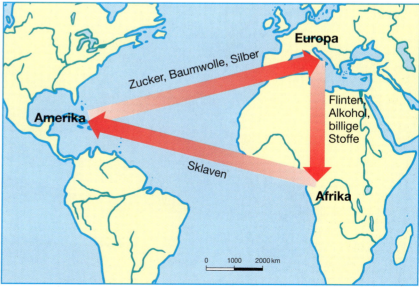

Schematische Darstellung des Dreieckshandels

EXPEDITION GESCHICHTE

Wie lebten die Ureinwohner Amerikas?

Viele Europäer hielten die Ureinwohner Amerikas für Wilde. Man glaubte, dass sie nur über eine primitive Kultur verfügten. Aber stimmt das wirklich?

Besonders zwei Völker, Inkas und Azteken, hatten gut organisierte, große und blühende Reiche aufgebaut. Das Reich der Azteken lag im heutigen Mexiko, das Reich der Inkas im heutigen Peru.

Über diese zwei Völker wissen wir inzwischen recht genau Bescheid. Wir wissen zum Beispiel
- wie die Indios wohnten
- wie sie sich ernährten
- wie sie ihre Kinder erzogen
- welche Spiele sie kannten
- wie sie ihr Zusammenleben organisierten
- welche Religion sie hatten.

Einige Informationen über Azteken und Inkas könnt ihr dieser Seite entnehmen. Wenn ihr mehr erfahren wollt, könnt ihr euch in der Bibliothek Bücher zu diesem Thema ausleihen. Am besten teilt ihr euch in Gruppen auf, um verschiedene Bereiche aus dem Leben der Indianer zu erarbeiten. Die Aufzählung links hilft euch, das Thema in kleinere Bereiche aufzuteilen.

Buchtips:
Sehen, Staunen, Wissen: Azteken, Inkas, Maya. Gerstenberg Verlag 1994.
Blick in die Geschichte: Die Azteken. Karl Müller Verlag 1992.
Sicher findet ihr noch viele andere Bücher.

■ **A1** *Wenn ihr genügend Informationen gesammelt habt, könnt ihr z. B. zu jedem Bereich ein Plakat anfertigen und damit euren Mitschülern euer spezielles Thema erklären. Vielleicht habt ihr sogar Lust, eine kleine Ausstellung zu organisieren.*

■ **A2** *Aus der Rekonstruktionszeichnung des Tempels gewinnt ihr erste Informationen über die Baukunst und die Religion der Azteken. Forscht weiter.*

■ **A3** *Sprecht dann gemeinsam darüber, ob die Ureinwohner Amerikas wirklich „Wilde" waren.*

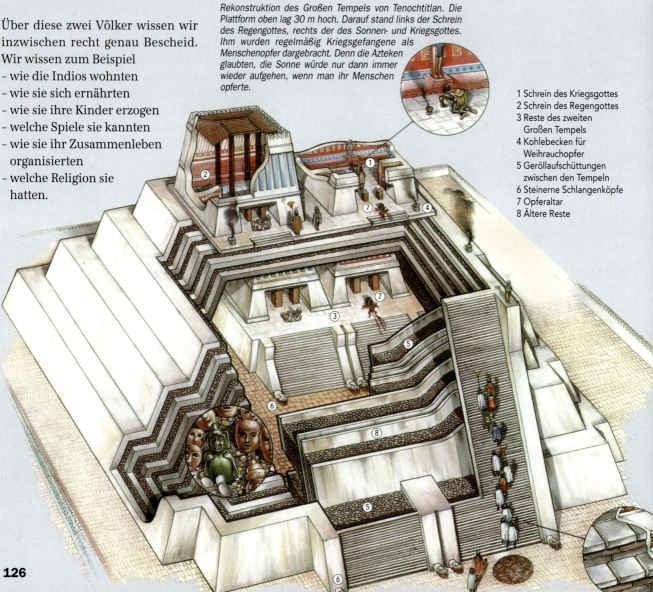

Rekonstruktion des Großen Tempels von Tenochtitlan. Die Plattform oben lag 30 m hoch. Darauf stand links der Schrein des Regengottes, rechts der des Sonnen- und Kriegsgottes. Ihm wurden regelmäßig Kriegsgefangene als Menschenopfer dargebracht. Denn die Azteken glaubten, die Sonne würde nur dann immer wieder aufgehen, wenn man ihr Menschen opferte.

1 Schrein des Kriegsgottes
2 Schrein des Regengottes
3 Reste des zweiten Großen Tempels
4 Kohlebecken für Weihrauchopfer
5 Geröllaufschüttungen zwischen den Tempeln
6 Steinerne Schlangenköpfe
7 Opferaltar
8 Ältere Reste

GESCHICHTE KONTROVERS

Die Entdeckungen aus unterschiedlichen Perspektiven

Q1 Im Auftrag Heinrichs des Seefahrers fuhr Alvise da Ca'da Mosto 1455 nach Westafrika. Auf dem Gambia-Fluss wurde er von Eingeborenen angegriffen, die offenbar erstmals Europäer sahen. Er berichtet:

„Darauf versuchten wir, mit den Negern zu sprechen, und ließen unsere Dolmetscher rufen und Zeichen machen, bis sich einer ihrer Einbäume
5 (...) näherte, und an ihn ließen wir die Frage richten, warum sie uns angegriffen hätten, da wir doch friedliche Menschen seien, die Handel trieben und mit den anderen Negern des
10 Senegalreiches Frieden und Freundschaft geschlossen hätten, die wir auch mit ihnen schließen wollten, falls sie unsere Freundschaft annähmen. Wie ließen ihnen sagen, wir seien aus
15 fernen Ländern mit kostbaren Geschenken gekommen, die unser König von Portugal ihrem Herrn und König überbringen lasse, und er wünsche Frieden und Freundschaft mit ihm
20 (...). Ihre Antwort war, sie wüssten über uns Bescheid, z. B. wie wir mit den Negern im Senegal umgegangen seien, und da ihnen bekannt sei, dass wir Christen Menschenfleisch äßen
25 und Neger wegen des Fleisches kauften, könnten nur schlechte Menschen mit uns Freundschaft wollen; daher gäbe es keine mit uns und sie würden uns alle töten. (...) Und wir, die wir
30 ihre bösen Absichten erfahren hatten, segelten in sie hinein und sie flohen ans Ufer, und damit war der Krieg mit ihnen vorbei."

(Schmitt, E.: Dokumente zur Geschichte d. europ. Expansion, Bd. 1, S. 302)

■ **A1** Wie kommen die Afrikaner darauf, die Europäer seien Kannibalen?

Q2 An einem anderen Platz wurde er weniger feindlich behandelt:
„Diese Neger, Männer und Frauen, liefen zusammen, um mich zu sehen, als ob ich eine Wundererscheinung gewesen wäre. Es schien für sie eine neue
5 Erfahrung zu sein, einen Christenmenschen zu sehen. Sie wunderten sich nicht weniger über meine Bekleidung als über meine weiße Haut. (...); einige berührten meine Hände und
10 Gliedmaßen und rieben daran mit Speichel, um herauszufinden, ob das Weiß natürlich oder gefärbt sei. Als sie sahen, dass es sich um die natürliche Hautfarbe handelte, waren sie über
15 alle Maßen erstaunt (...).""

(Ca'da Mosto, in: Bitterli, U.: Die Entdeckung und Eroberung der Welt, Bd. I, S. 189)

■ **A2** Kannst du erklären, warum die Afrikaner hier so friedlich sind?

Q3 Beim Volk der Bapende am Kongo ist die Ankunft der Europäer wie folgt überliefert:
„Unsere Väter lebten behaglich in der Lualaba-Ebene. Sie hatten Vieh und Ackerfrüchte; sie hatten Salzbecken und Bananenbäume. Plötzlich erblick-
5 ten sie ein großes Schiff auf der See. Es hatte weiße Segel, die wie Messer blitzten. Weiße Männer kamen aus dem Wasser, die sprachen in einer Weise, die niemand verstand. Unsere Ahnen
10 fürchteten sich, sie sagten, das seien Vumbi: Geister, die zur Erde zurückkämen. Sie trieben sie mit Pfeilschauern in die See zurück. Aber die Vumbi spieen mit Donnergetöse Feuer. Sehr
15 viele Menschen wurden getötet. (...). Das große Schiff kam zurück, und wieder erschienen weiße Männer. Sie fragten nach Hühnern und Eiern; sie gaben Kleider und Perlen. Wieder ka-
20 men die Weißen zurück. Sie brachten Mais und Maniok, Messer und Beile, Erdnüsse und Tabak. Von dieser Zeit bis heute haben die Weißen uns nichts als Krieg und Elend gebracht."

(Bitterli, U.: Die Entdeckung und Eroberung der Welt, Bd. I, S. 188 f.)

■ **A4** Diskutiert, ob „nichts als Krieg und Elend" ein treffendes Urteil ist.

Q4 Der Historiker E. Schmitt über Gründe für die technische Überlegenheit der Europäer:
„So liegt nicht so sehr im Volumen des maritimen Fernhandels die Bedeutung des im 16. Jahrhundert aufgebauten Weltverkehrssystems, auch nicht in der
5 Zahl der beförderten Personen, wie viele es auch immer gewesen sein mögen. Viel wichtiger war dieser neue Weltverkehr unter einem anderen Gesichtspunkt: Die großen Überseerouten for-
10 derten ihren Benutzern unaufhörlich extreme Leistungen ab und führten damit – unter hohem Problemdruck – zu ständigen Verbesserungen und Weiterentwicklungen der Schiffstypen, der
15 Schiffstechnologie und der Navigation, woraus sich enorme technische und wissenschaftliche Fortschritte ergaben, hinter die kein Europäer, gleich welcher nationalen Zugehörigkeit, je zurück-
20 konnte. Dieser Umstand erklärt sich leicht. Wenn Leib und Leben unmittelbar bei jedem einzelnen Törn über den Atlantik, den Indischen Ozean und den Pazifik vom Zustand der Schiffe,
25 ihrer Schnelligkeit, ihrer Manövrierfähigkeit, vom Umgang des Kapitäns und des Piloten mit den Karten und Instrumenten, aber besonders auch von deren Qualität selbst abhing, wenn
30 gleichzeitig jedes Fahrzeug auf jeder Reise enorme materielle Werte an Bord hatte oder für deren Rückfracht vorgesehen war: Dann war das Schicksal eines jeden einzelnen Schiffes alles
35 andere als eine quantité négligeable (Menge, die man vernachlässigen kann), und deshalb wurde für seine Erhaltung und Sicherheit im Rahmen des zeitbedingt Möglichen ein erheb-
40 licher Aufwand betrieben."

(Schmitt, E.: Europ. Expansion, S. 73 f.)

■ **A5** Erkläre, warum die Entdeckungen die technische Entwicklung in Europa beschleunigten.

3 Renaissance und Humanismus

3.1 Ein neues Bild der Welt

Im Mittelalter glaubten die meisten Europäer, alles stünde schon in der Bibel und in den Büchern der „Kirchenväter". Die göttliche Ordnung war nicht von Natur aus in dieser Welt zu sehen. Man konnte sie sichtbar machen, indem man z.B. dem König oder Papst eine besondere Kleidung gab. Maler hatten noch eine andere Methode: Sie malten die wichtigen Leute größer.

Schon zur Zeit Heinrichs des Seefahrers meinten immer mehr Menschen, man müsste selbst genau hinschauen, wenn man etwas dazulernen wollte. Sie glaubten, die göttliche Ordnung sei in der Natur sichtbar, wenn diese nur genau betrachtet würde. Für Maler hieß das: Wenn wir die Natur genau nachbilden, dann erkennt der Betrachter ihre Ordnung, die zugleich die göttliche Ordnung ist. Das bedeutete auch: den Vordergrund groß, den Hintergrund kleiner zu zeichnen. Das erreicht man dadurch, dass man alle wichtigen in die Tiefe führenden Linien in einem zentralen Punkt zusammenlaufen lässt (Zentralperspektive).

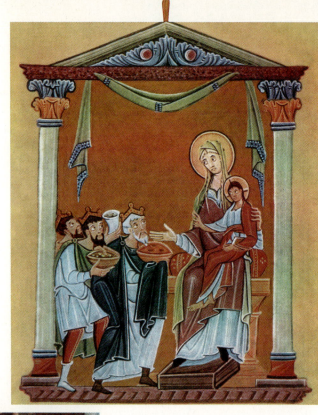

Die Anbetung der Könige (um 1000)

Die Geburt Christi

■ **A1** *Das eine Bild auf dieser Seite stammt von Albrecht Dürer (1471–1528), das andere wurde um 1000 gemalt. Ordne jeweils der Zeit zu und begründe deine Meinung.*

■ **A2** *Vergleiche die Bilder auf dieser Seite: Welches Thema stellen sie dar? Beschreibe die Unterschiede.*

■ **A3** *Welches Bild hat eine Zentralperspektive? Lege ein Transparentpapier auf das Bild und zeichne die wichtigsten Linien ein. Wo liegt der Punkt, in dem sie sich treffen?*

3.2 Experimente und Erfindungen

Wenn die Natur die Ordnung Gottes ist, darf man sie auch erforschen, um Gottes Wirken zu erkennen und Nützliches für das Diesseits zu leisten. Im Mittelalter kam es auf das ewige Leben an. Selbst etwas erkennen zu wollen, war eher eine Sünde. Jetzt glaubten immer mehr Leute, Gottes Willen zu erfüllen, indem sie beobachteten, experimentierten und Erfindungen machten.

Der berühmte Maler Leonardo da Vinci (1452–1519) ist ein Musterbeispiel dafür. Er malte Menschen so, wie sie aussahen, z. B. die berühmte Mona Lisa. Im einzelnen Bild sollte aber auch die Ordnung, das Allgemeine am Menschen zu sehen sein. Deshalb studierte er die Größenverhältnisse. Er schuf die nebenstehende Zeichnung eines Menschen in einem Kreis und einem Quadrat und schrieb dazu:

Q1 *„Wenn du deine Beine so weit auseinander stellst, dass du um ein Vierzehntel kleiner wirst, und wenn du deine Arme so hochhebst,*
5 *dass du mit den Mittelfingern die vom Scheitel ausgehende Linie berührst, wisse, dass der Mittelpunkt deiner ausgestreckten Gliedmaßen dein Nabel ist (…) Der Mensch kann*
10 *seine Arme so weit ausbreiten, wie er groß ist."*
(Chastel, A.: Leonardo da Vinci, S. 291)

■ **A1** Nimm einen Zollstock und überprüfe, ob da Vinci Recht hatte.

Wie viele andere Künstler wollte er auch nützliche Dinge erfinden. Wir wissen aus Zeichnungen und seinem Tagebuch, dass er einen Flugapparat entwickelt hat. Ob er funktioniert hat, wissen wir nicht. Aber die von ihm erfundene Fahrradkette ist noch heute unentbehrlich.

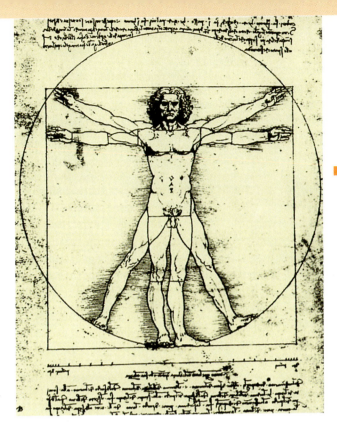

Die Proportionen (= Größenverhältnisse) des menschlichen Körpers. Zeichnung von Leonardo da Vinci.

■ **A2** Vergleiche Leonardos Text mit seiner Zeichnung.

Das erste gedruckte Bild eines Fallschirmes. Aus dem Buch Machinae Novae (Neue Maschinen) des Fausto Veranzio von 1616.

■ **A3** Vergleiche die Zeichnung mit dem dazugehörigen Text (Q2) auf der folgenden Seite.

■ **A1** Lies die folgende Erklärung zu dem Bild auf S. 129 in alter deutscher Sprache. Dabei musst du beachten, dass man ein wenig anders schrieb als heute, z. B. vv statt w, u statt v.

■ **A2** Schreibe die Erklärung mit eigenen Worten.

Q2 „*Ein fliegender Man*
In einem viereckigen segeltuech, vvelches mit uier gleichen staenglin auffgespant, und an den uier eggen
5 *mit stricklin vvol angebunden, kan sich ein man ohne alle gfar uon einem thurn oder anderen hochen orth sicherlich herab lassen. Dan ob gleich damals kein vvind vvaere, vvirdt doch*
10 *der gevvalt des fallenden mans einen vvind machen, vvelcher das tuech auffhalten vvirdt, damit es nicht gaheling [jählings] hinab platze, sondern allgemach sich niderlasse. Doch solle*
15 *die mas des mans mit der groesse des tuechs eben zuetreffen.*"
(Klemm, T./Wissner, A. [Hg.]: Fausto Veranzio, Machinae Novae, S. 15)

Ärzte lernten nicht nur, was schon aufgeschrieben war. Sie zerlegten (sezierten) die Körper von Toten, um mehr zu verstehen und besser helfen zu können. Im Mittelalter war das verboten gewesen. Viele versuchten, die Ursachen der Pest, die immer wieder ausbrach, zu erforschen. Schon damals erkannten einige, dass Kriege und Hungersnöte viele Menschen krank machen.

Die Bauten der Zeit kann man schon von außen erkennen: Sie haben einfache rechteckige Grundrisse. Ihre Außenwände (Fassaden) sind streng gegliedert (Rechtecke, Halbkreise, flache Giebel). Auch im Inneren gab es wichtige Veränderungen: Es sollte ein großer Raum entstehen („Einräumigkeit").

3.3 Städte und Gelehrte

Viele Erkenntnisse und technische Fortschritte wurden in Florenz ausgeknobelt. Jahrhundertelang herrschten dort die Medici, eine besonders reiche Familie von Bankiers. Sie gaben viel Geld aus, um Künstler und

■ **A3** War Florenz eine reiche oder eine arme Stadt? Woran kann man das auf dem Bild erkennen?

Gelehrte in ihre Stadt zu holen. In ihren „Künstlerwerkstätten" arbeiteten Männer, die in Kunst, Technik, Mathematik, Physik, Geschichte, Sprachen und überhaupt in den Wissenschaften ausgebildet waren.

Auch in anderen Städten gab es solche Gelehrte. Ohne den Reichtum der norditalienischen Städte hätten die meisten kaum leben können. Oft hatten sie gut bezahlte Ämter, andere lebten von kirchlichen „Pfründen", von Einkünften ohne Arbeit. So hatten sie Zeit. Sie entwickelten für die Forschung ein bis heute wichtiges Verfahren, mathematische Gesetzmäßigkeiten zu erkennen: Sie schoben z. B. Gewichte auf einer Wippe hin und her, bis sie das Verhältnis von Kraft und Hebellänge (Drehmoment) in einer Formel ausdrücken konnten. So etwas heißt Erkenntnisexperiment. Darauf beruht unsere heutige Prüftechnik (z. B. Bremsenprüfstand für Autos).

■ **A4** Überlege, welche Vorteile es hat, wenn man eine Frage – z. B. „Wie baue ich ein Haus ohne Gerüst?" – in mathematischen Formeln ausdrücken kann.

Florenz um 1561/62

Schmiede mit Wasserantrieb für Schwanzhammer und Doppelblasebalg (Kupferstich um 1580)

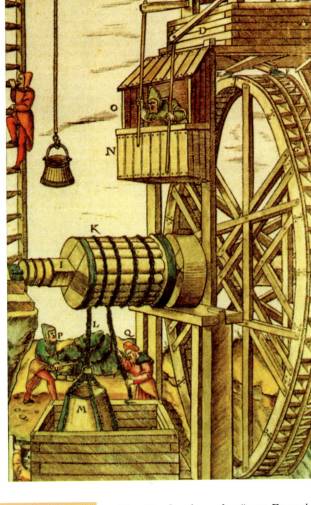

Für Heben bzw. Senken umsteuerbares Kehrrad mit Förderkette und Bulge (1556)

Die Namen von Leuten, die im Mittelalter etwas erfunden haben, kennen wir meist nicht. Erfinder waren wenig geachtet. 1474 wurde in Venedig ein Gesetz beschlossen. Das sollte die Interessen derjenigen „scharfsinnigen Köpfe" schützen, „die es verstehen, mancherlei nützliche und kunstreiche Gegenstände auszudenken und zu erfinden." Die Erfindungen sollten der Gesellschaft nützen, neu sein und ihren erklärten Zweck erfüllen. Dann sollte die Ehre und der Gewinn dem Erfinder zustehen (Patentrecht).

■ **A1** Überprüfe, ob das Patentgesetz auf die oben abgebildete Schmiede passt.
■ **A2** Was geschah, wenn der Erfinder sein Patent bekannt machte? Hatte er Vorteile davon?
■ **A3** Überlege, ob dies Gesetz die Erfinder ermunterte oder abschreckte.

3.4 Woher kam die Energie?

Eine Hauptschwierigkeit im Alltag um 1500 war die Bereitstellung von Antriebsenergie. Außer der Muskelkraft von Mensch und Tier hatte man nur Wind, Wasser und Schwerkraft. Es gab ja noch keine Motoren, um z. B. eine Pumpe oder einen Blasebalg anzutreiben. Wind konnte man nicht speichern. Er konnte daher z. B. für eine Bergwerkspumpe gar nicht eingesetzt werden. Bei einer Uhr konnte man ein Gewicht als Energiespeicher nutzen (Schwerkraft). Wasser musste man aufstauen, um bei Trockenheit eine Reserve zu haben oder überhaupt genügend Fließgeschwindigkeit zu erreichen.

Ein „Großverbraucher" von Energie war der Bergbau. Hauptproblem war, Abraum, Erz und das sich sammelnde Wasser aus dem Bergwerk nach oben zu schaffen. Dafür brauchte man viele Menschen als „Antrieb". In der Renaissance gelang es erstmals, das Wasser auch mechanisch zu heben, in großen Ledersäcken (Bulgen), aber mehr und mehr auch durch leistungsfähige Pumpen.

■ **A4** Diskutiere die Vor- und Nachteile der abgebildeten Förderanlage.
■ **A5** Die oben abgebildete Anlage ersetzte rund 600 „Wasserknechte". Überlege die Folgen für die Arbeitssituation dieser Menschen.

3.5 „Die schwarze Kunst"

Der Fortschritt hätte nicht so groß sein können, wenn nicht der Goldschmied Johannes Gutenberg ein neues technisches Verfahren zur billigeren Herstellung von Büchern erfunden hätte, das durch seine Gesellen schnell verbreitet wurde. Der Abt Trithemius von Sponheim (1492–1516) schrieb darüber:

Q1 „Sie erfanden die Kunst, die Formen aller Buchstaben (…) zu gießen. Diese Formen nannten sie Matrizen, und aus ihnen gossen sie hinwiederum
5 eherne oder zinnerne, zu jeglichem Drucke geeignete Buchstaben. Solche hatte man früher mit den Händen geschnitzt."
(Historisch-politisches Quellenbuch, Bd. 1, S. 267 f.)

Schreibstube um 1040

■ **A1** Vergleiche die beiden Abbildungen. Beschreibe die Vorgänge beim Drucken.

Auch viele Privatleute konnten sich jetzt Bücher leisten. Nun konnten Bücher gedruckt werden, die vorher niemand hätte kaufen wollen, weil sie zu teuer waren. Noch im ersten halben Jahrhundert nach Gutenbergs Erfindung erschienen etwa 30 000 Bücher und etwa 13 Millionen Flugschriften. Der Heidelberger Drucker Johann Mayer brachte in 15 Jahren mehr als 120 Drucke heraus, bei einer Auflage von nur 500 waren das 60 000 Druckwerke. Auf jeden fünften Europäer kam ein Buch oder eine Flugschrift. Das war ein großer Fortschritt.

Rekonstruktion einer Druckereiwerkstatt im 16. Jh.

■ **A2** Vergleiche den europäischen Bücherbestand von 1500 mit deinem persönlichen Bücherschatz.

ARCHIV

Quellen zum technischen Wandel

Q1 Seit dem 14. Jahrhundert wurden Bücher verstärkt nachgefragt; man suchte neue Verfahren der Vervielfältigung:
„Ein erster Fortschritt in diese Richtung war das seit Beginn des 15. Jahrhunderts verwendete xylographische (= Holzschnitt) Verfahren für Bilder
5 und kurze Texte. Es musste jeweils eine ganze Seite in einen Holzblock geschnitten und von ihm auf ein Blatt abgezogen werden. Der Formschneider fügte die im Einblattdruck hergestellten Bogen buchbinderisch zusammen. (...) Es handelt sich bei den meisten erhaltenen Exemplaren um kirchliche Andachtsbücher und Lehrbücher für die Schule (...)"
(Ludwig, K.H./Schmidtchen, V.: Technikgeschichte, S. 573)

■ **A1** Überlege, warum die Texte kurz sein mussten und überwiegend Lehr- und Andachtsbücher gedruckt wurden.

Q2 Wenn Bücher billig sein sollten, brauchte man billiges Papier. Der Text zum Bild eines Papiermachers von 1568 lautet:
„Ich brauch Hadern (Textilabschnitte, Lumpen) zu meiner Mül/ Dran treibt mirs Rad deß wassers viel/ Daß mir die zschnitn Hadern nelt („nadelt",
5 d. h. zerreißt)/ Das zeug wirt in wasser einquelt/ Drauß mach ich Pogn (Bogen)/ auff den filtz bring/ Durch preß das wasser darauß zwing. Denn henck ichs auff/
10 laß drucken (trocken) wern/ Schneweiß und glatt/ so hat mans gern."
(Ludwig, K.H./Schmidtchen, V.: Technikgeschichte, S. 575)

■ **A2** Beschreibe den Vorgang der Papierherstellung.

Q3 Gutenbergs Grunderfindung war schon recht komplex:
„Gutenbergs erfinderische Leistung setzte sich aus einer bahnbrechenden Idee und der von ihm selbst unternommenen praktischen Umsetzung
5 zusammen. (...) Gutenberg setzte seine Idee, den Schriftsatz für den Druck aus einzelnen Buchstaben zusammenzustellen, in Anwendung der Techniken des von ihm erlernten Gold-
10 schmiedehandwerks um. Das Material der dafür vorgesehenen Lettern musste so hart sein, dass sie sich möglichst häufig verwenden ließen. (...) Er (...) schnitt in ein Stahlstäbchen
15 von 6 bis 8 Zentimeter Höhe als Patrize den Buchstaben seitenverkehrt und erhaben ein. Nach dieser Formgebung wurde die Patrize durch Ausglühen gehärtet und als ‚Vaterform' in ein
20 Stück Kupfer geschlagen, wobei sich in dem weichen Material die bildrichtige vertiefte ‚Mutterform', die Matrize, ausprägte. Sie ließ sich ausgießen und ergab die Letter. (...)
25 Gutenberg entwickelte einen Gießapparat, in den die Matrize eingespannt und darin mit der Legierung abgegossen wurde. Auf diese Weise entstand die nur 2 Millimeter hohe
30 Letter mit ihrem Fuß, dem quaderförmigen Typenstängel, der überall gleich lang sein musste, damit die zum Satz in einem Winkelrahmen zu einzelnen Wörtern und Zeilen zusammengestell-
35 ten Lettern exakt dieselbe Höhe besaßen und deren Abdruck nicht in unterschiedlicher Intensität erfolgte. (...) Die Gießform stellte den Kern von Gutenbergs Erfindung dar. Es handel-
40 te sich um ein von der Konstruktion her ebenso einfaches wie außergewöhnliches Gerät, für das es kein Vorbild gab. Man könnte es als einen der frühesten Automaten bezeichnen,
45 mit dem sich maßgenaue identische Stücke in unbegrenzter Zahl herstellen ließen. (...)"
(Ludwig, K.H./Schmidtchen, V.: Technikgeschichte, S. 574 ff.)

■ **A3** Stelle die Elemente der Erfindung zusammen und ordne nach den Rubriken „ganz neu" – „für den neuen Zweck abgewandelt" – „aus anderem Bereich übernommen"!

Q4 Billigere Bücher waren für jeden technischen Fortschritt wichtig, weil sie Kenntnisse verbreiteten. Ein Beispiel: Johann Mathesius verfasste ein Buch über den Bergbau 1562/64 (Bitte beim Lesen beachten: ein „u" kann ein „v" oder „w" sein und umgekehrt, ein „i" kann auch als „j" oder „y" geschrieben werden!):
„An einem schweren Haspel ein gantzen tag stehen vnd vil vmbschleg (Drehungen) umb einen pfenning thun müssen, (...) ist ein sauer narung. (...)
5 Nun hat Gott Künstler geben, die ehtliche vortheil und hüllff erdacht, das man schwengräder (Schwungräder), haspel winden, schwengstangen an die haspel gemachet, damit es etwas
10 leichter vnnd mit einem vortheil zugehe. Item (desgleichen) das man runde scheyben vnd reder anrichtet mit jren scheiben spillen (Spindeln), kamredern (Kammrädern), fürgelegen (Rad,
15 in das das Kammrad eingreift) oder getrieben (dasselbe wie fürgelegen) vnnd leysten (Spurrinnen), damit nicht allein die arm und seyten, sondern füsse vnnd der gantze leyb, auch
20 berg (Erz und Abraum) vnd wasser herauß trette vnd hebe, das ist auch danckens werd. So ist der gepel (Göpel) auch ein schöne kunst, da man mit rossen vnnd wasser zu tag
25 außtreibet, vnd in einer schicht mehr herauß födern (befördern) kann, als an zwantzig haspeln."
(Sokoll, Th.: Bergbau, S. 162 f.)

■ **A4** Versuche zu beschreiben, wie man die Arbeit des Hochziehens von Wasser, Erz und Abraum erleichterte.

■ **A5** Getriebe und Göpel gab es schon in Mühlen usw. Wo liegt die technische Neuerung?

3.6 Der Humanismus – die Antike wird neu entdeckt

Wie der Papst auf dem Bild, so lasen auch andere Gelehrte antike Bücher und Handschriften. Dazu musste man gut Griechisch und Latein können. Es gab Gelehrte, die sich hauptsächlich damit beschäftigten: die Humanisten. Der Berühmteste von ihnen war Erasmus von Rotterdam.

Viele Gelehrte glaubten, dass in ihrer Zeit die Antike wieder geboren würde. Deshalb heißt diese Zeit Renaissance (Wiedergeburt). Die Gelehrten wollten das Wissen und Können vermehren und die Gesetzmäßigkeiten in der Natur finden.

Nicht immer wurde das begrüßt. Mit Nikolaus Kopernikus begann 1543 die Überwindung des bisherigen Weltbildes, wonach die Erde als der Mittelpunkt des Weltalls (geozentrisches Weltbild) galt. Er behauptete, dass die Planeten um die Sonne kreisen (heliozentrisches Weltbild). Galileo Galilei, der von 1564 bis 1642 lebte, wollte die Bewegung der Sterne berechnen und erklären. Dazu schaute er nicht nur in Bücher, sondern auch durch Fernrohre, die er selbst gebaut hatte. Als er zu dem gleichen Schluss kam wie Kopernikus, dass die Erde sich um die Sonne dreht und nicht umgekehrt, bekam er Schwierigkeiten: Weil es der Lehre der Kirche widersprach, wurde er zu lebenslanger Haft verurteilt. Das Urteil wurde später in Hausarrest umgewandelt, aber erst 1992 vom Papst aufgehoben.

■ **A1** Warum bekam Galilei Schwierigkeiten?
■ **A2** Was schließt du daraus, dass das Urteil gegen ihn erst 1992 aufgehoben wurde?

Papst Leo X. beim Lesen einer Handschrift. Gemälde von Raffael um 1518.

Die Humanisten bemühten sich ernsthaft, Bildung zu verbreiten. Ickelsamer z. B. erfand eine leichtere Methode zum Lesenlernen und Adam Riese verfasste neue Lehrbücher zum Rechnen. Trotzdem lernten die meisten Leute wenig, konnten ihre Vernunft nicht trainieren und waren oft auch noch abergläubisch. Die meisten konnten sich gar keine Bildung leisten.

■ **A3** Der Humanist Thomas Morus schrieb: „Wer nichts oder wenig gelernt hat, wird leicht arm." Erkläre den Satz und diskutiere, ob er heute noch gilt.

Humanistische Bildung konnte man an den Universitäten erwerben. Die meisten gab es in Norditalien.

Marsilius von Inghen, erster Rektor der Heidelberger Universität, berichtet 1386, Papst Urban VI. habe auf Bitten der Pfälzer Kurfürsten genehmigt:

Q1 „dass in deren Stadt Heidelberg (…) ein allgemeines Studium in allen Fakultäten nach dem Vorbild der Pariser Universität eingerichtet werde, ausgestattet mit allen Privilegien, die der Pariser Universität zustehen."
(Aus dem Lateinischen)

Der Kurfürst bestimmte im selben Jahr:

Q2 „dass die benötigten Güter aller Professoren und Studenten, die hier sind oder kommen oder wegziehen, es sei Wein, Korn, Fleisch, Fisch oder Kleidung, immer von Steuern und Zöllen befreit sein sollen, in Heidelberg wie in allen meinen Ländern."
(Aus dem Frühneuhochdeutschen, Übersetzung: A. Reese)

■ **A4** Nach welchem Vorbild wurde die Universität Heidelberg gegründet?
■ **A5** Überlege, was die Befreiung von Steuern und Zöllen bewirken sollte!
■ **A6** Warum sind Studentinnen nicht erwähnt?

ARCHIV

Quellen zu Humanismus und Renaissance

Q1 Manche Teilnehmer am Konzil von Konstanz nutzten ihren Aufenthalt auch zu privaten Zwecken: „Das Kloster St. Gallen ist von Konstanz 20 Meilen entfernt. So wandten wir uns dorthin, um unsern Geist zu entspannen und zugleich um nach
5 Büchern zu suchen, die daselbst in großer Zahl vorhanden sein sollten. Dort, unter einer Fülle von Büchern, die aufzuzählen lange Zeit brauchen würde, fanden wir den Quintilian,
10 noch heil und unversehrt, jedoch mit Staub bedeckt und von Schmutz starrend. Denn es waren jene Bücher nicht in einer Bibliothek untergebracht, wie es ihr geistiger Rang erforderte, son-
15 dern in einem abscheulichen und finsteren Gefängnis: auf dem Grund eines Turmes, wohin man nicht einmal zum Tode Verurteilte stoßen würde. Ich halte es aber für gewiss: Wenn sich
20 jemand fände, der die Sklavenzwinger, in welchen die Barbaren diese Männer [gemeint sind die Abschriften antiker Autoren] festhalten, durchstöberte und nach der Art der Alten
25 durchmusterte, so würde ihm ein ähnliches Glück zuteil hinsichtlich vieler, die man schon verloren glaubte. Wie haben außerdem die drei ersten Bücher und die Hälfte des vierten von
30 den Argonautica des C. Valerius Flaccus gefunden und die Erläuterungen des Q. Asconius Pedianus, eines Mannes von höchster Beredsamkeit, dessen selbst Quintilian Erwähnung
35 getan hat, die sich mit acht Reden Ciceros beschäftigen.
Ich habe dies eigenhändig abgeschrieben, und zwar schnell, um es an Lionardo Pedianus und Niccolò
40 Fiorentino zu schicken. Diese beiden haben nämlich, als sie durch mich von der Auffindung des Schatzes Kenntnis bekommen hatten, mich in ihren Briefen mit vielen Worten gebeten, dass
45 ihnen der Quintilian zuerst geschickt werden möchte. (...) Ich wünschte, ich hätte dir auch das Buch übersenden können, aber unser Lionardo war (zuerst) zufrieden zu stellen. Doch du
50 weißt, wo es sich befindet, damit, wenn du es haben willst (...), du es leicht erlangen kannst."
(Poggio Bracciolini aus Florenz an Guarino von Verona, 16. Dez. 1416, in: Krieger, H. [Hg.]: Handbuch des Geschichtsunterrichts, Bd. IV, S. 8)

■ **A1** Was beabsichtigt der Briefschreiber mit seiner anstrengenden Reise?
■ **A2** Schlage nach, wer Quintilian ist.
■ **A3** Wie schätzt der Briefschreiber die Chancen ein, weitere Handschriften zu finden? Glaubst du, dass er Recht hat? Begründe deine Meinung!

Q2 Das Lesen und Schreiben musste für die Gelehrten der Zeit ohne Telefon oft das Gespräch ersetzen. Sie schrieben deshalb oft so, als ob Bücher lebendige Menschen wären: „Abends gehe ich heim und trete in mein Arbeitszimmer. An der Schwelle lege ich die schmutz- und kotbespritzten Bauernkleider ab und hülle mich
5 in königliche und festliche Gewänder; so würdig angetan, trete ich unter die Männer (gemeint sind Bücher!) des Altertums. (...) Ich scheue mich nicht, mit ihnen zu sprechen und sie nach
10 den Gründen ihres Handelns zu fragen, und sie in ihrer Leutseligkeit stehen mir Rede und Antwort. Vier Stunden lang empfinde ich keinen Verdruss, vergesse alle Beschwerden,
15 fürchte nicht die Armut, ängstige mich nicht vor dem Tode: Ich lebe ganz in ihnen. Und da Dante sagt, das sei kein Wissen, etwas verstanden zu haben, ohne es sich zu merken, so habe
20 ich aufgezeichnet, was ich aus dem Umgang mit ihnen gewonnen habe, und eine kleine Schrift verfasst."
(Machiavelli an Francesco Vettori, 10. Dezember 1513, in: Krieger, H. [Hg.]: Handbuch des Geschichtsunterrichts, Bd. IV, S. 9)

■ **A4** Beschreibe mit einfachen Worten, was Machiavelli jeden Abend vier Stunden lang tat.

Q3 Manche Leute hielten Bildung für das Wichtigste im Leben: „Was ist ein Mensch ohne Bildung, und mag er noch so reich und noch so mächtig sein! Welchen Unterschied gibt es zwischen einem bildungslosen
5 Menschen und einem Standbild aus Marmorstein? Kein Herzog, kein König, kein Kaiser hat ohne wissenschaftliche Bildung irgendwie Wert und Bedeutung. Wir sehen es, wie un-
10 gebildet die Fürsten unseres Zeitalters sind, wie sie nicht nur der lateinischen Sprache, sondern in gewisser Hinsicht selbst der eigenen Muttersprache unkundig sind. Aber wie wenig
15 Achtung finden sie auch!"
(Äneas Silvius an seinen Neffen, in: Krieger, H. [Hg.]: Handbuch des Geschichtsunterrichts, Bd. IV, S. 9)

■ **A5** Äneas Silvius war Politiker, Historiker, Schriftsteller und 1458–64 Papst unter dem Namen Pius II. Was war für ihn der wichtigste Teil der Bildung?

Q4 Der Humanist Jakob Wimpfeling († 1528) lobt den Buchdruck: „Auf keine Erfindung oder Geistesfrucht können wir Deutsche so stolz sein wie auf die des Bücherdrucks, die uns zu neuen geistigen Trägern der
5 Lehren des Christentums, aller göttlichen und irdischen Wissenschaft und dadurch zu Wohltätern der ganzen Menschheit erhoben hat. Welch ein anderes Leben regt sich jetzt in allen
10 Klassen des Volkes, und wer wollte nicht dankbar der ersten Begründer und Förderer dieser Kunst gedenken, auch wenn er sie nicht, wie dies bei uns und unseren Lehrern der Fall ist,
15 persönlich gekannt und mit ihnen verkehrt hat?"
(Weltgeschichte im Aufriss, S. 130.)

■ **A6** Beschreibe die Wirkung des Buchdrucks.

Q5 Ein Bericht über die Entdeckung der Tropen aus dem Jahr 1456/58 von Diego Gomez zeigt ein weiteres Element von Bildung und Wissenschaft: Er schildert zunächst ausführlich den üppigen tropischen Pflanzenwuchs und fährt dann fort: „Das alles schreibe ich nun mit Verlaub seiner Gnaden des Ptolemäus (der berühmteste Geograf des Altertums), welcher recht gute Sachen über
5 die Einteilung der Welt hat verlauten lassen, aber in einem Stück sehr fehlerhaft dachte. Er zerlegte die ihm bekannte Welt in drei Teile, nämlich in den bewohnten mittleren, in den arktischen,
10 wegen seiner Kälte, und in den tropischen, wegen seiner Gluthitze unbewohnbaren Gürtel. Nun hat sich aber das Gegenteil bestätigt: Zahllos wohnen am Äquator schwarze Völkerschaften,
15 und zu unglaublichem Wuchs erheben sich die Bäume, denn gerade im Süden steigert sich die Kraft und Fülle des Pflanzenwuchses, wenn auch die Formen fremdartig gestaltet sind."

(Rein, A.: Die europäische Ausbreitung über die Erde, S. 67 f.)

■ **A1** Vergleiche die Vorstellung von Bildung mit der von Q6 und Q7. Beschreibe, wie der Reiseberichterstatter zu seinen Kenntnissen kommt.

Q6 Viele Leser antiker Autoren waren auch praktizierende Politiker und dachten über den Staat ihrer Gegenwart nach:
„Es ist mir nicht unbekannt, dass viele der Meinung waren und noch sind, dass die Dinge dieser Welt so sehr vom Glück und von Gott gelenkt werden,
5 dass die Menschen mit all ihrer Klugheit nichts gegen ihren Ablauf ausrichten können, ja, dass es überhaupt kein Mittel dagegen gibt. Daraus könnte man folgern, man solle sich
10 nicht viel mit den Dingen abquälen, sondern sich vom Zufall leiten lassen. Diese Anschauung ist in unserer Zeit wegen der großen Umwälzungen, die wir erlebt haben und täglich erleben
15 und die außerhalb jeder menschlichen Berechnung liegen, weit verbreitet. Wenn ich dies bisweilen bedenke, neige auch ich in mancher Hinsicht zu dieser Anschauung. Doch da wir einen
20 freien Willen haben, halte ich es nichtsdestoweniger für möglich, dass Fortuna zur Hälfte Herrin über unsere Taten ist, dass sie aber die andere Hälfte oder beinahe so viel uns selber
25 überlässt. Ich vergleiche sie mit einem reißenden Strom, der bei Hochwasser das Land überschwemmt, Bäume und Häuser niederreißt, hier Land fortträgt und dort anschwemmt; alles er-
30 greift vor ihm die Flucht, jeder weicht seinem Ungestüm aus, ohne nur den geringsten Widerstand leisten zu können. Obwohl die Dinge so liegen, bleibt doch nichts anderes übrig, als dass
35 die Menschen in ruhigen Zeiten durch den Bau von Deichen und Dämmen Vorkehrungen treffen, und zwar derart, dass die steigenden Fluten entweder durch einen Kanal abgeleitet
40 werden oder ihre Wucht gehemmt wird, damit sie nicht so rasend und verheerend wird."

(Machiavelli: Der Fürst, Kap. XXV, in: Lautemann, W./Schlenke, M. [Hg.]: Geschichte in Quellen, Bd. 3, S. 27)

■ **A2** Sammle und erläutere Beispiele, wie Machiavellis Bild vom Hochwasser auf den Staat und auf dein privates Leben zu übertragen ist.

Q7 Natürlich wurden nicht nur antike und moderne „Klassiker" und Reiseberichte gelesen; es gab auch schon eine Art „Skandalpresse":
„Hans Elchinger und Matthäus, sein Sohn, haben geschworen wie andere Buchdrucker, dass sie ohne Wissen und Willen (des Rates) nichts
5 drucken, noch einigen Druck ausgehen lassen, der jemand zur Schande oder zur Schmach gereicht."

(Augsburger Zensurordnung vom 9. August 1515; in: Krieger, H. [Hg.]: Handbuch des Geschichtsunterrichts, Bd. IV, S. 37)

■ **A3** Überlege, wer und wogegen durch den Eid der Drucker geschützt werden soll.
■ **A4** Diskutiere die Möglichkeiten des Missbrauchs für Drucker und Rat.

Q8 Lesen und Denken führte zu Ergebnissen, die der weltlichen und kirchlichen Obrigkeit nicht immer gefielen. Durch den Druck konnten sie schnell verbreitet und damit „gefährlich" werden:
„Da wir erkannt haben, dass durch die Buchdruckerkunst sehr viele Bücher und Abhandlungen in den verschiedenen Teilen der Welt, namentlich
5 im kölnischen, mainzischen, trierischen und magdeburgischen Sprengel (Kirchenbezirk) gedruckt worden sind, welche viele Irrtümer und verderbliche, ja selbst der christlichen Religion
10 feindliche Lehren enthalten, so verbieten wir – bestrebt, einer derartigen verabscheuungswürdigen Verderbnis ohne Aufschub entgegenzutreten – allen Buchdruckern insgesamt bei
15 Strafe der Exkommunikation und bei einer Geldstrafe (...) ernstlich, dass sie in Zukunft Bücher, Abhandlungen oder irgendwelche Schriften drucken oder drucken zu lassen sich irgendwie un-
20 terstehen, ohne zuvor darüber die Erzbischöfe oder genannte Stellvertreter um Rat zu fragen und ohne die besondere und ausdrückliche Erlaubnis ausgewirkt zu haben; und wir machen es
25 jenen zur Pflicht, bevor sie solche Erkenntnis erteilen, das zu Druckende sorgfältig zu prüfen und fest darauf zu achten, dass nichts gedruckt werde, was dem strengen Glauben zuwider,
30 gottlos oder Ärgernis erregend ist."

(Bulle Alexanders VI. 1501; in: Krieger, H. [Hg.]: Handbuch des Geschichtsunterrichts, Bd. IV, S. 37)

■ **A5** Wer ist hauptsächlich dafür verantwortlich, dass keine „gefährlichen" Schriften gedruckt werden?
■ **A6** Schreibe aus Sicht eines Druckers einen privaten Kommentar zu obigem Text.

4 Neuer Reichtum

4.1 Der Fernhandel

Der Reichtum der Städte, der Renaissance und Humanismus überhaupt erst ermöglichte, kam in erster Linie aus dem Fernhandel. Schon lange wurde am Handel mit Gewürzen aus Südostasien gut verdient. Eine neue Verdienstquelle verknüpfte Fernhandel und Produktion: Englische Wolle wurde in Florenz und anderen Städten weiterverarbeitet.

Daneben betrieben die großen Handelsunternehmen Bankgeschäfte. Die bargeldlose Abwicklung von Geschäften konnte nur durch Kaufleute vorgenommen werden, die Mitarbeiter in anderen Städten hatten. Florentiner Kaufmannshäuser zahlten dem Papst seine Einkünfte aus England in Italien aus, trieben diese Einkünfte in England selbst ein und kauften dafür an Ort und Stelle die Wolle, die sie brauchten.

Bei den weltweiten Geschäften mit Antwerpen, Venedig, Lissabon, London usw. konnte der Kaufmann nicht mehr selbst mit seiner Ware umherziehen wie der auf dem Bild links unten. Er hatte in verschiedenen Städten ortskundige Vertreter. Kaufleute mussten schreiben und rechnen können und gute Buchführung machen, um die Übersicht zu behalten. Auf der nächsten Seite siehst du die jetzt typische Tätigkeit eines Kaufmanns.

4.2 Transport und Verkehr

Nötig war auch ein sicheres Verkehrsnetz. Am billigsten und schnellsten war der Transport auf dem Wasser. Die Straßen waren meist sehr schlecht, beladene Wagen konnten nur im langsamen Fußgängertempo fahren und hatten trotzdem oft Pannen.

Q1 *„Wenn ein Fuhrmann mit seinen Gerätschaften, er sei gleich von Basel oder Straßburg und so fremd und unbekannt er wolle, vor die Tore bei*
5 *nächtlicher Zeit kommt (…), so wird er mit seinen Fuhrwerken einigen Wirten zu Gefallen eingelassen. Bürger aber, die sich verspäten, müssen draußen vor den Pforten bleiben (…)"*

(Hanauer Artikel, Abschnitt 19, zitiert nach: Franz, G.: Quellen zur Geschichte des Bauernkrieges)

■ **A2** Überlege, warum Fuhrleute so gut behandelt wurden.

■ **A3** Beschreibe anhand der beiden Bilder die Vorteile des Wasserweges.

Nürnberger Kaufmann um 1440, zeitgenössische Darstellung

■ **A1** Woran kannst du erkennen, dass hier ein Kaufmann abgebildet wurde?

Transportwagen für Stabeisen, Stich aus dem 16. Jahrhundert

4.3 Kaufleute – reicher als der Kaiser

Deutsche Kaufleute lernten von den Italienern. Wie viele andere war auch Jakob Fugger (1459–1525), genannt „der Reiche", selbst drei Jahre in Venedig. Die Fugger fingen an, in Venedig Baumwolle einzukaufen und in Deutschland weiterverarbeiten zu lassen. Das war der erste Schritt, die reichste Kaufmannsfamilie in Deutschland zu werden. Ab 1510 leitete Jakob Fugger das Familienunternehmen. Nach italienischem Vorbild betreiben die Fugger auch Bankgeschäfte. Auf dem Umweg über Kreditgeschäfte kamen sie auch zum Bergbau:

■ **A1** Die Schilder im Hintergrund bedeuten Orte, an denen die Fugger Geschäfte hatten. Versuche, einige Schilder zu lesen und ordne sie den Niederlassungen auf der Karte zu (Antorff ist Antwerpen).

Q1 „Die Fugger kauften alles Silber, das erschmolzen wurde, zum Festpreis von 8 Gulden (statt 10 Gulden Marktpreis) pro ‚Mark'
5 (240 Gramm); davon zahlten sie 5 Gulden, 3 Gulden behielten sie als Abzahlungsrate. In späteren Verträgen wurde auch das Kupfer einbezogen."

(Zusammengefasst nach: Jansen, M.: Die Anfänge der Fugger, S. 124–126 u. 131–133)

■ **A2** Wenn eine Bank Geld verleiht, will sie Zinsen einnehmen, aber das war Christen verboten. Überlege, wo die Zinsen versteckt sind.

Die großen Kaufmannsgesellschaften waren nicht bei allen Leuten beliebt. 1526 forderte ein Bauernführer für Tirol:

Q2 „Alle Schmelzhütten, Bergwerke, Erz, Silber, Kupfer (…), sofern es dem Adel und ausländischen Kaufleuten und Gesellschaften wie der Fugger-
5 schen (…) gehört, sollen (…) eingezogen werden. Denn sie (Adel und Gesellschaften) haben ihre Berechtigung nach Billigkeit verwirkt, weil sie sie mit unrechtem Wucher erlangt haben:

Jakob Fugger mit seinem Hauptbuchhalter, zeitgenössische Zeichnung

Niederlassungen der Fugger

ARCHIV

¹⁰ *Geld zum Vergießen menschlichen Blutes; desgleichen haben sie dem gemeinen Mann und Arbeiter seinen Lohn mit Betrug und schlechter überteuerter Ware gezahlt und ihn damit* ¹⁵ *zweimal mehr belastet, (...) alle Kaufmannsware in ihre Hand gebracht und die Preise erhöht und so die ganze Welt mit ihrem unchristlichen Wucher beschwert und sich dadurch* ²⁰ *ihre fürstlichen Vermögen verschafft, was nun billig bestraft und abgestellt werden sollte."*

(Franz, G.: Quellen zur Geschichte des Bauernkrieges, S. 289 f.)

■ **A1** Was wird den Gesellschaften vorgeworfen und was soll aus ihnen werden?

Die Fugger erlebten häufiger Angriffe auf ihre Monopole. Sie konnten sich aber immer wieder retten, vor allem, weil sie als Geldgeber für den Kaiser nicht zu ersetzen waren. Schon für die Wahl von Kaiser Karl V. im Jahr 1519 waren sie unentbehrlich gewesen: Von den 850 000 Gulden, die die Wahl gekostet hatte, waren ungefähr 550 000 von Jakob Fugger geliehen. Der Kaiser selbst hatte nur 270 Gulden aufgebracht. Es war aber nicht nur Dankbarkeit, die Karl V. an der Seite der Fugger hielt. Er brauchte immer neue Kredite, besonders für seine Kriege. Und die Fugger mussten sie ihm geben, weil sie sonst ihr ausgeliehenes Geld gar nicht zurückbekommen hätten. Bekannt wurden die Fugger jedoch auch als mildtätige Stifter aus christlicher Gesinnung. Die Fuggerei in Augsburg, eine Wohnsiedlung für Bedürftige, zeugt bis heute davon.

■ **A2** Warum musste der Kaiser die Fugger unterstützen?
■ **A3** Überlege, welche Vorteile und Gefahren es mit sich bringt, wenn eine Regierung auf ein großes Wirtschaftsunternehmen angewiesen ist.

Die Macht der Fugger

Q1 Lexikonartikel zum Verlagssystem. Die Fugger hatten als Verleger in der Textilproduktion begonnen:
„Verlagssystem, eine Form der dezentralen Gütererzeugung, wobei der Verleger die Rohstoffe beschafft, vorschussweise ausgibt (‚vorlegt') und den Ab- ⁵ *satz organisiert, manchmal auch kostspielige Arbeitsgeräte leiht, während die Arbeit in Heimarbeit (Hausgewerbe, Hausindustrie) ausgeführt wird. Das Verlagssystem entwickelte sich im* ¹⁰ *14./15. Jh. bei der Textil- und Metallverarbeitung. Es wurde auch als ‚dezentraler Großbetrieb' bezeichnet, da der Produzent von der kaufmännischen Planung des Verlegers abhing (...).”*
(Brockhaus-Enzyklopädie, Bd. 23, S. 232)

Q2 Der Historiker G. v. Pölnitz über den Aufstieg der Fugger:
„Da die Ausbeutung der Metallvorkommen zu den fürstlichen Hoheitsrechten des Spätmittelalters zählte, wurde das Erzgeschäft zu jener ⁵ *Brücke, auf der sich der Eintritt (der Fugger) in die fürstlichen und staatlichen Finanzgeschäfte vollzog. Die Firma lieh geldbedürftigen Territorialherren und ließ sich ihre Forde-* ¹⁰ *rungen mit Kupfer oder Silber (...) heimzahlen. (...) Edelmetall-, Pelz- und Tuchhändler gehörten allenthalben unter die Kreditgeber der Fürsten. Diese waren unfähig, jenen neuzeitli-* ¹⁵ *chen Geldbedarf, den Staat, Kriegführung und Hofhaltung, außerdem kulturelle oder soziale Leistungen verursachten, aus eigener Kraft zu befriedigen. Nachdem die Fugger aber* ²⁰ *von der Weberei zur Kaufmannschaft überwechselten, geschah (...) auch ihr Eintritt unter die privaten und bald international anerkannten Banken."*
(Krieger, H. [Hg.]: Handbuch des Geschichtsunterrichts, Bd. IV, S. 12 f.)

Q3 Ein Brief Jakob Fuggers an Kaiser Karl V. von 1523 beleuchtet das Verhältnis zwischen den Fuggern und dem Herrscherhaus:
„Eure Kaiserliche Majestät wissen ohne Zweifel, wie ich und meine Vettern bisher dem Hause Österreich zu dessen Wohlfahrt und Aufnehmen in ⁵ *aller Untertänigkeit zu dienen geneigt gewesen sind, wodurch wir uns auch mit weiland Kaiser Maximilian, Eurer Kaiserlichen Majestät Ahnherr, eingelassen und seiner Majestät zu* ¹⁰ *untertänigem Gefallen, um Eurer Königlichen Majestät die Römische Krone zu verschaffen, uns etlichen Fürsten gegenüber, die ihr Vertrauen und Glauben auf mich und auf sonst* ¹⁵ *vielleicht niemands setzen wollten, verschrieben, auch den Kommissaren Eurer Majestät zum gleichen Zweck eine bedeutende Summe Geldes vorgestreckt haben (...). Es ist auch* ²⁰ *bekannt (...), dass Eure Kaiserliche Majestät die Römische Krone ohne meine Hilfe nicht hätten erlangen können, wie ich denn solches mit eigenhändigen Schreiben der Kommis-* ²⁵ *sare Eurer Majestät beweisen kann. So habe ich auch hierin auf meinen eigenen Nutzen nicht gesehen. Denn wenn ich hätte vom Hause Habsburg abstehen und Frankreich fördern* ³⁰ *wollen, so hätte ich viel Geld und Gut erlangt, wie mir denn solches auch angeboten worden ist. Welcher Nachteil aber hieraus Eurer Kaiserlichen Majestät und dem Hause Österreich* ³⁵ *erwachsen wäre, das haben Eure Majestät aus hohem Verstande wohl zu erwägen."*
(Geschichtliche Quellenhefte, Heft 4/5, S. 74)

■ **A4** Analysiere in Q1 das Verhältnis von Verleger und Produzent. Bewerte Abhängigkeiten und Risiken.
■ **A5** Erarbeite aus Q2 Schlüsselstellen in der „Karriere" der Fugger.
■ **A6** Ziehe aus Q3 Rückschlüsse auf das Verhältnis zwischen Fuggern und Kaiser.

5 Das Zeitalter der Reformation

5.1 Wer war Martin Luther?

Sehr bekannt zu sein gilt heute vielen als erstrebenswert. Wer aber ist vielleicht der berühmteste Deutsche? Wir werden wohl nicht zuerst auf Martin Luther kommen, der von 1483 bis 1546 lebte. Tatsächlich sind aber mehr als 65 000 Bücher über ihn geschrieben worden. Er zählt damit zu den meistbeschriebenen Menschen in der Geschichte. Selbst war er ein hervorragender Schriftsteller. Er verfasste pro Jahr ca. 70 Predigten, 100 Briefe und 30 Artikel.

Wie kaum ein anderer Europäer war und ist Martin Luther umstritten. Während er für die einen der Zerstörer des christlichen Abendlandes ist, haben andere durch ihn zu ihrem Christentum gefunden. Obwohl er immer wieder auf menschliche Güte und die Gnade Gottes hinwies, forderte er die harte Bestrafung der Bauern. Später rechtfertigte er die Verfolgung der Juden. Überhaupt war seine Haltung zur Gewalt zwiespältig: Einerseits sollte im Glaubensstreit auf Gewalt verzichtet werden – andererseits forderte er zur Gewaltanwendung auf.

Obwohl streng und in Gottesfurcht erzogen, wurde Martin Luther einer der erfolgreichsten Rebellen in der Geschichte. In einer Zeit, in der Rebellion in der Luft lag, war er es, der – im übertragenen Sinne – die Brandfackel warf und einen Flächenbrand auslöste, der Europa veränderte.

■ **A1** *Tragt in der Klasse Fragen und Hypothesen zu Luther und seiner Zeit zusammen. Kommt darauf dann am Ende des Kapitels zurück.*

5.2 Missstände in der mittelalterlichen Kirche

Am Ende des Mittelalters war das ganze Leben der Menschen vom Glauben geprägt. Von Geburt an wurden sie in Gottesfurcht erzogen, fürchteten den Teufel und taten bei Verfehlungen Buße, um sich von Sünden zu befreien. Man hoffte, nach dem Tod in den Himmel und nicht in das Reich des Teufels, die Hölle, zu kommen. Gefürchtet war das Fegefeuer, das die Christen vor dem Eintritt in den Himmel von Sünden „reinigen" sollte.

Priester besaßen einen besonderen Rang. Sie konnten den Gläubigen für vermeintliche oder tatsächliche Sün-

So stellte man sich zu Beginn der Neuzeit den Teufel vor. Holzmalerei um 1483.

■ **A2** *Beschreibe die Figur. Was lässt sie „teuflisch" erscheinen?*

„Der Sterbende" von Lucas Cranach d. Ä., 1518

den Strafen auferlegen. In den Kirchen knieten die Menschen vor ihnen. Aber nicht allein die Frömmigkeit der Menschen gab der vom Papst geleiteten Kirche große Macht. Etwa ein Drittel des Grundbesitzes in Deutschland gehörte der Kirche. Kirchensteuern und Schenkungen sicherten ihr große Einnahmen. Nur die Kirche vermittelte Zugang zu höherer Bildung. Selbst in kleineren Städten gab es zahlreiche Klöster und Kirchen. Die Kirche prägte das mittelalterliche Leben und besaß großen politischen Einfluss.

■ **A3** *Erkläre die Personen auf dem Gemälde oben.*

■ **A4** *Versuche mithilfe der Darstellung zu erklären, welche Aufgabe dem Priester auf dem Bild zugedacht ist.*

Am Ende des Mittelalters erhielt das Denken der Menschen neue Anstöße. Die menschliche Gesellschaft befand sich im Umbruch (Entdeckungen; neues Menschenbild der Renaissance).

Zugleich wuchs die Unzufriedenheit mit der Kirche. Die Päpste in Rom kümmerten sich wenig um das Seelenheil der Christenheit. Sie führten Kriege und lebten verschwenderisch.

■ **A1** Bringe dein Wissen über diesen Umbruch ein.

Riesige Mittel wurden von den „Dienern Gottes" verprasst. Sie führten nicht selten ein unwürdiges Leben – verlangten aber von den Gläubigen, ein christliches Leben zu führen. Das machte die Kirche unglaubwürdig. Wer über ausreichend Geld verfügte, konnte sich z. B. das Amt eines Bischofs kaufen, unabhängig, ob er dafür geeignet war.

Viele Menschen waren empört. Aus Predigten war ihnen bekannt, dass Christus ein Leben in Armut und Bescheidenheit geführt hatte.

Q1 Der italienische Prediger Savonarola kritisierte:
„*Tut Buße, ihr Priester, ihr Geistlichen, lasst ab von den Pfründen (= Einkünften), lasst euren Prunk, eure Gastmähler und Gelage. Lasst eure Geliebten. Ihr Mönche, lasst eure fetten Abteien und euren Überfluss an Kleidung und Silber. Ihr Nonnen, wenn ihr Novizinnen aufnehmt, lasst euch nicht mit Geld bezahlen; lasst ab von Tand und Prunk und mehrstimmigen Gesängen. Meine Brüder, lasst alles Überflüssige, eure Bilder und Possen (= Späße). Macht eure Kutten enger und aus grobem Stoff.*"
(Rüdiger, W.: Die Welt der Renaissance, S. 35, leicht gekürzt)

■ **A2** Übersetze Savonarolas Kritik in die moderne Sprache.
■ **A3** Was bedeutet die Aufforderung „Macht eure Kutten enger"?
■ **A4** Beschreibe diesen Heimweg von einem Trinkgelage.
■ **A5** Was sagt uns der Zeichner über den Zustand der Kirche?

Nonnen und ein Abt auf dem Heimweg von einem Trinkgelage. Holzschnitt um 1450.
Die Spruchbänder lauten in modernes Deutsch übersetzt:
Links oben: „Er will uns zu schwer werden, weil uns die Flasche leer geworden ist."
Rechts oben: „Wir wollen dich sicher führen, wenn du vollgefressen und volltrunken bist."
Mitte: „Leite mich mit guter Sorgfalt, damit nicht das Eis unter mir zerbricht."
Mitte unten: „Liebe Schwestern, gebt uns zu trinken, denn wir sind dabei, im Eis zu versinken."

5.3 Sekten und Ketzer

Bereits im 14. Jahrhundert wurde infolge der Missstände eine „arme" Kirche gefordert. Die sollte auf äußeren Glanz verzichten und sich dem Seelenheil der Christen widmen. Verlangt wurde die Besinnung auf das Wort Gottes, wie es in der Bibel überliefert wird. Man wollte auch die Predigt verstehen können, die traditionell in Latein gehalten wurde, das nur wenige Menschen beherrschten. Frühzeitig trat deshalb die Forderung auf, volkstümlich, also in der Muttersprache, zu predigen. Viele Christen wollten nicht mehr in der althergebrachten Weise ihren Gottesdienst in der katholischen Kirche verrichten. Sie gründeten eigene Glaubensgemeinschaften – Sekten genannt –, in denen sie entsprechend ihren Vorstellungen lebten. Für die Papstkirche waren diese Menschen Ketzer. Das sind Abtrünnige im Glauben. Nichts ließ die Papstkirche unversucht, sie als Werkzeuge des Teufels darzustellen.

Der tschechische Universitätslehrer Jan Hus predigte in tschechischer Sprache, damit das Volk ihn verstehen konnte:

Q2 „*Wehe den Räubern und mitleidlosen Herren, vor allem aber, wehe den Priestern, die die Armen quälen und würgen, wenn sie ihnen nicht den Zehnt geben.*"
(Geschichte 6, V u W, S. 149)

Im Herbst 1414 war in Konstanz ein Konzil, die höchste Versammlung der Kirche, einberufen worden. Hier sollte über die Lehren der Ketzer gerichtet werden. Da Jan Hus vom deutschen Kaiser freies Geleit zugesichert worden war, kam er nach Konstanz, um seine Auffassung zu verteidigen. Als er nicht bereit war zu widerrufen, wurde er wortbrüchig

Jan Hus wird zum Scheiterhaufen geführt. Zeitgenössische Darstellung.

■ **A1** *Versuche einzelne Personen zu bestimmen.*
■ **A2** *Diskutiert die Frage, ob Jan Hus vertrauensselig oder mutig war.*

verbrannt. Da erhob sich die Mehrheit des tschechischen Volkes gegen die Papstkirche und die Vorherrschaft der Deutschen. Die Anhänger des Jan Hus, Hussiten genannt, kämpften seit 1428 gegen die übermächtigen Feinde. Erst 1434 wurde die Hussitenbewegung geschlagen.

Die Verbrennung von Jan Hus hatte nicht die erhoffte abschreckende Wirkung. „Ketzerisches" Denken und Handeln regten sich verstärkt – und wurden mit dem Feuertod bestraft. Um 1500 waren bereits mehr als 8000 „Ketzer" verbrannt worden. Darunter war auch der Prediger Savonarola.

■ **A3** *Nenne Missstände in der mittelalterlichen Papstkirche.*
■ **A4** *Wofür traten die Ketzer ein?*
■ **A5** *Welche Schlüsse hätte die Papstkirche aus der Hussitenbewegung ziehen können?*

GEWUSST WIE!

Was ist eine Karikatur?

Die allgemeine Unzufriedenheit mit der Papstkirche brachte 1508 ein Künstler mit diesem Holzschnitt zum Ausdruck:

Das Schiff der Kirche geht unter.

Eine solche Darstellung heißt Karikatur. Dahinter steht das italienische Wort curicure (= übertreiben). Als Spottbild möchte sie Personen und Erscheinungen lächerlich machen, indem sie deren Schwächen übertrieben darstellt. Der Künstler nimmt mit ihr Partei. Nach der Erfindung des Buchdrucks fanden solche Karikaturen eine schnelle Verbreitung. Sie hatten zum Ziel, den Leseunkundigen politische Absichten zu vermitteln.

Die folgenden Arbeitsschritte sollen dich beim Verstehen einer Karikatur unterstützen:
1. Wann ist die Karikatur entstanden?
2. Was ist auf der Karikatur zu erkennen? (= Inhalt der Karikatur).
3. Was will der Künstler zum Ausdruck bringen?
Worin besteht die Übertreibung? Wer wird verspottet? Für wen wird Partei ergriffen? (= Ziel der Karikatur).
4. Wird eine berechtigte Kritik angesprochen? (= Einordnung).

Bei dieser Karikatur achte besonders darauf:

■ **A6** *Welche Gründe können den Künstler bewegt haben, die Papstkirche mit einem sinkenden Schiff zu vergleichen?*
■ **A7** *Warum schauen Bewaffnete und andere Menschen teilnahmslos zu, wie hohe geistliche Würdenträger und eine Nonne ertrinken?*
■ **A8** *Für wen ergreift der Künstler Partei?*

ARCHIV

Die Krise in der römisch-katholischen Kirche im 15. Jahrhundert

Q1 Der Prediger Jan Hus in seiner Schrift „Über die Kirche", Prag 1413:
„Daher ist deutlich, dass sich gegen einen vom rechten Weg abweichenden Papst auflehnen dem Herrn Christo gehorchen heißt; das trifft besonders
5 bei den (Amts)einsetzungen zu, die den Eindruck persönlicher Begünstigung machen. Darum rufe ich die Welt zum Zeugen, dass die päpstliche Pfründenvergabe in der Kirche allzu weitgehend
10 Mietlinge aussät und auf Seiten der Päpste Gelegenheit gibt, die Macht der Stellvertretung allzu sehr zu erhöhen, zu viel Wert zu legen auf weltliche Würde und allzu sehr zu trachten nach
15 einer Heiligkeit, die auf Einbildung beruht. Jene Doktoren aber, die (...) seine Macht fürchten und darum sagen, dass (...) ihm erlaubt sei, alles zu tun, was er will, sind falsche Propheten (...)."
(Ritter, A. M.: Kirchen- und Theologiegeschichte in Quellen, S. 226 f.)

Q2 Erasmus von Rotterdam über seine Eindrücke von einem Gottesdienst in Rom, 1503:
„Als ich in Rom war, wurde ich dringend gebeten, einem Karfreitags-Gottesdienst beizuwohnen. Papst Julius war zwar in Rom, musste sich aber
5 zufällig aus gesundheitlichen Gründen der Feier fern halten. Es war ein gewaltiger Aufzug von Kardinälen und Bischöfen (...). Ich will den Namen des Predigers verschweigen. Seine Ein-
10 führung und der Schlussteil waren länger als die Rede selbst und waren ganz voll gepackt mit Lobhudeleien auf Julius (...). Aber was hat dies alles zu tun mit dem Julius, der das Haupt
15 der christlichen Religion ist, der Stellvertreter Christi, der Nachfolger von Peter und Paul?"
(Gail, A. J.: Erasmus von Rotterdam, S. 42 f.)

Q3 Aus der „Reformatio Sigismundi", einer anonymen Flugschrift in deutscher Sprache, die 1439 erschien und bis zum Ende des Jahrhunderts mehrfach verbreitet wurde:
„(...) Man muss wissen, dass kein Bischof Paläste besitzen darf. Vielmehr soll ein Bischof an der Hauptkirche seines jeweiligen Bistums
5 residieren und ein geistliches Leben führen, dass es alle Geistlichen an ihm sehen müssen. (...)
Es gibt mehr als einen Orden, der wenig zur Erbauung der Kirche und
10 des Glaubens beiträgt. [Die Mönche] sollten (...) im Kloster leben und nicht in die Welt hinausgehen. (...) Sie treiben ein Lotterleben, sie spielen. An die Verbote ihrer Ordensregeln halten sie sich
15 nicht, sie beschäftigen sich viel mit weltlichen Belangen; sie verfügen über Zwangs- und Strafgewalt wie Herren, Richter und Vögte, wie Freie und Grafen. Sie unternehmen es, Herr-
20 schaften zu kaufen, und haben sich vorgenommen, Herren zu sein."
(Ritter, A. M.: Kirchen- und Theologiegeschichte in Quellen, S. 242-244)

Q4 Beschwerden in Deutschland über Missstände in der Kirche, 1456:
„Prälaturen (= geistliche Ämter), Kapitel, Pfründe werden mit Unwürdigen, Ungelehrten und Ausländern besetzt. Viele dieser Stelleninhaber residieren
5 gar nicht am Ort ihres Amtes und kennen die ihnen anvertrauten Schafe und Untertanen nicht, verstehen manchmal nicht einmal deren Sprache (...). Derweil geschehen Morde, die Gottes-
10 dienste werden nicht mehr besucht, man kümmert sich nicht mehr um das Seelenheil (...)."
(Ritter, A. M.: Kirchen und Theologiegeschichte in Quellen, S. 244 f.)

Q5 Auszug aus den vier Artikeln der Hussiten, Prag 1420:
„Der vierte Artikel verlangt, dass die Amtsträger (...) alle Todsünden, vor allem den Umgang mit Huren, die
5 Sünden und jeden Verstoß gegen das Gesetz Gottes durchweg gründlich und bewusst ausrotten und beseitigen (...). Und im Priestertum ist es die Ketzerei der Simonie. Ketzerei der Simonie liegt
10 vor, wenn man Geld nimmt für die Taufe, für die Firmung, für die Beichte, für das Begräbnis (...). Unter dasselbe Urteil fallen auch die Bischöfe, die um Geld Priester, Kirchen, Altäre, Kapellen, (...) weihen, und vor allem,
15 die den falschen Ablass verkauft haben, die anmaßend (...) Bann über die Leute ausgesprochen haben zum Zwecke der Verurteilung oder erfundener Opferleistungen und die sonst
20 noch betrügerisch die einfältigen Menschen beraubt haben."
(Ritter, M. A.: Kirchen- und Theologiegeschichte in Quellen, S. 231)

Q6 Auszug aus der Verordnung des Papstes Martins V. zur Erneuerung der Kirche, 1425:
„1. Die Kardinäle müssen sich durch Reinheit des Lebens auszeichnen (...). Damit die Kardinäle den Papst umso mehr unterstützen können, dürfen sie
5 nicht Protektoren (= Günstlinge) weltlicher Herren sein (...). Die Kardinäle dürfen, wenn sie öffentlich erscheinen, nie mehr als 20 Diener bei sich haben (...).
10 3. Die Erzbischöfe, Bischöfe, Äbte usw. müssen Residenz halten. (...) Die Äbte müssen in ihren Klöstern die gehörige Zahl von Mönchen unterhalten. Die Prälaten (= Würdenträger) müssen
15 die Weihen und Benefizien umsonst erteilen. (...) Die Prälaten müssen andern Klerikern ein gutes Beispiel geben und dürfen namentlich nicht mit Konkubinen (= Geliebten) leben."
(Seifert, S.: Quellen und Dokumente zur Kirchengeschichte, S. 127 f.)

■ **A1** Worin besteht die Kritik an der katholischen Kirche im 15. Jh. (Q1–Q5)?
■ **A2** Wie berücksichtigt der Papst in seiner Verordnung die Kritik (Q6)?

5.4 Martin Luther protestiert gegen den Ablasshandel

Eine schnelle Verschärfung der Lage der Papstkirche trat nach 1513 ein. Der 23-jährige Hohenzollernprinz Albrecht von Brandenburg hatte mehrere Ämter an sich gebracht. Um sie beim Papst bezahlen zu können, musste Albrecht 1514 bei dem reichen Kaufmann Jakob Fugger in Augsburg einen Kredit aufnehmen. Für die Begleichung seiner Schulden fand er folgende Lösung:

Er ließ sich von Papst Leo X. den Sankt-Peter-Ablass übertragen, der den Neubau des Petersdoms unterstützen sollte. Ablass bedeutete, dass sich Christen mit Geld vom Fegefeuer freikaufen konnten. Man vereinbarte, die Hälfte der Einnahmen nach Rom zu schicken. Mit dem Rest sollte der Kredit an Jakob Fugger zurückgezahlt werden. Um das Geschäft zu beschleunigen, wurde der Dominikanermönch Johann Tetzel für die Kirchenprovinz Magdeburg als Ablasshändler eingesetzt. Von ihm stammen die Worte: „Wenn das Geld im Kasten klingt, die Seele aus dem Feuer in den Himmel springt."

A1 *Beschreibe anhand von Text und Bild den Ablauf des Handels mit Ablassbriefen.*

An dem Ablasshandel Tetzels entzündete sich die Empörung Martin Luthers. Er lehrte damals an der erst 1502 gegründeten Universität in Wittenberg Bibelkunde. Er fasste seine Kritik in 95 Thesen (Diskussionssätze) in lateinischer Sprache und schlug sie der Legende nach am 31. Oktober 1517 an die Tür der Schlosskirche zu Wittenberg. Am gleichen Tag schickte er ein Schreiben an den Erzbischof Albrecht. Durch den Buchdruck wurde der Inhalt der Thesen schnell bekannt.

Q1 *Auszug aus den 95 Thesen Luthers:*
„21. Daher irren die Ablassprediger, die da sagen, der Mensch werde durch den Ablass des Papstes von aller Strafe los und selig (…)
27. Menschenlehre predigen die, welche sagen, dass, sobald der Groschen im Kasten klingt, die Seele aus dem Fegefeuer springt.
35. Die predigen unchristlich, die lehren, dass diejenigen, so da Seelen aus dem Fegefeuer loskaufen oder Beichtbriefe lösen wollen, keiner Reue bedürfen.
36. Jeder Christ hat, wenn er aufrichtig bereut, völligen Erlass von Strafe und Schuld, der ihm auch ohne Ablassbriefe gebührt (…)."
43. Man lehre die Christen, dass, wer dem Armen gibt oder dem Bedürftigen leiht, besser tut, als wenn er Ablass löste.
45. Man lehre die Christen, dass, wer einen Bedürftigen sieht und des ungeachtet sein Geld für Ablass hingibt, nicht Papstens Ablass, wohl aber Gottes Zorn damit sich erwirbt.
62. Der wahre Schatz der Kirche ist das allerheiligste Evangelium der Herrlichkeit und Gnade Gottes.
82. (…) Warum entleert denn der Papst nicht das Fegefeuer rein aus dem Drange heiliger Liebe und bewogen von der höchsten Not der Seelen – das wäre doch billig Ursache genug für ihn! –, wenn er doch unzählige Seelen erlöst um elenden Geldes willen, zum Bau der Peterskirche gegeben, also um einer so leichtwiegenden Ursache willen?
86. Desgleichen: Warum erbaut der Papst, dessen Vermögen heutigen Tages fürstlicher ist als der reichsten Geldfürsten, nicht lieber von seinen eigenen Geldern, als von denen armer Gläubigen, wenigstens diese eine St. Peterskirche?
94. Man ermahne die Christen, dass sie ihrem Haupte Christus durch Strafen, Tod und Hölle sich nachzufolgen befleißigen.
95. Und also mehr ihr Vertrauen darauf setzen, durch viele Trübsal ins Himmelreich einzugehen (Apg. 14,22) als durch die Vertröstung: ‚Es hat keine Gefahr'."

(Guggenbühl, G./Huber, C.: Quellen zur Geschichte der neuesten Zeit, S. 27 f.)

Flugblatt gegen den Ablasshandel. Rechts der Erzbischof Albrecht von Brandenburg, in der Mitte ein Münzmeister. Links ist die Einnahme von Ablassgeldern dargestellt.

Q2 Auszug aus dem Schreiben an den Erzbischof Albrecht:
„Endlich sind die Werke der Gottseligkeit und Liebe unendlich viel besser als der Ablass, und doch predigt man sie weder mit solcher Pracht noch
5 mit so großem Fleiß. Ja, der Ablasspredigt zuliebe wird von ihnen geschwiegen, und doch ist es aller Bischöfe vornehmliches und alleiniges Amt, zu sorgen, dass das Volk das
10 Evangelium und die Liebe Christi lerne. Nirgends hat Christus befohlen, den Ablass zu predigen: Aber das Evangelium zu predigen hat er ausdrücklich befohlen."
(Luther: Ausgewählte Schriften, S. 31)

A1 Erläutere Martin Luthers Auffassung vom Ablasshandel.
A2 Wie begründet er seinen Standpunkt?
A3 Erkläre, warum der 31. Oktober (Reformationstag) 1517 noch heute ein wichtiges Datum ist.

GEWUSST WIE!

Anekdoten als Geschichtsquellen

Von Johann Tetzel ist eine Anekdote überliefert. Anekdoten sind kurze, meist witzige Geschichten, die vor allem historische Personen charakterisieren sollen. Man muss dabei beachten, dass die erzählte Geschichte vielleicht so gar nicht stattgefunden hat. Allerdings hätte sie so stattfinden können. Also muss eine Anekdote die historische Situation zutreffend widerspiegeln.

Wir sollten beim Lesen einer Anekdote so vorgehen:
1. Über welche Zeit und welches Ereignis berichtet die Anekdote? (= Thema).
2. Gib mit eigenen Worten die Anekdote wieder (= Inhalterfassung).
3. Gegen wen richtet sich die witzige Darstellung? (= Ziel der Anekdote).
4. Was wird damit über die historische Situation ausgesagt? (= Einordnung).

„In Berlin verkaufte Tetzel vor der Nikolaikirche viele Ablasszettel. Dann gedachte er weiterzureisen. Am letzten Tag trat ein reich gekleideter Mann vor seinen Ablassstand. Tetzel erwartete ein hohes Entgelt, staunte aber nicht schlecht, als der Mann Vergeltung für eine Sünde forderte, die er erst am nächsten Tag begehen wollte. Der habgierige Tetzel ging auf den Wunsch ein und händigte die Ablassurkunde aus. Am nächsten Tag verließ er am Vormittag Berlin. Die gut gefüllte Ablasskiste trug er stets bei sich. (...) Kurz vor Trebbin wurde er plötzlich von einer aus dem Wald hervorbrechenden maskierten Reiterschar umringt. Sie fiel über Tetzel und seine Begleiter her und raubte die Ablasskiste. Wutentbrannt wünschte Tetzel den Räubern die Strafe Gottes auf den Hals. Da ritt einer der Räuber auf Tetzel zu, beugte sich zu ihm herab und zog sich die Maske vom Gesicht. Entsetzt erkannte Tetzel jenen wohlhabenden Herrn aus Berlin, der für seinen Raub bereits Ablass getan hatte. Er hielt Tetzel den Ablassbrief vor die Nase. Dieser musste zusehen, wie sich die Reiter mit dem geraubten Geld entfernten."
(Neue Berliner Illustrierte, Heft 22/1987)

Der so genannte „Tetzel-Kasten" befindet sich noch heute in der Ernstkapelle unter den Türmen des Magdeburger Domes.

A4 Versuche, die Anekdote mit eigenen Worten zu erzählen.
A5 Wie wird der Ablasshändler Tetzel charakterisiert?
A6 Versuche zu erklären, warum diese Anekdote im Gedächtnis der Menschen geblieben ist.

5.5 Kampf um die Erneuerung der Kirche

Zunächst unterschätzte die Papstkirche das „Mönchsgezänk" zwischen Luther und Tetzel. Die sehr schnelle Verbreitung der Thesen hätte sie jedoch alarmieren müssen. Die Bevölkerung verband mit dem Thesenanschlag Luthers die Hoffnung auf die seit langem erwartete Erneuerung der Kirche. Durch seine Gegner gedrängt, äußerte sich Luther bald auch grundsätzlich über das, was die Kirche tun dürfe und was nicht und wer in ihr zu bestimmen habe. In weiteren Schriften forderte er dann auch offen eine Reformation (Erneuerung) der Kirche und wurde so zum Wortführer einer antipäpstlichen Bewegung.

Die neue Lehre zeichnete sich dadurch aus, dass das Evangelium im Mittelpunkt des Gottesdienstes stand. Das Evangelium ist die von der Bibel vermittelte Botschaft vom Leben Jesu. Gepredigt wurde in deutscher Sprache. Die Heiligenfiguren wurden aus den Kirchen entfernt. Auf die Beichte wurde verzichtet.

■ **A1** *Martin Luther gilt als Reformator. Was soll damit zum Ausdruck gebracht werden?*

■ **A2** *Äußere dich über mögliche Gründe für die Auffassung Luthers, dass die Aussagen der Bibel für den christlichen Glauben maßgebend sind.*

Der Papst in Rom wollte Luther zum Schweigen bringen und drohte mit seiner Verurteilung als Ketzer. Aber der sächsische Kurfürst Friedrich der Weise, der Schutzherr der Wittenberger Universität, verweigerte die Auslieferung Luthers. So blieb die Androhung des Kirchenbanns zunächst unwirksam.

Luther setzte sich über diese Bannandrohungsbulle hinweg. Daraufhin sprach der Papst am 3. Januar 1521 über Luther den Bann aus. Üblicherweise hätte die Reichsacht folgen müssen. Aber der Reichstag wollte vor einer solchen Verurteilung erst Luther anhören.

■ **A3** *Dem Bild kannst du entnehmen, was Luther mit der Bulle machte.*

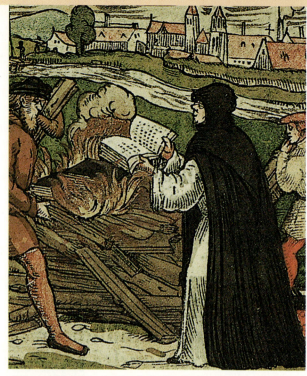

Luther und die Bannandrohungsbulle. Holzschnitt von 1557.

Kaiser Karl V., der unbedingt eine Spaltung der Kirche in seinem Reich verhindern wollte, sicherte Martin Luther freies Geleit zu. Am 17. April 1521 stand Luther auf dem Reichstag in Worms vor dem Kaiser. Er wurde aufgefordert, sofort und ohne Diskussion seine Lehren zu widerrufen. Als er sich Bedenkzeit ausbat, wurde ihm diese bis zum nächsten Tag gewährt.

■ **A4** *Welche Gründe könnten Martin Luther veranlasst haben, um Bedenkzeit zu bitten?*

Luther vor dem Kaiser in Worms. Zeitgenössische Darstellung. Unten im Bild eine berühmte Äußerung, die Luther vor dem Reichstag gemacht haben soll: „Hier stehe ich, ich kann nicht anders, Gott helfe mir, Amen."

Q1 Aus der Antwort Luthers am 18. April 1521:

„Weil denn Eure allergnädigste Majestät und fürstliche Gnaden eine einfache Antwort verlangen, will ich sie ohne Spitzfindigkeiten und unverfänglich erteilen, nämlich so: Wenn ich nicht mit Zeugnissen der Schrift oder mit offenbaren Vernunftgründen besiegt werde, so bleibe ich von den Schriftstellen besiegt, die ich angeführt habe, und mein Gewissen bleibt gefangen in Gottes Wort, denn ich glaube weder dem Papst noch den Konzilien allein, weil es offenkundig ist, dass sie öfters geirrt und sich selbst widersprochen haben. Widerrufen kann und will ich nichts, weil es weder sicher noch geraten ist, etwas gegen sein Gewissen zu tun. Gott helfe mir, Amen."
(Luther: Ausgewählte Schriften, S. 101)

Q2 Die Antwort Kaiser Karls V.:

„Sie (die Vorfahren) haben die heilige katholische Religion hinterlassen, damit ich in ihr lebe und sterbe (...). Deshalb bin ich entschlossen, alles zu halten, was meine Vorgänger und ich bis zum gegenwärtigen Augenblick gehalten haben (...). Denn es ist sicher, dass ein einzelner Bruder in seiner Meinung irrt, wenn diese gegen die der ganzen Christenheit steht (...). Nachdem ich die hartnäckige Antwort Luthers vernommen habe, erkläre ich: Es reut mich, dass ich es so lange aufgeschoben habe, gegen diesen Luther und seine falsche Lehre vorzugehen. Ich bin entschlossen, ihn nicht weiter anzuhören, sondern ich will, dass er unverzüglich nach Hause geschickt werde." (Damit war Luther geächtet.)
(Geschichte kennen und verstehen 8, S. 222)

■ **A1** Wie entschieden sich Martin Luther und Kaiser Karl V.?
■ **A2** Vergleiche dazu ihre Begründung.
■ **A3** Überlege, welche Antworten auch möglich und welche Folgen damit verbunden gewesen wären.

5.6 Die Bibelübersetzung auf der Wartburg

Q3 „Als Luther mit seinen zwei Begleitern den dunklen, einsamen Weg (nach Gotha) weiterfährt, versperrt plötzlich ein Trupp bewaffneter Reiter den Weg (...). Dem Fuhrmann wird befohlen anzuhalten (...). Darauf wird Luther herausgerissen (...). Sie nehmen Luther zwischen zwei Pferde. Der Fuhrmann sieht noch, wie Luther seinen Hut verliert, da er zwischen den Pferden schnell laufen muss, dann sind sie verschwunden. Sobald das Fuhrwerk außer Sicht ist, wird Luther auf ein Pferd gehoben und so behandelt, wie es einem derart berühmten Schützling des Kurfürsten von Sachsen zukommt. Man reitet noch einige Male kreuz und quer im Wald umher, um die Spuren zu verwischen. Gegen 11 Uhr nachts fällt die Zugbrücke von der Wartburg und die Reiter verschwinden im Schloss."
(Looß, S.: Luther in Worms 1521. Ill. hist. Heft Nr. 31, S. 38)

■ **A4** Welche Lösung fand der sächsische Kurfürst Friedrich der Weise für den geächteten Martin Luther?

Von Mai 1521 bis März 1522 lebte Martin Luther als „Junker Jörg" in diesem Raum (Bild rechts) der Wartburg, der sich fast unverändert erhalten hat. Dort begann er mit der Übersetzung des „Neuen Testaments" aus dem griechischen Urtext in ein volkstümliches Deutsch. Er leistete damit einen bedeutsamen Beitrag zur Entwicklung einer einheitlichen deutschen Nationalsprache. Da die Heilige Schrift im Mittelpunkt der Lehre Luthers steht, war die Bibelübersetzung von größter Bedeutung für ihre Ausbreitung. Zwischen 1522 und 1546, dem Todesjahr Luthers, erschienen in ca. 430 deutschen Ausgaben fast eine Million Exemplare der Bibel. In der

Martin Luther als Junker Jörg auf der Wartburg (Lucas Cranach d. Ä.)

Frühzeit des Buchdrucks wurden derartige Zahlen von keinem anderen Buch erreicht. Der Preis eines Exemplars lag zwischen einem halben und anderthalb Gulden. Zum Vergleich: Für anderthalb Gulden bekam man zwei geschlachtete Kälber; eine Dienstmagd erhielt anderthalb Gulden Jahreslohn.

Lutherstube auf der Wartburg

Q4 Luther über seine Übersetzung:

„Man muss nicht den Buchstaben in der lateinischen Sprache fragen, wie man soll deutsch reden, sondern muss die Mutter im Haus, die Kinder auf den Gassen, den Mann auf dem Markt darum fragen und denselben auf das Maul sehen, wie sie reden und danach dolmetschen; so verstehen sie es denn und merken, dass man deutsch mit ihnen redet."

(Geschichte kennen und verstehen 8, S. 226)

■ **A5** Worin liegt das „Geheimnis" des großen Erfolges der Bibelübersetzung Luthers?

EXPEDITION GESCHICHTE

Auf den Spuren Martin Luthers

Projektvorschlag: Auf den Spuren des berühmtesten Deutschen.

Vorschläge für Arbeitsaufträge:

1. Sucht an eurem Wohnort, ob es eine Straße, Schule oder Kirche gibt, die nach Martin Luther benannt ist.

2. Stellt fest, wo es Luther-Städte und Luther-Gedenkstätten gibt. Begründet die Verbindung dieser Orte mit dem Namen Martin Luthers.

3. Bereitet eine Motivausstellung von Luther-Postwertzeichen (aus Briefmarkensammlungen) vor. Ordnet die Sammlung nach den Lebensstationen Martin Luthers.

5.7 Reformation – für wen?

Schon bald zeigte sich, dass die Menschen mit der Reformation sehr unterschiedliche Ziele verbanden. Die meisten Anhänger Luthers, später „Protestanten" genannt, erhofften sich eine Verbesserung ihrer Lage. Die Stadtarmut hoffte auf eine Mitbestimmung in der Verwaltung der Städte, die Bauern wollten eine Erleichterung ihrer feudalen Lasten, die Reichsritter die Verringerung der Fürstenmacht. Kaufleute und Handwerker erhofften sich einen Wirtschaftsaufschwung. Die Landesherren strebten nach Einheit von wirtschaftlicher und politischer Macht. Eine entscheidende Frage für die Reformation war, ob sie mit Gewalt oder mit friedlichen Mitteln durchgesetzt werden sollte.

Auf Luthers Lehre aufbauend, konzentrierte sich Thomas Müntzer (etwa 1489 bis 1525) immer stärker auf das einfache Volk. Er strebte die gewaltsame Umwälzung der bestehenden gesellschaftlichen Verhältnisse an und glaubte an ein „Reich Gottes auf Erden". Er drohte den Fürsten, dass diejenigen, die sich dieser Reformation entgegenstellten, von ihrem eigenen Volk vertrieben würden.

Thomas Müntzer

Luther verfolgte mit Sorge diese Entwicklung. Im Dezember 1521 kam es auch in Wittenberg, dem Zentrum der Reformation, zu Tumulten. Da hielt es ihn nicht mehr auf der Wartburg und er stellte sich gegen eine – wie er meinte – überspitzte Auslegung seiner Lehre. Nach seiner Ansicht sollte „allein mit dem Worte" gekämpft werden.

■ **A1** Erkläre, warum Luther schon nach wenigen Monaten wieder die Wartburg verließ.

Die Reformation brach mit einem noch heute umstrittenen Grundsatz der römisch-katholischen Kirche: dem Zölibat (Ehelosigkeit) der Priester. Nach Wittenberg zurückgekehrt, heiratete Luther 1525 Katharina von Bora, eine ehemalige Nonne.

■ **A2** Woran kannst du erkennen, dass diese Frau keine Nonne mehr ist?

Katharina Luther

ARCHIV

Quellen zur Reformation

Q1 Der Dominikanermönch Tetzel, dessen Auftreten in unmittelbarem Zusammenhang mit dem Thesenanschlag Luthers steht, reagierte 1518 auf Luthers Angriffe:

„Die Ablässe tilgen nicht die Sünden, sondern lediglich die den Sünden folgenden zeitlichen Strafen, und selbst diese nur dann, wenn die Sünden auf-
5 richtig bereut und gebeichtet sind; die Ablässe schmälern nicht die Verdienste Christi, sondern setzen eben an die Stelle der genugtuenden Strafen das genugtuende Leiden Christi.
10 Im heiligen Concil von Costnitz ist aufs Neue beschlossen worden: Wer Ablass verdienen will, der muss zu der Reue nach Ordnung der heiligen Kirche gebeichtet haben oder sich vor-
15 setzen, es noch zu tun. Solches bringen auch mit alle päpstlichen Ablassbullen und Briefe.
Denn die Ablass verdienen, sind in wahrhaftiger Reue und Gottesliebe, die
20 sich nicht faul und träge lassen bleiben, sondern sie entzünden, Gott zu dienen und zu tun große Werke ihm zu Ehren. Denn es ist am Tage, dass christliche, gottesfürchtige und fromme Leute,
25 und nicht lose, faule Menschen mit großer Begier Ablass verdienen.
Denn aller Ablass wird erstlich gegeben von wegen der Ehre Gottes. Derhalben wer ein Almosen gibt um Ablass willen,
30 der gibt es vornehmlich um Gottes willen, angesehen, dass keiner Ablass verdient, er sei denn in wahrhaftiger Reue und in der Liebe Gottes, und wer aus Liebe Gottes gute Werke tut, der
35 ordnet sie zu Gott in seinem Leben. Nicht durch die von uns vollbrachten Werke der Gerechtigkeit macht Gott uns selig, sondern durch seine heilige Barmherzigkeit."

(Quellen zur Geschichte des 16. und 17. Jahrhunderts, Paderborn 1957, S. 33 f.)

■ **A1** Womit rechtfertigt Johann Tetzel den Ablasshandel?
■ **A2** Vergleiche seine Argumentation mit der Martin Luthers (s. S. 144).

Q2 Nachdem Papst Leo X. in der Bannandrohungsbulle vom 15. Juni 1520 im Falle weiterer Ungehorsams Martin Luther mit härtesten Strafen gedroht hatte, vollzog dieser in seiner Schrift: „An den christlichen Adel deutscher Nation von des christlichen Standes Besserung" im gleichen Jahr den Bruch mit der katholischen Kirche (Auszug):

„Man hat erfunden, dass Papst, Bischof, Priester, Klostervolk der geistliche Stand genannt wird, Fürsten, Herren, Handwerks- und Ackersleute
5 der weltliche Stand. Aber es sind alle Christen wahrhaftig geistlichen Standes (...). Das macht, dass wir eine Taufe, ein Evangelium, einen Glauben haben und gleiche Christen sind:
10 Denn Taufe, Evangelium und Glauben machen allein geistliches und Christenvolk. Demnach so werden wir allesamt durch die Taufe zu Priestern geweiht (...). Wenn ein Häuflein frommer
15 Christenlaien würden gefangen und in eine Wüstenei gesetzt, die nicht bei sich hätten einen Priester, von einem Bischof geweiht, und erwählten einen unter ihnen, er wäre ehelich oder
20 nicht, und beföhlen ihm das Amt, zu taufen, Messe zu halten, zu absolvieren und zu predigen: Der wäre wahrhaftig ein Priester, als ob ihn alle Bischöfe und Päpste geweiht hätten.
25 Daher kommt's, dass in der Not ein jeder taufen und absolvieren kann, was nicht möglich wäre, wenn wir nicht alle Priester wären."

(Ebenda, S. 47 f.)

■ **A3** Wie urteilt Martin Luther über den in der Kirchenorganisation versammelten „geistlichen Stand"?
■ **A4** Welche Konsequenzen ergeben sich aus einer solchen Sicht für die Kirchenorganisation?

Q3 Anders als sein Vorgänger unternahm Papst Hadrian VI. eine differenziertere Analyse (1522) der durch Luther ausgelösten Turbulenzen:

„(...) Du sollst auch sagen, dass wir es frei bekennen, dass Gott diese Verfolgung der Kirche geschehen lässt wegen der Sünden der Menschen und beson-
5 ders der Priester und Prälaten (...). Wir wissen wohl, dass auch bei diesem Heiligen Stuhl schon seit manchem Jahre viel Verabscheuungswürdiges vorgekommen: Missbräuche in geist-
10 lichen Sachen, Übertretungen der Gebote (...). So ist es nicht zu verwundern, dass die Krankheit sich vom Haupt auf die Glieder, von den Päpsten auf die Prälaten verpflanzt hat.
15 Wir alle, Prälaten und Geistliche, sind vom Wege des Rechtes abgewichen (...). Deshalb sollst du (der Legat des Papstes) in unserem Namen versprechen, dass wir allen Fleiß anwenden wollen,
20 damit zuerst der römische Hof (...) gebessert werde; dann wird (...) auch von hier die Gesundung beginnen. Solches zu unternehmen erachten wir uns umso mehr verpflichtet, weil die
25 ganze Welt eine solche Reform begehrt. Wir haben nie nach der päpstlichen Würde getrachtet (...); nur die Furcht vor Gott, die Legitimität der Wahl und die Gefahr eines Schismas (= Kirchen-
30 spaltung) haben uns zur Übernahme des obersten Hirtenamtes bestimmt. Wir wollen es verwalten nicht aus Herrschsucht oder zur Bereicherung unserer Verwandten, sondern um der
35 heiligen Kirche (...) ihre frühere Schönheit wiederzugeben, den Bedrückten Beistand zu leisten, gelehrte und tugendhafte Männer emporzuheben, überhaupt alles zu tun, was einen
40 guten Hirten und wahren Nachfolger des heiligen Petrus zu tun gebührt."

(Geschichtliche Quellenschriften, Düsseldorf 1959, S. 69)

■ **A5** Diskutiert über Hadrians Analyse und über seine Reformvorschläge.

149

5.8 Der deutsche Bauernkrieg

5.8.1 Die Lage der Bauern

Bis heute hat sich ein Vers erhalten, der seit dem 14. Jahrhundert bei den Bauern bekannt war: „Als Adam grub und Eva spann, wo war denn da der Edelmann?" Er weist darauf hin, dass bereits vor dem deutschen Bauernkrieg die Idee menschlicher Gleichheit wach war. Eine Verstärkung erfuhr sie mit der Reformation. Beim einfachen Volk verband sich damit die Vorstellung, dass Jesus mit seinem Tod am Kreuz alle Menschen befreit habe und dass darum alle Menschen grundsätzlich gleichberechtigt seien. Martin Luther schränkte dies dann auf Kirchenangelegenheiten ein. Dennoch erwies sich diese Vorstellung als sozialer Sprengsatz.

■ **A1** *Das Bild gibt einen Überblick über wichtige Tätigkeiten der Bauern. Zähle sie auf.*

In verschiedenen Gegenden Deutschlands hatte die feudale Belastung der Bauern eine nahezu unerträgliche Höhe erreicht:

Bauernleben Ende des 15. Jahrhunderts

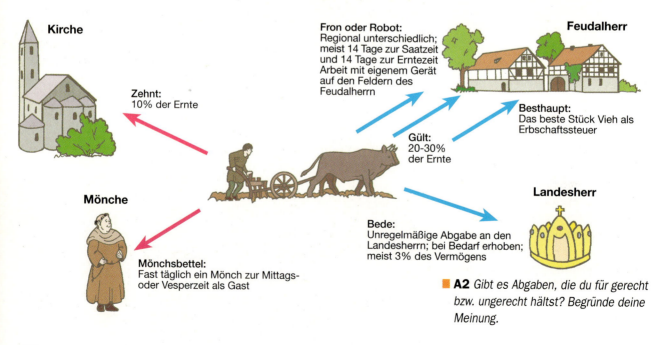

Kirche
Zehnt: 10% der Ernte

Mönche
Mönchsbettel: Fast täglich ein Mönch zur Mittags- oder Vesperzeit als Gast

Fron oder Robot: Regional unterschiedlich; meist 14 Tage zur Saatzeit und 14 Tage zur Erntezeit Arbeit mit eigenem Gerät auf den Feldern des Feudalherrn

Feudalherr
Besthaupt: Das beste Stück Vieh als Erbschaftssteuer

Gült: 20-30% der Ernte

Bede: Unregelmäßige Abgabe an den Landesherrn; bei Bedarf erhoben; meist 3% des Vermögens

Landesherr

■ **A2** *Gibt es Abgaben, die du für gerecht bzw. ungerecht hältst? Begründe deine Meinung.*

Die Wandlungen im Übergang vom Mittelalter zur Neuzeit brachten auch vielen Grundherren Schwierigkeiten. Mit dem Übergang zur Geldwirtschaft mussten die begehrten städtischen Produkte mit Geld bezahlt werden. Wucherzinsen der Geldverleiher versuchten die Grundherren mit neuen Forderungen an die Bauern auszugleichen. Es häuften sich daher die Versuche der Grundherren, von den Bauern willkürlich neue Leistungen zu verlangen. So verlangte beispielsweise die Frau des Landgrafen von Stühlingen 1524 im südlichen Schwarzwald mitten in der Erntezeit, dass die Bauern Schneckenhäuser sammeln sollten. Diese Schneckenhäuser wurden für das Aufwickeln von Garn benötigt. Als sich die Bauern weigerten, wurde ihnen Bestrafung angedroht. Der Konflikt weitete sich aus und wurde zum Signal für den Aufstand der Bauern in Südwestdeutschland.

■ **A1** *In welcher Situation befanden sich die Bauern zu Beginn des 16. Jahrhunderts?*

■ **A2** *Welche Erwartungen verbanden sie mit der Reformation?*

5.8.2 Der Bauernaufstand scheitert

Ausgehend vom südlichen Schwarzwald, bildeten die Bauern bewaffnete Haufen mit bis zu 12 000 Mann. Das waren organisierte Bauernheere mit einem Feldhauptmann, einem Prediger, einem Schreiber, einem Geschützmeister u. a. Es kam zu ersten Gefechten. In Memmingen fassten aufständische Bauern im Frühjahr 1525 ihre Ziele in den „Zwölf Artikeln der Bauern" zusammen.

Q1 Aus den Memminger 12 Artikeln:
„(...) Die Bauern wollen keinen Aufruhr und keine Gewalt, sondern nur die Lehren des Evangeliums: Frieden, Geduld und Einigkeit sollen Wirklichkeit werden.
1. Jeder Gemeinde steht das Recht zu, ihren Pfarrer selbst zu wählen und abzusetzen (...).
2. Die Bauern sind gewillt, den Kornzehnten weiterzuzahlen, aber er soll für den Unterhalt des Pfarrers und für die Armen verwendet werden.
3. Die Leibeigenschaft soll aufgehoben werden. Die Bauern werden der von Gott eingesetzten Obrigkeit allezeit gehorsam sein.
4. Die Bauern fordern, dass sie frei jagen und fischen dürfen.
5. Die Bauern wollen ihr Holz frei aus dem Gemeindewald nehmen (...).
6. Die Dienstleistungen, die Hand- und Spanndienste, sind auf ein erträgliches Maß herabzusetzen.
7. Die Bauern fordern, dass sie weitere Dienste darüber hinaus bezahlt bekommen.
8. Zinsen, Steuern und andere Abgaben sollen nach der Ertragslage eines Hofes neu festgesetzt werden.
9. Die Bauern verlangen, dass Recht nach dem alten geschriebenen Gesetz gesprochen wird und nicht ‚nach Gunst'.
10. Gemeindeland, das einige zu Unrecht sich angeeignet haben, soll wieder zurückgegeben werden.
11. Im Fall, dass der Bauer stirbt, sollen Witwen und Waisen nicht mehr mit dem ‚Todfall' (Abgabe zum Zeichen der Leibeigenschaft) belastet werden.
12. Jeden Artikel, der nicht mit der Heiligen Schrift übereinstimmt, wollen die Bauern sofort fallen lassen. Der Friede Gottes sei mit euch allen."

(Rüdiger, W.: Die Welt der Renaissance, S. 95 f.)

■ **A3** *Erkläre die einzelnen Artikel.*

■ **A4** *Diskutiert, ob die Bauern ihre Verhältnisse revolutionär verändern wollten.*

■ **A5** *Erläutere den Zusammenhang zwischen Bauernkrieg und Reformation.*

■ **A6** *Welche Forderung der Bauern lässt sich aus dem Bild ablesen?*

Ein Fahnenträger der Bauern, Holzschnitt von 1522

■ **A1** Suche das Ausgangsgebiet des Bauernkrieges und Schlachtorte.
■ **A2** In welchen Gebieten Deutschlands beteiligten sich Bauern am Aufstand?
■ **A3** Wer verbündete sich mit den Bauern?
■ **A4** Vergleiche die Bewaffnung der Landsknechte mit der der Bauern.

Noch 1520 hatte Luther die bestehenden Verhältnisse kritisiert und Veränderungen angemahnt. Jetzt äußerte er sich 1525 in seiner Schrift „Wider die räuberischen und mörderischen Rotten der Bauern" wie folgt:

Q2 „Sie richten Aufruhr an, rauben und plündern mit Frevel Klöster und Schlösser, die nicht ihnen gehören, womit sie, wie die öffentlichen
5 Straßenräuber und Mörder, (...) den Tod an Leib und Seele verschulden. (...) Drum soll hie zuschmeißen, würgen und stechen, heimlich oder öffentlich, wer da kann, und
10 bedenken, dass nichts Giftigeres, Schädlicheres, Teuflischeres sein kann, als ein aufrührerischer Mensch, gleich als ob man einen tollen Hund totschlagen muss. Es hilft
15 auch den Bauern nit, dass sie vorgeben, alle Dinge seien frei und gemein erschaffen und dass wir alle gleich getauft sind (...). Denn die Taufe macht nit Leib und Gut frei,
20 sondern die Seelen (...)."
(Fink, H.: Martin Luther, S. 197)

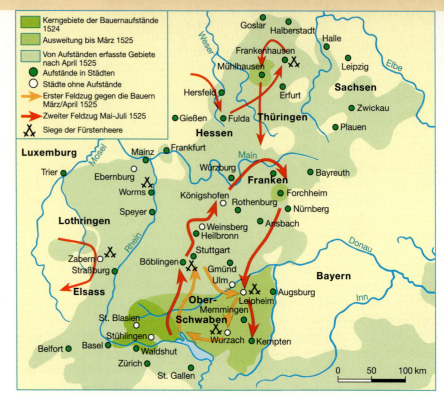

Der deutsche Bauernkrieg 1524/25

■ **A5** Wie steht Martin Luther zu den Wünschen der Bauern?
■ **A6** Welchen Rat gibt er den Gegnern der Bauern?
■ **A7** Versuche zu erklären, warum diese Schrift eine niederschmetternde Wirkung auf viele Deutsche hatte.

Bewaffnete Bauern auf dem Marsch. Auf der Fahne der Bundschuh, das Zeichen der Aufständischen.

Landsknechte stellten die Fußtruppen der fürstlichen Heere im Bauernkrieg. Zeitgenössische Darstellung.

Plünderung des Klosters Weißenau

■ **A1** Beschreibe, wie die Bauern dargestellt werden. Bedenke dabei, dass die Abbildung von dem vertriebenen Abt des Klosters stammt.

Als die Bauern 1524 in Südwestdeutschland losschlugen, stießen sie zunächst auf nur geringe Gegenwehr. Die meisten Landsknechte waren auf einem Feldzug und erst ab Februar 1525 verfügbar. Setzten die Grundherren zunächst auf Verhandlungen, konnten sie nun zum Angriff übergehen. Die Bauern wurden in getrennten Schlachten geschlagen. Die Bauern waren außer Stande zu einem einheitlichen Vorgehen. Oft kam es zum regelrechten Abschlachten der Bauern. Von den unter der Führung Thomas Müntzers auf dem Schlachtberg von Frankenhausen am 14. und 15. Mai 1525 versammelten 8000 Bauern wurden 5000 bis 6000 erschlagen. Mehrere Hundert Bauern gerieten in Gefangenschaft, unter ihnen auch Thomas Müntzer. Die Fürsten ließen ihn in der Wasserburg Heldrungen foltern und zwölf Tage später hinrichten. Ein gnadenloses Strafgericht brach über die besiegten Bauern herein. Etwa 100000 verloren ihr Leben. Vielen wurden zur Abschreckung die Augen ausgestochen. Aber bei der Festlegung von Lasten wurde doch immer häufiger überlegt, ob die Bauern sich das gefallen lassen würden.

Q3 Der Historiker H.-J. Goertz 1989 über die Schlacht bei Frankenhausen:
„*Die fürstlichen Heere umzingelten die Stadt und rückten den Bauern von verschiedenen Seiten bedrohlich nahe. In dieser Situation brachen* ⁵*offensichtlich die alten Meinungsverschiedenheiten unter den Aufständischen wieder auf: die Gemäßigten wollten verhandeln (...), die Radikalen wollten zum Angriff übergehen. Es* ¹⁰*kam tatsächlich zu Verhandlungen, die Fürsten forderten jedoch die Auslieferung des „falschen propheten Thomas Montzer sampt synem anhange lebendig". (...) Der bäuerliche* ¹⁵*Haufe tat sich schwer, eine Entscheidung zu finden (...), Müntzer erinnerte die Aufständischen in einer bewegenden Predigt daran, dass sie nicht den eigenen, sondern Gottes Kampf* ²⁰*führten, ja, dass Gott selber ihnen zu Hilfe kommen werde – und in diesem Augenblick erschien um die Sonne ein farbiger Hof, ein Sonnenhalo. Müntzer (...) deutete das Naturereignis als* ²⁵*göttliche Ankündigung des Sieges in bedrängter Lage. Das flößte allen Mut ein (...). Doch unmittelbar darauf, ohne das Ergebnis der Beratungen abzuwarten, schlugen die Fürstenheere* ³⁰*zu, so schnell und hinterhältig, dass die Bauern es mit der Angst zu tun bekamen und auseinander stoben. (...) Die Schlacht unter dem Regenbogen, dem Symbol göttlichen Beistands,* ³⁵*wurde zum Verhängnis für den ‚gemeinen Mann' (...)."*
(Weltgeschichte im Aufriss, Bd. 1, S. 624)

■ **A2** Beschreibe die Strafen.
■ **A3** Nenne Gründe für die Niederlage der Bauern.

Mittelalterliche Strafen in einer zeitgenössischen Darstellung

GESCHICHTE KONTROVERS

Was hat der deutsche Bauernkrieg den Bauern gebracht?

Q1 Der Historiker H. Schilling 1994 über den Bauernkrieg:
„Die Erhebung von 1525 war kaum dazu geeignet gewesen, die Fürsten oder die auch von Prälaten und vom Adel angeführten Landstände zu größeren Zugeständnissen zu bewegen. Man hatte ihnen im Gegenteil für Jahrhunderte Argumente gegen die Ausweitung der politischen Partizipation des „gemeinen Mannes" geliefert. Man mag diese ‚Dialektik' des Aufstandes beklagen, aber sie ist nachweisbar. In engeren Räumen – etwa in einzelnen Ämtern der Territorialstaaten oder in den ‚Landschaften' der kleinen Herrschaften – gab es zwar eine bäuerliche Beteiligung an den öffentlichen Angelegenheiten, und zwar auch in den Jahrhunderten nach dem Bauernkrieg, das blieben aber Rudimente, die politisch kaum ausbaufähig waren. Und vor allem diente ‚diese Beteiligung der Landschaften nicht so sehr einer Preisgabe herrschaftlicher Positionen, sondern der Gewährleistung der Herrschaft' (...) Der Hoffnung auf autonome Selbstverwaltung ist im 16. Jahrhundert der Boden entzogen worden: Der Amtmann und – in protestantischen Territorien vor allem der Pfarrer waren im Dorf als Agenten des Territorialstaates tätig. Und das lag im Zug der Zeit, der die unteren Einheiten, Dorf wie Stadt, in den frühmodernen Staat integrierte. (...) Bis in die Siebzigerjahre unseres Jahrhunderts galt unwidersprochen das Schlusswort der klassischen Darstellung von Günther Franz: Mit der Niederlage von 1525 ‚schied der Bauer für fast drei Jahrhunderte aus dem Leben unseres Volkes aus. Er spielte fortan keine Rolle mehr. (...) Der Bauer sank zum Arbeitstier herab. Er wurde zum Untertan, der seine Tage in Dumpfheit verbrachte und nicht mehr auf Änderung hoffte'. Die Diskussionen des Jubiläums von 1975 (...) lassen das heute anders sehen: Die Rechtssicherheit der Bauern war nach 1525 in der Regel größer als zuvor. (...) Die fürstlichen Landesordnungen des späten 16. Jahrhunderts (berücksichtigen) in vielen Punkten die materiellen Teile der bäuerlichen Forderungen von 1525/26 (...). Noch nach Jahrzehnten, ja selbst im 17. und 18. Jahrhundert jagten die Ereignisse vielen fürstlichen Regierungen Angst und Schrecken ein: So bemühten sich die (...) erlassenen territorialstaatlichen Landesordnungen, die bäuerlichen Beschwerden so weit abzustellen, wie sie nicht ‚das Sozial- und Herrschaftsgefüge in seiner bisherigen Form in Frage (stellten) und – in katholischen Gebieten – die Kirche wesentlicher Rechte entkleideten' (Blickle). Vor allem suchte man in den Territorien, aber auch auf der Ebene des Reiches, die Konflikte zwischen Bauern und Grundherren, aber auch zwischen Bauern und Landesherren zu verrechtlichen und sie dadurch ihres zerstörerischen Potenzials zu entkleiden. An die Stelle des Aufstandes sollte der Weg des Rechts treten (...)."
(Schilling, H.: Aufbruch und Krise Deutschlands 1517–1648, S. 159 ff.)

A1 Wie wird das Ergebnis des Bauernkrieges eingeschätzt? Welche Veränderungen gab es seit 1975?

Q2 Positionen in der DDR-Geschichtsschreibung:
„Das Bürgertum der großen und mittleren Städte war erschreckt durch die elementare Gewalt des einfachen Volkes und aus Angst davor geneigt, die Fürstenpartei zu unterstützen. (...) Ohne Mitwirkung des Bürgertums haben jedoch bäuerliche Erhebungen keine Erfolgschancen. Die Bauern waren aufgrund ihrer objektiven gesellschaftlichen Stellung, von sich aus und ohne Führung durch das Bürgertum nicht imstande, die Revolution zum Erfolg zu führen. (...) Die Bauernhaufen vermochten es nicht, ihre demokratische Organisationsform mit einer konsequenten militärischen Führung zu verbinden. (...) Ebenso wenig konnte die Bauernbewegung die regionale Isolierung überwinden. Über die geschlagenen Bauern und Plebejer brach der Terror der Feudalgewalten herein. Die Bauern erwartete eine grausame Bestrafung. (...) Zahlreiche Flugschriften verleumdeten den Kampf der Bauern (...). Alle diese Schriften haben – zusammen mit Luthers Pamphleten – den deutschen Bauernkrieg im Gedächtnis der Nachwelt herabgesetzt und entstellt (...). Der deutsche Bauernkrieg wurde jedoch zu einer der entscheidenden Erfahrungen des Volkes im Kampf um seine Befreiung in der älteren deutschen Geschichte. Es muss für die Massen der bäuerlichen Kämpfer ein gewaltiges Erlebnis und die größte Genugtuung ihres schweren Lebens gewesen sein, die Burgen, Schlösser und Klöster, diese Bastionen ihrer Knechtung und Ausbeutung, besetzt, zerstört und niedergebrannt zu sehen. In den zwei Jahren zwischen dem Mai 1525 und dem Juli 1527 erlebten viele Tausende, was es hieß, frei zu werden (...). Der Bauernkrieg als großartiger Versuch der Volksmassen, eine neue, gerechte und lebenswerte Ordnung zu erkämpfen, formulierte Zielsetzungen, die für lange Zeit gültig blieben, selbst wenn ihre Bewegung im Blute Zehntausender erstickt wurde. Es war das geschichtliche Verdienst der Bauern, dass sie (...) ihr Leben für die revolutionäre Umgestaltung der gesellschaftlichen Ordnung einsetzten."
(Steinmetz, M.: Deutschland 1476–1648, S. 174 f.)

A2 Welche Ursachen für das Scheitern der Bauern werden genannt?
A3 Vergleicht Q1 und Q2 und diskutiert über die Unterschiede.

5.9 Von der Volks- zur Fürstenreformation

Personalfragebögen sind in unserer Zeit etwas Alltägliches. Eine wiederkehrende Frage ist die nach der Konfession. Gemeint ist damit, welches Glaubensbekenntnis der Bewerber hat. Erstmals wurde der Begriff „Konfession" 1530 in der „Augsburgischen Konfession" für die Glaubensanhänger Martin Luthers verwandt. Sie stellt ein wichtiges Ergebnis der Reformation in Deutschland dar, macht sie doch deutlich, dass sich eine neue Glaubensauffassung ausgebildet hatte.

Mit der Niederlage der Volksreformation im Bauernkrieg hatte die Reformation ihren Schwung verloren. Jetzt traten die Kräfte auf den Plan, die in ihren Ländern weltliche und geistliche Macht vereinen wollten. Sie wollten in ihrem Machtbereich gewissermaßen Kaiser und Papst sein. Sie strebten eine absolute Machtposition an. Mit der Fürstenreformation wurden die Landesherren zu den eigentlichen Gewinnern der Reformation:
- Der Landesherr erhielt die oberste Kirchengewalt.
- Mit der Einrichtung von Landeskirchen übernahm der Landesherr den bisherigen Besitz der Kirche. Diese Verstaatlichung des Kirchenbesitzes - Säkularisation genannt - stärkte die Macht des Landesherrn entscheidend.
- Als oberster Bischof sicherte der Landesherr die schulische Ausbildung seiner Untertanen. In Meißen, Schulpforta und Grimma wurden Fürstenschulen gegründet. Ihren Schwerpunkt hatten sie in der Ausbildung des Pfarrer- und Beamtennachwuchses.

Die wohl wichtigste Neuerung für die Bevölkerung war in diesem Zusammenhang die Einführung einer „Volks"-Schule für alle Kinder, die Grundkenntnisse im Lesen, Schreiben und Rechnen vermittelte und insbesondere das Lesen der Heiligen Schrift ermöglichte.

Kaiser Karl V. war für das Weiterbestehen einer einheitlichen Glaubensauffassung. Er galt als mächtigster Fürst der Christenheit, als ein Herrscher, in dessen Reich „die Sonne nicht unterging". Doch dieser mächtige Kaiser war nicht im Stande, das Voranschreiten der Reformation zu verhindern. Seinem Versuch, die Reformation aufzuhalten, traten die protestantischen Fürsten 1531 mit dem Schmalkaldischen Bund entgegen, der ein eigenes Heer erhielt. Seine bedeutendste Beratung fand sechs Jahre später statt. 18 Reichsfürsten, Vertreter von 28 freien Städten sowie Gesandte Frankreichs und Dänemarks berieten in Schmalkalden über von Luther verfasste „Schmalkaldische Artikel", eine Formulierung von Grundsätzen der evangelischen Kirche.

Kaiser Karl V., Gemälde von Tizian (1548)

■ **A1** *Vergleiche die Größe des Reiches Karls V. anhand der Karte auf S. 156 mit dir schon bekannten Großreichen (Karl d. Gr., Römisches Reich). Was stellst du fest?*

■ **A2** *Was hinderte Kaiser Karl V. trotz seiner Macht, die Protestanten zu bezwingen?*

Das Reich Karls V.

Der Kaiser konnte zwar im Schmalkaldischen Krieg über die protestantischen Fürsten siegen. Aber letztlich unterlag er doch dem Widerstand der Landesherren. Aufgrund der Machtverhältnisse in Deutschland brachte der Reichstag von Augsburg 1555 unter König Ferdinand, dem Nachfolger Kaiser Karls V., einen vorläufigen Religionsfrieden:

■ **A1** Untersuche, wie sich im Ergebnis der Reformation die Machtverhältnisse in Deutschland veränderten.

■ **A2** Welche Konfession wurde vom Religionsfrieden ausgeschlossen?

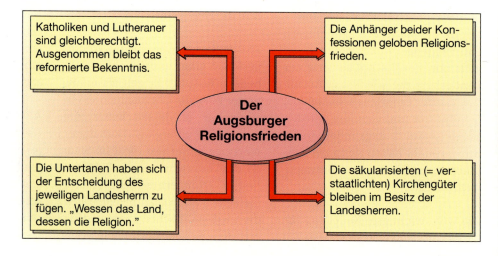

5.10 Calvinisten und Anglikaner

Taufgottesdienst in einer calvinistischen Kirche in Lyon, um 1564

■ **A2** Versuche, die Personen zuzuordnen. Was erzählt dieses Bild?

■ **A3** Ordne die Länder West- und Mitteleuropas mithilfe einer Tabelle den vier Konfessionen zu.

In der Schweiz entstand als besondere Form der Calvinismus – auch das reformierte Bekenntnis genannt. Calvinisten fanden vor allem dort Anhänger, wo das Bürgertum bestimmend war. Ihr Kerngedanke war, dass jeder Mensch schon von Geburt an entweder zur ewigen Seligkeit oder zur Verdammnis vorherbestimmt sei.

■ **A1** Warum war eine solche Auffassung für einen reichen Kaufmann günstig?

Im Unterschied zur Schweiz und zu Deutschland entschied in England König Heinrich VIII. darüber, was der rechte Glaube für die Bürger Englands sei. Die anglikanische Kirche war gewissermaßen eine Kirche des Königs. Die englische Staatskirche entstand im Streit des Königs mit der Papstkirche, die in den häufigen Heiraten des Königs einen Verstoß gegen eine von der Kirche geschlossene Ehe sah.

Die Reformation in Deutschland und Europa

5.11 Die katholische Kirche erneuert sich

Die Reformation erschütterte die Papstkirche. Große Teile Europas wurden ihrem Einfluss entzogen. Wollte sie diese Krisensituation überwinden, musste sie die Kraft finden, sich selbst zu erneuern. Zu Hilfe kam ihr, dass sich die neuen Konfessionen gegenseitig bekämpften.

Q1 Sinngedicht von Friedrich von Logau:
„Lutherisch, Päpstlich und Calvinisch, diese Glauben alle drei sind vorhanden; nur ist Zweifel, wo das Christentum dann sei."
(Hühns: Bauer, Bürger, Edelmann, S. 244)

■ **A1** Fasse diese Kritik in eigene Worte.

Das Konzil von Trient bewies nach langwierigen Beratungen (1545 bis 1563), dass die römisch-katholische Kirche die Kraft besaß für eine innere Reform. Mit diesem Konzil wurde die gegenwärtig gültige katholische Glaubenslehre begründet.

Die Antworten des Konzils von Trient auf zwei entscheidende Fragen:

Wodurch kann sich die katholische Kirche erneuern?
1. Nur die katholische Kirche ist berechtigt, die Bibel auszulegen. Alle protestantischen Lehren sind daher Irrlehren. Vor solchen Irrlehren müssen die Gläubigen geschützt werden.
2. Vergebung der Sünden ist sowohl durch den Glauben, als auch durch gute Werke zu erlangen.
3. Der Verkauf kirchlicher Ämter ist verboten.
4. Die Geistlichen müssen besser auf ihren Beruf vorbereitet werden.
5. Der Missbrauch des Ablasses ist untersagt.

Wodurch unterscheidet sich die katholische Kirche von anderen Kirchen?
1. Glaubensquellen sind die Bibel und die kirchliche Überlieferung.
2. Der Priester ist Vermittler zwischen Gott und den Menschen.
3. Die wesentliche gottesdienstliche Handlung ist die Heilige Messe, die der Priester mit der Gemeinde feiert.
4. Es gibt sieben Sakramente.
5. Das Abendmahl wird den Gläubigen in Gestalt des Brotes gespendet.
6. Die Priesterehe ist verboten.
7. An der Spitze der Kirche steht der Papst.

Das Konzil von Trient. Die Teilnehmer (Bischöfe, Kardinäle, Äbte) bilden einen Halbkreis. Über dem Kreuz die Vertreter des Papstes, darüber Gottvater, Jesus und die Taube als Zeichen des Heiligen Geistes.

■ **A2** Was wird durch diese Art der Darstellung des Konzils symbolisiert?

■ **A3** Vergleiche die Entscheidungen des Konzils mit den dir bekannten Missständen in der Papstkirche am Ende des 15. Jahrhunderts.

■ **A4** Erläutere die Unterschiede zur evangelisch-lutherischen Glaubenslehre.

■ **A5** In der Gegenwart bewegt die Christen ökumenisches (die Christenheit insgesamt betreffend) Denken. Welche Voraussetzungen sind dafür erforderlich?

5.12 Die Gegenreformation

Der Spanier Ignatius von Loyola (1491–1556) leitete die Wende ein im Kampf gegen die neuen Konfessionen. Seine Überlegung war: Wenn die Feinde der Papstkirche eine Reformation der Kirche fordern, antworten wir ihnen mit einer Gegenreformation der katholischen Kirche. Er erfasste auch, dass diese nicht allein gewaltsam erfolgen durfte. Von den Mitgliedern des von ihm 1539 gegründeten Jesuitenordens forderte er daher, dass sie die Feinde der katholischen Kirche auch durch Leistungen in Wissenschaft und Bildung bekämpfen müssen. Der Papst bestätigte 1540 den neuen Kirchenorden. Schwerpunkte seines Einsatzes wurden die Grenzgebiete zu den protestantischen Bekenntnissen.

Wegen seines kompromisslosen Vorgehens und der straffen inneren Gliederung verglich man den Jesuitenorden frühzeitig mit einer militärischen Organisation.

Q1 Brief Loyolas an die portugiesischen Ordensgenossen vom 26.3.1553:

„Deshalb sollen wir niemals auf die Person sehen, der wir gehorchen, sondern in ihr auf Christus unsern Herrn, dem zuliebe der Gehorsam zu
5 *leisten ist. Denn nicht etwa, weil der Obere sehr klug oder sehr tugendhaft oder in irgendwelchen anderen Gaben Gottes unseres Herrn besonders ausgezeichnet ist, sondern weil er Gottes*
10 *Stelle vertritt und von ihm Vollmacht hat: deshalb muss man ihm gehorchen. Daher möchte ich, dass Sie alle sich darum bemühen, in jedem beliebigen Obern Christus unsern Herrn zu*
15 *sehen und ihm mit allem Eifer Gottes Majestät, Ehrfurcht und Gehorsam erweisen."*

(Die Neuzeit, S. 68 f.)

A1 Schließe aus dem Bild auf das Verhältnis zwischen Papst und Ordensgründer.

A2 Warum wurden die Jesuiten von Loyola auch als „Soldaten des Papstes" bezeichnet? Äußere deine Auffassung zu einem solchen Gehorsam.

Die Inquisition (= Untersuchung), 1215 gegründet, bediente sich der Gewalt, um das „Ketzertum" zu unterdrücken. Da sie im Geheimen arbeitete, verbreitete sie lähmende Furcht. Die Gegenreformation setzte verstärkt dieses Mittel ein. Inquisitoren wurden vom Papst eingesetzt und waren nur ihm allein verantwortlich. Auch in späteren Jahren hat dieses Tribunal durch Aufsehen erregende Prozesse auf sich aufmerksam gemacht: Der berühmte Galileo Galilei musste im Jahre 1633 der kopernikanischen Lehre abschwören, die durch das Tribunal 1616 verdammt worden war. Besonders hart war die spanische Inquisition. Der spanische König benutzte sie, um seine Macht zu festigen und seinen Reichtum zu vergrößern. Wer in die Fänge der Inquisition geriet (Anklage, Untersuchung: Verhör, Folter, Urteil), hatte Schlimmstes zu befürchten. Nicht selten drohte jahrelange Kerkerhaft ohne Gerichtsverhandlung. Dem Scheiterhaufen ging das „Autodafé" voraus. Auf einem ausgeschmückten zentralen Platz fand ein feierlicher Gottesdienst statt, an dessen Ende die Urteile über die „Ketzer" verkündet wurden. Wenn ein Verurteilter vor der Hinrichtung starb, so wurde sein Leichnam verbrannt. Vor der Verbrennung wurde der „Ketzer" aus der Kirche ausgestoßen.

Ignatius von Loyola erhält von Papst Paul III. die Bestätigung des Jesuitenordens (Gemälde um 1540).

Autodafé. Gemälde von Pedro Berruguete (gest. 1504)

A1 Beschreibe die am „Autodafé" beteiligten Personengruppen.

A2 Warum wurden die Verurteilten so in der Öffentlichkeit gezeigt?

A3 Äußere deine Meinung zur Rolle der Gewalt in der Gegenreformation.

Aus Glaubensgründen verloren im 16. Jahrhundert viele Menschen ihr Leben. Besonders blutig verliefen die Glaubenskriege gegen die Calvinisten in den spanischen Niederlanden (heute Belgien) und in Frankreich. Allein in Frankreich wurden in zwei Wochen über 30 000 Hugenotten (frz. Calvinisten) ermordet. Auftakt dazu war die so genannte Bartholomäusnacht (24. 8. 1572), ein vom katholischen Königshaus veranlasstes Massaker an einigen Tausend führenden Hugenotten aus Adel und Bürgertum, die sich anlässlich der Hochzeit des hugenottischen Prinzen Heinrich von Navarra in Paris aufhielten. Der Herzog von Anjou, selbst Hugenotte, berichtete:

Q2 „In der ganzen Stadt häuften sich im Handumdrehen die Leichen, jeden Geschlechts und jeden Alters; es herrschte eine derartige Verwirrung und ein
5 solches Drunter und Drüber, dass jeder töten konnte, wen er wollte, ob von der Religion oder nicht, wenn nur etwas bei ihm zu holen war oder wenn einer ein Feind war, so dass selbst man-
10 che Papisten (= Katholiken) ihr Leben lassen mussten (...). Der größten Mordwut aber fielen wir (Hugenotten) zum Opfer, und um den Mördern noch fettere Beute hinzuwerfen, befahl man
15 ihnen, die Häuser zu plündern und zu brandschatzen, damit sich die Wüstlinge, Beutelschneider, Lumpen und Taugenichtse, deren es ja immer eine Menge gibt, mit noch gierigerer Lust
20 auf uns stürzten, denn sie hofften ja auf Beute. Es sei denn, diese wäre zufällig einmal zu groß gewesen, dann behielten die Anführer sie für sich (...)."
(Coudy, J.: Die Hugenottenkriege, S. 191)

Bartholomäusnacht. Mehrere aufeinander folgende Vorgänge wurden in diesem zeitgenössischen Gemälde zusammengefasst.

A3 Analysiere, wie dieses Massaker „funktionierte". Ging es ausschließlich um Religion? Kennst du ähnliche Vorgänge in der Geschichte?

A4 Vergleiche die Quelle mit dem nebenstehenden Bild.

6 Der Hexenwahn

Die Zeit der Renaissance und des Humanismus brachte Fortschritte in vielen Bereichen mit sich. Die Menschen begannen zu forschen und den Dingen auf den Grund zu gehen.

Eine andere Seite dieser Zeit zeigte sich in Form der Hexenverfolgung. Im 16. und 17. Jahrhundert nahm der Hexenwahn seine gefährlichste Gestalt an. Alle Religionsparteien versuchten, sich in der Verfolgung von „Hexen" und „Zauberern" zu überbieten.

Im größeren Umfang setzten die Hexenverfolgungen etwa um 1400 ein und dauerten drei Jahrhunderte. Die letzte Hinrichtung in Mitteleuropa fand 1793 in Posen statt. Sie richteten sich vor allen Dingen gegen Frauen und Mädchen, die den haarsträubendsten Unterstellungen schutzlos ausgeliefert waren: Sie hätten mit dem Teufel Liebesbeziehungen, würden Tiere „verhexen", Krankheiten in die Familie bringen. Sie könnten durch die Lüfte reisen und würden sich mit anderen Hexen auf einem Tanzplatz versammeln. Für die unzähligen Opfer mag das Schicksal der siebenundsechzigjährigen Witwe Klara Geißlerin stehen, die 1597 in Gelnhausen verhaftet wurde. Sie war von einer anderen Frau, die wegen Hexerei hingerichtet worden war, unter der Folter des Zusammenlebens mit drei Teufeln und ähnlichen Verbrechen bezichtigt worden. Beim Verhör leugnete Klara Geißlerin ihre Schuld. Man begann sie zu foltern.

Schwerpunkte der Hexenverfolgung in Europa

■ **A1** *Bestimme anhand der Karte, wo Schwerpunkte der Hexenverfolgungen lagen.*
■ **A2** *Worin drückt sich in dieser zeitgenössischen Darstellung der Aberglaube der damaligen Zeit aus?*

Hexenverbrennung 1555 in Dernburg bei Rheinstein am Harz. Über den Hexen hat der zeitgenössische Zeichner den Teufel in Gestalt eines Drachens abgebildet.

Q1 *„Das Protokoll des Verhörs berichtet, dass ‚der Teufel über sie eine große Hartnäckigkeit (brachte), und sie bestand fest auf ihrer Sache'. Als man ‚begann, ihre Beine zu pressen und stärker zudrückte (...) schrie sie erbärmlich: wäre alles wahr, was man gefragt; sie trinke Blut von Kindern, so sie bei nächtlicher Weile, wenn sie ausfahre, stehle; habe wohl bis 60 gemordet, nannte 20 andere Unholdinnen, die bei den Tänzen gewesen; (...) auch habe sie den Teufel ständig in Gestalt einer Katze bei sich, mit der sie, ebenfalls als Katze verwandelt, nachts über die Dächer fahre und sich erlustige.'"*

(Hexenprozesse in Kurhessen, S. 149)

Von der Folter befreit, widerrief sie diese Aussagen – und wurde wiederum gefoltert. Dies wiederholte sich nochmals. Sie starb während der letzten Folter. Ihre Leiche wurde verbrannt.

A1 *Sage deine Meinung über das Verhalten von Klara Geißlerin.*

A2 *Äußere dich über Gerichte, die sich der Folter bedienen.*

A3 *Was weißt du über den Einsatz der Folter in der heutigen Welt?*

Für uns ist es kaum vorstellbar, in welchem Maße der Glaube an Zauberei über Jahrhunderte verbreitet war. Überirdische Kräfte, sowohl im Guten wie im Bösen, billigte man insbesondere Frauen zu. Wahrscheinlich entstand das Bild der gefürchteten bösen Hexe erst im Mittelalter, als die katholische Kirche dem Teufel in ihren Predigten immer mehr Raum gab. Menschliche Schwächen, auch die der Priester selbst, konnten so verständlich gemacht werden. In der Forschung gibt es auch die Auffassung, dass Frauen als Hexen verfolgt wurden, weil sie als „weise" Heilerinnen (z. B. als Hebammen) nach heidnischem Brauch arbeiteten und damit dem damals aufkommenden männlichen Arztberuf Konkurrenz machten. 1484 legte eine päpstliche Bulle fest, welche als die Hauptübeltaten der Zauberer und der Hexen in Deutschland galten. 1487 veröffentlichten zwei deutsche Dominikanermönche den furchtbaren „Hexenhammer", der als Lehrbuch der Hexenverfolgung galt. Damit begann der Höhepunkt der Hexenverfolgung in Europa.

Für die beteiligten Richter war die Hexenverfolgung ein einträgliches Geschäft. Für jede verbrannte „Hexe" erhielten sie vier bis fünf Taler und deren Eigentum. Bei reichen Opfern war also viel zu gewinnen, Arme hingegen schaffte man sich auf diese Weise billig vom Halse.

Folter. Holzschnitt des Petrarca-Meisters, Anfang 16. Jahrhundert

A4 *Versuche zu erklären, warum die Hexenverfolgung in der Zeit der Reformation und Gegenreformation ihren Höhepunkt erreichte.*

A5 *Bei welchen Tätigkeiten stellt der Künstler die „Hexen" dar?*

Hexensabbat. Holzschnitt von Hans Baldung Grien, 1510

7 Dreißig Jahre Krieg (1618–1648)

Der Augsburger Religionsfrieden sicherte das friedliche Zusammenleben der Konfessionen für ein halbes Jahrhundert. Insgesamt war er aber doch nur ein Waffenstillstand. Das Misstrauen zwischen den Konfessionen blieb, weil die Religionsparteien auch weiter versuchten, das bestehende Kräfteverhältnis zu ihren Gunsten zu verändern. Deshalb gab es auch nach 1555 fortwährend Konflikte.

Die katholische Kirche hatte sich auf dem Konzil von Trient (1545–1563) reformiert. Die Missstände, die zur Reformation geführt hatten, wurden beseitigt. Jetzt schickte sich die Papstkirche an, verlorene Gebiete in Deutschland zurückzugewinnen.

Auf evangelischer Seite war neben der lutherischen die calvinistische Konfession entstanden, die sich beide sehr kritisch gegenüberstanden.

Das Misstrauen wuchs und führte zur Entstehung von Bündnissen: die calvinistische Union (1608 unter Führung des Kurfürsten von der Pfalz) und die katholische Liga (1609 unter Führung des Herzogs von Bayern). Beide suchten auch im Ausland nach Bündnispartnern. Der Riss, der die Staaten Europas trennte, ging quer durch Deutschland.

Der Prager Fenstersturz. Gemälde aus dem 19. Jahrhundert.

Der Funke, der den Kriegsbrand auslöste, kam aus Böhmen. Der tolerante katholische König Rudolf II. hatte den böhmischen Protestanten Freiheitsrechte eingeräumt, die sein Nachfolger, der spätere Kaiser Ferdinand II., wieder abschaffen wollte. Das sah der böhmische Adel als Gelegenheit, die Union für sich einzuspannen. Seine Vertreter ritten zur Burg, um die kaiserlichen Beamten demonstrativ zu strafen. Die beiden Räte und ihr Sekretär wurden aus dem Burgfenster geworfen. Sie überlebten den Sturz, flohen nach Wien und berichteten dem Kaiser. Aus diesem lokalen Vorfall entwickelte sich ein Krieg, der dreißig Jahre lang Deutschland heimsuchte.

A1 Vielleicht wirkt der Fenstersturz auf dich komisch – ist er es wirklich?

GEWUSST WIE!

Anlass und Ursachen eines Krieges unterscheiden

Wir unterscheiden den *Anlass* und die *Ursachen* eines Krieges.

• Der *Anlass* ist der Krieg auslösende „Funke", ein manchmal eher banal wirkendes Ereignis, das zum Ausbruch der Gewalttätigkeiten führt.

• Die *Ursachen* wirken bereits längere Zeit, manchmal Jahrzehnte oder Jahrhunderte. Es sind Widersprüche und Konflikte zwischen den später Krieg führenden Parteien.

A2 Nenne den Anlass und die Ursachen für den Dreißigjährigen Krieg.

Die feindlichen Lager zu Beginn des Dreißigjährigen Krieges

1608 **Union**	1609 **Liga**
Kurfürst Friedrich von der Pfalz. Protestantische Fürsten und Städte. Unterstützt von: – den Vereinigten Niederlanden – Frankreich – Dänemark – England – Schweden	Herzog Maximilian von Bayern. Katholische Fürsten, Bischöfe und Äbte. Unterstützt von: – den spanisch-habsburgischen Ländern (Kaiser) und – dem Papst

Der böhmische Adel ging gegen die Katholiken im Land hart vor und wollte Ferdinand II. nicht mehr als König akzeptieren. Deshalb wählte eine Adelsversammlung im Herbst 1619 Kurfürst Friedrich von der Pfalz zum König. Ferdinand, der seine Absetzung nicht hinnahm, sicherte sich die Unterstützung der Liga. Deren Feldherr Tilly schlug die Böhmen 1620 in der Nähe von Prag. Friedrich musste fliehen, und Ferdinand hielt ein strenges Strafgericht über die Rebellen. Viele wurden hingerichtet, ihren Besitz erhielten Kaisertreue.

Auch gegen die Kurpfalz ging der Kaiser mit spanischer Hilfe vor. Die Protestanten im ganzen Reich fühlten sich nun bedroht. Deshalb trat 1625 der dänische König Christian IV. an ihrer Seite in den Krieg ein; aus dem böhmischen wurde der dänische Krieg.

Mithilfe der Liga und seinem eigenen Feldherrn Wallenstein konnte der Kaiser auch diesen Gegner schlagen und ganz Norddeutschland unter seine Kontrolle bringen. Damit war nicht nur die Existenz des evangelischen Bekenntnisses in ganz Deutschland gefährdet. Auch das katholische Frankreich sorgte sich vor der wachsenden Macht des Kaisers.

Wallenstein war eine widersprüchliche Persönlichkeit. So arbeitete er in Böhmen eng mit den Jesuiten zusammen, in Mecklenburg setzte er sich hingegen für die Protestanten ein. Er war ein überragender Organisator und der bedeutendste eines neuen Typs von Heerführern, die im Auftrag ihres Landesherrn Söldnerheere anwarben. Nach dem Motto „der Krieg ernährt sich selbst" pressten sie die besetzten Gebiete aus und versuchten, Gewinne zu erzielen. Wallenstein kaufte die Güter hingerichteter protestantischer Adliger, gründete dort eigene Werkstätten und trieb regen Handel. So konnte er 1625 als General des Kaisers die Erstausstattung des von ihm geführten Söldnerheeres von 50 000 Mann besorgen. Er wurde immer mächtiger und konnte schließlich bis zu 100 000 Söldner aufbieten. Als er jedoch 1634 eigenmächtig Friedensverhandlungen einleitete, wurde er in Eger im Auftrag des Kaisers ermordet.

1630 griff König Gustav Adolf von Schweden, unterstützt durch französisches Geld, an der Seite der Protestanten in den Krieg ein. Jetzt erlitt das katholische Lager schwere Rückschläge, doch der Tod des Schwedenkönigs auf dem Schlachtfeld von Lützen 1632 schwächte die Protestanten erheblich. Als sie 1634 bei Nördlingen geschlagen wurden, war der Frieden zum Greifen nahe. 1635 schlossen die deutschen Religionsparteien in Prag miteinander Frieden.

Mit welchen Absichten führten die ausländischen Mächte Krieg auf deutschem Boden? Diese lassen sich z. B. für Schweden aus den Anweisungen ableiten, die den schwedischen Gesandten für die Friedensverhandlungen gegeben wurden:

Q1 „*Der schwedische Kronrat trug seinem Unterhändler auf, dafür zu sorgen, dass „(...) der schwedischen Krone Wiedergutmachung gewährt wird (...) Wenn die (...) Wiedergutmachung zugestanden ist, dann sollen die Kommissare (...) die Rede auf ein ansehnliches Fürstentum in Deutschland bringen, das der schwedischen Krone (...) übertragen und abgetreten würde. Kommt man darauf zu sprechen, welches Land es sein sollte, dann ist Pommern zu nennen. (...) Wenn man darüber einig ist, müssten die Kommissare durchsetzen, dass als Sicherheit die schwedische Krone die Städte Wismar, Fort Walfisch bei Wismar und Warnemünde mit den Zöllen in Händen hält."*
(Geschichte für die Hauptschule, S. 54 f.)

■ **A1** *Erläutere die Ziele Schwedens in den Friedensverhandlungen.*

Trotz der Friedensverhandlungen ging der Krieg weiter. Frankreich unter Führung des Kardinals Richelieu griff nun aktiv auf evangelischer Seite in den Krieg ein. Auch schwedische Truppen standen weiterhin im Reich. Weil aber keine Seite mehr die Kraft hatte, eine Entscheidung herbeizuführen, zogen die Söldner, die nur noch für Geld kämpften, meist plündernd, mordend und die Bevölkerung auspressend durchs Land.

Söldner im Dreißigjährigen Krieg. Mit der Entwicklung der Feuerwaffen entschieden nicht mehr schwer bewaffnete Ritter die Schlacht, sondern Fußsoldaten. Sie waren mit Musketen, Hieb- und Stichwaffen ausgerüstet und traten in geschlossenen Formationen auf.

■ **A1** Suche auf der Karte die Länder, die entweder die Union oder die Liga unterstützten.

■ **A2** Warum unterstützte das katholische Frankreich das Bündnis der protestantischen Fürsten und Städte? Die Karte hilft dir bei der Erklärung. Welche Schlüsse ziehst du aus diesem Bündnis?

Der Dreißigjährige Krieg

Plünderung eines Bauernhauses, zeitgenössische Darstellung.

■ **A3** Beschreibe anhand des Bildes, wie die Landbevölkerung von den Landsknechten behandelt wurde.

Der Dichter Grimmelshausen beschreibt in seinem Buch „Der abenteuerliche Simplicissimus" den Überfall auf den Bauernhof seines Vaters, den er als Kind erlebte:

Q2 „Den Knecht legten die Soldaten gebunden auf die Erde, steckten ihm ein Querholz in den Mund und schütteten ihm einen Melkkübel voll garstiger Mistjauche in den Leib – das nannten sie einen schwedischen Trunk. Dadurch zwangen sie ihn, eine Abteilung dahin zu führen, wo die übrigen Bewohner des Hofes sich versteckt hatten. Nicht lange währte es, und sie brachten auch meinen Knan (Vater), meine Meuder (Mutter) und unser Ursule in den Hof zurück. Nun fingen sie an, die Feuersteine von den Pistolen loszuschrauben und dafür meiner Mutter und Schwester die Daumen festzuschrauben und die armen Schelme so zu foltern, als wenn man Hexen brennen wollte. Mein Knan war meiner damaligen Ansicht nach der Glücklichste, weil er mit lachendem Munde bekannte, was andere unter Schmerzen und Wehklagen sagen mussten. (...) Sie setzten ihn nämlich an ein Feuer, banden ihn, dass er weder Hände noch Füße regen konnte, und rieben seine Fußsohlen mit angefeuchtetem Salz ein, das ihm unsere alte Geiß wieder ablecken musste. Das kitzelte ihn so, dass er vor Lachen hätte bersten mögen. Mir kam das so spaßig vor, dass ich zur Gesellschaft, oder weil ich's nicht besser verstand, von Herzen mitlachen musste."

(Grimmelshausen, H. J. Ch. v.: Der abenteuerliche Simplicissimus, S. 16 ff., leicht vereinfacht)

■ **A4** Welche Foltern werden hier in kindlicher Naivität beschrieben?

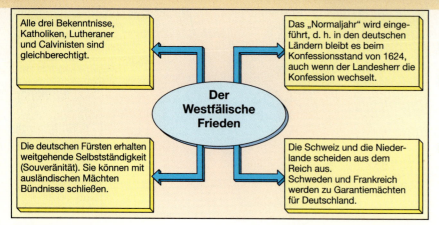

- **A3** Überprüfe an der Karte die Aussage vom „Kriegsende durch Erschöpfung".
- **A4** Der Dreißigjährige Krieg gilt als die bis dahin größte Katastrophe in der deutschen Geschichte. Stelle dafür Argumente zusammen.
- **A5** Von 1517 bis 1648 wurde um den „rechten Glauben" gerungen. Mit welchem Ergebnis?
- **A6** Stelle Landgewinne und -verluste der am Krieg beteiligten Mächte fest.

Bis 1648 zog sich der Krieg noch auf diese Weise hin, bevor nach jahrelangen Verhandlungen in Münster und Osnabrück der Westfälische Frieden geschlossen wurde.

Die Folgen des Krieges waren verheerend und wirkten sich für die wirtschaftliche und politische Entwicklung im Reich noch lange Zeit negativ aus. Etwa 40 Prozent der Dorfbewohner verloren durch Krieg, Hunger und Seuchen ihr Leben. Das waren etwa 4 bis 5 Millionen Menschen. In den Hauptkriegsgebieten waren es bis zu 70 Prozent. Zugvieh und Menschen fehlten bei der Bestellung der Äcker. Einst fruchtbare Felder wurden von Gestrüpp und Wald überwuchert. Viele Dörfer starben aus und wurden zu Wüstungen, die nie wieder besiedelt wurden. Erst 100 Jahre später erreichte die Bevölkerungszahl in Deutschland wieder Vorkriegsniveau.

- **A1** Überlege, ob der Dreißigjährige Krieg ein Religionskrieg war.
- **A2** Gibt es auch heute noch religiöse Konflikte, die mit Waffengewalt ausgetragen werden?

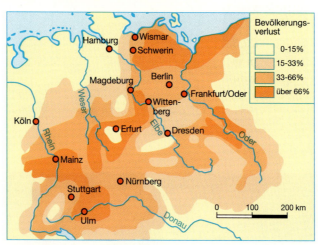

Bevölkerungsverluste im Dreißigjährigen Krieg

Ergebnisse des Westfälischen Friedens

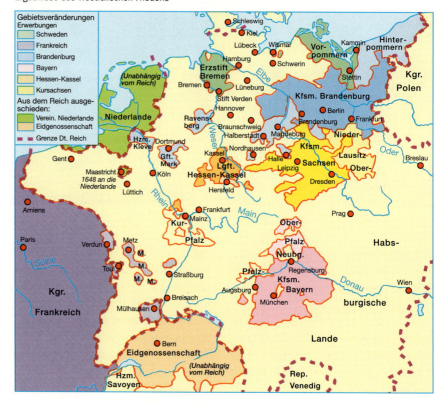

166

GESCHICHTE KONTROVERS

Der Dreißigjährige Krieg – ein Ereignis, viele Sichtweisen, verschiedene Urteile?

Q1 Ernst Walter Zeeden, 1981:
„Konfessionelle Innen- und Außenpolitik betrieben damals nahezu alle Staaten. Gegenreformatorische Zielsetzungen und protestantische Zielsetzungen spielten in die politischen Vorhaben der Könige und Fürsten ständig hinein. Den Glaubensgenossen zu Hilfe zu kommen, das eigene Bekenntnis über die Landesgrenzen hinauszutragen, Geld und Truppen dafür einzusetzen, das waren Grundsätze politischen Handelns, die die meisten Staatslenker für richtig hielten. Infolge der Glaubensspaltung im Reich musste Deutschland davon im gegebenen Fall besonders getroffen werden. Aus der Praktizierung dieser Grundsätze entstand der Dreißigjährige Krieg."
(Zeeden, E. W.: Europa, S. 116)

Q2 Josef Poliensk, 1971:
„Die Haltung der dänischen Politik zum böhmischen Unabhängigkeitskampf gegen die Habsburger ermöglicht uns, die Gültigkeit der traditionellen Thesen der bisherigen Geschichtsschreibung zu überprüfen. Weder in den Jahren 1618-1620 noch in den Jahren 1626-1627 war diese Haltung durch religiöse Motive bedingt. Im Gegenteil, der böhmische Krieg wurde, übrigens unter Zustimmung der Böhmen selbst, als politischer und keineswegs als religiöser Kampf aufgefasst. (...) Die ‚Säkularisierung' (= Verweltlichung) des politischen Denkens war im 17. Jahrhundert schon so weit gediehen, dass jedermann die ‚Religionskriege' für das hielt, was sie in Wirklichkeit waren, nämlich für Machtkämpfe."
(Poliensk, J.: Der Krieg und die Gesellschaft, S.140 f.)

Q3 Sigfrid Henry Steinberg, 1947:
„Die Vorstellung des Dreißigjährigen Krieges als eines ‚Religionskrieges' hat man im großen Umfang aufgegeben, seitdem erkannt wurde, dass die religiösen Trennlinien weitgehend mit den politischen, verfassungsmäßigen und wirtschaftlichen übereinstimmten. Es wird wohl für immer ein Gegenstand der Auseinandersetzung bleiben, welches dieser Motive zu einem gegebenen Zeitpunkt den Ausschlag gab. Es scheint sich jedoch herauszuschälen, dass rationale Überlegungen hinsichtlich der politischen und wirtschaftlichen Gewinne die Politik der Kabinette im gleichen Maße bestimmten, wie religiöse Gefühle die Massen beherrschten."
(Steinberg, S. H.: Der Dreißigjährige Krieg, S.59.)

Q4 Harm Mögenburg, 1996:
„Erstens handelte es sich um einen Krieg der Konfessionen. Der böhmisch-pfälzische Krieg (1618-1623), einer der vier Teilkriege des Dreißigjährigen Krieges, ist hierfür das schlagendste Beispiel. (...)
Je länger jedoch der gesamte Krieg dauerte, desto stärker rückten Fragen der Reichsverfassung in den Vordergrund. Entsprechend handelte es sich zweitens um einen Verfassungskrieg zwischen dem Kaiser, den Kurfürsten, Fürsten, Reichs- und Landständen. Hierüber darf der Umstand nicht hinwegtäuschen, dass die Koalitionen wechselten. (...)
Neben konfessionellen und verfassungsrechtlichen Zielen ging es drittens – anfangs verdeckt – auch um europäische Machtpolitik."
(Mögenburg, H.: Dreißigjähriger Krieg und Westfälischer Frieden, in: Geschichte lernen 11 [1998] 65, S. 10 f.)

Der Krieg im Urteil von Zeitgenossen

Q5 Auszug aus dem Gedicht von Andreas Gryphius (1616-1664), Tränen des Vaterlandes, anno 1636:
„Wir sind doch nunmehr ganz, ja mehr denn ganz verheeret!
Der frechen Völker Schar, die rasende Posaun,
das vom Blut fette Schwert, die donnernde Kartaun,
hat aller Schweiß und Fleiß und Vorrat aufgezehret.
Die Türme stehn in Glut, die Kirch ist umgekehrt,
Das Rathaus liegt im Graus (= Staub), die Starken sind zerhaun,
Die Jungfern sind geschänd't, und wo wir hin nur schaun,
Ist Feuer, Pest und Tod, der Herz und Geist durchfähret. (...)
Doch schweig ich noch von dem, was ärger als der Tod,
Was grimmer denn die Pest und Glut und Hungersnot,
Dass auch der Seelen Schatz so vielen abgezwungen."
(Jessen, H. [Hg.]: Der Dreißigjährige Krieg in Augenzeugenberichten, S. 375 f.)

Q6 Aus dem Tagebuch eines Söldners:
„(...) In diesem Jahr 1627 im April, den 3., habe ich mich unter das Pappenheimsche Regiment zu Ulm lassen anwerben als einen Gefreiten, denn ich bin ganz abgerissen gewesen. Von da aus sind wir auf den Musterplatz gezogen, in die Obermarkgrafenschaft Baden. Dort in Quartier gelegen, gefressen und gesoffen, dass es gut heißt (...)."
(Peters, J. [Hg.]: Ein Söldnerleben im Dreißigjährigen Krieg, S. 135)

■ **A1** Analysiere und vergleiche die Historikermeinungen in Q1 bis Q4. Arbeite die Unterschiede heraus.

■ **A2** Welcher Sichtweise schließt du dich an? Begründe deine Auffassung.

■ **A3** Wie beschreibt Andreas Gryphius den Krieg? Was genau meint er im letzten Vers?

■ **A4** Vergleiche Q6 mit dem Gedicht.

KULTURSPIEGEL

Renaissance – Die „Wiedergeburt" in der Kunst

■ **A1** Erläutere am Beispiel des „Moses" den Geist der Renaissance. Zeige Unterschiede zur Kunst des Mittelalters.
■ **A2** Suche nach Gründen für die Entstehung der Renaissance in Italien.

Die Kunstepoche, die der Gotik folgte, war die Renaissance. Sie beruhte auf der erneuten Hinwendung der Künstler zum Diesseits, vor allem zur Natur. In ihr sahen sie das Vorbild und stellten deshalb den Menschen in enger Beziehung zu seiner natürlichen Umwelt da. Dabei achteten sie darauf, dass er im Mittelpunkt der Betrachtung stand. Orientierung fanden die Künstler in der griechischen und römischen Antike. Daher auch der Name des neuen Kunststils: Renaissance. Durch sie wurde der Einfluss der Kirche zurückgedrängt. Die neue Kunstepoche entstand in Italien. Die kulturellen Zentren dort waren im 15. Jahrhundert Florenz, Mailand und Venedig. Namhafte Künstler wie Leonardo da Vinci, Michelangelo, Raffael, Tizian und andere arbeiteten an diesen Orten und schufen Meisterwerke, die heute zum Weltkulturerbe zählen.

Im übrigen Europa breitete sich die Kunst der Renaissance etwa 100 Jahre später aus. Zuerst in Frankreich und den Niederlanden, danach auch in Deutschland. Von ihr gingen fortan die entscheidenden Neuerungen aus.

Das große Rasenstück. Naturstudie, die Albrecht Dürer 1503 malte.

Der Maler Albrecht Dürer (1471–1528) war einer der bedeutendsten Vertreter der Renaissance in Deutschland. Er hoffte auf die neue Kunst, denn „über tausend Jahre hätte es keine rechte Entwicklung mehr gegeben". Seine Erwartung verwirklichten Künstler wie Mathias Grünewald, Lucas Cranach d. Ä., Hans Holbein d. J. und andere. Sie verdrängten mit ihren Werken seit Beginn des 16. Jh. die mittelalterlichen Bildformen und führten die Malerei in Deutschland zu einer bislang nicht gekannten Blüte.

Friedrich der Weise. Gemälde von Lucas Cranach d. Ä., 1532.

Fürstenhöfe spielten bei der Entwicklung des neuen Kunststils eine besondere Rolle. Die Fürsten nutzten die Kunst der Renaissance zur Selbstdarstellung und zur Aufwertung ihrer Herrschaftssitze. Neben Kaiser Maximilian I. (1493–1519) zeichnete sich der Kurfürst von Sachsen, Friedrich der Weise (1486–1525), besonders als Förderer hervorragender Künstler aus.

Von Michelangelo 1516 vollendete Marmorstatue des Moses für das Grabmal des Papstes Julius II.

Die Stuppacher Madonna. Gemälde von Matthias Grünewald, 1517–1519.

■ **A1** Erkläre, welche Themen die deutschen Renaissancemaler bearbeiteten.
■ **A2** Woran erkennst du in ihnen die Zeichen der neuen Zeit?

Besonders in der Baukunst bestand für die Fürsten sowie für reiche Kaufherren die Möglichkeit, ihr gewachsenes Selbstbewusstsein zum Ausdruck zu bringen. Große und kleine Paläste, Zeughäuser, Marställe, Kunstkabinette, Villen und Bürgerhäuser wurden errichtet und Lustgärten angelegt.

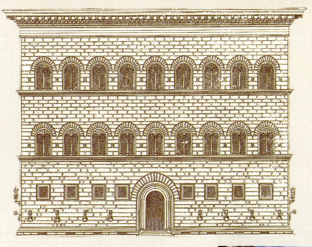

Links: Palazzo Strozzi; Baubeginn 1489. Die Strozzi waren eine mächtige Patrizierfamilie in Florenz.

Unten: Der Schönhof in Görlitz von 1526 ist das älteste bürgerliche Wohnhaus im Renaissancestil.

Q1 Die Renaissancebauten entstanden nach Grundsätzen, die der Kunsthistoriker H. Pothorn so beschrieb:
„Ursprung des neuen Baustils ist Italien. (...) Der Rückgriff auf alte römische und hellenistische Bauformen hat aber kein treues Kopieren des Alten
5 zur Folge. Säule und Bogen und die neue Vorliebe für den Zentralbau wie für die geschlossene Fassade wurden einem neuen Raumgefühl und einem neuen ‚Geschmack' zugesellt. Das Ge-
10 bot für den Bauherrn könnte gelautet haben: Zeig deinen Reichtum, deinen Kunstverstand, deinen Stolz, deine Eitelkeit, aber mach es so, dass der Bau auch seinem Zweck gerecht wird. Bau
15 dir ein Haus, in dem du auch wohnen kannst und in dem die Leute nicht über enge Wendeltreppen zu dir hinaufsteigen müssen in Zimmer mit kärglichen Lichtschlitzen. Setze die
20 Fenster nach einer Ordnung, die deutlich macht, wie dein Denken geordnet ist. Zeig das ehrlich feste Gefüge der Mauern und mach sie so fest, dass sie Strebepfeiler nicht nötig haben. Jedes
25 Haus hat Stockwerke, eins über dem anderen. Bau das Haus so, dass man das Übereinander von außen sieht. Lass Kranzgesimse unter und über den Fenstern entlang laufen. Lass das
30 Dachgesims mächtig vorragen, damit die Leute sehen, dass dir beim Bau das Geld nicht ausgegangen ist."
(Pothorn, H.: Buch der Baustile, S. 53)

■ **A3** Stelle die charakteristischen Merkmale der Renaissancebauten zusammen.
■ **A4** Beschreibe anhand dieser Bauten das neue Denken und Fühlen der Fürsten, Adligen und Patrizier.

Auch in der Literatur hielt die neue Kunstform Einzug. Die Humanisten lenkten das Interesse auf die antike Kultur und gaben die Werke griechischer Autoren heraus. Schriftsteller bedienten sich der Satire und prangerten die politischen und sozialen Widersprüche an. Narren und Tiere stiegen in ihren lehrhaften Dichtungen zu Helden auf. Der Kaiserliche Rat und Professor der Rechte, Sebastian Brandt, gab 1494 „Das Narrenschiff" heraus, ein Moralgedicht, in dem er die Missstände in der Gesellschaft kritisiert.

■ **A5** Stelle Vermutungen an über die Missstände, die er in seinem Werk anprangert.
■ **A6** Suche nach einer Erklärung dafür, dass Dichter Narren oder Tiere zu Hauptfiguren ihrer Werke machen.

Q2 Der berühmteste Dichter der Renaissance ist der Engländer William Shakespeare (1564–1616). Hier ein Auszug aus seinem Drama „Hamlet, Prinz von Dänemark":

„(...) Was ist der Mensch,
Wenn seiner Zeit Gewinn, sein höchstes Gut
Nur Schlaf und Essen ist? Ein Vieh,
5 nichts weiter.
Gewiss, der uns mit solcher Denkkraft schuf,
Voraus zu schaun und rückwärts, gab uns nicht
10 Die Fähigkeit und göttliche Vernunft,
Um ungebraucht in uns zu schimmeln."
(Shakespeare, W.: Hamlet, in: Meisterwerke der Weltliteratur, Bd. 13, S. 272)

■ **A7** Welches Problem spricht Shakespeare an?

GESCHICHTE IM ÜBERBLICK

| 1455 | 1492 | 1498 | 1517 | 1519 | 1521/22 |

Portiugiesen suchen Seeweg nach Indien.

Kolumbus segelt nach Amerika.

Vasco da Gama erreicht Indien.

Cortés beginnt Eroberung des Aztekenreiches.

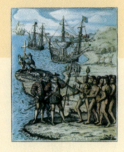

Erste Gutenberg-Bibel gedruckt.

Luthers 95 Thesen: Beginn der Reformation.

1521: Luther auf dem Reichstag zu Worms.

1522: Bibelübersetzung Luthers auf der Wartburg.

Zusammenfassung

Die Entdeckungen:
- Mit der Suche der **Portugiesen** nach einem **Seeweg nach Indien** (Heinrich der Seefahrer, Vasco da Gama) beginnt das Zeitalter der Entdeckungen.
- 1492 erreicht **Kolumbus** einen neuen Kontinent: **Amerika**.
- Die Spanier vernichten die Staaten der **Azteken** und **Inkas**. Die indianische Bevölkerung wird grausam ausgebeutet. Später werden schwarze **Sklaven** zur Arbeit eingesetzt (Dreieckshandel).

Renaissance und Humanismus:
- Das Denken löst sich von religiösen Zwängen des Mittelalters. Die **Erforschung der Natur** beginnt (**Leonardo da Vinci**, Überwindung des geozentrischen Weltbildes durch **Kopernikus**), der Mensch rückt in den Mittelpunkt. Die Wiederentdeckung der Antike (Renaissance) beeinflusst Kunst und Kultur.
- Die Entwicklung von **Erfindungen** (**Buchdruck**), Technik, Wirtschaft und Finanzwesen (Fugger) beschleunigt sich.

Reformation und Glaubenskriege:
- Neues Denken und Missstände in der katholischen Kirche führen ab 1517 zur **Reformation** der Kirche durch **Luther** und weitere Refor-

Eine neue Zeit

1524/25 — **1533** — **1534** — **1555** — **1618** — **1648**

Eroberung des Inkareiches durch Pizarro.

Gründung des Jesuitenordens, Hauptträger der Gegenreformation.

Aus regionalem Streit entwickelt sich ein europäischer Machtkampf.

Ende des 30-jährigen Krieges: Verwüstung und politische Zersplitterung Deutschlands.

Deutscher Bauernkrieg: Die Aufständischen scheitern. Thomas Müntzer hingerichtet.

Augsburger Religionsfriede zwischen den Konfessionen.

Beginn des 30-jährigen Krieges.

matoren (**Calvin, Zwingli; Müntzer**): Die protestantischen Kirchen entstehen.
- Der deutsche **Bauernkrieg 1524/25** ist mit den Zielen der Reformation eng verknüpft („12 Artikel" der Bauern). Er endet mit der Niederwerfung der aufständischen Bauern durch ein Fürstenheer des Schwäbischen Bundes.
- In der **Gegenreformation** kann die katholische Kirche, teils gewaltsam (**Inquisition**), teils durch Reformen (**Jesuitenorden**), den Protestantismus vor allem in Süddeutschland wieder zurückdrängen. Im **Augsburger Religionsfrieden** 1555 kommt es zu einem vorläufigen Kompromiss.
- Der **Dreißigjährige Krieg** (1618–48) beginnt als regionaler Konflikt, in den die katholisch-kaiserliche Liga und die protestantische Union eingreifen. Er wird bald zum Kampf europäischer Mächte um die politische Vorherrschaft. Er endet mit der **Verwüstung** und **politischen Zersplitterung Deutschlands**, von der vor allem die aufstrebenden Territorialstaaten der Fürsten profitieren.

4 Absolutismus und Aufklärung

Die Residenz des Sonnenkönigs. Schloss und Gärten von Versailles. Gemälde von P. Patel, 1668.

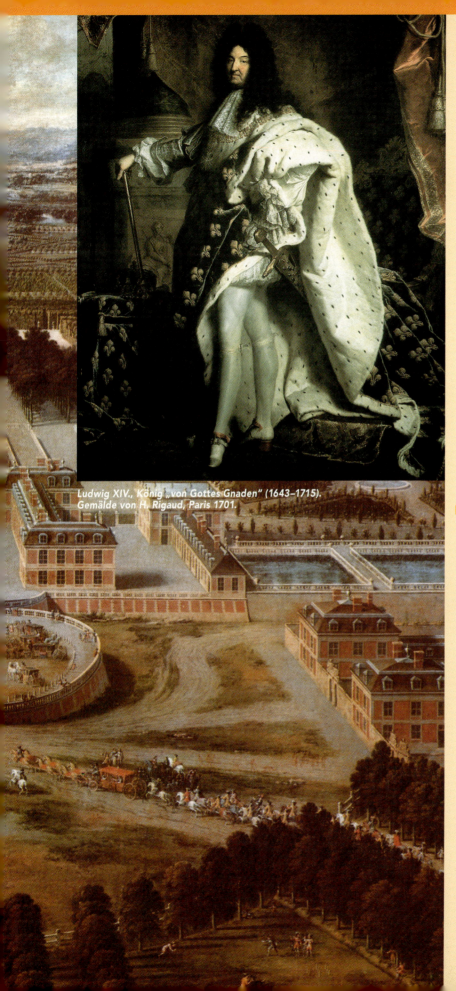

Ludwig XIV., König „von Gottes Gnaden" (1643–1715). Gemälde von H. Rigaud, Paris 1701.

Der Glanz einer neuen Herrschaft

Nach dem Ende der Religionskriege begann in Europa das Zeitalter des Absolutismus. Frankreich war tonangebend. Die meisten europäischen Fürsten wollten nun nach dem Vorbild des französischen Königs regieren. So wie Ludwig XIV. am Hof von Versailles lebte, wollten auch sie leben. Die Adligen hielten alles Französische für vornehm und übertrugen selbst die Erziehung ihrer Kinder Tanz- und Sprachlehrern aus Frankreich.

Die Nachahmung hatte auch ihre guten Seiten, wenn sie über die Mode und die höfische Kultur mit ihren Bällen, Opern und Paraden hinausging. Frankreich war auf verschiedenen Gebieten weit entwickelt und übte in Bildung, Literatur und Kunst, in Staatsverwaltung und Wirtschaft eine Vorbildwirkung in Europa aus.

■ **A1** Wie wirken diese Bilder auf dich? Beschreibe deine Eindrücke.

Madame de Pompadour (1721–1764).
Die einflussreichste Geliebte Ludwigs XV. war nicht nur stolz auf ihre Schönheit, sondern auch auf ihre Bildung. Sie ließ sich mit dem Hauptwerk der französischen Aufklärung, der Enzyklopädie (33 Bände), im Hintergrund malen.

1 Der Absolutismus in Frankreich

1.1 Ein „Sonnenkönig" regiert Frankreich

Frankreich war in der Mitte des 17. Jahrhunderts in Europa das Land mit der dichtesten Besiedlung. Geistlichkeit, Adel, Städtebürger und Bauern bestimmten das Gesicht der Gesellschaft. Sie wurden von einem König regiert. Über die Generalstände nahmen sie Einfluss auf den Staat. Dazu gehörten der Erlass von Gesetzen, die Steuern, die Entscheidung über Krieg und Frieden und die Aufstellung eines Söldnerheeres. Doch schon unter dem leitenden Minister Richelieu (1585–1642) war der Einfluss der Generalstände und des Adels stark beschnitten worden.

Im Jahre 1643 kam Ludwig XIV. im Alter von vier Jahren auf den Königsthron. Die Regierungsgeschäfte führte Kardinal Mazarin. Ihm gelang es, die Herrschaft des Königs vor seinen Gegnern zu retten und von der Kontrolle durch die Stände zu befreien.

Nach dem Tod Mazarins 1661 schaffte Ludwig XIV. das Amt des leitenden Ministers ab und übernahm selbst die Regierung. Minister, die er mit Absicht aus dem Bürgertum wählte, verwalteten nun nach seinen Vorstellungen das Land. Er betrachtete sie als Vollstrecker seines Willens und achtete streng darauf, dass sie keine Entscheidungen ohne sein Wissen trafen. Ratskollegien und viele Beamte standen ihm zur Seite.

Q1 Ludwig XIV. in seinen Memoiren über seine Arbeitsweise:
„Ich verhandle unmittelbar mit ausländischen Ministern, lese die eingegangenen Depeschen. Ich verfasse selbst einen Teil der Antworten und
5 *teile Meinen Sekretären den übrigen Inhalt mit. Ich regle Einnahmen und Ausgaben Meines Staates. Ich lasse Mir direkt von denen, die Ich auf wichtige Posten stellte, Rechenschaft geben."*
(Geschichte in Quellen, Bd. 3, S. 427)

■ **A1** Welche Absichten und Eigenschaften erkennst du in der Arbeitsweise Ludwigs XIV.? Erarbeite ein Schaubild, das den Wandel in der Herrschaft deutlich werden lässt.

Ludwig XIV. duldete keine Beschränkung oder Kontrolle der Königsmacht. Er hielt sich für den Stellvertreter Gottes auf Erden. Nur ihm fühlte er sich verantwortlich, und jeder hatte ihm zu gehorchen. Immer und überall spielte er seine Herrscherrolle mit solcher Leidenschaft, sodass er tatsächlich die Worte ausgesprochen haben könnte, die ihm nachgesagt werden: „L'état c'est moi – Ich bin der Staat."

1.2 Versailles – ein goldener Käfig für den Adel

Prachtentfaltung war für Ludwig XIV. ein wichtiges Herrschaftsmittel. Er ließ etwa 15 km außerhalb der Stadt, in Versailles, ein neues Schloss bauen. Es war von einem märchenhaften Park umgeben. In einem riesigen Sumpfgebiet arbeiteten über 28 Jahre 35 000 Menschen daran. Ganze Dörfer wurden abgerissen, um Platz zu machen für Gebäude, Gärten, Teiche, Wege, Wasserspiele und lange Kanäle, auf denen bei Festen Vergnügungsschiffe fuhren. Das Schloss übertraf alle anderen an Größe und Prunk.

Das Schloss enthielt rund 2 000 Räume. Der gesamte Hofstaat zählte etwa 20 000 Personen. Der größte Raum war der Spiegelsaal (80 m lang und 10 m breit) an der Rückfront des Mittelbaus.

Das Leben am Hofe glich einem gewaltigen Schauspiel, in dem Ludwig XIV. den hohen Adligen die wichtigsten Rollen übertrug. Er machte es ihnen zur Pflicht, im Schloss zu wohnen. Wie die Planeten um die Sonne kreisen, so sollten sich auch die Großen des Landes um den König bewegen. Die vornehmsten Herren Frankreichs waren zugleich seine ersten Diener.

Der Spiegelsaal in Versailles, Foto 1985

■ **A1** Beschreibe das Bild unten.
■ **A2** Beschreibe Schloss und Park von Versailles. Benutze dazu den Grundriss.
■ **A3** Wieso kann man an der Anlage erkennen, wer im Mittelpunkt des Staates stand?

In der Nähe des Königs zu sein bedeutete dem Adel alles. Das größte Unglück, das einen Höfling treffen konnte, war eine Verbannung auf seine Güter in der Provinz. Diese Strafe war für manchen schwerer zu ertragen als die Haft in einem Gefängnis.

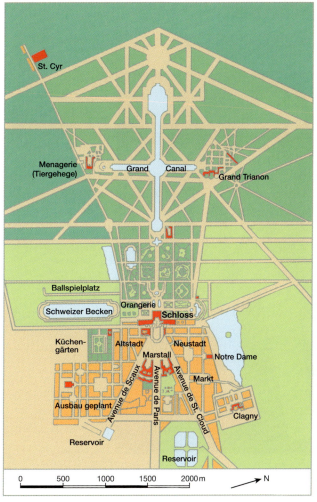

Versailles zur Zeit Ludwigs XIV. Nach einem Plan von J. B. Naudin um 1693.

Q1 Liselotte von der Pfalz, Schwägerin Ludwigs XIV., über einen gewöhnlichen Abend im Schloss: „Um 6 Uhr versammelten sich alle Höflinge in des Königs Vorzimmer und alle Damen im Raume der Königin. Hernach gehen alle miteinander
5 in den Salon, wo die Geigen sind für die, die tanzen wollen. Von da geht man in einen Saal, wo des Königs Thron ist. Dort findet man allerhand Musik. Von da geht man in die Schlaf-
10 zimmer, wo 3 Tafeln stehen, um Karten zu spielen, für den König, die Königin und den Bruder des Königs. Von da kommt man in einen Saal, worin mehr als 20 Tische stehen (...),
15 um allerhand Spiele zu spielen. In einem anderen stehen 4 lange Tische. Darauf der Imbiss, Obstkuchen und Süßigkeiten. In einem weiteren Zimmer stehen 4 andere Tische, worauf
20 viele Flaschen und Gläser stehen, allerhand Liköre und Weine. (...) Die nicht spielen, wie ich und viele andere mehr, die schlendern herum, von einem Saal zum anderen, bald zu der
25 Musik, bald zu den Spielen."
(Krieger, H.: Handbuch des Geschichtsunterrichts, Bd. 4, S. 132)

■ **A4** Was könnte ein Kritiker dem Hof vorhalten?
■ **A5** An allen Fürstenhöfen Europas richtete man sich nach den Umgangsformen am Hof von Versailles. Welche Verhaltensregeln kannst du hier erkennen?

175

GEWUSST WIE!

Herrscherporträts – und was sie uns erzählen

Ludwig XIV., König von Frankreich. Gemälde (277 x 194 cm) von H. Rigaud, Paris 1701

■ **A1** Suche im Lehrbuch das vollständige Porträt, benenne die fehlenden Teile und erläutere deren Bedeutung.

■ **A2** Schau dir das Porträt als Ganzes an und bring es zum Sprechen.

Manche Bilder in deinem Geschichtsbuch sind Porträts. Darunter versteht man die bildliche Darstellung eines ganz bestimmten Menschen. Besonders im Absolutismus ließen sich Kaiser, Könige und Fürsten gern auf diese Weise malen. Sie wollten damit Eindruck auf andere machen. Deshalb zeigen die Porträts oft nicht so sehr, wie der Abgebildete tatsächlich aussah, obwohl sie meistens zu seinen Lebzeiten entstanden, sondern wie er erscheinen wollte. Sie erzählen viel über den Herrscher und seine Zeit.

Aber das Porträt an sich ist stumm. Wer von ihm etwas erfahren möchte, muss auf verschiedene Einzelheiten achten und sich bestimmte Fragen stellen. Unterstützung erhaltet ihr dabei vor allem durch die Bildunterschrift, den darstellenden Text und die schriftlichen Quellen.

Diese Fragen können bei der Erschließung eines Porträts helfen:

1. Wer ist abgebildet?
2. Wann wurde das Porträt gemalt? Entstand es noch zu Lebzeiten des Abgebildeten oder später?
3. Wissen wir etwas über den Auftraggeber?
4. Woran erkennt man den Rang, die Stellung der Person (Kleidung, Herrschaftszeichen und andere Gegenstände, Größe, Raum)?
5. In welcher Haltung zeigt sich die Person? Achte besonders auf Arme und Beine, Gesichtsausdruck und Gesten.
6. Welche Absicht wurde mit der Darstellung verbunden? Fasse deinen Eindruck und deine Meinung zusammen.

Das Leben am Hofe von Versailles bot den Adligen endlose Vergnügungen, ein sicheres Auskommen und vieles andere mehr. Dafür mussten sie aber auf ihre Selbstständigkeit und die wichtigsten politischen Ämter verzichten. Ludwig XIV. wollte unumschränkt regieren und mit niemandem seine Macht teilen.

■ **Q2** Ein Zeitzeuge, der Herzog von Saint-Simon, berichtete:

„*Die Herzogin von Bourbon-Condé, deren beträchtliche Schulden bei den Kaufleuten der König vor nicht langer Zeit bezahlt hatte, hatte nicht gewagt, die durch das Spiel entstandenen Verbindlichkeiten zu erwähnen, die sich auf bedeutende Summen beliefen. Diese Schulden vermehrten sich noch (…) Frau von Maintenon (Geliebte des Königs und spätere Ehefrau) hatte Mitleid mit ihrer Lage und brachte es dahin, dass der König diese Schulden übernahm.*"

(Die Memoiren des Herzogs von Saint-Simon, Bd. 2, S. 30)

■ **A3** Welche Gründe konnte der König haben, die Schulden seiner Höflinge zu begleichen?

■ **A4** Bildet zwei Gruppen und führt ein Streitgespräch über die Vorzüge und die Nachteile, die das Leben in Versailles dem Adel brachte.

1.3 Der Alleinherrscher und seine Machtstützen

Zur absoluten Herrschaft Ludwigs XIV. gehörte, dass seine Befehle und Gesetze auch in den entferntesten Winkeln des Landes befolgt wurden. In den Provinzen lag die Macht in den Händen adliger Gouverneure. Sie regierten selbst wie Könige und wirtschafteten dabei häufig in die eigene Tasche. Ludwig übertrug die Macht der Gouverneure auf königliche Beamte, die Intendanten. Sie sorgten für die Einziehung der Steuern, die Rechtsprechung, die öffentliche Ordnung und die Aushebung der Truppen. Ihnen unterstanden Handwerk und Handel, Landwirtschaft und Märkte sowie die Polizei. Der König setzte die Intendanten ein. Sie waren von ihm abhängig und erfüllten gehorsam seine Befehle. Von den Bewohnern der Provinzen wurden sie nicht selten „Bluthunde des Königs" genannt.

■ **A1** *Betrachte die Kleidung der Menschen und ordne sie den Ständen in Frankreich zu. Welchen Eindruck erweckt der Zeichner des Bildes?*

Eine wichtige Rolle für die Sicherung der absoluten Macht spielte die Armee. Dem „Sonnenkönig" unterstand die Verwaltung des Heeres. Seine Besichtigungen und Kontrollen waren gefürchtet. Im Unterschied zu früheren Zeiten wurden nun die Soldaten nicht mehr angeworben, wenn ein Krieg zu führen war. Sie standen ständig unter Waffen, auch in Friedenszeiten. Das „stehende Heer" nutzte der absolute Monarch zur Festigung und Erweiterung seiner Macht nach innen und außen.

■ **A2** *Weshalb wurde das „stehende Heer" auch als der „Muskel der absoluten Königsherrschaft" bezeichnet?*

Eine dritte Stütze der Macht des Königs von Gottes Gnaden war die katholische Kirche. Ludwig XIV. war streng gläubig. Es diente seiner Alleinherrschaft, wenn die Bischöfe und Pfarrer den Menschen erklärten, dass der Monarch sich mit seinem ganzen Handeln nur vor Gott zu rechtfertigen habe. Er beendete deshalb Streitigkeiten mit dem Papst und entschloss sich, in Frankreich nur noch den katholischen Glauben zuzulassen.

Ablieferung der Kopfsteuer unter Ludwig XIV. Kupferstich um 1710.

Q1 Aus dem Edikt von Fontainebleau, 1685:
„1. Und infolgedessen (der Aufhebung des Ediktes von Nantes) wollen wir, dass alle Kirchen der reformierten Religion zerstört werden.
5 2. Wir verbieten unseren Untertanen der reformierten Religion sich zu versammeln, um den Gottesdienst an irgendeinem Orte oder in einem Privathause zu halten.
10 3. Wir befehlen allen Predigern der reformierten Religion, die sich nicht bekehren und die katholische Religion annehmen wollen, unser Land zu verlassen.
15 6. Wir verbieten die Schulen der reformierten Religion (...)."
(Geschichte in Quellen, Bd. 3, S. 454 f., gekürzter Auszug)

Q2 J. Bossuet (1627–1704), Bischof von Meaux:
„Der königliche Thron ist nicht der Thron eines Menschen, sondern der Thron Gottes selbst. Der Fürst hat über keinen seiner Befehle Rechen-
5 schaft abzulegen."
(Weigang, W.: Der Hof Ludwigs XIV., S. 51)

■ **A3** *König und katholische Kirche unterstützten sich gegenseitig. Entnehmt aus beiden Quellen, wie das im Einzelnen geschah.*

Etwa 850 000 Hugenotten lebten in Frankreich. Zu Tausenden flohen sie nach 1685 vor der „Bekehrung" ins Ausland.

177

ARCHIV

Französischer Absolutismus: Staatsauffassung und höfisches Leben

Q1 Jean Bodin (1530–1597), Jurist und Philosoph, schrieb 1576 über die Machtstellung des Königs: „Souveränität ist die absolute und dauernde Macht eines Staates (...) und bedeutet so viel wie ‚höchste Befehlsgewalt'. So ist eine Souveränität, die einem Fürsten unter Auflagen und Bedingungen übertragen wird, keine Souveränität im eigentlichen Sinne und keine absolute Gewalt (...). Nur den göttlichen und natürlichen Gesetzen sind alle Herrscher der Welt unterworfen, und es liegt nicht in ihrem Ermessen, dagegen zu verstoßen, wenn sie nicht des Verbrechens der Beleidigung der göttlichen Majestät schuldig werden und sich gegen Gott auflehnen wollen (...).
Darin zeigt sich ja gerade die Größe und Majestät eines wirklich souveränen Herrschers, dass die Stände des ganzen Volkes, wenn sie versammelt sind und in aller Untertänigkeit dem Herrscher ihre Anträge und Bitten vortragen, keinerlei Befugnis zum Anordnen und Beschließen, ja, nicht einmal eine beratende Stimme haben, sondern was der König nach seinem Gutdünken annimmt oder verwirft, befiehlt oder verbietet, gilt als Gesetz, Edikt, Befehl. In diesem Punkte haben sich die Verfasser der Schriften über die Pflichten der Amtsträger (...) geirrt mit ihrer Meinung, die Stände [als Vertreter] des Volkes stünden über den Fürsten. (...)"
(Geschichte in Quellen, Bd. 3, S. 260 ff.)

■ **A1** Wie charakterisiert Bodin einen unabhängigen Herrscher?
■ **A2** Kennzeichne die Bedeutung, die der Begriff „absolut" für ihn hat.
■ **A3** Erkläre, warum er als Vordenker des Absolutismus bezeichnet wird.

Q2 J.-B. Bossuet (1627–1704), Bischof von Meaux, 1682 über die absolute Herrschaft des Königs: „(...) Wir haben also gesehen, dass jede Gewalt von Gott kommt. Die Fürsten handeln als Gottes Diener und Gottes Statthalter auf Erden. Die königliche Gewalt ist absolut. (...) Ohne diese absolute Gewalt kann er weder das Gute tun noch das Böse unterdrücken: Seine Macht muss groß genug sein, dass niemand hoffen kann, ihm zu entrinnen. Der einzige Schutz der Untertanen gegen die Staatsgewalt muss ihre Unschuld sein. (...) Man muss dem Staat so dienen, wie der Fürst es verlangt, denn wir haben gesehen, dass in ihm die Vernunft, die den Staat lenkt, ihren Sitz hat. (...)"
(Geschichte in Quellen, Bd. 3, S. 450–452)

■ **A4** Wie begründet der Bischof von Meaux die absolute Königsherrschaft?
■ **A5** Welcher Unterschied besteht zu einem demokratischen Rechtsstaat?

Q3 Ludwig XIV. in seinen Memoiren über seine Regierungstätigkeit: „(...) Denn nichts ist unwürdiger, als wenn man auf der einen Seite alle Funktionen, auf der anderen nur den leeren Titel eines Königs bemerkt. (...) Die Aufgabe der Könige besteht in der Hauptsache darin, den gesunden Menschenverstand sprechen zu lassen. (...) Was die Personen betrifft, die mir bei meiner Arbeit behilflich sein sollten, so habe ich mich vor allem entschlossen, keinen Premierminister mehr in meinen Dienst zu nehmen. (...) Ich wollte die oberste Leitung ganz allein in meiner Hand zusammenfassen. (...) ich halte meine Angelegenheiten so geheim, wie das kein anderer vor mir getan hat, verteile Gnaden weise nach meiner Wahl und erhalte (...) die, die mir dienen, auch wenn ich sie und die ihren mit Wohltaten überhäufe, in einer Bescheidenheit, die weit entfernt ist von der (...) Machtfülle der Premierminister."
(Geschichte in Quellen, Bd. 3, S. 426–428)

■ **A6** Wie begründet Ludwig XIV. die Abschaffung des Ersten Ministers?
■ **A7** Warum sieht er vor allem durch einen Premierminister seine Machtstellung bedrängt?

Q4 Der fanzösische Historiker H. Taine über das Zeremoniell der Morgentoilette des Königs: „(...) Des Morgens weckt ihn der erste Kammerdiener (...) und der Reihe nach treten fünf Gruppen von Leuten ein, um ihre Aufwartung zu machen. Zuweilen sind die geräumigen Wartesäle nicht genügend, die Menge der Höflinge zu fassen (...). Dann erhebt er sich vor der ganzen Gesellschaft aus dem Bette, zieht die Pantoffeln und den ihm vom Großkämmerer und ersten Kammer-Edelmann gereichten Schlafrock an und setzt sich auf den Ankleide-Sessel (...). Der König wäscht sich die Hände und entkleidet sich allmählich. Zwei Pagen ziehen ihm die Pantoffeln aus; das Hemd wird beim rechten Ärmel vom Großmeister der Garderobe, beim linken vom ersten Diener der Garderobe entfernt und einem anderen Garderobebeamten übergeben, während noch ein anderer Garderobediener das frische Hemd in weißer Taffet-Hülle herbeibringt. (...) Die Ehre, es darreichen zu dürfen, gebührt den Söhnen und Enkeln des Königs (...). Der erste Kammerdiener ergreift den rechten, der erste Diener der Garderobe den linken Ärmel, während zwei andere Diener den Schlafrock als Vorhang vorhalten, bis das Hemd festsitzt. Hierauf hält ein Kammerdiener dem König einen Spiegel vor. (...) Andere bringen die Kleider herbei; der Großmeister der Garderobe reicht dem König (...) den Rock, zieht ihm das blaue Band an und schnallt ihm den Degen um (...)."
(Krieger, H. [Hg.]: Handbuch des Geschichtsunterrichts, Bd. 4, S. 129 f.)

■ **A8** Warum spiegelt auch das Hofzeremoniell die absolute Herrschaft wider?

1.4 Der Sonnenkönig und die Staatskasse

In Frankreich lebten um die Mitte des 17. Jahrhunderts fast 20 Millionen Menschen. Etwa 90 Prozent von ihnen führten ein armseliges Leben voll harter Arbeit.

Versailles mit seinem verschwenderischen Luxus lag wie eine riesige Spinne über dem ganzen Land. Hofleben, Verwaltung, Heer und nicht zuletzt die Kriege verschlangen ungeheure Summen. Sie überstiegen bald die jährlichen Einnahmen des Staates. Für die Beschaffung des Geldes war der Finanzminister J. B. Colbert zuständig. Bereits bei seinem Amtsantritt 1661 waren die Staatseinnahmen des laufenden Jahres und der beiden folgenden verpfändet. Dennoch gelang es ihm, die Einnahmen des Königs zu verdoppeln und damit die Löcher in der Staatskasse zu stopfen.

■ **A1** *Versetzt euch zunächst in die Lage Colberts und unterbreitet Vorschläge, um die Geldsorgen des Königs zu beheben.*

Q1 Aus einer Denkschrift Colberts zur Wirtschaftspolitik (1664):
„Die Manufakturen waren und sind fast völlig ruiniert. Die Holländer haben ihnen allen das Wasser abgegraben und führen dieselben Industrieerzeug-
5 nisse bei uns ein (...). Würden stattdessen diese Manufakturen bei uns wieder eingerichtet, so hätten wir nicht nur deren Erzeugnisse für unseren Bedarf, so dass sie uns als Zahlungsmittel
10 Bargeld bringen müssten, das sie jetzt für sich behalten, sondern wir hätten auch noch Überschüsse für die Ausfuhr, die uns wiederum einen Rückfluss an Geld einbrächten (...). Es ist einzig und
15 allein der Reichtum an Geld, der die Unterschiede an Größe und Macht zwischen den Staaten begründet. So ist es sicher, dass jährlich aus dem Königreich einheimische Erzeugnisse (...) für
20 den Verbrauch im Ausland im Wert von 12 bis 18 Millionen Livres hinausgehen. Das sind die Goldminen unseres Königreiches, um deren Erhaltung wir uns sorgfältig bemühen müssen."
(Geschichte in Quellen, Bd. 3, S. 447 f.)

■ **A2** *Beschreibe die einzelnen Arbeitsgänge.*
■ **A3** *Ermittle die Anzahl der Frauen, die in dieser Manufaktur arbeiteten.*

Q2 Der Botschafter der Republik Venedig in Frankreich über die Maßnahmen Colberts:
„Herr Colbert unterlässt nichts, um Gewerbe anderer Länder in Frankreich heimisch zu machen. Er versucht, auf englische Art die französischen
5 Rinderhäute zu gerben. Aus Holland hat man Techniken der Tuchproduktion übernommen, ebenso auch die Herstellung von Käse, Butter und anderen Spezialitäten, aus Deutschland
10 die Produktion von Hüten, Weißblech und vielen anderen Erzeugnissen und aus Italien die Spitzenklöppelei und die Spiegelherstellung. Was es an besten Waren in aller Welt gibt, das wird
15 zurzeit in Frankreich hergestellt, und so groß ist die Beliebtheit dieser Erzeugnisse, dass von allen Seiten die Bestellungen einlaufen."
(Praxis Geschichte, Heft 4/88, S. 42)

■ **A4** *Was verraten die beiden Quellen über Colberts Wirtschaftspolitik und ihre Erfolge?*

Herstellung von Spielkarten in einer Manufaktur

Die Wirtschaftspolitik Colberts, mit der die absolute Königsherrschaft in Frankreich bezahlt werden sollte, bezeichnet man als Merkantilismus. Damit gelang es ihm für etwa 10 Jahre, die Einnahmen und Ausgaben des Staates im Gleichgewicht zu halten. Neue Steuern wurden eingeführt, z. B. die Kopfsteuer 1695, alte erhöht und Ämter verkauft. Als Ludwig XIV. 1715 starb, war Frankreich dennoch wirtschaftlich ruiniert. Viele Menschen lebten in unvorstellbarem Elend.

Schuld an diesem Zustand war aber nicht nur die verschwenderische Hofhaltung in Versailles, sondern auch die Außenpolitik des Sonnenkönigs.
Als Ludwig XIV. 1661 die Alleinherrschaft durchsetzte, nahm Frankreich bereits eine machtvolle Stellung unter den europäischen Staaten ein. Dennoch führte Ludwig seit 1667 zahlreiche Kriege. Der Krieg war in seinen Augen das beste Mittel, Macht und Ruhm des Herrschers zu vermehren. Immer wieder fielen französische Heere in die Nachbarländer ein. Die Niederlande, das westliche Deutschland und Spanien waren die bevorzugten Opfer. Da die Staaten Europas diese aggressive Politik nicht hinnehmen wollten, verbündeten sie sich immer wieder und leisteten gemeinsamen Widerstand. Das überstieg auf Dauer Frankreichs Kräfte. Fünfzig Jahre Krieg hinterließen ein erschöpftes und armes Land.

Jean Baptiste Colbert (1619–1683). Er diente Ludwig XIV. 22 Jahre mit Leib und Seele. Die Höflinge begegneten ihm mit Respekt, obwohl er aus dem Bürgertum kam. Von seinem Erfolg hing auch ihr „süßes Leben" ab.

Löhne und Preise in Frankreich in der 2. Hälfte des 17. Jh.s

20 Sous = 1 Livre

An einem Arbeitstag von 10 bis 14 Stunden verdiente ein

Maurer	12–16 Sous
Zimmermann	14–18 Sous
Grubenarbeiter	15–16 Sous
Stepper	20–25 Sous
Leineweber	12–15 Sous
Schlosser (in Paris)	30 Sous
Landarbeiter	8–19 Sous

Preise für

Weißbrot (450 g)	1–2 Sous
1 Pinte (= 0,6 l) Wein	2–3 Sous
1 Pfd. Butter	5–8 Sous
1 Pfd. Ochsenfleisch	2–3 Sous
1 Paar junge Hühner	30 Sous
1 Paar Holzschuhe	2 Sous
1 Pfd. Kerzen	6–10 Sous

(Nach: P. Gaxotte, Ludwig XIV., Berlin 1951, S. 54 f.)

■ **A1** *Vergleiche Löhne und Preise in der 2. Hälfte des 17. Jahrhunderts in Frankreich.*

■ **A2** *Erkläre an der schematischen Skizze, wie die neue Wirtschaftspolitik Colberts funktionierte. Benutze dazu auch die Quellen.*

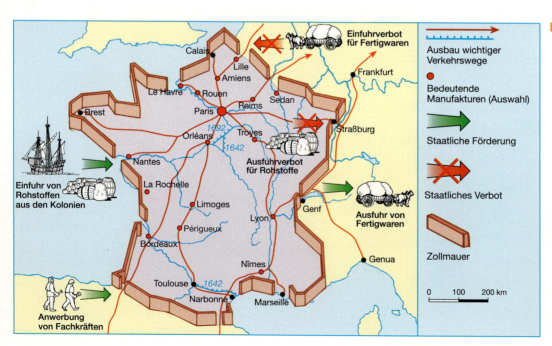

So funktionierte der Merkantilismus (schematische Darstellung)

ARCHIV

Französischer Absolutismus: Finanzen, Wirtschaft und Soziales

Q1 Colbert in einem Brief an den König 1661 über die Rolle der Finanzen:

„Es ist ein feststehender und allgemein anerkannter Grundsatz in allen Staaten der Welt, dass die Finanzen der wichtigste und wesentlichste Teil
5 der Staatsangelegenheiten sind. Diese Materie greift in alle Staatsgeschäfte ein, ob sie nun die Erhaltung des Staates nach innen oder seine Ausdehnung und Machtbehauptung nach
10 außen betreffen (...)."

(Geschichte in Quellen, Bd. 3, S. 441)

A1 Erläutere den Zusammenhang zwischen absoluter Herrschaft und den Staatsfinanzen.

A2 Diskutiert über die Auswirkungen.

Q2 Privileg Ludwigs XIV. für den Holländer van Robais, 1665:

„Wir gestatten und erlauben dem genannten van Robais, sich in der Stadt Abbeville mit fünfzig holländischen Arbeitern niederzulassen und dort
5 eine Manufaktur für feine Tuche einzurichten von der Art, wie man sie in Spanien und Holland herstellt, und zu diesem Zweck dreißig Webstühle dorthin zu transportieren und dort
10 aufzustellen. (...)
Wir wollen, dass er und seine bei der Manufaktur tätigen ausländischen Gesellschafter und Arbeiter als wahre ansässige und naturalisierte Franzosen
15 eingestuft und angesehen werden. (...) Sie werden auch während der Laufzeit dieser Konzession von allen übrigen Abgaben, Steuern, Soldateneinquartierungen, städtischen Diensten,
20 Frondiensten und sonstigen öffentlichen Lasten befreit sein. (...)
Und damit sie in der gleichen Religionsfreiheit leben können, in der sie aufgewachsen sind, gestatten wir dem
25 Unternehmer und seinen Gesellschaftern und Arbeitern, sich weiterhin zur angeblich reformierten Religion zu bekennen. (...) Und um dem Unternehmer und seinen Gesellschaftern unse-
30 re Genugtuung über ihr Unternehmen noch mehr zu bezeugen, haben wir angeordnet und ordnen wir an, (...) dass dem Unternehmer die Summe von 12 000 Livres bar bezahlt und aus-
35 gehändigt werde (...). Und damit der Antragsteller in voller Freiheit den Gewinn seiner Arbeit genießen kann, haben wir allen Arbeitern und anderen Personen, gleich welchen Standes sie
40 sein mögen, verboten, während der Zeit von zwanzig Jahren diese Tuchsorte nachzuahmen oder in dieser Stadt und im Umkreis von zehn Meilen ähnliche Webstühle aufzustellen."

(Lebrun, P.: Le XVIIe Siècle, übersetzt von A. Moser, Paris 1969, S. 232)

A3 Beschreibe anhand des Beispiels die Förderung von Manufakturen.

Q3 Mahnung Colberts an den König vom 22. Juli 1666:

„(...) Eure Majestät haben ihre Belustigungen und den Krieg zu Lande in einer Weise vermengt, dass eins vom anderen kaum noch zu trennen ist.
5 Wollten Sie einmal im Einzelnen nachprüfen, wie viel unnütze Ausgaben Sie getätigt haben, so würden Sie erkennen, dass Sie durch Verzicht auf diese Ausgaben gar nicht erst in die jetzige
10 Notlage gekommen wären. (...) Wenn Eure Majestät Ihre und der Königin Spielverluste, die Feste, Gastmähler und außerordentlichen Bankette in Betracht ziehen, werden Sie finden
15 (...), dass die Könige, Ihre Vorgänger, solche Ausgaben nicht gekannt haben und dass sie keineswegs notwendig sind. (...) Das alles sind Ausgabenerhöhungen, die der Staat nicht tragen
20 kann (...).
Was die Vermehrung der Einnahmen betrifft, so muss ich Eurer Majestät sagen, dass ich fürchte, darin schon zu weit gegangen zu sein (...). Außer-
25 ordentliche Einnahmen gibt es keine mehr, und was in den eroberten Ländern einen Ertrag abwerfen könnte, haben Eure Majestät bereits verausgabt."

(Geschichte in Quellen, Bd. 3, S. 444/445)

A4 Beschreibe die Sorge, die Colbert bedrückt. Welche Ursache nennt er?

Q4 Der Schriftsteller La Bruèyere über die Lage der Menschen auf dem Lande:

„Man sieht da so manche wilden Tiere, männliche und weibliche, schwärzlich, bleich, völlig verbrannt von der Sonne, an die Erde geklammert, die sie um-
5 und umwühlen und mit unbezwinglicher Hartnäckigkeit umgraben (...). Nachts verziehen sie sich in ihre Höhlen, wo sie vom schwarzen Brot, von Wasser und Wurzeln leben (näm-
10 lich von Steckrüben und Kohlrabi, vielleicht auch von Kartoffeln)."

(Erlanger, Ph.: Ludwig XIV. Das Leben eines Sonnenkönigs, S. 293)

Q5 Vom erzürnten Volk umgedichtetes Vaterunser:

„Unser Vater, der du bist in Versailles, Dein Name ist nicht mehr geheiligt; Dein Reich ist nicht mehr so groß; Dein Wille geschieht nicht mehr,
5 weder zu Wasser noch zu Lande. Gib uns unser Brot, das überall fehlt! Verzeih' unseren Feinden, die uns geschlagen haben! Nicht aber unseren Generälen, die das
10 zugelassen haben! Und erliege nicht allen Versuchungen der Maintenon! Und erlöse uns von Chamillart (= dritter Nachfolger Colberts)."

(Kathe, H.: Der „Sonnenkönig", S. 187)

A5 Schildere die Lage der Bevölkerung unter dem „Sonnenkönig" (Q4 und Q5).

2 „Habe den Mut, dich deines Verstandes zu bedienen."

Zu der Zeit etwa, als sich in Europa der Absolutismus herausbildete, entstand auch die moderne Wissenschaft. Könige ließen Akademien gründen und Raritätenkabinette einrichten, wie z. B. das „Grüne Gewölbe" in Dresden. Bahnbrechende Entdeckungen in der Astronomie und der Mathematik, der Physik und der Medizin, der Geografie und der Ingenieurkunst bildeten die Grundlage für das Entstehen einer neuen geistigen Bewegung – der Aufklärung.

■ **A1** Beschreibe die Gegenstände auf dem Gemälde, die der wissenschaftlichen Arbeit dienten. Überlege, weshalb Könige und Fürsten Geld für die Förderung der Wissenschaften ausgaben.

Ludwig XIV. bei der Gründung des Pariser Observatoriums (Raum für wissenschaftliche Beobachtungen) 1667. Gemälde von L. Testelin.

Die Wurzeln der Aufklärung liegen im Humanismus und in der Reformation. In den Niederlanden und mit Thomas Hobbes und John Locke in England gelangte die neue geistige Bewegung im 17. Jahrhundert zuerst zur Entfaltung. In Frankreich erzielte sie ihre größte Wirksamkeit.

Die Aufklärer lösten sich in ihrem Denken von kirchlichen Vorschriften. Sie waren überzeugt, dass alle Menschen von Natur aus frei seien und gleiche Rechte hätten.

Q1 Der Philosoph Jean-Jacques Rousseau schrieb 1762:
„Der Mensch wird frei geboren, und überall ist er in Ketten (...). Auf seine Freiheit verzichten heißt, auf seine Menschheit, die Menschenrechte, ja
5 *selbst auf seine Pflichten verzichten. (...) Eine solche Entsagung ist mit der Natur des Menschen unvereinbar."*

(Rousseau, J.J.: Der Gesellschaftsvertrag, S. 30, 36)

■ **A2** Beschreibe diesen Freiheitsbegriff mit deinen Worten.

Solche Vorstellungen waren unvereinbar mit absolutistischer Herrschaft. Das Herrschen allein von „Gottes Gnaden" wurde daher von den Aufklärern kritisiert. Der Herrscher sollte das Wohl der Bürger fördern, seine Machtausübung kontrolliert werden.

Q2 Der französische Aufklärer Montesquieu schrieb 1748:
„Die politische Freiheit des Bürgers besteht darin, dass er keine Angst hat und Vertrauen zu seiner Sicherheit hat (...). Damit die Gewalt nicht miss-
5 *braucht werden kann, müssen die Dinge so geordnet sein, dass eine Gewalt die andere im Zaume hält (...). Wenn die gesetzgebende Gewalt mit der ausführenden Gewalt in derselben*
10 *Person (...) vereinigt ist, gibt es keine Freiheit, weil zu befürchten ist, dass der Monarch (...) tyrannische Gesetze macht, um sie dann tyrannisch auszuführen. Es gibt auch keine Freiheit,*
15 *wenn die richterliche Gewalt nicht von der gesetzgebenden und der ausführenden Gewalt getrennt ist (...)."*

(Montesquieu, C. de: De l'esprit des lois, S. 162 ff., gekürzt)

■ **A3** Erläutere anhand der Quelle und des Schemas den Begriff „Gewaltenteilung".

Montesquieus Vorstellungen liefen auf eine durch Gesetz und Verfassung (Konstitution) gebundene, „gemäßigte" Monarchie hinaus. Rousseau ging noch weiter: Die Macht sollte vom Volk ausgehen, die Regierung den Willen der Mehrheit ausführen und sogar absetzbar sein. Diese Staatsform nennt man Republik.

■ **A4** Vergleiche die Staatsauffassungen. Nutze dabei die Quellen und das Schema auf S. 183.

■ **A5** Bis heute ist Gewaltenteilung Merkmal aller demokratischen Staaten. Warum wohl?

Staatsauffassungen in Absolutismus und Aufklärung				
	Gesetzgebung	Ausführung	Rechtsprechung	
Absolute Monarchie	KÖNIG	KÖNIG	KÖNIG	
	GEWALTENTEILUNG			= Konstitutionelle Monarchie
Montesquieu	Volksvertretung	KÖNIG	Gerichte	
Rousseau	Volksvertretung	→ Regierung	Gerichte	= Republik

Staatsmodelle in Absolutismus und Aufklärung

Für die Aufklärer stand fest, dass sich die Menschen in ihrem Handeln von der Vernunft leiten lassen sollten. Sie forderten sie auf, die Kraft und den Mut aufzubringen, ihren Verstand zu gebrauchen. Dabei stellten die meisten Aufklärer den Glauben an Gott und die Achtung anderer Religionen nicht infrage.

■ **A1** *Aufklärung – was ist das? Zähle wichtige Merkmale auf und versuche, Folgen für das Handeln und Verhalten der Menschen in der Gesellschaft herauszufinden.*

Durch die Aufklärung stieg das Wissen sprunghaft an. Immer mehr Menschen lernten lesen und schreiben. Der Besitz von Büchern wuchs zwischen 1680 und 1780 in Westeuropa um das Zehnfache. Astrologie (= Sterndeutung) verschwand von den Universitäten und galt bei den Gelehrten als Aberglaube. Für Hexen und Zauberer war allmählich kein Platz mehr. Die Menschen sollten denken!

Die Gedanken der Aufklärer erreichten auch die absoluten Herrscher. Diese glaubten, ihr Amt von Gott zu haben. Viele dieser Herrscher freundeten sich dennoch mit den neuen, für sie ungewöhnlichen Auffassungen an und förderten sie. Sie holten Aufklärer sogar an ihre Höfe. Sie erfassten, dass die Kritik vieler Gelehrter an der absoluten Regierung nicht auf die Abschaffung des Fürstenstaates gerichtet war.

Aufgeklärte Monarchen wie Friedrich II. von Preußen, Kaiser Joseph II. und die Zarin Katharina II. erkannten sehr bald, dass sie als „erste Diener" ihres Staates die Lage auch der einfachen Menschen durch Reformen verbessern konnten. Gleichzeitig stärkten sie damit ihre Stellung als absolute Monarchen. Aber nicht alle Ideen der Aufklärer wurden von ihnen in die Tat umgesetzt. An einen Verzicht auf die Macht oder gar an die Möglichkeit ihrer Absetzung durch das Volk dachten sie nicht.

■ **A2** *Erläutere Vorteile, aber auch Gefahren, die die Aufklärung den absoluten Herrschern brachte.*

■ **A3** *Verschiedene Fürsten luden Gelehrte regelmäßig zu „Tischgesprächen" ein. Wo sitzt König Friedrich II.? Schaut in die Gesichter und beschreibt die Atmosphäre.*

König Friedrichs II. Tafelrunde in Sanssouci. Gemälde von A. Menzel, 1850.

Zahl der Schriftsteller in Deutschland	
1765	2 500
1776	4 300
1784	5 200
1800	10 000

■ **A4** *Formuliere eine Aussage zu den Stichworten Aufklärung, Buchproduktion und Anzahl der Schriftsteller.*

In Deutschland setzte die Aufklärung später ein. Sie entfaltete sich seit 1770 besonders auf dem Gebiet der Erziehung. Philosophen und Schriftsteller vertraten die Einstellung, dass die Menschen dazu erzogen werden könnten, ihr Leben vernünftig zu gestalten. In Schulen und Universitäten, Theatern, Lesegesellschaften und Kaffeehäusern, in Zeitschriften und Büchern wurden ihre Ideen verbreitet. Sie wollten, dass jeder die Möglichkeit erhalten sollte, sein Leben selbst vernünftig einzurichten.

Q3 Der deutsche Philosoph Immanuel Kant formulierte 1784 die berühmteste Erklärung für die neue geistige Bewegung:

„Aufklärung ist der Ausgang des Menschen aus seiner selbst verschuldeten Unmündigkeit. Unmündigkeit ist das Unvermögen, sich seines
5 Verstandes ohne die Leitung eines anderen zu bedienen (...) Habe den Mut, dich deines eigenen Verstandes zu bedienen.
Selbstverschuldet ist diese Unmün-
10 digkeit, wenn die Ursache derselben nicht am Mangel des Verstandes, sondern der Entschließung und des Mutes liegt, sich seiner ohne Leitung eines anderen zu bedienen. Sapere
15 aude! Habe Mut, dich deines eigenen Verstandes zu bedienen! (...) Faulheit und Feigheit sind die Ursachen, warum ein so großer Teil der Menschen, nachdem sie die Natur
20 längst von fremder Leitung freigesprochen (...), dennoch gerne zeitlebens unmündig bleiben; und warum es anderen so leicht wird, sich zu deren Vormündern aufzuwerfen. Es
25 ist so bequem, unmündig zu sein. Habe ich ein Buch, das für mich Verstand hat, einen Seelsorger, der für mich Gewissen hat, einen Arzt, der für mich die Diät beurteilt usw., so
30 brauche ich mich ja nicht selbst zu bemühen (...). Dass der bei weitem größte Teil der Menschen (...) den Schritt zur Mündigkeit, außer dem dass er beschwerlich ist, auch für sehr
35 gefährlich halte, dafür sorgen schon jene Vormünder, die die Oberaufsicht über sie gütigst auf sich genommen haben. Nachdem sie ihr Hausvieh zuerst dumm gemacht haben und
40 sorgfältig verhüteten, dass diese ruhigen Geschöpfe ja keinen Schritt außer dem Gängelwagen, darin sie sie einsperrten, wagen durften, so zeigen sie ihnen nachher die Gefahr,
45 die ihnen drohet, wenn sie es versuchen, allein zu gehen (...).
Daher kann ein Publikum nur langsam zur Aufklärung gelangen. Durch eine Revolution wird vielleicht wohl
50 ein Abfall von persönlichem Despotismus und gewinnsüchtiger oder herrschsüchtiger Bedrückung, aber niemals wahre Reform der Denkungsart zustande kommen, sondern neue
55 Vorurteile werden, ebenso wohl als die alten, zum Leitbande des gedankenlosen Haufens dienen.
Zu dieser Aufklärung aber wird nichts erfordert als Freiheit; und
60 zwar die unschädlichste unter allem, was nur Freiheit heißen mag, nämlich die: von seiner Vernunft in allen Stücken öffentlich Gebrauch zu machen (...)."

(Zehbe, J.: Was ist Aufklärung?, S. 55 ff.)

■ **A1** Versuche, diese Gedanken in eigenen Worten wiederzugeben.
■ **A2** Was kritisiert Kant, welche Lösungen spricht er an?
■ **A3** Ist diese Kritik noch aktuell?

Doch die Wirklichkeit hielt vielfach mit den humanen Ideen der Aufklärung nicht Schritt. Während die Gebildeten in Europa über Menschenrechte diskutierten, wurden in den Kolonien Naturvölker ausgerottet und starben Hunderttausende Sklaven. Und auch die Aufklärung selbst hatte ihre Schattenseite. Der

Bestrafung lediger Mütter. Zeitgenössischer Kupferstich von D. Chodowiecki.

■ **A4** Beschreibe das Bild. Weshalb wohl bestrafte man ledige Mütter so hart? War das gerecht?
■ **A5** Was könnte diese „Erziehung" mit den Ideen der Aufklärung zu tun haben?

vernunftgeleitete Verstand erdachte nicht nur freiheitliche Gesellschaftsmodelle, sondern auch perfekte Schlachtordnungen, neue Gefängnisse und rigorose Erziehungsmethoden. Mit den Versuchen einer „vernünftigen" Gestaltung aller Lebensbereiche wuchs die Gefahr, dass die Menschen mehr und mehr zu bloßen Objekten in einer verwalteten Welt wurden.

Die Aufklärung führte zu einem Umdenken in der Armenfürsorge. In Hamburg wurde zum Beispiel vom Senat 1788 eine Armenanstalt errichtet. In ihr sollte jeder Bettler der Stadt Arbeit finden. Zugleich sollte damit gesichert werden, dass kein Armer mehr „einen Schilling erhielt, den er nicht selbst zu verdienen im Stande gewesen wäre".

■ **A6** Wie sollte der Armut in der Stadt Hamburg begegnet werden? Stelle Bezüge zur Gegenwart her.

ARCHIV

Aufklärung – Theorien über eine neue Gesellschaft

Q1 John Locke, englischer Philosoph, 1760 in seinem Hauptwerk „Zwei Abhandlungen zur Regierung":
„Wie Usurpation (= gesetzwidrige Machtergreifung) die Ausübung der Gewalt ist, auf die ein anderer ein Recht hat, so ist die Tyrannei (= Gewaltherrschaft eines Einzelnen) die Ausübung außer allem Recht, wozu niemand berechtigt sein kann. Das geschieht, wenn jemand von der Gewalt, die er in Händen hat, nicht zum Wohle derjenigen Gebrauch macht, die unter ihm stehen, sondern zu seinem eigenen, privaten, besonderen Vorteil, wenn der Regierende, wie er auch betitelt sein mag, nicht das Gesetz, sondern seinen Willen zur Norm macht und seine Befehle und Handlungen nicht auf die Erhaltung seines Volkes gerichtet sind, sondern auf die Befriedigung seines eigenen Ehrgeizes, seiner Rache, Begierde oder einer anderen regellosen Leidenschaft. (...) Überall, wo das Gesetz ein Ende findet, wenn das Gesetz überschritten wird zum Schaden eines anderen, fängt die Tyrannei an. Jeder, der in seiner Autorität über die ihm gesetzlich eingeräumte Macht hinausgeht und von der Gewalt, über die er verfügt, Gebrauch macht, den Untertanen das aufzuzwingen, was das Gesetz nicht gestattet, hört in dieser Beziehung auf, Obrigkeit zu sein: Und da er ohne Autorität handelt, darf ihm Widerstand geleistet werden wie jedem anderen, der mit Gewalt in das Recht eines anderen eingreift (...)."
(Bergstraesser, A./Oberndörfer, D.: Klassiker der Staatsphilosophie, Bd. 1, S. 150 ff., S. 106 ff., S. 209 ff.)

■ **A1** Was ist das Anliegen von Locke?
■ **A2** Warum spielt die Eigentumsfrage bei ihm eine so große Rolle?

Q2 Charles Montesquieu, französischer Baron, in seinem Hauptwerk von 1748 „Der Geist der Gesetze":
„In jedem Staat gibt es drei Arten von Gewalt: die gesetzgebende Gewalt, die vollziehende Gewalt in Angelegenheiten, die vom Völkerrecht abhängen, und die vollziehende Gewalt hinsichtlich der Angelegenheiten, die vom bürgerlichen Recht abhängen. Vermöge der ersten gibt der Fürst oder die Obrigkeit Gesetze für eine bestimmte Zeit oder für immer, verbessert die bestehenden oder hebt sie ganz auf. Vermöge der zweiten führt er Krieg oder schließt er Frieden, entsendet oder empfängt Gesandtschaften, befestigt die Sicherheit, kommt Invasionen zuvor. Vermöge der dritten straft er Verbrecher oder richtet über die Streitigkeiten der einzelnen Bürger. Diese letztere soll die richterliche Gewalt, die zweite dagegen schlechthin die vollziehende Gewalt des Staates genannt werden. Wenn in derselben Person oder gleichen obrigkeitlichen Körperschaft die gesetzgebende Gewalt mit der vollziehenden vereinigt ist, gibt es keine Freiheit; denn es steht zu befürchten, dass derselbe Monarch oder derselbe Senat tyrannische Gesetze macht, um sie tyrannisch zu vollziehen. Es gibt auch keine Freiheit, wenn die richterliche Gewalt nicht von der gesetzgebenden und vollziehenden getrennt ist. Ist sie mit der gesetzgebenden Gewalt verbunden, so wäre die Macht über Leben und Freiheit der Bürger willkürlich, weil der Richter Gesetzgeber wäre. Wäre sie mit der vollziehenden Gewalt verknüpft, so würde der Richter die Macht eines Unterdrückers haben. Alles wäre verloren, wenn derselbe Mensch oder die gleiche Körperschaft der Großen, des Adels oder des Volkes diese drei Gewalten ausüben würde (...)
Da in einem freien Staat, dem man einen freien Willen zuerkennt, durch sich selbst regiert sein sollte, so müsste das Volk als Ganzes die gesetzgebende Gewalt haben. Das ist aber in den großen Staaten unmöglich, in den kleinen mit vielen Misshelligkeiten verbunden. Deshalb ist es nötig, dass das Volk durch seine Repräsentanten das tun lässt, was es nicht selber tun kann. (...) Die vollziehende Gewalt muss in den Händen eines Monarchen liegen. Denn dieser Teil der Regierung, der fast immer der augenblicklichen Handlung bedarf, ist besser durch einen als durch mehrere verwaltet, während das, was von der gesetzgebenden Gewalt abhängt, häufig besser durch mehrere als durch einen Einzelnen angeordnet wird."
(Bergstraesser, A./Oberndörfer, D.: Klassiker der Staatsphilosophie, Bd. 1, S. 165 ff.)

■ **A3** Erkläre, was unter den drei Gewalten verstanden wird?
■ **A4** Warum sollen sie getrennt sein? Worin besteht die Kritik der bestehenden Gesellschaft?
■ **A5** Vergleiche mit dem Grundgesetz.

Q3 Jean Jacques Rousseau, französischer Philosoph, 1762 in seinem Werk „Der Gesellschaftsvertrag":
„Wie findet man eine Gesellschaftsform, die mit der ganzen gemeinsamen Kraft die Person und das Vermögen jedes Gemeinschaftsgliedes verteidigt und schützt und kraft dessen jeder Einzelne, obwohl er sich mit allen vereint, gleichwohl nur sich selbst gehorcht und so frei bleibt, wie vorher? Dies ist die Hauptfrage, deren Lösung der Gesellschaftsvertrag gibt. (...) Jeder von uns stellt gemeinschaftlich seine Person und seine ganze Kraft unter die oberste Leitung eines gemeinsamen Willens, und wir nehmen jedes Mitglied als untrennbaren Teil des Ganzen auf. An die Stelle der einzelnen Person jedes Vertragschließenden setzt solcher Gesellschaftsvertrag sofort einen geistigen Gesamtkörper, dessen Mitglieder aus sämtlichen Stimmabgebenden bestehen, und der durch eben diesen Akt seine Einheit, sein gemeinsames Ich, sein

Leben und seinen Willen erhält. Diese öffentliche Person, die sich auf solche Weise aus der Vereinigung aller übrigen bildet, wurde ehemals Stadt genannt und heißt jetzt Republik oder Staatskörper. Die Gesellschaftsgenossen führen als Gesamtheit den Namen Volk und nennen sich einzeln als Teilhaber der höchsten Gewalt Staatsbürger und in Hinblick auf den Gehorsam, den sie den Staatsgesetzen schuldig sind, Untertanen. (...) Damit dennoch der Gesellschaftsvertrag keine leere Formel sei, enthält er stillschweigend folgende Verpflichtung, die allein den Übrigen Kraft gewähren kann, sie besteht darin, dass jeder, der dem allgemeinen Willen den Gehorsam verweigert, von dem ganzen Körper dazu gezwungen werden soll. Das hat keine andere Bedeutung, als dass man ihn zwingen werde, frei zu sein. Denn die persönliche Freiheit ist die Bedingung, die jedem Bürger dadurch, dass sie ihn dem Vaterland einverleibt, eine Bedingung, die die Stärke und Beweglichkeit der Staatsmaschine ausmacht und den bürgerlichen Verpflichtungen, die ohne sie sinnlos, tyrannisch und den ausgedehntesten Missbräuchen ausgesetzt wäre, Rechtmäßigkeiten gibt, wäre".

(Bergstraesser, A./Oberndörfer, D.: Klassiker der Staatsphilosophie, Bd. 1, S. 247)

■ **A1** *Um welches Problem geht es Rousseau beim Gesellschaftsvertrag?*
■ **A2** *Worin besteht die Weiterentwicklung gegenüber dem Verfassungsmodell von Montesquieu?*

Q4 Aus der 3-bändigen Enzyklopädie, dem Standardwerk der französischen Aufklärung (1751-1780):
„Die natürliche Gleichheit unter Menschen ist ein Prinzip, das wir niemals aus den Augen verlieren dürfen. In der Gesellschaft stellt sie einen durch Philosophie und Religion bestätigten Grundsatz dar. (...) Wenn das Gemeinwohl fordert, dass die Unteren gehorchen, so verlangt dasselbe Gemeinwohl aber auch, dass die Oberen die Rechte ihrer Untergebenen achten und ihre Herrschaft nur dazu ausüben, sie glücklicher zu machen. Jeder Obere hat seine Stellung nicht um seiner selbst willen, sondern ausschließlich für die anderen, nicht zu seiner eigenen Ergötzung oder persönlichen Erhöhung, sondern zum Glück und Frieden der anderen. Ist er denn als Mensch, nach der natürlichen Ordnung der Dinge, mehr als sie? Wenn alle zum Wohl der Gesellschaft beitragen sollen, muss er in ganz besonderem Maße seine Dienste dazu leihen, denn seine hohe Stellung ist ihm als eine Verpflichtung auferlegt worden, damit er zum allgemeinen Besten wirke (...). So lautet der ausdrückliche oder stillschweigend zwischen den Menschen geschlossene Vertrag: Die einen stehen oben, die anderen unten, entsprechend den Standesunterschieden, wie sie zwischen ihnen bestehen; aber nur, um die menschliche Gesellschaft so glücklich wie möglich zu machen."

(Encyclopédie ou Dictionaire raisonné des Sciences, des Arts et des Métiers, Bd. 15, S. 263 f.)

■ **A3** *In welches Verhältnis werden „natürliche" Gleichheit und „Obere" in der Gesellschaft gesetzt?*

Q5 Immanuel Kant 1795 zur Frage: Wie kann zwischen den Staaten ein ewiger Frieden hergestellt werden?
„1. Es soll kein Friedensschluss für einen solchen gelten, der mit einem geheimen Vorbehalt des Stoffs zu einem künftigen Kriege gemacht werden.
2. Es soll kein für sich bestehender Staat (klein oder groß, das gilt hier gleichviel) von einem anderen Staat durch Erbung, Tausch, Kauf oder Schenkung erworben werden können.
3. Stehende Heere sollten mit der Zeit ganz aufhören. Denn sie bedrohen andere Staaten unaufhörlich mit Krieg, durch die Bereitschaft, immer dazu gerüstet zu erscheinen, reizen diese an, sich einander in Menge der Gerüsteten, (...) zu übertreffen, und indem durch die darauf verwandten Kosten der Friede endlich noch drückender wird als kurzer Krieg, so sind sie selbst Ursache von Angriffskriegen (...).
4. Es sollen keine Staatsschulden in Beziehungen auf äußere Staatshandel gemacht werden. (...)
5. Kein Staat soll sich in die Verfassung eines anderen Staates gewalttätig einmischen.
6. Es soll sich kein Staat im Kriege mit einem anderen solche Feindseligkeiten erlauben, welche den das wechselseitige Zutrauen im künftigen Frieden unmöglich machen müssen: Als da sind, Anstellung der Meuchelmörder, Brechung der Kapitulation, Anstiftung des Verrats in dem bekriegten Staat etc. Die bürgerliche Verfassung in jedem Staat soll republikanisch sein. (...) Wenn (wie es in dieser Verfassung nicht anders sein kann) die Bestimmung der Staatsbürger dazu erfordert wird, um zu beschließen, ob Krieg sein sollte oder nicht, so ist nichts natürlicher als das, da sie alle Drangsale des Krieges über sich selbst beschließen müssten (...), sie sich sehr bedenken werden, ein so schlimmes Spiel anzufangen: Da hingegen in einer Verfassung (...), die nicht republikanisch ist, es die unbedenklichste Sache der Welt ist, weil das Oberhaupt nicht Staatsgenosse, sondern Staatseigentümer ist, an seinen Tafeln, Jagden, Lustschlössern, Hoffesten u. dgl. durch den Krieg nicht das Mindeste einbüßt. (...) Das Völkerrecht soll auf einen Föderalismus freier Staaten gegründet sein. Dies wäre ein Völkerbund (...)."

(Kant, I.: Zum ewigen Frieden, in: Kant, I.: Werke, Band 9, S. 196 ff.)

■ **A4** *Kommentiere die einzelnen Vorstellungen. Suche nach historischen Beispielen.*
■ **A5** *Sind diese Forderungen noch heute aktuell?*
■ **A6** *Worin kommt ein gemeinsames Anliegen in Q1 – Q5 zum Ausdruck?*

3 Juden im Zeitalter der Aufklärung: Zwischen Getto und Salon

Ende des 18. Jahrhunderts lebten etwa 200 000 Juden im alten Deutschen Reich und den seit den polnischen Teilungen zu Preußen und Österreich gehörenden Ländern außerhalb der Reichsgrenzen. Die Mehrheit lebte in den östlichen Provinzen oder in den Judenvierteln der Großstädte wie Frankfurt am Main, Mainz, Hamburg, Berlin, Prag und Wien. Allerdings waren ihre Lebensbedingungen sehr unterschiedlich. Sie hingen nicht nur von ihrem Beruf, sondern auch von der Gesetzgebung des jeweiligen Landesherrn ab. Denn trotz der fortschreitenden Säkularisierung unterlagen die Juden aufgrund ihrer religiösen Andersartigkeit immer noch einer Vielzahl von Beschränkungen bis hin zur Kleiderordnung, der Zahlung einer Judensteuer und der Pflicht, ein Kennzeichen zu tragen.

In manchen Städten wurden Juden gar nicht geduldet oder die Zahl der ansässigen Familien wurde streng begrenzt. Es kam auch immer noch zu Vertreibungen. So ließ Kaiserin Maria Theresia 1745 alle Juden aus Prag vertreiben, weil man ihnen vorwarf, während des Schlesischen Krieges mit den Preußen kollaboriert zu haben. Kurze Zeit später durften sie sich aber aufgrund der Fürsprache eines jüdischen Bankiers, dem die Kaiserin verpflichtet war, wieder ansiedeln.

Diese kleine Gruppe von Bankiers, Hoffaktoren genannt, die aufgrund ihrer internationalen Verbindungen für die Politik der absolutistischen Landesherren unverzichtbar waren, bildeten die dünne Oberschicht der europäischen Juden. Daneben gab es unternehmerisch tätige Juden im Manufakturwesen, viele arbeiteten im Kleinhandel oder im Verleihgeschäft. Von den meisten bürgerlichen und bäuerlichen Berufen waren sie ausgeschlossen.

Viele Juden, vor allem im Osten, lebten unter dem Existenzminimum, zogen als „Betteljuden" von Ort zu Ort, da ihnen die Niederlassung verboten war.

Aber die Juden waren keine homogene soziale Gruppe, die gemeinsam für ihre Rechte hätte eintreten können. Zwischen einem jüdischen Viehhändler in Frankfurt, einem Seidenfabrikanten in Berlin und einem „Betteljuden" in Galizien gab es außer dem Glauben kaum Gemeinsamkeiten.

Die negative Einstellung der christlichen Umwelt veränderte sich auch unter dem Einfluss der Aufklärung nur sehr langsam. Selbst unter den Intellektuellen gab es zahlreiche Vorurteile. Man war zwar bereit, jeden Menschen als gleichwertiges Individuum anzuerkennen, stand aber den Juden, die als historisch gewachsene Gruppe ihre Identität wahren wollten, ablehnend gegenüber. Man fürchtete, die Juden seien politisch unzuverlässig und würden einen „Staat im Staat" bilden.

Q1 Der Philosoph Fichte schrieb 1793:
„*Aber ihnen (= den Juden) Bürgerrechte zu geben, dazu sehe ich wenigstens kein Mittel, als das, in einer Nacht ihnen allen die Köpfe abzuschneiden,*
5 *und andere aufzusetzen, in denen auch nicht eine jüdische Idee sei. Um uns vor ihnen zu schützen, dazu sehe ich wieder kein anderes Mittel, als ihnen ihr gelobtes Land zu erobern*
10 *und sie alle dahin zu schicken.*"

(Ben-Sasson, H. H.: Geschichte des jüdischen Volkes, S. 911–912)

Viele Aufklärer gingen von einer natürlichen Verdorbenheit der Juden aus, Folge ihrer jahrhundertelangen Verfolgung und Unterdrückung. Nur ihre moralische Besserung werde schließlich zur vollständigen Integration führen.

Selbst in Preußen mit seinem toleranten und für die Aufklärung aufgeschlossenen König Friedrich II. sah man die Juden eher skeptisch und beurteilte sie in erster Linie nach ihrer Nützlichkeit für den Staat. Das „Revidierte General Privilegium und Reglement für die Judenschaft im Königreiche Preußen" aus dem Jahre 1750 legte die Kriterien fest, nach denen die Juden in Preußen zu leben und zu arbeiten hatten.

Grundsätzlich durfte das Aufenthaltsrecht eines „ordentlichen Schutzjuden" nur auf einen einzigen Sohn übertragen werden. Alle anderen mussten entweder ein außerordentliches Aufenthaltsrecht beantragen oder wurden ausgewiesen. Die Ausübung bürgerlicher Berufe war ihnen untersagt. Ausdrücklich gestattet waren allerdings Handels- und Geldgeschäfte mit dem Ausland, vor allem mit Osteuropa, sofern es sich um Produkte handelte, die anders nicht zu beschaffen waren und genügend Profit einbrachten. Hier machte sich der preußische Staat die internationalen Kontakte der wohlhabenden jüdischen Familien zu Nutze. Der Aufenthalt der Juden wurde so genau wie möglich überwacht. So durften sie Berlin nur an einer einzigen Stelle, am Rosenthaler Tor, betreten. Wenn sie keinen Schutzbrief vorweisen oder keine Anstellung bei einem „Schutzjuden" nachweisen konnten, wurden sie abgewiesen und mussten weiterwandern. So gab es in Preußen eine deutliche Trennung zwischen den privilegierten „Schutzjuden" und den wandernden „Betteljuden". Aber auch das Leben der privilegierten Juden vollzog sich im Wesentlichen streng getrennt vom Leben des christlichen Bürgertums. Die jüdische Gesellschaft lebte nach eigenen Traditionen und Normen.

Hier setzte im 18. Jahrhundert ein Umbruch ein. Vor allem in Berlin leitete die Notwendigkeit, mit den Beamten des preußischen Staates zusammenzuarbeiten, einen Mentalitätswandel der jüdischen Wirtschaftselite ein.

Andererseits war das aufgeklärte Bürgertum der preußischen Hauptstadt nicht nur bereit, mit der wohlhabenden jüdischen Oberschicht Geschäfte zu machen, sondern auch, sofern sie aufgeklärt dachten, auf gesellschaftlicher Ebene mit ihr zu verkehren. Der Kontakt mit der nichtjüdischen Gesellschaft führte so zu einer allmählichen Übernahme und Verinnerlichung von Werten und Normen durch die jüdische Gesellschaft.

Zur Leitfigur der jüdischen Aufklärung in Berlin, die sich Haskala (= mithilfe des Verstandes aufklären) nannte, wurde der Philosoph Moses Mendelssohn (1729–1786). Aus einfachen Verhältnissen stammend, schaffte Mendelssohn den Aufstieg in die aufgeklärte Bildungselite der preußischen Hauptstadt. Er veröffentlichte zahlreiche philosophische und theologische Arbeiten. Zu seinen Freunden gehörten viele aufgeklärte Philosophen, Politiker und Schriftsteller. Treffpunkte der aufgeklärten Gesellschaft Berlins waren die vornehmen Salons, in deren Mittelpunkt meist die Dame des Hauses stand. Hier trafen sich, über alle sozialen Schranken hinweg, philosophisch und literarisch interessierte Adlige, Bürger und Juden zum geistreichen Gedankenaustausch.

Q2 Der Theologe Schleiermacher berichtet über den Salon von Henriette Herz, der Frau eines jüdischen Arztes:

„*Dass junge Gelehrte und Elegants die hiesigen großen jüdischen Häuser fleißig besuchen, ist sehr natürlich, denn es sind bei weitem die reichsten*
⁵ *bürgerlichen Familien hier, fast die Einzigen, die ein offenes Haus halten und bei denen man wegen ihrer ausgebreiteten Verbindungen in allen Ländern Fremde von allen Ständen*
¹⁰ *antrifft. Wer also auf eine recht ungenierte Art gute Gesellschaft sehen will, lässt sich in solchen Häusern einführen, wo natürlich jeder Mensch von Talenten, wenn es auch nur gesel-*
¹⁵ *lige Talente sind, gern gesehen wird und sich auch gewiss amüsiert, weil die jüdischen Frauen – die Männer werden zu früh in den Handel gestürzt – sehr gebildet sind, von allem*
²⁰ *zu sprechen wissen und gewöhnlich die eine oder andere schöne Kunst in einem hohen Grade besitzen.*"

(Möller, H.: Fürstenstaat oder Bürgernation, S. 477 f.)

Dennoch blieb Mendelssohn auch seinem jüdischen Glauben und seinen Traditionen treu. Ein Übertritt zum Protestantismus kam für ihn nicht in Frage. Sein Ziel war die allmähliche Annäherung seiner Glaubensgenossen an die deutsche Sprache, Kultur und Lebensweise ohne Aufgabe des jüdischen Glaubens und seiner Traditionen.

Der Dichter Gotthold Ephraim Lessing hat Mendelssohn in seinem Schauspiel Nathan der Weise ein Denkmal gesetzt.

■ **A1** *Warum wurden Juden in der damaligen Gesellschaft ausgegrenzt?*

■ **A2** *Diskutiert die Vorschläge der Aufklärer zur Behandlung der Juden. Wie können solche Meinungen zu Stande kommen?*

■ **A3** *In der Aufklärung galt das Nützliche als vernünftig. Sprecht darüber, ob dies die richtige Basis für die Behandlung von Menschen sein kann.*

■ **A4** *Wieso waren die Salons so wichtig für die Integration der Juden?*

■ **A5** *Informiert euch über Lessings Stück Nathan der Weise. Wie wird die Titelfigur dargestellt?*

■ **A6** *Weshalb wohl wurde ein fiktives Treffen der Aufklärer gemalt?*

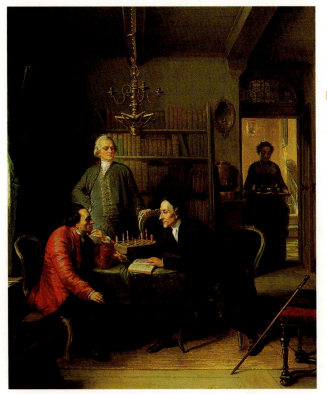

Lavater und Lessing bei Mendelssohn. Gemälde von Moritz Oppenheim, 1856. Diese Darstellung eines fiktiven Besuchs von Lessing (stehend) und Lavater (rechts) bei Mendelssohn sollte in idealisierender Weise eine Harmonie der drei großen Aufklärer vermitteln.

ARCHIV

Quellen zur Situation der Juden im Zeitalter der Aufklärung

Q1 Über die Juden in Preußen schrieb König Friedrich II. in seinem politischen Testament 1752:
„Die Katholiken, die Lutheraner, die Reformierten, die Juden und eine Anzahl anderer christlicher Sekten wohnen in diesem Staat und leben
5 dort in Frieden: Wenn der Souverän (= König) aus falschem Eifer auf den Gedanken käme, sich für eine dieser Religionen zu erklären, würden sich Parteien bilden, Dispute sich erhitzen,
10 die Verfolgungen anfangen und nach und nach die verfolgte Religion ihre Heimat verlassen und Tausende von Untertanen durch ihre Zahl und ihren Fleiß unsere Nachbarn bereichern. (...)
15 Die Juden sind von allen diesen Sekten die gefährlichsten, weil sie den Handel der Christen schädigen und weil sie für den Staat unbrauchbar sind. Wir haben dieses Volk nötig, um
20 bestimmten Handel in Polen zu treiben, aber man muss verhindern, dass ihre Zahl wächst und sie nicht nur auf eine bestimmte Zahl von Familien, sondern auf eine bestimmte
25 Zahl von Köpfen festlegen, ihren Handel beschränken und sie hindern, Unternehmungen im Großen zu machen, denn sie sollen nur Kleinhändler sein."

(Dietrich, R.: Politische Testamente der Hohenzollern, S. 167)

Q2 Aus der Schrift „Über die bürgerliche Verbesserung der Juden" (1781) des preußischen Diplomaten Christian W. Dohm:
„Ich kann es zugeben, dass die Juden sittlich verdorbener sein mögen, als andere Nationen; dass sie sich einer verhältnismäßig größeren Zahl von
5 Vergehen schuldig machen als Christen; dass ihr Charakter im Ganzen mehr zum Wucher (...) im Handel gestimmt (...) sei. Aber ich muss hinzusetzen, dass diese (...) größere Ver-
10 dorbenheit der Juden eine (...) Folge der drückenden Verfassung ist, in der sie sich seit so vielen Jahrhunderten befinden. (...)
Mit der unbilligen (...) Behandlung der
15 Juden werden auch die üblen Folgen derselben verschwinden, und wenn man aufhört, sie auf eine Art der Beschäftigung zu beschränken, wird auch der nachteilige Einfluss der-
20 selben nicht mehr so merkbar sein."
Dohm macht nun Vorschläge, „wie die Juden glücklichere und bessere Glieder der bürgerlichen Gesellschaft werden können. (...) Um sie dazu zu
25 machen, müssten sie
1) vollkommen gleiche Rechte mit allen übrigen Untertanen erhalten.
2) Da es besonders die auf den Handel eingeschränkte Beschäftigung der
30 Juden ist, welche ihrem (...) Charakter eine nachteilige Richtung gegeben, so würde die vollkommenste Freiheit der Beschäftigungen und Mittel des Erwerbs (...) die Juden zu brauch-
35 baren und glücklichen Gliedern der Gesellschaft zu bilden angemessen sein. (...)
3) Auch mit dem Ackerbau sich zu nähren müsste den Juden nicht
40 verwehrt sein. (...)
5) Jede Kunst, jede Wissenschaft müsste auch dem Juden wie jedem anderen freien Menschen offen stehen. (...)
45 8) Ein wichtiger Teil des Genusses aller Rechte der Gesellschaft würde auch dieser sein, dass den Juden an allen Orten eine völlig freie Religionsübung (...) erlaubt würde."

(Dohm, C. W.: Über die bürgerliche Verbesserung der Juden, S. 34 f. und S. 109 ff., bearbeitet)

Q3 Moses Mendelssohn kritisierte die Vorurteile gegen die Juden und warb um Toleranz (1782):
„Merkwürdig ist es zu sehen, wie das Vorurteil die Gestalten aller Jahrhunderte annimmt, uns zu unterdrücken und unserer bürgerlichen Aufnahme
5 Schwierigkeiten entgegenzusetzen. In jenen abergläubischen Zeiten waren es Heiligtümer, die wir aus Mutwillen schänden; Kruzifixe, die wir durchstechen (...); Kinder, die wir heimlich
10 beschneiden und zur Augenweide zerfetzen; (...) Brunnen, die wir vergiften usw.; Unglaube, Verstocktheit, geheime Künste und Teufeleien, die uns vorgeworfen, um derentwillen
15 wir gemartert, unseres Vermögens beraubt, ins Elend gejagt, wo nicht gar hingerichtet worden sind.
Jetzt haben die Zeiten sich geändert; diese Verleumdungen machen den
20 erwünschten Eindruck nicht mehr. Jetzt ist es gerade Aberglaube und Dummheit, die uns vorgeworfen werden, Mangel an (...) Geschmack und feinen Sitten, Unfähigkeit zu
25 Künsten, Wissenschaften und nützlichem Gewerbe, (...) unüberwindliche Neigung zu Betrug, Wucher und Gesetzlosigkeit, die an die Stelle jener gröberen Beschuldigungen
30 getreten sind, uns (...) aus dem mütterlichen Schoße des Staates zu verstoßen. Vormals gab man sich (...) Mühe, um uns nicht zu nützlichen Bürgern, sondern zu Christen zu
35 machen. (...) Jetzt hat der Bekehrungseifer nachgelassen. Nun werden wir vollends vernachlässigt. Man fährt fort, uns von allen Künsten, Wissenschaften und anderen nützlichen
40 Gewerben (...) zu entfernen (...) und macht den Mangel an Kultur zum Grund unserer Unterdrückung. Man bindet uns die Hände und macht uns zum Vorwurf, dass wir sie nicht
45 gebrauchen."

(Mendelssohn, M.: Schriften über Religion und Aufklärung, S. 328 f.)

■ **A1** Welche Vorurteile gegen Juden tauchen in den Quellen immer wieder auf?
■ **A2** Vergleicht und besprecht dazu die Positionen der einzelnen Autoren.

189

4 Brandenburg-Preußen

4.1 Preußen wird Königreich

Nach dem Dreißigjährigen Krieg war das Deutsche Reich in viele nahezu unabhängige Herrschaftsbereiche zersplittert. Besonders gelitten unter dem Krieg hatte Brandenburg, wo seit 1415 die aus Süddeutschland stammenden Hohenzollern als Kurfürsten herrschten. Als Kurfürst Friedrich Wilhelm I. 1640 die Regierung übernahm, war das Land nicht nur durch Verwüstung und Bevölkerungsverluste geschwächt. Seine Besitzungen lagen auch weit verstreut: Sie erstreckten sich vom Rhein im Westen bis zum Herzogtum Preußen im Osten, das die Hohenzollern als polnisches Lehen geerbt hatten.

Friedrich Wilhelm I., dem „Großen Kurfürsten", gelang es, durch Hinzugewinnung von Besitzungen und durch Reformen die Grundlagen für den Aufstieg Preußens zur Großmacht zu legen. Durch seinen Sieg in der Reiterschlacht bei Fehrbellin 1675 drängte er die Schweden zurück. Nach französischem Vorbild schuf er bis 1688 ein „stehendes Heer" von fast 30 000 Mann. Die Soldaten wurden nun nicht mehr als Söldner für einzelne Feldzüge angeworben, sondern blieben ständig im Dienst des Staates. Die Geldmittel dafür wurden durch spezielle Beamte bei der Bevölkerung eingetrieben. Damit waren die Anfänge einer Finanzverwaltung geschaffen. Weil sie auf ihr altes Recht der Steuerbewilligung verzichten mussten, gewährte der „Große Kurfürst" den adligen Großgrundbesitzern, den Junkern, besondere Vergünstigungen. Auf ihren Gütern besaßen sie die Gerichtsbarkeit und Polizeirechte gegenüber den abhängigen Bauern. Sie hatten Steuerfreiheit und ihre Güter durften nicht von Bürgerlichen gekauft werden. Hier liegen die Ursprünge einer Sonderstellung des preußischen Junkertums, die Auswirkungen bis ins 20. Jahrhundert haben sollte.

Handel, Gewerbe und Landwirtschaft wurden gezielt gefördert, Straßen und Kanäle gebaut. Berlin wurde ein Zentrum für die Flussschifffahrt von Breslau nach Hamburg.

■ **A1** *Erinnere dich, weshalb die Schweden eine starke Stellung in Norddeutschland hatten.*

■ **A2** *Erläutere den Zusammenhang zwischen einem „stehenden Heer" und dem Geldbedarf des Staates.*

1685 bot sich eine Möglichkeit, die großen Bevölkerungsverluste nach dem Dreißigjährigen Krieg auszugleichen. Der französische Herrscher hatte die Protestanten seines Landes vertrieben. Der „Große Kurfürst" reagierte mit dem „Edikt von Potsdam", das er in Frankreich verbreiten ließ. Darin wurde den Hugenotten, so nannte man die französischen Protestanten, Zuflucht in Brandenburg und Hilfe beim Aufbau einer neuen Existenz versprochen. Etwa 20 000 Hugenotten folgten diesem Ruf. Davon ließen sich allein ca. 6 000 in Berlin nieder, wodurch die Bevölkerung der Stadt um ca. ein Drittel wuchs. Der Zuzug der Hugenotten führte zwar zu Konflikten mit der eingesessenen Bevölkerung, brachte dem Land jedoch große Vorteile. Denn die Flüchtlinge waren gut ausgebildete Handwerker, Spezialisten und Gelehrte. Sie führten neue Gewerbe ein, gründeten Manufakturen und förderten die Wissenschaften. Auch wohlhabenden jüdischen Familien wurde damals der Zuzug ermöglicht.

■ **A3** *Welche Gründe gab es für die Ansiedlung der Hugenotten?*

■ **A4** *Warum waren die Fremden nicht überall willkommen? Entwickelt ein Streitgespräch zwischen einem „alteingesessenen" Berliner und einem zugezogenen Hugenotten.*

■ **A5** *Gibt es heute ähnliche Konflikte? Welche Probleme haben Zuwanderer heute in unserer Region?*

Gesamtansicht Berlins Ende des 17. Jh.s

Der Sohn des „Großen Kurfürsten" verschaffte dem aufstrebenden Staat durch die Erlangung der Königswürde auch äußeren Glanz. 1701 krönte er sich als Friedrich I. in Königsberg selbst zum „König in Preußen". Der Kaiser gab seine Zustimmung, weil Friedrich ihm Soldaten zum Kampf gegen Frankreich zugesichert hatte. Der Königstitel förderte den Zusammenhang der Landesteile. Das Zusammengehörigkeitsgefühl der Untertanen nahm zu. Allmählich setzte sich für den Staat der Hohenzollern die Bezeichnung „Preußen" durch. 1709 wurde aus den Städten Berlin, Cölln, Friedrichswerden, Dorotheenstadt und Friedrichsstadt die Gesamtgemeinde Berlin geschaffen. Die Einwohnerzahl der Stadt stieg während der Amtszeit Friedrichs I. (bis 1713) von rund 20 000 auf etwa 60 000.

Das 1710 verliehene Stadtwappen von Berlin

■ **A1** Schildere den Aufstieg Preußens zum Königreich.
■ **A2** Woran erkennst du im Wappen, dass Berlin aus mehreren Gemeinden gebildet wurde?
■ **A3** Eine Abbildung aus dem Wappen ist auch heute noch ein Wahrzeichen Berlins.

Repräsentative Bauten wurden damals in Berlin errichtet, vor allem das Stadtschloss. Kunst und Wissenschaft förderte die Königin. Sie holte den berühmten Philosophen Leibniz nach Berlin, auf dessen Anregung der Vorläufer der späteren „Akademie der Wissenschaften" gegründet wurde. Aber Bautätigkeit und prächtige Hofhaltung kosteten viel Geld. Als Friedrich I. 1713 starb, war Preußen hoch verschuldet.

■ **A4** Beschreibe anhand der Karte die Entwicklung Preußens bis 1713.
■ **A5** Fasse zusammen: Welche Schwierigkeiten standen dem Aufstieg Preußens entgegen?

Die Entwicklung Brandenburg-Preußens

4.2 Der aufgeklärte Absolutismus in Preußen

4.2.1 „Der erste Diener des Staates"

1740 bestieg in Preußen der junge König Friedrich II. den Thron. Er übernahm von seinem Vater einen gut organisierten, aber streng absolutistisch regierten Staat. Dennoch setzten die aufgeklärten Kräfte in Deutschland und ganz Europa große Hoffnungen auf den jungen König, denn Friedrich galt als aufgeklärter Monarch. In seiner Jugend hatte er sehr unter seinem strengen Vater gelitten. Er liebte Literatur, Musik, Philosophie und die französische Sprache und pflegte Kontakte zu den großen Gelehrten seiner Zeit. Zugleich betrieb er aber auch eine aggressive Machtpolitik und vergrößerte sein Königreich auf Kosten seiner Nachbarn Österreich und Polen. Nach seinem Amtsantritt schrieb er an den französischen Aufklärer Voltaire:

Q1 „*Ich glaubte, dass ich seitdem (Tod des Vaters) ganz dem Vaterland gehörte. In diesem Sinne habe ich nach besten Kräften gearbeitet und schleunigst Maß-*
5 *nahmen zum allgemeinen Wohle getroffen, soweit ich es vermochte. Ich habe gleich damit begonnen, die Wehrkraft des Staates um sechzehn Bataillone, fünf Schwadronen Husaren und eine*
10 *Schwadron Gardes du Corps zu vermehren. Ich habe die Grundlagen unsrer neuen Akademie gelegt (...). Ich habe eine neue Behörde für Handel und Industrie geschaffen; ich nehme Maler*
15 *und Bildhauer in Dienst (...).*"
(Allergnädigster Vater, S. 181 f.)

A1 Was erfährst du aus dem Brief? Was deutet an, dass der neue König andere Vorstellungen von der Zukunft seines Landes hatte als sein Vater?

Friedrichs Auffassung vom Herrschen unterschied sich von der seiner Vorgänger. Er sah sich nicht als Stellvertreter Gottes, sondern „als erster Diener seines Staates". Als solcher hatte er Pflichten gegenüber Staat und Untertanen zu erfüllen, wobei er an seiner uneingeschränkten Herrschaftsbefugnis jedoch festhielt. Zugleich wollte er sich auch als Philosoph sehen, der die Ideen der Aufklärung verwirklicht. Historiker haben ihn später als einen „aufgeklärten" Monarchen bezeichnet.

A2 Erläutere den Begriff „aufgeklärter Monarch".

Kaum hatte er die Regierung übernommen, machte er sich daran, Land zu erobern. Der österreichische Kaiser Karl VI. war gestorben, ohne männliche Nachkommen zu hinterlassen. Die Thronfolge war unklar, ehe sich dann seine Tochter Maria Theresia durchsetzen konnte.

Q2 Friedrich II. an seinen Außenminister am 6. November 1740:
„*Schlesien ist aus der ganzen kaiserlichen Erbschaft dasjenige Stück, auf welches wir am meisten Recht haben und das die günstigste Lage für das*
5 *Haus Brandenburg hat. Es ist gerecht, (...) die Gelegenheit des Todes des Kaisers zu ergreifen, um sich in Besitz des Landes zu setzen.*"
(Friedrich II.: Politische Korrespondenz, S. 51)

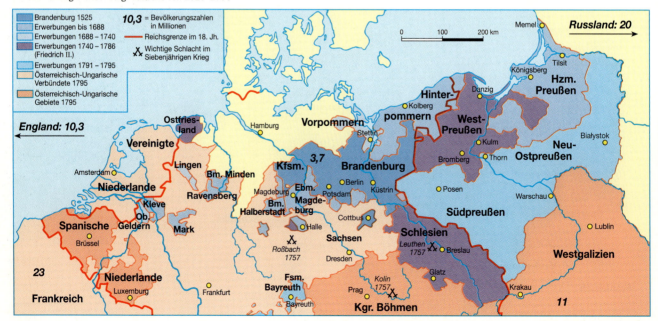

Die Entwicklung Brandenburg-Preußens von 1525–1795

Die Besetzung Schlesiens gelang Friedrich II. sehr schnell, wobei er eine bemerkenswerte militärische Meisterschaft entwickelte. Allerdings sollte es noch viele Jahre dauern, ehe diese Eroberung tatsächlich von den beteiligten Mächten anerkannt war. Friedrich II. schrieb 1743 über den 1. Schlesischen Krieg von 1740:

Q3 „Der Ehrgeiz, das Interesse, das Verlangen, von mir reden zu machen, gaben den Ausschlag, und der Krieg wurde beschlossen."
(Arnheim, F.: Forschungen, S. 165)

■ **A1** Beurteile die Motive zum Krieg.

Gewinn an Macht und Ansehen, das waren im Zeitalter des Absolutismus die Beweggründe für friedliche Landnahme und für Kriege, die die politische Landkarte veränderten. Friedrich II. führte 1740-1742 Krieg gegen Maria Theresia. Nach dem 2. Schlesischen Krieg (1744–1745) behielt Preußen Schlesien und erkannte Franz I. von Österreich als Kaiser an. Diese Siege trugen dazu bei, dass Friedrich II. schon zu Lebzeiten „der Große" genannt wurde.

Maria Theresia verbündete sich später mit Frankreich und Russland, um Schlesien zurückzugewinnen. Um einem Angriff zuvorzukommen, begann Friedrich 1756 selbst den 3. Schlesischen Krieg, der auch als Siebenjähriger Krieg bezeichnet wird. Dieser führte wegen der Erschöpfung aller beteiligten Mächte schließlich dazu, dass Preußen nun neben Österreich, Frankreich, England und Russland zu den europäischen Großmächten zählte.

■ **A2** Vergleiche die außenpolitischen Aktionen Friedrichs II. mit seinem Selbstverständnis als „aufgeklärter Monarch".

■ **A3** Welche Informationen kannst du aus der Karte S. 192 „lesen"? Welche Fragen hast du dazu?

Q4 Über den Alltag der häufig durch Täuschung oder Gewalt zum Militärdienst „geworbenen" preußischen Soldaten berichtete ein Zeitgenosse:

„(...) Bald alle Wochen hörten wir nämlich neue ängstigende Geschichten von eingebrachten Deserteurs, die, wenn sie noch so viele List gebraucht, sich in
5 Schiffer und andre Handwerksleuthe, oder gar in Weibsbilder verkleidt, in Tonen und Fässer versteckt, u. d. gl. dennoch ertappt wurden. Da mussten wir zusehen, wie man sie durch 200
10 Mann, achtmal die lange Gasse auf und ab Spießruthen laufen ließ, bis sie atemlos hinsanken – und des folgenden Tags aufs Neue dran mussten; die Kleider ihnen vom zerhackten
15 Rücken heruntergerissen, und wieder frisch drauf losgehauen wurde, bis Fetzen geronnenen Bluts ihnen über die Hosen hinabhingen. Dann sahen Schärer und ich einander zitternd und
20 todtblass an, und flüsterten einander in die Ohren: ‚Die verdammten Barbaren!' Was hiernächst auch auf dem Exerzierplatz vorgieng, gab uns zu ähnlichen Betrachtungen Anlass. Auch
25 da war des Fluchens und Karbatschens von prügelsüchtigen Jünkerlins, und hinwieder des Lamentierens der Geprügelten kein Ende. (...) Und kamen wir dann todmüde ins
30 Quartier, so giengs schon wieder über Hals und Kopf, unsre Wäsche zurecht zu machen, und jedes Fleckchen auszumustern; denn bis auf den blauen Rock war unsre ganze Uniform weiß.
35 Gewehr, Patrontasche, Kuppel, jeder Knopf an der Montur, alles musste spiegelblank geputzt seyn. Zeigte sich an einem dieser Stücke die geringste Unthat, oder stand ein Haar in der
40 Frisur nicht recht, so war, wenn er auf den Platz kam, die erste Begrüßung eine derbe Tracht Prügel."
(Bräker, U.: Lesebuch. S. 131 ff.)

■ **A4** Wie zeigt die Quelle das preußische Militär? Passt das zum Bild der „aufgeklärten" Monarchie?

4.2.2 Toleranz und Recht

Der französische Philosoph und Aufklärer Voltaire setzte sich für Gedanken- und Religionsfreiheit, die soziale und politische Aufwertung des Bürgertums und Justizreformen ein. Mit ihm führte Friedrich seit 1736 einen regen Briefwechsel.

Q5 Aus Verfügungen Friedrichs II., Juni 1740:
„Die Religionen müssen alle toleriert werden (geduldet werden), denn hier muss jeder nach seiner Fasson (Glaubensüberzeugung) selig werden (...)."
(Friedrich II. in seinen Briefen, S. 94)

Q6 Friedrich II. über die Religionen:
„In diesem Staat wohnen Katholiken, Lutheraner, Reformierte, Juden (...). Würde es sich das Staatsoberhaupt (...) einfallen lassen, eine dieser Religi5 onen zu bevorzugen, erlebte man bald, dass (...) erhitzter Streit ausbricht, Verfolgungen beginnen und schließlich die verfolgten Gläubigen ihr Vaterland verlassen und Tausende
10 von Untertanen mit ihrer Zahl und ihrem Gewerbefleiß unsere Nachbarländer reicher machen."
(Friedrich II., Schriften und Briefe, S. 178 f.)

■ **A5** Nenne die Gedanken des Königs zur Toleranz. Welche Beweggründe hatte er dafür?

Nach seinem Regierungsantritt schaffte Friedrich die Folter ab. Nicht der König, sondern die Gerichte sollten Recht sprechen. Der König gab ein Gesetzbuch in Auftrag, das jedoch erst nach seinem Tod (1786) als Allgemeines Landrecht für Preußen 1794 in Kraft trat. Darin waren unterschiedliche Rechte und Pflichten für die Stände bzw. die verschiedenen Bevölkerungsschichten festgelegt. Es garantierte auch die Religionsfreiheit.

Q7 Anweisung Friedrichs II. zur Gleichheit vor dem Gesetz, 1777:
„(...) So muss Ich Euch dennoch, und besonders dem Etats-Ministre (...) hierdurch zu erkennen geben, dass in Meinen Augen ein armer Bauer eben
so viel gilt wie der vornehmste Graf und der reichste Edelmann, und ist das Recht sowohl für vornehme als geringe Leute. Ich verbiete daher allen Ernstes, mit denen armen Leuten
nicht so hart und gewaltsam zu verfahren und sie vor ausgemachter Sache gleich mit Gefängnis zu bedrohen, vielmehr statt dessen sie glimpflich anzuhören und die Beendigung ihrer
Processe desto mehr zu beschleunigen, damit sie prompte abgefertiget werden und nicht nöthig haben, sich darnach dorten so lange aufzuhalten. Ihr habt Euch also hiernach gehörig
zu richten."

(Baumgart, P.: Erscheinungsformen des preußischen Absolutismus, S. 73)

■ **A1** *Inwiefern entsprachen diese Maßnahmen den Ideen der Aufklärung?*

4.2.3 Die Reform des Bildungswesens

Die Aufklärer forderten den selbst denkenden Menschen. Diesem Ideal entsprechend unterstützte Friedrich II. den Ausbau von Volksschulen. 1763 erließ er eine allgemeine Schulpflicht vom 5. bis 14. Lebensjahr. Die Oberaufsicht über die Schulen sollte nicht mehr die Kirche, sondern der Staat haben. Die 5- bis 14-Jährigen waren in 3 Klassen eingeteilt. Sie wurden meist gleichzeitig in einem Raum unterrichtet.

■ **A2** *Das Bild oben zeigt, wie sich Aufklärer den Unterricht wünschten. Beschreibe es und vergleiche mit dem realistischen Bild darunter.*

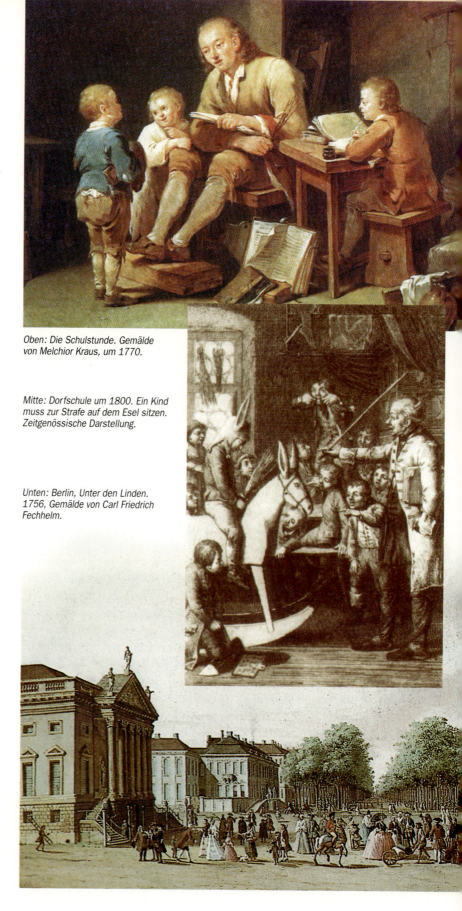

Oben: Die Schulstunde. Gemälde von Melchior Kraus, um 1770.

Mitte: Dorfschule um 1800. Ein Kind muss zur Strafe auf dem Esel sitzen. Zeitgenössische Darstellung.

Unten: Berlin, Unter den Linden. 1756, Gemälde von Carl Friedrich Fechhelm.

In Berlin entstand die Ingenieurakademie, in der adlige Söhne eine sehr gute kriegstechnische Ausbildung erhielten. In Potsdam gab es jeweils ein Pagen-, Kadetten- und Offizierstöchterinstitut. Am Gymnasium in Berlin wurden künftige Kaufleute, Künstler und Offiziere erzogen. Junge Lehrer sollten nach neuen Methoden unterrichten. Ihr Vortrag sollte munter, anschaulich und mit Fragen begleitet sein. Verhaltensvorschriften sollten am Beispiel vorbildlicher Persönlichkeiten geschildert werden.

■ **A1** *Schildere, wie der König die Idee der Aufklärung umzusetzen versuchte. Welche Unterschiede gab es in den Schulen?*

Friedrich II. berief Gelehrte aus Europa an die Akademie der Wissenschaften. 1743 wurde das Opernhaus in Berlin „Unter den Linden" fertig gestellt.

4.2.4 Die Untertanen auf dem Lande

Im 18. Jahrhundert lebten ca. 75% der Bevölkerung von Brandenburg-Preußen auf dem Land. Dieses teilte sich zu 2/3 in adlige Gutsherrschaften und zu 1/3 in königliche Güter und Amtsdörfer. Die Bauern waren zu unentgeltlichen Acker- und Fuhrdiensten verpflichtet. Der Alltag der Bauern auf adligen Gütern wurde vom Gutsherrn bestimmt: Er war Eigentümer der Bauernhöfe, Oberhaupt der Gemeinde und damit auch Richter. Er musste bei Heiratsabsichten befragt werden. Auch entschied er, wer Pfarrer und Lehrer wurde. Kinder von Bauernfamilien mussten bei ihm als Knechte und Mägde dienen. Gegen Versuche der Gutsherren, die Dienste zu erhöhen, setzten sich Bauern immer öfter zur Wehr. Kam die Klage vor Gericht, wurde im Verlaufe des 18. Jahrhunderts die Chance größer, dass sich entschlossene Bauern gegen die willkürliche Festsetzung behaupten konnten. In königlichen Besitzungen nahm der Amtmann die herrschaftlichen Aufgaben wahr.

■ **Q8** Der Ablauf eines „Dingetags" im Amtsdorf Zehlendorf (heute Berlin) verlief z. B. am 21. November 1759 so:
„Es erscheinen im ‚Schulzengericht' der Amtmann des Berliner Amtes Mühlendorf und sein Schreiber, der Pfarrer (...), die 12 Bauern (darunter ⁵der Dorfschulze) sowie der Müller und Schmied.
Der Amtmann zieht die Abgaben (Pacht- und Zehntgelder, die Dienstgelder, d.h. 12 Taler an Stelle der Fron-¹⁰dienste) ein, nimmt eine Einwohner-, Vieh- und Baumstatistik auf und fragt nach der Einhaltung der Dorfordnung. Darauf bescheinigt der Pfarrer den Untertanen einen guten ¹⁵Lebenswandel. Der Schulze (...) gibt die Erklärung ab, dass die Schornsteine gereinigt wurden und Leitern und Feuerhaken im Instrumentenhaus vorrätig sind. (...) Der Amtmann fragt, ²⁰ob die landesherrlichen Verordnungen eingehalten werden, mit denen eine Verbesserung der Landwirtschaft erreicht werden soll. Der Gemeindevorstand bestätigt, dass alle Äcker or-²⁵dentlich bestellt werden und die Bäume von Raupen befreit wurden. Alle beschweren sich über die vielen Kriegsfuhren (es ist der Siebenjährige Krieg). Den Bauern wird auferlegt, ³⁰Kiefern und Maulbeerbäume zu pflanzen. Der Dorfküster bittet die Gemeinde, für die Schulstube etwas Holz zu spenden. Nicht der Amtmann, sondern die Gemeinde wird darüber ³⁵entscheiden."
(Dingetagsprotokolle Zehlendorf, Brandenburgisches Landeshauptarchiv Potsdam, bearbeitet von H. Zückert)

■ **A2** *Was kann der Amtmann ausrichten? Welche Rechte hat die Gemeinde?*
■ **A3** *Vergleiche die Untertänigkeit in den gutsherrschaftlichen und in diesem königlichen Amtsdorf.*
■ **A4** *Ihr könnt den „Dingetag" auch mit verteilten Rollen nachspielen.*

1747 begannen auf Anweisung des Königs die Arbeiten zur Trockenlegung von Sümpfen im Oderbruch. Kolonisten aus benachbarten Ländern wurden Vergünstigungen gewährt. Pfälzische Einwanderer machten in Brandenburg-Preußen die Kartoffel bekannt. Während sie noch für Ludwig XIV. eine Delikatesse war, ordnete Friedrich II. ihren Anbau an, damit sie sich „der arme Mann zu Nutzen machen kann".

■ **A5** *Überlege, welche Absichten Friedrich II. mit der Kolonisationspolitik verband.*

4.3 Preußen und die Teilungen Polens

Die Herrscher von Russland, Preußen und Österreich teilen Polen. In der Mitte der polnische König. Zeitgenössische Karikatur.

Preußens neue Rolle als Großmacht, die russische Expansion nach Westen und Gebietsansprüche Österreichs wurden einem Land zum Verhängnis, das im Mittelalter selbst Großmacht gewesen war: Polen. Doch die Regierung Polens war geschwächt. Denn der König war von einem Reichsrat des Adels abhängig, in dem jeder einzelne Abgeordnete durch seinen Widerspruch Beschlüsse verhindern konnte. Religiöse Spaltungen, ein schwaches Bürgertum und wirtschaftliche Probleme kamen hinzu. Das nutzten die drei Großmächte aus und raubten erstmals 1772 große Gebiete Polens. Vor allem Preußen hatte Vorteile, denn nun war eine Landverbindung nach Ostpreußen hergestellt und die Großmachtstellung gesichert. Bis 1795 hatten die drei Großmächte das Land völlig unter sich aufgeteilt. Ein Aufstand der Polen gegen die Übermacht wurde blutig niedergeschlagen. Die Polen gaben dennoch nicht auf und bewahrten trotz Unterdrückung ihre Sprache und eigene Kultur. Erst 1919, nach dem Ersten Weltkrieg, sollte sich ihre Hoffnung auf Wiederherstellung eines eigenen Staates erfüllen.

Q1 1797 entstand ein Lied, das 1927 zur Nationalhymne Polens wurde (Auszug):
„Noch ist Polen nicht verloren,
Solange wir noch leben.
Was das Schwert uns tückisch raubte,
wird das Schwert uns wiedergeben
5 (...)"
(Nationalhymnen, S. 135)

A1 Suche eine passende Überschrift für diese Zeilen.
A2 Skizziere anhand der Karte die Teilungen Polens.
A3 Wie denkst du über die Politik der drei Teilungsmächte?

Die polnischen Teilungen 1772–1795

GESCHICHTE KONTROVERS

Friedrich II. oder Friedrich der Große?

Q1 Der britische Historiker G. P. Gooch schrieb 1986:
„Das friderizianische System war besser als jede andere Regierung in Europa mit Ausnahme der Länder, in denen konstitutionell regiert wurde, und es bildete das Zwischenglied zwischen dem Lehnsstaat und dem modernen demokratischen Staat. Friedrichs echte und hingebende Sorge für das Wohlergehen seiner Untertanen ist in jeder seiner Schriften zu erkennen und in der gewissenhaften Erfüllung seiner Verwaltungspflichten stand er turmhoch über allen seinen Zeitgenossen. Wenn die friderizianische Monarchie auch klein war, so verschaffte sie sich doch ein Ansehen, wie es das Frankreich Ludwigs XIV. im 17. Jahrhundert besessen hatte. Die Schwäche des aufgeklärten Absolutismus beruhte wie die aller anderen Diktaturen dynastischen oder anderen Ursprungs darauf, dass er für sein erfolgreiches Funktionieren die ununterbrochene Aufeinanderfolge von Übermenschen voraussetzt: Aber Friedrich II. war in der Familie der Hohenzollern das erste und letzte Beispiel eines solchen. (...) Friedrich regiere noch selbstherrlicher als Ludwig XIV., denn er war zugleich Oberbefehlshaber wie Oberhaupt des Staates und Spitze der Regierung (...). Wie schnell das imposante Gebäude zerfiel, sobald die Hand des Erbauers nicht mehr tätig war, zeigte sich zwanzig Jahre später auf dem Schlachtfeld von Jena (= vernichtende militärische Niederlage Preußens durch Frankreich) (...). Er hatte durchaus eine entfernte Vorstellung vom Rechtsstaat, aber es schwebten ihm keine Mittel vor, wie man ihn schaffen könne. (...) Selbstherrschaft und die Herrschaft des Rechts können nicht zusammen bestehen. (...). Da der Mensch ein streitlustiges Tier ist, ist für Friedrich der Friede nicht die normale Erfahrung und damit der Lebenssinn einer Gemeinschaft, sondern eine gefährdete Zwischenzeit, in der man sich vom letzten Waffengang erholt und auf den nächsten vorbereitet."
(Gooch, G. P.: Friedrich der Große, S. 308 ff.).

Q2 Ingrid Mittenzwei, DDR-Historikerin, schrieb 1984:
„Wer war Friedrich II.?
Ein Mann, der in einer Zeit des Umbruchs Ideen der neuen, im Aufstieg begriffene und in Frankreich zur Macht strebenden Klasse in sich aufnahm, um sie (...) zur Stabilisierung der feudalen Gesellschaft zu benutzen. Ein Mann, dessen Denken und Handeln um Großmachtpolitik kreiste, ein ‚Politiker der Stärke' (...), bar jeden, zu seiner Zeit aufkommenden Nationalgefühls, dessen außenpolitische Linie auf Aggressionen abzielte und der die Ideologie des Präventivschlags (...) in die Geschichte einbrachte.
Ein Politiker, der den weiteren Verlauf deutscher Geschichte mit dem preußisch-österreichischen Dualismus (= Kampf um die Vorherrschaft in Deutschland) belastete.
Ein begabter Feldherr, ein Krieger, der seinem Vater folgend, das ganze Land als Feldlager nutzte und ihm im Interesse seiner Großmachtpolitik große Opfer abverlangte.
Ein intelligenter, vielseitiger und musisch begabter Herrscher, der von Etikette nichts hielt und brillant zu unterhalten verstand (...).
Ein Menschenverächter, der mit zunehmenden Alter immer weniger von der menschlichen ‚Rasse' und ihren Fähigkeiten hielt und das Volk verachtete.
Ein Mann des Adels, der zwar Impulse des neu herauskommenden Zeitalters empfing und auf sie reagierte, indem er sein zurückgebliebenes Land den neuen Verhältnissen anzupassen suchte, der aber gleichzeitig – an die Bedingungen seiner Klassen und seines Landes gekettet – Dämme gegen die neue Gesellschaft errichtete.
Ein absoluter Herrscher, der, als er starb, ein Land hinterließ, das sich trotz erstarkender Wirtschaft und geordneter Verwaltung in einer Systemkrise befand, das nach einer Befreiung von feudalen Fesseln und nach Überwindung der ständischen Struktur verlangte. Ein ‚aufgeklärter' Konservativer."
(Mittenzwei, I.: Friedrich II. von Preußen, S. 228 f.).

Q3 Aus einem Lexikon, der „Fischer Weltgeschichte":
„Unter der Patina der Poesie und Gelehrsamkeit erschien aller Humanität zum Trotz im Konfliktfall das wahre Gesicht einer absoluten Macht (...). Aufklärung, die auf die Überwindung des monokratischen Haus-Staates ausgerichtet war, konnte auch unter Friedrich keinen Platz beanspruchen, weder an den Universitäten noch in den Kirchen, in der Armee oder am Hofe. (...) Alle Bewegungen der Politik Friedrichs II., wie die der meisten seiner Zeitgenossen, kreisten dauernd um die Erhaltung und Erweiterung von Besitz.(...) Von einer politischen Mündigkeit war schon gar nicht die Rede. (...) Nicht anders verhielt es sich mit der Armee, in welcher ‚blinder Gehorsam' verlangt und geleistet wurde. Was diese Demütigung, Entwürdigung und Verachtung des Individuums mit der Aufklärung zu tun haben soll, ist unverständlich. (...) Zu diesem Befund gehört auch die totale Kontrolle des Kirchenwesens."
(Barudio, G.: Das Zeitalter des Absolutismus und der Aufklärung 1648-1789, S. 240 ff.).

■ **A1** Vergleiche Q1 – Q3 in Bezug auf Übereinstimmungen und Unterschiede.
■ **A2** Diskutiert über die unterschiedlichen Auffassungen. Wie möchtet ihr Friedrich nennen?

KULTURSPIEGEL

Barock und Rokoko

Barock und Rokoko sind Bezeichnungen für die Kultur des absolutistischen Zeitalters. Trotz Unterschieden zwischen den einzelnen Ländern gab es viele Gemeinsamkeiten. Der Barock hatte seine Anfänge in Italien, wo die kunstfördernden Päpste des 17. Jahrhunderts stilprägende Kirchen, Paläste und Plätze, z.B. den Petersplatz in Rom, errichten ließen. Zum Vorbild für barocke Lebensformen schlechthin wurde aber schließlich die Hofhaltung des französischen Königs Ludwigs XIV. in Versailles. Barocke Architektur und Kunst waren darauf ausgerichtet, Größe, Schönheit und Macht zu zeigen. Adel und Kirche waren die Förderer und Träger dieser Kultur, denn das Volk lebte meist noch so einfach wie im Mittelalter. Nicht zuletzt die Lebensformen an den Fürstenhöfen bestimmten diese Kultur: Höfische Zeremonien, Theater, Bankette zählen dazu, ja sogar die Esskultur, die durch die Verwendung von Serviette, Messer und Gabel verfeinert wurde. Neue Genussmittel wie Tee, die aus Mexiko stammende Schokolade und seit der Belagerung Wiens durch die Türken auch der Kaffee setzten sich an den Fürstenhöfen durch. Zum Erscheinungsbild des Barock zählte auch eine ganz auf Repräsentation ausgerichtete Mode, die in weiten Teilen Europas vom französischen Vorbild geprägt wurde. Oft nahmen Herrscher direkt Einfluss und ahmten nach, was sie auf Studienreisen gesehen hatten. So auch August der Starke beim Bau des Dresdner Zwingers:

■ **A1** Inwiefern sind diese Bauten Ausdruck absolutistischer Herrschaft?

Blick in den Hof des Dresdner Zwingers mit Pavillons für exotische Pflanzen (Orangerie) und Kunstsammlungen

Jagdschloss Moritzburg bei Dresden

■ **A2** Finde heraus, nach welchen Regeln hier die Wege angelegt wurden. Welche Herrschaftsauffassung stand dahinter?
■ **A3** Vergleiche mit der Anlage von Versailles (S. 175).

Grundriss des Lustgartens am Schloss Hildburghausen (Kupferstich von 1720). In barocken Gärten blieben Bäume nicht, wie sie natürlich gewachsen waren. Sie wurden zu Kugeln und Kegeln gestutzt. Selbst die Wege wurden nach bestimmten Regeln gestaltet.

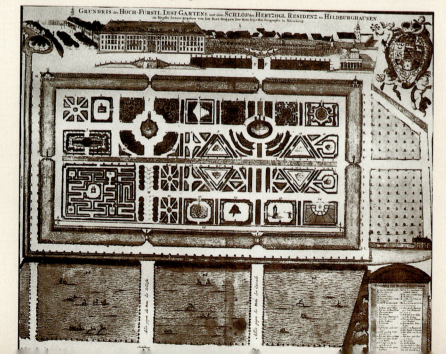

Im Spätbarock, etwa 1720–1780, wurde in Kunst und Architektur vieles verspielter, anmutiger und gefälliger dargestellt. Das entsprach der leichten Lebensart des Adels. Diese Phase wird als Rokoko bezeichnet. Frankreich blieb weiter tonangebend. Anstelle großer repräsentativer Bauten entstanden nun kleinere Stadtpalais und Lustschlösser in Parks. Bezeichnend dafür ist auch der Name, den Friedrich II. seinem Schloss in Potsdam gab: „Sanssouci" (Ohne Sorgen). In Preußen unter Friedrich II. erlebte dieser Kunststil eine Blütezeit.

Schloss Sanssouci (1744–1747)

■ **A1** Vergleiche diese Abbildungen und den Text über das Rokoko.

Vornehmes deutsches Paar des 18. Jh.s in französischer Mode. Der „französische Steiß", ein unter den Rock gebundenes Kissen, galt damals als besonders modern.

■ **A2** Wie wirkt diese Mode auf dich?

■ **A3** Welche Schlüsse ziehst du aus der damaligen Mode auf das Leben der Wohlhabenden?

■ **A4** Vergleiche Mode und Baustil. Was fällt auf?

■ **A5** Habt ihr Lust, euch Barockmusik anzuhören? Antonio Vivaldi komponierte „Die vier Jahreszeiten", Johann Sebastian Bach die „Brandenburgischen Konzerte". Georg Friedrich Händel schrieb die „Feuerwerksmusik". Und der junge Mozart trat als Wunderkind am Wiener Hof auf.

■ **A6** Versuche, dir ein Gesamtbild von der Barock- und Rokokokultur zu machen. Beachte dabei die folgenden Hinweise.

Diese Schritte können dir helfen, Barock und Rokoko aus umfassenderer Sicht zu verstehen:
1. Überlege, in welchen Lebensbereichen sich diese Epoche widerspiegelte. Welche erscheinen besonders wichtig und typisch?
2. Suche nach geeigneten Beispielen. Setze sie zu Merkmalen der zu untersuchenden Zeit in Beziehung (z. B. Architektur – Politik).
3. Überlege, welche sozialen Schichten deinen Beispielen zuzuordnen sind. Wer waren die wesentlichen Träger der untersuchten Kultur?
4. Setze dich mit den Beispielen auseinander. Versuche ein eigenes Urteil und einen Gesamteindruck der Kultur zu bekommen.

„Die Schaukel", Gemälde von Fragonard um 1767

Wohlhabende Herren trugen im Rokoko bis zu 20 cm hohe, weiß gepuderte Perücken aus Menschen- oder Pferdehaar. Blasse Haut galt als vornehm. Als Kontrast wurden Rouge, Lippenstift und „Schönheitspflästerchen" eingesetzt.

Auch in der Porzellangestaltung spiegelte sich die Epoche. Hier eine Frisierszene auf Frankenthaler Porzellan.

GESCHICHTE IM ÜBERBLICK

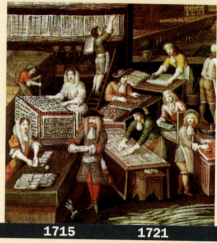

1650 — **1661** — **1668** — **1685** — **1701** — **1715** — **1721**

Beginn der Aufklärung.

Beginn der Alleinherrschaft Ludwigs XIV.

Ausbau des Schlosses von Versailles.

Edikt von Fontainebleau: Vertreibung der Hugenotten. Merkantilismus Wirtschaftsform des Absolutismus.

Friedrich I. krönt sich selbst zum „König in Preußen".

Beim Tod Ludwigs XIV. ist Frankreich wirtschaftlich am Ende.

Montesquieu fordert Gewaltenteilung.

Zusammenfassung

Frankreich:

- In **Frankreich** bildet sich um 1660 eine neue Regierungsform heraus: der **Absolutismus**. Der König versteht sich als Stellvertreter Gottes und begründet darauf seine **Alleinherrschaft**.
- Ludwig XIV. regiert losgelöst von den Gesetzen, gestützt auf die **Beamten**, das **stehende Heer** und die **Kirche**. Ab 1685 ist nur noch der katholische Glaube zugelassen (Vertreibung der Hugenotten).
- Das aufwendige Hofleben ist ebenfalls Mittel absoluter Herrschaft. Das Schloss in **Versailles** dient als Regierungszentrum und „goldener Käfig" für den politisch entmachteten hohen Adel. Seine Minister holt Ludwig vornehmlich aus dem Bürgertum.
- Die Wirtschaftspolitik des **Merkantilismus** dient der Finanzierung der absoluten Königsherrschaft: Manufakturen, Einfuhr von Rohstoffen, Ausfuhr von Fertigwaren.
- Trotz Merkantilismus ist Frankreich am Ende der Herrschaft Ludwigs XIV. 1715 infolge **zahlreicher Kriege** und des **verschwenderischen Hoflebens** wirtschaftlich ruiniert.
- Die Herrschaftsform des Absolutismus setzt sich auch in anderen europäischen Ländern durch. Diese Herrscher orientieren sich

Absolutismus und Aufklärung

1728 — Friedrich Wilhelm I.: Preußen wird bedeutender Beamten- und Militärstaat.

1740 — Friedrich II. in Preußen: aufgeklärter Monarch. Einmarsch in Schlesien. Maria Theresia von Österreich-Ungarn muss ihr Erbe gegen Preußen u. a. verteidigen: Schlesische Kriege.

1763 — Ende des Siebenjährigen Krieges: Preußen ist europäische Großmacht. Rousseau: Der „Gesellschaftsvertrag".

1772 —
Erste Teilung Polens.

1780 — Immanuel Kant: wichtigster deutscher Philosoph der Aufklärung.

in Politik und Kultur am **französischen Vorbild**.

Brandenburg-Preußen:
- Friedrich Wilhelm I. (1713–40) schränkt zivile Ausgaben ein zu Gunsten der Schaffung einer schlagkräftigen Armee.
- Friedrich II. regiert (1740–86) als aufgeklärter Monarch: Reformen, „erster Diener des Staates".
- In den Schlesischen Kriegen (1740–63) steigt Preußen, obwohl im „Siebenjährigen Krieg" nur knapp der Niederlage entronnen, zur europäischen Großmacht auf.

Aufklärung:
- Seit ca. 1650 breitet sich in Europa eine neue geistige Bewegung aus: die Aufklärung. Die Aufklärer setzen die Vernunft vor den Glauben und unterziehen das gesamte Dasein des Menschen der kritischen Prüfung durch den Verstand (z. B. Immanuel Kant). Neue Staats- und Gesellschaftsmodelle entstehen (Montesquieu, Rousseau).
- Die Aufklärung gewinnt Einfluss auch auf die Herrscher. Charakteristisch für den aufgeklärten Absolutismus sind Reformen, vor allem in Erziehung, Fürsorge und Rechtsprechung.

5 Die großen Revolutionen

Oben: Die Unabhängigkeitserklärung der Vereinigten Staaten von Amerika. Am Tisch sitzend George Washington, der erste Präsident.

Rechts: Französische Revolutionäre pflanzen einen Freiheitsbaum.

Freiheit – Gleichheit – Brüderlichkeit

Zauberworte, die seit der Französischen Revolution von 1789 ein Paradies auf Erden schaffen sollen. Ein Traum von einer besseren Welt, der sich schon in der „Glorreichen Revolution" der Engländer andeutete, mit der Verfassung der Vereinigten Staaten an Kraft gewann und in der Französischen Revolution mit Macht zum Ausdruck kam – aber immer noch nicht beendet ist. Was vor über 200 Jahren der Dritte Stand, die einfachen Bürger und Bauern in Frankreich, forderten, versuchen sich heute Menschen in der Dritten Welt zu erkämpfen. Und auch in der „westlichen" Welt ist manches davon noch ein Traum.

Unglaublich ist vieles, was zur Zeit der großen Revolutionen geschah. Kluges und Wahnsinniges, Verrücktes und Vernünftiges. Ein Kampf für das Gute, der teilweise aber auch das Böse schuf. Eine Auseinandersetzung, die bis in unsere Tage hineinreicht.

Die Bilder schlagen einen Bogen vom Zeitalter des nordamerikanischen Unabhängigkeitskampfes und der Französischen Revolution bis in unsere Tage. Nach der Beschäftigung mit diesem Kapitel werdet ihr die Frage beantworten können, ob dieser Bildvergleich mit der friedlichen Revolution von 1989 berechtigt ist.

Alle Revolutionen brachten Problemlösungen, die mit dem Einsatz von Gewalt verbunden waren. Die

In der Nacht vom 9. auf den 10. November 1989 fiel die Berliner Mauer, das Symbol der Teilung Deutschlands und Europas.

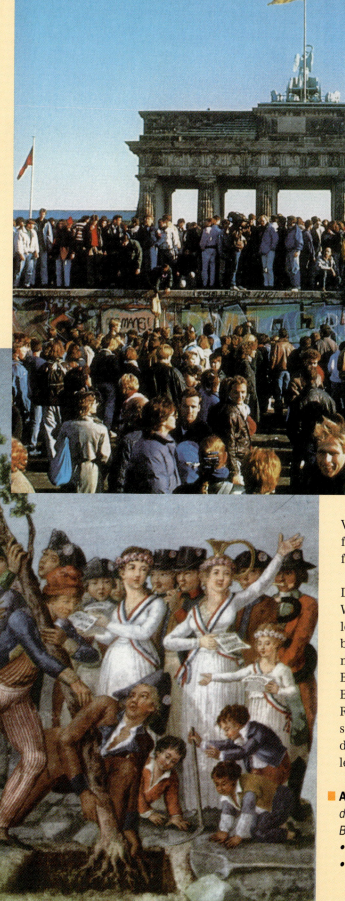

Veränderungen in Osteuropa verliefen ab 1989 allerdings weitgehend friedlich.

Die wachsenden Probleme unserer Welt lassen sich nicht durch Gewalt lösen. Wenn die Menschheit überleben will, in der Einen Welt zusammenleben möchte, dann nur auf der Basis der Gleichberechtigung, der Berücksichtigung der in den großen Revolutionen erkämpften Menschenrechte. Das können wir aus der Beschäftigung mit dieser Zeit lernen.

■ **A1** Wie schätzt du die Verwirklichung der Träume von Freiheit, Gleichheit, Brüderlichkeit ein
• in unserer Welt
• in der „Dritten Welt"?

1 Die Englischen Revolutionen

1.1 Das älteste Parlament

Im 17. Jahrhundert war das englische Parlament die einzige einigermaßen regelmäßig tagende Ständeversammlung in Europa. Das Parlament hatte unter anderem das Recht, Steuern zu bewilligen und an der Gesetzgebung mitzuwirken. Ihm gehörten Vertreter des Adels, der Geistlichkeit und der Städte an. Wählen durften nur Männer, die mindestens 40 Schilling Vermögen hatten. Das waren beim Ausbruch der Revolution 1640 immerhin 40% der männlichen Bevölkerung. Das Unterhaus (Vertreter des niederen Adels und der Städte) verstand sich zunehmend als Vertretung des ganzen Volkes.

■ **A1** Überlege, wer nicht im Parlament vertreten war.
■ **A2** Nenne die Rechte des Parlaments.
■ **A3** Erinnere dich, was du über die Könige in Frankreich, Russland oder in den deutschen Staaten gelernt hast. Worin unterscheidet sich ihre Stellung von der Position des englischen Königs?

Das Oberhaus Eduards I. (1272–1307). Bis ins 17. Jahrhundert hatte sich an seiner Zusammensetzung nur wenig geändert. Zeitgenössische Darstellung.

Das Unterhaus Anfang des 17. Jh.s. Erhöht sitzend der Speaker (Sprecher), der die Sitzung leitet und Beschlüsse verkündet.

1.2 Der König will alle Macht

Wie Ludwig XIV. in Frankreich, wollten auch die englischen Könige im 17. Jahrhundert zu absoluten Herrschern aufsteigen und ohne Parlament regieren.

1.2.1 Konfliktfeld: Finanzen

Ein Problem war stets das Geld: Vom König wurde erwartet, dass er in Friedenszeiten von den Einkünften aus seinen Ländereien und den Zöllen lebte. Die Einnahmen des Königs konnten jedoch nicht mit den steigenden Preisen Schritt halten. So war der König auf der Suche nach neuen Geldquellen. Die Einführung von Hafenzöllen rief den Protest des Parlaments hervor.

Q1 Aus einer Parlamentsrede des Abgeordneten Whitelocke (1610):
„Würde das Besteuerungsrecht stillschweigend unseren Königen überlassen und bedenkt man dabei, zu welchem Hauptzweck sie die Parlamente
5 einberufen, nämlich um sich Geld zu verschaffen, so habe ich keine große Hoffnung, dass wir uns noch sehr häufig so wie jetzt versammeln können (...)"
(Lautemann, W.: Geschichte in Quellen, Bd. 3, S. 359)

■ **A1** Warum protestierte das Parlament gegen den König?

1.2.2 Konfliktfeld: Religion

1534 war in England die Anglikanische Kirche entstanden. Ihr Oberhaupt war der König. Seit dieser Zeit fühlten sich die Engländer mit den Protestanten verbunden. In ihrer Mehrheit lehnten sie den Katholizismus ab.

Besonders stark war die Ablehnung bei den Puritanern. Ihr Name leitet sich vom lateinischen Wort „purus" = „rein" ab. Sie legten großen Wert auf eine schlichte äußere Form des Gottesdienstes und einen bescheidenen Lebenswandel. Große Bedeutung hatte die Predigt. Die einzelnen Gemeinden sollten weitgehend unabhängig sein. Daher forderten die Puritaner die Abschaffung der Bischöfe, also der Kirchenfürsten.

■ **A2** Erkläre den Namen „Puritaner".
■ **A3** König Jakob I. lehnte die Abschaffung des Bischofsamtes 1604 mit folgender Begründung ab: „Kein Bischof, kein König, keine Aristokratie." Versuche zu erklären, was er meinte.

So stellte man sich um 1630 den Gentleman vor. Die Worte in der Mitte lauten übersetzt: „Hoffnung im Himmel, die Füße auf der Erde." Die kleinen Bilder zeigen einzelne Lebensabschnitte des Gentleman.

Die Puritaner gehörten häufig dem Landadel an. Da nur der älteste Sohn erbte, mussten die jüngeren Söhne vielfach mit Geldgeschäften oder im Handel ihren Lebensunterhalt verdienen. Die Kluft zwischen niederem Adel und Bürgertum war daher nicht sehr groß. Angehörige beider Gruppen fühlten sich dem Ideal des Gentleman verpflichtet.

■ **A4** Welches Lebensideal spricht aus den Bildern?
■ **A5** Wie lässt sich dieses Ideal mit den religiösen Vorstellungen der Puritaner verknüpfen?

1.2.3 Der Konflikt spitzt sich zu

Unter König Karl I. (1625–1649) weitete sich der Streit mit dem Parlament aus. Da Karl Kriege mit Spanien und Frankreich führte, benötigte er noch mehr Geld. Das Parlament aber bewilligte selbst die Tonnen- und Pfundabgabe (Zölle auf Wolle und Wein), die dem König üblicherweise auf Lebenszeit gewährt wurden, nur für ein Jahr. Der König zog daraufhin die Zölle eigenmächtig weiter ein.

Karl I., der mit einer katholischen französischen Prinzessin verheiratet war, berief zudem zahlreiche Katholiken in die Regierung. Am Hof spielte die katholische Religion eine immer größere Rolle. Das Parlament wollte dies nicht hinnehmen.

Q2 Parlamentsbeschluss 2.3.1629:
„1. Wer Neuerungen in der Religion einführen oder durch Begünstigungen und Unterstützung Papisterei [Unterstützung des Papstes] (...) oder
5 *andere von der wahren (...) Kirchenlehre abweichende Meinungen auszubreiten oder einzuführen sucht, soll als ein Erzfeind dieses Königreiches und Gemeinwesens gelten.*
10 *2. Wer die Erhebung oder Eintreibung des Tonnen- und Pfundgeldes ohne Bewilligung durch das Parlament anrät (...), soll gleichfalls als politischer Neuerer und Hauptfeind dieses*
15 *Königreiches (...) angesehen werden."*
(Lautemann, W.: Geschichte in Quellen, Bd. 3, S. 368)

■ **A1** Wogegen protestierte das Parlament?

Nach diesem Angriff auf seine Politik löste der König 1629 das Parlament auf. Um an Geld zu kommen, ließ er alte Abgaben wieder aufleben. Erzbischof William Laud ver-

Karl I.

suchte zudem, die Form des Gottesdienstes an den Katholizismus anzugleichen. Die Bischöfe sollten eine stärkere Stellung erhalten.

1.3 Die Revolution 1640–1660

Der Konflikt trieb seinem Höhepunkt zu, als der König und der Erzbischof ihre Religionspolitik auch auf Schottland übertragen wollten. Hier hatten die Anhänger Calvins die Mehrheit. Sie weigerten sich, eine Kirche mit einem Bischof an der Spitze zu akzeptieren.

1.3.1 Konservative Revolution

Karl I. scheiterte mit dem Versuch, den schottischen Widerstand gewaltsam zu brechen. Daraufhin berief er 1640 erstmals seit 1629 wieder ein Parlament ein, um eine größere Armee finanzieren zu können. Die Abgeordneten bewilligten jedoch kein Geld, sondern beschwerten sich über königliche Willkür.

Schon nach drei Wochen löste Karl I. dieses Parlament wieder auf. Wenig später unterlag er jedoch erneut den Schotten. Wieder musste er das Parlament einberufen, das nun noch mächtiger war.

Innerhalb weniger Monate erreichte das Parlament, wofür seine Anhänger jahrzehntelang gekämpft hatten: Enge Vertraute des Königs wurden aus ihren Ämtern entlassen. Strafford, der Ratgeber des Königs, wurde sogar hingerichtet. Der König musste 1641 zusagen, das Parlament mindestens alle drei Jahre einzuberufen. Er verzichtete auf das Recht, es aufzulösen.

■ **A2** Warum konnte das Parlament seine Forderungen durchsetzen?
■ **A3** Welche Forderungen konnte das Parlament durchsetzen?
■ **A4** Bildet Gruppen und versetzt euch in die Lage des Königs und des Parlaments. Welche Möglichkeiten zu handeln haben diese Parteien?

1.3.2 Der Bürgerkrieg

Weder der König noch die Mehrheit des Parlaments gaben sich mit der Situation zufrieden. Als die Iren die unübersichtliche Situation zu einem Aufstand nutzten, stellte sich die Frage, wer die Kontrolle über die Armee erhalten würde – der König oder das Parlament.

Q1 Erklärung des Unterhauses:
„Gestern, den 4. Januar 1642, kam Seine Majestät (...) in das Unterhaus,

begleitet von einer großen Menge von Männern, die kriegsmäßig (...) bewaffnet waren. (...) Seine Majestät (...) verlangte die Auslieferung verschiedener Mitglieder des Hauses. Das Unterhaus erklärt hiermit, dass dies einen schweren Bruch der Rechte und Privilegien des Parlamentes darstellt und unvereinbar ist mit dessen Freiheit und Unabhängigkeit. Das Haus stellt daher fest, dass es (...) nicht länger seine Sitzungen hier abhalten kann, wenn es nicht volle Genugtuung für einen so schwer wiegenden Verstoß und eine ausreichende Schutzwache erhält, auf die es sich verlassen kann. (...)"

(Lautemann, W.: Geschichte in Quellen, Bd. 3, S. 375)

Oliver Cromwell

Q2 Ein Historiker schreibt über die Armee Cromwells:
„In der Armee der Heiligen (...) können sich nur solche Offiziere und Gemeine [= Soldaten] halten, die Psalmen singend in die Schlacht ziehen wollen und im Kreise ihrer Kameraden plötzlich aufstehen und predigen können, (...) die täglich mehrere Gottesdienste wünschen und zu sechsen im Zelt eine gemeinsame Bibel benutzen können."

(Stadelmann, R.: Geschichte der englischen Revolution, S. 126)

■ **A2** Beschreibe das Besondere an dieser Armee.
■ **A3** Erläutere anhand der Karte den Verlauf des Bürgerkrieges.

■ **A1** Schildere den Konflikt aus Sicht des Königs und des Parlaments.

Der König verließ London. Im Juli 1642 stellte das Parlament eine Armee auf. Auch der König rief seine Anhänger zu den Waffen. Die Mehrheit des Oberhauses und etwa ein Drittel des Unterhauses stellten sich auf seine Seite. Ein Bürgerkrieg zwischen den „Kavalieren" des Königs und den „Rundköpfen" des Parlaments entbrannte.

Zum Führer der Parlamentsarmee stieg Oliver Cromwell, ein Landadliger und überzeugter Puritaner, auf. Nachdem die Truppen des Parlaments zunächst keine entscheidenden Erfolge erringen konnten, setzte Cromwell 1645 die Neuorganisation der Armee durch. Seiner Armee gehörten vor allem freie Bauern an. Die Soldaten erhielten eine gute Ausbildung und lernten diszipliniert zu kämpfen. Die Offiziere wurden nach ihren Fähigkeiten berufen, nicht nach ihrem Stand.

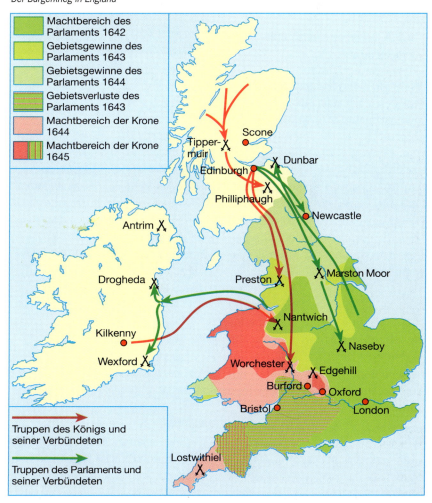

Der Bürgerkrieg in England

1.3.3 Hinrichtung des Königs

Die Parlamentsarmee siegte und Karl I. kapitulierte 1648. Wie sollte es weitergehen? Die Armee vertrieb alle Abgeordneten, die mit dem König verhandeln wollten. Von einst über 500 Abgeordneten waren nur noch 80 übrig geblieben. Sie beschlossen, Karl I. den Prozess zu machen. Erstmals in der Geschichte wurde ein König im Namen des Volkes öffentlich angeklagt und hingerichtet. Das Königtum und das Oberhaus wurden abgeschafft. England wurde Republik.

■ **A1** Betrachte das Bild von der Hinrichtung Karls I. Welche unterschiedlichen Reaktionen der Zuschauer kannst du ablesen?

1.3.4 Commonwealth und Protektorat

Nachdem der König endgültig besiegt war, wandte sich die Parlamentsarmee unter Cromwell gegen die aufständischen Schotten und Iren. Beide Völker wurden in grausamen Schlachten unterworfen. Aus den drei Ländern England, Schottland und Irland schuf Cromwell das Commonwealth (= Völkergemeinschaft). Besonders die katholischen Iren wurden hart für ihren Widerstand bestraft.

Auch in der Außen-, Kolonial- und Handelspolitik wollte die neue Regierung ihre Position stärken. Ein besonderer Dorn im Auge war ihr der niederländische Handel mit Kolonialgütern, der große Gewinne abwarf.

Q3 Die Navigationsakte (1651): „Zur (...) Förderung der Schifffahrt Englands (...) wird vom gegenwärtigen Parlament beschlossen, dass vom 1. Dezember 1651 an Güter aus Asien, Afrika oder Amerika nach England, Irland oder irgendwelchen dazugehörigen Ländern, Inseln oder Kolonien nur noch auf Schiffen eingeführt werden dürfen, die einwandfrei Leuten unseres Volkes gehören und deren Kapitäne und Matrosen zum größten Teil Leute unseres Landes sind. (...)"
(Lautemann, W.: Geschichte in Quellen, Bd. 3, S. 418)

■ **A2** Wie wollte England die Seeherrschaft der Holländer brechen?
■ **A3** Überlege, wer ein besonderes Interesse an diesem Gesetz hatte.

So stellte sich ein zeitgenössischer niederländischer Maler die Hinrichtung Karls I. vor.

Religion und die weitere Richtung der Reformen blieben Streitpunkte. 1653 ließ Cromwell das Parlament auflösen, weil es ihm nicht reformfreudig genug war.

Jetzt regierte Cromwell faktisch allein. Seine einzige Stütze war das Militär, das ihn zum „Lordprotektor" ausrief, wodurch ihm auf Lebenszeit eine dem Königtum ähnliche Machtfülle zukam. Militärgouverneure verwalteten das Land. Außenpolitisch konnte Cromwell weiterhin Erfolge verbuchen (Sieg über Holland 1654, Eroberung Jamaikas 1655). Doch im Innern fand er kaum mehr Unterstützung. Nach seinem Tod 1658 geriet das Protektorat endgültig in die Krise.

■ **A4** Führt euch die Phasen der Revolution noch einmal vor Augen. Legt eine Tabelle an und notiert, wer jeweils die Revolution unterstützte.
■ **A5** Welche Rolle spielte die Armee?

1.4 Die Restauration

Um ruhigere Verhältnisse einkehren zu lassen, trat das Parlament wieder zusammen und bot Karl II., dem Sohn des hingerichteten Königs, den Thron an. Die Monarchie wurde 1660 wiederhergestellt. Das Oberhaus und die Anglikanische Staatskirche wurden wieder eingesetzt. Eine reine Rückkehr zum vorrevolutionären Zustand gab es jedoch nicht. Denn der König bestätigte den Kompromiss von 1641.

Q1 Ein Fachwissenschaftler 1989 über die Grenzen der „Restauration" Karls II. und den Beginn des englischen „Sonderwegs":
„Freilich haben die zwei Jahrzehnte zwischen 1640 und 1660 (= die Revolution) so tiefe Spuren in der englischen Geschichte hinterlassen, dass eine
5 Einstufung als „Intermezzo" absolut fehl am Platze wäre. Die zum Teil gravierenden Veränderungen in der staatlich-administrativen und der kirchenorganisatorischen Sphäre blieben
10 erhalten und dass keine bedingunglose und einseitig das Königtum begünstigende Restauration zu erwarten war, signalisierte bereits Karls II. (seine Rückkehr erst ermöglichende)
15 Vereinbarung mit dem Parlament, er werde mit allen von einem zukünftigen Parlament vorgeschlagenen Regelungen zur Amnestie, zur freien Religionsausübung und zur Wiederher-
20 stellung der alten Besitzverhältnisse einverstanden sein. „Restauration" bedeutete auch Wiederherstellung des Parlaments, (…) denn dem Königtum wurde insbesondere fortan jede
25 außerordentliche Gerichtsbarkeit vorenthalten und jede Möglichkeit genommen, ohne Zustimmung des Parlaments Steuern zu erheben. (…) Hier liegt wohl der eigentliche Bruch, der
30 Beginn des englischen „Sonderwegs": Mit den absolutistischen Tendenzen der beiden ersten Stuart-Könige war England keineswegs aus dem „normalen" Trend in den europäischen
35 Staaten herausgefallen (…). Erst die Tatsache, dass aus einem – nicht ungewöhnlichen – Konflikt zwischen Krone und Ständeparlament nicht (…) das Königtum als Sieger hervorging,
40 begründete die Einzigartigkeit des englischen Beispiels."

(Duchhardt, H.: Das Zeitalter des Absolutismus, S. 58 ff.)

■ **A1** Restauration bedeutet: Wiederherstellung der alten Ordnung. Trifft diese Bezeichnung auf die englische Geschichte nach 1660 zu?

Außenpolitisch setzte England den Aufstieg zur See- und Kolonialmacht fort. Eine zweite Navigationsakte, erfolgreiche Kriege gegen die Niederlande und die Eroberung von Neu-Amsterdam, dem heutigen New York, zählten zu den Erfolgen.

Im Innern gab es weiterhin Auseinandersetzungen. Das Parlament war gespalten in die „Whigs", die für die Oberherrschaft des Parlaments und ein Widerstandsrecht gegen den König eintraten, und die „Tories", die dieses Recht ablehnten und die Erbmonarchie stärken wollten. Als sich Übergriffe königlicher Beamter häuften, setzte das Parlament 1679 ein Gesetz durch, das die Untertanen vor willkürlicher Verhaftung schützte (Habeas-Corpus-Akte).

Nach dem Tod Karls II. 1685, der von den inneren Konflikten profitiert und bis zu seinem Tod ohne Parlament regiert hatte, wurde Jakob II. König. Er berief mehrere Katholiken in höchste Staatsämter. Daraufhin bot das Parlament 1688 Jakobs Schwiegersohn Wilhelm von Oranien, dem Statthalter der Niederlande, den englischen Thron an.

1.5 „Glorreiche Revolution"

Nach der Landung Wilhelms von Oranien floh Jakob II., ohne Widerstand zu leisten. Bevor Wilhelm die englische Krone entgegennehmen konnte, musste er 1689 eine vom Parlament vorbereitete Erklärung über die Rechte des englischen Volkes unterzeichnen. Mit der „Bill of Rights" wurde England parlamentarische Monarchie und Vorbild für demokratische Bewegungen in Europa.

Q2 Bill of Rights (1689):
„Gesetze oder die Ausführung von Gesetzen durch königliche Autorität ohne Zustimmung des Parlaments aufzuheben, ist gesetzwidrig (…)
5 Steuern für die Krone und zum Gebrauch der Krone ohne Erlaubnis des Parlaments (…) zu erheben, ist gesetzwidrig.
Es ist das Recht des Untertans, dem
10 König Bittschriften einzureichen (…)
Es ist gegen das Gesetz, es sei denn mit Zustimmung des Parlaments, eine stehende Armee im Königreich in Friedenszeiten aufzustellen oder zu
15 halten. (…)
Die Wahl von Parlamentsmitgliedern soll frei sein.
Die Freiheit der Rede (…) im Parlament darf von keinem Gerichtshof
20 oder sonstwie außerhalb des Parlaments angefochten (…) werden.
(…) zur Besserung, Stärkung und Erhaltung der Gesetze sollen Parlamentssitzungen häufig gehalten werden."

(English Historical Documents, Bd. 8, S. 122 ff.)

■ **A2** Die Ereignisse von 1688/89 werden die „Glorreiche Revolution" genannt. Überlege, warum.

■ **A3** Erkläre die Bedeutung der einzelnen Bestimmungen.

■ **A4** Was bedeutete die „Bill of Rights" für das Verhältnis von König und Parlament? Erkläre den Begriff „parlamentarische Monarchie".

2 Die Entstehung der USA

2.1 Die ersten Europäer

Heute sind die USA das wohl mächtigste Land der Erde. Dennoch handelt es sich um einen relativ jungen Staat, der sich aber von Anfang an demokratische Grundsätze gegeben hat. Erst gut 200 Jahre sind seit seiner Gründung vergangen.

Die ersten Europäer erreichten Nordamerika wenige Jahre nach der Ankunft von Kolumbus in der Neuen Welt. 1513 entdeckten Spanier Florida und Kalifornien. Erst 1607 entstand mit Jamestown in Virginia die erste dauerhafte Siedlung der Engländer.

Q1 In einem Theaterstück von 1605 wirbt ein englischer Kapitän für die Auswanderung:
„Ach, das ganze Land dort ist doch voller Engländer und sie haben Indianerinnen geheiratet, welche dermaßen in sie verliebt sind, dass sie ihnen alle
5 Schätze, die sie haben, zu Füßen legen. Ich sage dir, dort gibt es mehr Gold als bei uns Kupfer, und so kommt es, dass auch ihre Bratpfannen und Nachttöpfe aus purem Gold gemacht sind. (...)
10 und überhaupt kannst du ganz frei dort leben, ohne Polizei und Anwälte und Schnüffler (...)."
(Cooke, A.: Amerika, S. 62 f.)

■ **A1** Welche Erwartungen verbanden sich zunächst mit der Auswanderung nach Nordamerika? Wie realistisch waren solche Hoffnungen?

Als Gründer der englischen Kolonien an der Nordostküste Amerikas gelten die 102 Engländer, die im Dezember 1620 mit dem Schiff „Mayflower" in Massachusetts landeten. Die Einwanderer waren Puritaner, also strenggläubige Protestanten, die England aus Glaubensgründen verlassen hatten. Viele Menschen in Europa flohen vor religiöser oder politischer Verfolgung nach Amerika, andere wollten der Armut entgehen. Alle hofften auf ein besseres Leben.

Franzosen in Florida, zeitgenössische Darstellung

■ **A2** Welche Gründe hatten die Menschen, Europa zu verlassen?

Die ersten Siedler besaßen zunächst weder Häuser noch Felder. Von den 102 Einwanderern der „Mayflower" starb die Hälfte schon im ersten Winter an Hunger und Seuchen. An anderen Orten trafen die Einwanderer auf kriegerische Indianer oder brachten friedliche Stämme durch ihr Verhalten gegen sich auf.

Um überleben zu können, mussten die Kolonisten Land bebauen. Alles Land, das weiße Siedler für sich beanspruchten, gehörte aber Indianern. Die Europäer konnten das Land kaufen oder es einfach besetzen. Häufig gab es bewaffnete Konflikte und Kriege um das Land. Indianer, die dort lebten, wurden vertrieben oder ausgerottet.

■ **A3** Beurteilt diesen Handel. Wurden die Indianer betrogen? Versucht, aus der Sicht beider Seiten zu argumentieren.

Peter Minnewit kaufte 1526 Manhattan für Waren im Gegenwert von 24 Dollar (Rekonstruktion).

Vielfach überlebten die Europäer aber auch nur dank der Hilfe der Indianer. Die Ureinwohner boten sich als Führer an und gaben Tipps zum Überleben.

Q2 Begegnung mit den Indianern von Maryland (1634):
„(...) Manchmal bringen sie [die Indianer] uns Truthähne, (...) dann wieder feine weiße Kuchen, Rebhühner, Austern, gut gekocht und gedämpft,
5 und sie laufen unter uns umher und lächeln, wenn sie uns sehen, und sie fischen und jagen für uns, wenn wir wollen, und all dies mit wenig Worten. (...) Wenn dieses Volk christlich wäre
10 (...), dann wäre es eine besonders tugendhafte und rühmenswerte Nation."
(Lautemann, W.: Geschichte in Quellen, Bd. 4, S. 30)

■ **A1** Beschreibe, wie auf den Abbildungen das Zusammentreffen von Europäern und Indianern dargestellt wird.
■ **A2** Versetze dich in die Lage der Indianer und überlege dir, wie du auf die Ankunft der Europäer reagiert hättest.
■ **A3** Analysiere die Grafik: Welche Folgen hatte die Besiedlung Nordamerikas für die Indianer?

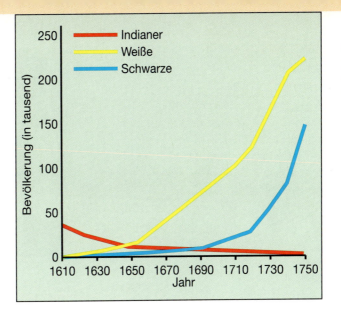

Die Bevölkerungsentwicklung in den Kolonien Virginia und Maryland von 1610 bis 1750

2.2 Weiße Vertragsarbeiter und schwarze Sklaven

Eines der größten Probleme in den Kolonien war die Anwerbung von Einwanderern und Arbeitern. In England und Irland, in den Niederlanden, in Frankreich, Deutschland und Skandinavien wollten viele Menschen auswandern. Häufig waren sie jedoch so arm, dass sie die Überfahrt nicht bezahlen konnten. Um in die Neue Welt zu gelangen, verpflichteten sich daher viele, dort mehrere Jahre ohne Lohn, nur gegen Unterkunft und Verpflegung, zu arbeiten.

Q1 Ankunft eines Einwandererschiffes in Philadelphia (um 1750):
„Jeden Tag kommen Engländer, Holländer und Oberdeutsche aus der Stadt Philadelphia und aus den anderen Orten (...) und gehen an Bord
5 des (...) Schiffes (...) und suchen sich unter den gesunden Personen einen solchen aus, wie er ihnen für ihr Geschäft brauchbar zu sein scheint, und handeln mit ihm aus, wie lange
10 er für seinen Fahrpreis dienen muss. (...) Wenn sie sich geeinigt haben, dann geschieht es, dass sich erwachsene Personen selbst schriftlich verpflichten, für den Betrag, den sie
15 schulden, 3, 4, 5 oder 6 Jahre zu dienen, je nach ihrem Alter und ihrer Kraft (...).
Es kommt oft vor, dass ganze Familien, Mann, Frau und Kinder, getrennt
20 werden, weil sie von verschiedenen Käufern erworben werden (...)."
(Lautemann, W.: Geschichte in Quellen, Bd. 4, S. 43)

■ **A4** Führe dir die Lage der mittellosen Einwanderer vor Augen. Welches Schicksal erwartete sie?
■ **A5** Welche Rückschlüsse auf die Situation in Europa lassen sich aus dem Verhalten der Einwanderer ziehen?

Es gab noch eine andere Möglichkeit, Arbeitskräfte zu beschaffen: den Sklavenhandel mit Afrikanern. Die ersten afrikanischen Sklaven kamen 1619 nach Jamestown. Sie wurden von den Weißen in Afrika von Sklavenhändlern gekauft und auf Schiffen in die Neue Welt gebracht. Dort wurden sie verkauft. Sie hatten keine Rechte. Ihre Besitzer ließen sie in ihren Häusern, auf Feldern und Plantagen arbeiten. Sie durften sie verkaufen, schlagen und töten, ohne dafür bestraft zu werden. Die Kinder der Sklaven waren ebenfalls Sklaven.

211

Sklavenauktion, Stich um 1850.

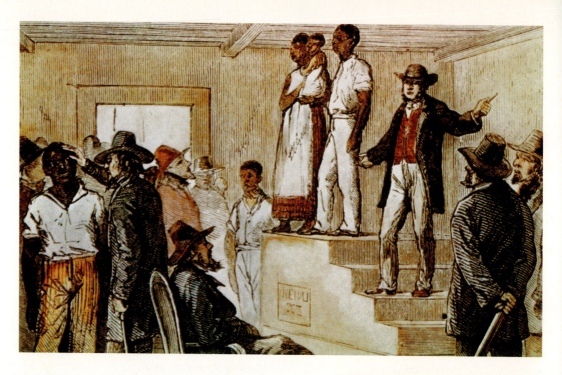

■ **A1** Betrachte das Bild der Sklavenauktion und des Sklavenschiffes: Beschreibe die Situation der Afrikaner.

■ **A2** Vergleiche die Situation von mittellosen weißen Einwanderern und afrikanischen Sklaven.

Sklaventransport. Das Schiff „Broockes", 30 m lang, 450 Menschen an Bord, Darstellung 1789, von Thomas Clarkson, einem Gegner der Sklaverei.

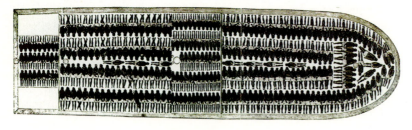

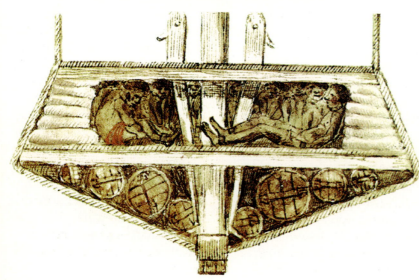

2.3 Die 13 Kolonien

Insgesamt entstanden in Nordamerika zwischen 1607 und 1733 dreizehn englische Kolonien. Sie hatten unterschiedliche Ursprünge und zogen Einwanderer mit verschiedenen Vorstellungen vom Leben in der Neuen Welt an: Nach Massachusetts kamen vor allem Puritaner (strenggläubige Protestanten). In Maryland sammelten sich die Katholiken. Der Quäker William Penn gründete mit Pennsylvania 1681 eine Kolonie, die allen Menschen die freie Ausübung ihrer Religion versprach. Im Süden entstand 1733 Georgia als Sträflingskolonie.

Q1 William Penn gibt Pennsylvania eine Verfassung (1701): *„Da Menschen nicht wirklich glücklich sein können, (...) wenn ihnen nicht die Freiheit des Gewissens sowie des Glaubens und des Gottesdienstes gewährt ist, (...) so gewähre ich hiermit und ordne an, dass keine Person oder Personengruppe, die in dieser Kolonie oder deren Gebieten lebt und an den Einen Allmächtigen Gott*

10 *glaubt, (...) irgendwie belästigt werde und weder an Person noch an Eigentum Schaden erleiden soll als Folge ihrer Gewissensüberzeugung und Glaubensausübung (...)."*
(Moltmann, G.: Die Vereinigten Staaten von Amerika von der Kolonialzeit bis 1917, S. 9)

■ **A1** Informiert euch über die Quäker, vielleicht in Form eines kleinen Referats.
■ **A2** Wie gingen die Kolonien mit der Frage der Religion um?
■ **A3** Welche Personen genießen den Schutz der Verfassung Pennsylvanias nicht?

Auch wirtschaftlich entwickelte sich die Ostküste Nordamerikas nicht einheitlich: Das warme Klima im Süden ermöglichte den Anbau von Tabak, Reis, Zuckerrohr und Baumwolle. Diese Produkte konnten die Siedler zu guten Preisen nach Europa verkaufen. Die Arbeit auf den Plantagen machten Sklaven aus Afrika, denn die Indianer erwiesen sich für die harte Arbeit als ungeeignet, und für viele Weiße galt es als nicht erstrebenswert, von eigener Hände Arbeit zu leben.

In den nördlichen Kolonien lebten die Siedler auf kleinen Farmen von der Landwirtschaft, mit der sie sich selbst versorgten. In den Städten blühten Handwerk und Handel.

Politisch unterstanden die Kolonien England, das aber tausende von Kilometern entfernt war. Vor Ort hatten englische Gouverneure als Beamte des Königs das Sagen. Die Siedler der einzelnen Kolonien bildeten Parlamente, um das Zusammenleben zu organisieren.

Häufig kam es zu Konflikten zwischen Gouverneuren und diesen Parlamenten: Die Regierung in London wollte vor allem, dass die Kolo-

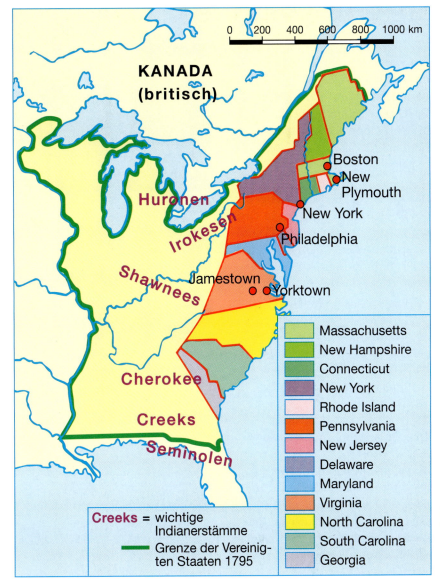

Die 13 Kolonien

nien das Mutterland mit „Kolonialwaren" versorgten. Den Siedlern aber ging es natürlich in erster Linie um das eigene Wohlbefinden.

Q2 William Keith, der Gouverneur von Pennsylvania, formulierte die Position der Regierung (1726):
„Jedes Gesetz dieser vom Mutterland abhängigen Kolonialregierungen sollte (...) das Wohl des Mutterlandes zum Ziel haben, dem sie ihre Existenz und
5 *die Sicherung all ihrer wertvollen Rechte verdanken. Daraus folgt, dass alle vorteilhaften Projekte und Han-*

delsgewinne in einer Kolonie, die den Interessen des Mutterlandes zuwider-
10 *laufen und nicht im Einklang mit diesen stehen, als ungesetzlich anzusehen sind."*
(Moltmann, G.: Die Vereinigten Staaten von Amerika von der Kolonialzeit bis 1917, S. 10)

■ **A4** Beschreibe das Verhältnis der Kolonien zum Mutterland.
■ **A5** Welches Interesse hatte England an seinen Kolonien?
■ **A6** Welche Konflikte entstanden zwischen dem Mutterland und den Kolonien?

2.4 Der Konflikt mit England

1756–1763 führte England Krieg gegen Frankreich. In Europa ging es im Siebenjährigen Krieg um die Vorherrschaft auf dem Kontinent. Gleichzeitig kämpften beide Länder in den Kolonien gegeneinander. In Nordamerika siegten schließlich die Engländer.

Der Krieg war sehr kostspielig. Um die Staatsfinanzen wieder in Ordnung zu bringen, sollten die 13 nordamerikanischen Kolonien höhere Zölle für die Einfuhr von Zucker zahlen. Das „Stempelgesetz" führte 1765 Gebühren für die Ausstellung amtlicher Dokumente ein. Später erhob die Regierung Zölle auf Tee, Glas, Farben und Blei. Diese Politik rief Empörung in den Kolonien hervor.

Das Massaker von Boston: Nach einer Demonstration gegen die neuen Steuern kam es 1770 zu einem bewaffneten Zusammenstoß zwischen Kolonisten und englischen Soldaten. Fünf Amerikaner starben. Zeitgenössischer Stich von Paul Reviere.

Q1 Vertreter von neun britischen Kolonien über die Stempelsteuer (1765):
„Es ist für die Freiheit eines Volkes unabdingbar und das unbezweifelte Recht von Engländern, dass ihnen keine Steuern auferlegt werden ohne
5 ihre Zustimmung, die sie persönlich oder durch ihre Abgeordneten erteilt haben.
Das Volk dieser Kolonien ist im Unterhaus von Großbritannien nicht ver-
10 treten und kann es wegen der geografischen Gegebenheiten auch nicht sein. Die einzigen Vertreter des Volkes dieser Kolonien sind Personen, die von ihm selbst gewählt worden sind.
15 Keine Steuern (...) können ihm in Zukunft auferlegt werden als durch seine jeweiligen gesetzgebenden Versammlungen."
(Adams, A. u. W. P. [Hg.]: Die Amerikanische Revolution, S. 41)

■ **A1** Versucht, die Forderungen der Kolonisten in griffige, einprägsame Slogans zusammenzufassen.

Q2 Der Finanzminister verteidigt die neuen Steuern (1765):
„Die Steuergelder (...) sollen nach dem Willen des Parlaments einen Teil der Ausgaben decken, die zur Verteidigung, zum Schutz und zur Sicherung
5 der britischen Kolonien in Amerika erforderlich sind (...).
Es trifft zu, dass sie die Mitglieder des Parlaments nicht mitwählen, aber auch neun Zehntel der Bewohner des
10 Mutterlandes können nicht wählen (...) jedes Mitglied des Parlamentes ist nicht nur Abgeordneter seiner Wähler, sondern Mitglied jener hehren Versammlung, die alle Bürger Großbri-
15 tanniens repräsentiert."
(Adams, A. u. W. P. [Hg.]: Die Amerikanische Revolution, S. 29–31)

■ **A2** Diskutiert das Pro und Kontra der Standpunkte.

■ **A3** Wie wehrten sich die Kolonisten gegen die britische Politik?

■ **A4** Schildere die Reaktion der Regierung auf die Proteste.

2.5 Die Unabhängigkeit

Die Spannungen zwischen den Kolonisten und England wuchsen. 1774 versammelten sich 45 Abgeordnete aus zwölf Kolonien in Philadelphia zu einem ersten Gesamtkongress der Kolonisten. Der beriet über gemeinsame Maßnahmen gegen die britische Politik und sprach allein den Kolonialparlamenten das Recht zu, Gesetze zu erlassen.

Die britische Regierung weigerte sich, die Forderungen der Kolonisten anzunehmen. Am 19. April 1775 lieferten sich Engländer und Amerikaner in der Nähe von Boston ein erstes Gefecht. Der Kontinentalkongress stellte eine eigene Armee auf, deren Oberbefehlshaber George Washington wurde. Als sich Großbritannien auch weiterhin unnachgiebig zeigte, erklärten die 13 Kolonien am 4. Juli 1776 ihre Unabhängigkeit.

1777 schlossen sich die ehemaligen Kolonien zu einem Staatenbund zusammen und nannten sich „Vereinigte Staaten von Amerika" (United States of America, USA).

Boston Tea Party: Aus Protest gegen die Tee-Zölle enterten 1773 als Indianer verkleidete Kolonisten drei Schiffe der Ostindien-Kompanie und warfen die kostbare Tee-Fracht über Bord. Die britische Regierung ließ daraufhin den Hafen von Boston blockieren, hob die Verfassung von Massachusetts auf und entsandte 1774 zusätzliche Truppen. Zeitgenössische Darstellung.

Q1 Die Unabhängigkeitserklärung. Führend bei der Abfassung war Thomas Jefferson, der später (1801–1809), nach George Washington und John Adams, Präsident der USA wurde:

„Folgende Wahrheiten erachten wir als selbstverständlich: dass alle Menschen gleich geschaffen sind; dass sie von ihrem Schöpfer mit
5 gewissen unveräußerlichen Rechten ausgestattet sind;
dass dazu Leben, Freiheit und das Streben nach Glück gehören;
dass zur Sicherung dieser Rechte
10 Regierungen unter den Menschen eingesetzt werden, die ihre rechtmäßige Macht aus der Zustimmung der Regierten herleiten;
dass, wenn immer irgendeine Regie-
15 rungsform sich als diesen Zielen abträglich erweist, es das Recht des Volkes ist, sie zu ändern oder abzuschaffen und eine neue Regierung einzusetzen (...).
20 Daher verkünden wir, die (...) Vertreter der Vereinigten Staaten von Amerika (...) feierlich, dass diese Vereinigten Kolonien freie und unabhängige Staaten sind und es von Rechts wegen
25 bleiben sollen; dass sie von jeglicher Treuepflicht gegen die britische Krone entbunden sind und dass jegliche politische Verbindung zwischen ihnen und dem Staate Großbritannien voll-
35 ständig gelöst ist und bleiben soll (...)."
(Krieger, H.: Handbuch des Geschichtsunterrichts, Bd. 4, S. 200 f.)

■ **A1** An wen richtet sich die Unabhängigkeitserklärung?

■ **A2** Wie begründen die Kolonien ihre Trennung von England?

■ **A3** Die als „Wahrheiten" bezeichneten Sätze im ersten Abschnitt wurden Vorbild für die Formulierung allgemeiner Menschenrechte. Diskutiert über ihre Bedeutung.

■ **A4** Galten die Verfassungsgrundsätze Jeffersons wirklich für alle Bewohner des neuen Staates?

Sturz der Statue des englischen Königs Georg III. in den Kolonien am 9. Juli 1776 (französischer Kupferstich)

■ **A1** Was soll mit dem Sturz der Statue ausgedrückt werden?

■ **A2** Es handelt sich um einen französischen Kupferstich. Ob er wohl in England verkauft werden durfte?

2.6 Die Verfassung

Großbritannien wollte den Verlust seiner Kolonien nicht hinnehmen. Der König stellte eine Armee von 30 000 Mann auf. Washingtons Armee war kleiner, weniger gut ausgebildet und schlechter bewaffnet. Dennoch siegten die Amerikaner. Eine wichtige Rolle spielte die Hilfe Frankreichs, das seit 1778 auf der Seite der Aufständischen kämpfte. Großbritannien musste 1783 die Unabhängigkeit der USA anerkennen. Erstmals in der Neuzeit hatten sich Kolonien von ihrem Mutterland losgesagt.

■ **A3** Überlege, warum die Monarchie Frankreich die Demokraten in Amerika unterstützt hat.

Von Mai bis September 1787 schuf in Philadelphia ein Parlament die Verfassung der Vereinigten Staaten. Sie ist das älteste demokratische Grundgesetz in der westlichen Welt. Viele ihrer Grundsätze sind in die Verfassungen der europäischen Staaten eingegangen. Dazu gehören: die Abschaffung der Monarchie, die Einführung einer Verfassung, die Formulierung von Bürgerrechten, die Gewaltenteilung zwischen ausführender, gesetzgebender und richterlicher Gewalt.

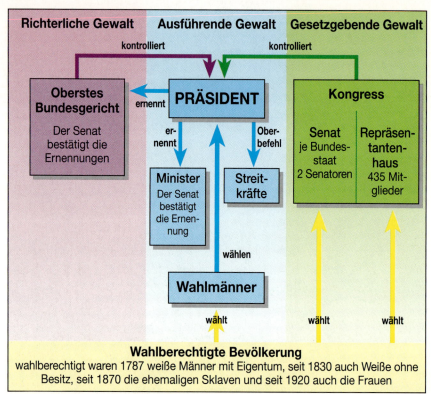

Schema der Verfassung der Vereinigten Staaten

■ **A4** Wie ist die Beteiligung der wahlberechtigten Bevölkerung an der Willensbildung sichergestellt?

■ **A5** Weder Frauen noch Sklaven durften wählen. Was bedeutet dies für die Menschenrechte?

■ **A6** Die Trennung der drei staatlichen „Gewalten" gehört zu den Grundsätzen aller demokratischen Verfassungen. Welche Vorteile hat diese Form im Vergleich zum Absolutismus, wo alle Gewalten in einer Hand liegen?

■ **A7** Wie ist sichergestellt, dass sich keine der drei „Gewalten" über die anderen erhebt?

2.7 Die Sklavenfrage

Die Unabhängigkeitserklärung hatte Freiheit und Gleichheit zu „unveräußerlichen Rechten" aller Menschen erklärt. Sklaven blieben jedoch weiterhin Eigentum ihres Herrn und besaßen keine politischen Rechte.

In den Nordstaaten, wo es relativ wenige Sklaven gab, lehnten die meisten Menschen die Sklaverei ab. Nach und nach verboten alle nördlichen Bundesstaaten die Sklaverei. In den Südstaaten aber, die ihren Wohlstand vor allem der Arbeit von Sklaven verdankten, verteidigte die Mehrheit diese „besondere Einrichtung". Obwohl 1808 der Sklavenhandel verboten wurde, wuchs die Zahl der Sklaven ständig. Immer mehr Baumwolle wurde mit ihrer Hilfe produziert.

In einem Kompromiss einigten sich Befürworter und Gegner der Sklaverei 1820 auf eine Regel für die Aufnahme weiterer Bundesstaaten. Sie legten eine Grenze fest: Nördlich dieser Linie durften nur Staaten ohne Sklaverei der Union beitreten, südlich von ihr war neuen Bundesstaaten der Besitz von Sklaven erlaubt. Vier Jahrzehnte später kam es dennoch zum Bürgerkrieg zwischen beiden Parteien (1861–1865).

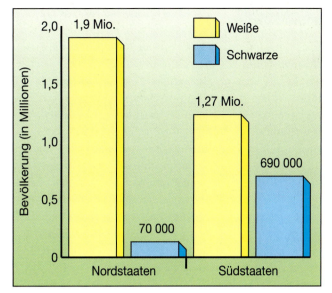

Die Bevölkerungsverteilung in den Nordstaaten und in den Südstaaten um 1790

■ **A1** *In den USA gab es Gegner und Befürworter der Sklaverei. Überlege, welche Gründe sie jeweils für ihre Auffassung hatten.*

Ein Sklave wird unter großer öffentlicher Aufmerksamkeit ausgepeitscht. Foto um 1860.

■ **A2** *Warum wurde die Bestrafung des Sklaven öffentlich vollzogen?*

■ **A3** *Unter den Zuschauern sind auch Farbige, zum Beispiel der Junge vorne links. Was wird er sich wohl gedacht haben?*

■ **A4** *Wie hätte der Mann, der die Auspeitschung durchführt, sein Handeln gerechtfertigt, wenn man ihn danach gefragt hätte?*

ARCHIV

Quellen zur Geschichte der USA

Q1 Virginia Bill of Rights vom 12.6.1776 – die Menschenrechtserklärung des Staates Virginia:

„1. Alle Menschen sind von Natur aus in gleicher Weise frei und unabhängig und besitzen bestimmte angeborene Rechte. (...)
2. Alle Macht ruht im Volke und leitet sich folglich von ihm her; die Beamten sind nur seine Bevollmächtigten und Diener und ihm jederzeit verantwortlich.
3. Eine Regierung ist oder sollte zum allgemeinen Wohle, zum Schutz und zur Sicherheit des Volkes, der Nation oder Allgemeinheit eingesetzt sein; (...) die Mehrheit eines Gemeinwesens hat ein unzweifelhaftes, unveräußerliches und unverletzliches Recht, eine Regierung zu verändern oder abzuschaffen, wenn sie diesen Zwecken unangemessen oder entgegengesetzt befunden wird, und zwar so, wie es dem Allgemeinwohl am dienlichsten erscheint.
4. Kein Mensch oder keine Gruppe von Menschen ist zu ausschließlichen oder besonderen Vorteilen seitens des Staates berechtigt (...)
5. Die gesetzgebende und die ausführende Gewalt des Staates sollen von der richterlichen getrennt und unterschieden sein; die Mitglieder der beiden Ersteren sollen (...) in bestimmten Zeitabschnitten in ihre bürgerliche Stellung entlassen werden und so in jene Umwelt zurückkehren, aus der sie ursprünglich berufen wurden; die frei gewordenen Stellen sollen durch häufige, bestimmte und regelmäßige Wahlen besetzt werden (...).
6. Die Wahlen der Abgeordneten, die als Volksvertreter in der Versammlung dienen, sollen frei sein; alle Männer, die ihr dauerndes Interesse und ihre Anhänglichkeit an die Allgemeinheit bewiesen haben, besitzen das Stimmrecht. (...)
7. Jede Gewalt, Gesetze oder die Ausführung von Gesetzen durch irgendeine Autorität ohne Einwilligung der Volksvertreter aufzuschieben, ist ihren Rechten abträglich und soll nicht durchgeführt werden (...).
8. Bei allen schweren oder kriminellen Anklagen hat jedermann ein Recht, Grund und Art seiner Anklage zu erfahren, (...) Entlastungszeugen herbeizurufen und eine Untersuchung durch einen unparteiischen Gerichtshof von 12 Männern seiner Nachbarschaft zu verlangen (...).
12. Die Freiheit der Presse ist eines der stärksten Bollwerke der Freiheit und kann nur durch eine despotische Regierung beschränkt werden.
13. Eine wohl geordnete Miliz, aus der Masse des Volkes gebildet (...) ist der geeignete, natürliche und sichere Schutz eines freien Staates; stehende Heere sollen in Friedenszeiten als der Freiheit gefährlich vermieden werden; auf alle Fälle soll das Militär der Zivilgewalt streng untergeordnet und von dieser beherrscht werden. (...)
15. Eine freie Regierung und die Segnungen der Freiheit können einem Volk nur erhalten werden durch strenges Festhalten an der Gerechtigkeit, Mäßigung, Enthaltsamkeit, Sparsamkeit und Tugend (...)."

(Günther, F. [Hg.]: Staatsverfassungen, S. 7 ff.)

■ **A1** Vergleiche mit dem Archiv zur Aufklärung, Seite 185 f.
■ **A2** Welche dieser Artikel sind noch heute wichtig? Bedenke, das wurde vor über 200 Jahren aufgeschrieben.

Q2 Passage von Thomas Jefferson, dem Verfasser der Unabhängigkeitserklärung, die vom Kongress nicht akzeptiert wurde:

„Er (der englische König Georg III.) hat einen grausamen Krieg gegen die menschliche Natur selbst geführt, indem er die heiligsten Rechte des Lebens und der Freiheit in den Angehörigen eines fernen Volkes verletzt hat, das ihn nie beleidigt hat, indem er sie gefangen nahm und als Sklaven in eine andere Hemisphäre verschleppte oder sie auf dem Transport dorthin einem elenden Tod preisgab. Diese seeräuberische Kriegführung, die Schmach heidnischer Völker, ist die Kriegführung des Christlichen Königs von Großbritannien, der entschlossen ist, seinen Markt einzurichten, wo Menschen gekauft und verkauft werden sollen. (...) Und damit die Häufung von Scheußlichkeiten eines Zuges ungewöhnlicher Färbung nicht entbehre, treibt er jetzt die gleichen Menschen an, mitten unter uns die Waffen zu erheben, um sich jene Freiheit zu erkaufen, deren er sie beraubte (...): So bezahlt er für frühere Verbrechen gegen die Freiheit eines Volkes mit Verbrechen, die er diese gegen das Leben eines anderen begehen lässt."

(Geschichte in Quellen, Bd. 4, bearbeitet von W. Lautermann, S. 90 ff.)

■ **A3** Was wird hier verurteilt?
■ **A4** Diskutiert, warum diese Passage nicht in die Unabhängigkeitserklärung aufgenommen wurde.

Q3 Amerikanische Frauen kämpfen um Rechte – ein offener Brief von Abigail Adams an ihren Mann John Adams (später 2. Präsident der USA):

„Ich sehne mich nach der Nachricht, dass ihr die Unabhängigkeit erklärt habt. Und nebenbei, in dem neuen Gesetzbuch, das ihr – meiner Meinung nach – notwendig machen müsst, solltet ihr – wie ich wünsche – an die Frauen denken und sie großzügiger und günstiger behandeln, als eure Vorfahren es taten. (...) Wenn den Frauen keine besondere Sorge und Berücksichtigung zuteil wird, sind wir entschlossen, einen Aufruhr zu schüren. Wir werden uns nicht durch irgendwelche Gesetze gebunden fühlen, bei denen wir kein Stimm- oder Vertretungsrecht haben."

Aus der öffentlichen Antwort von John Adams:
„Was dein außerordentliches Gesetzbuch betrifft, da kann ich nur lachen. Man hat uns erzählt, dass unser Kampf (der Unabhängigkeitskrieg) die Bande der Obrigkeit überall gelockert habe, dass Kinder und Lehrlinge ungehorsam würden, dass Schulen und Universitäten aufgewühlt würden, dass Indianer ihre Wächter missachteten und Neger unverschämt gegen ihre Herren würden. Aber dein Brief war der erste Hinweis, dass noch ein anderer Klüngel – zahlreicher und mächtiger als alle anderen – zur Unzufriedenheit herangezüchtet wird.(...) Verlass dich darauf, wir wissen etwas Besseres, als unsere männlichen Einrichtungen außer Kraft zu setzen."

(Niemetz, G. [Hg.]: Vernachlässigte Fragen der Geschichtsdidaktik, S. 96)

■ **A1** Vergleiche mit Q1. Was offenbart dieser öffentliche Streit?

Q4 James Madison, Autor der Verfassung der USA und 4. Präsident:
„Zu den Haupteinwänden, welche die achtungswerten Gegner der Verfassung vorbringen, gehört die ihr angelastete Verletzung jenes politischen Grundsatzes, der besagt, dass die gesetzgebende, die vollziehende und richterliche Gewalt deutlich voneinander getrennt sein müssen. Die verschiedenen Machtbefugnisse seien (...) miteinander vermischt (...). Schon bei oberflächlicher Betrachtung der britischen Verfassung werden wir bemerken, dass gesetzgebende, vollziehende und richterliche Gewalt keineswegs gänzlich voneinander getrennt und unterschieden sind. Der Träger der vollziehenden Gewalt bildet einen integrierenden Bestandteil der gesetzgebenden Autorität. Er allein hat das Recht, mit fremden Souveränen Verträge zu schließen (...). Alle Mitglieder des richterlichen Zweiges der Regierung werden von ihm ernannt, können auf Antrag der beiden Häuser des Parlaments von ihm abgesetzt werden (...). Die Richter sind wieder so eng mit der gesetzgebenden Körperschaft verbunden, dass sie häufig an deren Beratungen teilnehmen (...). So meint (Montesquieu) keineswegs, dass die drei Zweige der Regierung untereinander auf ihre spezifische Tätigkeit nicht ein gewisses Maß von Einfluss ausüben oder sich voneinander nicht wechselseitig kontrollieren sollen. (...) Wenn wir die Verfassungen unserer Einzelstaaten betrachten, so finden wir, dass (...) in keiner einzigen von ihnen die drei Zweige der Regierung absolut getrennt sind."

(Hamilton, A. u. a.: Der Föderalist, S. 277 ff.)

■ **A2** Worin besteht die Bedeutung dieser Frage? Beziehe dabei auch Q3 und Q2 auf S. 185 (Montesquieu) ein.

Q5 George Washington, 1. Präsident der USA, zur Außenpolitik:
„Europa hat eine Reihe wesentlicher Interessen, die für uns gar keine oder eine sehr geringe Bedeutung haben. Daher muss es häufig in Verwicklungen geraten, deren Ursachen unseren Interessen wesentlich fremd sind. Es kann für uns deshalb nicht klug sein, uns durch künstliche Bande in die üblichen Wechselfälle seiner Politik oder in die üblichen Verbindungen und Zusammenstöße seiner Freundschaften und Feindschaften zu verwickeln. (...) Unsere gesonderte und abgetrennte Lage fordert von uns und macht uns auch fähig, einen eigenen Weg zu gehen. Wenn wir ein Volk bleiben, unter einer tatkräftigen Regierung, ist die Zeit nicht fern, da wir ernsthafte (...) Belästigungen von außen abweisen können: da wir in der Lage sind, eine Haltung einzunehmen, durch die dafür Sorge getragen wird, dass die Neutralität, zu der wir uns jederzeit entschließen können, peinlich genau geachtet wird (...)."

(Schambeck, H. [Hg.]: Dokumente zur Geschichte der USA, S. 238 f.)

Q6 James Monroe, 5. Präsident der USA, 1823 zur Außenpolitik (so genannte Monroe-Doktrin):
„An den Kriegen der europäischen Mächte in Angelegenheiten, die sie betreffen, haben wir niemals irgendeinen Anteil gehabt und es entspricht auch nicht unserer Politik (...) Von den Entwicklungen in dieser Hemisphäre (= Amerika) sind wir notwendigerweise direkt betroffen. Das politische System der alliierten Mächte (= die Heilige Allianz) ist in dieser Hinsicht wesentlich anders als das Amerikas. (...) Wir schulden daher der Aufrichtigkeit und den freundschaftlichen Beziehungen zwischen den Vereinigten Staaten und diesen Mächten die Erklärung, dass wir jeden Versuch von ihrer Seite, ihr System auf irgendeinen Teil dieser Hemisphäre auszudehnen, als eine Gefahr für unseren Frieden und unsere Sicherheit ansehen würden. In die bestehenden Kolonien oder Dependenzen (= Niederlassungen) irgendeiner europäischen Macht haben wir uns nicht eingemischt und werden wir uns nicht einmischen. Bezüglich der Regierungen aber, die ihre Unabhängigkeit erklärt haben und behaupten und deren Unabhängigkeit wir nach sorgfältigen Erwägungen und aufgrund gerechter Prinzipien anerkannt haben, könnten wir einen jeglichen Eingriff von Seiten einer europäischen Macht mit dem Ziel, sie zu unterdrücken oder in anderer Weise ihr Schicksal unter Kontrolle zu bringen, nur als Ausdruck einer unfreundlichen Haltung gegenüber den Vereinigten Staaten ansehen."

(Moltmann, G..: Die Vereinigten Staaten bis 1917, S.24)

■ **A3** Vergleiche Q 5 und Q6. Was hat sich zwischen 1796 (Washington) und 1823 (Monroe) geändert?

3 Die Französische Revolution

3.1 Ursachen der Revolution

3.1.1 Die Gesellschaft in Frankreich vor 1789

Im Alter von 20 Jahren übernahm Ludwig XVI. 1774 den französischen Thron. Sein Wille war Gesetz, und er war niemandem Rechenschaft schuldig. So hatten die Könige Frankreichs über einhundert Jahre lang absolut regiert. So wollte es auch Ludwig XVI. weiter handhaben. Allerdings hatte sich die wirtschaftliche Situation in Frankreich inzwischen verändert.

Frankreich erlebte im 18. Jahrhundert einen besonders großen Bevölkerungsanstieg (1720: 23 Millionen – 1785: 28 Millionen). Das führte zu einer Versorgungskrise. Die Preise stiegen drastisch an. Ein Ausgleich durch steigende Löhne fand nicht statt. Die Auswirkungen auf die unteren Bevölkerungsschichten waren katastrophal.

Die Gesellschaftsordnung des Absolutismus fußte noch auf den Grundlagen des Ständestaates. Dieser bestand aus den beiden privilegierten Ständen Klerus (ca. 130 000 Personen = 0,5 % der Bevölkerung) und Adel (ca. 350 000 Personen = 1,3 % der Bevölkerung) und dem fast rechtlosen Dritten Stand (über 26 Millionen Personen, etwa 98 % der Bevölkerung). Die ständische Einteilung bestimmte die Rechts- und Lebensverhältnisse aller Bewohner Frankreichs.

Ende des 18. Jahrhunderts lebten etwa 85 % der Franzosen noch auf dem Lande. Die Grundherrschaft prägte das ländliche Leben. Fast alle Bauern waren Kleinpächter oder Kleinbauern. Auf ihnen lasteten die Abgaben, die an die Grundherren gingen. Dazu hatten sie den Hauptteil der Steuern aufzubringen. Oft blieb ihnen nur ein Drittel des Ernteertrags. Zum Dritten Stand gehörten aber auch Bürger, die durch Handel, Industrie und Bankgeschäfte reich geworden waren. Die größte Gruppe in den Städten bildete das Kleinbürgertum. Das waren vor allem Gewerbetreibende und Händler. An unterster Stelle befanden sich die wachsenden Unterschichten: Manufakturarbeiter, Diener, Boten, Wasser- und Holzträger.

Auch viele einfache Priester des Ersten Standes erlebten die Not der Landbevölkerung am eigenen Leib. Dagegen entstammten die kirchlichen Würdenträger, Äbte und Bischöfe, durchweg dem Adel und führten das Leben großer Herren.

Karikatur des Ständestaates. Zeitgenössische Darstellung, 1789.

■ **A1** Erläutere, welche Personengruppen dargestellt sind.

■ **A2** Was soll die Karikatur zum Ausdruck bringen?

■ **A3** Stelle die Rangordnung der Bevölkerung in einem Schaubild dar. Am besten gehst du von einem Dreieck aus, in das du die Zahlen des Kapitels 3.1.1 einarbeitest.

■ **A4** Welche Probleme waren in Frankreich besonders groß?

■ **A5** Versetze dich in die Lage der „Lasten tragenden" Frau auf der Abbildung und beschreibe aus ihrer Sicht die französische Gesellschaft vor 1789.

■ **A6** Erarbeitet ein Streitgespräch zwischen den Frauen. Mit welchen Argumenten könnte die Lastenträgerin die beiden anderen Frauen angreifen, wie könnten diese sich verteidigen?

Die Vertreter des Adels waren politisch entmachtet. Die Reichen unter ihnen gehörten zum Hofadel, der fern von seinen Gütern in Versailles lebte und nur die Einkünfte aus seinem Grundbesitz genoss. Neben diesem Hofadel gab es den Landadel, der oft in kärglichen Verhältnissen lebte und seine Untertanen direkt ausbeutete.

3.1.2 Die Wirtschafts- und Finanzkrise

An der Frage der Staatsfinanzen entzündete sich die Revolution. Seit der Herrschaft Ludwigs XIV. belasteten wachsende Schulden den Staatshaushalt. Verschiedene Finanzminister scheiterten bei Reformversuchen, weil sie eine allgemeine Steuer gegenüber dem von Abgaben befreiten Ersten und Zweiten Stand nicht durchsetzen konnten. Schließlich musste der König der Einberufung der Generalstände zustimmen. Das war ein Parlament der Reichsstände, das zum letzten Mal 1614 getagt hatte.

Q1 Der Staatshaushalt 1788:

Einnahmen	503 Millionen Livres
Ausgaben	629 Millionen Livres
Neuverschuldung	126 Millionen Livres

Die Ausgaben des Haushalts verteilten sich folgendermaßen:

Zivile Ausgaben	145 Millionen Livres
Öffentliche Bildung und Fürsorge	12 Millionen Livres
Hofhaltung	36 Millionen Livres
Militärausgaben	165 Millionen Livres
Zinsen für die Staatsschulden	318 Millionen Livres

Haushalt der Bundesrepublik 1995:

Einnahmen	414,5 Mrd. DM
Ausgaben	464,7 Mrd. DM
Neuverschuldung	50,2 Mrd. DM
Soziales	175,4 Mrd. DM
Bildungswesen	19,7 Mrd. DM
Verteidigung	48,2 Mrd. DM
Zinsen	55,0 Mrd. DM

■ **A1** *Vergleiche die Neuverschuldung im Staatshaushalt Frankreichs mit der im Bundeshaushalt.*
■ **A2** *Berechne die prozentualen Anteile der Ausgabenbereiche und vergleiche sie mit dem Bundeshaushalt.*
■ **A3** *Welche Rückschlüsse auf die Bedeutung der einzelnen Bereiche für die Regierung kannst du daraus ziehen?*

3.1.3 Neue Ideen schüren die Revolution

Mit der Einberufung der Generalstände glaubten der König und seine Regierung kein großes Risiko einzugehen. Aber seit 1614 hatte sich vieles verändert. In der Aufklärung hatte sich ein neues Denken entwickelt, das vor allem eine Herrschaft der menschlichen Vernunft anstrebte. War es wirklich vernünftig, wenn die Lasten des Staates nur von den Bürgern des dritten Standes getragen wurden, diese Bürger aber von der Regierung völlig ausgeschlossen blieben? Diese Ideen hatten großen Einfluss auf das französische Bürgertum.

Für einen großen Teil der französischen Bevölkerung verkörperte außerdem die Unabhängigkeitsbewegung in Amerika das Ideal einer neuen Gesellschaft.

Die Einflüsse machten sich in den Denkschriften und Beschwerdebriefen vieler Wählergruppen bemerkbar, die das Volk den Abgeordneten des dritten Standes mit auf den Weg nach Versailles gab.

Q2 Beschwerdeheft des Dorfes Guyancourt. Die Einwohner dieser Gemeinde forderten:

„1. dass alle Steuern von den drei Ständen ohne irgendwelche Ausnahme gezahlt werden, von jedem Stand gemäß seinen Kräften;
2. das gleiche Gesetz und Recht für das ganze Königreich;
3. die völlige Aufhebung der Sondersteuern und der Salzsteuer;
5. die völlige Beseitigung jeglicher Art von Zehnten in Naturalien;
8. dass die Eigentumsrechte heilig und unverletzlich sind;
10. dass alle Frondienste, welcher Art sie auch sein mögen, abgeschafft werden;
15. dass angesichts des großen Elends das Volk die Herabsetzung des Getreidepreises verlangt."

(Krieger, H.: Handbuch des Geschichtsunterrichts, Bd. 4, S. 209)

■ **A4** *Erkläre die einzelnen Beschwerden.*
■ **A5** *Stellt in eurer Klasse Vermutungen darüber an, welche Punkte den Bewohnern des Ortes wohl am wichtigsten gewesen sein könnten.*
■ **A6** *Vergleiche die Forderungen der Bauern mit dem Bild unten*
■ **A7** *Plant ein Rollenspiel. Die Bauern des Dorfes Guyancourt bei Versailles tragen Ludwig XVI. direkt ihre Forderungen vor. Wie wird er reagieren?*

Das Austernfrühstück. Gemälde von Jean-François de Troy, um 1750. Den Teilnehmern des Herrenfrühstücks werden Sekt und Austern gereicht, einige sehen einem in die Luft geflogenen Flaschenpropfen nach.

Auch die wachsende Zahl der Flugschriften vor 1789 spiegelte die Aufbruchstimmung wider. Die berühmteste ist die des Priesters Sieyès: „Was ist der Dritte Stand?"

Q3 Sieyès: Was ist der Dritte Stand? (Flugschrift vom Januar 1789):
„Der Plan dieser Schrift ist ganz einfach. Wir haben uns drei Fragen vorzulegen.
1. Was ist der Dritte Stand? Alles.
5 2. Was ist er bis jetzt in der politischen Ordnung gewesen? Nichts.
3. Was verlangt er? Etwas darin zu werden (...).
Wenn man den privilegierten Stand
10 wegnähme, wäre die Nation nicht etwas weniger, sondern etwas mehr."
(Krieger, H.: Handbuch des Geschichtsunterrichts, Bd. 4, S. 209)

■ **A1** Was wird Sieyès als Begründung für seine Behauptung, der Dritte Stand sei alles, angeführt haben?
■ **A2** Weshalb meinte er wohl, dass die Nation ohne den „privilegierten Stand" (Adel, Klerus) mehr wäre?

3.2 Die Revolution 1789 bis 1792

3.2.1 Der Dritte Stand begehrt auf!

Die Generalstände wurden für das Jahr 1789 einberufen. Nach alter Tradition bekam jeder Stand 300 Abgeordnete, verfügte aber nur über eine Stimme. Dies wollte das Bürgertum nicht mehr akzeptieren und setzte die Verdopplung der Zahl seiner Abgeordneten durch.

Die Unzufriedenheit des Dritten Standes wurde verstärkt durch eine Wirtschaftskrise. Missernten 1787 und 1788 verschärften die Situation.

Es kam zu Hungerrevolten und Unruhen. Die Getreidepreise stiegen um bis zu 200% an. Ende 1788 wuchs die Zahl der Arbeitslosen in Paris auf 80 000. Ein Bauarbeiter musste etwa 80% seines Einkommens allein für Brot ausgeben.

Im Mai 1789 traten die Stände in Versailles zusammen. Von den Abgeordneten des Ersten Standes, deren Mehrheit zum niederen Klerus gehörte, vertrat die Hälfte Ansichten des Dritten Standes. Unter den 270 Adligen waren etwa 90 Reformwillige. Von den Abgeordneten des Dritten Standes waren die meisten Rechtsgelehrte, daneben Bankiers, Kaufleute, Industrielle und Großgrundbesitzer. Weder Bauern noch Handwerker und Arbeiter waren vertreten.

Q1 Ludwig XVI. eröffnete die Sitzung der Ständeversammlung:
„Meine Herren! (...) Ich sehe mich von den Vertretern der Nation umgeben, über die zu gebieten ich mich rühme. (...) Die Staatsschuld, die schon bei
5 meiner Thronbesteigung über alle Maßen groß war, ist unter meiner Herrschaft noch weiter angewachsen. (...) Die Vermehrung der Steuern war die notwendige Folge und hat ihre un-
10 gleiche Verteilung noch ungerechter gemacht. Eine allgemeine Unruhe, ein übertriebenes Verlangen nach Neuerungen hat sich der Gemüter bemächtigt und würde schließlich die Mei-
15 nung vollends verwirren, wenn man sich nicht beeilte, sie durch eine Vereinigung von weisen und maßvollen Ratschlägen in eine feste Richtung zu lenken. In dieser Zuversicht, meine
20 Herren, habe ich Sie versammelt."
(Wittmütz: Die Französische Revolution, S. 23)

■ **A3** Was versprach sich der König vom Zusammentritt der Generalstände?

■ **A4** Sucht euch auf dem Bild je einen Vertreter der drei Stände heraus. Was werden sie über die Rede des Königs denken? Welche Erwartungen haben sie von der Versammlung der Generalstände?
■ **A5** Entwerft eine kurze Erwiderung eines Abgeordneten aus dem Dritten Stand auf die Rede des Königs.

Der König hielt nach wie vor an der Abstimmung nach Ständen fest. Daraufhin erklärten die Abgeordneten des Dritten Standes und einige des Ersten und Zweiten Standes sich zur Nationalversammlung. Im Antrag des Priesters Sieyès begründeten sie diesen Schritt damit, dass die anwesenden Abgeordneten mindestens 96 Prozent der Nation vertreten würden.

Q2 „Die Versammlung erklärt (...), dass das gemeinsame Werk der nationalen Neuordnung unverzüglich von den anwesenden Abgeordneten in
5 Angriff genommen werden kann (...). Die Bezeichnung Nationalversammlung ist die einzige, welche (...) der Versammlung zukommt (...), weil ihre Mitglieder (...) auf direktem Wege
10 von der überwiegenden Mehrheit der Nation entsandt sind."
(Grab, W.: Französische Revolution, S. 30 f.)

■ **A6** Warum war dies wohl der erste entscheidende revolutionäre Akt der Abgeordneten, der eigentliche Beginn der Französischen Revolution?
■ **A7** Für den Maler des Gemäldes „Der Ballhausschwur", Jacques Louis David, war das Ereignis vom 20. Juni noch wichtiger. Mache an einzelnen Figuren und an der Art der Zeichnung seine Begeisterung über diesen Schwur deutlich. Ordne einzelne Personen ihren Ständen zu. Überlege auch, welche Bedeutung die Dreiergruppe im Vordergrund des Bildes haben könnte.

Die Eröffnung der Versammlung der Generalstände. Zeitgenössisches Gemälde von Auguste Conder.

Zwei Tage nach dieser Erklärung beschloss die Mehrheit des Ersten Standes, sich der Nationalversammlung anzuschließen. 80 liberale Adlige wollten ihnen folgen. Am 20. Juni fanden die Abgeordneten aber ihren Sitzungssaal verschlossen und bewacht vor. Sie zogen daraufhin in ein nahe gelegenes Ballspielhaus. Auf die königliche Aufforderung auseinander zu gehen, antworteten sie mit einem Schwur: Sie wollten so lange tagen, bis für Frankreich eine neue Verfassung verabschiedet sei. Der König tobte. Nach einer Woche gab er schließlich nach. Er forderte „seine getreue Geistlichkeit und seinen getreuen Adel" auf, mit der Nationalversammlung zu tagen, die damit als Volksvertretung von ihm anerkannt wurde. Am 9. Juli erklärten sie sich zur verfassunggebenden Nationalversammlung. Der König hatte vorerst seine Machteinbuße akzeptiert.

Der Ballhausschwur. Gemälde von Jacques Louis David.

GESCHICHTE KONTROVERS

Die Ursachen der Revolution

Zeitgenössische Stimmen

Q1 Der Generalkontrolleur der Finanzen, de Calonne, 1786 in einer Denkschrift an Königin Marie Antoinette:
„Das wäre die einzige Methode (...), indem man das Gesamtinteresse den Einzelinteressen entgegenstellt. (...)
5 Während ich diesem Prinzip auf den Grund ging, gelangte ich nach langer Untersuchung zu der Überzeugung, dass es mit Nutzen auf alle Bereiche angewendet werden kann:
1. auf die Grundsteuer, um dadurch
10 die Willkür auszuschließen und die Steuerlast durch Abschaffung der Privilegien, die sie ungerechter Weise erhöht, zu lindern;
2. auf die Verteilung der Abgaben an
15 den Staat, um sie sowohl gleichmäßig als auch im richtigen Verhältnis aufzuerlegen und sie auf patriotische Weise unter den Steuerpflichtigen selbst (...) aufzuteilen;
20 3. auf die Landwirtschaft, um die Frondienste und Plackereien abzuschaffen, die sie noch mehr als die Steuerlasten selbst zugrunde richten;
4. auf den Handel, um ihn von den
25 Zöllen, Behinderungen und vielfachen Tarifen zu befreien, die den Umlauf der Erzeugnisse aus Landwirtschaft und Gewerbe schaden;
5. auf die Finanzverwaltung, um die
30 Staatseinnahmen durch Abstellung der Missbräuche, die deren Quellen beeinträchtigen, durch Verminderung der Eintreibungskosten, die ihre Erträge aufzehren (...)."
(Markov, W./Soboul, A.: 1789. Die Große Revolution der Franzosen, S. 15 ff.)

■ **A1** Erkläre diese Punkte. Beachte, dass Colonne Finanzminister war.

Q2 Beschwerdeheft des Kirchspiels Peumerit-Cap:
„Unterrichtet von den wohltätigen Absichten Seiner Majestät, alle seine Untertanen als wahrer Vater des Volkes behandeln zu wollen – indem er alle
5 ohne Unterschiede auffordert, ihre (...) Klagen und Beschwerden zu Füßen des Throns auszubreiten, um auf diese Weise sowohl die Nöte aller als auch diejenigen jedes Einzelnen kennen zu
10 lernen, die im Staate vorhandenen Missstände ebenso rasch wie heilsam beseitigen und seinem Volk vollkommene Glückseligkeit gewähren zu können –, haben die Einwohner des Kirch-
15 spiels (...) einmütig beschlossen, ihn vertrauensvoll um Folgendes zu ersuchen:
1. Seine Majestät möge (...) Beschützer, Stütze und Halt des römisch-katho-
20 lischen apostolischen Glaubens sein; deshalb bitten sie (...), die Ausübung einer anderen Religion nicht zuzulassen. (...)
2. Wir bitten unseren guten König
25 Ludwig XVI., dass er und seine Nachfolger (...) wie wahre Monarchen regieren mögen (...).
3. Der Dritte Stand der Provinz Bretagne soll sowohl in den General- wie
30 in den Provinzialständen durch Abgeordnete vertreten sein, die weder Adlige noch Steuereinnehmer noch Geistliche sein dürfen und an Zahl den beiden ersten Ständen gleich-
35 kommen (...).
6. Die Kopf-, Herd- und andere in Geld zu leistende Steuern sollen in einer einzigen Steuerrolle zusammengefasst werden, zu der die adligen und geist-
40 lichen Herrn gleichermaßen beizutragen haben. Jeder dieser Steuerpflichtigen soll mit einem Steuersatz veranschlagt werden, der seinem Wohlstand entspricht.(...)
45 11. Wir fordern, die Nichtadligen zur Ausübung jeder zivilen oder militärischen Tätigkeit zuzulassen (...)."
(Die Französische Revolution. Bilder und Berichte 1798–1799, S. 34 ff.)

■ **A2** Setze Q2 in Bezug zu Q1.
■ **A3** Was verraten Form und Sprache des Briefes?

Q3 Aus der Beschwerdeschrift der Gemeinden Bears und Bouziés, 1789:
„Die genannte Gemeinde stellt fest, dass es keinen unglücklicheren Menschen gibt als den Bauern und den Tagelöhner. Um diese Grundwahrheit
5 zu beweisen, genügt es zu betrachten, dass nach Abführung der königlichen Steuern und nach Bezahlung der Feudallasten sowie nach Abrechnung seiner Arbeit und des Saatgutes dem
10 Bauern und Eigentümer nicht einmal ein Zehntel des Ertrages von seinem Boden bleibt, so dass er, um die genannten Lasten und Steuern bezahlen zu können, gezwungen ist, von ein we-
15 nig Hirsebrot und Buchweizen sich zu nähren, was ihm oft genug auch noch fehlt. Er hat nichts als seine Suppe von Wasser und Salz, welche die Hunde besser gestellter Menschen verwei-
20 gern würden (...)."
(Lautemann, W./ Schlenke, M.: Geschichte in Quellen, Bd.4, S.148)

■ **A4** Warum war die Lage der armen Bauern besonders kläglich?

Q4 Flugschrift des Vierten Standes vom April 1789:
„Was die Mächtigen anbetrifft, so erkenne ich keine andere Macht als die der Nation an; sie ist die einzige, die gefahrlos vergrößert werden kann:
5 Jede privilegierte Macht muss, da sie der Macht aller entgegensteht, vernichtet werden (...). Was die Reichen betrifft, so dürfen die verschiedenen Vermögensverhältnisse nur dazu
10 dienen, die Menschen in verschiedene Steuerklassen einzuteilen. Da zum Stand der Geistlichkeit und des Adels offensichtlich viele sehr arme Individuen gehören und ebenso im Dritten
15 Stand genauso beachtliche Vermögen vorhanden sind wie in der hohen Geistlichkeit und im Hochadel, scheint

es, dass die Einteilung der Menschen in Priester, Adlige und Bürger gar nichts mit den Steuerklassen zu tun hat. Tatsächlich verlangt die Vernunft, dass ganz im Gegenteil diese Stände vermengt werden (...). So wären die wahren Stände etwa die der Armen, jener, die nur das Nötige besitzen, jener, denen es gut geht, der Reichen, der sehr Reichen, der Überreichen oder der im Überfluss Lebenden. (...) Warum hat die Klasse der Tagelöhner, der Lohnarbeiter, der Arbeitslosen keine eigenen Repräsentanten? Warum ist dieser Stand in den Augen der Mächtigen und Reichen nur der Vierte Stand? (...) Warum ist dieser Stand, der nichts hat, (...) nicht in der Nationalversammlung vertreten?"

(Grüttner, W./Lottes, G.: Die Französische Revolution, S. 13 f.)

■ **A1** Wessen Interessen werden hier zum Ausdruck gebracht?

Das Urteil moderner Historiker

Q1 Der Historiker Ernest Larousse – eine „Revolution des Elends"?
„In gewisser Hinsicht erscheint die Revolution tatsächlich als eine Revolution des Elends. (...) Aber nach ihnen (anderen Historikern) hat das Elend nur eine relativ geringe und gelegentliche Rolle gespielt. Das könnte wahr sein, wenn die Krise von 1789 wirklich dem entspräche, was sie auf den ersten Blick zu sein scheint: eine einfache Ernährungskrise, die 1788 durch Hagelschlag ausgelöst wurde (...). Unglücklicherweise ist der wirtschaftliche Verfall der Jahre 1788–1790 von anderem Ausmaß. Er trifft die gesamte französische Wirtschaft vom Getreide und Wein bis zu den Textilwaren und dem Bauwesen (...). Die Revolution ging unmittelbar aus einer Finanzkrise hervor, diese wiederum aus den Schulden, die man wegen des amerikanischen Unabhängigkeitskrieges eingegangen war. Im Großen und Ganzen kann man sagen (...), dass es ohne den amerikanischen Krieg keine Finanzkrise, keine Einberufung der Generalstände, keine Revolution gegeben hätte, wenigstens in der Zeit und der Form, in der die Revolution ausbrach. Also rührt die Revolution, als Ereignis betrachtet, ursprünglich von einer politischen Tatsache her. Aber sie geht auch auf eine wirtschaftliche Tatsache mit finanziellen Folgen zurück: die wirtschaftliche Rezession. Ohne Krieg keine „amerikanischen" Schulden, keine massiven Erhöhungen der Ausgaben, kein auslösendes Übel; aber infolge des Wirtschaftsrückgangs keine Geldmittel, keine Möglichkeit zur Erhöhung der Einnahmen, kein Heilmittel aus dem Übel (...). Die großen Ereignisse und große revolutionäre Einrichtungen entstehen also zu einem großen Teil aus dem Rückgang der Gewinne und der Löhne, aus den finanziellen Schwierigkeiten der Industriellen, der Handwerker, der Pächter, der Landwirte, aus der Not des Arbeiters, des Tagelöhners. Eine ungünstige Konjunktur vereinigt in gemeinsamer Opposition Bourgeoisie und Proletarier."

(Larousse, E.: La Crise de L'Economie française à la fin de l'Ancien Régime, S. LXIII, XVIII)

Q2 Der Historiker E. Schmitt: Die Ursachen sind komplexer Natur:
„Über die Ursachen der Französischen Revolution sind die Aussagen seit jeher auseinander gegangen. War sie das Ergebnis einer Konspiration (...), eine Folge der Aufklärung (...), Resultat eines Versagens der Regierungsführung und so hauptsächlich der spezifischen politischen Verhältnisse von 1788/89 (...). Ergebnis eines unausweichlichen Klassenkonflikts (so die marxistisch-leninistische Interpretation), Folge der Not des Volkes (...) oder der bürgerlichen Prosperität (...)? Unter all diesen Konzeptionen wird heute allein die Konspirations- oder Komplottthese mangels triftiger Beweise und angesichts der Vielschichtigkeit des revolutionären Phänomens nicht mehr diskutiert. Die übrigen Antworten verbinden sich in der modernen Forschung mehr und mehr zu neuen, komplexeren Aussagen und neuen Fragestellungen (...). Fest steht zunächst, dass die Zeit der monokausalen Begründungen der Französischen Revolution wohl für immer vorbei ist. Zurzeit geht es um die Untersuchung zweier Gruppen von Kausalitäten: um den Einfluss der wirtschaftlichen Konjunktur auf den Ausbruch der Revolution und um die Rolle der politischen, sozialen, wirtschaftlichen, demografischen und mentalen Strukturen bei der Entstehung der Ereigniskette ‚Französische Revolution'."

(Schmitt, E.: Die Französische Revolution, in Schieder, T.: Revolution und Gesellschaft, S. 86 ff.)

Q3 Stephan Lobert in einem Lehrwerk:
„Die Ursachenkomplexe der so genannten Krise des Ancien Régime von 1789 sind eng verflochten. Folgende Komplexe sind zu unterscheiden:
• die Systemkrise der feudalabsolutistischen Monarchie;
• die mentale Krise besonders durch die Aufklärung;
• die ökonomische Krise besonders im Agrarsektor;
• die Finanzkrise: Budget-Defizit und Staatsschulden;
• die politische Krise in der „Pré-Revolution".
Erst in ihrem Zusammenwirken erklären sie den ‚sozialen Wandel', der zum Zusammenbruch des jahrhundertelang stabilen Ancien Régime führte."

(Lobert, S.: Abiturwissen Französische Revolution, S. 5)

■ **A2** Vergleiche, welche Ursachen in Q1 bis Q3 genannt werden.

3.2.2 Die Revolution des Volkes

Die wirklichen Pläne Ludwig XVI. sahen jedoch ganz anders aus. Am 11. Juli holte er zusätzliche Soldaten nach Paris.

Die wirtschaftliche Not hatte im Juli ihren Höhepunkt erreicht. Die Gegner des Königs waren nun nicht mehr allein die Abgeordneten, sondern die 700 000 Bürgerinnen und Bürger von Paris. Alle waren in Aufruhr wegen der Truppenbewegungen. Der Ruf nach Waffen wurde laut. 40 000 Gewehre und 12 Geschütze fielen am Morgen des 14. Juli in die Hände der Bürgerwehr, als sie das Hôtel des Invalides erstürmte. Das wichtige Pulver war aber wenige Tage vorher in die Bastille gebracht worden, ein Staatsgefängnis und Symbol der königlichen Schreckensherrschaft.

Der Schweizer Ludwig von der Flühe gehörte zu den Verteidigern der Bastille:

Q3 *„Gegen drei Uhr nachmittags ging ein Trupp bewaffneter Bürger zusammen mit einigen Gardesoldaten (...) zum Angriff über. Sie drangen ohne Schwierigkeiten (...) in den ersten Hof vor. (...) Sie wurden gefragt, was sie wollten, und es gab ein allgemeines Geschrei, die Brücken sollten heruntergelassen werden. Man forderte sie auf, sich zurückzuziehen; wenn nicht, würde geschossen. Immer lauter ertönten die Schreie: ‚Die Brücken herunter!' Da wurde etwa 30 Invaliden (...) befohlen, Feuer zu geben."*
Nach längerem Kampf gab der Gouverneur der Bastille auf und ließ die Tore öffnen.
„Sogleich drang die Menge ein. Augenblicklich wurden wir entwaffnet (...). Man stürmte in alle Wohnungen, warf alles durcheinander, plünderte, bemächtigte sich der vorhandenen Waffen und warf die Papiere der Archive aus den Fenstern. (...) Es gibt keine Misshandlungen, die wir in jenen Augenblicken nicht erduldeten. Man drohte, uns auf alle möglichen Arten zu massakrieren. Endlich beruhigte sich die Wut der Belagerer etwas, und ich wurde mit einem Teil meiner Truppe (...) zum Rathaus geführt."
(Die Französische Revolution in Augenzeugenberichten, S. 39–47, gekürzt)

Ganze sieben Gefangene befreiten die Eroberer des Bollwerks, als sie es am 14. Juli erstürmten. 98 Angreifer fielen bei der Eroberung, und die Rache des Volkes war entsprechend:

Sturm auf die Bastille. Zeitgenössisches Aquarell von J. P. Honel.

Der Gouverneur der Bastille wurde zuerst festgenommen, später aber von der Volksmenge ermordet.

Der König gab seinen Truppen den Rückzugsbefehl. Am 17. Juli musste er einen Bußgang nach Paris antreten. Er steckte dort die rotweißblaue Kokarde an, das Symbol der Revolution. Die Nationalversammlung war gerettet.

Die Kokarde zum Anstecken als Bekenntnis zur Revolution

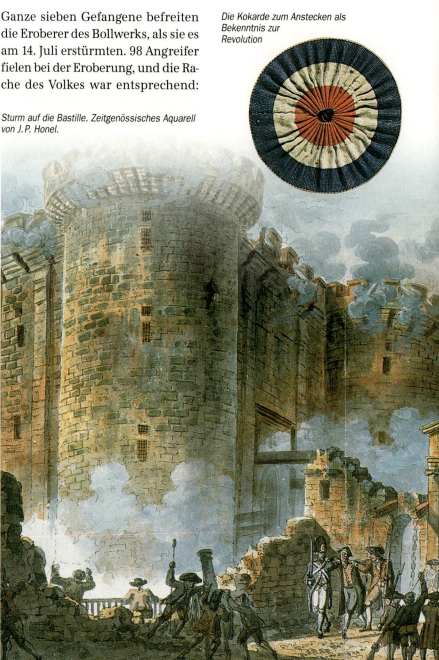

■ **A1** Erkläre, weshalb die Franzosen heute noch jedes Jahr der Erstürmung der Bastille als Nationalfeiertag gedenken.

■ **A2** Im Aquarell werden sämtliche Ereignisse des Tages gleichzeitig wiedergegeben. Rekonstruiere den Ablauf der Ereignisse und vergleiche das Bild mit dem Bericht von der Flühes.

■ **A3** Der König schrieb am 14. Juli in sein Tagebuch nur das Wort „rien", das heißt „nichts". Für ihn war der Tag vorübergegangen, ohne dass er Jagdergebnisse vorweisen konnte. Bewerte diese Eintragung.

3.2.3 Die Revolution auf dem Lande

Die Bauern hatten sich am meisten von den Veränderungen versprochen. Bis Mitte Juli war aber nichts zur Verbesserung ihrer Lage geschehen. Nun entstand eine bäuerliche Aufstandsbewegung.

In einigen Teilen Frankreichs wurden die Herrensitze total zerstört. Auch Unbeteiligte wurden Opfer. Im Elsass kam es zu Judenverfolgungen. Alle Ausländer lebten gefährlich, da sie mit Misstrauen als Vorboten einer Invasion betrachtet wurden. Marie-Antoinette, die aus Österreich stammende Königin, wurde zur besonderen Zielscheibe dieser Ausländerfeindlichkeit. Sie sei nur im Land geblieben, um die Nationalversammlung zu vernichten, behaupteten ihre Gegner. Terror und Gewalt zeigten sich in dieser Phase der Revolution schon deutlich.

Die Große Furcht. Zeitgenössische Darstellung.

■ **A4** Was könnte hier geschehen sein? Beachte die Menge vor dem Schloss! Wer wird sich in den Kutschen befinden?

3.2.4 Frauen greifen in die Revolution ein

Die Revolution wurde zunehmend zu einer Angelegenheit der unteren Volksschichten. Die Versorgung war auch im Herbst noch nicht besser geworden. Marie-Antoinette soll angesichts der Brotknappheit gesagt haben, dann sollten die Pariser doch Kuchen essen. Gerüchte über einen bevorstehenden Aufstand des Adels führten zu Gegenreaktionen. Die Pariser Frauen waren es diesmal, sechs- bis siebentausend, in der Mehrzahl Marktfrauen. Sie zogen am 5. Oktober mit Stöcken, Äxten und Piken bewaffnet nach Versailles, um ihren Forderungen nach Brot Nachdruck zu verleihen.

Die Nationalgarde folgte den Marktfrauen, konnte aber Gewalttaten gegen die königliche Garde nicht verhindern. Diesem Druck des Volkes beugte sich Ludwig XVI. notgedrungen. Er musste mitsamt seiner Familie mit den Marktfrauen nach Paris ziehen. Versailles wurde mit Brettern vernagelt. Drastischer konnte das Ende des absolutistischen Zeitalters nicht gezeigt werden. Der König war in seinem Pariser Stadtschloss, den Tuilerien, Gefangener der Revolution. Auch die Nationalversammlung zog nach Paris.

■ **A1** *Warum kam es zum Zug der Frauen nach Versailles?*

3.2.5 Die Nationalversammlung 1789 bis 1791

Die Revolution der Abgeordneten, die des Volkes von Paris und auf dem Lande griffen letztlich ineinander. Die bäuerlichen Unruhen schwollen immer mehr an. Viele Mitglieder der Nationalversammlung gehörten dem Besitzbürgertum an, manche besaßen selber Landgüter. So sahen diese die bäuerlichen Unruhen mit sehr gemischten Gefühlen.

Die Nationalversammlung musste also schnell reagieren. Ein Einsatz von bewaffneten Kräften kam nicht in Frage. Also musste auf die Forderungen der Bauern reagiert und dabei beachtet werden, was der bäuerliche Sturm ohnehin schon hinweggefegt hatte. Das war das Thema der berühmt gewordenen Nachtsitzung der Nationalversammlung vom 4./5. August 1789. Die Sitzung wurde mit dem Vorschlag eröffnet, die Steuerprivilegien, die Fron und andere persönliche Dienstleistungen abzuschaffen bzw. den Bauern zu ermöglichen, sich davon freizukaufen. Dann schlossen sich andere an. Historiker sprachen später von einer „Orgie des Selbstverzichts" auf Sonderrechte, die „auf dem Altar des Vaterlandes" geopfert wurden. Zu großen Teilen war es ein Zugeständnis an schon hergestellte Realitäten. Ungeachtet dieser Einschränkungen kam es in dieser Nacht zu sehr wichtigen Beschlüssen. Im §1 hieß es: „Die Nationalversammlung vernichtet das Feudalwesen völlig." Wesentliche Feudalrechte wurden abgeschafft:

- die Leibeigenschaft
- die Gerichtsbarkeit der Grundherren
- die adligen Sonderrechte (Jagd, Fischerei, Taubenhaltung)
- die Ämterkäuflichkeit
- die Steuerprivilegien
- der Kirchenzehnt

Damit wurden die Wurzeln des alten Feudalsystems in Frankreich zerstört, das ja auf diesen feudalen Privilegien beruhte.

Der Jubel der armen Landbevölkerung über diese Beschlüsse war verfrüht. Denn nur gegen Geld konnten

■ **A2** *Inwiefern gingen die Beschlüsse dieser Nacht weit über die bäuerliche Bevölkerung hinaus?*

sich die Bauern von Lasten, die auf dem Grund und Boden ruhten, freikaufen. Die Bauern waren frei, nicht jedoch das Land, das sie bearbeiteten. Viele Bauern waren darüber tief enttäuscht, da sie die Ablösesummen nicht aufbringen konnten, und verweigerten deswegen weiter Abgaben und Steuern. Die völlige Beseitigung aller feudalen Überreste erfolgte erst im Juli 1793 während der Jakobinerdiktatur.

Die Nationalversammlung wandte sich nach der Integration der aufständischen Bauern wieder ihrer Hauptaufgabe zu – der Ausarbeitung einer Verfassung. Dieser sollte eine Erklärung der Menschen- und Bürgerrechte vorangestellt werden. Vorbild dafür war die „declaration of rights" aus der amerikanischen Unabhängigkeitserklärung (S. 215). Dabei wurde davon ausgegangen, dass eine Verfassung nur gut sein könne, wenn die Menschenrechte als Basis für jede Gesellschaft allen vor Augen stehen.

Am 26. August wurde diese Erklärung von der Nationalversammlung beschlossen. Sie legte die Grundlagen des neuen Staates, der auf der Gleichheit aller Bürger vor dem Gesetz beruhte.

Eigentumsgarantien standen für die wohlhabenden bürgerlichen Abgeordneten im Vordergrund. Der Gleichheitsgrundsatz galt nur vor dem Gesetz. An wirtschaftliche Gleichheit war nicht gedacht. Die Frauen mussten noch lange auf ihre Gleichberechtigung vor dem Gesetz und im alltäglichen Leben warten. Eine Befreiung der Sklaven in den Kolonien erfolgte erst in der radikalen Phase der Revolution. Der König weigerte sich längere Zeit, die Erklärung zu unterschreiben.

■ **A3** *Vergleiche mit der Darstellung der Eigentumsfrage im Grundgesetz.*

ARCHIV

Die Erklärung der Menschen- und Bürgerrechte vom 26. August 1789

Eine Tafel mit der Erklärung der Menschenrechte. Kupferstich nach einem Gemälde von Le Barbier (1790).

■ **A1** Was sollen die beiden Frauengestalten symbolisieren?

Q1 „Die als Nationalversammlung vereinigten Vertreter des französischen Volkes betrachten die Unkenntnis der Menschenrechte, die Vergessenheit oder Missachtung, in die sie geraten, als die eigentlichen Ursachen der öffentlichen Missstände und der Verderbtheit der Regierungen. Daher haben sie beschlossen, in einer feierlichen Erklärung, die angestammten, unveränderlichen und heiligen Rechte des Menschen darzutun (...).
Art. 1. Frei und gleich an Rechten werden die Menschen geboren und bleiben es. Die sozialen Unterschiede können sich nur auf das gemeine Wohl gründen.
Art. 2. Der Zweck jedes politischen Zusammenschlusses ist die Bewahrung der natürlichen und unverlierbaren Menschenrechte. Diese Rechte sind Freiheit, Eigentum, Sicherheit und Widerstand gegen Unterdrückung. (...)
Art. 4. Die Freiheit besteht darin, alles tun zu können, was anderen nicht schadet. Also hat die Ausübung der natürlichen Rechte bei jedem Menschen keine anderen Grenzen als die, den anderen Mitgliedern der Gesellschaft die gleichen Rechte zu sichern.
Art. 5. Das Gesetz hat nur das Recht, Handlungen zu verbieten, die der Gesellschaft schädlich sind. Was nicht durch das Gesetz verboten ist, darf nicht verhindert werden, und niemand kann gezwungen werden, etwas zu tun, was das Gesetz nicht befiehlt.
Art. 6. Das Gesetz ist der Ausdruck des Gemeinwillens. Alle Bürger haben das Recht, persönlich oder durch ihre Vertreter an seiner Schaffung mitzuwirken. Es muss für alle gleich sein, mag es nun beschützen oder bestrafen. Alle Bürger sind vor seinen Augen gleich. Sie sind in der gleichen Weise zu allen Würden, Stellungen und öffentlichen Ämtern zugelassen, je nach ihren Fähigkeiten und ohne andere Unterschiede als ihre Tüchtigkeit und Begabung.
Art. 7. Niemand kann angeklagt, verhaftet oder gefangen gehalten werden in anderen als den vom Gesetz festgelegten Fällen und in den Formen, die es vorschreibt.(...)
Art. 9. Jeder wird so lange als unschuldig angesehen, bis er als schuldig erklärt worden ist; daher ist, wenn seine Verhaftung als unerlässlich gilt, jede Härte, die nicht dazu dient, sich seiner Person zu versichern, auf dem Gesetzeswege streng zu unterdrücken.
Art. 10. Niemand darf wegen seiner Überzeugung, auch nicht der religiösen, behelligt werden, vorausgesetzt, dass ihre Betätigung die durch das Gesetz gewährleistete öffentliche Ordnung nicht stört.
Art. 11. Die freie Mitteilung seiner Gedanken und Meinungen ist eines der kostbarsten Rechte des Menschen. Jeder Bürger darf sich also durch Wort, Schrift und Druck frei äußern (...).
Art. 12. Die Sicherung der Menschen- und Bürgerrechte macht eine öffentliche Gewalt notwendig: Diese Gewalt wird demnach zum Nutzen aller eingesetzt, nicht aber zum Sondervorteil derjenigen, denen sie anvertraut ist.
Artikel 13. Für den Unterhalt der öffentlichen Gewalt und für die Ausgaben der Verwaltung ist eine allgemeine Steuer vonnöten; sie ist gleichmäßig auf alle Bürger zu verteilen nach Maßgabe ihres Vermögens. (...)
Art. 15. Die Gesellschaft hat das Recht, von jedem öffentlichen Beauftragten ihrer Verwaltung Rechenschaft zu fördern.
Art. 16. Eine Gesellschaft, deren Rechte nicht sicher verbürgt sind und bei der die Teilung der Gewalten nicht durchgeführt ist, hat keine Verfassung.
Art. 17. Da das Eigentum ein unverletzliches und heiliges Recht ist, darf es niemandem genommen werden, es sei denn, dass die gesetzlich festgestellte öffentliche Notwendigkeit es augenscheinlich verlangt (...)."

(Markov, W. [Hg.]: Die Französische Revolution., S. 66 ff.)

■ **A2** Erkläre möglichst viele dieser Artikel aus der historischen Situation.
■ **A3** Welche Artikel kommen dir modern vor? Welche scheinen für unser heutiges Leben unverzichtbar?

Es gab noch viel Arbeit für die Abgeordneten. Die Verfassung lag noch nicht endgültig vor. Die Finanznot war noch nicht behoben. Einen Ausweg sah die Nationalversammlung darin, das Vermögen der Kirche heranzuziehen. Am 2. November 1789 stimmten zwei Drittel der Abgeordneten der Enteignung der Kirche zu.

■ **A1** Erkläre mithilfe der Karikatur, wie die Nationalversammlung die Finanzprobleme lösen wollte.

Die „patriotische Diät". Karikatur, um 1790.

Diese Enteignung entzweite Nationalversammlung und Klerus. Die Beziehungen zur Kirche sollten neu geregelt werden. Die Klöster und Orden wurden 1790 aufgehoben, Schulen wurden verstaatlicht, die Zivilehe eingeführt. Da auch die Bezahlung der Priester vom Staat übernommen werden musste, sollten diese auf den Staat vereidigt werden. Der Papst verurteilte 1791 diese Kirchenverfassung. Daraufhin leistete nur etwa die Hälfte der Priester den Eid. Eine Kirchenspaltung war die Folge.

Wenige Monate vor der endgültigen Verabschiedung der Verfassung unternahm die Königsfamilie einen Fluchtversuch. Sie wollte Verbindung mit geflüchteten Adligen im Ausland aufnehmen. Doch an der Grenze wurde sie gefasst und nach Paris zurückgebracht.

Die Abgeordneten der Nationalversammlung befanden sich in einer Zwickmühle. Ludwig XVI. sollte nach ihrer Vorstellung weiterhin an der Spitze des Staates stehen. Einige Abgeordnete dachten auch schon über die Einführung einer reinen Volksherrschaft nach. Um den Schein zu wahren, beschlossen die Abgeordneten, der König sei entführt worden, und verabschiedeten am 3. September 1791 die Verfassung.

■ **A2** Welche Gründe hatte der König für seinen Fluchtversuch?

3.2.6 Die Verfassung von 1791

Nicht alle waren mit der Verfassung von 1791 zufrieden. Maximilien de Robespierre, Mitglied der Nationalversammlung und Mitbegründer des einflussreichen radikalen Jakobinerklubs, machte sich zum Sprachrohr der Kritiker:

Q4 „Wer wagt es unter gleichberechtigten Menschen, seinen Nächsten der Ausübung der Rechte, die ihm zukommen, für unwürdig zu erklären, um
5 ihn zu eigenem Vorteil auszuplündern? Glaubt ihr im Ernst, dass ein hartes, arbeitsames Leben mehr Laster erzeugt als Weichlichkeit, Luxus und Ehrgeiz? Habt ihr weniger Ver-
10 trauen zu der Rechtschaffenheit unserer Handwerker und Bauern, die nach eurem Tarif fast niemals Aktivbürger sein werden, als zu der der Zollpächter, der Höflinge und großen
15 Herren (...)? Die geheiligten Menschenrechte sind verletzt durch die eben entstehende Verfassung (...)."
(Hartig, I. u. P.: Die Fr. Revolution, S. 59)

■ **A3** Beschreibe den Aufbau der Verfassung.

■ **A4** Vergleiche die Verfassung und das Zitat von Robespierre mit der Menschen- und Bürgerrechtserklärung.

■ **A5** Wofür tritt Robespierre besonders ein? Wie könnten die Gegner Robespierres ihre Haltung rechtfertigen?

■ **A6** Wo siehst du in dieser Verfassung Fortschritte gegenüber der Situation vor 1789?

Die Verfassung von 1791

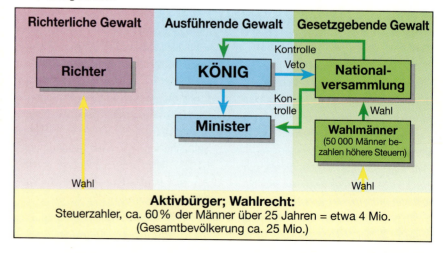

3.2.7 Die Rechte der Frauen

„Die Menschen werden frei und gleich an Rechten geboren (...)", heißt es in der Menschen- und Bürgerrechtserklärung. Mit diesen „Menschen" waren aber nur die Männer gemeint. Rousseau, dessen Werk die Revolution nachhaltig prägte, war der Meinung: „Die Abhängigkeit ist für Frauen ein natürlicher Zustand." 1789 finden wir in den Beschwerdebriefen fast keine Forderungen von Frauen. Erst 1791 verkündete Olympe de Gouges eine „Erklärung der Frauen- und Bürgerinnenrechte", in der es heißt:

Q5 „Art. I: Die Frau wird frei geboren und bleibt dem Manne gleich in allen Rechten. Die sozialen Unterschiede können nur im allgemeinen Nutzen begründet sein.
Art. VII: Für Frauen gibt es keine Sonderrechte; sie werden verklagt, in Haft genommen (...), wo immer es das Gesetz vorsieht.
Art. IX: Die Frau hat das Recht, das Schafott zu besteigen. Sie muss gleichermaßen das Recht haben, die Tribüne zu besteigen."
(Tichy/Tornow: Französische Revolution, S. 42 ff.)

Olympe de Gouges war eine herausragende Kämpferin für die Rechte der Frauen. Dafür wurde sie jedoch später unter der Jakobinerherrschaft hingerichtet. Einer ihrer Führer äußerte sich über politisch aktive Frauen so:

Q6 „Seit wann ist es üblich, dass die Frauen Haushalt und Kinder vernachlässigen, um auf öffentlichen Plätzen Reden zu halten?"
(Hennies, A.: Ehret die Frauen, S. 21)

Auch militärisch wollten die Frauen mitbeteiligt sein. Théroigne de Méricourt forderte 1792:

„Ich wusste ja, dass wir auch noch an die Reihe kommen." Radierung von 1789.

Q7 „Lasst uns zu den Waffen greifen; wir haben dazu das Recht, von Natur aus und sogar vor dem Gesetz; lasst uns den Männern zeigen, dass wir ihnen weder an Mut noch an Tugend unterlegen sind."
(Sklavin oder Bürgerin, S. 97)

Die Nationalversammlung lehnte die Forderungen ab. Die Ordnung der Natur lasse es nicht zu, dass zarte Frauenhände mörderische Kampfinstrumente handhabten. Trotz dieses Widerstandes gab es eine Reihe von Frauen, die als Männer verkleidet Aufgaben in der Armee übernahmen.

■ **A1** Vergleiche die Abbildung oben mit dem Bild S. 220. Wer sind die einzelnen Personen? Sind denn die Frauen „an die Reihe gekommen"?
■ **A2** Gegen welche Vorurteile mussten sie ankämpfen? Sind diese heute beseitigt?
■ **A3** Erarbeitet ein Rollenspiel: Frauen unterhalten sich über die Erklärung der Menschen- und Bürgerrechte und ihre soziale Lage.

In einer modernen Darstellung findet sich das folgende Urteil über Olympe de Gouges:

Q8 „Sie gilt als Ahnfrau des Feminismus: Olympe de Gouges, die Verfasserin der legendären Erklärung der Rechte der Frau und Bürgerin. Bis heute prägen Vorurteile – positive und negative – das Bild der couragierten Autorin der Frauenrechtserklärung, die in den Abhandlungen über die Französische Revolution allenfalls mit einer Fußnote erwähnt wird. Während man sie früher als Wahnsinnige abtat, idealisieren manche Protagonistinnen (Vorkämpferinnen) der Frauenbewegung sie heute als Heldin, die im Kampf für die Rechte der Frauen ihr Leben verlor und ein Opfer der Männerwelt wurde."
(Doormann, L.: Ein Feuer brennt in mir. Die Lebensgeschichte der Olympe de Gouges, 1993, 7 f.)

■ **A4** Überlegt, warum sich das Urteil über eine historische Persönlichkeit verändern kann.

3.3 Der Weg in den Krieg

Mit dem Jahr 1792 begann eine kriegerische Zeit in Europa, die bis auf kurze Unterbrechungen bis 1815 dauerte. In der neuen Gesetzgebenden Nationalversammlung waren es vor allem die Girondisten, die den Kriegsgedanken vorantrieben. Die Gruppe nannte sich so, weil sie aus der Gironde, einer Gegend Südfrankreichs, stammte.

Noch 1790 hatte die Nationalversammlung ganz auf Eroberungskriege verzichtet. Nun hatten aber die Emigranten Truppen an den Grenzen aufgestellt. Der österreichische Kaiser und der preußische König drohten mit Waffengewalt. Die Girondisten wollten durch einen Krieg die Errungenschaften der Revolution sichern und in Europa verbreiten. Der König wünschte den Krieg, weil er darin die Möglichkeit zur Wiederherstellung seiner alten Macht sah. Deshalb machte Ludwig XVI. auch Girondisten zu seinen Ministern.

Nur wenige wandten sich gegen diese Kriegstreiberei. Robespierre gehörte zu ihnen. Ein Krieg, so sein überzeugendstes Argument, würde entweder dem Hof in die Hände spielen oder zu einer Militärdiktatur führen. Warnend rief er im Jakobinerklub: „Niemand liebt bewaffnete Missionare!"

■ **A1** Diskutiert über diesen Satz. Ist er noch heute aktuell?

Q1 Aus einer Rede des Girondisten Brissot im Jakobinerklub vom 16. Dezember 1791:
„Die Kraft der Überlegung und der Tatsachen hat mich davon überzeugt, dass ein Volk, das nach zehn Jahrhunderten der Sklaverei die Freiheit
5 errungen hat, des Krieges bedarf. Es braucht den Krieg, um die Freiheit zu befestigen; (...) es braucht ihn, um aus seinem Schoß die Männer zu entfernen, die sie verderben könnten. (...)
10 Seit zwei Jahren hat Frankreich alle gütlichen Mittel erschöpft, um die Rebellen [die Emigranten] in seinen Schoß zurückzuführen; alle Versuche, alle Aufforderungen sind fruchtlos
15 gewesen, sie beharren auf ihrem Aufruhr; die fremden Fürsten bestehen auf ihrer Unterstützung; kann man zögern, sie anzugreifen?"
(Krieger, H.: Handbuch des Geschichtsunterrichts, Bd. 4, S. 217)

Q2 Robespierre warnte vor einem Krieg:
„(...) Auch ich will den Krieg, aber nur sofern das Interesse der Nation ihn verlangt: Bekämpfen wir zunächst unsere inneren Feinde und marschieren
5 wir erst dann gegen die äußeren, wenn es dann noch welche gibt. Der Hof und das Ministerium verlangen den Krieg (...) Krieg zu führen ist immer der erste Wunsch einer mächtigen Regierung, die noch mächtiger
10 werden will. (...) Es geschieht im Kriege, dass die Exekutive (= Regierung) die furchterregendste Energie entfaltet und eine Art Diktatur ausübt, die
15 unsere im Entstehen begriffene Freiheit wahrhaft erschrecken muss. Es geschieht im Kriege, dass das Volk die wichtigen Beratungen über seine bürgerlichen und politischen Rechte ver-
20 gisst, um sich nur mit äußeren Ereignissen zu beschäftigen. (...) Bevor man den Krieg vorschlägt, muss man nicht nur alles tun, was in seinen Kräften steht, um ihn zu verhindern, sondern
25 man muss auch seine Macht einsetzen, den inneren Frieden zu erhalten. (...)"
(Fischer, P.: Reden der Fr. Revolution, S. 145 ff.)

■ **A2** Vergleiche beide Quellen. Stelle fest, welche Argumente für den Krieg und welche dagegen genannt werden.
■ **A3** Diskutiert die unterschiedlichen Standpunkte.
■ **A4** Welche Position zum Krieg bezog Ch. Dupois (Abb. unten)?

Im April 1792 erklärten der König und die Nationalversammlung dem deutschen Kaiser den Krieg. Die französische Armee war jedoch schlecht vorbereitet. Auch die nationale Begeisterung vieler Freiwilliger konnte das zunächst nicht ausgleichen. Im Juli 1792 erlaubte man auch den Bürgern ohne Wahlrecht, in die Armee einzutreten. Zahlreiche Sans-

„So wird der elektrische Funke der Freiheit die Throne der gekrönten Räuber stürzen", Karikatur von Ch. Dupois, 1794. Auf der Elektrisiermaschine links steht „Erklärung der Menschenrechte", über dem Draht „Freiheit, Gleichheit, Brüderlichkeit", rechts die wichtigsten Monarchen Europas und der Papst.

Auszug der Freiwilligen am 22. Juli 1792. Gemälde von Edouard Détaille.

culotten (= Angehörige der unteren Schichten) schlossen sich so der Freiwilligenarmee an.

■ **A1** *Beschreibe Soldaten und Zivilisten in der Abbildung oben.*
■ **A2** *Welchen Eindruck vermittelt dir das Bild?*

Ein Kriegslied, durch Marseiller Truppen nach Paris gebracht, sangen die Revolutionäre begeistert. Es wurde zur französischen Nationalhymne, der „Marseillaise".

■ **A3** *Was gefällt dir an diesem Lied und was nicht?*
■ **A4** *Erkläre, weshalb das Lied 1792 so viel Begeisterung auslöste.*
■ **A5** *Warum singen die Franzosen die Marseillaise heute noch als Nationalhymne?*

Die Versorgungslage verschlimmerte sich weiter. Außerdem machten Niederlagen der Armee eine Bedrohung von Paris deutlich. Als dann der Oberbefehlshaber des deutschen Heeres im Juli 1792 die Zerstörung von Paris androhte, falls der königlichen Familie etwas zustieße, war der Sündenbock ausgemacht. Die Rückschläge wurden auf den Verrat des Königs zurückgeführt. In Paris forderte das Volk eine allgemeine Verteilung von Waffen und die Absetzung des Königs. Am 9. August ersetzten sie die königstreue Stadtverwaltung durch einen revolutionären Gemeinderat. Er ordnete die Besetzung der Tuilerien, des Stadtschlosses des Königs, an. Das Ende des Königtums stand bevor.

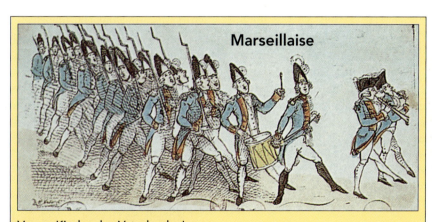

Marseillaise

Voran, Kinder des Vaterlandes!
Der Tag des Ruhms kam nun herbei!
Gegen uns ist blutig erstanden
Die Fahne der Tyrannei.
Hört ihr da draußen in den Landen
Die wüsten Soldaten schrein?
Sie kommen bis in unsre Reih'n,
Machen Weib und Kind uns zuschanden!
Die Waffen in die Hand! Auf, Bürger, aufgestellt!
Marschiert, und böses Blut soll tränken unser Feld!

Französisches Flugblatt um 1792. Text in deutscher Übersetzung.

3.4 Frankreich wird Republik

Am 10. August 1792 erstürmte eine wütende Volksmenge die Tuilerien und tötete die königliche Garde. Der König floh mit seiner Familie in die Nationalversammlung, wurde aber an den revolutionären Gemeinderat von Paris ausgeliefert und gefangen genommen.

Motor dieses Umsturzes waren die revolutionären Volksmassen. Diese meist ärmeren Bürger waren aufgrund der Verfassung von 1791 von der politischen Mitsprache ausgeschlossen, forderten nun aber auf zahlreichen Versammlungen Beteiligung an der Macht im Staat. Sie nannten sich Sansculotten, weil sie sich schon durch ihre Kleidung von den bürgerlichen Mittel- und Oberschichten abhoben. Sie trugen lange Hosen ohne Seidenstrümpfe. In ihren Umgangsformen praktizierten sie die absolute Gleichstellung aller Bürger. Entsprechend wurde der Begriff „Bürger" auch in der Anrede verwandt. Das Duzen war allgemein üblich. Das einfache Volk wollte die Güter des alltäglichen Lebens in ausreichender Menge zu vernünftigen Preisen erhalten. Hunger war ihr ständiger Begleiter in der Revolution. Dafür wurden die Nationalversammlung und der König verantwortlich gemacht. Das Zensuswahlrecht hatte dazu geführt, dass die Nationalversammlung keine Vertretung des gesamten Volkes war. Das sollte jetzt geändert werden.

Q1 Antwort auf die Frage: Was ist denn eigentlich ein Sansculotte?
„Ein Sansculotte, Ihr Herren Schufte. Das ist einer, der immer zu Fuß geht, der keine Millionen besitzt, wie Ihr sie alle gern hättet, keine Schlösser,
5 *keine Lakaien zu seiner Bedienung, und der mit seiner Frau und seinen Kindern, wenn er welche hat, ganz schlicht im vierten oder fünften Stock wohnt.*
10 *Er ist nützlich, denn er versteht ein Feld zu pflügen, zu schmieden, zu sägen, zu feilen, ein Dach zu decken, Schuhe zu machen und bis zum letzten Tropfen sein Blut für das Wohl der*
15 *Republik zu vergießen (...). Übrigens: Ein Sansculotte hat immer seinen Säbel blank, um allen Feinden der Revolution die Ohren abzuschneiden."*
(Markov, W.: Die große Revolution, S. 371 f.)

A1 Beschreibe diese Bevölkerungsgruppe, deren Einfluss auf die Politik ab 1792 stark wuchs.
A2 Welche Ziele verfolgten die Sansculotten?
A3 Welche Bedeutung hatte die Gefangennahme des Königs für den Ablauf der Revolution?

Unter dem Druck der Straße beschloss die Nationalversammlung, Neuwahlen durchzuführen. Die meisten Abgeordneten hatten Angst um ihr Leben. Ein „Provisorischer Vollzugsrat" stellte die neue Regierung dar. Danton, radikaler Jakobiner, wurde als einer der Hauptvertreter der neuen politischen Machtverhältnisse Justizminister.

Der Vormarsch preußischer Truppen in Frankreich und gegenrevolutionäre Aufstände in den Provinzen führten zu einer weiteren Radikalisierung. Die Revolution schien bedroht. Im September stürmten radikale Sansculotten die Pariser Gefängnisse und ermordeten mehr als 1500 wehrlose Gefangene, die sie für Gegner der Revolution hielten.

Am 21. September, einen Tag nach der Schlacht von Valmy, die den Rückzug der Invasionsarmee einleitete, erklärte der neu gewählte Nationalkonvent Frankreich zur Republik. Die Hauptarbeit wurde Ausschüssen überlassen, von denen sich der Wohlfahrtsausschuss (6. April 1793) allmählich als der entscheidende erwies. Er übernahm 1793 die ausführende Gewalt. Neben dem Wohlfahrtsausschuss gewann vor allem der Sicherheitsausschuss mit Polizeibefugnissen Bedeutung.

Arbeitsfelder hatte der Konvent genug:
• eine neue republikanische Verfassung musste ausgearbeitet werden,
• der Krieg musste weitergeführt werden gegen die äußeren Feinde und gegen Aufstände im Innern,
• die Versorgung der Pariser Bevölkerung musste sichergestellt werden,
• die Zukunft der königlichen Familie galt es zu entscheiden.

A4 Vergleiche die Verfassung von 1793 mit der von 1791 (siehe Seite 230). Hat die Demokratie Fortschritte gemacht?

Die Verfassung von 1793

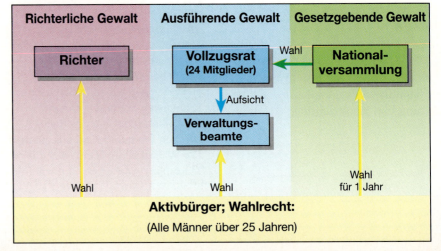

ARCHIV

Quellen zur Frage der Gleichheit in der Französischen Revolution

Q1 Robespierre gegen die Einschränkung des Wahlrechts (nach dem Wahlrechtsgesetz vom 22.12.1789 durfte sich nur an der Wahl beteiligen, wer mindestens Steuern in Höhe von 3 Tagelöhnen bezahlte):

„Wer wagt es unter gleichberechtigten Menschen, seinen Nächsten der Ausübung der Rechte, die ihm zukommen, für unwürdig zu erklären, um ihn zu eigenem Vorteil auszuplündern? Und wenn ihr euch auf die Annahme der Bestechlichkeit hin eine solche Verurteilung gestattet, welch schreckliche Gewalt maßt ihr euch dann über die Menschheit an! Wo werden dann eure Ächtungen eine Grenze finden? Müssen diese denn durchaus auf die fallen, die die Mark in Silber nicht zahlen, und nicht eher auf die, die vielmehr zahlen? Ja, zum Trotz all euren Vorurteilen zugunsten von Tugenden, die der Reichtum verleihen soll, wage ich zu glauben, dass ihr solche Tugenden mehr findet bei den minder wohlhabenden Bürgern als bei den Reichen. Glaubt ihr im Ernst, dass ein hartes, arbeitsames Leben mehr Laster erzeugt als Weichlichkeit, Luxus und Ehrgeiz? Habt ihr weniger Vertrauen zu der Rechtschaffenheit unserer Handwerker und Bauern, die nach eurem Tarif fast niemals Aktivbürger sein werden, als zu der der Steuerpächter, der Höflinge und der großen Herren (...)?"

(Krieger, H. [Hg.]: Handbuch des Geschichtsunterrichts, Bd. 4, S. 223)

■ **A1** Suche nach Hintergründen für den Ausschluss der ärmeren Bürger vom Wahlrecht?

■ **A2** Vergleiche mit der revolutionären Forderung nach Gleichheit.

Q2 Condorcet, adliger Herkunft und einer der letzten Aufklärer – Bürgerrechte auch für Frauen: „Haben sie (die Gesetzgeber) nicht alle das Prinzip der Gleichheit der Rechte verletzt, indem sie ruhigen Gewissens der Hälfte des Menschengeschlechts das Recht, bei der Entstehung der Gesetze mitzuwirken, entziehen, indem sie die Frauen vom Bürgerrecht ausschließen? (...) Damit dieser Ausschluss nicht ein Akt der Tyrannei sei, müsste man beweisen, dass die natürlichen Rechte der Frauen nicht absolut dieselben sind wie die der Männer, oder man müsste zeigen, dass sie nicht fähig sind, sie auszuüben. Die Menschenrechte ergeben sich nun einzig daraus, dass die Menschen fühlende Wesen sind, imstande, über die Ideen vernünftig nachzudenken. Da nun also die Frauen diese selben Eigenschaften haben, haben sie notwendigerweise die gleichen Rechte. Entweder hat kein Individuum der menschlichen Gattung wirkliche Rechte, oder alle haben die gleichen; und derjenige, der gegen das Recht eines anderen abstimmt, gleichgültig, was seine Religion, seine Hautfarbe oder sein Geschlecht ist, hat von diesem Moment an seinen Rechten abgeschworen.(...) Selbst wenn man den Männern eine Überlegenheit des Geistes zugesteht, die nicht die notwendige Folge der Unterschiede in der Erziehung ist, dann kann diese Überlegenheit nur in zwei Punkten bestehen: Man sagt, keine Frauen haben wichtige Entdeckungen in den Wissenschaften gemacht, keine einzige habe ein Zeichen von Genie in den Künsten gezeigt, jedoch wird zweifellos niemand vorhaben, das Bürgerrecht nur den Genies zu gewähren. Man fügt hinzu, keine Frau habe dieselbe Weite der Kenntnisse, die gleiche Kraft der Vernunft wie gewisse Männer; aber was resultiert daraus anderes, als dass – ausgenommen eine zahlenmäßig gereinigte Klasse von hoch aufgeklärten Männern – die Gleichheit zwischen den Frauen und dem Rest der Männer vollkommen ist? Dass – diese kleine Klasse beiseite gelassen – sich Unter- und Überlegenheit zu gleichen Teilen zwischen den Geschlechtern aufteilen?"

(Tichy, C./Tornow, I.: Französische Revolution., S. 45 f.)

■ **A3** Welchen Argumenten stimmst du zu, welchen widersprichst du?

Q3 Ein moderner Historiker zur Charakterisierung der Sansculotten: „Die Sansculotten setzten sich aus allen möglichen Leuten unterhalb der wirtschaftlich gut gestellten Oberklassen und oberen Mittelklassen zusammen. Es waren darunter Ladenbesitzer, Dienstmänner, Wasserträger, Hausangestellte, Kellner in Kaffeehäusern und deren Besitzer, Friseure und Perückenmacher usw. Sie waren die Pariser Bevölkerung ohne die „Creme" – und im Allgemeinen ohne den Bodensatz, die Vagabunden, Faulen und Müßiggänger (...). Diese volkstümlichen Demokraten (...) besaßen keine ausgebildeten ökonomischen Leitgedanken, aber sie nahmen eine negative Haltung gegenüber den Reichen an, wenn sie auch nicht gegen privates Eigentum waren (...). Die Sanculotten begrüßten Kleineigentum, Kleingewerbe, kleine Arbeitgeber, während sie Geschäftemacher, Großkaufleute, Financiers, Handelskapital und Kapitalgesellschaften ablehnten. (...) Die Angst vor dem Hunger prägte die gesamte Politik der Sansculotten. Sie war der Grund für ihre Forderungen an den Nationalkonvent, Preiskontrollen durchzusetzen und Hortung von Lebensmitteln und übermäßige Profite zu unterdrücken (...)."

(Palmer, R. R., in: Die Französische Revolution, S. 164 ff.)

■ **A4** Warum waren die Sansculotten eine so wichtige Schubkraft für die Revolution?

3.5 Die Schreckensherrschaft

Über die Lösung der anstehenden Probleme kam es im Konvent schnell zu heftigen Auseinandersetzungen zwischen den gemäßigten Girondisten und den radikalen Jakobinern. Das zeigte sich besonders deutlich bei dem im Dezember 1792 beginnenden Prozess gegen den König, der jetzt als Ludwig Capet (nach der alten Königsfamilie der Kapetinger) vor dem Konvent stand. Wegen der Bedeutung des Prozesses hatte sich das Parlament selbst als Gericht eingesetzt. Die Anklage lautete auf Hochverrat.

Q1 Der Abgeordnete Robespierre am 3.12.1792 vor dem Konvent:
„Ludwig war König, und die Republik ist gegründet worden. Die Frage, die euch beschäftigt, ist entschieden durch die beiden Worte: Ludwig ist
5 entthront durch seine Verbrechen; Ludwig klagte das französische Volk als Rebellen an. Um es zu züchtigen, hat er die Waffen der Tyrannen (...) herbeigerufen. Der Sieg und das Volk
10 haben entschieden, dass er der Rebell war. Der König kann also nicht gerichtet werden, denn er ist schon verurteilt. (...) Aber ein entthronter König im Schoß einer Revolution, die noch
15 weit entfernt ist, durch gerechte Gesetze verankert zu sein und dessen Name allein schon die Geißel des Krieges heraufbeschwört, dessen Dasein kann weder durch Haft noch Verbannung
20 für das öffentliche Wohl gleichgültig werden.
Mit Schmerz spreche ich die verhängnisvolle Wahrheit aus. Es ist besser, dass Ludwig stirbt, als dass 100 000
25 Bürger umkommen. Ludwig muss sterben, weil das Vaterland leben muss."
(Hartig: Französische Revolution, S. 45-46)

Die Enthauptung Ludwigs XVI. auf der neu erfundenen, von einem deutschen Cembalobauer konstruierten Guillotine. Sie wurde zu einem Wahrzeichen für die grausame Seite der Französischen Revolution.

Q2 Der Rechtsanwalt Romain de Sèze verteidigte den König vor dem Konvent:
„Ohne Zweifel kann die Nation heute erklären, dass sie kein monarchisches Regiment mehr will, weil dieses ohne Unverletzlichkeit seines Hauptes nicht
5 bestehen kann. (...) Nehmt ihr Ludwig die Unverletzlichkeit des Königs, dann seid ihr ihm wenigstens die Rechte eines Bürgers schuldig. (...) Dann frage ich euch: Wo sind die schützenden
10 Rechte, die jeder Bürger verlangen kann? Wo ist die Teilung der Gewalten, ohne die weder Verfassung noch Freiheit möglich sind? Wo sind die Geschworenen (...), die den Bürgern
15 durch das Gesetz zum Schutz ihrer Sicherheit und Unschuld gegeben sind? (...) Bürger, ich spreche zu euch mit der Offenheit eines freien Mannes: Ich spähe unter euch nach Richtern
20 tern und finde nur Ankläger. Ihr wollt über Ludwig richten und seid selbst

236

seine Ankläger! Ihr wollt richten und habt euer Urteil schon ausgesprochen."
(Hartig: Französische Revolution, S. 46-47)

Am 18. Januar 1793 fiel im Konvent die Entscheidung: Mit 387 gegen 334 Stimmen wurde Ludwig XVI. zum Tode verurteilt. Das Urteil wurde drei Tage später öffentlich vollstreckt.

■ **A1** *Diskutiert die Argumente für oder gegen die Verurteilung des Königs.*

■ **A2** *Welche Position hat der Maler zur Hinrichtung des Königs?*

Wie war die Situation im Frühjahr 1793? Die im Herbst 1792 eroberten Gebiete waren wieder verloren gegangen, denn die Freiwilligenarmee war einem längeren Feldzug noch nicht gewachsen. Etliche dem alten Regime entstammende Generale waren in Intrigen verstrickt. Der Oberbefehlshaber der Nordfront desertierte. Die englische Flotte belagerte weiterhin die französischen Häfen. In der Vendée breitete sich ein Bauernaufstand aus. Die meisten Bauern waren tief religiös und standen der Zentrale in Paris ablehnend gegenüber. Unter der Losung „Für Gott und König" führte die royalistische Gegenbewegung binnen kurzem zu Unruhen in zwei Dritteln aller französischen Bezirke. Handel, Gewerbe und Landwirtschaft lagen als Folge von Revolution und ständigen Kriegen am Boden. Die Preise für Nahrungsmittel explodierten. Der Kampf um das tägliche Brot wurde bei der ärmeren Bevölkerung immer stärker zum bestimmenden Faktor. Das führte in den Arbeitervierteln und in den Pariser Sektionen bei den Sansculotten zu einer schnell wachsenden Unzufriedenheit, die mit einer Radikalisierung der Forderungen einherging. Der Staat befand sich in einer bedrohlichen Situation.

Für die entstandene Lage machten große Teile der Sansculotten, angeführt von radikalen Revolutionären wie Marat, dem Präsidenten des Jakobinerclubs, die regierenden Girondisten verantwortlich. In dem von ihm herausgegebenen „Volksfreund", dem radikalsten Blatt dieser Zeit, forderte der im Juli 1793 ermordete Marat den Tod der politischen Gegner. Zur Bewältigung der Krise verlangten die Sansculotten rabiate Eingriffe: eine Zwangsbewirtschaftung mit Höchstpreisen für Nahrungsmittel, Gesetze gegen Warenhortung, die Todesstrafe für alle Gegner der Revolution. Als die Girondisten dazu nicht bereit waren, umstellten 10.000 bewaffnete Sansculotten Ende Mai 1793 den Konvent und erzwangen die Verhaftung der führenden Girondisten.

Nun übernahm die ‚Bergpartei', die radikalste Fraktion der Jakobiner, mit M. Robespierre an der Spitze, die Macht. Sie versuchten, die Krise mit diktatorischen Mitteln und offenem Terror zu bewältigen. Bespitzelungen und Denunziationen waren nun an der Tagesordnung. Eine furchtbare Waffe in der Hand der Jakobiner wurden die Revolutionstribunale. Mit ihnen begann die Zeit des „Großen Terrors". Die großen politischen Prozesse setzten ab Oktober 1793 ein. Die Königin wurde am 16. Oktober hingerichtet. Viele Girondisten starben am 31. Oktober. Die Zahl der Gefängnisinsassen stieg von September bis Dezember 1793 von etwa 1500 auf 4500 Menschen. Bis in den Sommer 1794 hinein starben durch den Terror ca. 35000 Menschen. Ein Zehntel davon allein in Paris, darunter viele kleine Handwerker, Arbeiter und Bauern (ca. 60%).

■ **A3** *Diskutiert darüber, welche Lösungen der Staatskrise denkbar gewesen wären. Gab es eine Alternative zur Diktatur?*

Mit den Zwangsmaßnahmen gelang es Robespierre und seinen Anhängern, die Lage der Republik zu stabilisieren. Für wichtige Lebensmittel und Waren des täglichen Lebens wurde das Maximum auf dem Preisniveau von 1791 festgelegt. Durch eine allgemeine Wehrpflicht wurde die Revolutionsarmee bis zum Frühjahr 1794 auf 1 Million Mann gebracht, die Produktion von Waffen forciert. Im Juni 1794 schlugen die Revolutionstruppen die Österreicher bei Fleurus. Das war das Ende der militärischen Bedrohung der Revolution. Nun konnten auch Truppen zur Niederschlagung der Aufstände im Innern Frankreichs eingesetzt werden. Ungeachtet dieser Erfolge verselbstständigte sich der Terror immer mehr und nahm immer blutigere Formen an. Die Verschärfung des Terrors trotz schwindender äußerer Bedrohung einte die Gegner Robespierres. Denn das Bürgertum wollte wieder in geordneten und rechtssicheren Verhältnissen ohne Angst vor der Guillotine leben. Am 27. Juli 1794 wurde die Seele der jakobinischen Diktatur, Robespierre, gestürzt und einen Tag später ohne Gerichtsverfahren mit 21 Anhängern unter die Guillotine gebracht. Manchen gilt dies als das Ende der Revolution.

■ **Q3** Billaus-Varenne, Mitglied des Wohlfahrtsausschusses, urteilte über die Jakobinerherrschaft:
„*Die Krise allein rief (unsere Maßnahmen) hervor. Sie wurden in der Überanstrengung der langen Nachtsitzungen (beschlossen). Wir wollten nicht*
5 *töten, um zu töten (...); wir wollten um jeden Preis siegen (...), um unseren Prinzipien zur Herrschaft zu verhelfen (...).*"
(Aubry, O.: Franz. Revolution, S. 228 f.)

■ **A4** *Diskutiert über die Rechtfertigung Billaus-Varennes.*

■ **A5** *Woran scheiterte die Herrschaft der Jakobiner?*

GESCHICHTE KONTROVERS

Die Jakobinerdiktatur – Schreckensregiment oder notwendige Etappe der Revolution?

Q1 Der Historiker H. Mölller 1994 in der „Deutschen Geschichte":
„Täglich urteilte das Revolutionstribunal tatsächliche oder vermeintliche, der Denunziation zum Opfer gefallene Revolutionsgegner ab, täglich rollten die Wagen mit den Opfern zur Guillotine am Place de la Concorde.(...) Die Revolution fraß ihre eigenen Kinder. Nicht einmal Danton konnte sich retten, und schließlich ereilte auch den fanatisch - „tugendhaften", den unbestechlichen Revolutionär, der den Terror zum systematischen Mittel der Unterdrückung und Ermordung politischer Gegner gemacht (...) hatte, das Schicksal, das er tausendfach anderen bereitet hatte: Am 9. Thermidor des Jahres II (27. Juli 1994) wurde Maximilien Robespierre das Opfer der unter seiner Führung in Gang gesetzten Todesmaschinerie: Hatten die fast 40 000 Opfer, die die Jakobinerherrschaft insgesamt gekostet haben dürfte, Frankreich der Demokratie, der Verwirklichung der Menschenrechte näher gebracht? Wohl kaum. Vielmehr personifizierte Robespierre auf blutige Weise den Abgrund zwischen Anspruch und Wirklichkeit der Revolution und bestätigte die schlimmsten Befürchtungen der Revolutionsgegner. Sicher gab es Konterrevolutionäre, zweifellos stand die Revolution vor außerordentlichen Problemen, die sie keineswegs alle selbst verursacht hatte, und doch stellt sich die Frage: Wenn die revolutionären Errungenschaften nur mit Mord und Terror gerettet werden konnten, waren sie dann überhaupt zu retten? Was bedeutet die auf dem Papier stehende Unverletzlichkeit der Person und der verfassungsrechtlich garantierte Schutz vor willkürlicher Verhaftung, wenn sie tatsächlich in ungleich massiverer Weise praktiziert wurde als vor 1789?"
(Möller, H.: Fürstenstaat oder Bürgernation Deutschland 1763-1815, S. 526 f.)

Q2 Aus einem DDR-Standardwerk zur deutschen Geschichte (1984):
„Auch in dieser dritten und höchsten Etappe der Revolution lag die Herrschaft nicht bei den Sansculotten, sondern wie in den vorausgegangenen Etappen bei Teilen der Bourgeoisie, nur mit dem Unterschied, dass diesmal von der herrschenden Fraktion die Volksbewegung bewusst in die Lösung der revolutionären Aufgaben einbezogen wurde und die Revolution so einen neue Qualität erhielt. (...) Die revolutionär-demokratische Jakobinerdiktatur erfüllte die ihr gestellten historischen Aufgaben mit vorbildlicher Gründlichkeit. Sie zwang die innere Konterrevolution militärisch in die Knie und entzog ihr durch entschädigungslose Enteignung sämtlicher Feudalrechte die wesentlichen Grundlagen ihrer Existenz. Der auswärtige Feind wurde mithilfe des Massenaufgebots entscheidend geschlagen. (...) Während die ärmeren Bauern auf dem Lande und die Sansculotten in den Städten (...) über die politische Demokratie hinaus eine soziale Demokratie anstrebten, stand die montagnarische Bourgeoisie (= die jetzt herrschende bürgerliche Fraktion) im Prinzip auf dem Boden der kapitalistischen Marktwirtschaft. Das Versprechen des Konvents Anfang September 1793, ein allgemeines Maximum der Preise festzusetzen, das die Spekulationswut eingrenzen und die Versorgung der Werktätigen sichern sollte, war eine Konzession an die Massen, die um des gewollten Bündnisses willen unumgänglich wurde. Die kriegsbedingte und den Volksinteressen entsprechende jakobinische Wirtschaftslenkung führte bereits über die Zielsetzung der bürgerlichen Revolution hinaus. (...) In zunehmendem Maße wandten sich die Sansculotten vom Jakobinerstaat ab, nachdem 1793 die sansculottische Vorhut, die Enragés (...) ausgeschaltet und 1794 die ultralinken Hébertisten (= verschiedene radikale politische Gruppen) vernichtet waren. Zwar langte die in den Händen des Wohlfahrtsausschusses, der von (...) Robespierre geführten Revolutionsregierung, konzentrierte Macht noch zu, um den entscheidenden Sieg über die Intervenen bei Fleurus am 26. Juni 1794 möglich zu machen, aber der Rückhalt der Regierung im Volk war außerordentlich geschwächt. Als die Bourgeoisie (...) am 27. Juli 1794 (...) Robespierre stürzte und der Jakobinerherrschaft ein Ende bereitete, erhob sich im Volk keine Hand zu ihrer Verteidigung, Der Jakobinerstaat hatte (...) seine historische Aufgabe, die Revolution bis zum vollständigen Sieg über den Feudalismus zu führen, erfüllt."
(Deutsche Geschichte, Bd. 4, Die bürgerliche Umwälzung von 1789 bis 1871, S. 16 f.)

Q3 Der Historiker Stefan Lobert 1997 über die Jakobinerherrschaft:
„Die Hinrichtung des Volkshelden von 1793 Robespierre am 28.7.1794 symbolisierte das Scheitern der Notstandsdiktatur. Gründe dafür waren u. a.:
• die Entfremdung von der politischen Machtbasis, dem Volk;
• die massive Dechristianisierungskampagne (= die Diffamierung der alten Religion);
• unzureichende sozialpolitische Ausgleichsmaßnahmen:
• der versäumte, rechtzeitige Wechsel vom zunehmend sinnlos werdenden Terror zu einer Integrations-, Ausgleichs- bzw. Friedensschlusspolitik."
(Lobert, S.: Die Franz. Revolution, S. 133)

■ **A1** Vergleiche diese Materialien vor dem Hintergrund deines Geschichtswissens.
■ **A2** Begründe in Auseinandersetzung mit diesen Positionen deinen Standpunkt.

GEWUSST WIE!

Kleidung als Geschichtsquelle

Ein Sansculotten-Paar   Ein vornehmes Paar aus dem 18. Jh.

A1 Beschreibe die Unterschiede in der Kleidung der Personen und ordne sie unterschiedlichen Ständen zu.

Die Französische Revolution ist ein Beispiel dafür, dass Kleidung Ausdruck einer politischen Haltung sein kann. Jung, revolutionär, lässig und bequem sollte sie sein, die Revolution in der Mode. Noch beim Zusammentritt der Generalstände war dem Dritten Stand ein schmuckloser schwarzer Anzug verordnet worden. Die Abgeordneten sollten sich deutlich von der seidenschimmernden Farbentracht der oberen Stände abheben. Den Adeligen, denen ihre Vorrechte an Federn, Stickereien und roten Schuhabsätzen wichtig waren, zeigten die Bürger, dass sie darauf keinen Wert legten.

Kleidung als Ausdruck der politischen Gesinnung spielte vor allem bei den Sansculotten eine wichtige Rolle. Wie in unseren Tagen, z. B. bei Punks oder Skinheads, ergibt sich ihre Gruppenbeschreibung auch aus äußerlichen Merkmalen. Sie grenzten sich bewusst gegen die Kniehosenmode („culottes") des reichen Bürgertums und Adels ab und trugen Röhrenhosen, so genannte „pantalons". Die rote Freiheitsmütze und die kurze Jacke waren weitere Kennzeichen.

Frauen trugen Streifenkleider in den Nationalfarben. Typisch war auch die Kokarde in den Farben der Trikolore, die an die Kopfbedeckung oder das Brusttuch geheftet wurde. Sie wurde zum politischen Erkennungszeichen der Revolution.

Im Zeichen der allgemeinen Sparsamkeit traten Samt und Seide bei den Kleidern der Frauen in den Hintergrund. Viele Kleider wurden aus bedrucktem Kattun oder gemusterter Baumwolle genäht.

In Deutschland erschien seit 1786 die erste namhafte Modezeitschrift, das Weimarer „Journal des Luxus und der Moden". Der Herausgeber Bertuch beschäftigte extra einen Journalisten in Paris, der über die dortige Mode berichtete.

Q1 „Man trägt wenig Unterröcke, höchstens einen, wo möglich gar keinen (...). Das Kleid muss wenig Falten haben. Das Kleid wird oben stark aus-
5 geschnitten. Die Haare puderlos und stufenweise geschnitten, hinten nachlässig herabringelnd (...). Schuhe ohne Absätze (...). Keine Schleppe an den Röcken."

(Schmidt-L., V.: Sklavin oder Bürgerin, S. 524)

A2 Wie unterschied sich diese Kleidung von der der Aristokratinnen vor 1789? (Vgl. Bild oben rechts)

A3 Welche Rolle spielt für dich deine Kleidung?

A4 Mode als Ausdruck einer Gesinnung – gibt es das auch heute noch?

GESCHICHTE KONTROVERS

Die Französische Revolution im Urteil von Zeitgenossen

Q1 Adolph Freiherr von Knigge (1752–1796), Autor des berühmten Buches über gutes Benehmen:
„Die Französische Revolution wurde unvermeidlich herbeigeführt durch eine Kettenreihe von Begebenheiten und durch die Fortschritte der Kultur und Aufklärung. (...) Alle Gewalttätigkeiten aber, die vorausgegangen sind, alle Ermordungen, alle Plündereien, Mordbrennereien, Ausschweifungen und überhaupt alle gesetzlosen Handlungen sind in Vergleichung mit den Unordnungen und Greueln, womit jeher ähnliche, ja viel geringere Vorfälle bezeichnet gewesen, für nichts zu rechnen. Diese Revolution ist eine große, beispiellose und (...) der ganzen Menschheit wichtige Begebenheit. Ein Krieg, den irgendein ehrgeiziger Despot, zu Befriedigung seiner kleinen Leidenschaften führt, (...) so ein Krieg kostet tausendmal mehr Blut und unschuldiges Blut, und zu welchem Zweck? (...) Dass ein Landesvater (= der Kurfürst von Hessen-Kassel) tausende seiner Kinder (dass es Gott erbarme!), das heißt seiner Untertanen stückweise verhandle, um sie irgendwo, fern von ihrem Vaterlande, totschießen zu lassen, wenn damit Geld zu verdienen ist (...). Das erlauben ihm die Menschenfreunde, aber wenn bei einer so allgemeinen Gärung der unbändige Pöbel unter zehn Schelmen auch vielleicht in der blinden Wut ein paar ehrliche Leute, gegen welche man Verdacht hat, aufhängt, so wird davon ein Lärm gemacht, als wenn kein Mensch in Frankreich seines Lebens sicher wäre. (...) Die Abschaffung des Adels und die Schmälerung der Einkünfte des Geistlichkeit sind freilich harte Artikel für die, welche nun auf einmal sich des Vorteils beraubt sehen, die sie ohne Mühe und Verdienste und Unkosten besserer und arbeitsamerer Menschen besaßen. (...) Der größere und stärkere Teil der Nation hat nun einmal die Fesseln abgeschüttelt, hat seine Kräfte kennen gelernt und sich von der Möglichkeit der Ausführung überzeugt (...)."
(Knigge, A.: Politisches Glaubensbekenntnis, S. 53 ff.)

Q2 Friedrich Schiller, deutscher Dichter (1759-1805):
„Der Versuch des französischen Volkes, sich in seine heiligen Menschenrechte einzusetzen und eine politische Freiheit zu erringen, hat bloß das Unvermögen und die Unwürdigkeit derselben an den Tag gebracht und nicht nur dieses unglückliche Volk, sondern mit ihm auch einen beträchtlichen Teil Europens und ein ganzes Jahrhundert in Barbarei und Knechtschaft zurückgeschleudert. Der Moment war der günstigste, aber er traf eine verderbte Generation, die ihn nicht wert war und weder zu würdigen noch zu benutzen wüsste. Der Gebrauch, den sie von diesem großen Geschenk des Zufalls macht und gemacht hat, beweist unwidersprechlich, dass das Menschengeschlecht der vormundschaftlichen Gewalt noch nicht entwachsen ist, dass das liberale Regiment der Vernunft da noch zu frühe kommt, wo man kaum damit fertig wird, sich der brutalen Gewalt der Tierheit zu erwehren, und dass derjenige noch nicht reif ist zu bürgerlicher Freiheit, dem noch so vieles zur menschlichen fehlt. In den niederen Klassen sehen wir nichts als rohe gesetzlose Triebe, die sich nach aufgehobenem Band der bürgerlichen Ordnung entfesseln und mit unlenkbarer Wut ihrer tierischen Befriedigung zueilen. (...) Es waren nicht freie Menschen, die der Staat unterdrückt hatte, nein, es waren bloß wilde Tiere, die er an heilsame Ketten legte."
(Brief Schillers an Herzog Friedrich Chr. v. Augustenburg vom 13. Juli 1793)

Q3 Alphonse de Lamartine (1790-1869), französischer Dichter:
„Mit Robespierre (...) endet die große Zeit der französischen Republik (...), die Revolution hatte nur fünf Jahre gedauert. Die fünf Jahre bedeuten für Frankreich fünf Jahrhunderte. Niemals vielleicht auf dieser Erde, zu keiner Zeit, mit Ausnahme des Zeitalters der Fleischwerdung der christlichen Idee, erzeugt in irgendeinem Land in einem derart kurzen Zeitraum einen ähnlichen Ausbruch von Ideen, Menschen, Naturen, Charakteren, Talenten, Verbrechen, Tugenden. (...) Das Licht leuchtet gleichzeitig an allen Punkten des Horizonts auf. Die Dunkelheit schwindet dahin. Die Thyranneien erzittern. Die Völker erheben sich. Die Throne stürzen zusammen."
(de Lamartine, A.: Histoire des Gironds, 6. Band, S. 470 ff.)

Q4 Ernst-Moritz Arndt, deutscher politischer Dichter (1769-1860):
„Ich lasse es mir daher nicht nehmen, dass die ersten Jahre der Revolution wirklich ein höherer und enthusiastischer Geist im Volke war, dass viele entschlossen waren und hofften, es werde und solle eine besondere und glücklichere Verfassung aus dem Chaos der Verwirrung und dem Kampf so mancher Ideen hervorgehen (...). Der Geist des Bösen, der so reichlich in allen Revolutionen ist und aus so wenigen wirklich das Große und Gute kommen lässt, begann nach einigen Jahren zu herrschen (...). Er fuhr in das große Volk und versteckte sich hinter einer Masse von Millionen. Nachdem Thron, Adel und Priestertum und Bau der ersten losen Verfassung mit allem Alten gestürzt und vernichtet waren, da machte die Revolution den Pöbel zum Herrn, jenes Ungeheuer (...)."
(Arndt, E. M.: Geist der Zeit, Bd. 1, S. 172 f.)

■ **A1** Nimm Stellung zu den Argumenten für bzw. gegen die Revolution.

Historiker-Urteile über die Französische Revolution – 200 Jahre später

Q5 Maurice Agulhon, französischer Historiker, schrieb 1988:

„Die Französische Revolution schuf nicht Frankreich, weder den französischen Staat noch den französischen Patriotismus, aber sie trug mehr als jedes andere Ereignis seit zwei Jahrhunderten dazu bei, ihm die gegenwärtige Form zu geben. Damals wurde unser Rechtssystem begründet. Die Tatsache, dass es nur untereinander gleiche Bürger gibt und nicht einerseits Mitglieder des dritten Standes, andererseits Privilegierte, bezeichnet einen Unterschied, der ausreichen würde, um 1789 (...) bedeutungsvoll zu machen. Genauso wie die Souveränität der Nation oder die durch Gehorsam gegenüber dem Gesetz garantierte Freiheit wie die Kontrolle der Macht durch die gewählten Vertreter. Die Behörden, die uns zur Feier der Revolution von 1789 einladen, fordern uns auf, deren Bilanz zu feiern, und nicht dazu, den Bürgerkrieg zu verherrlichen, noch weniger, ihn von neuem zu beginnen (...) Die Zweihundertjahrfeier wird ausdrücklich bezeichnet als „Aufgabe des Gedenkens an die Revolution von 1789 und die Erklärung der Bürger- und Menschenrechte". Der Akzent könnte nicht klarer auf das Jahr 1789 gesetzt werden, ein grundlegendes, entscheidendes und nach Ausgleich strebendes Jahr, und auf die Erklärung der Rechte, die die friedfertigste und am wenigsten anfechtbare Tat dieses Jahres ist. (...) Wessen Fehler war es, dass die Revolution von 1789 so schnell in einen Bürgerkrieg überging? In historischer Sicht scheint mir die Feststellung gerechtfertigt, dass die Mitglieder der Verfassunggebenden Nationalversammlung 1789 mit der auf friedlichem Wege erreichten gesellschaftlichen und juristischen Revolution vollauf zufrieden waren. Sie hätten es gerne dabei belassen. Zur politischen Krise kam es durch den Widerstand der Privilegierten. (...) Die Revolution von 1789 war nicht daraufhin programmiert, die Revolution von 1792 oder 1793 zu werden. 1789 kündigte nichts anderes als eine konstitutionelle Monarchie an."

(Agulhon, M.: Aux sources de la démocratie moderne, Géo Nr. 118, S. 130 ff.)

Q6 Manfred Kossock, DDR-Historiker, 1989:

„In letzter Instanz überkreuzen sich im Übergang vom Feudalismus zum bürgerlichen Zeitalter zwei Entwicklungskomponenten: die spätfeudal-absolutistische und die aufsteigende bürgerliche Komponente. Schritt für Schritt konstituierte sich das Bürgertum als Klasse der historischen Initiative, wogegen der Adel zunehmend in die Position der Klasse der historischen Defensive geriet. Dieser Prozess verlief keineswegs linear. (...) Die Französische Revolution markierte den Höhepunkt und Wendepunkt im Übergang zur bürgerlichen Gesellschaft, sie leitete die Schlussphase dieses Transformationsprozesses und die endgültige Durchsetzung der neuen Formation ein. Weltgeschichte ab 1789 hieß Weltgeschichte im Zeichen der Bourgeoisie und der sich vollendenden bürgerlichen Umwälzung. (...) Seit der Epochenwende von 1789 datiert die ‚bürgerliche Moderne' in der Vielfalt ihrer Ausdrucksformen, die in ihrer Summe einen Staat neuen Typs, den bürgerlichen Nationalstaat, prägten, vom politischen System über das Rechtswesen in Gestalt des Code Napoléons (= des bürgerlichen Gesetzbuches), der seinen Schöpfer bis in die Gegenwart überlebte (...)."

(Kossock, M.: 1789 – Weltwirkung einer großen Revolution, Bd. 2, S. 8 ff.)

Q7 Robert R. Palmer, amerikanischer Historiker, 1959:

„Alle diese Unruhen, Aufstände, Intrigen und Verschwörungen (in Irland 1798, in den Niederlanden 1795, in Italien 1796–1798, in Polen, in Griechenland und Ungarn) waren Teil einer einzigen großen Bewegung. Es handelt sich nicht einfach um die Ausbreitung eines aus Frankreich kommenden revolutionären Virus. Revolutionäre Bestrebungen und Sympathien konnte man überall in Europa und Amerika finden. Sie entstanden überall aus lokal begründeten besonderen Ursachen; aber andererseits gingen sie auch auf allgemeine Zustände zurück, die in der westlichen Welt überall vorhanden waren. Sie wurden nicht von einem Land in ein anderes „importiert". Es handelt sich nicht um Nachahmungen – jedenfalls nicht um eine blinde Nachahmung der Franzosen. Es handelt sich um eine große revolutionäre Agitation. Wir dürfen annehmen, dass aus der demokratischen Revolution des 18. Jahrhunderts eine bessere Gesellschaftsordnung hervorging, die humaner, weltoffener, anpassungsfähiger, Verbesserungen zugänglicher und mehr auf materielles Wohlergehen bedacht war und nach höheren Zielen strebte als die kommunistische Revolution des 20. Jahrhunderts. Doch brauchen wir sie deshalb nicht zu idealisieren. Es genügt, wenn wir sagen, Revolutionen sind wie Kriege. Sie kommen, wenn alle Bemühungen und Kompromisslösungen zusammenbrechen. Sie sind ein heftiger Zusammenprall zwischen zwei oder mehreren Gesellschaftsgruppen (...). Die Revolution war ein Konflikt zwischen unvereinbaren Auffassungen, wie die Gesellschaft beschaffen sein sollte, und sie führte einen bereits bestehenden Kampf mit Mitteln der Gewalt aus."

(Palmer, R. R.: The Age of Democratic Revolution, S. 12 ff.)

■ **A1** Vergleiche Q5 bis Q7 und arbeite die Unterschiede heraus.
■ **A2** Diskutiert die vorgestellten Positionen. Was ist deine Meinung?

4 Die Herrschaft Napoleons

4.1 Die bürgerliche Republik und der Aufstieg Napoleons

Nach dem Sturz Robespierres übernahm das wohlhabende Bürgertum die Macht. 1795 trat der Konvent zurück, die neue Verfassung enthielt kein allgemeines Wahlrecht mehr. Nur wer Steuern zahlte, durfte auch wählen. Die Regierung lag in den Händen eines Direktoriums von fünf Männern. Die Beachtung der Gesetze und der Schutz des Eigentums standen an erster Stelle. Das war eine Warnung an die Sansculotten mit ihren Gleichheitsforderungen.

In der Folge kam es zu Aufständen der Sansculotten, aber auch die Anhänger der Monarchie versuchten, die Macht in Frankreich wieder zu übernehmen. Nur durch den Einsatz des Militärs konnte sich das Direktorium an der Macht halten. Die Bedeutung der Offiziere wuchs. Vor allem der 1769 auf Korsika geborene Napoleon Bonaparte machte schnell Karriere. Schon mit 24 war er General. Als Anerkennung für seinen Einsatz gegen Aufständische erhielt er 1796 den Oberbefehl über die Alpenarmee. Während die französischen Hauptarmeen im Kampf gegen Österreich gescheitert waren, gelang es ihm durch einen erfolgreichen Feldzug, den österreichischen Kaiser 1797 zum Frieden zu zwingen.

Nach dem Frieden mit Österreich blieb Großbritannien als einziger Gegner übrig. Da ein Angriff auf die Insel unmöglich war, beschloss Bonaparte, Ägypten zu erobern. So wollte er eine Angriffsbasis gegen das britische Indien schaffen. Der Versuch endete kläglich mit der Vernichtung der französischen Flotte. Nur mit Mühe konnte sich Napoleon nach Frankreich retten. Trotz der Niederlage blieb der 30-jährige General der Hoffnungsträger Frankreichs, zumal die Unzufriedenheit über das Direktorium wuchs. Viele atmeten auf, als Napoleon 1799 im November durch einen Staatsstreich das Direktorium entmachtete. Er übernahm nun selbst die Macht im Staat und bereitete den Weg zu seiner Alleinherrschaft vor.

A1 Wie stellt die englische Karikatur den Staatsstreich Napoleons dar?

A2 Woran scheiterte das Direktorium?

Als Erster Konsul erklärte Napoleon: „Bürger, die Revolution ist zu Ende!" Die Berufung der Kandidaten der Volksversammlung nahm er selbst vor. Damit gab es keine Opposition mehr gegen ihn. Richter, Beamte und Offiziere ernannte er selbst. Napoleon verstand es, seiner Militärdiktatur durch Volksbefragungen einen demokratischen Anstrich zu geben. Die Aussöhnung mit dem Papst erreichte er durch einen Vertrag mit der katholischen Kirche. Emigranten durften zurückkehren, wenn sie einen Eid auf die Verfassung ablegten. Das neue bürgerliche Gesetzbuch, der Code Civil, sicherte die Errungenschaften der Revolution. Die Gleichheit vor dem Gesetz und der Schutz des Eigentums standen dabei im Vordergrund. So entstand eine neue Führungsschicht aus Adel und Bürgertum, auf die sich der Staat verlassen konnte. Für die ärmere Bevölkerung hielt Napoleon den Brotpreis niedrig. Dafür musste das Volk Bespitzelungen und eine massive Pressezensur hinnehmen.

Napoleon hatte Erfolg mit dieser Politik. 1802 wurde er auf Lebenszeit zum Konsul gewählt. 1804 krönte er sich selbst zum „Kaiser der Franzosen".

Q1 Während der Friedensverhandlungen mit Österreich 1797 äußerte sich Napoleon vertraulich über seine Ziele:

„Glauben Sie, dass ich in Italien Siege erringe, um den Advokaten des Direktoriums (...) zur Größe zu verhelfen? Oder meinen Sie, es läge mir an der
5 *Gründung einer Republik? Welche Idee! Eine Republik von dreißig Millionen Menschen! Mit unseren Sitten,*

Napoleon verjagt das Direktorium, zeitgenössische englische Karikatur.

unseren Lastern! Wie wäre so etwas möglich? Das ist ein Hirngespinst, von dem die Franzosen eingenommen sind, das jedoch wie alles andere vorübergehen wird.

Die Franzosen brauchen Ruhm und die Befriedigung ihrer Eitelkeit, aber von Freiheit verstehen sie nichts! Sehen Sie sich doch das Heer an! Die Siege, die wir davongetragen haben, und unsere Triumphe haben bereits dem französischen Soldaten seine wahre Natur wieder gegeben. Ich bin ihm alles. Wenn es dem Direktorium einfiele, mich meines Kommandos zu entsetzen, so wird man ja sehen, wer der Herr ist. Das Volk braucht ein Oberhaupt, ein durch Ruhm und Siege verherrlichtes Oberhaupt, und keine Regierungstheorien, Phrasen und Reden der Ideologen; davon verstehen die Franzosen nichts (…).

Der Frieden liegt nicht in meinem Interesse. Sie sehen ja, was ich bin, was ich jetzt in Italien vermag! Ist der Frieden geschlossen und ich stehe nicht mehr an der Spitze des Heeres, so muss ich auf diese Macht, auf die hohe Stellung, die ich mir erworben habe, verzichten, um im Luxembourg (= Sitz des Direktoriums) Advokaten zu huldigen! Ich möchte Italien nur verlassen, um in Frankreich eine ebensolche Rolle zu spielen, wie sie mir hier zufällt. Dieser Augenblick ist aber noch nicht gekommen! Die Frucht ist noch nicht reif (…)."

(Krieger, H.: Handbuch des Geschichtsunterrichts, Bd. 4, S. 231)

Q2 Aus einer Rede des Abgeordneten Jaubert vom 2. Mai 1804 zur Errichtung des Kaiserreiches:

„Napoleon Bonaparte (…) gibt dem Kontinent den Frieden. Er hat die Grundlagen der Verwaltung festgelegt, die Finanzen in Ordnung gebracht, die Armee organisiert; (…) Fabriken, Künste und Wissenschaften ermutigt; die Altäre neu errichtet (…) das Schulwesen neu erschaffen; gewaltige öffentliche Arbeiten angeregt und vollendet; Frankreich ein einheitliches Zivilgesetzbuch gegeben (…) allen Parteigeist zum Erlöschen gebracht, (…) alle Interessen versöhnt, alle Opfer der unglücklichen Zeitumstände wieder ins Land gerufen (…) das hat er in vier Jahren vollbracht, das wird kommenden Jahrhunderten die tiefe Ergebenheit aller Franzosen für Napoleon Bonaparte erklären."

(Müller, U.F.: Die Französische Revolution, S. 143)

■ **A1** Arbeite aus der Textdarstellung und den Quellen Gründe für den Aufstieg Napoleons heraus.

■ **A2** Nimm Stellung zu der Bewertung Jauberts. Überlege dabei, wo Napoleon an den Errungenschaften der Revolution festhält und wo er sich über sie hinwegsetzt.

■ **A3** Was unterscheidet eine echte Wahl von den Volksabstimmungen, die Napoleon durchführen ließ?

■ **A4** Betrachte das Bild Davids über die Krönung: Welche Herrschaftsauffassung Napoleons zeigt sich in diesem Gemälde? Überlege, was wohl der Papst in dieser Situation denkt.

Die Krönung Napoleons 1804, zeitgenössisches Gemälde von Jacques Louis David.

4.2 Deutschland und die Revolution

Der Beginn der Revolution in Frankreich wurde in Deutschland in weiten Kreisen positiv aufgenommen. Die meisten Regierungen, vor allem Preußen und Österreich, sahen die außenpolitische Schwächung des französischen Nachbarn nicht ungern. Obwohl viele Bürger mit den Ideen der Revolution sympathisierten, bestand kaum die Gefahr eines Übergreifens nach Deutschland. Der aufgeklärte Absolutismus hatte in vielen Staaten Lebensbedingungen geschaffen, die mit der katastrophalen Lage in Frankreich nicht vergleichbar waren. Daher fehlten die radikalen, zu allem entschlossenen Massen. Die Schreckensherrschaft der Jakobiner, die in der Hinrichtung des Königs und der Königin gipfelte, wurde in Deutschland mit Abscheu aufgenommen.

Auch fehlte wegen der staatlichen Zersplitterung Deutschlands ein politisches Zentrum. Anders als in Frankreich, wo sich das Geschehen vor allem auf Paris konzentrierte, gab es in Deutschland viele Residenzen.

Q1 Der Dichter Christoph Martin Wieland schrieb 1793:

„Befände sich Deutschland in denselben Umständen, worin sich Frankreich vor vier Jahren befand, hätten wir nicht eine Verfassung, deren
5 wohltätige Wirkungen die nachteiligen (...) überwiegen, befänden wir uns nicht bereits im Besitz eines großen Teils der Freiheit, die unsere westlichen Nachbarn erst erobern mussten,
10 hätten wir nicht größtenteils (...) auf das Wohl der Untertanen (...) aufmerksame Regierungen, hätten wir nicht (...) kräftigere Hilfsmittel gegen Unterdrückung als die Franzosen,
15 wären unsere Abgaben so hoch, (...) unsere Adligen so unerträglich übermütig (...) wie im ehemaligen Frankreich, so gibt es keinen Zweifel, dass das Beispiel, das uns Frankreich seit
20 einigen Jahren gibt, ganz anders auf uns gewirkt hätte. Dann würden die Zeichen des Fiebers selbst ausgebrochen und das deutsche Volk aus einem teilnehmenden Zuschauer (...) zu
25 einer handelnden Person geworden sein."

(Hippel: Freiheit, S. 54, sprachlich überarbeitet)

A1 Welche Unterschiede zu Frankreich werden herausgestellt? Überzeugen dich diese Argumente?

Mit dem Kriegsbeginn 1792 und dem raschen Vorrücken der preußischen und österreichischen Armeen glaubten die meisten Deutschen, die Revolution werde bald zusammenbrechen. Doch bald änderte sich die Lage. 1793 bis 1795 konnten die französischen Truppen bis an den Rhein vordringen.

Das Rheinland wurde nun französisches Staatsgebiet, die Bürger links des Rheins wurden Franzosen. Es galten französische Gesetze, französische Maße und die französische Währung, neben Deutsch war Französisch jetzt Amtssprache.

Q2 Johann Peter Delhoven aus Dormagen notierte 1795 in sein Tagebuch:

„Der kolossische Revolutionsball wälzte sich hin und her, bis endlich auch zu uns an den Rhein und hat uns alle frei gemacht. Sind wir glücklicher geworden? Noch nicht! Freier? Ebenso
5 wenig! (...) So hatte man sich auch die Göttin Freiheit nicht vorgestellt. Die grausamen Requisitionen (= Beschlagnahmen) und das Papiergeld, womit dem Landmann alles bezahlt wird,
10 und wofür er in den Städten nichts haben kann."

(Delhoven: Chronik, S. 108)

A2 Welche Erwartungen hatte Delhoven? Wie stellte sich die Realität für ihn dar?

Unter Napoleon wurde die Ausweitung des französischen Staatsgebietes auf deutschem Boden fortgesetzt. Ganz Nordwestdeutschland wurde französisch. Die Fürsten, die Gebiete an Frankreich abtreten mussten, sollten aber entschädigt werden. Die Folge war eine völlige Umgestaltung der Landkarte Deutschlands. An die Stelle vieler kleiner Staaten traten ab 1803 Fürstentümer mittlerer Größe. Unter Napoleons Einfluss säkularisierte der Reichstag fast alle geistlichen Gebiete, d. h., sie gingen in den Besitz weltlicher Fürsten über. Zusätzlich wurden rund 300 Fürstentümer und freie Reichsstädte aufgelöst, an ihre Stelle traten 41 Flächen- und Stadtstaaten.

Preußen profitierte am meisten. Napoleon baute es damit als Gegengewicht zu Österreich auf. Aber auch Württemberg, Baden und Bayern wurden zu Königreichen oder Großherzogtümern erhoben. Die Dankbarkeit, die Napoleon sich ausrechnen konnte, trug Früchte. Zur Sicherung dieser Zugewinne hatten diese drei Staaten schon 1805 Militärbündnisse mit Frankreich geschlossen. 1806 schlossen sich diese auf Druck Napoleons und 13 weitere süddeutsche Staaten zum Rheinbund zusammen und erklärten ihren Austritt aus dem Reichsgebiet. Als Reaktion darauf legte der Habsburger Franz II. 1806 die deutsche Kaiserkrone nieder. Das war das Ende des Heiligen Römischen Reiches Deutscher Nation, das mit der Kaiserkrönung Ottos I. 962 in Rom begonnen hatte.

A3 Erläutere anhand der Karten die Neuordnung Deutschlands.

ARCHIV

Springt der Funke der Revolution nach Deutschland über?

Q1 „Dekret des zu Mainz versammelten rheinisch-deutschen Nationalkonvents vom 18.3.1790":
„Artikel 1: Der ganze Strich Landes von Landau bis Bingen, welcher Deputierte zu diesem Konvent schickt, soll von jetzt an einen freien, unabhängigen, unzertrennlichen Staat ausmachen, der gemeinschaftlichen, auf Freiheit und Gleichheit gegründeten Gesetzen gehorcht.
Artikel 2: Der einzige rechtmäßige Souverän dieses Staates, nämlich das freie Volk, erklärt durch die Stimme seiner Stellvertreter allen Zusammenhang mit dem deutschen Kaiser und Reiche für aufgehoben.
Artikel 3: Der Kurfürst von Mainz, der Fürst von Worms (... = Aufzählung von 20 weiteren Obrigkeiten) werden ihrer Ansprüche auf diesen Staat oder dessen Teile für verlustig erklärt und sind alle ihre durch Usurpation (= widerrechtliche Besitzergreifung) angemaßten Souverainitätsrechte auf ewig erloschen.
Artikel 4: Gegen alle (...) benannten unrechtmäßigen Gewalthaber, falls sie auf die Behauptung ihrer vermeintlichen Rechte und Ansprüche in diesen Ländern, wo nur die Rechte freier und gleicher Bürger gelten, betreten ließen, sowie auch gegen ihre Unterhändler und Helfershelfer wird die Todesstrafe erkannt.(...)"
Antrag des Konvents vom 21.3.1792:
„Dass das rheinisch-deutsche freie Volk die Einverleibung in die fränkische (= französische) Republik wolle und bei derselben darum anhalte (...), um diesen Wunsch dem fränkischen Nationalkonvent vorzutragen."
(Hansen, J.: Quellen zur Geschichte des Rheinlandes, S. 799 f.)

A1 Erkläre, was hier vor sich geht.

245

Q2 Aufruf aufständischer Bauern in Sachsen, August 1790:

„Wir Verschworenen und Verbundenen, derer an der Zahl 20 000 (...) wünschen allen Lesern Gnade, Weißheit, Verstand und Segen (...).
Zum Ersten Waget euer Leben, Guth und Bluth daran, wie wir aus Noth und Unglück uns erretten, darum lasst euch nicht grauen, wir sind ja nur eines Todes schuldig, und dann endigt sich auf einmahl unsere Not und Unglück, darum (...) haltet standhaft aus. Hiermit Gott befohlen, Amen in Jesu Namen.
1) Den Adelichen gebieten wir, nicht wir, sondern der Herr Himmels und der Erde, dass nicht Höllenbrände in unserem Lande sich als Herrschaften nennen und Götter auf Erden syn wollen, dahero aber Teufel genennt werden möchten, wo nun diese Adelichen nicht von ihren Diensten, Zinnßen, Arbeiter-Tagen, Zinnß-Getryde, Schutz-Geldern, Erb-Zinnßen, Michaelis-Zinnßen, Jagd-Geldern und Summarum von Allen Diensten ihre Untertahnen frey lassen, so soll das Unglück über sie ergehen und ihre Ritter-Güther verheeret (...) und aller Adel (...) soll zu Boden geschlagen und aus dem Lande gejagt werden (...).
2) Soll auch den Herrn Advocaten ihr gleicher Lohn seyn, welche eben solche Teufel und Mit-Gesellen der Edelleute seyn, und manchen armen Mann bis aufs Blut saugen (...).
6) Sollen keine Adelichen allein in Kollegien sitzen, sondern allezeit vom Lande verständige Männer ersehen, die den armen Landleuten ihr bestes helffen und des Landes-Hern Wohlstand befördern, die Recht und Gerechtigkeit lieben und des Wohlseyn des ganzen Landes befördern und suchen.
7) (...) Und wo nicht die Herrschafften von ihren Diensten gutwillig abtretten und abgehen, so soll eine schlechte Zeit syn (...). Es soll kein Adel in unserem Lande mehr seyn; wo nicht Sie die Dienste und Beschwerungen ihrer Unterthanen erlassen, und befryen, so soll kein Hauß kein Adeliches oder Ritter-Guth in unserer Stadt und Land werden gefunden, sondern alle verheert (...) werden, wo nicht sie die Unterthanen frey lassen; so lange sie die Unterthanen geplaget, gequälet, gemarttert, geschunden haben, so lange soll auch ihre Plage dauern."

(Anonyme Flugschrift, LHA Dresden, Alte Militärakten, vorläufige Nr. 4667)

■ **A1** Vergleiche mit den antifeudalen Maßnahmen in Frankreich und nimm Stellung zu diesen Forderungen.

Q3 „Mandat wider Tumult und Aufruhr" der königlich-sächsischen Regierung vom 18. 1. 1790:

„(...) 7. Niemand darf sich unterstehen, durch Fertigung, Vorlesung und Verbreitung von Schmähschriften, durch ungebührliche Reden und durch unbefugtes Tadeln öffentlicher Anstalten und obrigkeitlicher Verfügungen, besonders an öffentlichen Orten und in Wirts- und Schenkhäusern, unsere Unterthanen zur Unzufriedenheit und Ungehorsam zu veranlassen und den Geist der Unruhe zu verbreiten. Alle und jene, die sich dergleichen zuschulden bringen, und dessen überführt werden, sollen (...) mit Gefängnis, Festungsbau- oder Zuchthaus-Arbeit, auch nach Befinden, mit öffentlicher Ausstellung an den Pranger und mit körperlicher Züchtigung, verhältnismäßig, aber ernstlich und unausbleiblich bestrafet werden. (...)
12. Anstifter und Rädelsführer eines Tumults und Aufruhrs sind, wenn derselbe zum Ausbruch gekommen ist, (...) am Leben zu strafen."

(Voegt, H.: Die deutsche Jakobinerliteratur und Publizistik, S. 212 f.)

■ **A2** Schließe aus diesem Erlass auf die Situation im Lande.

4.3 Reformen in Preußen

Reform von oben statt Revolution von unten war die deutsche Antwort auf die Erfolge Frankreichs. Das galt besonders für Preußen. Zwischen 1795 und 1805 hatte sich Preußen aus den Kriegen mit Frankreich herausgehalten. Während des 4. Koalitionskrieges (1806/07) gab es seine neutrale Haltung auf. Doch die preußischen Truppen wurden bei Jena und Auerstedt (Oktober 1806) vernichtend geschlagen. Im Frieden von Tilsit (1807) verlor Preußen etwa die Hälfte des Gesamtgebietes und seiner Bevölkerung. Dadurch wurden die Reformbestrebungen verstärkt, die zum Teil schon vor 1806 vorhanden waren.

Q1 Gneisenau über die Französische Revolution, 1807:

„Die Revolution hat alle Kräfte geweckt und jeder Kraft einen ihr angemessenen Wirkungskreis gegeben. Warum griffen die Höfe [in Europa] nicht zu dem einfachen und sichern Mittel, dem Genie, wo es sich auch immer findet, eine Laufbahn zu öffnen, die Talente und die Tugenden aufzumuntern, von welchem Stande und Range sie auch sein mögen? Die neue Zeit braucht mehr als alte Namen, Titel und Pergamente, sie braucht frische Tat und Kraft (...)."

(Geschichtliche Quellenhefte, Bd. 6/7, S. 102)

■ **A3** Worin sieht Gneisenau eine Hauptursache für Frankreichs Erfolge?
■ **A4** Welche Konsequenzen lassen sich daraus für Preußen ableiten?
■ **A5** Vergleiche Gneisenaus Forderungen mit dem Bild von Napoleons Einzug in Berlin. Welche zentralen Begriffe in Gneisenaus Äußerungen lassen sich dem Bild zuordnen?

1807 machte der Fürst von Hardenberg in einer Denkschrift an den preußischen König die Notwendigkeiten von Reformen deutlich. „Demokratische Grundsätze in einer monarchischen Regierung", außerdem „möglichste Freiheit und Gleichheit" waren seine Grundforderungen. In Zusammenarbeit mit dem Ersten Minister vom Stein wurde ein Reformplan eingeleitet. Wichtige Gesetze, „Edikte" genannt, brachten die Reformen in Gang.

An erster Stelle stand die Bauernbefreiung. Im Oktoberedikt von 1807 erhielten die Bauern ihre persönliche Freiheit und durften ihren Beruf frei wählen. Der Adel verlor damit sein Vorrecht auf den Besitz von Grund und Boden. Allerdings wurden die Eigentumsverhältnisse nicht verändert, d.h., die Bauern mussten, wenn sie das von ihnen bearbeitete Land behalten wollten, hohe Ablösesummen an die Gutsherren bezahlen.

Die Städteordnung, die auf den Freiherrn vom Stein zurückging, brachte 1808 den Gemeinden Selbstverwaltung mit einem Wahlrecht für alle Bürger. Auf Druck Napoleons musste der preußische König Stein entlassen. Andere Männer führten die Reformen in Preußen fort, so Hardenberg, der 1810 mit der Gewerbefreiheit das Ende des Zunftwesens einleitete.

Die Reformen in Preußen führten 1812 auch zu einem Gleichstellungsgesetz für Juden: Sie sollten „gleiche bürgerliche Rechte und Freiheiten" wie die Christen genießen. Sie durften fortan ihren Wohnsitz frei wählen, Grundstücke kaufen, Gewerbe und Handel betreiben. Akademische Laufbahnen waren ihnen nun offen, auch zum Militärdienst wurden sie herangezogen. Nur Staatsämter blieben ihnen vorerst verwehrt.

Weitreichende Wirkungen hatte eine Bildungsreform, die Wilhelm von Humboldt einleitete. Die allgemeine Schulpflicht, die schon lange Geltung hatte, wurde durch bessere Lehrerausbildung und -besoldung durchgesetzt. An den Gymnasien führte er das Abitur ein, das zum Studium berechtigte. Voraussetzung war eine Bildung, die selbstverantwortlich handelnde Bürger erziehen sollte.

Die Niederlagen gegen Napoleon führten zu einer Heeresreform. Die Reformer Scharnhorst und Gneisenau schufen ein modernes Volksheer. Bürger sollten fortan Zugang zu den Offiziersstellen erhalten. Eine allgemeine Wehrpflicht war vorgesehen. Um Napoleon nicht zu beunruhigen, wurden die Soldaten nach einem Grundwehrdienst wieder entlassen, waren aber als Reservisten stets einsatzbereit. Aber es gab auch Widerstand. „Eine Nation bewaffnen", warnten Konservative, „heißt den Widerstand und Aufruhr organisieren und erleichtern."

■ **A1** *Warum werden die Stein-Hardenberg'schen Reformen häufig als „Revolution von oben" bezeichnet? Hältst du diese Kennzeichnung für zulässig?*

■ **A2** *Warum waren die Reformen in Preußen ein wichtiger Schritt für die Demokratisierung der Bürger in ganz Deutschland?*

Der Einzug Napoleons in Berlin, Gemälde von Meynier

ARCHIV

Die preußischen Reformen

Q1 Auszug aus dem „politischen Testament" des Ministers Reichsfreiherr vom und zum Stein:
„Es kam darauf an, die Disharmonie (= Uneinigkeit), die im Volke stattfindet, aufzuheben; den Kampf der Stände unter sich, der uns unglücklich machte, zu vernichten; gesetzlich die Möglichkeit aufzustellen, dass jeder im Volk seine Kräfte in moralischer Richtung entwickeln könne, und auf solche Weise das Volk zu nötigen, König und Vaterland dergestalt zu lieben, dass es Gut und Leben ihnen gern zum Opfer bringe."
(Scheel, H. [Hg.]: Reformministerium Stein, S. 1136)

■ **A1** Erläutere die Ziele der Reformen in Preußen. Durch welche Ereignisse und Zustände wurden die Maßnahmen notwendig?

Q2 Fürst von Hardenberg, der als Staatskanzler einige Reformen Steins fortführte, forderte 1807 in seiner „Rigaer Denkschrift":
„(...) Möge man sie (eine radikale Veränderung) doch nicht scheuen und mit starker Hand die nötigen Maßregeln (...) ergreifen! Hindernisse werden sich genug auftürmen (...). Man übertrage die Ausführung nicht großen zusammengesetzten Kommissionen, frage nicht viele Behörden. Selbst das Gutachten der Gesetzkommission dürfte dieses Mal nicht zu fordern sein. Wenige einsichtsvolle Männer müssen die Ausführung leiten. Einzelne Unzufriedene werden sich finden, aber sie werden von der Menge der Zufriedenen und Vernünftigen gewiss sehr leicht verdrängt werden, und vor dem Segen dieser Letzteren wird ihre Stimme bald verstummen."
(Lautemann, W./Schlenke, M. [Hg.]: Geschichte in Quellen, Bd. IV, S. 628)

■ **A2** Welches Vorgehen fordert Fürst von Hardenberg? Arbeite die Gründe dafür heraus.
■ **A3** Vergleiche seinen Weg mit der Umwälzung in der französischen Revolution.

Q3 Bericht der Minister von Schroetter und vom Stein zur Entwicklung der Städteverfassung, 1808:
„Nach E.K.M. (= Eurer Königlichen Majestät) Landesväterlicher Absicht soll die Verfassung so gebildet werden, dass durch solche die städtische Gemeine und ihre Vorsteher eine zweckmäßige Wirksamkeit erhalten und sie nicht nur von den Fesseln unnützer, schwerfälliger Formen befreit werden, sondern auch ihr Bürgersinn und Gemeingeist, der durch die Entfernung von aller Teilnahme an der Verwaltung der städtischen Angelegenheiten vernichtet worden, wieder neues Leben empfängt."
(Scheel, H. [Hg.]: Reichsministerium Stein, S. 987)

■ **A4** Arbeite Inhalt und Ziel der Städteordnung heraus. Diskutiert über Vor- und Nachteile politischer Mitbestimmung in Preußen.

Q4 Wilhelm von Humboldt zur rechtlichen Gleichstellung der Juden:
„Ich würde daher allein dafür stimmen, Juden und Christen vollkommen gleichzustellen. (...) Denn Menschen im Staate zu dulden, die sich gefallen lassen, dass man ihnen wenig genug traut, um ihnen, auch bei höherer Kultur, die sonst gemeinsten Bürgerrechte zu versagen, ist für die Moralität der ganzen Nation im höchsten Grade bedenklich."
(Zitiert nach Gebhardt, B.: von Humboldt als Staatsmann, S. 315 f.)

■ **A5** Denke über Gründe und Ziele der rechtlichen Gleichstellung der Juden nach und formuliere sie. Welche Rolle spielte religiöse Toleranz?

Q5 Reichsfreiherr von Altenstein über eine Bildungsreform, Riga 1807:
„Der Staat kann und muss, nötigenfalls mit Zwang, veranlassen, dass alle seine Bürger einen gewissen Grad von Erziehung und Unterricht erhalten. (...) Der Zwang wird nicht nötig sein, wenn der Staat gehörige Anstalten für den Unterricht und die Erziehung trifft. Auch der Zwang erscheint minder auffallend, wenn ein richtiger Plan bei der Art des Unterrichts zugrunde liegt und nicht sowohl auf die Beibringung positiver Kenntnis als die Veredelung des Menschen hingearbeitet wird. Bei dieser Veredelung werden von selbst schon zugleich mit bei richtiger Methode positive Kenntnisse verbreitet und der Trieb, sich solche zu verschaffen, allgemein gemacht."
(Lautemann, W./Schlenke, M. [Hg.]: Geschichte in Quellen, Bd. IV, S. 642)

■ **A6** Auf welche Weise sollen Unterricht und Erziehung verändert werden? Kennzeichne das Ziel der Bildungsreform.

Q6 Aus der Präambel des Gesetzes zur Einführung der Gewerbefreiheit vom 28. Oktober 1810:
„In dem Edikt (= Verordnung) über die Finanzverwaltung vom 27. v. M. (= vorigen Monats) haben wir unseren getreuen Untertanen die Notwendigkeit eröffnet (...) auf eine Vermehrung der Staatseinnahmen zu denken. Unter den Mitteln zu diesem Zweck hat uns die Einführung einer allgemeinen Gewerbesteuer (...) weniger lästig geschienen, besonders da wir damit (...) unseren Untertanen die ihnen beim Anfange der Reorganisation des Staats zugesicherte vollkommene Gewerbefreiheit gewähren und das Gesamtwohl (...) befördern können."
(Lautemann, W./Schlenke, M. [Hg.]: Geschichte in Quellen, Bd. 4, S. 653)

■ **A7** Welche Maßnahmen und Garantien begleiteten die Einführung der Gewerbefreiheit?

4.4 Kontinentalsperre und Widerstand gegen Napoleon

Das Bewusstsein, eine Nation zu sein, hatte Frankreich groß gemacht. Das Vordringen französischer Heere in Mitteleuropa war begünstigt durch die Zersplitterung dieser Gebiete. Der Gedanke, sich als Nation gegen die Eroberer zu wehren, war den Deutschen zu Beginn des 19. Jahrhunderts noch fremd. Trotzdem waren es dann Nationalbewegungen, die das Reich Napoleons zum Einsturz brachten.

■ **A1** Wie interpretiert diese französische Karikatur den Gleichgewichtsgedanken nach Austerlitz?

Bis 1807 hatte Napoleon große Teile Europas unterworfen. Vor allem die Niederlage österreichischer und russischer Truppen bei Austerlitz 1805 festigte seine Vorherrschaft. Nur England war als Gegner noch übrig geblieben. Die Hoffnung, England militärisch niederringen zu können, war nach der Vernichtung der französischen Flotte vor Trafalgar (1805) zunichte gemacht. Napoleon versuchte daher, ab 1806 die Engländer durch einen Handelskrieg zu schwächen. Europas Häfen sollten für englische Waren gesperrt werden. Fast alle Staaten Europas mussten sich zum Boykott englischer Waren verpflichten, so 1807 auch Russland.

Um Lücken in der Front gegen England zu schließen, besetzte Frankreich 1808 Portugal und Spanien. Hamburg wurde, obwohl unter französischer Kontrolle, zum Schmuggeltor für englische Schiffsladungen. Beschlagnahmte Ladungen wurden zwar öffentlich verbrannt, aber die Nachfrage nach englischem Tuch wuchs. Auf Kaffee wollte man auch nicht mehr verzichten. Das galt im Übrigen auch für Napoleon, der selbst leidenschaftlicher Kaffeetrinker war.

■ **A2** Schildere die Rolle Napoleons ab 1805 in Europa. Werte dazu die Karte aus.

■ **A3** Warum verhängt Napoleon eine „Kontinentalsperre" über Europa?

■ **A4** Werden solche Mittel wie die Kontinentalsperre auch heute noch in der Politik eingesetzt? Wie nennt man solche Maßnahmen heute?

Der Widerstand gegen die französische Fremdherrschaft wuchs. Auf harte Gegenwehr stieß Napoleons Bruder Joseph, der 1808 als spanischer König eingesetzt worden war. Die französischen Truppen trafen auf einen Gegner, der sich ebenfalls auf den Gedanken der Nation, auf Freiheit und Gleichheit berief. Nicht in offener Feldschlacht, sondern in einem Kleinkrieg (span. guerilla) leicht bewaffneter Truppen machten sie den Besatzern das Leben schwer. Die wichtigsten Städte konnten die Franzosen zwar kontrollieren, aber der ständige Partisanenkampf zerstörte den Glauben an ihre Unbesiegbarkeit. 1809 waren auch Tiroler Bauern kurzfristig gegen die Besatzer erfolgreich. Unter Führung des Gastwirtes Andreas Hofer wehrten sie sich, bis Hofer durch Verrat gefangen genommen und erschossen wurde.

Die europäische Waagschale nach der Schlacht von Austerlitz, Dezember 1805

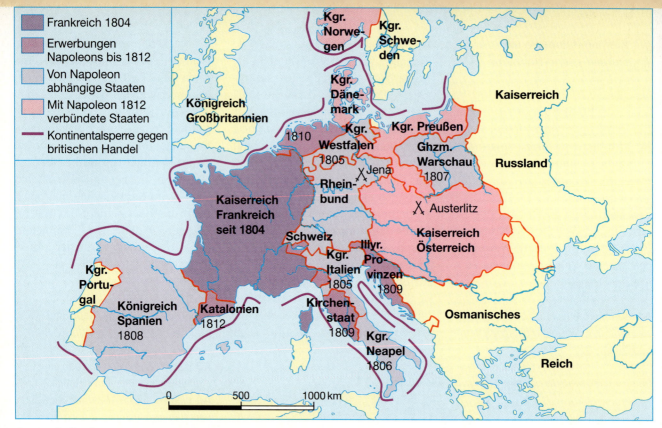

Europa unter Napoleon

Die Erschießung von spanischen Aufständischen. Gemälde von Francisco Goya 1814.

■ **A1** Was unterscheidet den Guerillakrieg in Spanien oder Tirol von den bisherigen Kriegserfahrungen der Franzosen?

■ **A2** Worauf kommt es dem spanischen Maler Goya bei seinem Gemälde über die Erschießung spanischer Aufständischer besonders an?

ARCHIV

Quellen zur Herrschaft Napoleons

Q1 Der Abgeordnete Jaubert, ehemals begeisterter Revolutionär, trägt in einer Rede am 2.5.1804 Napoleon die Kaiserkrone an:
„(...) Wie ergriffen waren wir, als am 10.11.1799 der Retter Frankreichs die denkwürdigen Worte vernehmen ließ: ‚Die Revolution ist an die Grundsätze gebunden, mit denen sie begonnen hat.' Was wollten wir 1789? Das Eingreifen unserer Vertreter bei der Festlegung der Steuern, die Abschaffung des Feudalsystems (...), die Beseitigung der Missbräuche, die Pflege aller liberalen Gedanken, die Garantie für den Wohlstand im Innern und für unsere Achtung im Ausland: Das sind die wahren Wünsche der Nation gewesen und alle Franzosen hatten gespürt, dass sich diese Wünsche nur mit einer Erbdynastie (...) verwirklichen ließen (...) (Napoleons Leistung) wird kommenden Jahrhunderten die tiefe Ergebenheit aller Franzosen für Napoleon Bonaparte erklären: (...) diesen so deutlich geäußerten Wunsch, dass er (...) seine Zustimmung geben möge, zum Kaiser ernannt zu werden, und dass er die exekutive Gewalt den Mitgliedern seiner Familie anvertraue (...)."
(Hartig: Die Franz. Revolution. S. 116 ff.)

A1 Wie wird das Erbkaisertum Napoleons begründet? Überprüfe die Argumentation.

Q2 Aus dem Code Civil:
„Art.1: Die Gesetze erhalten verbindliche Kraft im ganzen französischen Gebiet (...)
Art. 8: Jeder Franzose soll die bürgerlichen Rechte genießen (...).
Art. 544: Eigentum ist das Recht, eine Sache auf die unbeschränkteste Weise zu benutzen und zu verfügen, vorausgesetzt, dass man davon keinen durch die Gesetze (...) untersagten Gebrauch mache.
Art. 545: Niemand kann gezwungen werden, sein Eigentum abzutreten, ausgenommen zum öffentlichen Besten und gegen eine (...) Entschädigung.
Art. 546: Das Eigentum an einer (...) Sache gibt zugleich ein Recht auf alles, was sie hervorbringt (...). Dieses Recht wird Zuwachsrecht genannt."
(Code Napoleon, Würzburg 1813)

A2 Welche Bedeutung hatten diese Artikel für die einzelnen Bevölkerungsgruppen?

Q3 Aus Pressegesetzen Napoleons vom 17.1.1800 und 27.9.1803:
„Ab sofort sind alle Zeitungen zu verbieten, deren Artikel der Achtung vor der Verfassung, vor der Volkssouveränität und vor dem Ruhm der Armee widersprechen. Das Verbot richtet sich auch gegen Zeitungen, die Angriffe gegen Regierungen und Nationen veröffentlichen, die mit der Republik befreundet oder verbündet sind."
„Um die Pressefreiheit zu sichern, darf kein Buchhändler ein Werk verkaufen, bevor er es nicht einer Prüfungskommission vorgelegt hat. Dieselbe wird es zurückgeben, wenn sie keine Ursache für eine Zensur findet."
(Godechot, J.: Les Institutions, S. 752 f.)

A3 Vergleiche mit Q1 und Q2 und ziehe Schlussfolgerungen.

Q4 Aus der Rheinbundakte vom 12.7.1806:
„Die Staaten (des Rheinbundes) sollen für immer vom Gebiet des deutschen Kaiserreiches getrennt und unter sich in einem besonderen Bunde vereinigt werden (...).
Jedes deutsche Reichsgesetz ist in Bezug auf (...) die Staaten und Untertanen (des Rheinbundes) künftighin null und nichtig. Jeder der verbündeten Könige und Fürsten wird auf die Titel Verzicht leisten, die noch irgendeinen Zusammenhang mit dem deutschen Kaiserreich andeuten.(...) Die gemeinsamen Interessen der verbündeten Staaten wird man auf einem Bundestag verhandeln, der seinen Sitz in Frankfurt haben wird. (...) Seine Majestät der Kaiser der Franzosen wird zum Protektor ausgerufen werden. Zwischen dem Französischen Kaiserreich und den Rheinbundstaaten wird eine Allianz Platz greifen, vermöge deren jeder Festlandskrieg, den einer der Vertragsschließenden zu führen haben sollte, ohne weiteres auch zum Kriege der andern Vertragspartner werden soll."
(Geschichtliche Quellenhefte 6/7, S.97)

A4 Wer profitierte vom Rheinbund, und warum? Sprecht über die Folgen für Deutschland.

Q5 Napoleon in seinen Memoiren über seine Ziele in Europa:
„Eine meiner Lieblingsideen war die Zusammenschmelzung, die Vereinigung der Völker, die durch Revolution und Politik getrennt worden waren. Es gibt in Europa mehr als 30 Mio. Franzosen, 15 Mio. Spanier, ebenso viele Italiener und 30 Mio. Deutsche. Ich wollte sie alle in einem einzigen festen nationalen Körper vereinigen (...). War dies getan, dann konnte man sich dem jetzt nur erträumten Ideal einer höheren Gesittung hingeben; dann war kein Wechsel mehr zu befürchten, denn dann herrschte ein Gesetz, einerlei Meinung, eine Ansicht, ein Interesse, das Interesse der Menschheit. Dann hätte man vielleicht auch für Europa den Gedanken (...) eines nordamerikanischen Kongresses ausführen können. Und welche Aussichten eröffneten sich dann (...)."
(Geschichtliche Quellenhefte 6/7, S. 123)

A5 War Napoleon ein Vorkämpfer für ein geeintes Europa?

4.5 Der Russlandfeldzug Napoleons

Besonders hart litt Russland unter der Kontinentalsperre. 1811 löste sich Zar Alexander daher aus der Koalition mit Frankreich. Doch ohne Russland war die Kontinentalsperre sinnlos. Durch einen Angriff versuchte Napoleon daher im Juni 1812, den Zaren zur Einhaltung der Abmachungen zu zwingen. Über 600000 Soldaten mussten an diesem Feldzug teilnehmen. Die unterlegene russische Armee wich einem Entscheidungskampf aus. Sie zog sich zurück. Sie zerstörte aber Ortschaften, um die Versorgung der Feinde zu erschweren. Mitte September erreichte Napoleon mit nur noch 110000 Soldaten Moskau. In Moskau wollte Napoleon überwintern und dem Zaren die Friedensbestimmungen auferlegen. Auf Drängen russischer Berater und auch des Freiherrn vom Stein kapitulierte der Zar aber nicht. Er rief zum „Vaterländischen Krieg" auf, ließ Moskau anzünden und zermürbte den Gegner mit Partisanenüberfällen. Napoleons Rückzug in den Winter hinein wurde zur Katastrophe. Nur 5000 Männer der Hauptarmee erreichten Deutschland. Napoleon war vorher heimlich nach Paris geflüchtet.

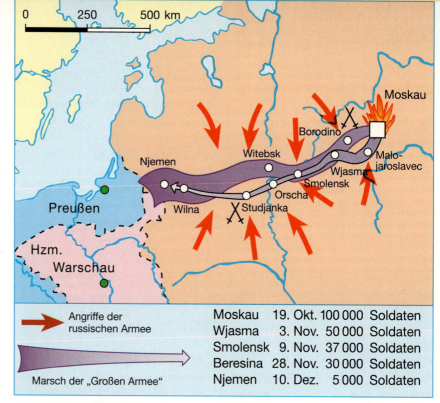

Der Russlandfeldzug Napoleons 1812

■ **A1** Die „Große Armee" marschierte ab 24. Juni 1812 von Njemen nach Moskau, wo sie am 15. September ankam. Berechne den Marschweg!

■ **A2** Nur 110000 Soldaten kamen in Moskau an. Nenne Gründe dafür.

■ **A3** Warum zwangen die Russen den Gegner, den Rückzug in den gleichen Regionen anzutreten, die sie auf dem Zug nach Moskau passiert hatten?

Zeitgenössisches Gemälde der Niederlage in Russland von J. A. Klein (1792–1872).

Q1 Ein Augenzeugenbericht über die Auflösung der Großen Armee:
„In rasender Gier wurde nach Nahrungsmitteln und Brennstoffen gesucht, selbst als die strengste Kälte nachgelassen hatte. (...) Wenige konnten noch eine vollständige Uniform ihr Eigen nennen. Am glücklichsten waren die Besitzer eines Pelzes. Riesige bärtige Gestalten hatten sich zum Schutze gegen die Kälte in irgendwo ergatterte Gewänder gehüllt. Säcke, Pferdedecken, Strohmatten, Tuchlappen, Frauenunterröcke, selbst Häute von frisch geschlachteten Tieren wurden nicht verschmäht. (...)"
(Krieger, H.: Handbuch des Geschichtsunterrichts, Bd. 4, S. 244 f.)

■ **A4** Erarbeite Ursachen, die zur Niederlage Napoleons in Russland beitrugen. Berücksichtige dabei Karte, Bild und Quelle.

GESCHICHTE KONTROVERS

Napoleon Bonaparte: Befreier – Eroberer – Despot

Q1 Napoleon urteilt 1816 über seine Herrschaft:

„Ich habe den Krater der Anarchie geschlossen und das Chaos entwirrt. Ich habe die Revolution von ihrem Schmutze gereinigt, die Völker ver-
5 edelt, die Könige befestigt. (...) Und weswegen könnte man mich angreifen, wo ein Geschichtsschreiber mich nicht zu verteidigen vermöchte? Etwa wegen meiner Absichten? Da weiß er
10 genug, um mich loszusprechen. Oder wegen meines Despotismus? Da wird er zeigen, dass die Diktatur notwendig war. Wird man sagen, ich hätte die Freiheit verhindert, so wird er be-
15 weisen, dass Zügellosigkeit, Anarchie und Unordnung noch vor der Tür standen. Wird man mich anklagen, ich hätte zu sehr den Krieg geliebt, so wird er darlegen, dass nur immer i c h
20 der Angegriffene war. Wird man mich beschuldigen, dass ich die Weltherrschaft für mich gewollt, so wird er sie als ein Werk der Umstände dartun und wie es meine Feinde selbst waren,
25 die mich Schritt für Schritt dahin gebracht. Oder endlich, soll mein Ehrgeiz der Schuldige sein? Nun, er wird davon ohne Zweifel viel in mir finden, aber (...) da wird der Historiker nur
30 bedauern müssen, dass ein solcher Ehrgeiz unerfüllt geblieben ist."

(Las Cases, Memorial, 1. Mai 1816, zitiert nach: Fournier, A.: Napoleon, Bd. 3, S. 390)

■ **A1** Welche Beurteilung erwartet Napoleon für sein Handeln?
■ **A2** Setze dich kritisch mit seiner Auffassung auseinander.

Q2 Der deutsche Schriftsteller Ernst Moritz Arndt über Napoleon:

„Eine enge, treulose (...) Seele bist du (...). Du bist die Nachgeburt einer Zeit, die zu klein scheint, Helden gebären zu können, und eine elende Nach-
5 geburt der Barbarei sind alle deine Einrichtungen und Taten, von welchen du vergebens hoffst, dass sie bestehen sollen. (...) So belohnst du die Schildträger deiner Macht, deine Feldher-
10 ren, elende Seelen, die einst nebst dir mit heiseren Kehlen Freiheit und Gleichheit schrieen, die nun freilich für nichts Würdigeres streiten als für Gold, Sterne und Ehrenlegion, und
15 Länder, die du mit ihnen raubst."

(Arndt, E. M.: Geist der Zeit, Bd. 2, S. 40 und 42 f.)

■ **A3** Vergleiche die Aussagen in Q1 und Q2. Erkläre die Unterschiede.

Q3 Martin Göhring, ein deutscher Historiker, schreibt 1959:

„Mit dem Kaisertum ist schon die Hybris (= Selbstüberhebung) da. (...) Der Rationalist (Napoleon) huldigte dem trügerischen Glauben, dass er
5 nur mit vollkommenen Verfassungen, liberalen Gesetzen unfehlbar die Völker für sich gewinnen könne; dass nicht Würde und Freiheit dem Menschen am teuersten seien, sondern
10 Gleichheit und Wohlstand. Aber selbst sie vermochte er nicht zu begründen; denn die fortdauernden Kriege mit ihren Lasten und Opfern zerstörten auch den besten Ansatz. Überhaupt:
15 Alle Schöpfungen Napoleons trugen zu sehr den Charakter der Improvisation. Es blieb ihm nie die Zeit, zu vollenden, und er nahm sie sich auch nicht. Dieses ganze Leben stand im Zeichen
20 der Hast und Unruhe. In wenige Jahre presste er zusammen, was das Werk von Jahrhunderten hätte sein können. So gewaltig ist sein Eingriff in die europäische Welt, dass niemand zu
25 sagen vermöchte, wie sie sich ohne ihn weiterentwickelt hätte. Erstmals hat auch die alte Vision eines zusammengefassten Europa Gestalt angenommen. Dass ihr das organische Ganze
30 fehlte, tut wenig zur Sache. Für den Europäismus bedeutet diese Epoche ein Kapitel. Und für Deutschland gilt das in besonderem Maße. Hier vollzog er den radikalsten Umbruch. Ohne
35 seine brutalen Eingriffe wäre eine nationalstaatliche Einigung nicht denkbar gewesen."

(Göhring, M.: Napoleon, S. 150 und 156 f.)

Q4 Roger Dufraisse, ein französischer Historiker, schreibt 1994:

„In seiner Persönlichkeit waren der Egoismus, der Hang zur Gewalttätigkeit, die Menschenverachtung und vor allem der Ehrgeiz sowie ein blindes
5 Selbstvertrauen übermäßig stark ausgeprägt und bewirkten, dass er sich zu äußerst unklugen Unternehmungen hinreißen ließ. (...) Der Kaiser hatte bereits begonnen, seine Umgebung
10 von allen aus der Revolution hervorgegangenen starken Persönlichkeiten zu säubern. (...) Die gewählten, das Volk repräsentierenden Körperschaften verloren ebenfalls ihre aus der
15 Revolution hervorgegangenen Mitglieder. (...) Die Sitzungen der gesetzgebenden Körperschaft wurden immer kürzer. Die Gesetzgebung durch den Kaiser erfolgte zunehmend in Form
20 von Dekreten und Senatsbeschlüssen. Die Justiz verlor ihre Unabhängigkeit und wurde gemäß den aristokratischen Tendenzen des Regimes reorganisiert. (...) Das Strafgesetzbuch (1810)
25 führte die barbarischen Strafen des Halseisens und des Brandmarkens wieder ein. (...) Eine Meinungsfreiheit gab es nicht mehr. (...) Letztlich blieb nichts übrig von den Grundfreiheiten,
30 wie sie die Revolution definiert hatte, abgesehen von der Glaubensfreiheit und der Gewerbefreiheit."

(Dufraisse, R.: Napoleon, S. 120 ff.)

■ **A4** Analysiere die Aussagen der beiden Historiker.
■ **A5** Vergleiche sie mit der Selbsteinschätzung Napoleons und dem Urteil von E. M. Arndt.
■ **A6** Gehe auf die unterschiedlichen Absichten der Verfasser ein.

4.6 Die Befreiungskriege

Zar Alexander I. war bereit, den Kampf bis zum endgültigen Sieg über Napoleon fortzusetzen. Die unterdrückten Staaten wie Preußen und Österreich zögerten anfangs noch. Der preußische General Yorck gab aber ohne Zustimmung des preußischen Königs den Russen den Weg nach Ostpreußen frei (Konvention von Tauroggen im Dezember 1812). Erst zwei Monate später schlossen Preußen und Russland ein Bündnis. Der preußische König rief nach langem Zögern sein Volk zum nationalen Widerstand auf. Seinem Aufruf folgten viele Freiwillige, die in einer Landwehr organisiert wurden. Alle hatten die Hoffnung auf einen freiheitlichen deutschen Nationalstaat. Aus allen Teilen Deutschlands kamen Freiwillige in so genannten „Freikorps" zusammen, um für die Befreiung ihres Vaterlandes zu kämpfen. Nationale Begeisterung spiegelt sich in den Texten der Dichter jener Zeit. Von Ernst Moritz Arndt stammen folgende Zeilen:

Q1 „Was ist des Deutschen Vaterland?
Ist's Preußenland? Ist's Schwabenland?
Ist's, wo am Rhein die Rebe blüht?
Ist's, wo am Belt die Möwe zieht?
5 O nein! O nein!
Sein Vaterland muss größer sein!
(...)
Das ganze Deutschland soll es sein!
O Gott! Vom Himmel sieh darein."
(Krieger, H.: Handbuch des Geschichtsunterrichts, Bd. 4, S. 249)

■ **A1** Welche Konflikte sind aufgrund der Vorstellungen Arndts nach Beendigung der Kämpfe zu erwarten?

Dieser Ruf nach dem vereinten Deutschland machte deutlich, dass die patriotischen Kämpfer nicht nur die Franzosen vertreiben, sondern auch einen neuen deutschen Nationalstaat errichten wollten.

„Der korsische Federball". Karikatur von Callot, 1814.

Die Entscheidung fiel im Oktober 1813 in der Völkerschlacht bei Leipzig. Fast 450 000 französische Soldaten wurden dort von rund 500 000 alliierten Truppen aus Russland, England, Schweden, Preußen und Österreich geschlagen. Die Sieger zogen im März 1814 in Paris ein. Napoleon musste als Kaiser abdanken und wurde auf die Insel Elba gebracht. Ludwig XVIII., ein Bruder des hingerichteten Ludwigs XVI., übernahm die Macht in Frankreich. Daran konnte auch die Rückkehr Napoleons für hundert Tage nichts mehr ändern. Napoleons Niederlage bei Waterloo 1815 brachte ihm die endgültige Verbannung nach St. Helena, wo er 1821 starb.

■ **A2** Betrachte die Karikatur oben aus dem Jahre 1814. Wie macht der englische Zeichner das Ende Napoleons deutlich? Vergleiche mit der französischen Karikatur nach der Schlacht von Austerlitz (S. 249).

■ **A3** Schreibe mithilfe der Karikatur unten einen Lebenslauf Napoleons. Ergänze dabei das Ende.

■ **A4** Stelle Ursachen seines Aufstiegs und seines Scheiterns zusammen.

■ **A5** In diesem Kapitel war immer wieder von Napoleon die Rede. Erscheint dir diese besondere Berücksichtigung einer Person gerechtfertigt?

Napoleons Aufstieg und Sturz. Deutsche Karikatur von 1814/15.

ARCHIV

Die Befreiungskriege

Q1 General v. York an König Friedrich Wilhelm III.:

„Ew. Königl. Majestät Monarchie (...) ist es jetzt vorbehalten, der Erlöser und Beschützer Ihres und aller deutschen Völker zu werden. Es liegt klar am Tage, dass die Hand der Vorsehung das große Werk leitet. Der Zeitpunkt muss aber schnell benutzt werden. Jetzt oder nie ist der Moment, Freiheit, Unabhängigkeit und Größe wieder zu erlangen, ohne zu große und zu blutige Opfer bringen zu müssen. In dem Ausspruch Ew. Majestät liegt das Schicksal der Welt. Die Negociations (= Verhandlungen), so Ew. Majestät Weisheit vielleicht schon angeknüpft haben, werden mehr Kraft erhalten, wenn Ew. Majestät einen kraftvollen und entscheidenden Schritt tun. Der Furchtsame will ein Beispiel und Österreich wird dem Wege folgen, den Ew. Majestät bahnen."
Die Stellungnahme des Königs zu Yorks Konvention mit den Russen:
„(...) Se. Maj. haben bei Erhalt dieser unerwarteten Nachricht den höchsten Unwillen empfunden und, Ihrem Bündnis mit Frankreich getreu, nicht allein die wegen obiger Kapitulation abgeschlossene Konvention nicht ratifiziert, sondern auch die sofortige Absetzung Yorks verfügt (...)."
(Die Befreiung 1813–1814–1815, S. 46 ff.)

■ **A1** Warum wurde die Tat Yorks als Heldentat gefeiert?

Q2 Der König soll handeln!

„Die Vernichtung des ungeheuren Heeres und die Flucht Bonapartes von Russland nach Paris wirkten sehr verschieden auf das Volk, Hardenberg (= erster Minister) und den König. Das Volk jubelte und harrte mit Ungeduld auf den Augenblick, wo ihm würde erlaubt sein, über die durchziehenden Franzosen herzufallen und sie alle totzuschlagen. Es erwartete jeden Augenblick, dass der König sich erklären würde. Hardenberg jubelte auch, glaubte aber, mit Napoleon sei es vorbei und man werde nun durch Demonstrationen und Traktate (= Forderungen) alles erhalten können, was man nur wolle. Der König entsetzte sich, denn er merkte, dass eine Zeit des Handelns kommen werde, und beschloss, seinen gewöhnlichen Gang zu gehen, nämlich: nicht zu tun und das Ende abzuwarten. (...) Es ist keinem Zweifel unterworfen, dass, wenn schon damals der König das Land aufrief, wie später, die Sache so gut wie beendigt gewesen wäre, denn alsdann wurden nebst einer größeren Zahl Unteroffiziere und Soldaten viele tausend französischer Generale und Offiziere erschlagen oder gefangen, die nun mit Extrapost, (...) zu Pferde und zu Fuß durch unser Land nach Frankreich reisten und dort die neue Armee wieder besetzten, die Napoleon formierte."
(von der Marwitz: Nachrichten aus meinem Leben, aus: Die Befreiung 1813–1814–1815, S. 132 ff.)

■ **A2** Warum zauderte der König?

Q3 König Friedrich Wilhelm III. am 17.3.1813 „An mein Volk":

„Durch die strengste Pflichterfüllung eingegangener Verbindlichkeiten hoffte Ich Meinem Volke Erleichterung zu bereiten und den französischen Kaiser endlich zu überzeugen, dass es sein eigener Vorteil sey, Preußen seine Unabhängigkeit zu lassen. Aber meine reinsten Absichten wurden durch Übermut und Treulosigkeit verurteilt und nur zu deutlich sahen wir, dass des Kaisers Verträge mehr noch wie seine Kriege uns langsam verderben mussten. Jetzt ist der Augenblick gekommen, wo alle Täuschung über unseren Zustand aufhört. (...) Große Opfer werden von allen Ständen gefordert werden; denn unser Beginnen ist groß, und nicht geringer die Zahl und die Mittel unserer Feinde. Ihr werdet jene lieber bringen für das Vaterland, für Euren angebornen König als für einen fremden Herrscher (...). Es ist der letzte entscheidende Kampf, den wir bestehen für unsere Existenz, unsere Unabhängigkeit, unseren Wohlstand; keinen anderen Ausweg gibt es als einen ehrenvollen Frieden oder einen ruhmvollen Untergang."
(Die Befreiung 1813–1814–1815, S. 140 f.)

■ **A3** Vergleiche mit Q1 mit Q2.

Q4 Der Dichter Ernst Moritz Arndt über den Landsturm:

„Der Landsturm besteht (...) aus allen waffenfähigen Männern ohne Unterschied des Alters oder Standes (die nicht in der regulären Armee dienen). Er ist bloß bestimmt, die Landschaft und den nächsten eigenen Herd zu beschützen, und wird nicht (...) in entfernte Grenzen geführt. Wo der Feind ein- und andringt, da sammeln sich die Männer, fallen auf ihn, umrennen ihn, schneiden ihn ab, überfallen seine Zufuhren und Rekruten, erschlagen seine Kuriere, Boten, Kundschafter und Späher, kurz tun ihm allen Schaden und Abbruch, den sie ihm möglicherweise tun können. Sie sind (...) weit furchtbarer als ordentliche Soldaten, weil sie allenthalben und nirgends sind, weil sie immer verschwinden und immer wieder kommen. Dieser Landsturm steht nun auf, wann der Feind da oder doch nahe ist; wann die Gefahr vorüber, so geht jeder, wie ihm gefällt, wieder in sein Haus (...). Er gebraucht alles, (...) wodurch man Bedränger ausrotten kann: Büchsen, Flinten, Speere, Keulen, Sensen usw.; auch sind ihm alle Kriegskünste, Listen und Hinterlisten erlaubt (...)."
(Die Befreiung 1813–1814–1815, S. 143 f.)

■ **A4** Wo ist dir diese Kampfesweise in der Geschichte schon begegnet?
■ **A5** Bewerte diese Kampftaktik.

KULTURSPIEGEL

Revolution und Kulturrevolution

Den politischen Umwälzungen durch die Französische Revolution entsprach ein gravierender Wandel im Bewusstsein der Beteiligten und damit insgesamt ein radikaler kultureller Umbruch. Manche Forscher meinen gar, dass die „Revolution in den Köpfen" die der politischen Institutionen noch übertraf. Das Bedürfnis, mit den Werten, den Traditionen und Umgangsformen, auch mit der Kunst des überkommenen Systems zu brechen, durchzog alle Lebensbereiche.

Den radikalen Bruch mit der vorrevolutionären Zeit sollte die Einführung eines Revolutionskalenders verdeutlichen: Mit Gründung der Republik begann das Jahr 1 am 22. September 1793. Der Monat wurde nach dem Dezimalsystem in drei Dekaden zu zehn Tagen geteilt. Zusatztage am Jahresende, „Sansculottentage" genannt, ergänzten zum astronomischen Kalender. Sie sollten Feiertage zu Ehren der Tugend, des Genies, der Arbeit usw. sein. Die zwölf Monate wurden nach den Jahreszeiten bzw. klimatischen Bedingungen umbenannt: z. B. Hitzemonat, Nebelmonat, Erntemonat usw.

Ihren revolutionären Eifer drückten viele Franzosen auch in der Namensgebung ihrer Kinder aus: Häufig wurde der Rufname durch patriotische Zusätze wie Egalité (Gleichheit) oder Republicaine ergänzt. Das Duzen und die Anrede Bürgerin bzw. Bürger setzten sich durch. Auch viele Straßen, Plätze und Gebäude erhielten neue Namen. So wurde die Place Louis XV. in Place de la Revolution umbenannt, um 1795 nach dem Sturz der Jakobinerherrschaft wiederum einen anderen Namen zu erhalten: Place de la Concorde (Platz der Eintracht).

A1 *Setze diese Umbenennungen mit dem politischen Verlauf der Revolution in Verbindung.*

Eine zentrale Stellung bei dem Versuch, die neue Gesellschaftsordnung im Bewusstsein der Menschen zu verankern und sich der gemeinsamen Ziele zu vergewissern, nahmen kunstvoll arrangierte Festlichkeiten ein, an denen riesige Volksmassen teilnahmen. Einen Höhepunkt dieser neuen Festkultur stellte das Fest des Höchsten Wesens dar. Es war ein vor allem von Robespierre gesteuerter Versuch, eine Art republikanische Ersatzreligion, einen Kult der Tugend und Vernunft, zu schaffen. Damit sollte nicht nur der traditionelle christliche Glaube ersetzt, sondern auch dem um sich greifenden Atheismus entgegengewirkt werden.

Q1 Der berühmte Revolutionsmaler Jacques-Louis David gestaltete auch große revolutionäre Feste. Sein Plan für das Fest des Höchsten Wesens ist überliefert:
„Kaum zeigt die Morgenröte den beginnenden Tag an, da erklingt schon eine kriegerische Musik (...) Sogleich sieht man Trikoloren draußen an den
5 Wänden flattern, die Eingänge werden mit Grünzeug geschmückt (...) Währenddessen erklingt der bronzene Klang. Sofort sind alle Häuser leer (...) Das Volk erfüllt die Straßen und öf-
10 fentlichen Plätze, die Freude und die Brüderlichkeit entflammen es. Die verschiedenen mit Blumen geschmückten Gruppen bilden ein lebendiges Parterre (...). Die Trommeln
15 schlagen, alles sieht wie neu aus. Inmitten des Volkes erscheinen seine Vertreter, sie werden von Kindern mit Veilchen umringt und von Heranwachsenden mit Myrtenzweigen (...).
20 Inmitten der nationalen Abgeordneten ziehen vier starke, mit Girlanden und Gebinden geschmückte Ochsen einen Wagen, auf dem eine Trophäe aus Handwerksinstrumenten und
25 Produkten der französischen Nation strahlt (...) Nachdem während des Umzugs die Freiheitsstatue mit Geschenken und Blumen überhäuft worden ist,

Das Fest des Höchsten Wesens am 8. Juni 1794. Zeitgenössische Darstellung.

kommt der Zug auf das Marsfeld (...).
30 Ein riesiger Berg wird zum Altar des Vaterlandes, auf seinem Gipfel steht der Freiheitsbaum. Die Abgeordneten eilen unter seine schützenden Zweige. Überall herrscht eine tiefe Stille, die
35 rührenden Akkorde einer harmonievollen Musik erklingen. Die Väter singen mit ihren Söhnen die erste Strophe und sie schwören, die Waffen erst niederzulegen, wenn sie die Feinde der
40 Republik vernichtet haben. Das ganze Volk wiederholt das Ende des Liedes, auch die Mütter mit ihren Töchtern. Diese schwören, niemals andere Männer als die zu heiraten, die dem Vater-
45 land gedient haben (...). Das ganze Volk singt eine dritte und letzte Strophe. Alle sind gerührt, alle drängen auf den Berg (...) Eine großartige Kanonensalve stachelt den Mut unserer Repu-
50 blikaner an (...) und kriegerischer Gesang antwortet (...) auf den Lärm der Kanonen. Alle Franzosen vereinen ihre Gefühle in einer brüderlichen Umarmung; sie haben nur noch eine
55 Stimme, deren einziger Ruf ‚Es lebe die Republik!' zur Gottheit aufsteigt."

(Jakoby, R./Baasner, F.: Paris 1789, S. 395 f.)

■ **A1** *Analysiere die einzelnen Elemente des Festes und beschreibe, welche Funktion sie hatten.*
■ **A2** *Vergleiche die Abbildung auf S. 256 mit Q1.*
■ **A3** *Diskutiert, ob es sich um eine religiöse Veranstaltung handelte.*

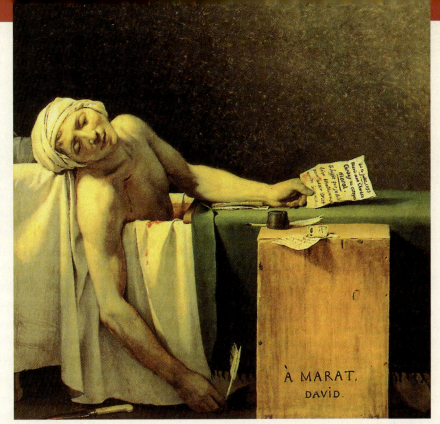

Der radikale Revolutionär und Publizist Jean-Paul Marat, erstochen durch Charlotte Corday. Wegen eines quälenden Hautleidens schrieb Marat häufig in einem Waschzuber sitzend. Hier empfing er auch seine Mörderin, eine adlige Anhängerin der Republik, die jedoch das radikale Jakobinertum ablehnte. In Händen hält Marat ein Schreiben mit dem Namen der Mörderin, die zuvor an ihn geschrieben hatte; auf der Holzkiste liegt ein Geldschein mit der schriftlichen Aufforderung, ihn einer kinderreichen Witwe zu überbringen. Gemälde von J.-L. David.

In der bildenden Kunst markiert eine neue Symbolsprache die Vermittlung der revolutionären Inhalte und Ziele. In den massenhaft verbreiteten Druckgrafiken finden sich neben Kokarde und Jakobinermütze häufig der Freiheitsbaum, das der antiken römischen Republik entlehnte Liktorenbündel, die Pike als Symbol der Wehrhaftigkeit und das gleichseitige Dreieck als Symbol der Gleichheit. In einer Gesellschaft mit noch hohem Anteil von Analphabeten hatten solche bildlichen Vermittlungsformen eine wichtige Funktion.

■ **A4** *Suche in diesem Kapitel nach Abbildungen revolutionärer Symbole. Wie werden sie eingesetzt?*

Aber auch die großen, oft im öffentlichen Auftrag erstellten Gemälde, insbesondere die des führenden „Revolutionsmalers" J.-L. David, bedienen sich einer neuen Bildsprache. Stand im Absolutismus ganz der Herrscher im Mittelpunkt staatlicher Auftragskunst, galt es nun, den Revolutionsstaat zu verbildlichen. Davids Gemälde „Der Ballhausschwur" (vgl. S. 223) zeigt das Neue: die Individualität der Handelnden bleibt sichtbar, obwohl die Masse in ihrer Ausrichtung auf den im Schwur herausragenden Präsidenten wie ein einziger Staatskörper wirkt.

■ **A5** *Vergleiche den „Ballhausschwur" mit Abbildungen aus dem Kapitel Absolutismus. Was fällt auf?*

Als bedeutendste künstlerische Leistung Davids gilt sein Bild „Der Tod des Marat". Dieses Gemälde verherrlicht den im Juli 1793 ermordeten Jakobiner und Publizisten als Märtyrer der Revolution. Der Aufbau des Bildes erinnert an ältere Heiligenbilder, Bilder der Grablegung Christi und den christlichen Märtyrerkult, deutet ihn aber inhaltlich radikal um. Die Tatsache, dass dieses Gemälde als Schmuck für die Präsidentenbühne des Nationalkonvents beauftragt wurde, belegt seine sinnstiftende und identitätsbildende Bedeutung für die revolutionäre Bewegung.

■ **A6** *Beschreibe das Bild und vergleiche mit anderen Bildern Davids in diesem Kapitel.*

GESCHICHTE IM ÜBERBLICK

   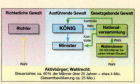

1648/49	1688/89	1775/76	1787	1789	1790	1791	1792
Parlament besiegt Karl I., lässt ihn hinrichten, ruft Republik aus.	„Glorreiche Revolution." „Bill of Rights" sichert Parlamentsrechte.	Amerikanischer Unabhängigkeitskrieg. 4. Juli 1776: Unabhängigkeitserklärung der USA.	Demokratische Verfassung der USA (Menschenrechte).	Beginn der Französischen Revolution. Nationalversammlung. 14. Juli 1789: Sturm auf die Bastille. 4./5. August 1789: Adelsprivilegien abgeschafft. 26. August 1789: Erklärung der Menschen- und Bürgerrechte. 5. Oktober 1789: Zug der Frauen nach Versailles.	Jakobiner werden wichtigste politische Kraft.	Juni 1791: Flucht des Königs scheitert. September: Verfassung tritt in Kraft.	Beginn der Revolutionskriege. September 1792: Morde an Revolutionsgegnern.

Sklaverei in den Südstaaten weitet sich aus.

Zusammenfassung

England:
- Religiöse und finanzielle Konflikte zwischen König und Parlament führen zum **Bürgerkrieg**. Der König wird besiegt und hingerichtet. England wird zur Republik erklärt.
- Unter **Cromwell** wird England Militärdiktatur, nach seinem Tod erneut Monarchie.
- Auf den Machtmissbrauch der Monarchen reagieren die Engländer 1688 mit der „**Glorreichen Revolution**". In der „**Bill of Rights**" 1689 sichert das Parlament seine Rechte.

Amerika:
- In Nordamerika lösen sich 1776 die 13 englischen Kolonien in einem Krieg vom Mutterland. Sie gründen 1777 die „**Vereinigten Staaten von Amerika**" (USA), die sich auf Kosten der indianischen Ureinwohner beständig nach Westen ausdehnen.
- Die **demokratische Verfassung** der USA (1787) wirkt in ihrer Orientierung an den **Menschenrechten** als Vorbild auch für Europa.
- Die **Sklavenfrage** und die unterschiedliche Wirtschaftsentwicklung in den Nord- und Südstaaten werden zum Problem der USA.

Die großen Revolutionen

1793 1794 1795 1799 1804 1806 1812 1815

Januar 1793: Hinrichtung Ludwigs XVI.

Oktober 93 – Juli 94: Schreckensherrschaft der Jakobiner.

Juli 1794: Sturz Robespierres.

Herrschaft des Direktoriums. Aufstieg Napoleons.

Napoleon stürzt das Direktorium.

Napoleon Kaiser der Franzosen.

Rheinbund. Ende des Deutschen Reiches. Niederlage Preußens führt zu inneren Reformen. Handelskrieg gegen England.

Napoleons Russlandfeldzug scheitert. Beginn der Befreiungskriege.

Endgültige Niederlage Napoleons.

Frankreich:
- Die Mehrheit der vom König wegen Finanzproblemen einberufenen Generalstände erklärt sich im Juni 1789 zur **Nationalversammlung**: Revolutionsbeginn.
- Die Mobilisierung der Pariser Volksmassen und der Landbevölkerung („Große Furcht") verstärken die revolutionäre Entwicklung: **Bastillesturm**, Emigration des Adels.
- Die Abschaffung der Vorrechte des Adels und die **Erklärung der Menschenrechte** (August 1789) markieren die Überwindung des Feudalismus.
- Die **Verfassung von 1791** macht Frankreich zur **konstitutionellen Monarchie** und bevorteilt das Besitzbürgertum. Trotz Beteiligung an der Revolution kein Wahlrecht für Frauen.
- Widerstand des Königs und sein Fluchtversuch 1791 führen zu seiner Hinrichtung 1793.
- Auf die Bedrohung durch Aufstände im Innern und die alten Feudalmächte von außen reagiert die Republik 1793/94 mit der Errichtung einer **Schreckensherrschaft der Jakobiner** unter **Robespierre** („Wohlfahrtsausschuss").
- Nach dem Sturz Robespierres herrscht 1795–99 das **Direktorium**, gestützt auf das wohlhabende Bürgertum.
- Die Abhängigkeit des bedrohten Staates vom Militär hat 1799 die Diktatur des Revolutionsgenerals **Napoleon** zur Folge (1802 Konsul auf Lebenszeit; Kaiserkrönung 1804).
- Napoleon beendet die Revolution, bewahrt zum Teil deren Errungenschaften (Code civil u. a.).
- **Napoleon unterwirft große Teile Europas**, scheitert aber 1812–1815 am Widerstand Englands, Russlands und dem erwachenden Nationalbewusstsein der unterworfenen Völker.
- In Deutschland bewirkt seine Herrschaft den endgültigen Zusammenbruch des Deutschen Reiches, **Reformen**, vor allem im besiegten **Preußen**, und die Entstehung eines **Nationalbewusstseins** in den **Freiheitskriegen**.

6 Die Zeit der liberalen und nationalen Bewegungen

Eine romantische Zeit?

Viele Deutsche sahen in der Zeit nach dem Ende der napoleonischen Kriege eine Epoche der Ruhe und Beschaulichkeit – die Biedermeierzeit. Besonders in Wohnkultur, Mode und Malerei spiegelten sich typische Merkmale wider. Die bürgerliche Familie bildete sich heraus, deren Privatleben streng vom öffentlichen Leben getrennt war – ganz anders als im Adel und in den Unterschichten. Die intakte Familie war das Ideal. Schaue in die bürgerliche Stadtwohnung. Dort könnte ein „romantisches" Bild von Carl Spitzweg vorhanden sein. Dieser Münchner Maler zeigte Menschen, die sich mit den Verhältnissen zufrieden gaben.

■ **A1** Betrachte die Abbildungen und versetze dich so in diese Zeit.
■ **A2** Die Bilder in der Mitte und unten stellen Familienleben im Biedermeier dar. Äußere dich dazu.

Links: „Der Abschied", Gemälde von Carl Spitzweg

„Der Sonntagsspaziergang", Gemälde von Carl Spitzweg, 1841

Aber war diese Epoche tatsächlich so beschaulich und „gemütlich"? Sie endete 1848 in einer ganzen Serie von Revolutionen. In fast allen Staaten Europas rebellierten Bürger gegen die Obrigkeit. Viele tausend Menschen wurden getötet, Zehntausende mussten aus ihrer Heimat fliehen.

Q1 Aus einem Bericht über den 18. März 1848 in Berlin:
„Ich befand mich im Gasthofe zum ‚Kronprinzen' in der Königsstraße zu Tische (...) Es wird auf 3 Uhr. Da ertönt wüstes Geschrei von der Kurfürstenbrücke herab. Haufen flüchten durch die Königsstraße. Bürger kommen, aufgeregt bis zur rasenden Wut, knirschend, bleich, atemlos. Sie rufen: ‚Man hat auf dem Schlossplatz soeben auf uns geschossen.' Wut und Rachegeschrei erhebt sich durch die (...) ganze Stadt. Als ob sich die Erde öffnete, brauste es durch die Stadt. Das Straßenpflaster wird aufgerissen, die Waffenläden werden geplündert, die Häuser sind erstürmt, Beile, Äxte werden herbeigeholt. 12 Barrikaden erheben sich im Nu in der Königsstraße. (...) Haus an Haus werden die Dächer abgedeckt. Oben am schwindelnden Rande stehen die Menschen, mit Ziegeln in der Hand die Soldaten erwartend."

(Krieger, H.: Handbuch des Geschichtsunterrichts, Bd. IV, S. 270)

Links: „Die gute alte Zeit", Bürgerwohnung aus dem Biedermeier, um 1835

Unten: Zeitgenössische Darstellung der Barrikadenkämpfe in Berlin am 18. März 1848

■ **A1** Worüber berichtet die Quelle?
■ **A2** Das Bild zeigt, was an den Barrikaden weiter passierte. Beschreibe die Vorgänge.
■ **A3** Vergleiche mit Spitzwegs Bildern. Welche Fragen stellen sich dir?

1 Der Wiener Kongress 1814/15

Wien, im Herbst 1814 – der wohl berühmtesten Einladung zu einem Kongress folgten etwa einhunderttausend Besucher aus ganz Europa: fürstliche Familien mit ihrer Dienerschaft, Minister, Diplomaten, Botschafter. Zum bunten Gewimmel gehörten ebenso Künstler, Spekulanten, Schauspieler, Tänzer, Gauner und Taschendiebe. Aber auch politisch Aktive, die eine neue Verfassung in der Tasche trugen, erhofften sich etwas von dem Kongress. Wien wurde fast ein Jahr lang zu einer farbenprächtigen, mit Leben erfüllten Stadt. Bei Nacht erhellten über eine Million Kerzen die Fenster und tausende Fackeln begleiteten die Kutschen der Adligen zu rauschenden Bällen und Festlichkeiten.

In der Wiener Hofburg erschienen alle Herrscher Europas, an ihrer Spitze die drei führenden Monarchen samt Gefolge: Kaiser Franz I. von Österreich, Zar Alexander I. von Russland und König Friedrich Wilhelm III. von Preußen. Sie kamen zu einem Kongress. Die Zeit der Kriege war zu Ende.

■ **A1** *Diskutiert darüber, ob berühmte Männer oder die Völker Geschichte machen.*

Unter Führung des österreichischen Außenministers und Staatskanzlers Fürst Metternich wurde über eine neue politische Ordnung in Europa beraten.

Die Erwartungen an den Kongress waren sehr unterschiedlich:

Q1 Freiherr vom Stein – ein preußischer Reformer:
„(...) Mein Wunsch ist, dass Deutschland groß und stark wird, um seine Selbstständigkeit, Unabhängigkeit und Nationalität wieder zu erlangen (...) Dieses ist das Interesse der Nation."
(Freiherr vom Stein: Ausgewählte politische Briefe und Denkschriften, S. 329)

Q2 Der erste Berater Metternichs schrieb über Preußen:
„Preußen brachte zum Kongress bloß den einen unbändigen Wunsch mit, seine Besitzungen auf Kosten jedermanns ohne Rücksicht auf Recht und Schicklichkeit auszudehnen."
(Mann, G.: Friedrich von Gentz, S. 270)

■ **A2** *Erläutere die Aussagen in Q1 und Q2. Worin bestanden die unterschiedlichen Einschätzungen?*
■ **A3** *Äußere deine Meinung zur Auffassung des Freiherrn vom Stein.*

Q3 Aus einem zeitgenössischen Flugblatt, gerichtet an den Wiener Kongress:
„Welcher wahre Deutsche kann kalt und schläfrig abwarten, was werden wird? Wer fühlt sich nicht durch den Gedanken begeistert, dass der Zeitpunkt da ist, wo der Deutsche an der Donau und am Rhein den an der Elbe und Weser als seinen Bruder umarmen (...) wird, der Zeitpunkt, wo die Herrscher der Völker auch bekennen, dass sie nicht um ihretwillen, sondern um ihrer Völker willen da sind (...)"
(Dyroff: Der Wiener Kongress, S. 111)

■ **A4** *Welche Hoffnungen hatte der Verfasser dieses Flugblattes?*
■ **A5** *Wer könnten die Verfasser sein?*
■ **A6** *Wie wird der Kongress in der Karikatur (unten) dargestellt?*

„Der tanzende Kongress", in der Mitte Kaiser Franz I., Zar Alexander I. und der preußische König. Rechts daneben der König von Sachsen, der seine Krone festhält. Ganz rechts die konstitutionelle Monarchie Frankreichs.

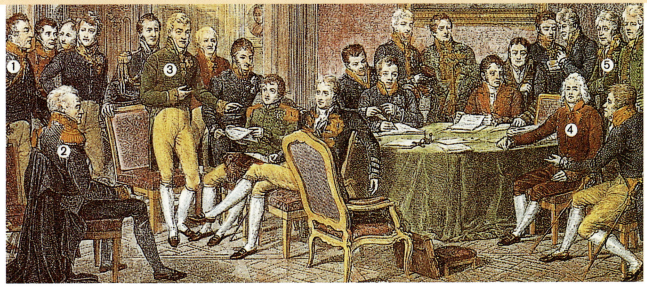

Sitzung der Bevollmächtigten während des Wiener Kongresses. Stich von Godefroy (1767–1855). ① Wellington, England; ② Hardenberg, Preußen; ③ Metternich, Österreich; ④ Talleyrand, Frankreich; ⑤ Wilhelm von Humboldt, Preußen

Fast ein Jahr verhandelten die Minister. Russland bekam den größten Teil des Herzogtums Warschau, Preußen die Nordhälfte Sachsens, das Rheinland, Westfalen und einige kleine Ländereien. Österreich verzichtete auf kleine Gebiete, blieb ein Vielvölkerstaat. Frankreich wurde wieder ein Königreich, in dem jedoch das reiche Bürgertum großen Einfluss behielt. Insgesamt stellte der Wiener Kongress das Gleichgewicht der europäischen Mächte wieder her. Die Monarchen von Russland, Österreich und Preußen verpflichteten sich, diese neue Ordnung von 1815 zu garantieren und die revolutionären Kräfte niederzuhalten. Sie schlossen die Heilige Allianz (= Bündnis). In der Geschichte nennt man einen solchen Prozess Restauration (= Wiederherstellung der alten Ordnung).

■ **A1** *Warum wollten die drei Monarchen eine Restauration der Zustände?*
■ **A2** *Was geschieht in der Karikatur unten? Gib ihr eine Überschrift.*
■ **A3** *Erkläre die Bedeutung der Waage in der Hand Metternichs.*

Zeitgenössische Karikatur zum Wiener Kongress 1815. In der Mitte Metternich mit einer Waage.

ARCHIV

Quellen zu Verlauf und Ergebnissen des Wiener Kongresses

Q1 Auf dem Wiener Kongress 1814/15 sollte über die politische Zukunft Deutschlands und Europas beraten werden. Ein Historiker beschreibt den Beginn des Kongresses:

„Es gehörte zu den Eigenarten des an Merkwürdigkeiten so reichen Wiener Kongresses, dass er offiziell nie eröffnet worden ist. Während der ersten Septemberwochen trafen, mit den anderen ungezählten Besuchern, die Chefunterhändler der Mächte ein, die mit Metternich Verfahrensfragen erörterten. Die Wiener bestaunten die pausenlos ihren Prunkkarossen entsteigenden Regenten und Staatsmänner, die aufgeputzten Damen und Herren (...) Aber erst die Ankunft des Zaren von Russland und des Königs von Preußen am 25. September, der beiden protokollarisch am höchsten platzierten Gäste, konnte als der eigentliche Beginn des Kongresses gelten. Kaiser Franz als Gastgeber ritt ihnen bis zur Taborbrücke entgegen, wo sie alle drei von den Pferden stiegen, einander bei den Händen nahmen und sich den Wienern als Standbilder monarchischer Dreieinigkeit präsentierten."

(Günzel, K.: Der Wiener Kongress, S. 56)

■ **A1** Wie wird der Beginn des Wiener Kongresses hier charakterisiert?

Q2 Wie auf dem Kongress verhandelt wurde, beschreibt ein anderer Historiker:

„Als Ganzes trat der Kongress nur einmal, bei der Unterzeichnung der Schlussakte, zusammen, es sei denn, er tanzte. Sonst pflegte man im Salon die hohe Kunst des diplomatischen Gesprächs unter vier oder mehr Augen, sie war offensichtlich nicht verkommen während der revolutionären Zeitläufte. Und nicht zu vergessen: Intrigen, Bestechungen, Indiskretionen gehörten ebenso zum täglichen Ritual (= Brauch) wie die glänzenden Gesellschaften."

(Möller, H.: Fürstenstaat oder Bürgernation, S. 648)

■ **A2** Vergleiche die Art der Verhandlungsführung mit politischen Kongressen der Gegenwart.

Q3 Während der Verhandlungen kam es zum Streit zwischen den Mächten um Gebietsansprüche. Die Ansicht der Wiener Bevölkerung dazu beschreibt ein Geheimagent:

„Die öffentliche Meinung ist, was den Kongress betrifft, auf diese Versammlung stets schlecht zu sprechen. Überall heißt es: Man ist uneinig, es handelt sich nicht um die Wiederherstellung von Ordnung und Recht, sondern um Gewalt, dass ein jeder so viel nimmt und man sich auf einen allgemeinen Krieg vorbereitet, der bald ausbrechen wird."

(Burg, P.: Der Wiener Kongress. S. 19)

Q4 Erst die Angst der Staatsmänner während der Herrschaft der 100 Tage Napoleons ließ sie wieder ernsthaft verhandeln. Das Ergebnis war die „Deutsche Bundesakte":

„Art. 1. Die souveränen Fürsten und freien Städte Deutschlands mit Einschluss ihrer Majestäten des Kaisers von Österreichs und der Könige von Preußen, von Dänemark und der Niederlande (...) vereinigen sich zu einem Bunde, welcher der deutsche Bund heißen soll.

Art. 2. Der Zweck desselben ist die Erhaltung der äußeren und inneren Sicherheit Deutschlands und der Unabhängigkeit der einzelnen deutschen Staaten.

Art. 3. Alle Bundesglieder haben als solche gleiche Rechte; sie verpflichten sich alle gleichmäßig, die Bundes-Akte unverbrüchlich zu halten.

Art. 5. Österreich hat bei der Bundesversammlung den Vorsitz (...)

Art. 9. Die Bundesversammlung hat ihren Sitz zu Frankfurt am Main, die Eröffnung derselben ist auf den 1. September 1815 festgesetzt."

(Deutsche Geschichte in Quellen und Darstellung, Band 7, S. 37 ff.)

■ **A3** Äußere dich zum Ziel des Deutschen Bundes.

■ **A4** Vergleiche die Festlegungen der Bundesakte mit den Hoffnungen der deutschen Patrioten während der Befreiungskriege.

Q5 Im September 1815 unterzeichneten Kaiser Franz von Österreich, König Friedrich Wilhelm von Preußen und Zar Alexander von Russland in Paris die Gründungsurkunde der Heiligen Allianz.

„Art. I. In Gemäßheit der Worte der Heiligen Schrift, welche allen Menschen befiehlt, sich als Brüder zu betrachten, werden die drei Monarchen vereinigt bleiben und durch die Bande einer wahren und unauflöslichen Brüderlichkeit sich als Landsleute ansehen und sich bei jeder Gelegenheit Hilfe und Beistand leisten; sie werden sich ihren Unterthanen und Armeen gegenüber als Familienväter betrachten und dieselben im Geiste der Brüderlichkeit lenken, um Religion, Frieden und Gerechtigkeit zu schützen.

Art. II (...) Die drei Mächte sehen sich nur an als die Bevollmächtigten der Vorsehung, um drei Zweige einer und derselben Familie zu regieren (...)."

(Deutsche Geschichte in Quellen und Darstellung, Band 7, S. 59)

■ **A5** Erkläre das Herrschaftsverständnis der Unterzeichner.

■ **A6** Aus diesem Herrschaftsverständnis ist auch ableitbar, was die Herrscher unter „Gerechtigkeit" verstehen.

■ **A7** Versuche nun, den Zweck der Heiligen Allianz zu bestimmen.

Die Hoffnungen der Völker auf Einheit und Frieden erfüllten sich nicht. Die Monarchen missachteten die nationalen Interessen der Völker, auch die des deutschen Volkes. Die Zersplitterung wurde nicht überwunden, obwohl dies ein Hauptwunsch der Kämpfer in den Freiheitskriegen gegen Napoleon war. Im Ergebnis des Kongresses entstand für die deutschen Königreiche und Fürstentümer der Deutsche Bund, ein loser Staatenbund. Den Vorsitz übernahm Österreich.

Zum Deutschen Bund gehörten die souveränen Fürstentümer und vier freie Reichsstädte. Es gab kein gewähltes Parlament, sondern einen Abgeordnetenkongress der deutschen Fürsten und freien Städte. Das war der Bundestag in Frankfurt am Main. Damit war auch der Traum von einer politischen Beteiligung des Volkes gescheitert. Preußen und Österreich stimmten sich vor allen wichtigen Entscheidungen im Bundestag ab. Als größte Staaten bauten sie ihre politische Macht aus.

■ **A1** *Erkläre, warum der deutsche Turnvater Friedrich Ludwig Jahn dieses Gebilde als „ein deutsches Bunt" bezeichnete.*

2 „Vormärz" – Die Zeit zwischen den Revolutionen

2.1 Aufbruchstimmung und Demagogenverfolgung

Die Zeit zwischen 1815 und 1848 – zwischen Wiener Kongress und den Märzereignissen 1848 in Deutschland – nennt man die Zeit des **Vormärz**. Die bürgerliche Gesellschaft entstand. Das Streben der Bürger nach Selbstständigkeit, Selbstverwaltung, nach öffentlichem Auftreten, nach Bildung von Vereinen und das sich entwickelnde Zusammengehörigkeitsgefühl waren typische Merkmale.

In einzelnen Fürstentümern regte sich Widerstand bei tief enttäuschten Bürgern. Sie wollten sich mit der Restauration der politischen Zustände und der rücksichtslosen Unterdrückung in den Staaten des Deutschen Bundes nicht abfinden. Zunächst entwickelte sich unter den Studenten eine Bewegung, die sich rasch ausbreitete. Die Jenaer Studenten organisierten eine Burschenschaft, einen alle Jenaer Studenten umfassenden Bund.

Die Fahne der Jenaer Burschenschaft

Die Burschenschaft lud zu einem Studententreffen auf die Wartburg bei Eisenach in Thüringen ein. Etwa 500 Teilnehmer feierten vom 17. bis 19. Oktober 1817 das Wartburgfest. In allen Festansprachen standen die Gedanken von Einheit und Freiheit im Vordergrund.

■ **A2** *Beschreibe die Abbildung auf der nächsten Seite. Was geschieht hier?*
■ **A3** *Was soll mit der Verbrennung reaktionärer Schriften und Herrschaftszeichen bewirkt werden?*
■ **A4** *Diskutiert über die Frage: Kann durch das Verbrennen von Büchern eine Gesellschaft verändert werden?*

Weitere Anstöße zur nationalstaatlichen Einigung gingen von den Volksfesten aus. Diese Sänger- und Turnfeste verstärkten das Gefühl des Zusammengehörens der Deutschen.

Eine Art Aufbruchstimmung spiegelte sich auch in der allmählichen Erkenntnis, dass die Deutschen eine gemeinsame Dichtung und Geschichte haben. Die deutsche Sprache wurde als Merkmal einer einheitlichen Nation von Bedeutung. Die Gebrüder Grimm gaben eine „Deutsche Grammatik" und eine Märchensammlung heraus. Zeitungen verbreiteten liberale Ideen. Im politischen Lied oder im satirischen Gedicht zeigte sich die Sehnsucht nach Einheit des Vaterlandes.

Der Deutsche Bund nach 1815

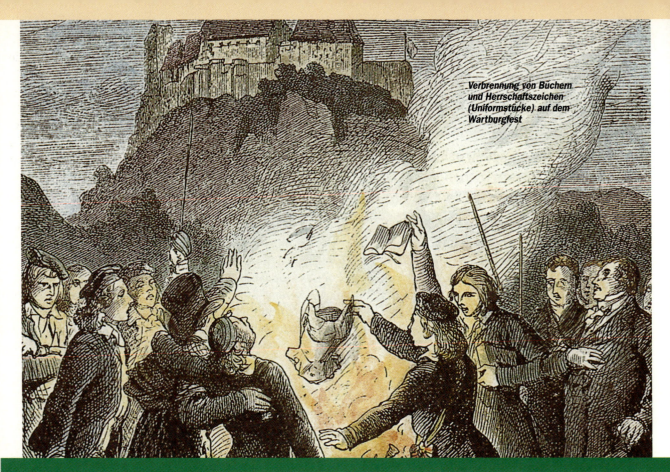

Verbrennung von Büchern und Herrschaftszeichen (Uniformstücke) auf dem Wartburgfest

GEWUSST WIE!

Politische Lieder als Geschichtsquelle

Q1 Der Politiker und Dichter Ernst Moritz Arndt stellte sich in einem politischen Lied die Frage: „Was ist des Teutschen Vaterland?"

1) Was ist des Teutschen Vaterland?
   Ist's Preußenland, ist's Schwabenland?
   Ist's wo am Rhein die Rebe blüht?
5 Ist's wo am Belt die Möwe zieht?
   O nein, nein, nein! Sein Vaterland muss größer sein!

3) Was ist des Teutschen Vaterland?
10 Ist's Pommerland? Westfalenland?
   Ist's wo der Sand der Dünen weht?
   Ist's wo die Donau brausend geht?
   O nein, nein, nein! Sein Vaterland muss größer sein!

15 10) Das ganze Teutschland soll es sein!
   O Gott vom Himmel sieh darein!
   Und gib uns rechten teutschen Mut,
   dass wir es lieben treu und gut.
20 Das soll es sein!
   Das ganze Teutschland soll es sein!

(Krieger, H.: Handbuch des Geschichtsunterrichts, Bd. IV, S. 249)

Politische Lieder waren im 19. Jahrhundert eine Möglichkeit, Einfluss auf die Gedanken der Zeitgenossen zu nehmen. Sie drückten starke gemeinsame Gefühle vieler Menschen aus und förderten ein Zusammengehörigkeitsgefühl. Text und Melodie, auf Flugblättern weitergegeben, konnten direkte Aktionen auslösen. Viele Dichter wie Georg Herwegh oder Ferdinand Freiligrath veröffentlichten ihre kühnen Gedanken zu Einheit, Freiheit und Vaterland in dieser Form. Politische Lieder sind daher eine wichtige Quelle unseres Geschichtswissens.

■ **A1** Wenn du ein politisches Lied als Geschichtsquelle erschließen willst, dann gehe so vor:

– Lies den Text aufmerksam und gib den Inhalt wieder.

– Auf welches Problem bzw. welchen Sachverhalt will das Lied den Leser aufmerksam machen?

– Wird auf das im Text angesprochene Problem eine Antwort gegeben?

– Warum wurde diese Form der Darstellung gewählt?

– Formuliere eine zusammenfassende Aussage und bilde dir eine Meinung zum Inhalt des Liedes.

Heftig reagierten die Herrschenden, als am 23. März 1819 der Schriftsteller August von Kotzebue von dem Jenaer Theologiestudenten und Burschenschafter Karl Ludwig Sand ermordet wurde. Kotzebue war für Sand ein „Verräter am Vaterland". Sand glaubte, durch seine Tat der Freiheit große Dienste zu leisten. Er wurde am 20. Mai 1820 enthauptet.

Zeitgenössische Karikatur auf die Tat Karl Ludwig Sands

■ **A1** *Sprecht darüber, ob durch Mord politische Probleme gelöst werden können.*

Nach dem Mord erließen Metternich und die Minister des Deutschen Bundes 1819 die Karlsbader Beschlüsse.

- Verbot der Burschenschaften
- Überwachung der Universitäten
- Zensur aller Zeitungen und Zeitschriften und weiterer Druckerzeugnisse
- Unterdrückung nationaler und liberaler Kräfte

■ **A2** *Wie sieht der Karikaturist die Tat Sands?*

Eine zentrale Untersuchungskommission erteilte die Aufgabe, die „revolutionären Umtriebe und demagogischen Verbindungen" zu untersuchen (Demagoge bedeutet Volksführer, im 19. Jahrhundert ein Volksverführer, ein Hetzer).

Besonders in Preußen setzte die Demagogenverfolgung ein. Sie richtete sich vor allem gegen Journalisten, Schriftsteller und Studenten, gegen Bürger, die bei öffentlichen Anlässen freiheitliche und nationale Ideen äußerten. Aus ihren Ämtern vertrieben wurden bekannte Vertreter der Befreiungsbewegung wie zum Beispiel der Dichter Ernst Moritz Arndt und der Gründer der Turnbewegung Ludwig Jahn. In Preußen wurde das Turnen verboten.

Die Unterdrückung der Pressefreiheit rief breite Proteste hervor.

■ **A3** *Was bedeutet „Zensur"? Die Karikatur unten gibt die Antwort.*
■ **A4** *Beschreibe die Personen und ihre Handlungen.*
■ **A5** *Was will die Karikatur dem Betrachter vermitteln?*
■ **A6** *Äußere dich zusammenhängend: Warum heißt es im Thema dieses Abschnitts „Aufbruchstimmung"?*

„Der Denkerclub", Karikatur auf die Karlsbader Beschlüsse

ARCHIV

Quellen zu den Anfängen der modernen Nationalbewegung

Q1 Am 12. Juni 1815 bewegte sich ein feierlicher Zug von Studenten der Universität Jena durch die Innenstadt. Er zog zu dem Gasthof „Zur Tanne". Nach gemeinsamem Gesang und der Verkündung des Zwecks einer neuen studentischen Vereinigung wurde deren Verfassungsentwurf verlesen, über den demokratisch abgestimmt wurde. So entstand die Verfassungsurkunde der Jenaer Burschenschaft.

„Lange Zeit wurden durch die Studierenden auf deutschen Universitäten und durch deren Verbindungen die Eigenthümlichkeiten der einzelnen deutschen Stämme und die Liebe zu den einzelnen deutschen Ländern bewahrt, aber eben dadurch gewöhnte man sich nach und nach daran, das gemeinsame Vaterland aus den Augen zu verlieren und sich selbst nur als einen Theil eines bestimmten Volksstammes zu denken (...). Daher soll und darf auf deutschen Universitäten nur eine Einheit bestehen, alle Studierenden müssen zu einer Verbindung gehören, alle müssen Mitglieder einer Burschenschaft werden. (...) Erhoben von dem Gedanken an ein gemeinsames Vaterland, durchdrungen von der heiligen Pflicht, die jedem Deutschen obliegt, auf Belebung deutscher Art und deutschen Sinnes hinzuwirken, hierdurch deutsche Kraft und Zucht zu erwecken, mithin die vorige Ehre und Herrlichkeit unsers Volkes wieder fest zu gründen, und so es für immer gegen die schrecklichsten aller Gefahren, gegen fremde Unterjochung und Despotenzwang zu schützen, ist ein Theil der Studierenden in Jena (...) zusammengetreten, und hat sich beredet, eine Verbindung unter dem Namen einer Burschenschaft zu gründen (...)."

(Deutsche Geschichte in Quellen und Darstellung, Band 7, S. 64 f.)

A1 Stelle das Neue der Jenenser studentischen Vereinigung heraus.

A2 Viele der beteiligten Jenenser Studenten hatten als Freiwillige am Kampf gegen Napoleon teilgenommen. Stelle einen Zusammenhang zu den Zielen der Burschenschaft her.

Q2 Auf Anregung des „Turnvaters" Jahn lud die Jenaer Burschenschaft 1817 zu einer Kundgebung auf der Wartburg ein. Hauptredner war der Jenaer Student Riemann:

„(...) Vier lange Jahre sind seit jener Schlacht (bei Leipzig) verflossen: Das deutsche Volk hatte schöne Hoffnungen gefasst, sie sind alle vereitelt; alles ist anders gekommen, als wir erwartet haben; viel Großes und Herrliches, was geschehen konnte und musste, ist unterblieben; mit manchem heiligen und edlen Gefühl ist Spott und Hohn getrieben worden. Von allen Fürsten Deutschlands hat nur einer sein gegebenes Wort gelöst, der, in dessen freiem Lande wir das Schlachtfest begehen. Über solchen Ausgang sind viele wackre Männer kleinmütig geworden, meinen, es sei eben nichts mit der viel gepriesenen Herrlichkeit des deutschen Volkes, ziehn sich zurück vom öffentlichen Leben, das uns so schön zu erblühen versprach, und suchen in stiller Beschäftigung mit der Wissenschaft Entschädigung dafür. Andre sogar ziehn vor, in ferneren Weltteilen, wo neues Leben sich regt, ein neues Vaterland zu suchen. – Nun frage ich euch, die ihr hier versammelt seid in der Blüte eurer Jugend, mit allen den Hochgefühlen, welche die frische junge Lebenskraft gibt, euch, die ihr dereinst des Volkes Lehrer und Richter sein werdet, auf die das Vaterland seine Hoffnung setzt, euch, die ihr zum Teil schon mit den Waffen in der Hand, alle aber im Geist und mit dem Willen für des Vaterlandes Heil gekämpft habt; euch frage ich, ob ihr solcher Gesinnung beistimmt? Nein! Nun und nimmermehr! In den Zeiten der Not haben wir Gottes Willen erkannt und sind ihm gefolgt. An dem, was wir erkannt haben, wollen wir aber auch nun halten, solange ein Tropfen Bluts in unsern Adern rinnt; der Geist, der uns hier zusammengeführt, der Geist der Wahrheit und Gerechtigkeit, soll uns leiten durch unser ganzes Leben, dass wir alle Brüder und alle Söhne eines und desselben Vaterlandes, eine eherne Mauer bilden gegen jegliche äußere und innere Feinde dieses Vaterlandes, dass uns in offener Schlacht der brüllende Tod nicht schrecken soll, den heißesten Kampf zu bestehen, wenn der Eroberer droht; dass uns nicht blenden soll der Glanz des Herrscherthrones, zu reden das starke freie Wort, wenn es Wahrheit und Recht gilt, dass nimmer in uns erlösche das Streben nach Erkenntnis der Wahrheit, das Streben nach jeglicher menschlichen und vaterländischen Tugend. (...)"

(Deutsche Geschichte in Quellen und Darstellung, Band 7, S. 67 f.)

A3 Fasse die Bilanz Riemanns über die Zeit von 1813 bis 1817 zusammen.

A4 Stelle die Ziele des Studententreffens auf der Wartburg zusammen.

Q3 Der Universitätslehrer Ludwig Oken war Augenzeuge des Wartburgfestes. Er berichtet, wie das Treffen seinen Fortgang nahm:

„(...) Von diesem und jenem wurde noch ein das andere Ermunternde gesprochen; dann ging man in den Burghof, bis die Tafeln gedeckt wären. Da bildeten sich hier Gruppen, da Haufen, die gingen, jene standen. Was soeben in einem kirchlichen Akt vorgetragen, wiederholte sich nun im freundlichen, geselligen Kreise. (...) Darauf wurde zum Essen geblasen. Es war ein fröhliches. Der Wein stärkte das Gefühl und den guten Vorsatz, der aus jedem Gesicht leuchtete. (...) Nach Tische, es mochte 3 Uhr sein, ging der Zug den Berg herunter und mit dem Landsturm freundschaftlichen und gleichen Ranges in die Stadtkirche, wo die Predigt allgemeine

Wirkung hervorbrachte. Darauf wurden Turnübungen auf dem Markte angestellt – und darauf wurde es dunkel. – So ist jede Minute in löblicher Tätigkeit zugebracht worden.

Nach 7 Uhr zogen die Studenten, jeder mit einer Fackel, also deren etwa 600 auf den Berg zu den Siegesfeuern (...), wo der Landsturm schon versammelt war. Oben wurden Lieder gesungen und wieder eine Rede von einem Studenten gehalten, die wir nicht gehört, die aber allgemein als besonders kräftig gerühmt worden ist. Darauf wurde Feuergericht gehalten über folgende Stücke, die zuerst an einer Mistgabel hoch in die Höhe gehalten dem versammelten Volk gezeigt und dann unter Verwünschungen in die Flammen geworfen wurden. Es waren aber die Abgebrannten dieses: ein hessischer Zopf (Militärzopf), ein Ulanenschnürleib, ein österreichischer Korporalstock, (...) Hallers ‚Restauration der Staatswissenschaft', (...) Kotzebues ‚Geschichte des deutschen Reiches' (...) der ‚Code Napoléon'. (...) Nach 12 Uhr begab man sich zur Ruhe."

(Pleticha, H.: Deutsche Geschichte, Band 9, S. 36 f.)

■ **A1** Beschreibe die Stimmung der Festteilnehmer und versuche eine Erklärung dafür.

■ **A2** Wie erklärst du dir, dass außer den als reaktionär angesehenen Gegenständen und Büchern auch die bedeutsame Gesetzessammlung „Code Napoléon" den Flammen übergeben wurde?

■ **Q4** Die Burschenschaften waren den Herrschern mehr und mehr ein Dorn im Auge. Die Ermordung des russischen Staatsrates Kotzebue in Mannheim durch einen Burschenschaftler bot Metternich einen Anlass, gegen alle vorzugehen, die nach Veränderungen riefen. Am 20. September 1819 wurde dazu das „Bundes-Universitätsgesetz" erlassen:

„§ 1 Es soll bei jeder Universität ein mit zweckmäßigen Instructionen und ausgedehnten Befugnissen versehener, am Orte der Universität (...) angestellt werden. Das Amt dieses Bevollmächtigten soll sein, über die strengste Vollziehung der bestehenden Gesetze und Disciplinar-Vorschriften zu wachen, den Geist, in welchem die akademischen Lehrer bei ihren öffentlichen und Privat-Vorträgen verfahren, sorgfältig zu beobachten, und demselben, jedoch ohne unmittelbare Einmischung in das Wissenschaftliche und die Lehrmethoden eine heilsame, auf die künftige Bestimmung der studierenden Jugend berechnete Richtung zu geben, endlich Allem, was zur Beförderung der Sittlichkeit, der guten Ordnung und des äußern Anstandes unter den Studierenden dienen kann, seine unausgesetzte Aufmerksamkeit zu widmen. (...)

§ 2 Die Bundesregierungen verpflichten sich gegeneinander, Universitäts- und andere öffentliche Lehrer, die durch erweisliche Abweichung von ihrer Pflicht oder Ueberschreitung der Grenzen ihres Berufes, durch Missbrauch ihres rechtmäßigen Einflusses auf die Gemüther der Jugend, durch Verbreitung verderblicher, der öffentlichen Ordnung und Ruhe feindseliger oder die Grundlagen der bestehenden Staatseinrichtungen untergrabender Lehren, ihre Unfähigkeit zu Verwaltung des ihnen anvertrauten wichtigen Amtes unverkennbar an den Tag gelegt zu haben, von den Universitäten und sonstigen Lehranstalten zu entfernen, ohne dass ihnen hierbei, solange der gegenwärtige Beschluss in Wirksamkeit bleibt (...) irgendein Hinderniß im Wege stehen könne. (...) Ein auf solche Weise ausgeschlossener Lehrer darf in keinem andern Bundesstaate bei irgendeinem öffentlichen Lehr-Institute wieder angestellt werden.

§ 3 Die seit langer Zeit bestehenden Gesetze gegen geheime oder nicht autorisirte Verbindungen auf den Universitäten sollen in ihrer ganzen Kraft und Strenge aufrechterhalten, und insbesondere auf den seit einigen Jahren gestifteten, unter dem Namen der allgemeinen Burschenschaft bekannten Verein umso bestimmter ausgedehnt werden, als diesem Verein die schlechterdings unzulässige Voraussetzung einer fortdauernden Gemeinschaft und Correspondenz zwischen den verschiedenen Universitäten zum Grunde liegt. Den Regierungs-Bevollmächtigten soll in Ansehung dieses Punctes eine vorzügliche Wachsamkeit zur Pflicht gemacht werden.

Die Regierungen vereinigen sich darüber, dass Individuen, die nach Bekanntmachung des gegenwärtigen Beschlusses einweislich in geheimen oder nicht autorisirten Verbindungen geblieben oder in solche getreten sind, bei keinem öffentlichen Amte zugelassen werden sollen.

§ 4 Kein Studirender, der durch einen von dem Regierungs-Bevollmächtigten bestätigten oder auf dessen Antrag erfolgten Beschluss eines akademischen Senats von einer Universität verwiesen worden ist, oder der, um einem solchen Beschlusse zu entgehen, sich von der Universität entfernt hat, soll auf einer andern Universität zugelassen, auch überhaupt kein Studirender ohne ein befriedigendes Zeugniß seines Wohlverhaltens auf der von ihm verlassenen Universität von irgendeiner andern Universität aufgenommen werden."

(http://www.documentArchiv.de/nzjh/bduniges.html, Stand: 13.03.2003)

■ **A3** Stelle die wichtigsten Anordnungen des Gesetzes zusammen.

■ **A4** Erläutere die Absicht, mit der das „Bundes-Universitätsgesetz" erlassen wurde.

■ **A5** Diskutiert über die Aussichten, auf diese Art und Weise das Streben der Burschenschaften auf Dauer zu unterdrücken.

2.2 In Europa erwachen die politischen Kräfte

Der Bilderbogen (unten) zu den Ereignissen um 1830 ist ein Zeitdokument aus Nürnberg. Er zeigt Ereignisse, die den Vormärz charakterisieren.

■ **A1** *Versuche, die Bilder zu deuten.*
■ **A2** *Welchen Eindruck vermitteln sie dir vom Jahre 1830?*

In Frankreich war das Maß voll. Die Errungenschaften der großen Revolution waren abgebaut worden. Der französische König Karl X. ordnete im gleichen Jahr eine Pressezensur an und schränkte die Zahl der Wahlberechtigten ein.

Q1 Die Karlsruher Zeitung vom 3. August 1830 berichtete:
„*Die Unruhestifter drängten sich auf den Boulevards (...) und vor dem Ministerium (...). Bald jedoch bildeten sich Zusammenrottungen, und der*
5 *Tumult stieg aufs Höchste. Nur die niedrigste Klasse des Volkes war übrigens bei der Verübung der vorgefallenen Exzesse beteiligt. An jenem Tage begann der Lärm aufs Neue; das Zer-*
10 *brechen der Laternen, die Angriffe auf Boutiquen (...). Gegen Mittag war die Ruhe in etwa hergestellt. Nur haben leider viele Personen das Leben verloren (...). Die Truppen zeigten sich*
15 *voll Entschlossenheit und Treue für den König. Unter dem Volk war (...) die Aufreizung aufs Höchste gesteigert (...). Die Volkshaufen machten an verschiedenen Straßenausgängen Ver-*
20 *rammlungen mit ausgespannten Fiakern (Kutschen) und (Pferde-)Omnibussen. Alle Boutiquen der Waffenschmiede und Waffenhändler wurden*

Bilderbogen zu den revolutionären Ereignissen des Jahres 1830

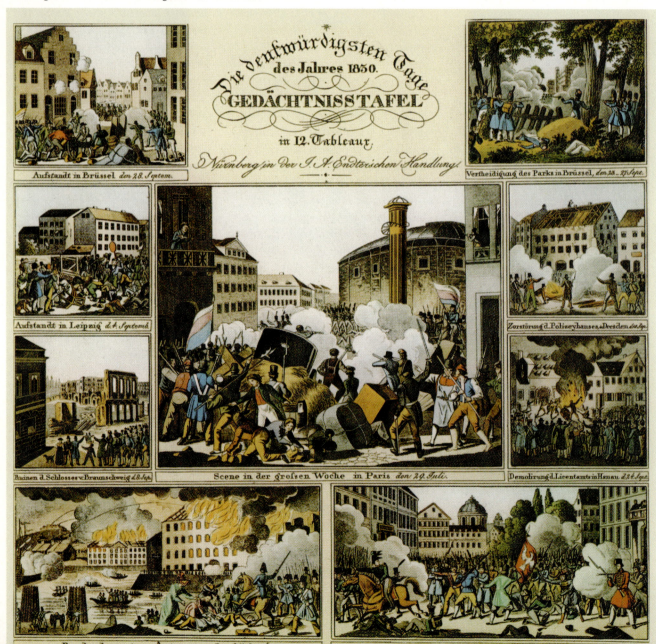

erbrochen (...). Auf mehreren Punkten bot das Gefecht mit Flintenschüssen ein entsetzliches Schauspiel. Die Straßen waren mit Toten und Verwundeten besät."

(Karlsruher Zeitung, 3. August 1830, bearbeitet)

■ **A1** Betrachte zum Bericht die Ereignisse in Paris auf der Gedächtnistafel und schildere deine Eindrücke.
■ **A2** Auf wessen Seite steht der Berichterstatter? Begründe deine Behauptung.

Als die Truppen sich schließlich mit den Aufständischen verbrüderten, war die Revolution beendet. Karl X. gab auf.

Im Ergebnis der Julirevolution in Frankreich übernahm die gewählte Abgeordnetenkammer die Staatsgewalt. Sie erklärte den König für abgesetzt. Der Herzog von Orléans wurde zum „König der Franzosen" berufen und auf die Verfassung vereidigt. Die Pariser Juliereignisse wurden Ausgangspunkt für weitere revolutionäre Bewegungen in Europa.

Die französische Julirevolution machte auch vor deutschen Grenzen nicht Halt.

2.3 Für die Zukunft Deutschlands

In den Ländern des Deutschen Bundes gab es noch keine Parteien, aber geistige Wegbereiter für Freiheit und Nationalstaat. So kritisierten die „Radikalen" die gesellschaftlichen Zustände und forderten soziale Gerechtigkeit. Zu dieser Gruppe gehörten die bekannten Journalisten Georg Büchner und Jakob Siebenpfeiffer und die Dichter Heinrich Heine und Georg Herwegh.

Q1 Heinrich Heine in „Deutschland. Ein Wintermärchen":
„Ein neues Lied, ein besseres Lied,
O Freunde, will ich euch dichten!
Wir wollen hier auf Erden schon
Das Himmelreich errichten.
5 Wir wollen auf Erden schon glücklich sein,
Und wollen nicht mehr darben;
Verschlemmen soll nicht der faule Bauch,
10 Was fleißige Hände erwarben."

(Heine, H.: Ein Lesebuch, S. 165)

■ **A3** Was meint Heine mit einem „Himmelreich auf Erden"?
■ **A4** Welche Wunschvorstellung hat der Dichter?

Q2 Georg Büchner schrieb am 5. April 1833 an seine Familie:
„Meine Meinung ist die: Wenn in unserer Zeit etwas helfen soll, so ist es die Gewalt. Wir wissen, was wir von den Fürsten zu halten haben. Wir be-5 finden uns in einem ewigen Gewaltzustand. Weil wir im Kerker geboren und großgezogen sind, merken wir nicht mehr, dass wir im Loch stecken mit angeschmiedeten Händen und 10 Füßen und einem Knebel im Mund. Ein Gesetz macht die große Masse der Staatsbürger zum fronenden Vieh (...). Ich werde mit Mund und Hand dagegen kämpfen, wo ich kann."

(Büchner, G.: Werke und Briefe, S. 248, bearbeitet)

■ **A5** Die unterstrichenen Textstellen sind im übertragenen Sinne zu verstehen. Welche Gedanken verbergen sich hinter der bildlichen Sprache?
■ **A6** Wie will Büchner die Zustände ändern?
■ **A7** Wem sagt Büchner den Kampf an? Nutze auch Q3.

Q3 Georg Büchners politische Flugschrift „Der Hessische Landbote" erschien 1834:
„Friede den Hütten! Krieg den Palästen!
(...) Das Leben der Vornehmen ist ein langer Sonntag, sie wohnen in 5 schönen Häusern, sie tragen zierliche Kleider, sie haben feiste Gesichter und reden eine eigene Sprache; das Volk aber liegt vor ihnen wie Dünger auf dem Acker. Der Bauer geht hinter dem 10 Pflug, der Vornehme aber geht hinter ihm und dem Pflug und treibt ihn mit den Ochsen am Pflug, er nimmt das Korn und lässt ihm die Stoppeln. Das Leben des Bauern ist ein langer Werk-15 tag; Fremde verzehren seine Äcker vor seinen Augen, sein Leib ist eine Schwiele, sein Schweiß ist das Salz auf dem Tische des Vornehmen."

(Epochen und Strukturen, Bd. 2, S. 93 f.)

Eine andere bedeutende geistige Strömung im Vormärz war die der Liberalen. Sie stellten das Recht auf Freiheit in den Vordergrund, und zwar die Freiheit der Bürger und eine freie Wirtschaft. Sie wollten eine Verfassung, in der die Rechte und Pflichten der Bürger, aber auch die der Fürsten und des Königs festgeschrieben sein sollten.

Q4 Der badische Liberale Karl von Rotteck:
„Ich bin für Teutschlands Einheit, ich wünsche, verlange und fordere sie (...) für die Freiheit des Verkehrs und des Handels und zumal auch des freien 5 Wortes in allen Ländern der teutschen Zunge, d.h. der freien teutschen Presse (...). Ich will keine Einheit (...) unter der Form einer allgemeinen teutschen Republik."

(Rotteck, K. v.: Gesammelte Schriften, Bd. IV, S. 397 ff., bearbeitet)

■ **A8** Vergleiche die Aussage von Büchner mit der von Rotteck.

2.4 „Hinauf, Patrioten, zum Schloss, zum Schloss!"

Einen Höhepunkt im Ringen um Freiheit und nationale Einheit der deutschen Liberalen und Demokraten bildete das Hambacher Fest.

Q1 Augenzeugen berichteten:
„27. Mai 1832 – Wagen, voll besetzt mit Bürgern aller Stände. Gesänge. Um 9 Uhr bewegte sich der Zug vom Markt, voran das schwarz-rot-goldene Banner (...) von der Neustädter Bürgerwehr umgeben; Glocken klangen. Feierliche Weisen deutschen Freiheitsgesanges wogten durch den ungeheuren Zug. Als sich noch ein großer Teil des Zuges auf den Windungen des Weges bewegte, erklang wie eine Lawine der mächtig sich wiederholende Ruf: Es lebe die Freiheit! Es lebe Deutschland! Kanonenschüsse – ein Schauer durchrieselte tausend und tausend Herzen –, denn in diesem Augenblicke wurde die schwarz-rot-goldene Fahne auf dem Turm des Schlosses aufgerichtet."
(„Der Volksfreund" vom 19. Juni 1832, bearbeitet)

A1 Wie du schon weißt, wurden in der Zeit des Vormärz viele Volksfeste gefeiert. Sänger und Turner zeigten ihr Können. Worin lag die Bedeutung derartiger Feste?

Q2 Zu den Wortführern des Festes gehörte Jakob Siebenpfeiffer. Aus seiner Ansprache:
„Wir selbst wollen, wir selbst müssen vollenden das Werk, und, ich ahne, bald, soll die deutsche, soll die europäische Freiheit nicht erdrosselt werden. (...) ihr deutschen Männer, o lasset uns alle Spaltungen vergessen, (...) uns nur eine Farbe tragen, auf ein Gesetz schwören, auf das heilige Gesetz deutscher Freiheit; auf ein Ziel nur lasset uns blicken, auf das leuchtende Ziel deutscher Nationaleinheit. (...) Es lebe das freie, das einige Deutschland!"
(Wirth: Das Nationalfest der Deutschen, Hambach, S. 31 f., gekürzt)

A2 Welche Ziele werden genannt?
A3 Wer konnte in Deutschland etwas verändern?

A4 Diskutiert, ob diese Ziele in der ersten Hälfte des 19. Jahrhunderts realistisch waren.

Nach dem Hambacher Fest wurde Siebenpfeiffer verhaftet, seine Zeitung verboten. Die Zensur verschärfte sich. Rede- und Versammlungsfreiheit wurden aufgehoben. Der Dichter und deutsche Demokrat Heinrich Hoffmann aus Fallersleben verfasste später „Das Lied der Deutschen". Der Text der 3. Strophe lautet:

Q3 „*Einigkeit und Recht und Freiheit*
Für das deutsche Vaterland!
Danach lasst uns alle streben
Brüderlich mit Herz und Hand!
Einigkeit und Recht und Freiheit
Sind des Glückes Unterpfand;
Blüh im Glanze dieses Glückes
Blühe deutsches Vaterland."

A5 Warum wird diese Strophe als deutsche Nationalhymne gesungen?

Das Hambacher Fest 1832. Nachzeichnung nach einem Aquarell von Böhn.

ARCHIV

Quellen zum Vormärz

Q1 Am 2. 8. 1830 musste der französische König Karl X. abdanken. Auf welches Interesse dieses Ereignis in Deutschland stieß, darüber berichtet der Schriftsteller und Journalist Karl Gutzkow, der anlässlich des Geburtstags des preußischen Königs zu einem Festakt geladen war.

„(...) Gans (ein Gast) war erhitzt und ungeduldig; er ließ Briefe von Raumer, die eben aus Paris gekommen waren, im Saale umlaufen. Der Kronprinz
5 lächelte; Aber alle, die Zeitungen lasen, wussten, dass in Frankreich eben ein König vom Thron gestoßen wurde. Der Kanonendonner zwischen den Barrikaden von Paris dröhnte bis in
10 die Aula nach. Boeckh sprach von den schönen Künsten, aber niemand achtete diesmal seiner gedankenreichen Wendungen und klassischen Sprache (...) Die Stunde, wo die Staatszeitung
15 desselben Abends erschien, währte mir unendlich lange (...) Nein, ich wollte nur wissen, wie viel Tote und Verwundete es in Paris gegeben, ob die Barrikaden noch ständen, ob noch die
20 Lunten brennten, der Palast des Erzbischofs rauchte, ob Karl seinen Thron beweine, ob Lafayette (= der Führer der Nationalgarden in der Julirevolution) eine Monarchie oder Republik
25 machen würde."
(Piereth, W. [Hg.]: Das 19. Jahrhundert, S. 118 f.)

A1 Wie erklärst du dir das Interesse an den Ereignissen in Frankreich?

Q2 Auf dem Hambacher Fest führte einer der Hauptredner, der demokratische Journalist Wirth, aus:
„(...) Das Land, das unsere Sprache spricht, das Land, wo unsere Hoffnung wohnt, wo unsere Liebe schwelgt, wo unsere Freuden blühen,
5 das Land, wo das Geheimnis aller unserer Sympathien und all unserer Sehnsucht ruht, dieses schöne Land wird verwüstet und geplündert, zerrissen und entnervt, geknebelt und
10 entehrt. Reich an allen Hilfsquellen der Natur, sollte es für alle seine Kinder die Wohnung der Freude und der Zufriedenheit sein, allein ausgesogen von 34 Potentaten, ist es für die Mehr-
15 zahl seiner Bewohner der Aufenthalt des Hungers, des Jammers und des Elends. Deutschland, das große, mächtige, reiche Deutschland sollte die erste Stelle einnehmen in der Gesell-
20 schaft der europäischen Staaten, allein beraubt durch Aristokratenfamilien, ist es aus der Liste der europäischen Reiche gestrichen und der Verspottung des Auslandes preisgegeben. Be-
25 rufen von der Natur, um in Europa der Wächter des Lichts, der Freiheit und der völkerrechtlichen Ordnung zu sein, wird die deutsche Kraft gerade umgekehrt zur Unterdrückung
30 der Freiheit aller Völker und zur Gründung eines ewigen Reiches der Finsternis, der Sklaverei und der rohen Gewalt verwendet. So ist das Elend unseres Vaterlandes zugleich der
35 Fluch für ganz Europa. (...)"
(Deutsche Geschichte in Quellen und Darstellung, Band 7, S. 95)

A2 Wie charakterisiert Wirth hier die Verhältnisse in Deutschland?

A3 Wirth weist auf die europäische Bedeutung der Zustände in Deutschland hin. Versuch eine Erläuterung.

Q3 Die Antwort des Deutschen Bundes auf die Unruhen nach 1830 und auf das Hambacher Fest waren „Die Zehn Artikel" vom 5. 7. 1832:
„(...) Art. 2. Alle Vereine, welche politische Zwecke haben, oder unter anderm Namen zu politischen Zwecken benutzt werden, sind in sämmtlichen
5 Bundesstaaten zu verbieten und ist gegen deren Urheber und die Theilnehmer an denselben mit angemessener Strafe vorzuschreiten.
Art. 3. Außerordentliche Volksver-
10 sammlungen und Volksfeste, nämlich solche, welche bisher hinsichtlich der Zeit und des Ortes weder üblich noch gestattet waren, dürfen, unter welchem Namen und zu welchem Zwecke
15 es auch immer sey, in keinem Bundesstaate ohne vorausgegangene Genehmigung der competenten Behörde stattfinden. (...) Auch bei erlaubten Volksversammlungen und Volksfesten ist es
20 nicht zu dulden, dass öffentliche Reden politischen Inhalts gehalten werden."
(Hardtwig, W.: Vormärz, S. 178)

A4 Charakterisiere die Mittel des Deutschen Bundes gegen die Nationalbewegung und äußere dich zu den Verwirklichungschancen.

Q4 1834 sagte Heinrich Heine für die Zukunft Deutschlands voraus:
„Der Gedanke geht der That voraus, wie der Blitz dem Donner. Der deutsche Donner ist freilich auch ein Deutscher, und ist nicht sehr gelenkig, und
5 kommt etwas langsam dahergerollt; aber kommen wird er, und wenn ihr es einst krachen hört, wie es noch niemals in der Weltgeschichte gekracht hat, so wisst: Der deutsche Donner hat
10 endlich sein Ziel erreicht. Bei diesem Geräusche werden die Adler aus der Luft todt niederfallen, und die Löwen in der fernsten Wüste Afrikas werden die Schwänze einkneifen und sich in
15 ihren königlichen Höhlen verkriechen. Es wird ein Stück aufgeführt werden in Deutschland, wogegen die französische Revolution nur wie eine harmlose Idylle erscheinen möchte."
(Heine, H.: Sämtliche Werke, Bd. 7. S. 108 f.)

A5 Heine geht auf das künftige Schicksal der drei Großmächte Russland, Österreich und Preußen ein, die in ihren Wappen schwarze Adler führten. Erkläre das Bild, das Heine verwendet.

3 „Zum Volk gehört auch die Frau!"

Die Aufbruchstimmung im Biedermeier gab dem politischen Engagement der Frau wichtige Impulse. Schon seit dem 18. Jahrhundert hatten sich in den Salons gebildeter Damen interessierte Bürger mit Schriftstellern und Künstlern zum Gedankenaustausch getroffen. Oft wurden dort auch neue politische Ideen diskutiert.

Bürgerliche Frauen beschränkten ihr Leben aber bald nicht mehr auf ihre Familien und gepflegte Geselligkeit im privaten Kreis. Sie gingen zunehmend in die Öffentlichkeit, z. B. in Gesangvereine, wo sie sich auch politisch bildeten. Sie widmeten sich der Armenpflege und empfanden es als „Wohltätigkeit", anderen zu helfen. In Preußen beklagte in den 40er-Jahren die Schriftstellerin Bettina von Arnim das Elend der Massen und appellierte an die Verantwortung des Königs.

Ganz anders verlief das Leben von Frauen der unteren Schichten. Sie waren nicht in Vereinen oder bei Festlichkeiten anzutreffen. Diese Frauen hatten gemeinsam mit ihrem Ehemann für die Existenz der Familie zu sorgen. Auf dem Land arbeiteten sie als Mägde. In der Stadt verrichteten sie Tagelohnarbeiten wie Putzen und Waschen in bürgerlichen Haushalten. Ihr Lohn war sehr gering. Frauen und Kinder trugen auch als Heimarbeiter zur Ernährung der Familie bei. Arbeiten wie Stricken, Strohflechten, Besenbinden sowie Spinnen und Weben wurden in den düsteren Wohnungen ausgeführt. Seit der Industrialisierung wuchs die Fabrikarbeit. Auch diese Frauen begannen sich zu wehren, unterstützten ihre Männer im Kampf um soziale Gerechtigkeit.

In Berlin war der Salon der Rahel Varnhagen ein gesellschaftliches und künstlerisches Zentrum. Zeitgenössische Darstellung.

„Barrikadenmädchen" heißt dieses Bild von F. Russ von 1849. In Wien waren Frauen beim Barrikadenkampf besonders engagiert. Überall sollen sie mit Fahnen in der Hand voranmarschiert sein und die Männer angefeuert haben.

In politischen Versammlungen engagierten Frauen sich in den Jahren 1848/49 für die Revolution und forderten das Frauenwahlrecht. Zeitgenössischer Stich.

A1 Vergleiche die Frauenbilder und arbeite die Unterschiede heraus.

Q1 Mit der Entwicklung einer Frauenbewegung ist der Name Luise Otto-Peters verbunden. Öffentlich forderte sie:
„Zum Volk gehört auch die Frau! Die Teilnahme der Frauen an den Interessen des Staates ist nicht nur ein Recht, sondern die Pflicht."
(Bäumer, G.: Bildnis der Liebenden, S. 332)

A2 Was bedeutete diese Aussage für die Männer dieser sozialen Schicht, deren Ansicht im 19. Jahrhundert darin bestand, die Frau habe im Haushalt für Ehemann und Kind zu sorgen?

ARCHIV

Materialien zu den Anfängen einer organisierten Frauenbewegung

Q1 Louise Otto-Peters, die als Begründerin der organisierten bürgerlichen Frauenbewegung gilt, fordert 1849 zur Mitarbeit an einer Frauen-Zeitung auf:

„Wohl auf denn, Schwestern, vereinigt euch mit mir! Die Geschichte aller Zeiten, und die heutige ganz besonders, lehrt: dass diejenigen auch vergessen wurden, welche an sich selbst zu denken vergaßen! (...)
Dieser selbe Erfahrungssatz ist es, welcher mich zur Herausgabe einer Frauen-Zeitung veranlasst. Mitten in den großen Umwälzungen, in denen wir uns alle befinden, werden sich die Frauen vergessen sehen, wenn sie selbst an sich zu denken vergessen! (...)
Wir wollen unser Teil fordern: das Recht, das Rein-Menschliche in uns in freier Entwicklung aller unserer Kräfte auszubilden, und das Recht der Mündigkeit und Selbstständigkeit im Staat.
Wir wollen unser Teil verdienen: Wir wollen unsere Kräfte aufbieten, das Werk der Welterlösung zu fördern, zunächst dadurch, dass wir den großen Gedanken der Zukunft: Freiheit und Humanität (was im Grunde zwei gleichbedeutende Worte sind), auszubreiten suchen in allen Kreisen, welche uns zugänglich sind, in den weiteren des größeren Lebens durch die Presse, in den engeren der Familie durch Beispiel, Belehrung und Erziehung. Wir wollen unser Teil aber auch dadurch verdienen, dass wir nicht vereinzelt streben nur jede für sich, sondern vielmehr jede für alle, und dass wir vor allem derer zumeist uns annehmen, welche in Armut, Elend und Unwissenheit vergessen und vernachlässigt schmachten (...).
So fordere ich denn hiermit alle gleichgesinnten Schriftstellerinnen und Schriftsteller, welche für die Rechte der Frauen in die Schranken traten, auf, mich bei diesem Unternehmen durch Beiträge zu unterstützen. Ich bitte auch diejenigen meiner Schwestern, die nicht Schriftstellerinnen sind, um Mitteilungen, zunächst die Bedrückten, die armen Arbeiterinnen, auch wenn sie sich nicht geschickt zum stilisierten Schreiben fühlen; ich werde ihre einfachen Äußerungen gern, wenn nötig, verdolmetschen – aber es liegt mir daran, dass gerade ihre Angelegenheiten vor die Öffentlichkeit kommen, so kann ihnen am ersten geholfen werden.
Alle Gesinnungsgleichen lade ich zum recht zahlreichen Abonnement ein, damit das Unternehmen gedeihen könne!"

(Möhrmann, R. [Hg.]: Frauenemanzipation im Vormärz, S. 203–205)

■ **A1** Was veranlasst Louise Otto-Peters zur Gründung einer Frauen-Zeitung?
■ **A2** Wie sieht sie die Rolle der Frau?

Q2 Die Historikerin Ute Gerhard schrieb 1987 über die Anfänge der organisierten Frauenbewegung:

„Ein wichtiges Prinzip sowohl der demokratischen wie der Bildungsvereine jener Zeit war im Gegensatz zu vielen Vereinsgründungen nach der Mitte der 1860er-Jahre ihre demokratische Verfassung und das Selbstvertretungsrecht der Frauen. Da Frauen die Möglichkeit zu gleichberechtigter Mitwirkung erstmals in den freireligiösen Gemeinden erhielten, kann es nicht verwundern, dass sich an Orten einflussreicher Freier Gemeinden auch die aktivsten Frauenvereine befanden, z. B. in Breslau, Hamburg und Altenburg in Sachsen. Ebenso wichtig war den engagierten Frauen die Überwindung gesellschaftlicher Schranken. Die Korrespondentinnen betonten, dass die Mitglieder ihrer Vereine ‚die Frauen aus dem Volke, schlichte Bürgerinnen, Arbeiterinnen, Bäuerinnen' waren (Frauen-Zeitung 1/1849) oder dass die ‚politischen Vereine und Feste fast nur von Frauen der niederen Stände' besucht wurden (Frauen-Zeitung 10/1849). Sie schwärmten von einem ‚Schwesternbund', in dem jeder ‚Kastengeist' aufgegeben sei, ‚dann würden wir aufhören, ein schwaches Geschlecht zu sein und durch uns selbst groß, stark und frei werden' (Frauen-Zeitung 12/1849).
Vor allem anderen aber verfolgten die Frauenvereine das Ziel, die Frauen ‚in größerer Selbstständigkeit und Selbstachtung' zu üben (Frauen-Zeitung 27/1850). (...)
Doch wie sehr die Regierungen vor dieser ersten organisierten Frauenbewegung in Deutschland das Fürchten gelernt hatten, wird an ihren Reaktionen deutlich. Pressegesetze schlossen ab 1850 Frauen von der verantwortlichen Redaktion einer Zeitschrift aus (in Sachsen deshalb ‚Lex Otto' genannt). Die in nahezu allen Bundesstaaten nach 1850 erlassenen Vereinsgesetze verboten ‚Frauenspersonen' und Minderjährigen nicht nur die Mitgliedschaft in politischen Vereinen, sondern sogar den Besuch politischer Versammlungen. Insbesondere die Vereinsgesetze, die mehr als ein halbes Jahrhundert gültig waren (in Preußen bis 1908), nahmen den Frauen alle öffentlichen Rechte und Einwirkungsmöglichkeiten und trugen wesentlich dazu bei, die ersten Anfänge einer deutschen Frauenbewegung zu zerstören. Die scharfe staatliche Repression gegen die Vereinigung von Frauen und Organisationen von Fraueninteressen liefert jedoch nicht zuletzt einen Beleg für die politische Bedeutung der deutschen Frauenbewegung um 1848."

(Gerhard, U.: Über die Anfänge der dt. Frauenbewegung, S. 220–222)

■ **A3** Arbeite heraus, was die frühe Frauenbewegung kennzeichnete.
■ **A4** Weshalb reagierten die Regierungen so rigoros auf diese Bewegung?

4 Die Revolution von 1848/49

4.1 Warum drei Februartage in Frankreich ein Signal setzten

In der ersten Hälfte des 19. Jahrhunderts hatten sich die Ideen Einheit, Freiheit und Unabhängigkeit in den Köpfen der europäischen Völker fest verankert. Die Staaten Europas begannen zu wanken. Könige und Fürsten gaben dem aufstrebenden Bürgertum kein Mitbestimmungsrecht. Wirtschaftskrisen verstärkten die Spannungen. So kam es in fast allen europäischen Ländern zu Aufständen. In Italien richtete sich der Kampf gegen die Zersplitterung des Landes. Ungarn wehrte sich gegen die Besetzung durch Österreich.

In Spanien war das absolute Königtum bereits 1820 gestürzt, aber nur drei Jahre später durch französische Truppen wieder eingesetzt worden. In Griechenland mündete der 1821 begonnene Freiheitskampf gegen die Türkenherrschaft 1830 in die Errichtung eines unabhängigen griechischen Königtums. In England wurden revolutionäre Bestrebungen, getragen von der rasch anwachsenden Industriearbeiterschaft, 1832 durch eine Reform, die das Wahlrecht schrittweise ausweitete, aufgefangen.

Das Jahr 1848:
Frankreich erschütterte vom 22. bis zum 24. Februar eine Revolution. Die Entwicklung der Industrie brachte eine neue Bevölkerungsschicht hervor, das städtische Proletariat. Zusammen mit den Kleinbürgern forderten die Arbeiter politische Mitbestimmung, das allgemeine Wahlrecht und das Recht auf Arbeit. Die Ereignisse spitzten sich zu.

■ **A1** *Wo siehst du die Ursachen für die revolutionäre Stimmung?*

Ein Arbeiter, der Sozialist Louis Blanc, zog in die eilig gebildete provisorische Regierung ein. Der Dichter Lamartine wurde deren Präsident. Jeder Franzose konnte an den Wahlen teilnehmen. Man richtete Nationalwerkstätten ein und verkündete das Recht auf Arbeit.

Q1 Aus den Erinnerungen des Grafen Tocqueville über den unmittelbaren Eindruck der Februarrevolution in Frankreich:
„(...) Die Juli-Revolution (von 1830) wurde vom Volke gemacht, aber der Mittelstand hatte sie hervorgerufen und geführt und ihre hauptsächlichen
5 Früchte eingeheimst. Dagegen kam die Februar-Revolution (1848) ganz ohne die Bourgeoisie und gegen sie zu Stande.
(...)
10 Während dieses Tages sah ich in Paris nicht einen einzigen der früheren Staatsbeamten, keinen Soldaten, keinen Gendarm und keinen Polizisten; selbst die Nationalgarde war ver-
15 schwunden. Nur das Volk war bewaffnet, bewachte die öffentlichen Gebäude, sorgte für Ordnung, befahl und strafte. Es war ein ungewöhnlicher und erschreckender Eindruck,
20 zu sehen, dass die Besitzlosen die alleinigen Beherrscher dieser ungeheuren und überaus reichen Stadt waren oder vielmehr der ganzen großen Nation; denn infolge der Zen-
25 tralisation gebietet über Frankreich, wer in Paris herrscht. In allen anderen Volksschichten verbreitete sich daher auch ein Schrecken, der, glaube ich, tiefer war als in irgendeinem
30 anderen Abschnitt der Revolution (...).“
(Tocqueville, A.: Erinnerungen, S. 119 f.)

■ **A2** *Wie charakterisiert der Autor die Aufständischen?*
■ **A3** *Welche Schlüsse auf die damalige französische Gesellschaftsstruktur kannst du aus der Quelle gewinnen?*

Die Februarereignisse des Jahres 1848 schlugen in den deutschen Bundesstaaten wie ein Blitz ein.

■ **A4** *Gab es Gründe dafür? Analysiere dazu auch die Abbildung „Hungerkrawall": Wer bedrängt das Fenster? Was möchten die Menschen dort? Wer mischt sich von links ein?*

Infolge von Missernten in den Jahren 1846 und 1847 brach eine Hungersnot aus. Die Lebensmittelpreise stiegen. Arbeitslosigkeit und häufig auftretende Epidemien gefährdeten die Existenz vieler Menschen. Die im 19. Jahrhundert einsetzende Industrialisierung in Deutschland, der Bau von Fabriken machte die Lohnarbeiter von den Unternehmern völlig abhängig. Die schlesischen Weber, die als Heimarbeiter auf die Rohstofflieferungen der Arbeitgeber und die Abnahme der Fertigprodukte angewiesen waren, arbeiteten für einen Hungerlohn.

Q2 Ein Zeitgenosse berichtet:
„Seit sieben Jahren haben sich die Unglücklichen nicht mehr irgendein Kleidungsstück beschaffen können; (...) ihre Wohnungen verfallen, da sie
5 die Kosten zur Herstellung nicht aufbringen können; durch die missratene Ernte der Kartoffeln, namentlich in den letzten beiden Jahren, waren sie auf die billigen oder Viehkartoffeln
10 zur Nahrung angewiesen; Fleisch kommt nur bei einigen zu Ostern, zu Pfingsten und Weihnachten ins Haus, und dann für eine Familie von fünf bis sechs Personen ein halbes
15 Pfund."
(Krieger, H.: Handbuch des Geschichtsunterrichts, Bd. 5, S. 22 f.)

■ **A5** *Beschreibe anhand Q1 und der Abbildung (unten) das Leben der Weber.*

276

Hungerkrawalle in Stettin, 1847. Zeitgenössische Darstellung.

Schlesische Weber. Holzschnitt aus den 40er-Jahren des 19. Jh.s.

1844 war es zu einem Aufstand der schlesischen Weber gekommen, der durch Militär niedergeschlagen wurde. Er war Ausdruck einer wachsenden Verelendung der ärmeren Schichten, die einen Ausweg aus ihrer Situation nun zunehmend in radikalen gesellschaftlichen Veränderungen sahen. Ein Zeitgenosse berichtete 1844 über den Weberaufstand:

Q3 „Das anfangs nicht allzu große Vermögen der Zwanziger (Name einer Fabrikantenfamilie) war in kurzer Zeit zu großem Reichtum angewachsen. Sechs prächtige Gebäude gaben Zeugnis davon. Herrliche Spiegelscheiben, Fensterrahmen von Kirschbaumholz, Treppengeländer von Mahagoni, Kleider- und Wagenpracht sprachen der Armut der Weber Hohn. Als bei der letzten Lohnverkürzung die Weber erklärten, dass sie nun gar nicht mehr bestehen und selbst nicht mehr Kartoffeln kaufen könnten, sollen die Zwanziger geäußert haben, sie würden noch für eine Quarkscheibe arbeiten müssen oder – wie andere berichteten – die Weber möchten nur, wenn sie nichts anderes hätten, Gras fressen; das sei heuer reichlich gewachsen. Als einer der Weber in einem Spottlied die Zwanziger als Schurken bezeichnete und daraufhin von der Polizei ergriffen wurde, scharten sich die anderen zusammen, stürmten das Haus ihres Arbeitgebers und schlugen alles kurz und klein. In den Nachbardörfern schlossen sich weitere Aufständische an, insgesamt rund 3000 Menschen. Als das Militär zum Schutz der Fabrikanten erschien, kam es zum Gefecht, und erst der Einsatz weiterer Truppen zwang die Weber zum Nachgeben. Ein paar Hundert von ihnen wurden verhaftet. Die Eingezogenen sind der Beschädigung fremden Eigentums aus Rache angeklagt und dürfen sonach einer schweren Strafe gewiss sein. Doch haben sie den Trost, dass sie im Zuchthaus sich immer noch besser befinden als in der so genannten Freiheit. Sie werden wenigstens nicht verhungern, nachdem sie der Staat in seine Obhut genommen."

(Krieger, H.: Handbuch des Geschichtsunterrichts, Bd. V, S. 21 ff.)

■ **A1** *Analysiere die Gründe des Weberaufstands und seine Ziele.*

Q4 Aus einem zeitgenössischen Zeitungsbericht über Gerichtsurteile gegen die Aufständischen:
„In betreff des Tumults in Langenbilau sind 35 teils zu Festungs-, teils zu Zuchthausstrafe verurteilt worden, unter ihnen z. B. der Weber Umlauf wegen Tumults zu 8-jähriger Festungsstrafe, der Schuhmacher Rohleder zu 7-jähriger Festungsstrafe, der Weber A. Winker wegen Tumults zu 6 1/2-jähriger Zuchthausstrafe und 30 Peitschenhieben (...)."

(Kroneberg, L./Schlösser, R.: Die Weber-Revolte 1844, S. 188 ff.)

■ **A2** *Kommentiere diese Strafen.*
■ **A3** *Diskutiert, inwiefern die soziale Lage in Deutschland ein Übergreifen der Revolution von Frankreich begünstigte.*

ARCHIV

Quellen zu den Anfängen der Arbeiterbewegung

Q1 Aus einer Schrift des Leipziger Professors Bühlau (1834):
„(...) In unsern Tagen ist eine plötzliche Angst unter die Reichen gekommen, und sie möchten sich um jeden Preis gegen die Gefahren sichern, die sie von dem wachsenden Elende der Armen fürchten. Ergriffen sie hier das natürliche Mittel und erleichterten sie es den Armen, sich durch eigene Anstrengung auf eine höhere Stufe sinnlicher und geistiger Wohlfahrt zu heben, so wäre ihnen und dem Ganzen geholfen. So aber wollen sie bloß sich auf Kosten der Armen helfen und glauben, die Gefahr entfernt zu haben, wenn sie sich durch neue Beschränkungen der arbeitenden Klassen gegen diese verschanzen, folglich den Grund der Gefahr verstärkt haben (...)."
(Deutsche Geschichte in Quellen und Darstellung, Band 7, S. 131.)

A1 Wie reagieren nach Ansicht Bühlaus die Besitzenden auf die anwachsende Arbeiterschaft?

In der Vormärzzeit begannen die Arbeiter, sich selbstständig zu organisieren. Ihre erste eigene, aber geheime politische Organisation war der „Bund der Gerechten". Er bestand vorwiegend aus proletarischen, wandernden Handwerksgesellen.

Q2 Wilhelm Weitling, ein Schneidergeselle, schloss sich dem Bund an und erhielt 1838 von ihm den Auftrag, eine Grundsatzerklärung abzufassen. Darin hieß es u. a.:
„(...) Ihr arbeitet früh und spät, ein gesegnetes Jahr folgt dem andern, alle Magazine sind voll gespeichert mit den Gütern, die ihr dem Boden abgewonnen habt, und doch entbehren die meisten von euch der für Nahrung, Wohnung und Kleidung notwendigsten Gegenstände, doch wird gerade denen von den Gütern der Erde am kargsten zugeteilt, welche sie derselben im Schweiße ihres Angesichts abgewinnen müssen. (...)
Die Ursache dieser immerwährenden schlechten Zeiten ist aber nur die schlechte Verteilung und Genießung der Güter sowie die ungleich verteilte Arbeit zur Hervorbringung derselben, und das Mittel, diese grässliche Unordnung zu erhalten, ist das Geld: (...)
Nun gibt es eine auf die Lehre Christi und der Natur gegründete Überzeugung, nach welcher ohne die Verwirklichung folgender Grundsätze kein wahres Glück für die Menschheit möglich ist:
1. Das Gesetz der Natur und christlichen Liebe ist die Basis aller für die Gesellschaft zu machenden Gesetze.
2. Allgemeine Vereinigung der ganzen Menschheit zu einem Familienbunde und Wegräumung aller engherzigen Begriffe von Nationalität und Sektenwesen.
3. Allen gleiche Verteilung der Arbeit und gleichen Genuss der Lebensgüter.
Diese Grundsätze lassen sich in wenig Worte zusammenfassen; sie heißen: Liebe deinen Nächsten wie dich selbst (...)."
(Deutsche Geschichte in Quellen und Darstellung, Band 7, S. 236 f.)

A2 Fasse die Gedanken Weitlings zur Reformierung der Gesellschaft zusammen.

A3 Spätere Sozialisten bezeichneten die Vorstellungen Weitlings als utopisch, also als unerfüllbar. Äußere dich dazu.

Aus dem Bund der Gerechten ging 1847 der Bund der Kommunisten hervor. In ihm konnten Marx und Engels ihren Führungsanspruch durchsetzen. Sie veröffentlichten 1848 im Auftrag des Bundes ihr kommunistisches Glaubensbekenntnis, das „Manifest der Kommunistischen Partei".

Q3 Auszüge aus dem „Manifest der Kommunistischen Partei":
„(...) Die Geschichte der ganzen bisherigen Gesellschaft bewegte sich in Klassengegensätzen, die in den verschiedenen Epochen verschieden gestaltet waren. (...) Das Proletariat wird seine politische Herrschaft dazu benutzen, der Bourgeoisie alles Kapital zu entreißen, alle Produktionsinstrumente in den Händen des Staats, d. h. des als herrschende Klasse organisierten Proletariats, zu zentralisieren und die Masse der Produktionskräfte möglichst rasch zu vermehren. (...)
Sind im Laufe der Entwicklung die Klassenunterschiede verschwunden und ist alle Produktion in den Händen der assoziierten Individuen konzentriert, so verliert die öffentliche Gewalt den politischen Charakter. Die politische Gewalt im eigentlichen Sinne ist die einer Klasse zur Unterdrückung einer andern. Wenn das Proletariat im Kampfe gegen die Bourgeoisie sich notwendig zur Klasse vereint, durch eine Revolution sich zur herrschenden Klasse macht und als herrschende Klasse gewaltsam die alten Produktionsverhältnisse aufhebt, so hebt es mit diesen Produktionsverhältnissen die Existenzbedingungen des Klassengegensatzes, die Klassen überhaupt, und damit seine eigene Herrschaft als Klasse auf.
An die Stelle der alten bürgerlichen Gesellschaft mit ihren Klassen und Klassengegensätzen tritt eine Assoziation, worin die freie Entwicklung eines jeden die Bedingung für die freie Entwicklung aller ist. (...) Proletarier aller Länder, vereinigt euch!"
(Deutsche Geschichte in Quellen und Darstellung, Band 7, S. 239 ff.)

A4 Erkläre, wie Marx und Engels sich den Weg in eine klassenlose Gesellschaft vorstellten.

A5 Erkläre den Sinn des letzten Satzes im Manifest.

A6 Woran scheiterten die Versuche, eine solche Gesellschaft aufzubauen?

4.2 Die Märzereignisse in den Staaten des Deutschen Bundes

Der „deutsche Michel" ist eine Symbolfigur mit Kniehose und Schlafmütze. Es ist ein Spottname für einen braven, tüchtigen deutschen Bauern, später auch für den unpolitischen und schlafmützigen Deutschen.

■ **A1** *Die Karikatur charakterisiert die Zeit um 1848. Stelle dir folgende Fragen, um den Sinn zu verstehen: Was tut die Hauptfigur? Beschreibe sie. Warum sitzt Michel auf einem Bett? Beschreibe die Figurengruppe rechts im Hintergrund. Welche weiteren Symbole verwendet der Zeichner?*

■ **A2** *Was sollte die Karikatur bei den Zeitgenossen bewirken?*

Wie der deutsche Michel die Nachtmütze wegwirft und sich vornimmt, ins Freie zu gehen, zeitgenössische Karikatur

In den Staaten des Deutschen Bundes verstärkte sich in den Dreißiger- und Vierzigerjahren des 19. Jahrhunderts die politische Bewegung.

Die Ereignisse überschlugen sich. König Wilhelm IV. von Preußen befürchtete auch in Berlin ein Aufbegehren der Volksmassen. Am 18. März trat der König auf den Balkon des Schlosses. Die versammelte Menschenmenge war erwartungsvoll gestimmt. Wilhelm IV. verkündete eine königliche Botschaft, in der er Pressefreiheit und die Einberufung des Landtags versprach. Im Schlosshof befand sich Militär. Die Bürger forderten: Das Militär zurück! Der Aufforderung, den Schlosshof zu verlassen, kam die Volksmenge nicht nach. Kavallerie und Dragoner erhielten den Befehl, die Menge zu zerstreuen. Plötzlich lösten sich zwei Gewehrschüsse. „Verrat" schallte über den Platz. Innerhalb weniger Stunden errichteten die Bürger fast 100 Barrikaden. Sie rissen Straßenpflaster auf, leerten Waffenläden, holten Äxte und Beile.

Die Barrikadenschlacht begann. Die Bürger leisteten erbittert Widerstand. Allein in der Königsstraße kämpften die Soldaten gegen 12 Barrikaden. Am Alexanderplatz und am Kölln'schen Rathaus tobten Gefechte.

■ **A3** *Sprecht über die Kampfweise von Militär und Bürgern (Abb. nächste Seite oben).*

■ **A4** *Das Symbol der Aufständischen ist mehrmals vertreten. Welche Bedeutung hatte es in der Zeit des Vormärz?*

36 Geschütze und 14 000 Infanteristen richteten unter den Barrikadenkämpfern ein Blutbad mit 230 Toten an. Die Toten wurden auf Wagen und auf Bahren zum Schlossplatz gebracht, geschmückt mit Blumen und Lorbeer. Der König musste sich vor den Opfern verneigen.

■ **A5** *Bewerte diese Handlung des Königs.*

Aus der Chronik der Ereignisse 1848 – März –

Zeit	Ereignis	Ort
27. Februar	Volksversammlungen	Mannheim, Heidelberg, Karlsruhe
2. – 4. März	große Volksbewegungen	München
8. März	Bewilligung von Pressefreiheit	Berlin
9. März	Bürgerversammlung, Forderung: Presse- und Religionsfreiheit	Dresden
15. März	Volksversammlung, Ziel: Republik	Baden
Märztage	Demonstrationen	Wien

Barrikadenkämpfe an der Frankfurter Straße in Berlin am 18./19. März 1848. Zeitgenössische Darstellung.

Noch am 18. März bewaffneten sich die Bürger. Das Volk erhielt Vereins- und Versammlungsfreiheit. In die Regierung wurden liberale Minister aufgenommen. Die Männer bekamen das Wahlrecht und wählten ein Parlament, die preußische Nationalversammlung.

Q1 Wilhelm IV. verkündete am 21. März 1848:
„An mein Volk und die deutsche Nation! Ich habe heute die alten deutschen Farben angenommen (...). Preußen geht fortan in Deutschland
5 auf."

(Huber, E. R.: Dokumente zur deutschen Verfassungsgeschichte, S. 365)

■ **A1** Setze dich mit den Worten des Königs auseinander.
■ **A2** Nenne Errungenschaften, die das Volk erkämpft hatte.
■ **A3** Versuche herauszubekommen, ob es auch in deiner Heimat um 1848 Unruhen gab.

4.3 Die Nationalversammlung ringt um eine deutsche Verfassung

Ein einheitliches deutsches Vaterland erforderte Veränderungen in den Bundesstaaten und eine einheitliche Verfassung. Am 18. Mai 1848 traten 831 Abgeordnete als gesamtdeutsches Parlament in der Paulskirche in Frankfurt am Main zusammen. Sie bildeten die Nationalversammlung.

Die Sitzverteilung in der Nationalversammlung

Rechte	Mitte	Linke
ca. 40 Abgeordnete Konservative	ca. 220 Abgeordnete Liberale	ca. 140 Abgeordnete Demokraten und Republikaner
– Einheit Deutschlands – Erhaltung des Bestehenden – Verfassung – Erhalt der Vorrechte der souveränen Fürsten	– Einheit Deutschlands – Verfassung – konstitutionelle Monarchie – Bundesstaat (Föderalismus) – Ministerverantwortlichkeit – Rechtsstaat	– Einheit Deutschlands – Republik – Zentralstaat – keine Zusammenarbeit mit den Fürsten – Gesetzgebung allein durch das Volk

Präsident

ARCHIV

Aus den Programmen der Fraktionen der Paulskirche

Als die Abgeordneten der Paulskirche zusammentraten, gab es noch keine Parteien. Erst in den Debatten fanden sich die politisch Gleichgesinnten zu Fraktionen zusammen. Diese tagten in Frankfurter Gaststätten und vereinbarten ihre Programme. Die Namen der Gaststätten gaben den so entstehenden Fraktionen ihre Namen. Etwa ein Drittel der Abgeordneten ließ sich keiner Fraktion zuordnen.

Q1 Die konservativste Gruppierung, die Partei Milani, forderte:
„Zweck und Aufgabe der Nationalversammlung ist die Gründung der deutschen Verfassung.
Dieselbe kann nur durch Vereinbarung mit den Regierungen der deutschen Einzelstaaten für diese rechtsgültig zu Stande kommen.(...)
Die Nationalversammlung übt nur die konstitutionelle Kontrolle der Handlungen des Reichsministeriums aus und befasst sich nicht mit der Einmischung in exekutive Maßregeln (...)."
(Salomon, F.: Parteiprogramme, S. 61)

Q2 Die stärkste parlamentarische Gruppe war die Fraktion Casino. Sie wollte Preußen an der Spitze eines künftigen deutschen Staates sehen. Aus ihrem Programm:
„(...) Die deutsche Nationalversammlung (...) erklärt, dass alle Bestimmungen einzelner deutscher Verfassungen, welche mit dem von ihr zu gründenden allgemeinen Verfassungswerke nicht übereinstimmen, nur nach Maßgabe des Letzten als gültig zu betrachten sind - ihrer bis dahin bestandenen Wirksamkeit unbeschadet.
Die Einheit Deutschlands ist vor allem zu erstreben, daher kein Partikularismus, aber Anerkennung der den einzelnen deutschen Staaten und Stämmen in der Gesamtheit gebührenden Besonderheit.
Die politische Freiheit soll begründet und gesichert werden, also keine Reaktion; aber mit aller Entschiedenheit ist gegen die Anarchie zu kämpfen."
(Hildebrandt, G.: Die Paulskirche, S. 67)

Q3 Die Fraktion Württemberger Hof wollte einen großen deutschen Staat unter Einschluss Österreichs. Über ihre Staatsvorstellung:
„Wir wollen, dass der verfassungsgebende deutsche Reichstag selbstständig die allgemeine deutsche Verfassung gründe.
Wir verwerfen somit die Ansicht, dass der Reichstag in dieser Beziehung auf dem Boden des Vertrages mit den Regierungen - als Organe der einzelnen deutschen Staaten - stehe.
Wir wollen, dass die zu gründende deutsche Bundesverfassung in allen ihren Teilen die Souveränität des deutschen Volkes zur Grundlage habe und diese Grundlage sichere.
Wir wollen, dass die Souveränität der einzelnen deutschen Staaten denjenigen Beschränkungen und nur denjenigen Beschränkungen unterworfen werde, welche zur Begründung eines einigen und kräftigen Bundesstaates erforderlich sind."
(Hildebrandt, G.: Die Paulskirche, S. 68)

Q4 Etwa 8 Prozent der Abgeordneten waren in der Fraktion Deutscher Hof versammelt. Sie forderten:
„Die Partei der Linken will die Volkssouveränität in ihrem vollen Umfange. Sie will daher die Feststellung der Reichsverfassung ausschließlich durch die deutsche Nationalversammlung - sie will für alle Zukunft die Gesetzgebung ausschließlich und allein der Volksvertretung (...) überlassen wissen.
Sie will eine Volksvertretung, aus der freien Wahl aller volljährigen Deutschen hervorgegangen.
Sie will das Recht der einzelnen deutschen Staaten, ihre Verfassung festzustellen, sei es in Form der demokratischen Monarchie, sei es in Form des demokratischen Freistaates.
Sie will die vollkommenste Freiheit. - Sie will daher die Freiheit nicht mehr beschränkt wissen, als das Zusammenleben der Staatsgenossen unumgänglich notwendig macht.
Sie will die Einheit Deutschlands. - Sie will daher einen konsequent durchgeführten Bundesstaat.
Sie will die Humanität. - Sie will namentlich ein hiernach gänzlich verändertes Unterrichtswesen - eine auf Humanität begründete Strafgesetzgebung - ein Heerwesen, gegründet auf Volkswehr.
Sie will endlich die Gleichberechtigung aller Nationalitäten."
(Hildebrandt, G.: Die Paulskirche, S. 68)

Q5 Im Gasthof „Donnersberg" trafen sich etwa 7 Prozent der Abgeordneten. Aus ihrem Programm:
„Die demokratische Partei der deutschen Nationalversammlung erkennt die Freiheit, Gleichheit, Brüderlichkeit als die Grundsätze an, deren Durchführung ihre Aufgabe ist. (...)
Die Gesamtverfassung Deutschlands muss (...) kraft des Grundsatzes der Freiheit (...) sowohl die Gesetzgebung für den Gesamtstaat als die Vollziehung des Gesamtwillens frei gewählten, verantwortlichen und absetzbaren Beauftragten überlassen, (...) kraft des Grundsatzes der Gleichheit jede Überhebung des Einen über den Anderen, jedes Privilegium verbieten, (...) kraft des Grundsatzes der Brüderlichkeit die Sorge für das Wohl und das Glück aller unter ihr vereinigten Menschen als höchste Aufgabe, als endliches Ziel anerkennen."
(Hildebrandt, G.: Die Paulskirche, S. 69)

A1 Vergleiche die Positionen der politischen Gruppierungen und arbeite die Unterschiede heraus.

Die Volksvertreter gehörten in der Mehrheit den wohlhabenden Schichten des gebildeten Bürgertums an. Nur vier Abgeordnete waren Handwerker. Arbeiter waren nicht vertreten. Parteien gab es noch nicht. Aber es bildeten sich unterschiedliche politische Gruppierungen heraus, die verschiedene Ansichten über eine künftige Regierung vertraten. Im Mittelpunkt der Debatten in der Nationalversammlung stand die Ausarbeitung eines Kataloges von Grundrechten nach amerikanischem und französischem Vorbild.

■ **A1** *Worin bestand die Bedeutung von Grundrechten?*

■ **A2** *Warum war für die Abgeordneten die Forderung nach einer Verfassung so wichtig?*

Die Paulskirche in Frankfurt a. M., Sitz der Nationalversammlung. Aus einer „Bilderzeitung" von 1848.

Tafel von A. Schroedter, Mainz 1848 (Text bearbeitet)

In Form der Gesetzestafeln zeigt das schwarz-rot-gold gedruckte Schmuckblatt den Text der im Dezember 1848 in der Paulskirche verabschiedeten Grundrechtsparagrafen.

■ **A3** *Beschreibe das Bild der im Mittelpunkt stehenden Germania.*

■ **A4** *Erkläre die Bedeutung der hier genannten Grundrechte.*

1849 verabschiedeten die Parlamentarier eine Verfassung für den künftigen Nationalstaat.

■ **A5** *Analysiere die Tafeln und das Verfassungsschema nach folgenden Gesichtspunkten: Machtverteilung; Grundrechte für das Volk; demokratische Elemente; Staatsform.*

Ein weiterer Streitpunkt im Parlament war die wichtige Frage: Welche Gestalt sollte das zukünftige geeinte Deutschland erhalten? Als Möglichkeiten sahen die Abgeordneten die kleindeutsche und die großdeutsche Lösung.

■ **A1** *Betrachte die Karte. Finde heraus, welche Vorstellungen die Abgeordneten von einem geeinten Deutschland hatten.*

Die kleindeutsche Lösung bedeutete ein Deutschland als preußisches Erbkaisertum – alle Einzelstaaten des Deutschen Bundes ohne Österreich sollten vereint werden.

Die großdeutsche Lösung bedeutete ein Deutschland mit den deutschen Einzelstaaten, mit Schleswig und mit den deutschsprachigen Gebieten Österreichs.

März 1849: Der größte Teil der Abgeordneten des ersten deutschen Nationalparlaments entschied sich für die kleindeutsche Lösung. Die Reichsverfassung wurde verabschiedet. Erstmals in der deutschen Geschichte wurden Grundrechte für die Bürger in einer Verfassung verankert. Auch die Frage nach der äußeren Gestalt des deutschen Nationalstaats war damit gelöst worden. Der preußische König Friedrich Wilhelm IV. wurde zum „Kaiser der Deutschen" gewählt.

Die Verfassung von 1849 (links). Zentren der Revolution 1848/49 (unten).

283

GESCHICHTE KONTROVERS

Positionen zur Frankfurter Verfassung von 1849

Q1 Bereits 1847, also noch vor der Revolution, hatte der preußische König Friedrich Wilhelm IV. kundgetan, was er von einer Verfassung hielt:
„(...) Es drängt mich zu der feierlichen Erklärung, dass es keiner Macht der Erde je gelingen soll, mich zu bewegen, das natürliche, gerade bei uns durch
⁵ seine innere Wahrheit so mächtig machende Verhältnis zwischen Fürst und Volk in ein konventionelles, konstitutionelles zu wandeln, und dass ich es nie und nimmermehr zugeben werde,
¹⁰ dass sich zwischen unseren Herrgott im Himmel und dieses Land ein beschriebenes Blatt gleichsam als zweite Vorsehung eindränge, um uns mit seinen Paragraphen zu regieren und
¹⁵ durch sie die alte, heilige Treue zu ersetzen. (...)"
(Schoeps, H.-J.: Preußen, S. 361)

■ **A1** Wie legitimierte, also rechtfertigte der preußische König seine ablehnende Haltung zu einer Verfassung in seinem Lande?

Q2 Nachdem Friedrich Wilhelm IV. die Annahme der deutschen Kaiserkrone verweigert hatte, äußerte er sich in einem Erlass zur Verfassung der Frankfurter Nationalversammlung:
„(...) Ich habe auf das Anerbieten einer Krone seitens der deutschen Nationalversammlung eine zustimmende Antwort nicht erteilen können, weil die Ver-
⁵ sammlung nicht das Recht hatte, die Krone, welche sie mir bot, ohne Zustimmung der deutschen Regierungen zu vergeben, weil sie mir unter der Bedingung der Annahme einer Verfassung
¹⁰ angetragen war, welche mit den Rechten und der Sicherheit der deutschen Staaten nicht vereinbar war. (...)"
(Schoeps, H.-J.: Preußen, S. 367)

■ **A2** Auch diese Aussage des Königs beruht, wie seine Äußerung zur Verfassung aus dem Jahre 1847, auf seinem Herrschaftsverständnis. Formuliere die „Legitimation" seiner ablehnenden Haltung mit eigenen Worten.

Q3 Ein Dorfpastor aus der Altmark schrieb im Jahre 1889, was er von der 48er Revolution und der Frankfurter Verfassung hielt:
„Dieser Ausgang war ein Glück und die einzige Rettung für das ganze Land. (...) Die Vertreter des deutschen Volkes im Frankfurter Parlamente glaubten,
⁵ den Meister in Preußens Könige Friedrich Wilhelm IV. gefunden zu haben, und boten ihm die erbliche deutsche Kaiserkrone an. In richtiger Würdigung der Verhältnisse schlug der
¹⁰ König das Anerbieten aus; denn nicht von Volkes Willen, sondern von Gottes Gnaden regieren Könige und Kaiser."
(Ebeling, M.: Blicke in vergessene Winkel. Erster Band, S. 209 f.)

■ **A3** Vergleiche das Herrschaftsverständnis des Pastors mit dem Friedrich Wilhelms IV.

Q4 Der Historiker David Müller schrieb im Jahre 1900, also in einer Zeit, in der Deutschland unter einem Kaiser geeint war, über die ablehnende Haltung des preußischen Königs zur Verfassung:
„In der deutschen Nationalversammlung hatte eine gemäßigte Partei, geleitet von Männern wie Gagern und Dahlmann, mühsam gegen eine repub-
⁵ likanische gerungen, bis sie zuletzt erreicht hatte, dass, während bis dahin Erzherzog Johann von Österreich (...) als provisorisch erkorener Reichsverweser seit 1848 an der Spitze Deutsch-
¹⁰ lands gestanden hatte, König Friedrich Wilhelm IV. zum deutschen Kaiser erwählt ward. Aber dieser wies die Kaiserkrone, die ihm von einer feierlichen Deputation angeboten wurde, am
¹⁵ 3. April 1849 zurück, indem er erklärte, er könne nicht ‚ohne das freie Einverständnis der gekrönten Häupter, der Fürsten und der freien Städte Deutschlands eine Entschließung fassen, wel-
²⁰ che für sie und die von ihnen regierten deutschen Stämme die entschiedensten Folgen haben müsse.' Wohl ging damals ein Bedauern über diesen Entschluss gerade durch den Teil der
²⁵ Nation, der es ernst mit Deutschlands Zukunft meinte, aber die Folge hat gezeigt, wie richtig er war (...)."
(Müller, D.: Geschichte des deutschen Volkes, S. 451)

■ **A4** Welche Argumente verwendete Müller für seine Position zum Scheitern der Verfassung im Jahre 1849?

Q5 Auch die DDR-Geschichtsschreibung nahm sich inhaltlich der Frankfurter Nationalversammlung und ihrer Verfassung an. Der Historiker Gerhard Becker schrieb dazu im Jahre 1983:
„(...) Die ‚Verfassung des deutschen Reiches', am 28. März unterzeichnet, war – trotz vieler undemokratischer Einschränkungen, der Festschreibung
⁵ einer preußisch-monarchischen Spitze und der Beibehaltung der Selbstständigkeit der Einzelstaaten – die fortschrittlichste deutsche Verfassung des 19. Jahrhunderts. Ihre Durchsetzung hätte in
¹⁰ der Mitte des Jahrhunderts einen bürgerlichen deutschen Nationalstaat begründen können. In diesem Staat hätte die Bourgeoisie einen entscheidenden Anteil an der Macht gehabt. Im Reich
¹⁵ sollten bürgerliche gesellschaftliche Verhältnisse vorherrschen. (...)"
(Deutsche Geschichte, Band 4: Die bürgerliche Umwälzung von 1789 bis 1871, S. 366 f.)

■ **A5** Fasse die Einschätzung Beckers mit eigenen Worten zusammen.

Q6 Noch anerkennender über die Leistung der Abgeordneten des Frankfurter Parlaments äußert sich der Historiker Dieter Hein:
„Das Beratungsergebnis, die Reichsverfassung, war unitarischer (= stär-

ker auf staatliche Einheit zielend) und demokratischer ausgefallen, als nach den ursprünglichen Mehrheitsverhältnissen in der Paulskirche zu erwarten gewesen wäre. Besonders im Hinblick auf den Monarchen und seine Stellung hatte sich die Prophezeiung bewahrheitet, die der schwäbische Dichter Ludwig Uhland (...) ausgesprochen hatte: ‚Es wird kein Haupt über Deutschland leuchten, das nicht mit einem vollen Tropfen demokratischen Öls gesalbt ist.' Die unitarischen und demokratischen Akzente waren zuallererst eine Folge des konkreten Entscheidungsprozesses und der hier wirksam gewordenen Zwänge der Mehrheitsbildung. Und doch erhob sich das Gesamtwerk weit über seine Entstehungsgeschichte, verschwand (...) alles, was nur aus den taktischen Notwendigkeiten parlamentarischer Kampfsituationen ganz begriffen werden kann, (...) hinter einer freien und stolzen Zunge.' Die Reichsverfassung repräsentierte jenen Grundbestand gemeinsamer Überzeugungen und Zielsetzungen, der trotz aller tief greifenden Differenzen Liberale und Demokraten (...) letztlich doch verband: ein Staatsentwurf, der aus der souveränen Entscheidung der Nation hervorgegangen und durch sie geprägt war, in dem – so noch einmal Valentin – die ‚Kühnheit des Märzgeistes von 1848 (...) merkwürdig frisch' lebte. Freilich war (...) nicht zu übersehen, dass die Souveränität nur eine scheinbare war. Die Aussichten, die Fürsten für die Reichsverfassung und den preußischen König für die Annahme der Kaiserkrone zu gewinnen, hatten sich in der Schlussphase der Paulskirchenberatungen alles andere als verbessert."

(Hein, D.: Revolution von 1848/49, S. 120)

■ **A1** Wodurch unterscheiden sich die Einschätzungen der Historiker Becker und Hein?

Q7 Der Historiker Frank L. Müller setzt sich mit der Kritik an der Nationalversammlung auseinander: „Die Entscheidung der Nationalversammlung, ihr Verfassungswerk mit der Erstellung eines umfangreichen Katalogs deutscher Bürgerrechte zu beginnen, ist vielfach als politisch fatal, als Beleg der Weltfremdheit eines theorieversessenen Professoren-Parlaments kritisiert worden. Anstatt die machtpolitisch relevanten Fragen der Verfassungsorganisation anzupacken, bevor sich die einzelstaatlichen Regierungen vom Schock der Märzereignisse erholt hatten, wandte sich die Nationalversammlung der Aufgabe zu, den Schutz der Freiheitsrechte des Einzelnen vor staatlicher Gewalt rechtlich zu fixieren. (...) ‚Der Reichstag wird seine lächerliche Verfassung für Deutschland in ein paar Wochen abschließen', prophezeite der britische Botschafter in Wien am 4. 12. 1848. ‚Nachdem er seine Arbeit getan hat, wird er verscheiden, und seine Verfassung wird ihm wahrscheinlich in die Nichtigkeit folgen.' So angebracht die Kritik am unterentwickelten machtpolitischen Gespür der Nationalversammlung auch sein mag, so darf sie doch weder den Grund verdecken, warum sich die Frankfurter Parlamentarier zu diesem Vorgehen entschlossen, noch die Tatsache, dass der Grundrechte-Katalog eine beachtliche Leistung darstellte. Die Idee, Freiheitsrechte zu kodifizieren, gehörte seit der amerikanischen Unabhängigkeitserklärung (1776) und der französischen ‚Déclaration des droits de l'homme et du citoyen' (1789) zum Kanon westlichen Verfassungsdenkens (...)."

(Müller, F. L.: Die Revolution von 1848/49, S. 122 f.)

■ **A2** Dem Auszug kannst du entnehmen, was einige Historiker den Frankfurter Abgeordneten vorwarfen.

■ **A3** Mit welchem Argument wertet der Autor die Verfassung dagegen als eine beachtliche Leistung?

Q8 Ein Politologe unserer Zeit über die Frankfurter Verfassung: „(...) Die Paulskirchenversammlung beanspruchte für sich erstmals in Deutschland die Souveränität des Volkes. Sie fühlte sich souverän, eine neue nationale Ordnung zu geben, die die auch bis dahin geltenden Konstituierungs- und Legitimierungsprinzipien vom Kopf auf die Füße stellte. Nicht nur setzte die Versammlung ohne vorherige Konsultation mit den Einzelstaaten und ihren Fürsten die provisorische Zentralgewalt in Person des ‚Reichsverwesers' ein, auch die vorab im Dezember 1848 als besonderes Gesetz beschlossenen ‚Grundrechte des Deutschen Volkes' und die Verfassung selbst waren Ausdruck der Volkssouveränität. (...)"

(Vorländer, H.: Die Verfassung, S. 68)

■ **A4** Was wird als das Neue der Verfassung hervorgehoben?

Q9 Rita Süssmuth, ehemalige Präsidentin des Deutschen Bundestages, anlässlich des 150-jährigen Jahrestages der Frankfurter Verfassung: „(...) Mit dem Frankfurter Grundrechtskatalog vollzog Deutschland eine Angleichung an die großen westlichen Verfassungen und schuf die Grundlage für eine Rechtskultur, die in den europäischen Nachbarstaaten bereits Tradition geworden war. Das Scheitern der Frankfurter Nationalversammlung hat die hoffnungsvoll begonnene demokratische Bewegung und die Annäherung an die Verfassungsentwicklung der westlichen Nachbarstaaten unterbrochen und damit letztlich zu dem verhängnisvollen Sonderweg Deutschlands beigetragen."

(DAMALS Spezial 1/89: 1848/49, S. 6)

■ **A5** Nenne einige der erwähnten Gemeinsamkeiten in den Menschenrechtserklärungen von 1776, 1789 und 1849. Was findet sich davon in der Verfassung der Bundesrepublik?

4.4 Das Ende der Revolution

Noch während in der Frankfurter Paulskirche die Volksvertreter um eine Verfassung stritten, gab es auf der Straße bei Kämpfen zwischen Volk und Militär zunehmend Erfolge der Fürsten und Könige.
Der Juniaufstand in Frankreich 1848 war ein Kampf von Pariser Arbeitern, die die in der Februarrevolution errungenen Rechte (u. a. Arbeitsplätze, Nationalwerkstätten) schwinden sahen. Die schlecht bewaffneten Aufständischen unterlagen einer Überzahl gut bewaffneter Männer der Nationalgarde. Neue Unruhen verbreiteten sich in allen Teilen Österreichs, die sich gegen die Nationalversammlung richteten. Studenten, Arbeiter und Bürgerwehr wurden trotz erbitterten Widerstandes von kaiserlichen Truppen besiegt. Mehrere tausend Tote waren das Ergebnis des Wiener Oktoberaufstands 1848. Robert Blum, sächsischer Abgeordneter der Linken in der Nationalversammlung, wurde im November 1848 in Wien standrechtlich erschossen. Damit demonstrierte die österreichische Regierung ihre Missachtung gegenüber der Nationalversammlung. Robert Blum wurde zum Volkshelden. Die Nachricht aus Wien stärkte der preußischen Reaktion den Rücken. Als es in Berlin zu einer erneuten Protestwelle kam, zogen Soldaten des Generals Wrangel ein. Die revolutionären Gruppen brachen auseinander. Unter der Losung „Gegen Demokraten helfen nur Soldaten" wurde die preußische Nationalversammlung gewaltsam aufgelöst. In Preußen hatte die Monarchie gesiegt.
Im April 1849 empfing Friedrich Wilhelm IV. die „Kaiserdeputation" – eine Abordnung der Nationalversammlung. Die Abgeordneten boten ihm die deutsche Krone an.

GEWUSST WIE!

Der Brief als historische Quelle

Im Gegensatz zu Schriftquellen, die sich an eine mehr oder weniger große Öffentlichkeit wenden (Chronik, Zeitung, Urkunde etc.), ist der Brief meist an eine bestimmte Person gerichtet (Ausnahmen sind Leser- und Rundbriefe etc.). Er ist eine persönliche, oft vertrauliche Mitteilung und bietet dem Historiker damit Einblicke, wie Geschichte sich im Privatleben der Menschen ausdrückte. Fragen nach dem Alltagsleben und der Mentalität der Menschen, nach dem Bild hinter der „offiziellen" Geschichte rücken in den Vordergrund.
Bei der Analyse von Briefen verwende die bereits erlernten Schritte zur Analyse schriftlicher Quellen. Beachte zusätzlich folgende Punkte:

1. Unterscheide zwischen Inhalten, die rein privater Natur sind, und solchen, die Rückschlüsse auf die Zeitgeschichte geben.
2. Was lässt sich über Einstellungen, Mentalität, Absichten, Ängste usw. des Briefschreibers oder des Empfängers ablesen?
3. Gibt es einen Unterschied zwischen „offiziellem" Geschichtsbild und dem Bild, das der Brief vermittelt? Wenn ja, welche Rückschlüsse folgen daraus?

Q1 Aus der offiziellen Antwort des preußischen Königs an die Abgeordneten der Paulskirche:
„(...) Die Botschaft (...) hat mich tief ergriffen. In dem Beschluss der deutschen Nationalversammlung (...) erkenne ich die Stimme der Vertreter des deutschen Volkes. Die Nationalversammlung hat auf mich (...) gezählt, wo es gilt, Deutschlands Einheit und Kraft zu gründen (...). Aber (...) ich würde ihr Vertrauen nicht rechtfertigen, wollte ich (...) ohne das freie Einverständnis der gekrönten Häupter, der Fürsten und der freien Städte eine Entscheidung fassen.
An den Regierungen der einzelnen Staaten wird es daher jetzt sein, in gemeinsamer Beratung zu prüfen, ob die Verfassung (...) dem Ganzen frommt und mich in den Stand versetzen würde, mit starker Hand die Geschicke zu leiten (...)."
(Huber, E. R.: Dokumente zur deutschen Verfassungsgeschichte, S. 402 f.)

■ **A1** Welche Meinung vertrat der Preußenkönig in der Öffentlichkeit?

Die Erschießung des Robert Blum

Q2 Wilhelm IV. schrieb kurze Zeit später in einem Brief an einen Freund: „Die Krone ist (...) verunehrt mit dem Ludergeruch der Revolution. Einen solchen Reif, aus Dreck und Letten (lat. Sumpf) gebacken, soll (...) nun
5 gar der König von Preußen sich geben lassen (...). Ich sage es Ihnen rund heraus: Soll die tausendjährige Krone deutscher Nation (...) wieder einmal vergeben werden, so bin ich es und
10 meinesgleichen, die sie vergeben; und wehe dem, der sich anmaßt, was ihm nicht zukommt."
(Ranke, L. v.: Briefwechsel zwischen Wilhelm IV. und Bunsen, 1873, S. 233 f.)

■ **A1** Wende die oben genannten Schritte auf die beiden Quellen an. Finde die nach deiner Meinung wirklichen Gründe für Wilhelms Verhalten heraus.

■ **A2** Die Karikatur (oben) soll dich bei der Meinungsbildung unterstützen.

Die Ablehnung der Kaiserkrone durch Wilhelm IV. in der zeitgenössischen Karikatur. Borussia (Preußen) fragt den Präsidenten der Paulskirche: „Wat heulst'n kleener Hampelmann?" – „Ick habe Ihr'n Kleenen 'ne Krone jeschnitzt, nu will er se nicht!"

Mit der Ablehnung der Krone durch Friedrich Wilhelm IV. war die Nationalversammlung in ihrem Ringen um einen einheitlichen Nationalstaat gescheitert. Ein so genanntes „Rumpfparlament" zog nach Stuttgart und wurde auf Befehl der preußischen Regierung im Juni 1849 aufgelöst. In den Einzelstaaten wurden zum Teil die Grundrechte aufgehoben und die Parlamente aufgelöst. Standrechtliche Erschießungen, Gefängnis und Zuchthaus für die Revolutionäre beendeten die Revolutionsjahre.

Im Herbst 1849 waren die liberalen und demokratischen Bewegungen in Europa besiegt. Österreich hob 1851 seine Verfassung wieder auf und stellte die absolute Monarchie wieder her. Aber die Ziele der Revolution wurden nicht vergessen. Wann würde sich der Traum von Einigkeit, Recht und Freiheit für die Deutschen erfüllen?

Karikatur zum Ende der 48er Revolution, August 1849. In Warschau steht für die verlorene Freiheit nur noch eine erloschene Kerze. In Frankfurt, dem Tagungsort der Nationalversammlung, steht eine Vogelscheuche. In England sieht man in einer Kutsche Königin Victoria, die dem Treiben auf dem Festland teilnahmslos zuschaut.

■ **A3** Die Karikatur zeigt, dass der europäische Volkskampf beendet ist. Welches Land und welche Personen verkörpern die Hauptfiguren?

■ **A4** Beschreibe ihre Handlungen.

■ **A5** Fasse deine Gedanken zu dem Thema der Karikatur zusammen. Gib ihr eine treffende Überschrift.

GESCHICHTE KONTROVERS

Ursachen für das Scheitern der Revolution von 1848/49 im Meinungsstreit

A1 Lies die ersten vier Erklärungen von Historikern für das Scheitern der 48er Revolution und notiere in Stichpunkten die wichtigsten Aussagen.

Q1 Heinrich Lutz 1994 über vielfache Gründe für das Scheitern der Revolution:

„(...) Die Demokraten überwanden ihre inneren Gegensätze – Föderalisten und Zentristen, radikale Sozialrevolutionäre und Reformisten – zu keinem Zeitpunkt. Die ausbleibende Partnerschaft mit der europäischen Revolution, insbesondere mit Frankreich, verminderte die Chancen einer radikaldemokratischen Umgestaltung und verstärkte die Tendenzen zu einem nationalistischem Machtutopismus. Die traditionelle deutsche Vielstaaterei behinderte das Entstehen einheitlicher Willensbildung und zentraler Machtausübung. Das Verfassungsproblem war infolge der Existenz Österreichs und der sonstigen Grenzfragen so ungewöhnlich schwierig wie in keinem anderen europäischen Vergleichsfall. Die monatelange sorgfältige Verfassungsarbeit und die Politik der Paulskirche erreichten jene Ebene nicht, wo der freiheitliche Rechtsgedanke, das Machtproblem und die Durchsetzung neuer, revolutionärer Legitimität verknüpft werden konnten. So wurde die Reichsverfassung ein tot geborenes Kind. Auf weitere Sicht wurde dann die deutsche Einheit, durch das Ausscheiden Österreichs verstümmelt, selbst in diesem engeren Rahmen nicht von den Liberalen und demokratischen Kräften geschaffen, sondern durch ‚Blut und Eisen'. (...)"

(Lutz, H.: Zwischen Habsburg und Preußen, S. 322)

Q2 Wolfram Siemann sieht vor allem die Haltung einer politischen Gruppierung in der Verantwortung (1997):

„(...) Die Frage liegt nahe: Wenn das alles so vorzüglich gewesen sein soll – warum ist dann das Verfassungswerk gescheitert? (...) Während der Märzereignisse waren die regierenden Fürsten kurzzeitig ohne Rat und Orientierung. In ihrer Not beriefen sie unverzüglich liberale Adlige und Bürgerliche in ihre Kabinette. Es entstanden die so genannten ‚Märzministerien'. (...) Die Umbildung der Kabinette schien den lang erhofften Durchbruch des Bürgertums anzuzeigen. Es ist notwendig, die Geschehnisse nicht nur von ihrem Ausgang – hier vom Scheitern –, sondern auch von dem Erwartungshorizont der Beteiligten her zu sehen. Auf breite Kreise des Bürgertums mussten die Märzminister beruhigend wirken, gewissermaßen als Handschlag der Fürsten, fortan parlamentarisch-konstitutionelle Politik zu betreiben. Es schien so viel erreicht, dass es an der Zeit war, ‚die Revolution zu schließen', wie man sagte. In der Tat konzentrierten die neuen Regierungen vorwiegend ihre exekutive Gewalt darauf, gegenüber fortbestehenden revolutionären Erregungen ‚Ruhe und Ordnung' herzustellen. Sie erfüllten damit den eigentlichen Zweck, den ihnen die Fürsten zugedacht hatten: der Revolution die Dynamik zu entziehen. (...) Die Zentralgewalt und die Landesregierungen setzten zur Herstellung von Ruhe und Ordnung auch Truppen ein (...). Die Revolution war, wie man sagte, ‚vor den Thronen stehen geblieben'. Und das bedeutete: Die Fürsten blieben im Besitz ihrer exekutiven Gewalt. Der Offiziersadel, die einfachen Soldaten der stehenden Heere und die Beamten in der Verwaltung und Polizei standen in der Stunde des gegenrevolutionären Umschwungs bereit."

(Siemann, W. in: Das 19. Jahrhundert, S. 125 ff.)

Q3 Der DDR-Historiker Gerhard Becker betonte 1984 die besondere Verantwortung einer gesellschaftlicher Schicht für das Scheitern der Revolution:

„(...) Die Gründe für das Scheitern der deutschen Revolution waren vielfältig. Ungünstig hatte sich die politische Zersplitterung ausgewirkt. In Deutschland fehlte ein politisches Zentrum, in dem – wie für Frankreich in Paris – die Entscheidungsschlacht für das ganze Land geschlagen wurde. Die deutsche Revolution splitterte sich in eine Vielzahl neben- und nacheinander stattfindender Lokalrevolutionen auf. Das schwächte die Durchschlagskraft des revolutionären Volkskampfes. Die eigentlichen Ursachen für den Ausgang der Revolution lagen jedoch in der objektiven Konstellation der Klassenkräfte und in deren subjektiven Verhalten während der Revolution. Die Hauptschuld für den Misserfolg trug die Bourgeoisie. Sie war der Hegemon (= die vorherrschende Kraft) der Revolution. Von ihrer Politik hing es ab, ob der für einen Sieg der Revolution notwendige Zusammenschluss aller antifeudalen Kräfte zu Stande kam. Statt aber die progressiven Klassen der bürgerlichen Gesellschaft gegen die Adelsreaktion zusammenzuführen und zugleich die in der Märzrevolution gewonnenen Machtpositionen zu entschiedenen bürgerlichen Umwälzungen zu nutzen, schloss die deutsche Bourgeoisie ein Bündnis mit der geschlagenen, aber noch keineswegs vernichteten halbfeudalen Reaktion. Obwohl sie weiter antiabsolutistische Ziele verfolgte, machte sie seit Ende März 1848 vor allem gegen das revolutionäre Volk Front und bekämpfte alle Bestrebungen, die Revolution weiterzuführen. Sie war selbst dann nicht bereit, sich mit dem Volk zu verbünden, als die Konterrevolution ihre Machtpositionen in Parlamenten und Regierungen liquidierte. Indem die Bourgeoisie ihre historische Auf-

gabe zur Führung der bürgerlichen Revolution nicht erfüllte, verlor sie bereits in ihrer Aufstiegsphase die Fähigkeit, die Interessen der gesamten Gesellschaft wahrzunehmen. So bildete die Revolution von 1848/49 den Wendepunkt in ihrer Entwicklungsgeschichte.
(Deutsche Geschichte, Band 4: Die bürgerliche Umwälzung von 1789 bis 1871, S. 376 f.)

Q4 Dieter Hein 1998 über den Einfluss regionaler Faktoren:
„Die Übergänge zwischen Abwehrkampf gegen die Moderne und dem Streben nach einem eigenen, selbstbestimmten Weg in die Moderne waren 1848/49 fließend. Gerade darin spiegelte sich die soziale Realität der Mitte des 19. Jahrhunderts, einer in weiten Teilen vorindustriellen Gesellschaft. In ihr umfasste das Bürgertum, trotz aller Ansätze zur Bildung einzelner bürgerlicher Erwerbsklassen, noch ein weites soziales Spektrum, das von den wirtschaftlichen Führungsschichten bis hin zu kleinen Handwerksmeistern reichte. In diesem Sinne, im Sinne eines erweiterten, der zeitgenössischen Vielfalt entsprechenden Begriffes von Bürger und bürgerlich, handelt es sich bei der Bewegung von 1848/49 um eine bürgerliche Revolution.
Von hier aus fällt auch noch einmal neues Licht auf die Ursachen des Scheiterns. Denn es ist nicht zu übersehen, dass die Resonanz, die die beiden revolutionären Leitbilder der bürgerlichen Gesellschaft und des nationalen Verfassungsstaates fanden, sich zwar auch nach den sozialen Schichten unterschied, dass sie aber vor allem regional höchst ungleich verteilt war. (...) Nur in diesem Kernraum der Revolution (gemeint sind die Mitte, der Westen und der Süden Deutschlands) konnte sich die Bewegung von 1848/49 auf lange zurückreichende Traditionen kommunaler Partizipation und einen Reichsnationalismus wie auch auf begünstigende gesellschaftliche Strukturen stützen. (...)
Dagegen verfügte die revolutionäre Bewegung im Grunde, wie erst jüngst für Preußen noch einmal konstatiert worden ist, über kein schlüssiges Konzept, wie sie in der Hohenzollern- und der Habsburgermonarchie die auf den weithin rein agrarisch strukturierten östlichen Gebieten beruhende Machtstellung der alten adligen Eliten erschüttern, die konservativen Gegenkräfte in Bürokratie und Militär überwinden und die widerstrebenden Monarchen auf ihre Seite herüberziehen könnte. (...) Nicht nur mit Österreich, sondern auch mit Preußen war ein deutscher Nationalstaat nach bürgerlich-liberalem Verständnis nicht zu erreichen. Gegen sie jedoch auch nicht. Das war das Dilemma der Revolution von 1848/49, nicht zuletzt daran ist sie gescheitert."
(Hein, D.: Die Revolution von 1848/49, S. 137 ff.)

■ **A1** Vergleiche die Erklärungen für das Scheitern der Revolution vor dem Hintergrund deiner Kenntnisse.
■ **A2** Werte die Aussagen auch unter dem Aspekt, wie differenziert im Einzelnen argumentiert wird.

Q5 Der Historiker Frank L. Müller 2002 über Gründe dafür, den Misserfolg der Revolution weniger in den Vordergrund zu rücken:
„(...) Allgemein wurde das Misslingen der freiheitlich-konstitutionellen Nationalstaatsgründung dem Träger der ‚bürgerlichen Revolution' angelastet: dem liberalen deutschen Bürgertum. Es habe zunächst die Gunst des geschichtlichen Augenblicks vertändelt und die Revolution später – aus Furcht vor Demokratie und Radikalismus – schnöde verraten. (...)
Das Gesamtphänomen der Revolution von 1848/49 war weniger bürgerlich-elitär, weniger liberal, national und parlamentarisch, weniger städtisch und weniger fortschrittlich als lange angenommen. Vielmehr nutzten zahlreiche Bevölkerungsgruppen die Chance, die ihnen der dynamische Veränderungsprozess bot. Ebenso unterschiedlich und spezifisch wie die Interessen, die nun zum Ausdruck kamen, waren die zu ihrer Durchsetzung gewählten Politikformen. Erst wenn man Wirtshausdebatten, Katzenmusiken (= verhöhnende Ständchen), Leseabende und Schmucksammlungen – neben den Märzforderungen, den Barrikadenkämpfen und der Paulskirche – mit einbezieht, kommt man zu einer angemessenen Gesamtbewertung. In ihrem Zentrum steht nicht die Frage nach dem Misserfolg eines bürgerlichen Projekts, sondern die Tatsache eines tief greifenden und umfassenden Wandels, eines bis dahin beispiellosen Politisierungs-, Mobilisierungs- und Kommunikationsprozesses. Diese Dynamik war folgenschwerer als die Erfolge auf dem Gebiet der Bauernbefreiung und bei der Stärkung des Verfassungsprinzips und selbst als die Siege der Gegenrevolution. Eine Rückkehr zur Erstarrung des Metternich-Systems erwies sich als impraktikabel. Selbst die Regierungen der so genannten Reaktionsära legten ein beträchtliches Modernisierungspotenzial an den Tag, und binnen weniger Jahre meldete sich die Opposition wieder zu Wort. Bereits 1855 konnten es Kammerabgeordnete in Württemberg, Hessen-Darmstadt und Bayern wagen, offen für eine Bundesreform einzutreten. (...) Langfristig hatte der Sieg der Gegenrevolution im Sommer 1849 weder Leichenstarre noch Friedhofsruhe bewirkt. Deutschland blieb im Wandel."
(Müller, F. L.: Die Revolution von 1848/49, S. 142 f.)

■ **A3** Benenne die Gründe, die Müller anführt, um das Misslingen der Revolution weniger hervorzuheben.
■ **A4** Welche der angeführten fünf Erklärungen erscheint am einsichtigsten? Diskutiert eure Meinungen.

KULTURSPIEGEL

Ein neues Leitbild: der gebildete Bürger

Der Wiener Kongress hatte die europäischen Völkern in ein Korsett gezwängt, das ein Ausbrechen in die Moderne verhindern sollte. Viele Jahre lang konnten die Mächtigen Europas ihre Macht vor dem Streben nach Veränderung schützen. Das öffentliche Bekenntnis zu „Einheit" und „Freiheit" stand unter Strafe, und es schien so, als ob die Mehrheit der Deutschen sich resigniert ins Private, Harmonische, Beschauliche zurückgezogen hätte. Das folgende Gedicht von Scheffel könnte dafür stehen.

Q1 Des Biedermanns Abendgemütlichkeit:

„Vor meiner Haustür steht 'ne Linde.
In ihrem Schatten sitz' ich gern,
Ich dampf' mein Pfeifchen in die Winde
Und lob' durch Nichtstun Gott, den
5 Herrn.

Die Bienen summen froh und friedlich
Und saugen Blütenhonig ein,
Und alles ist so urgemütlich,
Dass ich vor innrer Rührung wein'.

10 Und hätt' in Deutschland jeder Hitzkopf wie ich 'ne Linde vor der Tür
Und rauchte seine Portoriko
Mit so beschaulichem Pläsier:
So gäb' es nicht so viel Krakeeler
15 In dieser schönen Gotteswelt
Die Sonne schien' nicht auf Skandäler,
Und doch wär' alles wohlbestellt.
Amen."
(Scheffel, J. V. v.: Sämtliche Werke, Bd. 9, S. 49)

■ **A1** Vergleiche das Gedicht mit Spitzwegs Gemälde „Sonntagsspaziergang" auf S. 260.

Aber unter der Oberfläche vollzogen sich Entwicklungen, die letztendlich den Wandel hin zu einer bürgerlichen Gesellschaft vorbereiteten. Das reich gewordene Bürgertum, das sich zunehmend als neue gesellschaftliche Elite, als Führungsschicht begriff, entwickelte in Abgrenzung zum Adel nun auch eine eigene Kultur. Diese definierte sich vor allem über den Begriff der Bildung. Bildung zu erwerben und damit den eigenen Führungsanspruch zu untermauern, darin lag in der ersten Hälfte des 19. Jahrhunderts das Ziel vielfältiger bürgerlicher Aktivitäten. Für den Erwerb von Wissen besonders gefragt waren politische und historische sowie allgemein wissenschaftliche und fachspezifische Zeitschriften, also Druckerzeugnisse, die einerseits den neuesten Stand der Erkenntnisse beinhalteten und über den sich andererseits schnell ein Überblick verschaffen ließ.

Was aber boten die von der Zensur zugelassenen Veröffentlichungen ihren Lesern an?

Q2 Was die Zensur für den allgemeinen Zeitungsleser zuließ, das karikierte Hoffmann von Fallersleben in seinem Gedicht „Wie ist doch die Zeitung interessant":

„Wie ist doch die Zeitung interessant
Für unser liebes Vaterland!
Was haben wir heute nicht alles
vernommen!
5 Die Fürstin ist gestern niedergekommen,
Und morgen wird der Herzog kommen,
Hier ist der König heimgekommen,
Dort ist der Kaiser durchgekommen,
10 Bald werden sie alle zusammenkommen
Wie interessant! Wie interessant!
Gott segne das liebe Vaterland!"
(Hoffmann von Fallersleben, H.: Der deutsche Vormärz, S. 148)

■ **A2** Charakterisiere den Tonfall, in dem der Dichter die Zeitungsinhalte vorstellt.
■ **A3** Äußere dich zu den Zeitungsinhalten unter dem Aspekt des bürgerlichen Bildungsanspruchs.
■ **A4** Was erzählen die Bilder dieser Doppelseite über bürgerliche Bildung und Kultur?

Im Lesecafé.
Stich von
J.C. Schoeller, 1837.

Der Wunsch nach unabhängiger Information und nach Bildung im Kreise Gleichgesinnter trug seit der zweiten Hälfte des 18. Jahrhunderts in Deutschland zur Verbreitung von Lesegesellschaften bei. Den Höhepunkt erreichten diese Zirkel in der Zeit von 1815 bis 1848. Ihre Zahl wird mit 430 angegeben. Die Mitgliederzahlen schwankten zwischen zwanzig und dreihundert. In ihnen versammelten sich vor allem Händler, Unternehmer, Beamte, Professoren und Geistliche, in einigen Städten auch Adlige. Sie alle einte der Wunsch, mehr und anderes zu erfahren, als es die üblichen Zeitungen zuließen. Über die Mitgliedschaft neuer Interessenten wurde demokratisch in geheimen Wahlen entschieden, was in Verbindung mit relativ hohen Mitgliedsbeiträgen dazu beitrug, dass in diesen Gesellschaften überwiegend Begüterte aus dem gehobenen Bürgertum anzutreffen waren.

Weitere Möglichkeiten, um sich zu treffen und Gedanken und Anschauungen auszutauschen, boten die bürgerlichen Geselligkeitsvereine, wo neben Lektüre und zwangloser Konversation auch Spiele und musikalische Aufführungen zum Programm gehörten. Über die gesellschaftliche Bedeutung dieser Vereine schrieb der Historiker Thorsten Maentel:

Links: Musikalische Abendgesellschaft in einem Bürgerhaus. Gemälde von Wilhelm Marstrand, 1834.

Rechts: Eine bürgerliche Dame versucht sich als Malerin. Zeitgenössisches Aquarell.

Q3 *„Die Geselligkeitsvereine wurden in einer Phase beschleunigten gesellschaftlichen Wandels zu einem Vehikel bürgerlicher Emanzipation. Was der*
5 *Vereinsgeselligkeit ihren spezifischen Reiz verlieh, war nicht nur die Befreiung des alltäglichen geselligen Verkehrs von der Strenge der ständischen Konvention, nicht nur die Orientie-*
10 *rung an einer neuen Freizügigkeit des Umgangs unter Gebildeten, es war darüber hinaus die Einübung in demokratische Formen der gesellschaftlichen Selbstorganisation."*
(Maentel, Th.: Aufbruch aus alter Enge, in: DAMALS, Heft 8/99, S.64)

Die bürgerlichen Salons hatten den Vorteil, dass sie im privatem Rahmen stattfanden und sich so staatlicher Kontrolle und Vorschriften entzogen. Während sich die Vereine ausschließlich aus männlichen Mitgliedern zusammensetzten, standen in den Salons bürgerliche Damen im Mittelpunkt. Sie repräsentierten das gastgebende Haus nach außen. Den berühmtesten Salon in Berlin führte die Tochter eines jüdischen Kaufmanns, Rahel Varnhagen von Ense. Bei ihr trafen sich Schriftsteller, Dichter und literarisch interessierte Bürger.

Vielen reichte aber das Gespräch über Literatur, Theater, Malerei und Musik nicht. Sie trachteten danach, sich selbst zu vervollkommnen, indem sie als Laien – Dilettanten – selbst dichteten, Theater spielten, malten oder musizierten. In der Zeit zwischen 1815 und 1848 erreichte diese Form der Auseinandersetzung mit der Kultur beachtliche Leistungen.

Über den für all diese Aktivitäten maßgeblichen Stellenwert der Bildung im aufstrebenden Bürgertum schreibt Th. Maentel:

Q4 *„Bildung wurde zum entscheidenden Statusmerkmal, sie entschied über die Zugehörigkeit zu einer neuen gesellschaftlichen Gruppierung, die*
5 *sich gleichsam als die Elite der Gebildeten aus allen Ständen zusammenfügte. Im Wandel der Geselligkeitskultur schlug sich somit nicht nur die kulturelle Auflösung der ständischen*
10 *Gesellschaft nieder, er zeugt zugleich vom Bemühen um die Grundlegung einer neuen gesellschaftlichen Ordnung."*
(Maentel, Th.: Aufbruch aus alter Enge, in: DAMALS, Heft 8/99, S.62)

A1 *Worin siehst du den Wert der Vereine, Klubs und Salons für das Bürgertum?*

A2 *Beschreibe in groben Zügen die kulturelle Entwicklung des Bürgertums in der Biedermeierzeit.*

GESCHICHTE IM ÜBERBLICK

1815 — Wiener Kongress bringt Restauration. „Heilige Allianz."

1817 —  Wartburgfest der Burschenschaften.

1819 — Karlsbader Beschlüsse: „Demagogenverfolgungen".

1830 — Revolution in Frankreich Auslöser für Aufstände in anderen Ländern (u. a. Italien, Polen).

1832 —  Hambacher Fest für Freiheit und Einheit.

Deutscher Bund der Monarchien und Fürstentümer.

„Vormärz": Aufstieg des Bürgertums.

Zusammenfassung

- Nach der Niederlage Napoleons stellt der **Wiener Kongress 1815** das Gleichgewicht der europäischen Mächte wieder her. Die „**Heilige Allianz**" dient der Absicherung dieser Ordnung und der Niederhaltung revolutionärer Kräfte (**Restauration**).
- Die in den „Freiheitskriegen" gewachsenen Hoffnungen vieler Deutscher auf **Freiheit** und **nationale Einheit** werden enttäuscht. Der **Deutsche Bund** bleibt lediglich ein loser Zusammenschluss der souveränen Monarchien, Fürstentümer und freien Reichsstädte.
- Im „**Vormärz**" verstärken sich Nationalbewusstsein und Widerstand gegen die Fürstenherrschaft. **Eine bürgerliche Gesellschaft** mit eigener Kultur bildet sich heraus: Bildung, Selbstverantwortung, Freiheitsstreben, aber auch Rückzug ins Private („Biedermeier").
- Vorkämpfer für Freiheit und Einheit werden die studentischen **Burschenschaften** (Wartburgfest 1817). Auf die Freiheitsbestrebungen in Deutschland reagiert die Obrigkeit 1819 mit den **Karlsbader Beschlüssen** („Demagogenverfolgungen" und verschärfter Zensur).
- In der **Julirevolution 1830** übernimmt in **Frankreich** eine gewählte Abgeordnetenkammer die Macht. Nationale Erhebungen in Italien und Polen werden niedergeschlagen.
- Das **Hambacher Fest** 1832 markiert einen Höhepunkt der demokratischen und nationalen Bewegung in Deutschland.

Die Zeit der liberalen und nationalen Bewegungen

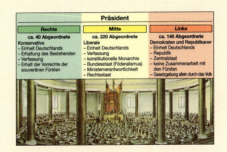

Febr. 1848 — Februaraufstand 1848 in Paris setzt Signal für Revolutionen in Europa.

März 1848 — Märzunruhen in Berlin zwingen preußischen König zu Zugeständnissen.

Mai 1848 — Paulskirche: gesamtdeutsche Nationalversammlung (Grundrechte, Verfassung, Parteien).

April 1849 — Preußischer König lehnt Kaiserkrone der Nationalversammlung ab.

Juni 1849 — Gewaltsame Auflösung des „Rumpfparlaments". Niederschlagung der Revolution in Deutschland, Frankreich, Ungarn, Italien.

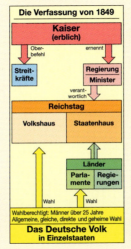

- Bürgerliches Freiheitsstreben und Wirtschaftskrisen (z. B. Weberunruhen) führen 1848/49 in zahlreichen Ländern Europas zur Revolution.
- Die **Februarrevolution 1848 in Frankreich**, getragen von Kleinbürgern und Proletariern, wirkt als Wegbereiter.
- In der **Märzrevolution in Preußen** werden nach heftigen Kämpfen dem König wichtige Zugeständnisse abgerungen (Wahlrecht, Parlament).
- In der **Paulskirche** in Frankfurt tritt im Mai 1848 die **gesamtdeutsche Nationalversammlung** zusammen. Bis März 1849 werden **Grundrechte** und eine **Verfassung** erarbeitet. Die Mehrheit entscheidet sich für die „kleindeutsche" Lösung. In der Paulskirche bilden sich die Anfänge der modernen **politischen Parteien** heraus: Linke (Demokraten), Liberale, Konservative.
- Die alten Mächte erholen sich von ihren Rückschlägen und beenden die Revolution mit Gewalt: Niederschlagung des Juniaufstandes in Frankreich, des Oktoberaufstandes in Wien. Der König von Preußen lehnt die von der Nationalversammlung angebotene Kaiserkrone ab. Er setzt Militär gegen die Revolutionäre ein und löst die preußische und den Rest der gesamtdeutschen Nationalversammlung („Rumpfparlament") auf.

7 Industrialisierung und soziale Frage

„Fang mich, wer kann"

Wenn du heute einen Eisenbahnzug über die Schienen rasen siehst, wirst du dich darüber kaum wundern. Doch vor 200 Jahren wäre jeder für verrückt erklärt worden, der behauptet hätte, man könne sich schneller als mit 10 Kilometern pro Stunde fortbewegen. Selbst wenn aus der Lok dicke Dampfwolken emporsteigen würden, könnte das auf dich nicht solch einen gewaltigen Eindruck machen wie auf die Zuschauer, die im Jahre 1804 in England die Fahrt einer der ersten Lokomotiven namens Invicta (die Unbesiegbare) bestaunten. Da jedoch unter der Last der schweren Maschine immer wieder die Schienen brachen, wurde der weitere Transport noch länger von Pferden bestritten.

■ **A1** *Beschreibe diese Rekonstruktionszeichnung einer der ersten Lokomotiven.*
■ **A2** *Vergleiche mit den Postkutschen.*

„Königlich-Württembergische Ochsenpost", Aquarell von 1861

Rekonstruktion der „Rocket" von George Stephenson

Der Postwagen nach Gotha, um 1825

Aber ihr Konstrukteur gab nicht auf. 1808 errichtete er eine eingezäunte Ringstrecke. Dort führte er gegen Eintrittsgeld seine im Kreis fahrende Lokomotive „Catch me who can" („Fang mich, wer kann") vor. Das war eine Riesenattraktion. Dabei wurde eine Geschwindigkeit von 30 km/h erreicht.

■ **A1** Was glaubst du, warum die Vorführung der Kreisbahn zur damaligen Zeit eine große Attraktion war?

Die erste öffentliche Eisenbahnlinie der Welt wurde 1825 in England eingeweiht. Sie verband die Bergwerke in Darlington mit der 15 km entfernten Hafenstadt Stockton. Für sie hatte George Stephenson die erste wirklich funktionstüchtige dampfbetriebene Lokomotive konstruiert, die „Rocket" (= Rakete). Mit 20 km/h zog sie 21 Wagen, in denen 450 begeisterte Fahrgäste saßen. Die Eisenbahn wurde in vielen Ländern zum sichtbarsten Zeichen einer der einschneidendsten Veränderungen in der Geschichte der Menschheit: der Industrialisierung.

■ **A2** Berechne, wie lange der Zug für die Strecke von 15 Kilometern brauchte. Wie lange würde ein Zug mit 200 km/h heute dazu etwa benötigen?

■ **Q1** Der König von Hannover meinte zum Eisenbahnbau:
„Ich will keine Eisenbahn in meinem Lande. Ich will nicht, dass jeder Schuster und Schneider so rasch reisen kann wie ich."
(Geschichtsbuch Kl. 7, VuW, S. 252)

■ **Q2** Bayerische Ärzte warnten 1837:
„Die schnelle Bewegung muss bei den Reisenden unfehlbar eine Gehirnkrankheit (...) erzeugen. Wollen aber dennoch Reisende dieser grässlichen
5 Gefahr trotzen, so muss der Staat wenigstens die Zuschauer schützen (...) Es ist notwendig, die Baustelle auf beiden Seiten mit einem hohen Bretterzaun einzufassen."
(Quellen zur Geschichte der industriellen Revolution, S. 84)

■ **A3** Setze dich mit den unterschiedlichen Argumentationen auseinander.

Die Entwicklung der Bahn war ein Spiegel der Gesellschaft. Reisende im Wagen 3. Klasse (links) und 1. Klasse (unten). (Rekonstruktionen)

■ **A4** Vergleiche die Bilder. Was erzählen sie?

■ **A5** Setze das Bild (links) und Q2 in Beziehung.

Die Lokomotive „Fang mich, wer kann"

1 Die Industrialisierung in England und Deutschland

1.1 Der Beginn: Englands Textilindustrie

Die Tuchherstellung war bereits seit dem 15. Jahrhundert der führende Produktionszweig in England. Bis ins 18. Jahrhundert hinein wurden die Stoffe in Heimarbeit hergestellt. Spinnerinnen mussten die Wolle auf dem Spinnrad zu einem Faden drehen. Ein Verleger, von dem sie auch die Wolle erhielten, sammelte die fertige Arbeit ein. Er sorgte dafür, dass sie an Weber verkauft wurde, die daraus Stoffe webten.

Doch es dauerte sehr lange, an einem Spinnrad den Faden zu spinnen. Bald reichte der Nachschub für die Weber nicht mehr, der „Spinnfadenhunger" entstand. Denn 1733 hatte der englische Weber John Kay einen neuen Webstuhl konstruiert. Damit konnte viel schneller gewoben werden als vorher.

Man musste also überlegen, wie man auch Garn schneller herstellen konnte. Der Weber James Hargreaves hatte eine Idee. Er baute 1764 eine hölzerne Spinnmaschine, die so genannte „Spinning Jenny". Sie hatte nicht nur eine Spindel wie das Spinnrad, sondern 16. Die Spinnmaschine wurde auch danach ständig weiterentwickelt. Sie ersetzte die Arbeit von immer mehr Spinnerinnen. 1812 konnte eine Spinnerin so viel produzieren wie vor den Erfindungen 200 Spinnerinnen in der gleichen Zeit.

- **A1** Erkläre, wie es zum Spinnfadenhunger kam.
- **A2** Vergleiche die beiden Bilder. Was hat sich verändert?
- **A3** Wie werden die Spinnerinnen auf diese neuen Erfindungen reagiert haben?
- **A4** Überlege, welche Folgen es für die Weberei hatte, dass nun viel mehr Garn hergestellt wurde.

Verleger und Spinnerinnen. Zeitgenössische Darstellung einer Spinnstube.

Rekonstruktion der „Spinning Jenny"

Die Weber erhielten nun viel mehr Garn, als sie verarbeiten konnten. Jetzt wurde darüber nachgedacht, wie auch ihre Arbeit beschleunigt werden konnte. Der Erste, der eine Webmaschine konstruierte (1786), war der englische Geistliche Edmund Cartwright. Sie wurde mittels Wasserkraft angetrieben und arbeitete erheblich schneller als die alten Webstühle.

Seitdem Maschinen mit Wasserantrieb eingeführt worden waren, entstanden große Baumwollfabriken. Darin wurden alle notwendigen Arbeitsschritte gleichzeitig gemacht. Die Textilindustrie war der erste Produktionszweig, in dem man von der handwerklichen zur industriellen Betriebsweise überging.

■ **A1** *Bringe die Abbildung zum Sprechen. Was kannst du alles erkennen?*

■ **A2** *Erläutere, wie die Drehbewegung des Wasserrades weitergeleitet wird (siehe 1 und 6 und oberen Ausschnitt).*

■ **A3** *Vergleiche die Arbeitsvorgänge mit den Bildern auf Seite 297. Welche Veränderungen erkennst du?*

■ **A4** *Was bedeutete es für die Standorte der Fabriken, dass die Maschinen mit Wasserkraft angetrieben wurden? Nenne die Nachteile der Wasserkraft.*

■ **A5** *Die am Wasser liegenden Spinnfabriken hatten kleine Fenster, um die Feuchtigkeit von der Wolle fernzuhalten. Beschreibe die Folgen für die Arbeiter und Arbeiterinnen.*

■ **A6** *Vergleiche Spinnstube und Maschinensaal und stelle Vermutungen darüber an, wie sich das Leben der Spinnerinnen verändert hat.*

Q1 Von einer Baumwollfabrik wurde Folgendes berichtet:
„Die Luft mancher Baumwollspinnereien war mit dichtem Staub erfüllt, ein weißer Flaum bedeckte die Maschinen, die Fußböden waren mit einer ⁵klebrigen Masse aus Öl, Staub und Unrat aller Art überzogen. Aus den Abtritten (= Toiletten), welche direkt in die Arbeitssäle mündeten, drangen die ekelhaftesten Dünste ein (...). ¹⁰Dunkel herrschte innerhalb der vier schwarzen Wände und zahlreiche Unfälle verdankten diesen Zuständen ihre Entstehung."
(Herkner, H.: Die Arbeiterfrage, Bd. 1, S. 22 f.)

■ **A7** *Welche Folgen hatte das für die Gesundheit der arbeitenden Menschen?*

In einer Baumwollfabrik (Rekonstruktion):
In dieser Fabrik vom Anfang des 19. Jahrhunderts wurde die Baumwolle zuerst gekämmt, dann in einer Spinnmaschine zu Fäden zusammengedreht und auf Spulen gewickelt. Alle Maschinen wurden zentral über ein riesiges Wasserrad und ein System von Zahnrädern und Wellen angetrieben. Das war für die Arbeiter sehr gefährlich. Denn überall in der Fabrik gab es breite, lange Treibriemen und Räder, die sich schnell drehten. Doch keine der Maschinen hatte Schutzvorrichtungen oder Sicherheitsbremsen.

1 Wasserrad
2 Schulzimmer
3 Spinnmaschinen
4 Kämmmaschinen
5 Spul- und Wickelmaschinen
6 Treibriemen und Zahnradgetriebe

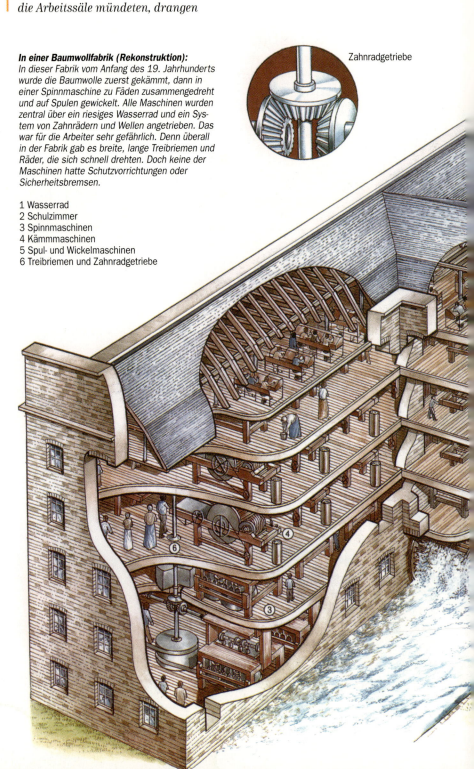

Zahnradgetriebe

In den Fabriken arbeiteten Frauen, Männer und Kinder. Kinder mussten beispielsweise unter die Spinnmaschinen kriechen, wenn Fäden gerissen waren und sie wieder zusammenknoten. Dazu wurden die Maschinen nicht angehalten.

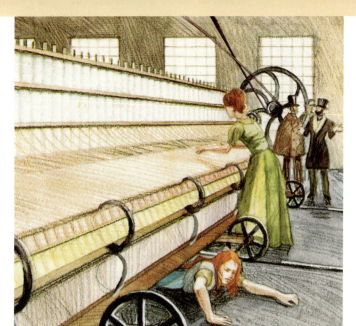

Kinderarbeit in der Spinnerei (Rekonstruktion)

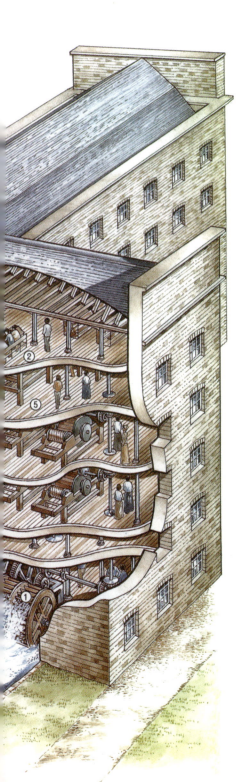

■ **A1** *Welchen Gefahren ist das Mädchen ausgesetzt?*
■ **A2** *Welche Vorteile hatte Arbeit von Kindern für den Fabrikbesitzer?*
■ **A3** *Suche nach Gründen, weshalb nur wenige Männer in der Textilindustrie tätig waren.*

Da die Fabriken schnell und sehr viel produzierten, konnten die Fabrikbesitzer ihre Waren billiger verkaufen als die Handwerker. Fabriken wurden zur überlegenen Konkurrenz für die Handwerker, von denen viele ihre Arbeit verloren.

Manche glaubten, dass daran die Maschinen schuld waren. Sie wollten sich wehren und zerschlugen deshalb die Maschinen (Maschinenstürmer). In England wurde diese Maschinenstürmerei schon bald mit dem Tode bestraft. Auch die Erfinder der Maschinen betrachteten manche als Feinde. So wurde das Haus von James Hargreaves verwüstet. John Kay wurde von Webereiarbeitern angegriffen und musste deshalb aus Manchester fliehen.

■ **A4** *Setze dich mit der Frage auseinander, ob die Maschinenstürmereien zu billigen waren oder nicht.*
■ **A5** *Verfasse ein Flugblatt, das die neuen Erfindungen als Gefahr darstellt. Stelle besonders die Folgen für die Handwerker heraus. Formuliere Forderungen.*
■ **A6** *Kennst du einen kleinen Handwerksbetrieb in deinem Heimatort? Frag dort nach, wie heute die Bedingungen für ihn sind.*

Die Vertreibung von John Kay. Zeitgenössische Darstellung.

ARCHIV

Warum beginnt die Industrialisierung in England?

Q1 Der Technikhistoriker W. Treue sucht Gründe für die Vorreiterrolle Englands:

„Die Ursache dafür, dass die Briten die Erfindergabe früher und stärker entwickelten als andere Völker, liegt in erster Linie daran, dass sie durch
5 keine Zunftschranken und ähnliche Gebote (...) behindert wurden. (...) In England stammten die Erfinder von Textilmaschinen fast durchweg aus sehr viel gehobeneren Schichten des
10 Bürgertums. Ihre Väter waren wohlhabende Kaufleute, Ärzte oder gut situierte Landwirte mit nebengewerblichen Betrieben, das heißt vorwiegend Männer, die den Wert der höheren Schul-
15 bildung erkannt hatten und diese finanziell ermöglichen konnten (...). Auslandserfahrungen durch Kolonialbesitz und internationale Schifffahrt (...) bereicherten diese Gesellschaft, in
20 der auch gehobene Familien ihre Söhne häufig als Lehrlinge zu einem Weber, Tischler oder anderen Handwerkern schickten. Die Erfindungen fielen also nicht vom Himmel in den Schoß eines
25 Volkes, das sie mit Kaufmannsgeist anzuwenden verstand, die Verbreitung ihrer Kenntnis ins Ausland aber unter Todesstrafe stellte (...)".

(Treue, W.: Wirtschaftsgeschichte, S. 382 f.)

■ **A1** Nenne die im Text genannten Gründe für die Vorreiterrolle Englands.
■ **A2** Warum wurde die Weitergabe von technischen Erfindungen offiziell mit dem Tode bestraft?

Q2 Ein englischer puritanischer Theologe als Vordenker 1665:

„Du sollst auf jene Weise arbeiten, die am meisten auf deinen Erfolg und deinen rechtmäßigen Gewinn abzielt. Du bist gehalten, alle deine dir von Gott
5 verliehenen Fähigkeiten auszunutzen. (...) Du darfst arbeiten, um reich zu sein für Gott, nicht aber (...) für ein Leben der Fleischeslust und der Sünde."

(Klemm, F.: Geschichte der Technik, S. 190 f.)

Q3 Adam Smith über die Natur und Ursache des Wohlstandes (1776):

„Da nun aber der Zweck jeder Kapitalanlage Gewinnerzielung ist, so wenden sich die Kapitalien den rentabelsten Anlagen zu, d.h. denjenigen,
5 in denen die höchsten Gewinne erzielt werden. Indirekt wird aber auf diese Weise auch die Produktivität der Volkswirtschaft am besten gefördert. Jeder glaubt nur sein eigenes Interes-
10 se im Auge zu haben, tatsächlich aber erfährt so indirekt auch das Gesamtwohl der Volkswirtschaft die beste Förderung (...). Verfolgt er nämlich sein eigenes Interesse, so fördert er
15 damit das Gesamtwohl viel nachhaltiger, als wenn die Verfolgung des Gesamtinteresses unmittelbar sein Ziel gewesen wäre. Ich habe nie viel Gutes von denen gesehen, die angeblich für
20 das allgemeine Beste tätig waren. Welche Kapitalanlage wirklich die vorteilhafteste ist, das kann jeder Einzelne besser beurteilen als etwa der Staat oder eine sonstwie übergeord-
25 nete Instanz.
Jeder kluge Familienvater befolgt den Grundsatz, niemals etwas zu Hause anzufertigen, was er billiger kaufen kann. Dem Schneider fällt es nicht ein,
30 sich die Schuhe zu machen, sondern er kauft sie vom Schuhmacher; dem Schuhmacher andererseits fällt es nicht ein, sich die Kleider selbst herzustellen, sondern er gibt sie beim
35 Schneider in Auftrag, und dem Landwirt kommt es nicht in den Sinn, sich dies oder jenes selbst zu machen, sondern auch er setzt die einzelnen Handwerker in Nahrung (...)".

(Smith, A.: Ursache des Wohlstandes, zit. nach: Treue, W.: Quellen, S. 163)

■ **A3** Inwiefern greift Smith die Ideen puritanischer Theologen auf?
■ **A4** Versuche zu erklären, warum Smith das Eigeninteresse für förderlich hält.
■ **A5** Was meint Smith damit, wenn er sagt, dass der Einzelne eine Kapitalanlage besser beurteilen kann als irgendeine staatliche Instanz?
■ **A6** Die im letzten Abschnitt erklärten Prinzipien heißen Spezialisierung und Arbeitsteilung. Beschreibe, wo ihre jeweiligen Vorteile gegenüber der Eigenproduktion liegen.

Q4 Bevölkerungswachstum:

„Es ist wahrscheinlich, dass die Europäer, besser genährt denn je zuvor, gegen Krankheiten widerstandsfähiger wurden (...). Überdies machte
5 die Medizin erhebliche Fortschritte. Bis dahin hatten die Ärzte so wenig von der Sache verstanden, dass sie wahrscheinlich mehr Menschen töteten als heilten (...) Kurz gefasst
10 können wir sagen, dass der hier behandelte Zeitraum durch einen Übergang von einer hohen Geburten- und Sterbeziffer zu einer Verringerung beider gekennzeichnet war (...). Indes-
15 sen war der wachsende Bevölkerungsdruck nur ein Faktor im Zusammenhang der Entstehung der industriellen Gesellschaften. Ein großes Reservoir an Arbeitskräften kann nicht
20 genutzt werden, wenn Fachleute, Kapital und Unternehmungsgeist fehlen. Wo aber diese Faktoren zusammentreffen, fördert eine steigende Bevölkerung unweigerlich die indus-
25 trielle Produktion."

(Cipolla, C. M.: Europäische Wirtschaftsgeschichte, Bd. 3)

■ **A7** Welche Ursachen hatte das Bevölkerungswachstum im 18. Jahrhundert?
■ **A8** Zähle die bei Cipolla genannten Faktoren auf, die zur industriellen Revolution beitrugen.
■ **A9** Nenne weitere solcher Faktoren.

1.2 Neue Antriebsmaschinen werden gebraucht

Bisher wurden die Maschinen von der Kraft des Wassers (Wasserrad), des Windes (Windmühle, Segelschiff) oder von Tieren angetrieben. Nur im Bergbau nutzte man bereits zur Entwässerung Pumpen, die mit Dampf angetrieben wurden. Doch die arbeiteten noch sehr uneffektiv.

Der schottische Ingenieur James Watt (1736–1819) hatte jahrelang experimentiert, um diese Dampfpumpen zu verbessern. Ihm gelang der Durchbruch. Schließlich konstruierte er eine Dampfmaschine, die auch Arbeitsmaschinen wie die Spinn- oder Webmaschinen antreiben konnte.

Eine Dampfmaschine beruht auf dem Prinzip, dass Wasser, auf über 100 °C erhitzt, von flüssigem in gasförmigen Zustand übergeht. Dabei dehnt es sich enorm aus. Diese Ausdehnung wird genutzt, um einen Kolben zu bewegen. Watt baute 1781 eine doppelt wirkende Dampfmaschine, in der diese Auf- und Abbewegung in eine Drehbewegung umgewandelt wurde. Nun konnten Dampfmaschinen auch eingesetzt werden, um andere Maschinen anzutreiben. Auf dieser Grundlage entstanden riesige Fabriken.

■ **A1** *Stell dir vor, du willst die Vorteile dieser Maschine einem Kaufinteressenten schmackhaft machen. Wie beschreibst du sie? Nutze Text und Bild.*

■ **A2** *Hast du irgendwo im Alltag schon einmal die Kraft von Dampf beobachtet? Beschreibe, was du gesehen hast.*

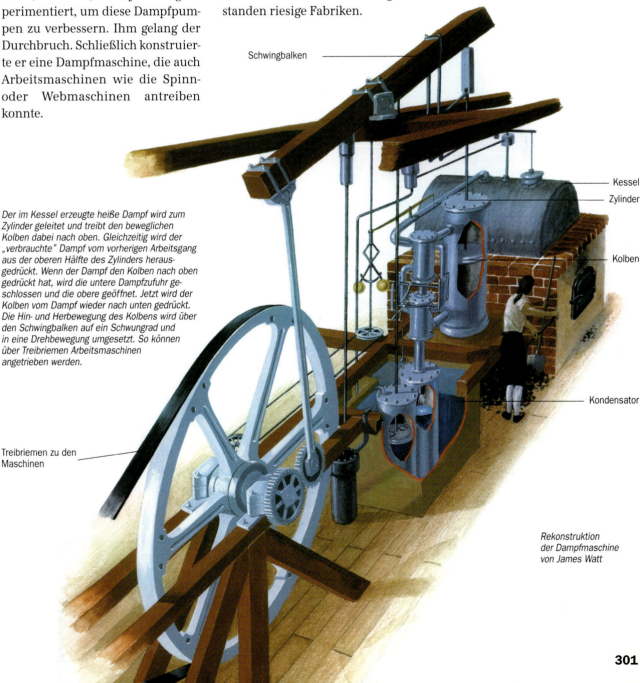

Der im Kessel erzeugte heiße Dampf wird zum Zylinder geleitet und treibt den beweglichen Kolben dabei nach oben. Gleichzeitig wird der „verbrauchte" Dampf vom vorherigen Arbeitsgang aus der oberen Hälfte des Zylinders herausgedrückt. Wenn der Dampf den Kolben nach oben gedrückt hat, wird die untere Dampfzufuhr geschlossen und die obere geöffnet. Jetzt wird der Kolben vom Dampf wieder nach unten gedrückt. Die Hin- und Herbewegung des Kolbens wird über den Schwingbalken auf ein Schwungrad und in eine Drehbewegung umgesetzt. So können über Treibriemen Arbeitsmaschinen angetrieben werden.

Rekonstruktion der Dampfmaschine von James Watt

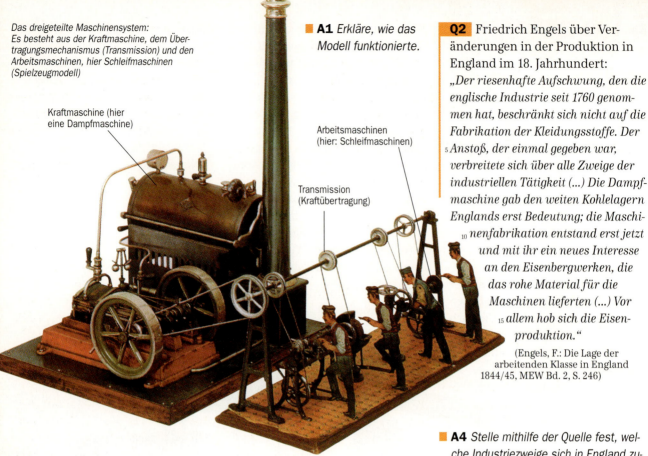

Das dreigeteilte Maschinensystem: Es besteht aus der Kraftmaschine, dem Übertragungsmechanismus (Transmission) und den Arbeitsmaschinen, hier Schleifmaschinen (Spielzeugmodell)

Kraftmaschine (hier eine Dampfmaschine)

Arbeitsmaschinen (hier: Schleifmaschinen)

Transmission (Kraftübertragung)

■ **A1** Erkläre, wie das Modell funktionierte.

Q2 Friedrich Engels über Veränderungen in der Produktion in England im 18. Jahrhundert:
„Der riesenhafte Aufschwung, den die englische Industrie seit 1760 genommen hat, beschränkt sich nicht auf die Fabrikation der Kleidungsstoffe. Der
5 Anstoß, der einmal gegeben war, verbreitete sich über alle Zweige der industriellen Tätigkeit (…) Die Dampfmaschine gab den weiten Kohlelagern Englands erst Bedeutung; die Maschi-
10 nenfabrikation entstand erst jetzt und mit ihr ein neues Interesse an den Eisenbergwerken, die das rohe Material für die Maschinen lieferten (…) Vor
15 allem hob sich die Eisenproduktion."
(Engels, F.: Die Lage der arbeitenden Klasse in England 1844/45, MEW Bd. 2, S. 246)

Q1 Aus einem technischen Handbuch von 1843:
„Die Dampfmaschine hat uns zuerst in den Stand gesetzt eine anhaltende, fortdauernde Kraft selbst zu schaffen, wie sie die Industrie bedarf. (…) Ein
5 Wasserfall ist in der Regel allerdings weit wohlfeiler (= billiger); allein die wenigsten [Wasserfälle] finden sich in den Städten, wo die Industrie ihrer hauptsächlich bedarf. (…) Monatelang
10 versagen sie oft ganz (…) Noch wohlfeiler ist die Kraft des Windes, allein einen so launenhaften Diener kann die Industrie selten gebrauchen (…). Die Dampfmaschine arbeitet wo und
15 wie wir wollen, unabhängig und (pausenlos). Keine Kraft (…) gibt eine so regelmäßige Bewegung; keine lässt sich so leicht und unbedingt mindern und steigern. Auch die Dampfmaschine
20 kostet Unterhalt, aber nur wenn sie arbeitet."
(Bernoulli, Chr.: Handbuch der Dampfmaschinen-Lehre, S. 2 f.)

■ **A2** Nenne die Vorteile einer Dampfmaschine gegenüber den Antriebsquellen Wasser, Wind, Tier.
■ **A3** Siehst du auch Nachteile?

■ **A4** Stelle mithilfe der Quelle fest, welche Industriezweige sich in England zusammen mit der Textilindustrie entwickelten.

Um 1820 hatten sich Dampfmaschinen in mehreren Wirtschaftszweigen durchgesetzt. In England wurde die Baumwoll- bzw. Textilindustrie in der 2. Hälfte des 18. Jahrhunderts zum führenden Industriezweig. Sie leitete dort die Industrialisierung ein. Das bedeutete vor allem, dass Produkte nun mithilfe von Maschinen massenhaft hergestellt wurden. In England hatte dieser Prozess um 1750 begonnen. Die englische Industrie nahm bis in die 2. Hälfte des 19. Jahrhunderts die führende Stellung in der Welt ein.

Die Industrialisierung hatte sich zuerst in England vollzogen. Doch seit der 1. Hälfte des 19. Jahrhunderts setzte sie sich auch in anderen europäischen Ländern, vor allem in Belgien und Frankreich, schließlich auch in den USA durch. In Deutschland begann dieser Prozess um 1840, behindert zunächst durch die staatliche Zersplitterung Deutschlands und deren wirtschaftliche Folgen wie handelshemmende Zölle, Verkehrsprobleme, uneinheitliche Maße, Währungen usw. In Deutschland wurde Preußen bald zum industriellen Vorreiter, indem es Verkehrswege ausbaute, technische Ausbildungen förderte und englisches Know-how ins Land holte. Das Ausmaß der industriellen Entwicklung Deutschlands wurde aber erst ab 1870 mit dem Englands vergleichbar.

ARCHIV

Der Siegeszug der Dampfmaschine

Q1 Der Historiker Rübherdt über die Bedeutung der Spinnmaschine:
„Mit Arkwrigths Unternehmen, das er in Cromford bei Nottingham mit geliehenem Geld aufbaute und das schon als Fabrik anzusehen ist, be-
5 gann die Umstellung der bisherigen Spinnmanufakturen, in denen Handarbeit geleistet wurde, auf Spinnmaschinen, deren gleichmäßiges Garn als ‚Watergarn' bezeichnet wurde.
10 1771 hatte Arkwright seine erste Maschine aufgestellt und sofort den Bau neuer Maschinen in Angriff genommen und sie 1775 dann weiter verbessert. Gegen Lizenzzahlungen
15 vergab er die Nutzung seiner Patentrechte an andere Unternehmer und wurde somit zum Schrittmacher der Industrialisierung des Baumwollgewerbes. Drei Jahre später bereicher-
20 te der Techniker Samuel Crompton die Spinnmaschinen von Hargraves und Arkwright mit einer weiteren Neuerung, indem er 20 bis 50 Spindeln auf einem ein- und ausfahrenden Wagen
25 anordnete (...). Damit war zu Anfang der 80er-Jahre des 18. Jahrhunderts eine konstruktive Reife der Spinnmaschinen erreicht, die in ihren Grundprinzipien nunmehr für Gene-
30 rationen maßgebend blieb. Geändert hat sich nur noch die Form des Antriebes, indem bald darauf in einigen Betrieben das Wasserrad durch die Dampfmaschine abgelöst
35 wurde (...)."
(Rübherdt, R.: Geschichte der Industrialisierung, S. 19.)

A1 Warum kann man das im Text beschriebene Produktionsgebäude schon als Fabrik bezeichnen?

A2 Woher stammte die Bezeichnung „Watergarn"?

Q2 Der Historiker P. Deane über einen Vorteil der Dampfmaschine:
„Die ersten mechanischen Spinnereien mussten notgedrungen in ländlichen Gebieten errichtet werden, wo für den Antrieb Wasser zur Verfü-
5 gung stand. Watts Dampfmaschine (zum Spinnen erstmals 1785 verwendet) dezentralisierte die Energiequellen und ermöglichte es, mechanische Betriebe, bei denen die Antriebskraft
10 für die Maschinen nicht vom jahreszeitlich bedingten Wasserstand der Flüsse abhing, nahe an Märkten und Häfen in Städten anzusiedeln."
(Deane, P.: Die industrielle Revolution, S. 10)

A3 Welche Vorteile bringt die Dezentralisierung der Antriebsenergie?

Q3 E. Bains 1835 über die englische Baumwollindustrie:
„Eine 100-pferdige Dampfmaschine, welche also die Kraft von 880 Männern hat, sehen wir (...) 50 000 Spindeln in Bewegung setzen (...). Das Ganze bedie-
5 nen 750 Arbeiter. Diese Maschinen können so viel Garn erzeugen, als ehemals kaum 20 000 Menschen hätten spinnen können, so dass ein Mensch so viel zu leisten vermag als ehemals 266!"
(Bernoulli, C.: Geschichte der britischen Baumwollmanufaktur, S. 67)

Q4 Ein Zeitgenosse über die Fabrik:
„(Die) Verbesserungen in den Fabriken sind philanthropisch (menschenfreundlich), denn sie streben dahin, die Arbeiter der Beschäftigung mit (...) Gegen-
5 ständen zu entheben, welche den Geist erschöpfen (...), oder ihnen dauernde Anstrengung zu ersparen, welche den Körper schwächt oder verkrüppelt. (...) In geräumigen Hallen sammelt die
10 wohltuende Kraft des Dampfes die Scharen seiner Diener um sich (...) und fordert bloß Aufmerksamkeit und Gewandtheit, um kleine Fehler schnell wieder gutzumachen (...). Das ist das Fa-
15 briksystem, welches bei noch weiterem Wachstum der große Beförderer und Träger der Zivilisation zu werden verspricht und England in den Stand setzen wird, zugleich mit seinem Han-
20 del das Lebensblut der Wissenschaft und Religion (...) Völkern zufließen zu lassen, welche noch im Dunkel leben."
(Ure, A.: Das Fabrikwesen [1835], S. 16-19).

A4 Beschreibe Vor- und Nachteile des Fabriksystems.

Q5 Der Historiker Deane über die Rolle der Eisenindustrie:
„Die zweite Industrie, die durch Neuerungen in der zweiten Hälfte des 18. Jahrhunderts von Grund auf umgestellt wurde, war die Eisenindustrie.
5 In den Jahrzehnten davor war die technische Veränderung in dem für eine vorindustrielle Wirtschaft charakteristischen Schneckentempo vorangegangen. (...) Die Holzkohle bildete in den
10 70er-Jahren noch immer den Hauptbrennstoff in der Eisenindustrie, und mit der zunehmenden Abholzung der Wälder stiegen die Kosten immer mehr. Erst als sich dank der Dampfmaschine
15 durch Gebläse eine starke und anhaltende Koksglut erzeugen ließ, konnte Kohle als Hauptbrennstoff für den Schmelzprozess verwendet werden; und Corts Erfindung des Puddelns (durch
20 Rühren wird dem flüssigen Eisen Sauerstoff zugeführt) (...) und die des Walzens mit Dampfkraft ermöglichte auch die Verwendung von Kohle im nächsten Stadium des Prozesses der
25 Herstellung von Stabeisen. (...)
Diese Neuerungen kamen nach 1780 in Gebrauch und der Durchbruch in der Eisenindustrie war fast ebenso dramatisch, wenn auch nicht so anhaltend, wie
30 in der Baumwollindustrie. Zwischen 1788 und 1806 vervierfachte sich die Produktion von Roheisen, und vor Ablauf des nächsten Jahrzehnts führte England schon mehr Stabeisen aus als ein!"
(Deane, P.: Die industrielle Revolution, S. 10-11)

A5 Welche Folgen haben Verbesserungen in der Stahlerzeugung?

Die industrielle Entwicklung in England und Mitteleuropa bis 1850

- **A1** Suche die Schwerpunkte der Industrialisierung.
- **A2** Vergleiche England, Belgien und Deutschland.
- **A3** Was sagt die Karte über Probleme der Industrialisierung aus?

1.3 Die Dampfmaschine verändert Transport und Verkehr

In Deutschland wurden die Eisenbahn und die von ihr angeregte Eisen- und Stahlindustrie in der Mitte des vorigen Jahrhunderts zu einem wichtigen Ausgangspunkt der Industrialisierung. 1835 eröffnete die erste Bahnlinie Deutschlands, von Nürnberg nach Fürth. 1837 folgte die Strecke Berlin – Potsdam.

Auch beim Verkehr auf den Flüssen und Meeren kam es zu großen Veränderungen. Nach zahlreichen Misserfolgen baute man in England im Jahre 1802 mit einer neuen Dampfmaschine von James Watt den ersten praktisch einsetzbaren Raddampfer, die „Charlotte Dundas". Die Dampfschifffahrt hatte begonnen.

Um mehr Möglichkeiten zu schaffen, insbesondere Kohle auf dem Wasserwege zu transportieren, wurden für die neuen Schiffe nun auch zahlreiche Kanäle gebaut.

- **A4** Überlege, was alles gebraucht wurde, um Eisenbahnen und ein Eisenbahnnetz zu bauen.
- **A5** Inwiefern beschleunigten die neuen Verkehrsmittel die Industrialisierung?

Die neuen Transportmittel (Rekonstruktion)

Auch in Deutschland fuhren bald englische Dampfschiffe. 1836 trat die „Königin Maria" ihre erste Fahrt auf der Elbe an. Ein Jahr später nahm dort die „Weiße Flotte" den Passagierverkehr auf.

Weniger erfolgreich war hingegen der Versuch, ein Automobil (wörtlich übersetzt „Selbstbeweger") mit Dampf anzutreiben. Die erste Fahrt dieses von dem Franzosen Cugnot gebauten Dampfwagens endete mit dem ersten Verkehrsunfall in der Geschichte des motorisierten Straßenverkehrs. Trotz verschiedener weiterer Versuche, Dampfwagen zu bauen, gelang der Durchbruch für das Auto erst 1885/86 mit den Konstruktionen von Daimler und Benz, die Verbrennungsmotoren verwendeten.

■ **A1** *Technische Neuerungen führen fast immer dazu, dass bestimmte Berufsgruppen ihre Arbeit verlieren. Wie war das wohl bei der Dampfschifffahrt?*

Nicolas Cugnots Dampfwagen (Rekonstruktion).

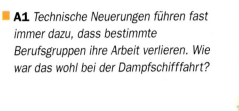

Die „Prinzessin Charlotte von Preußen", das erste Dampfschiff auf der Spree bei Berlin. Zeitgenössische Darstellung.

■ **A2** *Beschreibe die neuen Transportmittel und -wege.*

■ **A3** *Der Unfall geschah, obwohl der Dampfwagen nur 4 km/h fahren konnte. Was könnte passiert sein?*

GEWUSST WIE!

Statistische Zahlen als Kurven- und Säulendiagramm gestalten

Streckennetz der Eisenbahn in Kilometern 1840–1900:

Jahr	Großbritannien	Deutschland
1840	2 300	500
1850	10 700	6 000
1860	16 800	11 600
1870	25 000	19 600
1880	28 900	33 700
1890	32 300	42 900
1900	35 200	51 700

Was sagt diese Tabelle aus? Sie macht Zahlenangaben zur Größe des Eisenbahnnetzes in England und Deutschland zu bestimmten Zeitpunkten.

Mit einer grafischen (zeichnerischen) Umsetzung lassen sich derartige statistische Zahlenangaben veranschaulichen. Wir sprechen dann von einem Diagramm. Diagramme werden vor allem dann eingesetzt, wenn es weniger um die Vermittlung exakter Zahlenangaben, sondern um die anschauliche Vermittlung von Größenverhältnissen und Entwicklungstendenzen geht. Es gibt verschiedene Formen:

Beim Säulendiagramm werden die einzelnen Zahlen als Säule (oder Streifen) nebeneinander gestellt. Die Grundlinie fungiert in der Regel als Zeitstrahl, während die unterschiedlichen Größen in der Senkrechten dargestellt werden.

Im Kurvendiagramm haben die Achsen die gleiche Funktion. Im Unterschied zum Säulendiagramm werden aber die Endpunkte miteinander verbunden und lassen so eine bzw. mehrere Kurven entstehen.

Das Säulendiagramm ist leichter darzustellen. Es bietet sich an, wenn jeweils ein bestimmter Zeitpunkt für den Vergleich verschiedener Aspekte wichtig ist. Das Kurvendiagramm bringt hingegen die Dynamik von Entwicklungen sehr gut zum Ausdruck.

■ **A1** *Du wirst sofort erkennen, welche Form in unserem Fall zu bevorzugen ist. Begründe das.*

Diagramme veranschaulichen, aber sie „erklären" nicht unbedingt. So bleibt hier offen, warum England um 1840 ein so viel größeres Streckennetz besaß und warum Deutschland seit den 70er-Jahren England so rasant „überholte". Dieses und das folgende Kapitel geben die Antworten.

Bei der Gestaltung und auch der Analyse von Diagrammen berücksichtige Folgendes:

1. Für die Gestaltung, prüfe die statistischen Zahlen, ob sie für eine Veranschaulichung mithilfe eines Diagramms geeignet sind.
2. Welche Form des Diagramms ist sinnvoll (bzw. liegt der Analyse vor)? Steht der punktuelle Vergleich (Säule) oder die Dynamik einer Entwicklung (Kurve) im Vordergrund?
3. Vorsicht vor allem bei Kurvendiagrammen: Je größer z. B. die Abstände auf der Mengenachse und je kürzer die Abstände auf der Zeitachse, desto steiler und unregelmäßiger ist der Kurvenverlauf. Hier lauert immer die Gefahr der Manipulation, d.h., dass Entwicklungen übertrieben dargestellt werden!

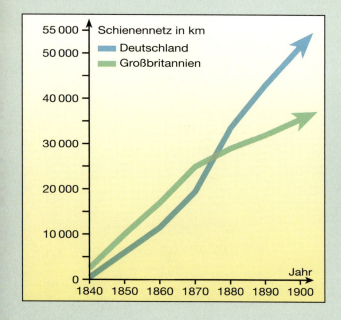

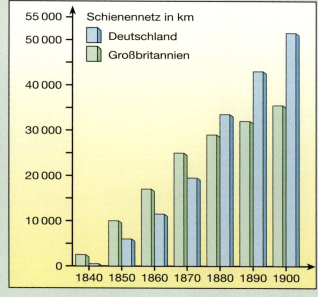

1.4 Die Schwerindustrie entwickelt sich

Für Lokomotiven, Waggons, Schienen und Maschinen wurde Eisen benötigt. Eisen gewinnt man aus Eisenerzen. Eisenerz wurde in mit Holzkohle geheizten Öfen geschmolzen. Mithilfe einer großen Pfanne wird das geschmolzene Eisen dann in die auf dem Boden stehenden Formen gegossen.

■ **A1** Beschreibe die Arbeitsschritte, die du auf dem Bild unten erkennst.

Da große Mengen Holz nötig waren, um die Öfen zu heizen, wurden immer mehr Wälder abgeholzt. Daher ging man seit Beginn des 19. Jahrhunderts dazu über, die Öfen mit Koks zu heizen. Koks ist ein Brennstoff, der durch Erhitzen aus Kohle gewonnen wird und sehr ergiebig ist. Eisen konnte nun schneller und in größeren Mengen produziert werden als je zuvor. In England hatte sich zwischen 1788 und 1806 die Eisenproduktion verdreifacht. Um 1850 produzierte es mehr Eisen als alle anderen Länder der Welt zusammen. Seit der 2. Hälfte des 19. Jahrhunderts verwendete man immer häufiger Stahl, der nicht so leicht bricht wie Gusseisen. Deshalb löste Stahl zu Beginn unseres Jahrhunderts Gusseisen als Rohmaterial für Maschinen endgültig ab.

■ **A2** Erkläre mithilfe eines Lexikons den Unterschied zwischen Eisen und Stahl.
■ **A3** Beschreibe die Funktionsweise des Dampfhammers.
■ **A4** Beachte den Blick aus der Tür. Beschreibe die Umgebung der Fabrik.
■ **A5** Das Bild hat der Erfinder des Dampfhammers selbst gemalt. Was meinst du, warum?

Der Dampfhammer von James Nasmyth

„Carl Alexander in der Eisengießerei" 1889/92

Borsigs Eisengießerei und Maschinenfabrik in Berlin, 1847

Im Laufe des 19. Jahrhunderts wurde die Eisenindustrie der führende Industriezweig in England. Um lange Transportwege zu vermeiden, entwickelte sich die Eisenindustrie in der Nähe von Kohlelagerstätten. Diese Verbindung aus Bergbau und Eisen- und Stahlindustrie bezeichnet man als Schwerindustrie.

In Deutschland entwickelten sich Zentren der Schwerindustrie vor allem im Ruhrgebiet, im Rheinland, in Schlesien und im Saarland. In Essen gründete Friedrich Krupp eine Gussstahlfabrik. Der Name Krupp steht für eines der größten Unternehmen der Schwerindustrie. Auch andere Unternehmen wie Thyssen und Mannesmann spielen bis heute eine führende Rolle in der Schwerindustrie. August Borsig errichtete 1837 eine Eisengießerei und Maschinenfabrik in Berlin. 1858 verließ bereits die 1000. Lokomotive seine Fabrik.

■ **A1** *Erläutere den Begriff Schwerindustrie.*

Kinderarbeit in einem englischen Bergwerk. Zeitgenössische Darstellung.

1.5 Der Bergbau „boomt"

Kohle wurde für Hochöfen, Dampfmaschinen, Lokomotiven und Dampfschiffe gebraucht. Die Nachfrage wuchs ins Unermessliche. Kohle wurde der wichtigste Brennstoff. Sie wurde anfangs im Tagebau abgebaut. Doch bald waren die Reserven erschöpft. Man musste nun tiefe Schächte graben, um größere Mengen gewinnen zu können. Mit Spitzhammer, Hacke und Keil brachen die Hauer die Kohle aus den Stollen.

Q1 Lange Zeit arbeiteten auch Kinder in den Bergwerken:
„Es gibt Fälle, dass Kinder schon mit vier Jahren in diesen Bergwerken zu arbeiten anfangen. Das gewöhnliche Alter zum Arbeitsanfang ist aber das achte bis neunte Lebensjahr (...). Von sechs Jahren an müssen die Kinder Kohlenwagen schieben und ziehen (...). In manchen Gegenden hatten sie die Kohlenstücke auf dem Rücken die Leitern hinauf zu schleppen. Die unterirdischen Gänge waren zuweilen so niedrig, dass selbst die allerjüngsten Kinder nur vorwärts kamen, indem sie auf Füßen und Händen krochen und in dieser widernatürlichen Stellung die Karren hinter sich herzogen (...)"
(Herkner, H.: Die Arbeiterfrage, Bd. 1, S. 38 f.)

■ **A1** Beschreibe mithilfe des Textes und der Bilder die einzelnen Tätigkeiten.
■ **A2** Welche werden von Kindern ausgeführt? Überlege, weshalb.
■ **A3** Suche die Bergbaugebiete auf der Karte S. 304.

Das Waschen und Sieben von Erzen (Rekonstruktion)

1.6 Die große Binnenwanderung

Gegen Ende des 19. Jahrhunderts wandelte sich die Arbeitsmarktsituation in Deutschland: Die Industrialisierung gewann an Fahrt. Immer mehr Arbeitskräfte wurden benötigt. Gab es zuvor ein Überangebot an Arbeitskräften, das viele Menschen ohne wirtschaftliche Hoffnungen zur Auswanderung drängte, so fehlte es nun an einheimischen Arbeitskräften. Die Auswanderung nach Amerika versiegte zwar nicht ganz, doch allmählich wurde das Deutsche Reich zum „Arbeitseinfuhrland".

Mannschaftsaufstellung Schalke 04

Mellage
Bornemann　　Zajons
Tibulski　　Szepan　　Valentin
Kalwitzki　Urban　Nattkemper　Kuzorra　Rothardt

Die Mannschaftsaufstellung von Schalke 04 für das Endspiel um die deutsche Fußballmeisterschaft 1934

■ **A1** Fünf Namen sind polnischen Ursprungs. Versuche, sie herauszubekommen.

■ **A2** Schlage eine beliebige Seite des Telefonbuchs auf. Suche nach polnisch klingenden Namen. Was stellst du fest?

Unternehmen, die Arbeitskräfte benötigten, aber in der eigenen Region nicht genügend fanden, warben um Arbeitskräfte aus anderen Regionen, ja aus anderen Ländern. Besonders groß war der Bedarf im Ruhrgebiet, weil hier der Bergbau boomte. Werbeagenten der Zechen wurden in die preußischen Ostgebiete geschickt, nach West- und Ostpreußen, nach Posen und Oberschlesien.

In Ostpreußen lebten viele Polen. Sie waren seit der Teilung Polens Ende des 18. Jahrhunderts zwischen Preußen, Österreich und Russland preußische Staatsbürger geworden.

Ihre soziale Situation verschärfte sich in den 1880er-Jahren: Polen nichtdeutscher Staatsangehörigkeit wurden ausgewiesen und die Güter polnischer Gutsbesitzer von der preußischen Regierung aufgekauft, um darauf deutsche Bauern anzusiedeln. Andererseits war es immer schwieriger, Arbeit zu finden, denn die polnischsprachige Bevölkerung wuchs schnell, und in der sich modernisierenden Landwirtschaft wurden immer weniger Arbeitskräfte benötigt.

Die Folge war seit dem Ende des 19. Jahrhunderts eine große Binnenwanderung vom Osten in den Westen des Deutschen Reiches. Menschen, die zuvor nach Amerika ausgewandert wären, suchten ihr Glück nun im Ruhrkohlenbergbau.

Q1 Aus einem Aufruf zur Anwerbung von Arbeitskräften um 1908:
„Masuren! In rheinländischer Gegend, umgeben von Feldern, Wiesen und Wäldern, den Vorbedingungen guter Luft, liegt, ganz wie ein masurisches Dorf, abseits vom großen Getriebe des westfälischen Industriebezirks, eine reizende, ganz neu erbaute Kolonie der Zeche „Viktor" bei Rauxel. (...) Zu jeder Wohnung gehört ein sehr guter trockener Keller, so dass sich die eingelagerten Früchte, Kartoffeln usw. dort sehr gut erhalten werden. Ferner gehört dazu ein geräumiger Stall, wo sich jeder sein Schwein, seine Ziege oder seine Hühner halten kann. (...) Endlich gehört zu jeder Wohnung ein Garten (...). Man sieht also, dass jeder Arbeiter gut auskommen kann. Wer sparsam ist, kann noch Geld auf die Sparkasse bringen. (...) Jede Familie erhält vollständig frei Umzug, ebenso jeder Ledige freie Fahrt."
(Kleßmann, C.: Der Anteil der Polen an der Entwicklung des Ruhrgebiets, S. 65)

■ **A3** Welches Bild wird hier vom Ruhrgebiet gezeichnet?

■ **A4** An welche Bevölkerungsgruppe wendet sich der Text?

Vor dem Ersten Weltkrieg lebten über eine halbe Million Polen und Masuren (eine Bevölkerungsgruppe mit einem polnischen Dialekt, die evangelisch und propreußisch war) im Ruhrgebiet, meist als Bergarbeiter. Um 1900 war ein Drittel aller Bergmänner Polen. In 19 „Polenzechen" bestand die Belegschaft zu mehr als die Hälfte aus Polen. Ohne diesen Arbeiternachschub hätte das Ruhrgebiet damals keinen so rasanten Aufschwung erlebt.

Aber nicht jedem waren die Polen willkommen. Obwohl sie deutsche Staatsbürger waren, stießen sie bei den preußischen Behörden auf Ablehnung. Als Polen und Katholiken galten sie als politisch unzuverlässig und wurden als „Reichsfeinde" bekämpft. Leichter hatten es die Masuren, die sich schneller integrieren konnten und sich Aufstiegsmöglichkeiten erschlossen.

Für die Unternehmer stellten die Polen eine industrielle „Reservearmee" dar. Sie wohnten in eigens eingerichteten Werkskolonien und waren damit noch stärker als deutsche Arbeiter von den Zechenbetreibern abhängig. Die Unternehmer konnten sie gegen die deutschen Arbeiter ausspielen. Deutsche Arbeiter betrachteten die „Polacken" – wie man die polnischen Arbeiter abfällig nannte – häufig als Lohndrücker.

ARCHIV

Industrialisierung in Deutschland

Q1 Der Reiseschriftsteller Georg Forster schreibt 1791:
„Die Anlagen des Herrn von Clermont zeichnen sich hier besonders wegen ihres Umfanges und ihrer Zweckmäßigkeit aus, und seine Fabrik beschäftigt in Vaals, Aachen und Burtscheid gegen hundertsechzig Weber. Dreißig Jahre sind hinreichend gewesen, die Volksmenge und den Wohlstand eines unbedeutenden Dörfchens so unbeschreiblich zu vergrößern, dass jene fünf Gemeinden (Katholiken, Lutheraner, Reformierte, Juden und Menoniten) sich daselbst organisieren konnten. Wohin man sieht, erblickt man jetzt große Fabrikgebäude. Außer den eben erwähnten, die dem Wahlspruch spero invidiam (ich hoffe, beneidet zu werden) über der Türe des Wohnhauses ganz entsprechen und zu erkennen geben, was der Fleiß, vereinigt mit Wissenschaft, Beurteilungsgabe, Erfahrung und Rechtschaffenheit, billig erwarten darf, gibt es hier noch andere Tuchmanufakturen, eine Nähnadelfabrik usw."
(Forster, G.: Ansichten vom Niederrhein, S. 48-49)

■ **A1** Welche Gründe macht der Autor für den Aufstieg der kleinen Gemeinde bei Aachen verantwortlich?
■ **A2** Erläutere den Wahlspruch spero invidiam.

Q2 Der Dichter Goethe schrieb 1825:
„Ich fand überhaupt etwas Geschäftiges, unbeschreiblich Belebtes, Häusliches, Friedliches in dem ganzen Zustand einer solchen Weberstube; mehrere Stühle waren in Bewegung (...), und am Ofen saßen die Alten, mit den besuchenden Nachbarn oder Bekannten trauliche Gespräche führend (...). Eine recht flinke und zugleich fleißige Weberin kann, wenn sie Hülfe hat, allenfalls in einer Woche ein Stück von zweiunddreißig Ellen nicht gar zu feine Musseline zu Stande bringen (...). Das überhand nehmende Maschinenwesen quält und ängstigt mich, es wälzt sich heran wie ein Gewitter."
(Goethe, J. W.: Wilhelm Meisters Wanderjahre, 3. Buch, Kapitel 5 und 13)

■ **A3** Diskutiere über die beiden gegensätzlichen Einstellungen zum Fabrikwesen sowie dessen Vor- und Nachteile.

Q3 Der Unternehmer Carl Overweg hofft 1851 auf englische Verhältnisse an der Ruhr:
„Es ist der hohen Staats-Regierung (...) bekannt geworden, dass (...) im Bezirke des Königlichen Bergamtes Bochum neben den längst bekannten reichen Kohlelagern kürzlich eine große Menge Eisenstein aufgeschlossen ist (...). Das gleichzeitige mächtige Vorkommen von Kohlen und Eisenerzen ist in Deutschland neu (...). In der Regel waren die Steinkohlen 20 bis 30 Stunden von den Eisensteinen getrennt (...). Gegen diese Verhältnisse kannte man in England seit langer Zeit, in Belgien seit einigen Jahren (...) nebeneinander lagernde Erze und Kohlen (...).
England und Belgien besitzen deshalb gegen Deutschland in der Eisen-Fabrikation einen Vorsprung, der sich seither durch Fleiß und Intelligenz nicht abgewinnen ließ (...) Von dem Gedanken ausgehend, dass eine großartige Eisenproduktion die höchste Rentabilität (...) finde, bezwecken wir (...), eine großartige Hochofen-Anlage und ein großartiges Puddlingwerk in einer Hand zu vereinigen und so ein ebenso hohen Gewinn versprechendes, als national-ökonomisch bedeutendes industrielles Etablissement zu begründen."
(Ellerbrock: Geschichte der Hermannshütte, S. 14-16)

■ **A4** Welche Veränderungen fordert Overweg?

Q4 Alfred Krupp an den preußischen Kronprinzen Friedrich Wilhelm (1863):
„Eure Königliche Hoheit!
Mein Kanonenmaterial ist in der ganzen Welt bekannt; die ersten Fabrikanten Englands mögen darüber entscheiden, ob sie im Stande sind, Ähnliches zu liefern."
(Berdrow, W.: Krupps Briefe, S. 197)

Q5 Alfred Krupp an die Geschäftsleitung der Firma Krupp (1880):
„Für unreinen Guss oder für nachteilige Nebenbestandteile, welche die Stärke und Zähigkeit benachteiligen, gibt es gar keine Entschuldigung mehr. Vom Eisenstein an und der Verwendung der richtigen Mischung, vom Sortieren und Ausscheiden des Materials, von der Grube bis zum Puddeln und bis zur Herstellung der Beschickung hat alles seine Kontrolle zu passieren und muss jeder verantwortlich sein für die Ausübung seiner Funktion und zur Beschickung darf nur angenommen werden, was für gut erkannt ist (...)."
(Berdrow, W.: Krupps Briefe, S. 378)

■ **A5** Worauf führt Krupp die Überlegenheit seines Materials zurück?
■ **A6** Welche Bedeutung hat die Großindustrie für den Staat?

Q6 Werner von Siemens 1881:
„Heute ist endlich die kleine elektrische Bahn Lichterfelde probiert und abgenommen. Die einzige Schwierigkeit war und ist es noch, die Geschwindigkeit der Wagen dem Reglement entsprechend zu mäßigen. Man wollte nur 20 km per Stunde gestatten und der Wagen lief bei voller Belastung von 20 Personen auch bergan noch mit 30 bis 40 km! Ich denke aber, man wird sich an die größere Geschwindigkeit gewöhnen!"
(Matschoß, C.: Werner von Siemens, 2. Bd., S. 691)

■ **A7** Nenne Vorteile der Elektrizität für das Verkehrswesen.

1.7 Veränderungen in der Landwirtschaft

Wie konnte in den schnell wachsenden Industriegebieten die Ernährung sichergestellt werden? Schließlich mussten um 1800 noch vier Bauern hart arbeiten, um einen außerhalb der Landwirtschaft Beschäftigten zu ernähren. Heute ernährt bei uns ein Bauer mehr als 20 Menschen. Auch in die Landwirtschaft hielt die Technik Einzug: Düngen, Pflügen, Säen und Ernten wurde zunehmend Maschinenarbeit. Immer mehr Landarbeiter und Kleinbauern mussten in die Industrie abwandern. Aus den immer noch rein ländlichen Gebieten, z. B. in Ostpreußen oder Polen, kam es daher zu großen Wanderungsbewegungen vor allem der ärmeren Landbevölkerung in die neuen Industriegebiete, wo Arbeiter gesucht wurden.

Auch in manchen Zweigen der Landwirtschaft erfolgte eine regelrechte „Industrialisierung", so z. B. im Zuckerrübenanbau in der Magdeburger Börde (Wanzlebener Zuckerfabrik seit 1838). Hier zogen Maschineneinsatz, z. B. Dampfpflug, und neue Anbaumethoden eine solche Ertragssteigerung nach sich, dass dadurch z. B. wiederum der Eisenbahnbau enorm gefördert wurde. „Zuckerbarone" nannte man die erfolgreichsten Großbauern, so gewaltig waren ihre Gewinne.

Auch wichtige Entdeckungen der im 19. Jahrhundert aufstrebenden Naturwissenschaften kamen der Landwirtschaft zugute. Die Chemiker Justus von Liebig und Emil Wolff entdeckten die Mineral- bzw. Stickstoffdüngung, durch die der Ertrag der Böden erheblich gesteigert wurde.

■ **A1** Erläutere die Veränderungen in der Landwirtschaft. Beachte dabei auch die preußischen Reformen (S. 246 ff.).
■ **A2** Warum hätte sich ohne diese Veränderungen die Industrie nicht so stark entwickeln können?
■ **A3** Erkläre am Bild, wie das Pflügen mithilfe des Dampfpfluges funktionierte.

Der Einsatz des Dampfpflugs (Rekonstruktion)

Lokomobil aus dem Börde-Museum in Ummendorf (Sachsen-Anhalt)

Q1 Justus von Liebig beschrieb in den „Naturwissenschaftlichen Briefen über die moderne Landwirtschaft" seine „Ertragsformel":
„Die Höhe des Ertrages (eines Feldes) entspricht oder steht im Verhältnis zur Nahrung des Bodens (zu den Bedingungen der Erzeugung des Er-
5 trages) weniger (minus) aller der Ursachen und Widerstände, welche die Nahrung an der Erzeugung des Ertrags hindern. (…) Es gibt ein Rezept für die Fruchtbarkeit unserer Felder
10 und für die ewige Dauer ihrer Erträge. Wenn dieses Mittel seine folgerichtige Anwendung findet, so wird es sich lohnender erweisen als alle, welche jemals die Landwirtschaft sich
15 erworben hat. (…) Ein jeder Landwirt, der einen Sack Getreide nach der Stadt fährt oder einen Zentner Raps oder Rüben, Kartoffeln usw., sollte (…) von den Bodenbestandteilen seiner
20 Feldfrüchte wieder aus der Stadt mitnehmen und dem Feld geben, dem er sie genommen hat. Er soll eine Kartoffelschale und einen Strohhalm nicht verachten, sondern daran denken,
25 dass die Schale einer seiner Kartoffeln und der Halm einer seiner Ähren fehlt. Seine Ausgabe für diese Einfuhr ist gering und ihre Anlage sicher, eine Sparkasse ist nicht sicherer und kein
30 Kapital verbürgt ihm eine höhere Rente. Die Oberfläche seines Feldes wird sich in ihrem Ertrag in zehn Jahren schon verdoppeln, er wird mehr Korn, mehr Fleisch und mehr Käse erzeu-
35 gen, ohne mehr Arbeit und Zeit zuzusetzen. Seine Sorgen um sein Feld werden gemindert, und er wird nicht in ewiger Unruhe wegen neuer und unbekannter Mittel sein, die es nicht
40 gibt, um sein Feld in anderer Weise fruchtbar zu erhalten."
(Franz, G.: Quellen zur Geschichte des deutschen Bauernstandes in der Neuzeit, S. 453 f.)

■ **A4** Liebig sprach von seiner „Ertragsformel". Erkläre diese Formel. Weshalb war sie so wichtig?

GESCHICHTE KONTROVERS

Auswirkungen und Ergebnisse der preußischen Agrarreformen

Q1 Entwicklung der landwirtschaftlichen Produktion in Deutschland
(in Mill. t)

	Getreide	Kartoffeln	Milch
1820	(8,0)	-	5,15
1850	11,06	10,94	9,30
1870/72	14,19	20,37	13,21
1900	22,49	40,59	22,00

(Prokasky, H. Das Zeitalter der Industrialisierung 1815-1914, S.43)

■ **A1** Vergleiche mit Tabelle zur Bevölkerungsentwicklung auf S. 314. Was stellst du fest?

Q2 Entwicklung der Leistungsfähigkeit landwirtschaftlicher Produkte

	Weizen 100 kg/ha	Kartoffeln	Milch je Kuh/Jahr
um 1800	10,3	80	ca. 1000 ltr.
1858-62	13,00	-	-
1893-97	16,9	117	1400
1908-12	20,7	133,4	2200

(Prokasky, H. s.o., S. 42)

■ **A2** Was ist aus der Tabelle herauszulesen? Suche nach Erklärungen.

Q3 Der Agrarhistoriker Friedrich Lütge 1963:

„Das wichtigste Ergebnis der gesamten großen Reform wird man in der Eingliederung der ländlichen Bevölkerung und der Landwirtschaft als Wirtschaftszweig in die neue liberale, rational (nicht traditional) gedachte und bestimmte Ordnung zu erblicken haben. Was den absoluten Fürsten, die dies gelegentlich anstrebten, nicht gelungen war, nämlich die Schaffung einer (...) allgemeinen Staatsbürgerschaft, das gelingt der bürgerlichen Revolution, die an der Wende des 18./19. Jahrhunderts stattfindet. (...) Die Landwirtschaft als Erwerbszweig wird im Prinzip eingebaut in die liberale Marktwirtschaft mit ihren für gültig angesehenen Preisgesetzen. Die Behinderungen im Verkehr mit Boden sind grundsätzlich beseitigt, nach einer Grundkonzeption, die im Kern den Boden genau so betrachtet wie beliebig vermehrbare Güter. Die freie Konkurrenz soll darüber entscheiden, wer den Boden besitzt und nutzt, nicht Privilegien, Herkommen und sonstige Bindungen. (...) Durch die Aufgabe der Brache, d. h. Übergang von der Dreifelderwirtschaft zur Fruchtwechselwirtschaft, wurde allein schon, ganz schematisch gerechnet, ein Drittel an Kulturland gewonnen. Dazu kam die Kultivierung von nicht oder nur wenig genutztem Gemeinland im Zuge der Aufteilung von Allmenden, die Heranziehung von sonstigem Unland (...). Und dies alles (...) führte dazu, dass (...) sich vor allem die Ackerfläche stark vermehrte. Und zwar hat sie sich von 1816 bis 1864 fast genau verdoppelt (...). Man wird zusammenfassend wohl zu dem Urteil kommen dürfen, dass diese Ausweitung von Kulturfläche und Produktion ohne die durch die Reform gegebene Entfesselung neuer Energien nicht möglich gewesen wäre."

(Lütge, F.: Geschichte der deutschen Agrarverfassung vom frühen Mittelalter bis zum 19. Jahrhundert, Band 2, S. 223 ff.)

Q4 Der Bielefelder Historiker Reinhard Kosseleck:

„Die seit 1816 befreiten Bauern wurden auf die schlechtesten Böden abgedrängt und oft genug von den Gutsherren in eine Zwangslage getrieben. Häufig mussten sie (...) so viel Land abtreten, dass die verbleibende Ackernahrung ihre hinreichende Ertragsfähigkeit einbüßte, oder sie wurden – gerade als das Geld knapp wurde – zu Rentenzahlungen gezwungen, die sie bei sinkenden Getreidepreisen nicht mehr aufbringen konnten. Das bäuerliche Existenzminimum wurde unterschritten, Versteigerungen folgten prompt (...). Der Gutsherr war nicht selten der meistbietende Gewinner. Das Gesamtbild des Bauernstandes hat sich freilich durch derartige Auswirkungen nur an den Rändern verändert. Folgenreicher war, dass sich die Lage der Bauern – vor allem an den Zielen der Reform gemessen – nicht schneller und nicht gründlicher geändert hat. Der Bauer blieb bei seiner kostspieligen Umstellung auf eine Privatwirtschaft ungeschützt. (...) Aber auf den ehemaligen Gutsdörfern lastete ein Überhang überkommener Herrschaftsrechte, die aus der freien Wirtschaftsverfassung nicht ableitbar waren. Der Bauer arbeitete im Schatten des Herren, dem er jahrzehntelang Ablösungsgelder zuführen mochte und dessen Patronat, Polizeigewalt und Gerichtsbarkeit er meist noch unterworfen war. (...) Unterhalb der Hofbauern wuchs nun, wie auf den Gutsbezirken, auch in den Landgemeinden die breite Masse der ländlichen Unterschicht rapide an. Auch hier kehrte sich ein Ergebnis der liberalen Wirtschaftspolitik gegen deren ursprüngliche Absicht, den allgemeinen Wohlstand zu befördern (...) Hielt sich die Zunahme der Halbspänner und Kossäten noch im Rahmen des verteilten und verteilbaren Bodens, so (...) schnellte die Zahl der Landlosen empor, die zwischen Gütern und Höfen hin- und herpendelten, ein kärgliches Unterkommen als (...) Tagelöhner suchten. (...) Hatte sich der Reformstaat anfangs der Hoffnung hingegeben, durch die Eigentumsbildung den Unterschichten Aufstiegschancen zu bieten, ihnen zumindest Arbeit und Lohn zu verschaffen, so führten die Folgen seiner Gesetzgebung schnell in eine andere Richtung: zum Landproletariat."

(Koselleck, R.: Preußen zwischen Reform und Revolution, S. 500 ff.)

■ **A3** Vergleiche Q3 und Q4. Setze das Ergebnis mit Q1 und Q2 in Bezug.

■ **A4** Welche unterschiedlichen Akzente in der Bewertung werden gesetzt?

2 Die soziale Frage

2.1 Eine neue Gesellschaft

Die Industrialisierung änderte das Leben der Menschen grundlegend. Die Staaten mit beginnender Industrialisierung erlebten einen gewaltigen Bevölkerungsanstieg. In der Zeit des Feudalismus konnte auf dem Lande meist nur eine Familie gründen, wer Hoferbe war. Das hatte sich durch die Bauernbefreiung (in Preußen 1807) und die Abwanderung der jungen Landbevölkerung in die Industriezentren geändert. Hinzu kamen große Fortschritte in der Medizin, durch die Krankheiten und Seuchen besser bekämpft werden konnten. Die Forschungen von Louis Pasteur und Robert Koch z. B. waren wegweisend für die Entwicklung von Impfstoffen gegen Infektionskrankheiten. So konnte auch die hohe Kindersterblichkeit erheblich gesenkt werden.

In der veränderten Gesellschaft der Industriestaaten gewannen zwei neue Gesellschaftsschichten immer größere Bedeutung: Unternehmer und Arbeiter. Auf der einen Seite standen die Unternehmer. Manche waren aus kleinen Verhältnissen, z. B. aus dem Handwerk, aufgestiegen. Einige Unternehmer wurden immer reicher. Sie sicherten sich entscheidende Positionen in Wirtschaft und Politik. In Deutschland waren das insbesondere die berühmten Familien Krupp, Thyssen, Siemens und Borsig. Als Kaufleute, Händler oder Verleger hatten sie z. T. bereits zu Beginn der Industrialisierung Vermögen geschaffen. Davon konnten sie Fabriken bauen und mit modernen Maschinen ausstatten.

Damit die Unternehmer Gewinne erzielten – d. h. mehr Geld einnahmen, als sie ursprünglich ausgegeben hatten –, strebten sie danach, die Fabriken so zu organisieren, dass die Produkte möglichst kostengünstig hergestellt wurden. Was vom Verkaufspreis als Gewinn übrig blieb, nutzten sie, um ihr Unternehmen auszubauen und zu modernisieren. Mit dem anderen Teil des Gewinnes genossen sie die Möglichkeiten der neuen Zeit.

Einflussreich wurde also, wer über viel Geld verfügte. Wer von adliger Geburt war, musste nun versuchen, selbst Geld zu erwirtschaften, um mit dem aufstrebenden reichen Bürgertum mitzuhalten.

■ **A1** *Erläutere das Kurvendiagramm. Welche Folgen hat wohl ein so schneller Bevölkerungsanstieg?*

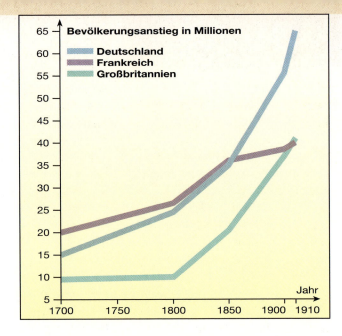

Der Anstieg der Bevölkerung in Großbritannien, Frankreich und Deutschland

■ **A2** *Erläutere, auf welche Weise die Schicht der Unternehmer immer einflussreicher wurde.*

Q1 Der Amerikaner Benjamin Franklin gab Unternehmern 1790 folgenden Rat:

„Mäßigkeit – Iss nicht bis zum Stumpfsinn, trink nicht bis zur Berauschung. Schweigen – Sprich nur, was anderen oder dir selbst nützen kann (...).
5 Ordnung – Lass jedes Ding seine Stelle haben und jeden Teil deines Geschäftes seine Zeit haben. Entschlossenheit – (...) vollführe unfehlbar, was du dir vornimmst.
10 Genügsamkeit – (...) vergeude nichts. Fleiß – Verliere keine Zeit; sei immer mit etwas Nützlichem beschäftigt (...); Aufrichtigkeit – bediene dich keiner schädlichen Täuschung (...). Gerechtigkeit
15 keit – schade niemandem, indem du ihm Unrecht tust oder die Wohltaten unterlässt, die Pflicht sind. Bedenke, dass Geld von einer zeugungskräftigen und fruchtbaren Natur
20 ist. Geld kann Geld erzeugen und die Sprößlinge können noch mehr erzeugen und so fort. Fünf Schillinge umgeschlagen sind sechs, wieder umgetrieben sieben Schillinge drei Pence und so fort,
25 bis es hundert Pfund Sterling sind. Je mehr davon vorhanden ist, desto mehr erzeugt das Geld beim Umschlag, so dass der Nutzen schneller und immer schneller steigt. Wer ein Mutterschwein
30 tötet, vernichtet dessen ganze Nachkommenschaft bis ins tausendste Glied. Wer ein Fünfschillingstück umbringt, mordet alles, was damit hätte produziert werden können: ganze
35 Kolonnen von Pfunden Sterling (...)."
(Pietzker, F.: Dt. Bürgertum im 19. Jh., S. 16)

■ **A3** *Sind alle Ratschläge wirklich wichtig für Unternehmer? Erstelle eine Rangfolge und ergänze ggf.*

314

ARCHIV

Neue gesellschaftliche Kräfte formieren sich

Q1 Der Historiker W. Sombart über die Bedeutung des Unternehmers (1927):

„Die treibende Kraft in der modernen kapitalistischen Wirtschaft ist (...) der kapitalistische Unternehmer und nur er. Ohne ihn geschieht nichts. Er ist darum aber auch die einzige produktive, d. h. schaffende, schöpferische Kraft, was sich (...) aus seinen Funktionen ergibt. Alle übrigen Produktionsfaktoren: Arbeit und Kapital, befinden sich ihm gegenüber im Verhältnis der Abhängigkeit (...). Auch alle technischen Erfindungen werden erst durch ihn lebendig (...). Die hochkapitalistische Wirtschaft (...) ist aus der schöpferischen Initiative der wenigen hervorgewachsen. (...) Sie bildet aber auch den ökonomischen Rationalismus aus, d. h.: die Durchdringung aller Wirtschaft mit den feinsten Methoden des rationalen Zweckdenkens, so dass dem immer stürmischeren Willen nach Ausweitung der wirtschaftlichen Energie eine Steigerung der Intelligenz, des Wissens und Könnens, diese Energie zur Anwendung zu bringen, entspricht."

(Sombart, W.: Der moderne Kapitalismus, Bd. 1, S. 12 f.)

Q2 Der Historiker H.-U. Wehler 1987 über die soziale Herkunft der Unternehmer:

„Die häufig ungeprüft wiederholte Behauptung, dass der historischen Neuartigkeit des deutschen industriellen Wachstums auch eine ungewöhnliche Offenheit der Aufstiegswege für Angehörige schlechthin aller sozialen Schichten und Klassen entsprochen habe, dass mithin selbst aus den städtischen und ländlichen Unterschichten sich fähige Selfmademen im Sinne der amerikanischen Bilderbuchkarriere (...) hätten emporarbeiten können, gehört ins Reich der sozialromantischen Legenden. (...) Angehörigen der ‚unteren Klassen' ist der Aufstieg zum Unternehmer in aller Regel verschlossen geblieben. (...) Entweder trifft man bei der Unternehmerbourgeoisie (...) auf die Nachfahren bodenständiger, ortsansässiger Familien mit teilweise in die frühe Neuzeit oder sogar in das Mittelalter zurückreichenden Traditionen des Handels und Verlages, der Metall- und Textilproduktion. (...) Neben ihnen nehmen Zugewanderte eine auffällige Stellung ein (...), gleich ob es sich bei diesen homines novi um die Söhne von etablierten Unternehmern oder von Bildungsbürgern, von Angehörigen konfessioneller oder ethnischer Minderheiten handelt (...).
Der Erfolg der Alteingesessenen oder Zugewanderten als industrie- und finanzkapitalistischen Unternehmern hing selbstredend von der eigenen Tüchtigkeit, der Gunst der Wirtschaftskonjunktur, den Chancen von Wachstumsindustrien und zahlreichen anderen Faktoren ab - immer aber auch von der Familien- und Heiratspolitik."

(Wehler, H.-U.: Deutsche Gesellschaftsgeschichte, Bd. 2, S. 184 f., 189, 191)

Q3 H.-U. Wehler 1987 über die entstehende Arbeiterklasse:

„Die innere Gliederung der Arbeiterschaft wurde in entscheidendem Ausmaß durch die Hierarchie der Qualifikationsgrade geprägt. Anfangs hat ständisches Denken, da die Herkunft aus einer ständischen Welt weiterwirkte (...), eine beträchtliche Rolle gespielt; anfangs erwies sich auch der Rechtsstatus als von hoher Bedeutung, da das Gefälle zwischen (...) Handwerkermeister, ungelerntem Tagelöhner-Hintersassen, Zuchthäusler und Waisenkind zählebig fortbestand (...). Bereits auf mittlere, erst recht auf längere Sicht traten jedoch derartige Unterschiede zurück. Die innerbetrieblichen Arbeitsfunktionen (...) erwiesen sich als die eigentlich konstituierenden Elemente. Was daher der Unternehmer in erster Linie brauchte, war hochwertiges „Humankapital": waren Fachleute mit unzweifelbarer Qualität (...), mit zuverlässigen Expertenfähigkeiten. Überall schoben sich diese Industriehandwerker an die Spitze der Arbeits- und Lohnpyramide.(...) An zweiter Stelle folgten die mittelmäßig geschickten ehemaligen Gesellen, solche mit abgebrochener Ausbildung, aber emsig und bestrebt, sich als angelernte ‚Gewerbegehilfen' mit spezifischen Fertigkeiten eine ‚ehrenwerte Existenz' aufzubauen. In dieser breiten Zone bewegte sich das Gros der frühen industriellen Arbeiter. Von ihnen wurden die Ungelernten scharf unterschieden: zuerst jene Hilfsarbeiter, die mit schriftlichem Vertrag und wöchentlichem Lohn immerhin einen allerersten Schritt nach vorn getan hatten; sodann die Tagelöhner, die (...) vertragslose Tagesarbeit außerhalb des Geltungsbereichs der Fabrikordnung leisteten. (...)
Bereits die breite Schicht der gelernten Arbeiter unterhalb der Elite der ‚Respektablen' bewegte sich jedoch mit ihrem Reallohnniveau ständig in unmittelbarer Nachbarschaft des Existenzminimums (...). Die breite Mehrheit der Industriearbeiter konnte sich daher in dieser Zeit nur bei kontinuierlicher Arbeit und ungebrochener Gesundheit, vor allem aber dank der ebenfalls arbeitenden Frauen und - wenn eben möglich - auch der Kinder das bare Mindesteinkommen zur Fristung des kümmerlichen täglichen Daseins sichern. Wurden diese Familien von Krankheit, Teuerung, Arbeitslosigkeit heimgesucht, konnten viele das Existenzminimum nicht mehr sicherstellen."

(Wehler, H.-U.: Deutsche Gesellschaftsgeschichte, Bd. 2, S. 244 ff.)

A1 *Charakterisiere anhand Q1–Q3 die neuen gesellschaftlichen Kräfte.*

2.2 Die Arbeiter – eine neue Kraft

A1 Überlege dir Gründe, die den Mann zum Trinken gebracht haben könnten.

A2 Was glaubst du, warum die Frau nicht trinkt?

A3 Beachte das Mädchen im Hintergrund. Was tut es?

Auf der anderen Seite der Gesellschaft standen die Arbeiter. Im Laufe des Industrialisierungsprozesses nahm ihre Anzahl und damit auch ihre Bedeutung ständig zu.

Sie besaßen nur wenige Habseligkeiten. Aber sie verfügten auch über etwas Wertvolles, was sie verkaufen konnten: ihre Arbeitskraft. Doch nur wenn es ihnen gelang, in einer der zahlreichen neu entstandenen Fabriken Arbeit zu finden, konnten sie überleben. Deshalb waren sie gezwungen, sich den Bedingungen der Unternehmer zu unterwerfen. Diese hielten die Löhne so gering wie möglich, oft reichten sie kaum zum Leben.

Es gab noch keine Gesetze, die regelten, wie lange ein Arbeiter arbeiten musste und wie viel Lohn er dafür bekam. Die Unternehmer wachten darüber, dass ihre Arbeiter täglich (außer sonntags) elf und mehr Stunden arbeiteten. Auch für die Arbeitsbedingungen gab es noch keine gesetzlichen Regelungen. Meist waren sie schrecklich. Lärm, Schmutz und Gefahr gehörten zum Alltag. In den Textilfabriken war es im Winter eisig, es gab kaum Licht und Luft. In den Werkstätten der Eisen verarbeitenden Industrie war es hingegen stickig heiß. In Berlin beispielsweise betrug die durchschnittliche Lebenserwartung der Arbeiter aus diesen Gründen nur etwa 43 Jahre.

Besonders hart waren die Bedingungen im Bergbau. Männer, Frauen und Kinder setzten unter Tage täglich Gesundheit und Leben aufs Spiel. Trotzdem konnte jeder, der Arbeit hatte, noch froh sein. Denn, um seine Arbeit zu verlieren, genügte es, zu spät zu kommen, krank zu sein oder aus anderen Gründen zu fehlen. Oft reichte sogar schon der Vorwurf, ungehorsam gewesen zu sein. Hatte jemand seine Arbeit erst verloren, konnte er seine Wohnung nicht mehr bezahlen. Er wurde obdachlos und musste betteln, denn es gab noch keine Arbeitslosenunterstützung.

„Die Flasche". Zeitgenössische Karikatur

Die Ausweisung eines Arbeiters. Zeitgenössische Darstellung

A4 Welche der geschilderten Umstände industrieller Arbeit findest du am schlimmsten? Begründe.

A5 Meinst du, dass die Menschen vor der Industrialisierung besser gelebt haben?

A6 Überlege, welche Gründe es für die Ausweisung dieser Arbeiterfamilie gegeben haben könnte.

A7 Betrachte die Gegenstände und stelle dir vor, wie die Wohnung der Familie vorher eingerichtet war.

A8 Was mag die Frau rechts im Bild ihrer Freundin über das Geschehene berichten?

Q1 Aus der Fabrikordnung der Eisengießerei und Maschinenfabrik von Klett & Co, 1844:

„§ 1 Alle Arbeiter verpflichten sich bei ihrer Aufnahme zum Gehorsam gegen die Fabrikherren (...).
§ 2 Die festgesetzten Arbeitsstunden sind: von 6 bis 12 Uhr vormittags und von 1 bis 6 1/2 Uhr nachmittags. Von 8 bis 8 1/2 Uhr wird eine halbe Stunde zum Frühstück freigegeben (...) Wer außer dieser Zeit Bier oder geistige (= alkoholische) Getränke sich verschafft, verfällt einer Strafe von 1/2 Tag Abzug (...).
§ 3 Wenn die Arbeit besonders pressant (= dringlich) ist, so müssen die erforderlichen Arbeiter gegen Vergütung über die bestimmte Zeit arbeiten (...) Sollte sich's ereignen, dass die ganze Nacht durch gearbeitet wird, so hat der Arbeiter beim Nachtessen seine erforderlichen Lebensmittel mitzubringen.
§ 4 Sämtliche Arbeiter müssen sich pünktlich zur bestimmten Arbeitszeit in der Fabrik einfinden; 10 Minuten nach Glockenschlag 6 Uhr morgens wird die Türe geschlossen und kein Arbeiter mehr eingelassen; wer öfters als 2-mal fehlt, wird mit Abzug nach § 5 gestraft.
§ 5 Wer 1/4 oder 1 Tag fehlt, verliert nicht nur den verhältnismäßigen Lohn, sondern wird auch noch um ebenso viel gestraft (...).
§ 10 Alle jene Arbeiter, welche während der Arbeitszeit herumlaufen, miteinander plaudern oder schwätzen oder nichts tuend beieinander stehen und somit ihre Arbeit versäumen, verfallen in eine Strafe von 1/4 Tag Abzug. Streitigkeiten, Raufereien und unanständiges Betragen ist mit 1/2 Tag Abzug belegt (...).
§ 16 (Bei) widerspenstige(m), unredliche(m) Betragen sowie Übertretung (...) aller Vorschriften (...) können die Arbeiter augenblicklich entlassen werden, und zwar wird alsdann die Ursache jedes Mal der Polizei angezeigt (...)."

(Illustrierte Alltagsgeschichte des deutschen Volkes, 1810-1900, S. 114)

A1 Erläutere die einzelnen Paragrafen. Welche würdest du kritisieren?

A2 Wie denkst du über diese Fabrikordnung?

2.3 Arbeiterfrau – ein Leben voller Mühsal

Immer häufiger suchten auch Frauen Arbeit in den Fabriken. Denn oft genügte der Lohn des Mannes nicht, um eine Familie mit mehreren Kindern zu ernähren. Fand der Mann keine Arbeit oder war er gestorben, blieb den Frauen keine andere Wahl. Frauen erhielten noch weniger Lohn als die Männer, obwohl sie unter den gleichen Bedingungen arbeiteten. Besonders schlechte Arbeiten mussten oft verheiratete oder ältere Frauen verrichten.

Q1 Manchmal konnte man „Frauen, sogar in schwangerem Zustand, mit den Männern um die Wette beim Eisenbahnbau schwer beladene Karren fahren sehen oder sie als Handlanger, Kalk und Zement anmachend oder schwere Lasten Steine tragend, beim Hausbau beobachten oder beim Kohle- und Eisensteinwaschen."

(Bebel, A.: Die Frau und der Sozialismus, S. 244)

A3 Was sagt das Bild über die soziale Situation dieser Frauen?

Verkauf von Fleischabfällen in Berlin. Nach W. Zehme, 1892

Noch zu Beginn unseres Jahrhunderts hatte sich die Situation der Fabrikarbeiterinnen kaum verbessert. Aus einem Bericht von 1909:

Q2 „Da ist z.B. eine Fabrikarbeiterin mit vier kleinen Kindern. Um 1/2 5 Uhr morgens beginnt ihr Arbeitstag. Da muss sie aufstehen, Feuer machen, Kaffee kochen, Fleisch und Gemüse für das Mittagessen vorbereiten und (...) die Betten machen.
Um 3/4 7 Uhr muss sie mit den Kindern aus dem Hause. Die Kleinen werden in die Anstalt gebracht. Die Frau geht in die Fabrik, aus der sie um 1/2 12 Uhr vormittags für anderthalb Stunden heimkommt. Nun wird das Essen gewärmt, verzehrt und dann so viel häusliche Arbeit wie möglich verrichtet (...)
Um 1 Uhr beginnt wieder die Fabrikarbeit. Nach Schluss derselben von neuem Hausarbeit. Nach dem Abendessen, das auch erst wieder von der Frau vorbereitet werden muss, kommen all die kleinen und großen Verrichtungen. (...) An einem Abend wird Wäsche gewaschen. Am nächsten wird gebügelt. (...) Etwa alle 8 Wochen ist großer Waschtag – entweder am Samstag abends, wo der Arbeitstag erst um 1 Uhr nachts ein Ende erreicht hat, oder am Sonntag."
(Industrialisierung – das deutsche Beispiel, S. 123)

■ **A1** Stelle den Alltag der Fabrikarbeiterin in einer Uhr (1–24 Uhr) dar. Frage deine Mutter nach ihrem Tagesablauf, schreibe ihn daneben und vergleiche.

■ **A2** Betrachte noch einmal alle Bilder dieses Kapitels. Wo kannst du Frauen bei der Arbeit erkennen?

■ **A3** Erläutere die Aussage:
Die Frauen „hatten eine Wohnung und kein Heim, sie hatten Kinder und waren keine Mütter, sie hatten Lebensunterhalt und kein Leben."

2.4 Kinder – die billigsten Arbeitskräfte

Viele Fabrikbesitzer stellten gern Kinder ein. Sie konnten einfache Handgriffe ausführen und erhielten dafür einen viel geringeren Lohn als die Erwachsenen, obwohl sie meist genauso lange arbeiteten. Sie hatten nur eine ganz kurze Pause. Wer zu spät kam oder fehlte, wurde hart bestraft oder sogar entlassen.

Q1 Kinder berichteten (1833):
„Bin 12 Jahre alt. Bin 12 Monate in der Spinnerei gewesen. Anfang um 6 und Feierabend um 1/2 8. Durchschnittlich über 12 1/2 Stunden Arbeit. Habe 2 oder 3 Wochen hindurch Überstunden gemacht. Arbeitete während der Frühstücks- und Teepause und ging erst um 8 weg." – „Machst du Überstunden wie es dir gefällt?" –
„Nein, wer angelernt ist, muss arbeiten. Ich bleibe lieber und arbeite, als dass irgendjemand anders meinen Platz bekommt."
„Habe hier (...) 2 Jahre gearbeitet. Bin jetzt 14, arbeite 16 1/2 Stunden am Tag. Kürzlich war ich krank und bat, um 8 Uhr aufhören zu dürfen. Man sagte mir, wenn ich ginge, brauche ich nicht wiederzukommen."
(Cunningham, W.: The Growth of English Industry, S. 786)

Q2 Unternehmer meinten:
„In den Fabriken werden die Kinder nicht nur an Arbeit, sondern auch an eine stets geregelte Arbeit, an Ordnung und Pünktlichkeit gewöhnt. Der Aufenthalt in den Fabriken wird in der Regel ein reichlicherer und gesünderer sein, als er in den engen, mit allen möglichen Dünsten angefüllten Wohnungen der Eltern sein kann."
(Motive zu dem Entwurf einer Fabrikgewerksordnung, zit. nach: Geschichte lernen, Heft 46 [1995], S. 53)

■ **A4** Was war deiner Meinung nach der wichtigste Grund dafür, dass viele Kinder so hart arbeiten mussten?

■ **A5** Welche Argumente nennen die Kinder und der Unternehmer für bzw. gegen die Kinderarbeit?

■ **A6** Welche Argumente findest du verständlich, welche nicht?

■ **A7** Diskutiert das Für und Wider der einzelnen Meinungen.

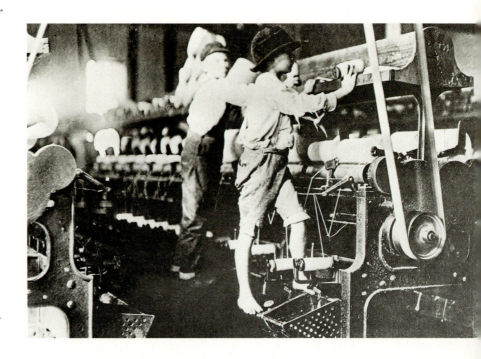

ARCHIV

Die soziale Lage der Arbeiter und ihrer Familien

Q1 Staatskanzler Fürst Hardenberg nach einer Inspektionsreise durch die westlichen Industriegebiete Preußens in einem Runderlass über die soziale Frage vom 5. September 1817:

„(...) Sehr viele Fabrikarbeiten können von Kindern verrichtet werden, und die Unternehmer finden sehr ihre Rechnung dabei, die Kinder ihrer Arbeiter so früh als möglich dabei anzustellen. Den Arbeiterfamilien wird die Möglichkeit gegeben, mit sehr geringem Lohn für die Person zu bestehen, wenn auch die achtjährigen Kinder schon etwas erwerben, und die Fabrikation wird dadurch im Ganzen sehr viel wohlfeiler. Jedes Kind ist ein Band mehr, welches die Arbeiter an die Fabrik fesselt, und diese bei der Fabrik erzogenen Menschen werden durch die früheste Gewöhnung von ihr abhängig. Die Fabrikarbeiter heiraten in der Regel früh, weil ihre einförmige Lebensart sie zur Häuslichkeit führt und die Frau gemeinhin auch bei der Fabrik Arbeit findet, und sie vermehren sich schnell, weil die Kinder auch bald etwas erwerben können, folglich die Haushaltung wenig belästigen. (...) Die Menschen werden zu Fabrikarbeitern erzogen, ehe sie eine Wahl haben, und wenn die Jahre eintreten, wo vernünftige Überlegung über ihre Zukunft bestimmen sollte, haben sie schon alle Neigung und häufig selbst die Fähigkeit verloren, eine andere Lebensart zu ergreifen. So entsteht die Möglichkeit, dass es an Tagelöhnern für den Ackerbau und an Gesinde für die gemeinen häuslichen Verrichtungen, selbst sogar an Handwerkern für das Bauwesen und andere Arbeiten fehlen kann, die ihrer Natur nach nicht fabrikmäßig betrieben werden können, während das Land mit Fabrikarbeitern überhäuft ist, die aus Mangel an Beschäftigung selbst bei dem niedrigsten Lohn darben."

(Huber, E. R.: Dokumente zur deutschen Verfassungsgeschichte, Bd. 1, S. 75 ff.)

■ **A1** Begründe, warum eine Arbeiterfamilie sich damals in einem „Teufelskreis" befand.

Q2 Der Schriftsteller Hugo Wauer erinnert sich an das Berlin der 1830er-Jahre:

„Ich kann nie an unsre idyllische Wohnung (...) zurückdenken, ohne dass sich mir das Bild der Leipziger Straße aufdrängt. Das Haus Nr. 128 gehörte nämlich einem Schlächter, der wie damals alle Schlächter, in seinem Hause schlachtete. (...) So schlachtete er wöchentlich mehrere Male, und dann lief wöchentlich mehrere Male das dampfende (...) Blut durch des Hauses Abflusskanal in den Straßenrinnstein. Im Hause stank es unerträglich. (...)
Es war erlaubt, Gefäße, die unreine Flüssigkeiten ohne feste Bestandteile enthielten, in den Straßenrinnstein zu entleeren; aber die Dienstmädchen machten sich keineswegs ein Gewissen daraus, diese Opferstätten mit recht unappetitlichen ‚festeren Bestandteilen' zu dekorieren.
Wenn dann im Winter alles Flüssige festfror und darauf der Schnee fiel, (...) den man getrost ruhig liegen ließ, bis er wegtaute, dann erwuchsen (...) stattliche Berge von Eis, Schmutz, Schnee, Asche, Küchenabfällen usw. und oft – sehr oft sah ich auf solchen Bergen auch Menschenkot!!
(...)
Die besseren Wohnungen hatten ihre Klosetträume – aber ohne Abfluss. Nachts durchfuhren geschlossene Wagen von der Größe unserer allergrößten modernen Möbelwagen die Straße. Jeder dieser Wagen führte etwa hundert verdeckte Eimer. Zehn bis zwölf mit Laternen ausgerüstete alte Frauen begleiteten das unheimliche Gefährt, drangen mit leeren Eimern in jedes Haus, holten die gefüllten und stellten sie in den Wagen. Kam man um diese Zeit nach Hause, dann musste man mit fest an Nase und Mund gepresstem Taschentuch das Treppenhaus durcheilen! (...)"

(Pöls, W. [Hrsg.]: Deutsche Sozialgeschichte 1815–1870. Dokumente und Skizzen, S. 16 f.)

■ **A2** Beschreibe die hygienischen Verhältnisse in einem Arbeiterviertel. Welche Gedanken bewegen dich?

Q3 Ein Armenarzt berichtet aus Berlin um 1890:

„(...) Das ganze Elend der Großstadt entblößte sich vor meinen Augen, und die soziale Bedingtheit so vieler Krankheiten drängte sich mir auf. (...)
An der Spitze marschierte die tödliche Seuche, die damals noch die Säuglinge der Großstadt mehr als zehntete: die Kindercholera, die Sommerdiarrhöe, die mir selbst vor langer Zeit meinen geliebten kleinen Bruder Georg geraubt hatte. Wir kannten die Ursache: verdorbene Milch und schlechte Luft in den überhitzten Mietskasernen, in die auch die Nacht keine Kühlung bringen konnte (...).
An zweiter Stelle kam der Zahl nach die Tuberkulose, namentlich in ihrer Gestalt als Lungenschwindsucht (...). Hier handelt es sich in der Regel um Menschen mit unbelasteter Aszendenz (lat.: Gesamtheit aller Vorfahren), ursprünglich gesunde und starke Männer und Frauen, die den Einwirkungen des Fabrikstaubes, der licht- und luftlosen Wohnungen und der unzureichenden Ernährung verfallen waren oder die sich im Zusammenleben mit anderen Kranken infiziert hatten. Man musste sie sterben und die Familie zugrunde gehen lassen. (...)"

(Ritter, G. A./Kocka, J. [Hrsg.]: Deutsche Sozialgeschichte 1870–1914, S. 248 ff.)

Q4 Ein Arbeiter erinnert sich an seine Unterkunft:

„Mit der Zeit gefiel es mir nicht mehr in meinem Quartier, denn mein Wirt hatte während des Sommers noch zwei Kostgänger angenommen, oder gar drei. Anfänglich hatte ich lange Zeit in einem Bett allein geschlafen, aber schließlich mussten wir in einem breiten Bett unter dem Dache drei Mann zusammen schlafen, und zeitweise kam auch noch ein Lehrling hinzu. Da graute einem bei der Hitze, wenn man zu Bett musste, und konnte schlecht schlafen, und abends war man froh, wenn Feierabend war, und des Morgens war man noch viel froher, wenn man, ganz in Schweiß gebadet, wieder aus dem Bett konnte. (...)"

(Pöls, W. [Hg.]: Deutsche Sozialgeschichte 1815-1870. Dokumente und Skizzen, S. 227)

■ **A1** Formuliere Folgen dieser Lebensbedingungen, insbesondere für Kinder und Jugendliche.

Q5 Friedrich Harkort, ein sozial eingestellter Unternehmer, urteilt 1844 über die Industrie:

„(...) Der Staat muss einschreiten, um Verderben zu wehren, damit der Strom des Pauperismus (Armut) nicht unaufhaltsam wachsend die gesegneten Augen des Vaterlandes unheilbringend überschwemme (...).
Vom Staate verlangen wir, dass er nicht allein gebietend, sondern auch helfend und fördernd einschreite.
Zunächst muss die Regierung mit aller Strenge das Gesetz hinstellen und handhaben: dass durchaus keine Kinder vor zurückgelegter Schulzeit in Fabriken angestellt werden dürfen. Den Eltern muss unerbittlich das Recht genommen sein, ihre Kinder als Sklaven an die Industrie zu verkaufen (...). So wie die Sachen jetzt stehen, werden die Kinder benutzt, um die Löhne der Erwachsenen zu drücken; lasst die Unmündigen ausscheiden aus dem Kreise der Dienstbarkeit und die Älteren finden eine bessere Vergütung für die Arbeit ihrer Hände. Selbst gehöre ich zu den Leitern der Industrie, allein vom Herzen verachte ich jede Schaffung von Werten und Reichtümern, die auf Kosten der Menschenwürde, auf Erniedrigung der arbeitenden Klasse begründet ist. Zweck der Maschine ist, den Menschen der tierischen Dienstbarkeit zu entheben, nicht ärgere Frone zu schaffen (...)."

(Schraepler, E.: Quellen zur Geschichte der sozialen Frage in Deutschland, Bd. 1, S. 51)

■ **A2** Vergleiche die Aussagen des Unternehmers Harkort mit denen in Q1.
■ **A3** Was unterscheidet Harkort von einem typischen Unternehmer im 19. Jahrhundert?

Q6 Aus einem Erlebnisbericht des Theologen Paul Göhre im Jahre 1891:

„(...) Einen weiteren Zuschuss brachte die Arbeit der Frauen (...). Es ist mir unmöglich, darüber Genaueres zu sagen, ich vermag nur anzugeben, dass diese Frauenarbeit die allerverschiedenste war: Schneidern, Nähen für ein Geschäft, Waschen und Schleudern, Hausieren oder Handeln mit Grünzeug und anderen Waren; wohl nicht häufig ging man in Fabriken, viel mehr wurden daheim auf der Strickmaschine Strümpfe gestrickt. Auch wurde das Halten von Schlafleuten und Mittagskostgängern, wobei ebenfalls der Frau die ganze Arbeit obliegt, als Quelle zur Erhöhung des Fabriklohnes angesehen – kaum mit vollem Rechte. Denn soviel ich beobachten konnte, kommt in Anbetracht der dadurch den Frauen auferlegten schweren Mühen und der Opfer an häuslicher Bequemlichkeit – von anderen tieferen, aber mehr ausnahmsweisen Schäden hier einmal ganz abgesehen – ein pekuniärer Vorteil selten heraus."

(Schraepler, E.: Quellen zur Geschichte der sozialen Frage in Deutschland, Bd. 2, S. 34)

■ **A4** Wie trugen Arbeiterfrauen zum Unterhalt der Familie bei?
■ **A5** Bewerte aus heutiger Sicht die Rolle der Arbeiterin in der Gesellschaft.

Q7 Zur Lage der Heimarbeiter in der Spielzeugindustrie im Thüringer Wald:

„Neben der Dauer und Art der Beschäftigung ist am bedeutsamsten die Zusammensetzung der Familie. Wird der Meister bei der Arbeit von Weib und Kind unterstützt, so kann er rascher und leichter produzieren; es bildet sich innerhalb der Familie eine peinlich genaue Arbeitsteilung aus, und alles geht flinker von der Hand (...). Umso schlimmer dann, wenn ein Glied aus der Kette fällt, wenn die Tochter ‚aus dem Haus heiratet', der Sohn in die Fabrik geht oder Soldat wird, – nur mit Müh' und Not finden sich die vereinsamten Alten in ihrer neuen Rolle zurecht. Am schlechtesten bestellt ist es um Eheleute mit vielen kleinen Kindern, wo der Mann allein für den steigenden Hausbedarf sorgen muss; passiert da einmal ein Unglück, erkrankt der Mann oder hat die Frau eine böse Entbindung, dann ist das Elend nicht zu beschreiben. So kenne ich einen braven Papiermacher – Arbeiter, dem sechs Kinder gestorben und sechs geblieben sind; die Frau ist krank und der Mann muss für alle arbeiten, kochen und fegen, dabei kommt ihm der Exekutor (Gerichtsvollzieher) ins Haus und pfändet ihm das Bett unterm Leib: Jetzt wälzt sich die ganze Familie auf dem Boden. (...)"

(Ritter, G. A./Kocka, J. [Hg.]: Deutsche Sozialgeschichte 1870-1914, S. 263 f.)

■ **A6** Beschreibe die Verhältnisse in einer thüringischen Heimarbeiterfamilie.
■ **A7** Suche nach Beispielen in deinem Heimatort oder in deiner Region.

EXPEDITION GESCHICHTE

Ist Kinderarbeit schon Geschichte?

Vielleicht denkt ihr: Kinderarbeit, das ist Geschichte, das gab es nur vor langer Zeit. Hier ein Bericht aus dem Leben eines brasilianischen Jungen in der Welt von heute:

Q1 „Velucio ist zehn Jahre alt. Wie eine Maschine bewegt er sich zwischen den spitzen, armlangen Blättern der Agavenpflanzen. Schnitt – Wurf,
5 Schnitt – Wurf. Seit fünf Jahren tut Velucio kaum etwas anderes. Von morgens um 8 bis 17 Uhr. Von Montag bis Freitag (…). Eigentlich müsste Velucio in die Schule gehen. Das schreibt das
10 brasilianische Gesetz vor. „Ich lerne ja auch", behauptet der Junge. Doch bei genauerem Hinsehen findet sich in seinem Tagesablauf keine Lücke, in der er (…) den Unterricht unterbrin-
15 gen könnte. Um 6 Uhr, noch vor Sonnenaufgang, steht die Familie auf. Velucio holt Wasser aus dem Tümpel. Fast eine Stunde braucht er, um den Zehnlitereimer in die Lehmhütte der
20 Eltern zu schleppen. Dann gibt es eine Schüssel Brei aus Maniokmehl. ‚Und dann gehe ich schneiden', sagt er. ‚Bis wann?' ‚Bis zum Abend', sagt er (…). Wenn Velucio nicht arbeitet, hat er
25 nichts zu essen (…) So wie alle anderen Familienmitglieder auch."
(Berliner Zeitung vom 27.2.1997, gekürzt)

■ **A1** Vergleiche Velucios Leben mit deinem eigenen.

Kinderarbeit heute. Kaffee-Ernte in Guatemala.

Habt ihr Interesse, euch in der Klasse näher mit diesem Problem zu befassen? Dann sucht aus Presse, Fernsehen und anderen Medien Berichte über Kinderarbeit. Ihr könnt eure Suche nach folgenden Gesichtspunkten durchführen:

– In welchen Erdteilen und Ländern gibt es Kinderarbeit?

– In welchen Bereichen arbeiten die Kinder? Nicht nur auf „normale" Arbeit werdet ihr stoßen. Kinder werden auch gezwungen, als Soldaten zu kämpfen oder als Prostituierte zu arbeiten.

– Welche Ursachen der Kinderarbeit könnt ihr herausfinden?

– Welche Ansätze zur Überwindung der Kinderarbeit gibt es (z. B. Hilfsorganisationen, Gesetze, Verbote usw.)?

Vielleicht könnt ihr die Ergebnisse eurer Erkundigungen in einer Wandzeitung oder einer selbst gestalteten Broschüre euren Mitschülern und Eltern vorstellen?

2.5 Wie die Menschen in den Industriestädten lebten

Da immer mehr Menschen vom Land in die Stadt zogen, wuchsen die Bevölkerungszahl und die Größe der Städte in der zweiten Hälfte des 19. Jahrhunderts ständig an. Diese Entwicklung bezeichnet man als Urbanisierung (Verstädterung).

■ **A1** Nenne Gründe, weshalb viele Menschen vom Land in die Stadt zogen.

■ **A2** Bestimme anhand der Karte rechts, wo Zuwanderungs- und wo Abwanderungsgebiete lagen.

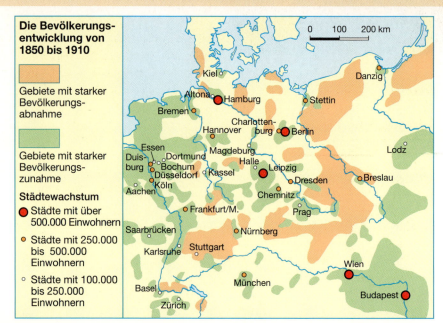

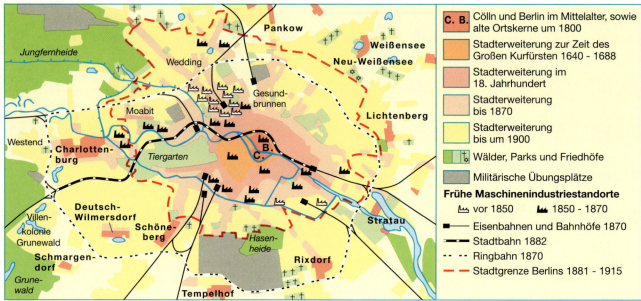

Die Entwicklung Berlins zur Großstadt

Im Laufe des 19. Jahrhunderts prägte sich die typische Art der Städte heraus: In den besseren Stadtvierteln wohnten kleinbürgerliche Familien, z. B. Kleinunternehmer, Kaufleute, Ladeninhaber oder kleine Beamte. Im Zentrum der Städte entstanden Geschäftsviertel mit Prachtbauten. Am Rande der Industriestädte schossen seit der Mitte des vorigen Jahrhunderts Mietskasernen wie Pilze aus dem Boden. Darin wohnten Arbeiterfamilien dicht gedrängt.

■ **A3** Welche Entwicklungsphasen sind erkennbar? Wo liegen industrielle Schwerpunkte?

Viele Arbeiter hatten noch nicht einmal eine eigene Schlafstätte; sie teilten sich mit mehreren ein Bett. Eine Fabrikarbeiterin berichtete:

Q1 „(...) Ich trat ein; das Gemach, in dem ich stand, war klein, viereckig, an den Wänden standen 3 Betten, in der Mitte des Zimmers ein Tisch, an dem
5 Männer saßen, die aus einer gemeinsamen großen Blechschüssel löffelten. Wohin ich blickte, lagen, standen und schliefen Kinder in allen Größen, Knaben, Mädchen, eines verlumpter
10 als das andere. Und in diesem Raume bot man mir an, mit Mann, Frau und 10 Kindern zu schlafen, von denen das älteste etwa 8 Jahre, das jüngste ein halbes Jahr sein konnte (...)"

(Industrialisierung – Das deutsche Beispiel, S. 135)

■ **A4** Gib die Eindrücke der Arbeiterin wieder. Überlege, wie sie sich wohl entschieden hat.

ARCHIV

Quellen zur Verstädterung

Q1 Statistische Angaben zur Verstädterung:

Wachstum deutscher Städte

Einwohnerzahl in Tausend	1800	1875	1910
Berlin	172	967	2071
Breslau	60	239	512
Dortmund	4	58	214
Dresden	60	197	548
Duisburg	4	37	229
Frankfurt a. M.	48	103	415
Hamburg	130	265	931
Kiel	7	37	211
Leipzig	30	127	590
München	40	183	596
Nürnberg	30	91	333
Stuttgart	18	107	286
Zum Vergleich:			
London	959	3830	4523
Liverpool	82	624	747
Manchester	77	462	714

Herkunft der Einwohner Rheinland-Westfalens (1907)

geboren in	in % der Zugezogenen
Ostdeutschland	38
Nordwestdeutschland	11,5
Mitteldeutschland	9,5
Hessen	11,5
Süddeutschland	7,6
Ausland	18,8

A1 Was „berichten" diese Zahlen über Verstädterung bzw. Landflucht?

Q2 Georg Werner, Bergmann aus Schlesien, kam 1899 ins Ruhrgebiet:
„Mein Schlafraum war die große Kammer. Hier schliefen wir, drei Kostgänger und der lange Franz, in zwei Betten. (...) Das Essen war zwar sehr einfach, aber kräftig. (...) Ich war, wie man sagt, ‚auf halber Kost'. Man unterscheidet im Bergbau des Ruhrgebietes drei Kostformen: ‚halbe Kost', ‚volle Kost' oder ‚volle Kost voll'. Bei halber Kost war im Logispreis außer der Wohnung nur Mittagessen und Morgenkaffee enthalten. Dafür zahlte ich 28 Mark. Dagegen musste man sich Brot und Zubehör selbst kaufen, was ungefähr ebenso viel erforderte. Bei ‚voller Kost' deckte der Logispreis von 50 bis 60 Mark alles. Bei ‚voller Kost voll' war der Preis der gleiche, aber die Kostmutter inbegriffen."
(Chronik des Ruhrgebietes, S. 243)

A2 Mache dir ein Bild von den Wohnverhältnissen in einer solchen Arbeiterkolonie.

Q3 1890 beschäftigte folgende Anzeige die Polizei von Recklinghausen:
„In dem von mir bewohnten Hause (...) hat auch der Kutscher N. drei Zimmer inne. Eines dieser Zimmer wusste er sich unter Vorwand zu erschleichen: Er habe stets Besuch von seiner Familie und könne diese sonst nirgends schlafen lassen! Benutzte aber dann dasselbe sofort zur Etablierung einer Kostgängerwirtschaft, wie sie schlimmer kaum gedacht werden kann. Heute lagen z. B. die Kostgänger nur mit Hemd und Hose bekleidet in den Fenstern und belästigten die Kirchgänger (...). In dem kleinen Zimmer, das bei einer Länge von 3,90 m an einem Ende 1,35 m und am anderen 3,50 m breit ist und eine Höhe von nicht ganz 3 m besitzt, hausen 4 Kostgänger. Da dieses nun offenbar den hier geltenden Polizeivorschriften widerspricht, so erlaube ich mir (...) ganz ergebenst zu bitten, die Entfernung von wenigstens 2 der Kostgänger so bald als möglich polizeilicherseits geneigtest veranlassen zu wollen."
(Chronik des Ruhrgebiets, S. 203)

A3 Welche Vor- bzw. Nachteile bringt das „Kostgängersystem"?

Q3 Die Situation der Industriestadt Aachen nach einer Studie um 1880:
„Erst in den 1860er-Jahren erwachte die Baulust, und nun entstanden rasch ganze Stadtviertel im Osten und Süden der Stadt. Es begannen die Wohlhabenden vom übrigen Volke sich zu trennen und in die Vorstädte zu ziehen, wo in den schönen dreistöckigen und dreifenstrigen Häusern nach belgisch-englischer Sitte meist eine Familie für sich wohnt. Die innere Stadt blieb den Krämern, Handwerkern, Arbeitern überlassen. (...) Die Häuser sind neu, höchstens 20-30 Jahre alt; aber es sind bereits Spekulationsbauten, die das Terrain möglichst auszunutzen streben. Die Höfe sind ganz unzugänglich. Treten wir in das Haus Königsstraße Nr. 1; dort hat der Hof die Form eines schmalen, lang gestreckten Rechteckes (...); die Breite misst kaum zwei Schritt, und an der geräumigsten Stelle wird sie noch durch eine Mauer durchschnitten (...). Nebenan ist die ‚Arche Noäh', ein Zellenhaus in der Form eines weit in den Hinterhof sich erstreckenden Rechtecks mit zwei quadratischen Höfen von je vier Schritt, während zu allen Seiten die in der Straße üblichen vier Stockwerke emporstarren, verziert durch die zum Trocknen herausgehängten zerlumpten Hemden, Hosen und anderen nicht verpfändbaren Kleidungsstücke (...). Im Innern des Hauses bildet jede Zelle eine Arbeiterwohnung; sobald die Familie etwas zahlreich ist, erscheint die Stube überfüllt: Ja es haben mir glaubwürdige Männer (...) wiederholt versichert, dass bei der Volkszählung 1871 vielfach in einem Zimmer zwei Familien angetroffen worden sind, welche ihren Anteil an der Stube durch Kreidestriche abgetrennt hatten."
(Thun, in: Staats- und Sozialwissenschaftliche Forschungen, 2. Bd., S. 56)

A4 Auf welche Weise verändern der Zuzug von Industriearbeitern und die Industrialisierung die Stadt?

2.6 Umweltverschmutzung und Krankheiten

■ **A1** Beschreibe den Eindruck, den die Gebäude in der Abbildung unten auf dich machen.
■ **A2** Stelle Vermutungen an, weshalb Rauch und Qualm als Zeichen des Fortschritts galten.
■ **A3** Weshalb waren arme Menschen besonders von den Auswirkungen der Industrialisierung betroffen?

Qualm aus verheizter Kohle galt im 19. Jahrhundert als Zeichen des Fortschritts. Riesige Rauch- und Gaswolken kamen auch aus den Hochöfen. Baumwollfabriken verschmutzten mit Farbstoffen und anderen Abwässern die Flüsse. In der Nähe von Kohle- und Eisenerzgruben türmten sich riesige Abraumhalden.
Obwohl die Flüsse von Abwässern und Fabrikabfällen längst verseucht waren, entnahmen die Menschen daraus noch lange Zeit ihr Trinkwasser. Erst später holten sie es sich aus Pumpen, die auf den Straßen standen. Doch auch dieses Wasser war oft verunreinigt. Es trug dazu bei, dass sich Krankheiten wie Tuberkulose, Typhus und Cholera stark verbreiteten. Betroffen waren vor allem arme Menschen. Sie hausten unter schlechten hygienischen Bedingungen in armseligen Unterkünften, ernährten sich schlecht und waren der Luftverschmutzung direkt ausgesetzt.

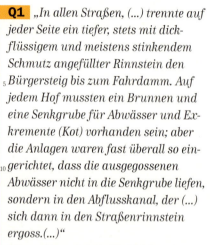

Q1 „In allen Straßen, (…) trennte auf jeder Seite ein tiefer, stets mit dickflüssigem und meistens stinkendem Schmutz angefüllter Rinnstein den
5 Bürgersteig bis zum Fahrdamm. Auf jedem Hof mussten ein Brunnen und eine Senkgrube für Abwässer und Exkremente (Kot) vorhanden sein; aber die Anlagen waren fast überall so ein-
10 gerichtet, dass die ausgegossenen Abwässer nicht in die Senkgrube liefen, sondern in den Abflusskanal, der (…) sich dann in den Straßenrinnstein ergoss.(…)"
(Wauer: Humoristische Rückblicke auf Berlins „gute alte Zeit", S. 87 ff.)

■ **A4** Vergleiche Q1 mit der Karikatur oben. Worum geht es?
■ **A5** Erläutere anhand der Quellen und Abbildungen Auswirkungen der Industrialisierung auf die Umwelt.
■ **A6** Gibt es heute vergleichbare Probleme? Wenn ja, wo?

Q2 Ein Wissenschaftler über Auswirkungen der Industrialisierung:
„Die Schadstoffe von Industrie, Kommunen und Haushalten sind nicht wie erhofft im unendlichen Meer der Lüfte oder den Tiefen der Meere verschwun-
5 den, sie haben sich vielmehr im Boden abgelagert (…).
Unübersehbar waren auch die zahllosen Abraum- und Kohlenhalden im Umkreis der Zechen, die viel Dreck be-
10 scherten und üblen Gestank verbreiten konnten, wenn sie in Brand gerieten. So beschwerte sich der Bürgermeister von Stoppenberg 1908 über einen Haldenbrand, dessen ätzende, schweflige
15 Gase die ganze Umgebung in stinkende Nebel hüllten; die Bewohner würden erheblich belastet und die ‚Vegetation (…) im weiteren Umkreis ertötet'. Dieser Missstand bestehe
20 bereits seit zehn Jahren und er habe bereits elf erfolglose Anträge an die Behörden gestellt. Im Gegenteil, die Zeche
25 habe in der Zwischenzeit die Koks-, Ammoniak- und Teernebenproduktengewinnung aufgenommen, so dass
30 die Übelstände zugenommen hätten. (…)"
(Brüggemeier, F. J./ Rommelspacher, T.: Das Ruhrgebiet, Bd. 2, S. 526–529)

„Das schwarze Land", Industrierevier um die englische Stadt Wolverhampton

ARCHIV

Bleibt die Umwelt auf der Strecke?

Q1 Der französische Historiker Alexis de Tocqueville berichtet 1835 über die industrielle Entwicklung in Manchester:
„Auf dem Hügel erheben sich dreißig oder vierzig Fabriken. Mit ihren sechs Stockwerken ragen sie hoch in die Luft. Ihr unabsehbarer Bereich kün-
5 det weithin von der Zentralisation der Industrie. Um sie herum sind gleichsam willkürlich die ärmlichen Behausungen der Armen verteilt (...). Zwischen ihnen liegt unbebautes Land,
10 das nicht mehr den Reiz ländlicher Natur hat, ohne schon die Annehmlichkeiten der Stadt zu bieten. Kehrichthaufen, Trümmer von Häusern, Lachen mit fauligem Wasser er-
15 scheinen da und dort vor allen Häusern der Einwohner oder auf der mit Höckern und Löchern durchsetzten Fläche der öffentlichen Plätze.
Wer jedoch den Kopf hebt, wird sehen,
20 wie sich rings um diesen Ort die ungeheuren Paläste der Industrie erheben. Er wird den Lärm der Öfen, das Pfeifen des Dampfes hören (...). Ein dichter schwarzer Qualm liegt über
25 der Stadt. Durch ihn hindurch scheint die Sonne als Scheibe ohne Strahlen. In diesem verschleierten Licht bewegen sich unablässig dreihunderttausend menschliche Wesen. Tausend
30 Geräusche ertönen unaufhörlich in diesem feuchten und finsteren Labyrinth. Aber es sind nicht die gewohnten Geräusche, die sonst aus den Mauern großer Städte aufsteigen.
35 Die Schritte einer geschäftigen Menge, das Knarren der Maschinenräder, die ihre gezahnten Räder gegeneinander reiben, das Zischen des Dampfes, der dem Kessel entweicht, der gleichmäßi-
40 ge Takt der Webstühle, das schwere Rollen der Lastwagen – dies sind die Geräusche, die das Ohr in den finsteren Straßen unentwegt treffen (...). Inmitten dieser stinkenden Kloake hat
45 der große Strom der menschlichen Industrie seine Quelle, von hier aus wird er die Welt befruchten. Aus diesem schmutzigen Pfuhl fließt das reine Gold. Hier erreicht der mensch-
50 liche Geist seine Vollendung und hier seine Erniedrigung; hier vollbringt die Zivilisation ihre Wunder und hier wird der zivilisierte Mensch fast wieder zu Wilden (...)."
(Nach: Köllmann, W.: Industrielle Revolution, S. 56 f.)

Q2 Friedrich Engels (1820–1895) berichtet über die Lage in Manchester:
„In der Tiefe fließt oder vielmehr stagniert der Irk, ein schmaler, pechschwarzer, stinkender Fluss, voll Unrat und Abfall, den er ans rechte,
5 flachere Ufer anspült; bei trockenem Wetter bleibt an diesem Ufer eine lange Reihe der ekelhaftesten schwarzgrünen Schlammpfützen stehen, aus deren Tiefe fortwährend Blasen mias-
10 matischer (= giftiger) Gase aufsteigen und einen Geruch entwickeln, der selbst oben auf der Brücke, vierzig oder fünfzig Fuß über dem Wasserspiegel, noch unerträglich ist. Der
15 Fluss wird dazu noch alle Fingerlang durch hohe Wehre aufgehalten, hinter denen sich der Schlamm und Abfall in dicken Massen absetzt und verfault. Oberhalb der Brücke stehen hohe Ger-
20 bereien, weiter hinauf Färbereien, Knochenmühlen und Gaswerke, deren Abflüsse und Abfälle samt und sonders in den Irk wandern, der außerdem noch den Inhalt der anschließen-
25 den Kloaken und Abtritte aufnimmt."
(Marx, K./Engels, F.: Werke, Bd. 2, S. 282 f.)

■ **A1** Vergleiche Q1 und Q2. Zähle Vor- und Nachteile des „menschenfreundlichen" Fabrikwesens auf.
■ **A2** Beschreibe die ökologischen Probleme und Gefahren für die Gesundheit der Bevölkerung.
■ **A3** Diskutiert, ob solche Begleiterscheinungen zu verhindern waren.

Q3 Gutachten des Chemikers Konrad Jurisch von 1898:
„Wie weit hat die Fischerei eine Berechtigung gegenüber den Interessen der Chemischen Industrie in der Abwässerfrage? Es hat sich herausgestellt, dass
5 für ganz Deutschland der wirtschaftliche Wert der Industrien, welche Abwässer liefern, ca. tausendmal größer ist als der Wert der Binnenfischerei in Seen und Flüssen (...).
10 Haben sich an einem kleinen Flusse (...) so viele Fabriken angesiedelt, dass die Fischzucht in demselben gestört wird, so muss man dieselbe preisgeben. Die Flüsse dienen dann als die wohltäti-
15 gen, natürlichen Ableitungen der Industrieabwässer nach dem Meere (...). Dieser Grundsatz entspricht nicht nur den Anforderungen des Nationalwohlstandes, sondern auch den wirtschaft-
20 lichen Interessen der örtlichen Bevölkerung. (...) Es liegt im wohlverstandenen Interesse eines jeden Landstriches, das Aufblühen der Industrie zu fördern, selbst auf Kosten der Fischerei."
(Rommelspacher, Th.: Das natürliche Recht auf Wasserverschmutzung, S. 51 f.)

Q4 Der Hygieniker Emmerich 1901 zu den Folgen der Abwasserverschmutzung:
„Ich habe die hygienischen Verhältnisse in Neapel, Palermo und Konstantinopel während der (...) Choleraepedemien untersucht und dabei (...)
5 sehr schlimme sanitäre Zustände gesehen (...) aber so bedenkliche Zustände in Bezug auf Entwässerung, Abwasser und Fäkalienbeseitigung (...) auf die Schweinewirtschaft und
10 den Grad der räumlichen Ausdehnung der Bodenverunreinigung wie in den vom Typhus ergriffenen Bezirken des Emschertales habe ich nirgends gefunden."
(Emmerich: Typhusepidemie 1906, S. 168)

■ **A4** Vergleiche Q3 und Q4. Welche Lösungen hätte es geben können?

3 Wer löst die sozialen Probleme?

3.1 Die Auswanderung

Unzählige Menschen in Europa sahen im Laufe des 19. Jahrhunderts in ihrer Not und Verzweiflung die einzige Überlebenschance darin, auszuwandern. Dazu gab es nicht wenige, die aus politischen Gründe ihre Heimat verließen, wie nach der gescheiterten Revolution von 1848/49.

Hauptanziehungspunkt für Auswanderer war Nordamerika. Das Land war viel dünner besiedelt als Europa. Hier gab es Land und Arbeit auch für diejenigen, die in Europa ohne Grundbesitz und Arbeit waren. Viele Millionen Menschen kamen nach Nordamerika. Es galt als „Land der unbegrenzten Möglichkeiten" und als Chance für alle Wagemutigen. Insgesamt 6 Millionen Deutsche wanderten von 1820 bis 1930 in die USA aus. Nach Lateinamerika gingen 300 000 Deutsche, hier besonders nach Brasilien, Argentinien und Chile. Bis heute gibt es in Amerika Spuren, die an die deutschen Einwanderer und ihre Tüchtigkeit erinnern.

Die erste große Schwierigkeit, die die Auswanderer zu meistern hatten, war die Überfahrt in die Neue Welt. Sie war nicht nur lang, beschwerlich und manchmal auch gefährlich. Sie kostete auch mehr Geld, als die meisten Auswanderer besaßen. Wer nicht selbst vermögend war oder von Verwandtem das Geld geliehen bekam, musste sich nach anderen Quellen umsehen: Viele mussten sich zu jahrelanger kostenloser Arbeit verpflichten, um das Reisegeld abzubezahlen.

Q1 1857 wanderte der Barbier Oberkamp aus Wolfenbüttel nach New Orleans aus. Zurück blieben seine Ehefrau und fünf Kinder, die bald auf die Armenfürsorge angewiesen waren. Zwei Jahre später, 1859, bat Frau Oberkamp die Gemeinde um Unterstützung für ihre Auswanderung in die USA. Die Kosten sollten 142 Reichstaler betragen. Die Gemeinde Wolfenbüttel stellte folgende Rechnung auf:
*„Es wurden jährlich gezahlt:
Unterstützung: 26 T(aler),
Miete: 2,20 T.,
Bekleidung für die Kinder: 30 T.,*
5 *zusammen: 58 Taler, 20 Groschen, außerdem freie Schule."*
Der Amtsarzt ergänzte:
„Die Gesundheitsverhältnisse der Ehefrau sind meines Ermessens der
10 *Art, dass dieselbe ohne bedeutende und voraussichtlich langjährige öffentliche und Privatunterstützung ihre Familie nicht wird erhalten können, da die Pflege der Kinder allein*
15 *ihre ganze Zeit wird in Anspruch nehmen.
Es geht deshalb meine unmaßgebliche Meinung dahin, dass die Kommune nur wohl tun wird, die Reise der Ober-*
20 *kamp möglichst zu begünstigen."*
(Brücken in eine neue Welt. Auswanderer aus dem ehemaligen Land Braunschweig, S. 41)

■ **A1** Was bewog die Stadt Wolfenbüttel, der Familie die Überfahrt nach Amerika zu bezahlen?
■ **A2** Beurteile diese Politik.
■ **A3** Analysiere die einzelnen Einwanderungswellen nach Herkunft und Umfang.

In der so genannten „Neuen Welt" gelang es den vielen, ein neues Leben zu beginnen. Die zahlreichen Einwanderer trugen wesentlich zum industriellen Aufstieg der USA in der zweiten Hälfte des 19. Jahrhunderts bei. Doch es war bald offensichtlich, dass Auswanderung letztlich nur für einen Teil der von sozialer Not Betroffenen einen Ausweg darstellte.

■ **A4** Analysiere die soziale Schichtung der Auswanderer aus Tecklenburg.
■ **A5** Schließe auf die Motive dieser Auswanderer.

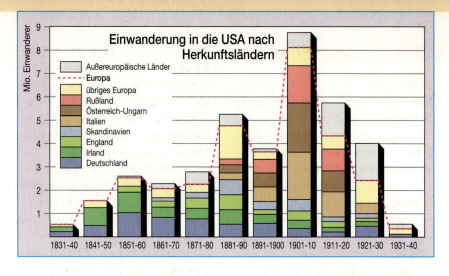

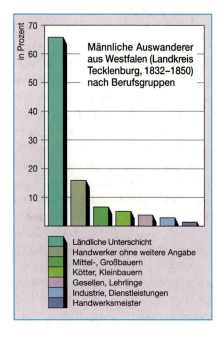

3.2 Der Kampf der Gewerkschaften

Gewerkschaften sind Organisationen, in denen sich Arbeiter gleicher bzw. ähnlicher Berufe oder ganzer Berufsgruppen zur Vertretung ihrer Interessen gegenüber den Unternehmern zusammenschließen.

Q1 Der populäre deutsche Arbeiterführer August Bebel über die Aufgaben der Gewerkschaften 1900:
"Der einzelne Arbeiter ist dem Unternehmer gegenüber machtlos. Jeder Versuch, auf eigene Faust seine Lage zu verbessern, endet in der Regel mit
5 *einer Niederlage. (...) Die einzige Möglichkeit, seine Arbeit und damit seine Lebensbedingungen auf einige Dauer zu verbessern, ist die Vereinigung mit seinesgleichen. Deshalb ist der Beitritt*
10 *zu einer Gewerkschaft eine Lebensnotwendigkeit für jeden Arbeiter. Die Gewerkschaft erstrebt: Erhöhung des Lohnes (...), Verkürzung der Arbeitszeit, Herbeiführung menschenwürdi-*
15 *ger Zustände im Betrieb, Rechtsschutz, Arbeitslosenunterstützung."*
(Hirsch, H.: August Bebel, S. 352)

■ **A1** Vergleiche mit den heutigen Aufgaben der Gewerkschaften. Was ist gleich, was ist anders?

Gewerkschaften sind ein Produkt der Industrialisierung und der Entstehung des Proletariats. So ist es kein Zufall, dass sie zuerst in England entstanden. Zunächst waren Gewerkschaften nicht erlaubt, ihre Mitglieder wurden gerichtlich verfolgt. Streikteilnehmer wurden hart bestraft und verloren oft ihre Arbeit. England war auch das erste Land, in dem 1834 die Gewerkschaften gesetzlich anerkannt wurden. 1842 gab es im Ergebnis des gewerkschaftlichen Kampfes bereits 44 Arbeiterschutzgesetze und 1847 erfolgte die Einführung des Zehnstundentags. In England entdeckten die Arbeiter auch den Streik (abgeleitet vom englischen Verb „to strike" = schlagen) als Kampfform zur Durchsetzung ihrer Interessen. England war auch das Land, in dem sich die Einzelgewerkschaften 1868 zu einem Dachverband zusammenschlossen (Trade Unions Congress).

In der zweiten Hälfte des 19. Jahrhunderts entstanden in Europa und in Nordamerika überall dort Gewerkschaften, wo die Industrialisierung Fuß fasste.

In Deutschland bildeten sich zuerst Gewerkschaftsvereine auf örtlicher Ebene für einzelne Berufsgruppen (z. B. von Buchdruckern und Tischlern). Daraus entwickelten sich überregionale Gewerkschaftsverbände für einzelne Berufszweige wie die der Tabakarbeiter (1865) und der Buchdrucker (1866). Die gesetzliche Anerkennung der Koalitionsfreiheit als Voraussetzung für legale Gewerkschaften erfolgte 1861 in Sachsen und 1869 im Norddeutschen Bund. Im vereinten Deutschland gab es ab 1871 die gesetzliche Anerkennung des Streikrechts und 1872 für gewerkschaftliche Zusammenschlüsse in ganz Deutschland. Die Gewerkschaften waren zu den Interessenvertretern der Arbeiter bei Verhandlungen über Löhne und Arbeitsbedingungen geworden. Später schlossen sich wie in England die einzelnen Gewerkschaften zu Dachorganisationen zusammen. Für die sozialistischen Gewerkschaften in Deutschland war das die Generalkommission der Gewerkschaften.

Die Gewerkschaften gewannen immer mehr Mitglieder. Allein in Deutschland gab es 1910 fast 3,5 Millionen Gewerkschaftsmitglieder.

■ **A2** Fasse die Entwicklung der Gewerkschaftsbewegung zusammen.

■ **A3** Welches Problem der Arbeiterbewegung wird aus dem Flugblatt deutlich?

Flugblatt streikender Arbeiter aus der Textilindustrie von Crimmitschau in Sachsen (1904)

„Ein Streik bricht aus", Gemälde von Robert Köhler 1886

■ **A1** Beschreibe das Verhalten der einzelnen Personen auf dem Bild.
■ **A2** Wodurch könnte der Streik ausgelöst worden sein?
■ **A3** Beachte den Hintergrund und beschreibe die Umgebung.
■ **A4** Schreibe ein Gespräch auf, das zwei Arbeiter auf diesem Bild geführt haben könnten.

Ziele der Streiks in Deutschland 1850 bis 1866:

	1850–56	1857	1858–66
Streiks um Löhne	23	38	80
Streiks um Arbeitszeit	—	—	1
Streiks um Löhne und Arbeitszeit	2	3	11

■ **A5** Stelle Vermutungen darüber an, weshalb die Arbeiter zuerst vor allem um Lohnerhöhungen kämpften.

Ausgewählte Erfolge, die im Rahmen der Gewerkschaften in England und Deutschland erkämpft wurden:

England
• 1834 gesetzliche Anerkennung der Gewerkschaften
• 1842 u. 44 Arbeiterschutzgesetze
• 1847 der 10-Stunden-Tag wurde eingeführt
• 1867 u. 1884 erhielt ein Teil der Arbeiter im Zuge von Wahlrechtsreformen das Wahlrecht
• 1868 Gründung des Dachverbandes der Einzelgewerkschaften – Trade Unions Congress (TUC)

Deutschland
• 1853 Verbot der Arbeit von Kindern unter 12 Jahren und Beschränkung der Arbeitszeit 12- bis 14-Jähriger auf 12 Stunden
• 1869 Gründung einer zentralistischen Gewerkschaft
• 1871 gesetzliche Anerkennung des Streikrechts
• 1872 gesetzliche Anerkennung gewerkschaftlicher Zusammenschlüsse in ganz Deutschland

■ **A6** Weshalb kämpften sie erst später darum, die Arbeitszeit zu verkürzen?
■ **A7** Du weißt bereits einiges über die Arbeitsbedingungen der Arbeiter. Fertige ein Plakat an mit Forderungen, die die Arbeiter damals in einem Streik gestellt haben könnten.
■ **A8** In Deutschland sind heute fast alle Gewerkschaften im Deutschen Gewerkschaftsbund (DGB) zusammengeschlossen. Kennst du einzelne Gewerkschaften?
■ **A9** Suche Berichte über heutige Gewerkschaften. Wofür und in welcher Form kämpfen sie? Vergleiche mit den Kämpfen im 19. Jahrhundert.

ARCHIV

Zum Kampf der Gewerkschaften

A1 Kommentiere die einzelnen Forderungen und verallgemeinere sie.

Q1 Arbeiterstatut der Wuppertaler „Färbergesellen-Innung", 1848:
„Art. 1 (Es) muss die im Monat März 1. J. von unseren Arbeitgebern freiwillig eingeführte Verkürzung der Arbeitszeit, nämlich von 6 bis 12 Uhr
5 morgens und von ein bis sieben Uhr nachmittags, für immer gesetzlich eingeführt werden, denn die Verrichtungen und Arbeiten sämtlicher Färber sind so angreifend, dass sie den
10 stärksten Mann erschöpfen.
Art. 2 Der Sonntag und der allgemeine Feiertag soll ohne Abzug des Wochenlohnes wie auch ohne Ausnahme ein Tag der Ruhe sein. (...)
15 Art. 6 Es darf niemand (...) zur Arbeit zugelassen werden, der nicht seinen Lehrbrief aufweisen kann.
Art. 7 Jeder wirkliche Färbergeselle erhält die Woche mindestens 4 Taler Löh-
20 nung. Zufällige Arbeitsstunden müssen besonders vergütet werden. (...)
Art. 10 Werden aus Mangel an Arbeit Entlassungen notwendig, so sollen diese nicht nach Willkür, sondern
25 nach Dienstzeit erfolgen, und mit dem Jüngsten muss der Anfang gemacht werden.
Art. 11 Dem Färbergesellen werde Samstagmittag die Löhnung mit nach
30 Hause gegeben, damit dessen Frau den Markt besuchen könne (...)
Art. 12 Wir verlangen von unseren Meistern eine dem Färbergesellen zukommende, anständige und solide Be-
35 handlung. (...) Alles, was wir verlangen, ist erträgliche Arbeit gegen ausreichenden Lohn.
Art. 13 Wir verlangen, dass auf Kosten des Staates eine Chemische Schule in
40 Elberfeld erbaut werden soll, in welcher wir sonntags unentgeltlichen Unterricht genießen können.

(Köllmann, W. [Hrsg.]: Wuppertaler Färbergesellen-Innung, S. 22 ff.)

Q2 Die Ziele der englischen Trade-Unions (= Gewerkschaften in England):
„Erstens die einer üblichen befreundeten oder wohltätigen Gesellschaft, nämlich den Mitgliedern der Vereinigung Unterstützung zu gewähren,
5 wenn sie durch Unfall oder Krankheiten arbeitsunfähig geworden sind, eine Summe für Begräbniskosten der Mitglieder und ihrer Frauen zu bewilligen und manchmal den aus Altersgründen
10 arbeitsunfähig gewordenen Mitgliedern ein Ruhegehalt auszusetzen.
Zweitens die einer eigenen gewerblichen Vereinigung, nämlich die Interessen der arbeitenden Klassen in den
15 verschiedenen Gewerben zu wahren und zu fördern, sie im Besonderen vor dem unangemessenen Übergewicht zu beschützen, das die Herrschaft über ein großes Kapital nach ihrer Mei-
20 nung dem Arbeitgeber verleiht. (...)
Eines der konstantesten Ziele der Trade-Unions ist es, für ihre Mitglieder die beste Lohnrate, die sie erreichen können, zu erhalten und die Stunden
25 zu vermindern, zu denen die Löhne verdient werden. (...)
Die Aktivität, mit der die Trade-Unions diese Absichten zu verwirklichen suchen, ist zweierlei Art. Direkt und indi-
30 rekt: Die direkte Aktion erfolgt über Maßnahmen, die ‚Streik' genannt werden, eine gleichzeitige Arbeitsniederlegung durch die Arbeiter. Der Streik ist die äußerste Zwangsmaßnahme
35 zwischen Arbeitern und Arbeitgebern. Gewöhnlich geht ihm die Ankündigung voraus, dass die Männer die Arbeit gemeinsam niederlegen, wenn das geforderte Zugeständnis nicht gewährt
40 wird. Wenn diese Ankündigung nicht die gewünschte Wirkung hat, wird (...) der Streik organisiert und die Männer von der Arbeit abberufen."

(Douglas, D. C.: English Historical Documents, Volume XII [1] 1833–1874, S. 74)

A2 Vergleiche mit Q1. Welche Rolle wird dem Streik zugemessen?

Q3 Maßnahmen einer Unternehmerorganisation gegen streikende Bauarbeiter, 1875:
„§ 2 Es darf kein Geselle von einem Meister in Arbeit gestellt werden, ohne Entlassungsschein seines vorhergehenden Arbeitgebers (...). Wer Gesellen von
5 außerhalb dieses Bezirks mit oder ohne Entlassungsschein in Arbeit nimmt, ist verpflichtet, sofort beim letzten Arbeitgeber oder den zuständigen Behörden Nachfrage zu halten, und falls sich aus
10 dieser ergibt, dass der Geselle an einem (...) Streik teilgenommen hat, denselben am nächsten Sonnabend zu entlassen.
§ 3 Jedes Mitglied ist verpflichtet, jedem Gesellen bei Anstellung den Entlas-
15 sungsschein abzunehmen (...) Desgleichen ist jedes Mitglied verpflichtet, beim Entlassen dem Gesellen einen Abschiedszettel auszuhändigen.
§ 4 Die Entlassungszettel sind in drei
20 sonst gleich lautenden, aber durch Farben unterschiedenen Formularen A, B, C (...) zu beziehen. A wird benutzt, wenn der Geselle ordnungsmäßig entlassen wird (...). B wird benutzt für
25 Gesellen, welche Anlass zur Unzufriedenheit gegeben haben. C wird benutzt, wenn ein Geselle sich an einem (...) Streik beteiligt hat.
§ 5 Kein Arbeitgeber darf einen Gesel-
30 len mit Zettel C in Arbeit stellen, es sei denn, dass zwischen dem Tage seiner Entlassung und Wiederanstellung eine achtwöchige Frist liege.
§ 7 Brechen trotzdem in einem Orte
35 (...) Streiks aus, so sind der oder die Arbeitgeber verpflichtet, ihre streikenden Gesellen mit Zettel C zu entlassen sowie sofort dem Vorstand des Lokalvereins behufs weiterer Maßregeln
40 Anzeige zu machen."

(Krieger, H. [Hrsg.]: Handbuch des Geschichtsunterrichts, Bd. V, S. 78)

A3 Welche Wirkungen werden solche Maßnahmen gehabt haben?

3.3 Soziales Engagement einzelner Unternehmer

Einige Unternehmer bemühten sich, die Arbeitsbedingungen ihrer Arbeiter zu verbessern. Sie hatten erkannt, dass die Arbeiter dann leistungsfähig blieben und zufriedener waren. Sie boten den Arbeitern soziale Vergünstigungen. Dafür erwarteten sie von ihnen Fleiß, Unterordnung und Treue.

Alfred Krupp gründete eine Betriebskrankenkasse, schuf einen Werkskonsum, eine Werksküche, Arbeitersiedlungen mit billigen Mieten und Pensionskassen, bei denen die Hälfte vom Unternehmen getragen wurde. Bei Krupp wurden auch bessere Löhne bezahlt. Der Unternehmer Friedrich Hartkort aus Wetter engagierte sich für Vorschusskassen, Schulunterricht und führte eine Betriebsversicherung für Krankheit, Invalidität und Alter ein. Gleichzeitig wurde dafür absolute Loyalität zum Betrieb verlangt.

Arbeiterhaus der Zechenkolonie Prosper in Bottrop, erbaut in den 1890er-Jahren. Das Haus enthält drei Wohnungen mit je 4 Zimmern und 51,3 m² Fläche sowie eine Wohnung mit 3 Zimmern und 42,4 m².

■ **A1** Was kritisiert diese Karikatur?

■ **Q1** Der Unternehmer Friedrich Harkort schrieb 1849 an seine Arbeiter:

„[Ein Proletarier] hat sein Handwerk nicht erlernt, heiratet ohne Brot und setzt seinesgleichen in die Welt, welche stets bereit sind, über anderer Leute
5 Gut herzufallen (…) Nicht aber rechne ich zu den Proletariern den braven Arbeiter, dem Gott durch die Kraft seiner Hände und den gesunden Menschenverstand ein Kapital verliehen
10 hat, welches ihm niemand rauben kann, es sei denn Krankheit und Alter (…) Diesen ehrenwerten Leuten muss geholfen werden durch (…) Vorschusskassen, guten Unterricht für die Kin-
15 der und Sicherstellung gegen Krankheit und Invalidität."
(Harkort, F.: Schriften und Reden, S. 101 f.)

■ **Q2** Alfred Krupp in einer Ansprache vor Betriebsangehörigen 1877:
„Es treten Jahre ein, welche keinen Gewinn abwerfen, der Arbeiter aber erhält trotzdem seinen Lohn. (…) Das sollten die Arbeiter dankbar anerken-
5 nen (…) Genießet, was euch beschieden ist. Nach getaner Arbeit verbleibt im Kreis der Eurigen, bei den Eltern, bei der Frau und den Kindern und sinnt über Haushalt und Erziehung.
10 Das sei eure Politik, dabei werdet ihr frohe Stunden erleben. Aber für die große Landespolitik erspart euch die Aufregung. (…) Was ich nun hiermit ausgesprochen habe, möge jedem zur
15 Aufklärung dienen über die Verhältnisse und deutlich machen, was er zu erwarten hat von Handlungen und Bestrebungen im Dienste des Sozialismus. Man erwärmt keine Schlange an
20 seiner Brust und wer nicht von Herzen ergeben mit uns geht, wer unsern Ordnungen widerstrebt, der beeile sich, auf anderen Boden zu kommen, denn seines Bleibens ist hier nicht."
(Geschichte für morgen, Bd. 3, S. 150)

■ **Q3** Werner v. Siemens über die Ziele betrieblicher Sozialmaßnahmen:
„Unsere Absicht war, durch die Stiftung in der Lösung des berechtigten Teiles der sozialen Frage einen entscheidenden Schritt vorwärts zu
5 machen und dieselbe in ihrem unvermeidlichen Fortgange dadurch wenigstens für uns ungefährlich zu machen. (…) Es ist (…) von höchster Wichtigkeit, einen festen Arbeiterstamm zu
10 schaffen, und zwar umso mehr, je weiter die Arbeitsteilung und die Maschinenarbeit entwickelt wird. Dies soll nun wesentlich durch unsere Pensionskasse bewirkt werden."
(Deutsche Sozialgeschichte, Bd. 2, S. 147 f.)

■ **A2** Analysiere aus Q1–Q3 die Position der Unternehmer. Was sind ihre Ängste, ihre Ziele und Motive?

■ **A3** Beschreibe das Arbeiterhaus. Kennst du ähnliche Siedlungen?

3.4 Hilfe aus christlicher Nächstenliebe

Barmherzigkeit und Almosenpflege sind Grundwerte des Christentums, die aber angesichts des Umfangs sozialer Missstände und der massenhaften Abkehr gerade der Arbeiter von den Kirchen versagten. So spielten seit den 40er-Jahren des 19. Jahrhunderts auch bei engagierten Kirchenleuten eine kritische Analyse der Gesellschaft, die Organisierung von Selbsthilfe und die Forderung nach staatlicher Sozialpolitik eine zunehmende Rolle.

In Elberfeld war es der Priester Adolph Kolping, der sich um Gesellen und Jugendliche in sozialer Not kümmerte und so zum „Gesellenvater" wurde. In Köln entstand 1849 der erste katholische Gesellenverein. Später wurden daraus 420 Vereine mit 60000 Mitgliedern, die neben religiösen Inhalten auch handwerkliche Bildung vermittelt bekamen.

In Hamburg gründete der evangelische Pastor Johann Heinrich Wichern 1833 ein Heim für verwahrloste Kinder, in dem religiöse Gesinnung und Lehrausbildung betrieben wurden. Daraus entstand die „Innere Mission". Es folgten Behinderteneinrichtungen in Bethel-Bielefeld, die noch heute als Bodelschwingh'sche Anstalten bekannt sind. Allen diesen Geistlichen ging es darum, mit christlichen Normen und Werten soziale Konflikte zu bewältigen.

Wilhelm Emanuel v. Ketteler, Bischof von Mainz, wurde zur Leitfigur katholischer Sozialpolitik. Er unterstützte nicht nur die Bildung von Gewerkschaften und das Streikrecht, er forderte eine staatliche Sozial- und Arbeiterschutzpolitik.

Schließlich entstanden auch katholische Gewerkschaften. Und zum Ende des 19. Jahrhunderts nahm auch der Papst in einer Enzyklika zu den sozialen Problemen Stellung.

■ **A1** Welche Gründe könnten die Mutter bewegen, ihr Kind wegzugeben?
■ **A2** Was bringt das Bild zum Ausdruck?

Eine junge Mutter übergibt ihr Kind in ein kirchliches Waisenhaus. Die Übergabe erfolgt anonym.

ARCHIV

Prominente Geistliche greifen ein

Q1 Der Mainzer Bischof W. E. Ketteler 1864 über die „soziale Frage":
„Das Wesen der sozialen Frage besteht darin, dass
1. nach der Beseitigung der Schranken, welche früher den selbstständigen
5 Handwerksmann in seinem Erwerbe schützten, durch Einführung des Freihandelssystems, der Gewerbefreiheit (...) usw. das Kapital im Bunde mit der Maschine eine solche Übermacht
10 erlangt hat, dass nicht bloß der Handwerker, sondern überhaupt der sog. kleine Mann im Geschäft, Handel und im Grundbesitz mit seiner bloßen Arbeitskraft auf die Dauer unmöglich
15 die Konkurrenz mit der mehr und mehr zentralisierten Kapitalmacht zu ertragen vermag (...)
2. das Verhältnis des Arbeitsgebers zum Arbeitnehmer nicht mehr nach
20 sittlichen, die Menschenwürde respektierenden Gesetzen, nicht durch wohlwollende christliche Nächstenliebe geregelt ist, sondern lediglich nach den Gesetzen kaufmännischer Berech-
25 nung bestimmt wird, um bei der Produktion die größtmögliche Verminderung der Herstellungskosten zu erzielen und so siegreich mit anderen Produzenten zu konkurrieren.
30 3. Diesem verkehrten Verhältnis entspringen eine Reihe materieller, physischer und moralischer Übelstände für den Arbeiter:
a) Der Lohn des Arbeiters richtet sich
35 nicht nach seinen Verdiensten oder seinen wirklichen Bedürfnissen, sondern nach dem ‚ehernen ökonomischen Gesetz', welches unter der Herrschaft von Angebot und Nachfrage
40 den durchschnittlichen Arbeitslohn immer auf den eben notwendigen Lebensunterhalt reduziert.
b) Der Arbeiter hat nicht einmal die Garantie für die Fortdauer seines

kummervollen Daseins. Bei Geschäftsstockungen, in Krankheitsfällen, bei Altersschwäche ist er ohne Verdienst, ein verlorener Mann.

c) Der Arbeiter hat (...) keine Hoffnung, sich jemals aus seiner gedrückten Lage erheben zu können.

d) In dem Berufe des modernen Arbeiters ist nichts geeignet, ihn geistig und moralisch zu heben. Er arbeitet und müht sich ab nicht für sich, sondern für den Kapitalisten; unter dem Einfluss des materialistischen Geistes, welcher das moderne Industriewesen beherrscht, kommt er als Ware, als lebendige Maschine in Berechnungen und fängt an, sich selbst mehr und mehr als Maschine zu fühlen; die lange Arbeitszeit; die Härte und die geisttötende Einförmigkeit der Beschäftigung macht ihn stumpfsinnig; die Hoffnungslosigkeit, seine Lage zu bessern, die Unsicherheit der Zukunft (...) rauben ihm allen männlichen Mut, alles Selbstvertrauen und erfüllen nach und nach sein Herz mit einer bis an Verzweiflung grenzenden Unzufriedenheit, mit Erbitterung und Hass gegen die höheren Stände (...).

e) Das alles wird noch vermehrt durch das Elend seiner Lebensweise in Wohnung, Kleidung und Nahrung und führt zu unmäßigem Genuss geistiger Getränke, zur Untergrabung seiner Gesundheit (...).

Je größere Fortschritte ein Land im modernen Industriewesen gemacht hat, desto allgemeiner und schreiender treten diese Missstände ein (...). So weit ist es gekommen, dass in dem Eldorado des Fortschritts in der Industrie, dass in England neben kolossalem, von Jahr zu Jahr sich steigerndem Nationalreichtum der Hungertod der Armen (...) eine ständige Rubrik in den Sterbelisten bildet."
(Ketteler, W. E.: Schriften, Bd. III, S. 145 ff.)

■ **A1** Nimm Stellung zu dieser Analyse. Entspricht sie deinen Wahrnehmungen?

Q2 Der evangelische Pfarrer J. H. Wichern 1849 zur inneren Mission:
„Die Assoziationen (= Vereinigungen) der Arbeiter zur Wahrung der gemeinsamen Arbeit und zum Schutz des persönlichen Wohlbefindens sind (...) längst vorhanden und warum sollte dieses Prinzip sich nicht in christlichem Geiste weiterbilden (...), so dass dadurch nicht wie die Sozialisten wollen, die göttliche Grundlage aller Gesellschaftsverhältnisse, die Familie, verletzt, vielleicht erst recht befestigt und dadurch das Familienleben der Armen in die Lage versetzt würde, dass dann ein jeder als glücklicher Bürger des Staates und gesegnetes Glied der Kirche christlich leben könnte? (...) Die innere Mission sollte sich üben, in diesem Sinne allmählich in den verschiedenen gesonderten Gruppen der handarbeitenden Klassen organisierend zu wirken. (...) Die Kirche (...) hat durch die innere Mission (...) den Beruf, wenigstens das ihre zu tun, um die hierher gehörenden Arbeiterstände gewissermaßen christlich zu reorganisieren."
(Wichern, J. H.: Sämtliche Werke, Bd. 1, S. 276 f.)

■ **A2** Wie wird hier der Grundgedanke der inneren Mission aufgefasst?

Q3 Papst Leo XIII. in der ersten Sozialenzyklika, 1892:
„(...) Wie immer die Regierungsform sich gestalten mag, stets werden unter den Bürgern jene Standesunterschiede da sein, ohne die überhaupt keine Gesellschaft denkbar ist. Stets wird sich z. B. ein Teil mit den Aufgaben des Staates selbst, mit der Gesetzgebung, der Rechtsprechung, der Verwaltung und den militärischen Angelegenheiten beschäftigen müssen. (...) Tragen die übrigen Bürger nicht in diesem Maße zum öffentlichen Nutzen bei, so leisten jedoch auch sie der öffentlichen Wohlfahrt Dienste, wenn auch nur mittelbare. Allerdings besteht das Gemeinwohl vor allem in der Pflege von Rechtschaffenheit und Tugend (...). Aber auch die Beschaffung der irdischen Mittel, deren Vorhandensein und Gebrauch zur Ausübung der Tugend unerlässlich ist, gehört ebenso zu einem gut eingerichteten Staate. Zur Herstellung dieser Güter ist nun die Tätigkeit der Arbeiter besonders wirksam und notwendig (...). Ja, auf diesem Gebiet ist ihre Kraft und Wirksamkeit so groß, dass es eine unumstößliche Wahrheit ist, nicht anderswoher als aus der Arbeit der Arbeiter entstehe Wohlhabenheit des Staates. Es ist also eine Forderung der Billigkeit, dass man sich seitens der öffentlichen Gewalt des Arbeiters annehme, damit er von dem, was er zum allgemeinen Nutzen beiträgt, etwa empfängt, so dass er in Sicherheit hinsichtlich Wohnung, Kleidung und Nahrung ein weniger schweres Leben führen kann. Daraus folgt, dass alles zu fördern ist, was irgendwie der Lage der Arbeiterschaft nutzen kann (...). Es liegt nun aber im öffentlichen wie im privaten Interesse, dass im Staate Friede und Ordnung herrsche (...). Wenn sich öffentliche Wirren ankündigen infolge widersetzlicher Haltung der Arbeiter oder infolge von verabredeter Arbeitseinstellung (...), wenn die Arbeitgeber sie ungerechterweise belasten oder sie zur Annahme von Bedingungen nötigen, die der persönlichen Würde und den Menschenrechten zuwiderlaufen, wenn ihre Gesundheit durch übermäßige Anstrengung (...) untergraben wird – in allen diesen Fällen muss die Autorität und Gewalt der Gesetze innerhalb gewisser Schranken sich geltend machen."
(Unseres Heiligen Vaters Leo XIII. durch göttliche Vorsehung Papst Rundschreiben über die Arbeiterfrage, S. 45 ff.)

■ **A3** Welche Rolle wird den Arbeitern zugeordnet?

■ **A4** Worin siehst du die Bedeutung einer solchen päpstlichen Verlautbarung?

3.5 Marx und Engels – Revolution als Antwort auf die soziale Frage

In allen Arbeiterparteien und Gewerkschaften spielte die soziale Frage eine herausragende Rolle. Die radikalste Antwort auf diese Frage entwickelten Karl Marx und Friedrich Engels. Nur mit Gewalt, in einer Revolution, könnten die Kapitalisten (die Klasse der Eigentümer von Fabriken, Banken usw.) durch das ausgebeutete, verarmte Proletariat (die Arbeiterklasse) gestürzt werden. Nach einer Phase der Diktatur des Proletariats würde, so argumentierte Marx, der Staat mit all seinen Zwängen „absterben". Am Ende würden alle Menschen in einer klassenlosen, freien Gesellschaft, dem Kommunismus, leben. Diese Gedanken, besonders von Marx in zahlreichen Schriften untermauert, haben die Geschichte stark beeinflusst. Auch die Entwicklung Deutschlands bis in die Gegenwart, und hier insbesondere die Geschichte der DDR, werden erst vor diesem Hintergrund verständlich.

Die marxistische Theorie ist kompliziert. Dennoch konnten Marx und Engels gewaltigen Einfluss auf die Arbeiterbewegung gewinnen. Das „Kommunistische Manifest", ihr am Vorabend der Revolution 1848/49 erschienenes politisches Programm, machte ihre Ansichten verständlich und populär.

Das Schema versucht Marx' Theorie vom Übergang des Kapitalismus zum Kommunismus zu veranschaulichen.

Karl Marx (1818–1883), aus jüdischer Juristenfamilie stammend, wurde nach dem Studium Journalist. Seiner heftigen Gesellschaftskritik wegen musste er Deutschland verlassen. Viele Jahre verbrachte er in ärmlichen Verhältnissen in London. Dort entstand sein Hauptwerk, „Das Kapital", eine Analyse und Kritik des Kapitalismus.

Friedrich Engels (1820–1895), Sohn eines reichen Industriellen aus Barmen, war Kaufmann. In England lernte er das Elend der Fabrikarbeiter kennen und verfasste darüber eine Schrift. Er wurde Kommunist und enger Freund von Karl Marx, den er finanziell unterstützte.

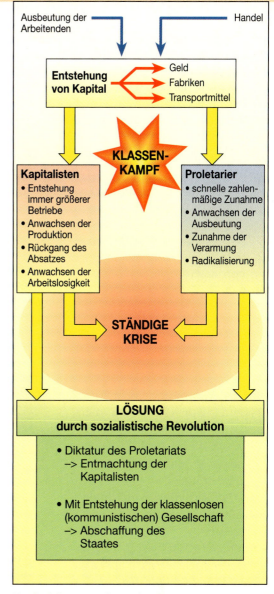

Vom Kapitalismus zum Kommunismus (schematische Darstellung)

Marx' Kritik an der kapitalistischen Gesellschaft wurde von der Arbeiterbewegung aufgenommen und auch bildlich dargestellt (nächste Seite oben).

- **A1** Erläutere das Schema.
- **A2** Versuche zu erklären, warum nicht nur reiche „Kapitalisten", sondern auch weite Teile des Bürgertums (Beamte, Kleinhändler, Handwerker) große Angst vor dem „Marxismus" hatten.
- **A3** Unterscheide, wie die einzelnen Gruppen dargestellt werden. Bestimme ihre Funktion.
- **A4** Weshalb wird die Gesellschaft als Pyramide dargestellt? Welche Sicht hat der Karikaturist?
- **A5** Wie könnte eine Zeichnung der „klassenlosen Gesellschaft" aussehen?

Der Klassenkampf gegen die Kapitalisten konnte laut Marx nicht isoliert in einzelnen Ländern stattfinden. Die Weltrevolution war das Ziel. Auch diese Forderung stellte die Arbeiterbewegung bildlich dar.

■ **A1** Erläutere die Aussage des Bildes (unten rechts).
■ **A2** Was erhofften sich die Arbeiter wohl vom internationalen Zusammenschluss?

Marx' Theorie war immer umstritten. Ob seine Voraussagen eingetroffen sind, ob seine Kritik zutreffend war oder noch heute berechtigt ist, kannst du für dich selbst herausfinden. Denke dabei z.B. an folgende Punkte:

- Ist die Verarmung der Arbeiterklasse eingetreten? Schau dabei nicht nur auf die Industriestaaten.
- Gibt es nur noch Großbetriebe?
- Ist der Staat „abgeschafft" worden? War bzw. ist irgendwo eine „klassenlose" Gesellschaft verwirklicht oder in Sicht? Wäre das überhaupt wünschenswert?
- War bzw. ist Marx' Kritik überflüssig? Denke auch hier nicht nur an die „reichen" Industriestaaten.

■ **A3** Dieses Denkmal steht in Chemnitz, das von 1953 bis 1990 Karl-Marx-Stadt hieß. Wen zeigt es?
■ **A4** Manche würden es am liebsten abreißen. Diskutiert darüber.

Der Aufbau der kapitalistischen Gesellschaft. USA um 1911

Die Pyramide des kapitalistischen Systems

Plakat zum 1. Mai als Tag der Arbeit, 1889

GESCHICHTE KONTROVERS

Quellen zur marxistischen Gesellschaftsanalyse

Q1 Marx und Engels im Kommunistischen Manifest 1848:
„Unsere Epoche, die Epoche der Bourgeoisie, zeichnet sich jedoch dadurch aus, dass sie die Klassengegensätze vereinfacht hat. Die ganze Gesellschaft spaltet sich mehr und mehr in zwei große feindliche Lager, in zwei große einander direkt gegenüberstehende Klassen: Bourgeoisie und Proletariat.(...) Die bürgerlichen Produktions- und Verkehrsverhältnisse, die bürgerlichen Eigentumsverhältnisse, die moderne bürgerliche Gesellschaft, die so gewaltige Produktions- und Verkehrsmittel hervorgezaubert hat, gleicht dem Hexenmeister, der die unterirdischen Gewalten nicht mehr zu beherrschen vermag, die er heraufbeschwor. Seit Dezennien (= Jahrzehnten) ist die Geschichte der Industrie und des Handels nur noch die Geschichte der Empörung der modernen Produktivkräfte (...) gegen die Eigentumsverhältnisse (...). Es genügt die Handelskrisen zu nennen (...). In demselben Maße, worin sich die Bourgeoisie, d. h. das Kapital, entwickelt, in demselben Maße entwickelt sich das Proletariat, die moderne Klasse der Arbeiter (...). Der nächste Zweck der Kommunisten ist wie der aller politischen Parteien: Bildung des Proletariats zur Klasse, Sturz der Bourgeoisieherrschaft, Eroberung der politischen Macht durch das Proletariat. (...) Das Proletariat wird seine politische Macht dazu nutzen, der Bourgeoisie nach und nach alles Kapital zu entreißen, alle Produktionsmittel (= Maschinen) in den Händen des Staates, d. h. des als herrschende Klasse organisierten Proletariats, zu zentralisieren und die Masse der Produktivkräfte rasch zu vermehren."
(Marx, K./Engels, F.: Manifest der Kommunistischen Partei, S. 4 ff.)

A1 Erarbeite die Grundaussage dieses Textes.

Q2 Der Gründer der ersten deutschen Arbeiterpartei, Ferdinand Lassalle, 1863:
„Das eherne ökonomische Gesetz, welches (...) den Arbeitslohn bestimmt, ist dieses: dass der durchschnittliche Arbeitslohn immer auf den notwendigen Arbeitslohn reduziert bleibt, der in einem Volke gewohnheitsmäßig zur Fristung der Existenz und zur Fortpflanzung erforderlich ist. Dies ist der Punkt, um welchen der wirkliche Tageslohn jederzeit herumgravitiert (= pendelt) (...).Den Arbeiterstand zu seinem eigenen Unternehmer machen – das ist das Mittel, durch welches (...) jenes eherne und grausame Gesetz beseitigt würde, das den Arbeitslohn bestimmt! Wenn der Arbeiterstand sein eigener Unternehmer ist, so fällt jene Scheidung zwischen Arbeitslohn und Unternehmergewinn und mit ihr der bloße Arbeitslohn überhaupt fort, und an seine Stelle tritt als Vergeltung der Arbeit: der Arbeitsertrag! Die Aufhebung der Unternehmergewinne in der friedlichsten, legalsten und einfachsten Weise, indem sich der Arbeiterstand durch freiwillige Assoziationen als sein eigener Unternehmer organisiert (...). Ebendeshalb ist es Sache des Staates, ihnen dies zu ermöglichen (...). Wie ist aber der Staat zu dieser Intervention zu vermögen? (...) Dies wird nur durch das allgemeine und direkte Wahlrecht möglich sein. Wenn die gesetzgebenden Körper Deutschlands aus dem allgemeinen und direkten (so) Wahlrecht hervorgehen – dann und nur dann werden sie den Staat bestimmen können, sich dieser Pflicht zu unterziehen."
(Miller, S./Potthoff, H.: Kleine Geschichte der SPD, S. 279 ff.)

A2 Worin gibt es Übereinstimmung mit Marx/Engels?

A3 Welche Lösungen sieht Lassalle?

Q4 Der Sozialist Eduard Bernstein über Marx' Theorie (um 1900):
„Ich bin der Anschauung entgegengetreten, dass wir vor einem in Bälde zu erwartenden Zusammenbruch der bürgerlichen Gesellschaft stehen (...). Die Anhänger dieser Katastrophentheorie stützen sich im Wesentlichen auf die Ausführungen des Kommunistischen Manifests (...). Die Zuspitzung der gesellschaftlichen Verhältnisse hat sich nicht in der Weise vollzogen, wie sie das Manifest schildert. (...) Politisch sehen wir das Privilegium der kapitalistischen Bourgeoisie in allen fortgeschrittenen Ländern Schritt für Schritt demokratischen Einrichtungen weichen."
„Die stetige Erweiterung (...) der Rechte des Einzelnen gegenüber der Gesellschaft und der Verpflichtung der Gesellschaft gegen die Einzelnen, die Ausdehnung des Aufsichtsrechts der in der Nation oder im Staat organisierten Gesellschaft über das Wirtschaftsleben, die Ausbildung der demokratischen Selbstverwaltung in Gemeinde, Kreis und Provinz und die Erweiterung der Aufgaben – alles das heißt für mich Entwicklung zum Sozialismus (...). In einem guten Fabrikgesetz kann mehr Sozialismus stecken, als in der Verstaatlichung einer ganzen Gruppe von Fabriken. Ich gestehe es offen, ich habe für das, was man gemeinhin unter ‚Endziel des Sozialismus' versteht, außerordentlich wenig Sinn und Interesse. Dieses Ziel, was immer es sei, ist mir gar nichts, die Bewegung ist alles. Und unter Bewegung verstehe ich (...) den sozialen Fortschritt, wie die politische und wirtschaftliche Agitation und Organisation zur Bewirkung dieses Fortschritts."
(Klönne, A.: Die deutsche Arbeiterbewegung, S. 118 u. Bernstein, E.: Die Neue Zeit, 16. Jg., S. 355 f.)

A4 Worin besteht der Gegensatz zu Marx und Engels?

A5 Diskutiert über diese unterschiedlichen Auffassungen.

KULTURSPIEGEL

Schneller – höher – weiter: Technik, Wissenschaft und Kultur in der 2. Hälfte des 19. Jahrhunderts

Der Dampf und die Maschine veränderten im 19. Jahrhundert die Gesellschaft von Grund auf. Nicht mehr Erfahrung und Geschick des Einzelnen, sondern wissenschaftliche Erkenntnisse bestimmten zunehmend die industrielle Herstellung vieler Erzeugnisse. Die Wissenschaft trat in den Dienst der Produktion. Unternehmer beförderten die rasche Verknüpfung von Wirtschaft und Forschung.

Die Elektrotechnik war der erste Industriezweig, in dem die neuesten Erkenntnisse der Wissenschaftler direkt in der Produktion umgesetzt wurden. Der deutsche Fabrikant und Physiker Werner von Siemens (1816–1892) nutzte die genialen Einsichten des englischen Physikers Michael Faraday (1791–1867) auf dem Gebiet der Elektrizitätslehre und entwickelte 1866 den ersten leistungsfähigen Generator. Der elektrische Funke überflügelte bald den Dampf und leitete nicht nur ein neues Zeitalter in der Energiegewinnung ein, sondern veränderte grundlegend die Arbeits- und Lebensbedingungen der Menschen.

Der italienische Techniker Guglielmo Marconi (1874–1937) verwertete die neuesten Erkenntnisse des deutschen Physikers Heinrich Hertz (1857–1894) über die Ausbreitung elektromagnetischer Wellen und konstruierte den ersten drahtlosen Telegrafen, mit dem Nachrichten geschwind in die entferntesten Winkel der Erde verbreitet werden konnten. Die Suche nach künstlichem Ersatz für Naturstoffe löste eine regelrechte „chemische Revolution" aus.

Die Welt „rief" nach Eisen und Stahl. Neue Techniken und Verfahren befriedigten die gewaltige Nachfrage. Das Auto trat Ende des 19. Jahrhunderts seinen Siegeszug an, begleitet von weiteren Erfindungen, darunter das Telefon und der Film, das Radio und die Glühlampe, aber auch die Konservendose mit der „Nahrung des armen Mannes" sowie die elektrische Straßenbahn. Der technische Fortschritt erreichte Schwindel erregende Höhen.

■ **A1** *Betrachte die Menschen auf dem Bild und beschreibe ihre Gefühle.*
■ **A2** *Charakterisiere das Verhältnis von Technik und Wissenschaft in der zweiten Hälfte des 19. Jahrhunderts.*
■ **A3** *Die Elektrizität wurde auch als „weiße Kohle" bezeichnet. Erkläre warum.*

Geistige Nahrung erhielt der Aufschwung in Wissenschaft und Technik durch eine neue Weltanschauung, den Positivismus. Sie entstand bereits in den 20er-Jahren des 19. Jahrhunderts und geht auf den französischen Philosophen Auguste Comte (1798–1857) zurück. Er sah in den realen Tatsachen die Grundlage für wissenschaftliche Erkenntnisse und betrachtete die moderne Industrie als das höchste Stadium der Menschheitsentwicklung.

Die Positivisten vertraten die Auffassung, dass man nur mithilfe der Naturwissenschaften wahre Erkenntnisse gewinnen könne. Sie sollten nicht dem Selbstzweck, sondern vielmehr dem Fortschritt der Menschheit dienen. Bezeichnend für sie ist ferner die Ansicht, dass die Menschen auf der Grundlage der industriellen Produktion zu einer humanistischen Gesellschaft gelangen können.

Elektrische Außenbeleuchtung, zeitgenössischer Holzstich. Im Jahre 1880 wurde der Themse-Kai in London elektrisch beleuchtet.

Q1 Auguste Comte (1798–1857), Begründer des Positivismus:
„So besteht der wahre positive Geist darin, zu sehen um vorauszusehen, zu erforschen, was ist, um daraus aufgrund des allgemeinen Lehrsatzes
5 von der Unwandelbarkeit der Naturgesetze das zu erschließen, was sein wird. (...) Denn die von der Menschheit ausgeübte Haupttätigkeit muss in jeder Hinsicht in der ständigen Ver-
10 besserung ihrer eigenen individuellen wie kollektiven Natur bestehen (...). Indem die moderne Gesellschaftsform das industrielle Leben immer mehr zur Geltung bringt, muss sie also die
15 große geistige Umwälzung mächtig fördern, die heutzutage unsere Intelligenz von der theologischen zur positiven Denkweise erhebt."

(Comte, A.: Rede über den Geist des Positivismus, III. Teil, S. 15)

■ **A4** *Beschreibe aus positivistischer Sicht den Zusammenhang von Forschung, Technik und Fortschritt. Diskutiert über Vor- und Nachteile.*

Sogar der Sport wurde von dieser Entwicklung erfasst. Zu Tausenden

Von 1872 bis 1875 schuf Adolf Menzel eines seiner bedeutendsten Bilder: „Das Eisenwalzwerk".

■ **A2** Wie kommt in dem Gemälde von Adolf Menzel der Fortschrittsglaube zum Ausdruck?

■ **A3** Woran erkennst du seine kritische Haltung zum technischen Fortschritt?

wurden in den 80er- und 90er-Jahren Sportvereine gegründet. In örtlichen, regionalen und schließlich auch in nationalen Wettkämpfen rangen Schwimmer, Läufer, Ruderer und andere um Sieg und Meisterschaft. Rekordlisten wurden eingeführt, in Deutschland die erste 1893 in der Leichtathletik. 1896 fanden in Athen – angeregt durch den französischen Historiker und Pädagogen Baron Pierre de Coubertin – die ersten modernen Olympischen Spiele statt. Eine deutsche Delegation nahm daran teil.

■ **A1** Erläutere, wie sich im olympischen Motto „schneller – höher – weiter" der Fortschrittsglaube äußert.

Auch Schriftsteller, Maler, Musiker und andere Künstler wurden von dem Fortschrittsglauben dieser Zeit erfasst. Neue Stilrichtungen entstanden – der Realismus (1830–1880) und der Naturalismus (1880–1900). Beeinflusst vom Gedankengut des Positivismus, trachteten ihre Vertreter danach, die Wirklichkeit möglichst detailgetreu in ihren Werken darzustellen. Zu den wichtigsten Themen gehörte die Beziehung zwischen den Menschen und der Technik. Während die Realisten zurückhaltend Kritik an den bestehenden Verhältnissen übten, trat sie bei den Naturalisten deutlicher zutage.

Q2 Auszug aus der Novelle „Bahnwärter Thiel" von Gerhart Hauptmann, einem der führenden deutschen Naturalisten, 1888:

„Aus den Telegrafenstangen, die die Strecke begleiteten, tönten summende Akkorde. Auf den Drähten, die sich wie das Gewebe einer Riesenspinne von
5 Stange zu Stange fortrankten, klebten in dichten Reihen Scharen zwitschernder Vögel. (…) Der Wärter stand noch immer regungslos an der Barriere. Endlich trat er einen Schritt vor. Ein
10 dunkler Punkt am Horizonte, da wo die Gleise sich trafen, vergrößerte sich. (…) dann plötzlich zerriss die Stille. Ein rasendes Tosen und Toben erfüllte den Raum, die Gleise bogen sich, die
15 Erde zitterte – ein starker Luftdruck – eine Wolke von Staub, Dampf und Qualm, und das schwarze, schnaubende Ungetüm war vorüber."

(Hauptmann, G.: Bahnwärter Thiel, in: Das gesammelte Werk, Bd. 1, S. 238 f.)

■ **A4** Betrachte die sprachlichen Mittel Gerhart Hauptmanns und stelle den Zusammenhang zum industriellen Fortschritt her.

Auch in Architektur und Baukunst finden sich deutliche Zeichen des Fortschrittsglaubens. Zunächst aus Eisen, später aus Stahl wurden Repräsentationsbauten aller Art errichtet.

Eines der imposantesten Bauwerke dieser Zeit ist der Londoner Kristallpalast, in dem 1851 die erste Weltausstellung eröffnet wurde. Er diente auch als Muster für den Eiffelturm in Paris, der 1889 anlässlich einer weiteren Weltausstellung erbaut wurde. Der Ingenieur Eiffel schuf das neue Wahrzeichen der modernsten Stadt Europas – einen Turm von 300 Metern Höhe aus Stahlprofilen.

■ **A5** Gibt es aus heutiger Sicht Grenzen bei der Entwicklung des Fortschritts? Woran sollten sich die Menschen orientieren?

■ **A6** Diskutiert am Beispiel der Gentechnik und der Neurobiologie über Nutzen und Nachteile des Fortschritts.

GESCHICHTE IM ÜBERBLICK

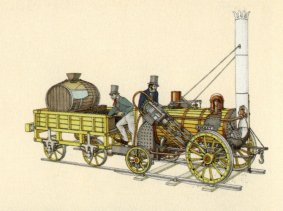

1733 — Industrialisierung beginnt in England. Webstuhl des John Kay.

1764 — „Spinning Jenny" erfunden.

1781 — Dampfmaschine des James Watt.

1800 — Webmaschinen und Dampfkraft ermöglichen Bau großer Textilfabriken.

1820 — Dampfkraft setzt sich in vielen Wirtschaftszweigen durch. Ertragssteigerungen in der Landwirtschaft.

1825 — Erste Eisenbahnlinie für Personenverkehr („The rocket"): Revolution des Verkehrswesens beginnt. Schnelles Bevölkerungswachstum, Verstädterung.

Zusammenfassung

- Die Industrialisierung beginnt im 18. Jh. in **England**, wobei Erfindungen für die **Textilproduktion** eine wichtige Rolle spielen („Spinning Jenny", 1764, u.a.).
- James Watt konstruiert 1781 eine **Dampfmaschine**, die zum Antrieb von Arbeitsmaschinen geeignet ist.
- Bis 1820 hat sich die Dampfkraft in vielen Wirtschaftszweigen durchgesetzt.
- Die Dampfkraft führt ab ca. 1820 zur Revolution im Verkehrswesen: **Eisenbahn**, Dampfschiff.
- Maschineneinsatz und Chemie (Kunstdünger) bringen **Ertragssteigerungen in der Landwirtschaft**, die immer weniger Menschen beschäftigt („Landflucht").
- Motor der Industrialisierung ist zunächst die Textil-, später (ab ca. 1840) die **Schwerindustrie** (Verbund von Bergbau, Eisen- und Stahlindustrie).
- Die Industrialisierung geht einher mit rasantem **Bevölkerungsan-**

Industrialisierung und soziale Frage

1848/49 — **1850** — **1853** — **1867** — **1870/71**

Neue gesellschaftliche Kräfte: Unternehmer und Arbeiter (Gewerkschaften).

England größte Industriemacht der Welt. Deutschland holt allmählich auf.

Verbot von Kinderarbeit in Deutschland.

Wahlrecht für Arbeiter in England.

Gewerkschaften erkämpfen Streikrecht in Deutschland.

Marx und Engels: Kommunistisches Manifest.

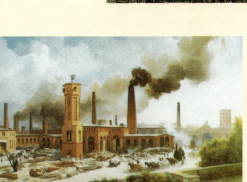

Schwerindustrie breitet sich aus. Zentren in Deutschland: Ruhrgebiet, Rheinland, Schlesien, Saarland.

Industrialisierung in Deutschland nähert sich englischem Niveau.

- stieg und der Entstehung großer Industriezentren (**Verstädterung**).
- In der ersten Hälfte des 19. Jh.s ist **England führende Industriemacht**. Erst ab ca. 1840 setzt die Industrialisierung in Deutschland ein. In den 1870er Jahren wird annähernd das englische Niveau erreicht.
- Neue Gesellschaftsschichten entstehen: **Unternehmer, Arbeiter**.
- Die **Verelendung** (Ausbeutung, Kinderarbeit usw.) der schnell anwachsenden Arbeiterschaft führt zur **sozialen Frage**.
- Auswanderung, kirchliche Wohlfahrt, vereinzelt Fürsorge durch Unternehmen sind Reaktionen auf die soziale Frage. Die radikalste Lösung vertreten **Marx** und Engels: Revolution, Diktatur des Proletariats, Kommunismus.
- Arbeiter organisieren sich zunehmend in den zunächst verbotenen **Gewerkschaften** und erkämpfen durch Streiks allmählich eine Verbesserung ihrer Situation.

WORTERKLÄRUNGEN

Acht (Reichsacht)
Im Mittelalter und beginnender Neuzeit Strafe bei schweren Vergehen: Vom König oder einem von ihm beauftragten Richter wurde die Acht verhängt. Der Geächtete war aus der Gemeinschaft ausgestoßen und durfte von jedem getötet werden (er war „vogelfrei"). Er verlor seinen Besitz. Wer ihm half, wurde selbst geächtet.

Adel
Durch Ansehen, Geburt und oft auch durch Besitz aus dem Volk herausgehobene Familien. Aus dem Adel stammten im Mittelalter Könige, Herzöge, Grafen und hohe Geistliche. In der Neuzeit kamen der Amtsadel, d.h. aufgrund bestimmter Funktionen im Staat geadelte Personen, und der Geldadel, dem große Vermögen den Kauf von Adelstiteln ermöglichten, hinzu. Der Aufstieg des Bürgertums und der Gleichheitsgedanke seit der Französischen Revolution führten zu einem Bedeutungsverlust des Adels im 19. und 20. Jh.

Allmende
In Mittelalter und früher Neuzeit der gemeinsame Besitz eines Dorfes (Wald, Wiesen, Gewässer). Die Allmende wurde von den Dorfbewohnern gemeinsam genutzt.

Amme
Eine Frau, die einen fremden Säugling stillt.

Anglikanische Kirche
Die englische Staatskirche (Oberhaupt ist der/die König/in), die sich wegen der Heiratspolitik Heinrichs VIII. von der katholischen Kirche trennte. Sie enthält katholische und protestantische Elemente.

Antisemitismus
Feindschaft gegenüber Juden. Während der ältere Antijudaismus vor allem von christlich-religiösen Vorurteilen ausging, unterstellte der moderne Antisemitismus seit dem späten 19. Jh., die Juden seien eine minderwertige „Rasse".

Aristokratie
Herrschaft des Adels.

Bann (Kirchenbann)
Ausschluss aus der Gemeinde der Gläubigen und damit schärfste Strafe der Kirche gegen einen Christen. Durch Buße konnte der Gebannte die Aufhebung des Banns erreichen.

Bürger
In den Städten des Mittelalters und der frühen Neuzeit war die Aufnahme als Bürger abhängig vom Besitz, der Dauer des Aufenthalts in der Stadt und von Steuerzahlungen. Nur männliche Bürger konnten in den Rat der Stadt gelangen und mitbestimmen. Angehörige der Unterschichten hatten kein Bürgerrecht. Im 18. und 19. Jh. wurde das Bürgertum zur wirtschaftlich wichtigsten Schicht, die den Einfluss des Adels zurückdrängte und auch nach der politischen Macht griff. Typisch für das Bürgertum war die Verbindung von Besitz und Bildung. Man unterscheidet das Kleinbürgertum (kleine Händler und Angestellte), das seit dem 18. Jh. hervortretende Bildungsbürgertum (höhere Beamte, Ärzte, Gelehrte, Juristen) und das Großbürgertum (Bankiers, Großkaufleute, Unternehmer). Seit dem 19. Jh. wurde der Begriff Bürger häufig für die Mittel- und (nichtadligen) Oberschichten in Abgrenzung zum „Proletariat" (Arbeiterklasse) verwendet.

Commonwealth
Bezeichnung der englischen Republik von 1649 bis 1660.

Christianisierung
Die Verbreitung des christlichen Glaubens bei den Heiden (Nichtchristen). Die Christianisierung erfolgte teils friedlich (z.B. durch Missionare), teils gewaltsam (z.B. durch Kreuzzüge).

Chronik
Im Mittelalter verbreitete Form der Darstellung geschichtlicher Vorgänge (Weltchronik, Stadtchronik).

Chronist
Verfasser einer Chronik.

Demagoge
Aufwiegler; Volksverführer. Seit den Karlsbader Beschlüssen 1819 verfolgten die Mächte der Restauration die Führer der nationalen und liberalen Bewegungen als „Demagogen".

Demokratie
Herrschaft des Volkes (griechischer Begriff). In der Demokratie sind die Bürger eines Staates an wichtigen politischen Entscheidungen (z.B. Gesetze, Steuern, Krieg usw.) beteiligt. Die Beteiligung erfolgt entweder direkt in einer Volksversammlung oder über gewählte Vertreter (Abgeordnete, die ein Parlament bilden). Ein Großteil der Bevölkerung (Frauen, z.T. Besitzlose) zählte z.T. bis ins 20. Jh. nicht zu den Bürgern und war daher von jeder Mitbestimmung ausgeschlossen.

Despot(ismus)
Gewaltherrscher; Despotismus ist ein abwertender Begriff für eine auf Gewalt und Willkür gegründete Herrschaftsform.

Diskriminierung
Benachteiligung, rechtliche Zurücksetzung von Personen oder Gruppen, z. B. Berufsverbote für Juden etc.

Edikt
In Mittelalter und früher Neuzeit die Bezeichnung für Anordnungen des Herrschers.

Elite
Auslese der Besten. Häufig bezogen auf bestimmte Führungsschichten einer Gesellschaft, z. B. Wirtschaftselite, Bildungselite usw.

Emanzipation
Befreiung aus rechtlicher, politischer und gesellschaftlicher Benachteiligung zu völliger Gleichberechtigung. Vor allem auf Juden und Frauen angewandter Begriff.

Emigration
Auswanderung, oft als Reaktion auf politische oder religiöse Verfolgungen (Gegensatz Immigration = Einwanderung).

Enzyklika
Päpstliches Rundschreiben.

Epoche
Ein mehrjähriger Zeitabschnitt, der durch eine herausragende Person, prägende Entwicklungen oder Ereignisse bestimmt wird.

Existenzminimum
Mindesteinkommen, das ein Mensch benötigt, um die einfachsten Bedürfnisse hinsichtlich Nahrung, Kleidung und Unterkunft zu befriedigen. In Notzeiten (Krieg, Missernten usw.) wurde vor allem für die unteren Schichten das Existenzminimum häufig unterschritten. Manche Bevölkerungsgruppen, z. B. Arbeiter in der Frühphase der Industrialisierung, lebten ständig am Rande des Existenzminimums.

Frondienst
Arbeiten, die der hörige (abhängige) Bauer ohne Bezahlung für seinen Grundherrn leisten musste.

Frühe Neuzeit
Die Periode von der Entdeckung Amerikas bis zum Beginn der Französischen Revolution.

Gesellschaft
Das geordnete und bewusst gestaltete Zusammenleben von Menschen.

Gewaltenteilung
In Demokratien das Prinzip, dass Gesetzgebung, Rechtsprechung und die vollziehende (ausführende) Gewalt unabhängig voneinander sein müssen, damit Willkür und Machtmissbrauch weitgehend ausgeschlossen werden.

Grundherrschaft
Grundherren herrschten über Land und zugleich über die Bauern, die es bewirtschafteten. Die Bauern mussten dem Grundherrn Abgaben entrichten und Dienste leisten, der Grundherr den Bauern seinen Schutz bieten.

Grundrechte
Grundlagen jedes demokratischen Rechtsstaates, die dem Einzelnen Sicherheit vor Übergriffen des Staates bieten. Wichtige Grundrechte sind: Gleichheit vor dem Gesetz, Presse- und Versammlungsfreiheit, Religions- und Gewissensfreiheit, freie Berufswahl, Schutz des Eigentums etc.

Heilige Allianz
Zusammenschluss 1815 der Monarchen von Russland, Preußen und Österreich zur Absicherung der Restauration und Niederhaltung liberaler und nationaler Bestrebungen.

Hörige
Die Bauern, die von einem Grundherrn abhängig waren und ihm Dienste und Abgaben leisten mussten. Sie konnten mit dem Land, das sie nicht verlassen durften, verkauft werden.

Imperium
Ein Weltreich, eine Weltmacht.

Insignien
Herrschaftsabzeichen, z.B. Krone, Zepter, Reichsapfel.

Institution
Staatliche Einrichtung bzw. Organisation.

Ketzer
Wer von der Lehre der katholischen Kirche abwich, konnte im Mittelalter und bis in die Neuzeit als Ketzer verfolgt und hingerichtet werden.

Klerus
Begriff für die Gesamtheit der katholischen Geistlichkeit; Priesterstand.

Kolonisation
Die (friedliche oder gewaltsame) Siedlung in einem Gebiet außerhalb des eigenen Herrschaftsbereiches. Im engeren Sinne die Inbesitznahme der überseeischen Gebiete durch die Europäer ab dem 15. Jh.

Konfession
Die unterschiedlichen Bekenntnisse des christlichen Glaubens, z. B. evangelisch, römisch-katholisch, griechisch-orthodox usw.

Konkordat
Vertrag zwischen dem Vatikan (Papst) und einem Staat.

Konservative
Im 19. Jh. Bezeichnung für jene politischen Kräfte bzw. Parteien, die den Ideen der Französischen Revolution entgegentraten und die „alten" Werte betonten. Adel und Großgrundbesitzer waren die wichtigsten Vertreter des Konservativismus.

Konvent
Von 1792–1795 Name für das französische Parlament.

Konzil
Eine Versammlung von hohen Geistlichen (Bischöfen), in der über Glaubensfragen beraten und entschieden wird.

Kossäten
In Ostdeutschland von einem Grundherrn angesetzte Siedler, die für etwas Land auf dem Besitz des Herrn arbeiten mussten.

Kultur
Menschen leben in Gruppen, die sich in ihrer Lebensweise unterscheiden. Sie haben z. B. unterschiedliche Sprache, Religion, Häuser, Kleidung, Kunstwerke, Musik, Lebensmittel usw. Sie leben also in unterschiedlichen Kulturen.

Landflucht
Die Abwanderung der ländlichen Bevölkerung (Bauern, Landarbeiter) in die Städte und seit dem 19. Jh. in die großen Industriezentren.

Liberalismus
Vom Bürgertum getragene, wichtige politische Grundströmung des 19. Jh.s. Liberale forderten vor allem die ungehinderte persönliche und wirtschaftliche Entfaltung des Einzelnen, traten für Verfassung, Abschaffung von Adelsprivilegien und Einziehung von Kirchengütern (Säkularisierung) ein.

Menschenrechte
Rechte, die jedem Menschen zustehen, unabhängig von seiner Stellung in Staat und Gesellschaft, seiner Religion oder Rasse (vgl. Grundrechte).

Migration
Wanderungsbewegung bestimmter Bevölkerungsgruppen oder ganzer Völker, meist ausgelöst durch Kriege (Flucht, Vertreibung), Wirtschaftsprobleme (z. B. Missernten, Arbeitslosigkeit) oder Naturkatastrophen.

Ministeriale
Im Mittelalter ursprünglich unfreie „Dienstmannen", die für ihre Herren (z. B. Könige, Herzöge, Bischöfe) wichtige Aufgaben in Verwaltung und Kriegsdienst wahrnahmen. Im Spätmittelalter verloren sie allmählich ihre Unfreiheit, zählten zum niederen Adel und gehörten dem Ritterstand an.

Missionar
Ein Geistlicher, der im Auftrag der Kirche bei Heiden (Nichtchristen) den christlichen Glauben verbreitet.

Monarchie
Die Herrschaft eines Königs. In der absoluten Monarchie herrscht der Monarch uneingeschränkt, in der konstitutionellen Monarchie ist er an eine Verfassung gebunden, in der parlamentarischen Monarchie hat ein vom Volk gewähltes Parlament die Macht und der Monarch ist nur noch repräsentatives Staatsoberhaupt.

Monopol
Ein Unternehmen hat ein Monopol, wenn es einen Markt völlig oder größtenteils beherrscht, d. h. den Wettbewerb mit Konkurrenzunternehmen ausschalten und die Preise diktieren kann.

Nationalismus
Politische Haltung, die den Wert und die Interessen des eigenen Volkes besonders hervorhebt, häufig auf Kosten anderer Völker. Als politische Kraft entstand der Nationalismus im 19. Jh. und erlebte als übersteigerter Nationalismus (Chauvinismus) im Zeitalter des Imperialismus einen Höhepunkt (Erster Weltkrieg). Auch danach nutzten (und nutzen) autoritäre Regierungen (z. B. der Nationalsozialismus in Deutschland) übersteigerten Nationalismus für ihre Zwecke.

Neuzeit
Die Periode seit der Entdeckung Amerikas bis zur Gegenwart.

Pamphlet
Abwertender Begriff für eine (politische) Streitschrift; eine verunglimpfende Schmähschrift.

Panslawismus
Eine Bewegung zur Schaffung einer kulturellen und politischen Einheit der slawischen Völker unter Führung Russlands (seit ca. 1850).

Parlament
Im demokratischen Staat eine vom Volk auf Zeit gewählte Vertretung, die über Gesetze entscheidet und vor der sich die Regierung verantworten muss. Frühestes europäisches Parlament war die Ständevertretung in England seit dem 13. Jh.

Partei
In der Politik der organisierte Zusammenschluss von Menschen, die gemeinsame politische Ziele verfolgen. Politische Parteien entstanden erst im 19. Jh., Vorläufer waren z. B. die politischen Klubs (Jakobiner, Girondisten) während der Französischen Revolution.

Partizipation
Teilhabe, Teilnahme, Beteiligung.

Patrizier
Im alten Rom die herrschenden Familien. Im Mittelalter die führenden Familien einer Stadt (oft Fernkaufleute).

Pfalz
Königshof im Mittelalter. Pfalzen dienten der Versorgung und Unterkunft der deutschen Könige und waren über das ganze Reich verteilt.

Pogrom
Organisierte oder spontane Ausschreitungen gegen Juden, im 19. Jh. vor allem in Russland, im 20. Jh. in Deutschland (so genannte „Reichskristallnacht" am 9./10.11.1938).

Politik
1. Alle Vorgänge und das Handeln im öffentlichen (im Gegensatz zum privaten) Bereich. 2. Die Wissenschaft von Staat und Gesellschaft.

Prälat
In der katholischen Kirche ein hoher geistlicher Würdenträger mit übergeordneten Aufgaben. Auch in einigen evangelischen Landeskirchen ein Geistlicher mit Leitungsaufgaben.

Privilegien
Vorrechte, die Personen oder Gruppen eingeräumt werden, z. B. Steuerfreiheit für den Adel etc.

Proletarier
Im alten Rom die besitzlosen Bürger. Im 19. und 20. Jh. Bezeichnung für die mit der Industrialisierung neu entstandene Schicht der Arbeiter. Proletariat ist im Marxismus die Bezeichnung für die Arbeiterklasse.

Protestanten
Bezeichnung zunächst für die Anhänger Luthers, später für alle Anhänger der Reformation (z. B. auch für Calvinisten).

Puritaner
(wörtl. „die Reinen") Bezeichnung für jene Protestanten in England, die eine „Reinigung" des Gottesdienstes von allem katholischen Einfluss forderten. Sie gerieten später in Konflikt mit der anglikanischen Staatskirche, daher z. T. Auswanderung der Puritaner nach Nordamerika.

Reaktion
Bezeichnung für jene Kräfte, die im 19. Jh. die Ziele und Errungenschaften der Französischen Revolution bekämpften. Seitdem werden rückwärtsgewandte bzw. fortschrittsfeindliche Kräfte als „reaktionär" bezeichnet.

Reallohn
Wenn man vom Nominallohn, also der tatsächlich gezahlten Lohnsumme, die Verluste durch Abgaben (Steuern usw.) und Verteuerung der Güter und Dienstleistungen (Inflation) abzieht, erhält man den Reallohn. Der Reallohn gibt besser als der Nominallohn Auskunft über die tatsächliche Kaufkraft des Lohnes.

Reform
Gewaltfreie, planmäßige Umgestaltung der Gesellschaft oder einzelner Bereiche, z. B. Wirtschaftsreform.

Republik
Staatsform, in der eine vom Volk auf Zeit gewählte Regierung die Macht ausübt.

Republikaner
Im 19. Jh. Anhänger eines freiheitlichen, demokratischen Staates und damit Gegner der Monarchie. In den USA eine der beiden großen Parteien.

Restauration
Wiederherstellung des ursprünglichen Zustandes. Die Epoche zwischen dem Wiener Kongress und der Revolution 1848/49 ist nach diesem Begriff benannt.

Revolution
Grundlegende, oft gewaltsame Umwandlung der gesellschaftlichen Ordnung, meist durch benachteiligte Schichten der Bevölkerung.

Säkularisierung
Umwandlung von kirchlichem in weltlichen Besitz bzw. von kirchlicher in weltliche Herrschaft.

Sakrament
In den christlichen Glaubensgemeinschaften eine bestimmte Handlung, die göttliche Gnade vermitteln soll (z. B. die Taufe). Die Kirchen haben z. T. unterschiedliche Sakramente, um deren Bedeutung häufig gestritten wurde.

Salon
In großbürgerlichen und adligen Wohnungen ein Gesellschaftszimmer für Empfänge. Im weiteren Sinne die Gesellschaft, die sich zu Unterhaltung (Musik, Literatur) und Gedankenaustausch in diesen Salons meist vornehmer Damen traf.

Söldner
Soldat, der nicht aus Überzeugung kämpft, sondern gegen Bezahlung (Sold) für einen bestimmten Zeitraum angeworben wird. Bevor in der Französischen Revolution die Wehrpflicht aufkam, waren Söldnerheere der Regelfall.

Souveränität
Die höchste Gewalt in einem Staat, nach innen (Gesetzgebung, Gewaltmonopol) und außen (Entscheidung über Krieg und Frieden).

Sozialismus
Mit der Industrialisierung schnell anwachsende politische Strömung, eng verknüpft mit Arbeiterbewegung und Gewerkschaften. Sozialisten wollten die Eigentums- und Herrschaftsverhältnisse im Sinne von Gleichheit und Gerechtigkeit verändern, beschritten aber schon am Ende des 19. Jh.s unterschiedliche Wege: Die Kommunisten hielten eine Revolution für notwendig, während die Sozialdemokraten überwiegend auf schrittweise Reformen im Rahmen einer parlamentarischen Demokratie setzten.

Staat
Das organisierte Zusammenleben von Menschen nach bestimmten Regeln. Im Staat bilden die Menschen eine Einheit (das Volk) und erkennen eine oberste Gewalt (z. B. König, gewählte Regierung usw.) an, die Regelungen für das Zusammenleben erlässt (z. B. Gesetze, Ämter, Strafen usw.).

Stand
Im Mittelalter und in der darauf folgenden frühen Neuzeit galten Menschen mit gleicher sozialer Herkunft als dem gleichen Stand angehörig. Den ersten Stand bildeten die Geistlichen, den zweiten der Adel, den dritten die Bauern. Mit Entstehung der Städte kam ein vierter Stand hinzu: die Bürger.

Vasall
Gefolgsmann im Lehenswesen. Kronvasallen erhielten ihr Lehen direkt vom König.

Verfassung
Ein Ausdruck für die Art und Weise, wie die Herrschaft in einem Staat geregelt ist (wer herrscht, wer mitbestimmt, wie Gesetze und Rechtsprechung zu Stande kommen usw.). Die wichtigsten Herrschaftsformen sind: Monarchie (Königsherrschaft); Aristokratie (Adelsherrschaft) und Demokratie (Volksherrschaft).

Vormärz
In Deutschland die Zeit zwischen dem Wiener Kongress und der (März-)Revolution von 1848/49.

Zensur
Überprüfung von Veröffentlichungen durch den Staat. Zensur ist mit der Pressefreiheit demokratischer Staaten unvereinbar.

Zensuswahlrecht
Wahlrecht, bei dem das Stimmrecht oder das Gewicht der einzelnen Stimme vom Vermögen oder Steueraufkommen des Wählers abhängig ist.

Zepter
Verzierter Stab als Zeichen der weltlichen (königlichen) Herrschaft.

Zoll
Eine Steuer, die entrichtet werden muss, wenn bestimmte, zollpflichtige Waren über eine Grenze (Zollgrenze) gebracht werden.

REGISTER

A

Aachen, S. 3, 19, 24, 29, 323
Ablasshandel, S. 144, 157
Abodriten, S. 55
Absolutismus, S. 172 ff., 178, 181 ff., 220, 244, 257
Adalbert von Prag, S. 50
Adams, Abigail, S. 218
Adams, John, S. 215, 218
Adel, S. 14, 38, 41, 54 f., 68, 70, 76, 82, 86, 100, 154, 163 f., 173 ff., 198, 204 f., 220, 222 f., 230, 239, 242, 247, 260, 262, 290
Afrika, S. 119 ff., 123, 125, 213
Agulhon, Maurice, S. 241
Ägypten, S. 6, 242
Akademie der Wissenschaften, S. 191, 195
Akkon, S. 46
Alamannen, S. 11
Alarich, S. 11
Albrecht der Bär, S. 55
Albrecht von Brandenburg, S. 144
Alexander I., S. 252, 254, 262, 264
Alkuin, S. 15
Allah, S. 4
Allgemeine Wehrpflicht, S. 237, 247
Allgemeines Landrecht für Preußen, S. 193
Allmende, S. 79
Allod, S. 12
Altenstein, Reichsfreiherr von, S. 248
Altfranzösisch, S. 20
Althochdeutsch, S. 20, 24
Amerika, S. 117 ff., 124 f., 210
Analphabeten, S. 257
Anastasius IV., S. 76
Angerdörfer, S. 54
Anglikanische Kirche, S. 156, 205, 209
Antike, S. 134, 168
Antriebsenergie, S. 131
Antwerpen, S. 137
Arabien, S. 4, 13, 119

Arbeiter, S. 211, 222, 237, 282, 286, 310, 314, 316, 322, 327, 330
Arbeiterbewegung, S. 278
Arbeiterklasse, S. 315
Arbeiterparteien, S. 333
Arbeitslosigkeit, S. 222, 276
Architektur, S. 130, 169, 199, 326
Aristoteles, S. 99
Armut, S. 184
Arndt, Ernst Moritz, S. 240, 253 ff., 266 f.
Arnim, Bettina von, S. 274
Astrologie, S. 183
Astronomie, S. 6, 182
Atheismus, S. 256
Athen, S. 337
Atlantik, S. 120
Auerstedt, S. 246
Aufgeklärter Absolutismus, S. 192
Aufklärung, S. 172 ff., 182 ff., 192
Augsburg, S. 26, 139, 144
Augsburger Religionsfrieden, S. 163
Augsburgische Konfession, S. 155
Augustinerorden, S. 76
Augustinus, S. 99
Austerlitz, S. 249
Auswanderung, S. 210 ff., 310, 326
Autobiografie, S. 92
Automobil, S. 305, 336
Awaren, S. 13
Azteken, S. 124, 126

B

Baden, S. 244
Bagdad, S. 7
Bankgeschäfte, S. 137 f., 187, 220
Barock, S. 198
Bartholomäusnacht, S. 160
Bastille, S. 226
Bauern, S. 13, 18, 28, 37, 41, 52, 54, 68, 78, 81 ff., 91, 105, 140, 148, 150 ff., 174, 195, 202, 207, 220, 222, 227 f., 237, 246 f., 310, 312
Bauernbefreiung, S. 314

Bauernkrieg, S. 150 ff., 154
Bayern, S. 13, 21, 24, 38, 244
Bebel, August, S. 327
Becker, Gerhard, S. 284, 288
Befreiungskriege, S. 254 f.
Beginen, S. 96, 98
Belgien, S. 160, 302
Benedikt von Nursia, S. 74
Benediktiner, S. 74, 76
Benz, Carl Friedrich, S. 305
Bergbau, S. 131, 133, 138, 296, 301, 308 ff., 316
Bergen, S. 100
Bergpartei, S. 237
Berlin, S. 187 f., 190 f., 195, 261, 279, 286, 308, 316
Bernstein, Eduard, S. 335
Bettelorden, S. 96
Bettler, S. 96
Bevölkerungswachstum, S. 300, 314
Bibel, S. 128, 141, 157
Biedermeier, S. 260
Bildung, S. 73, 98, 108, 134 f., 159, 247 f., 290 f.
Bill of Rights, S. 209
Billaus-Varenne, S. 237
Billung, S. 29
Bistümer, S. 10
Blanc, Louis, S. 276
Bodelschwingh'sche Anstalten, S. 331
Bodin, Jean, S. 178
Böhmen, S. 56, 58, 163 f.
Boleslaw Chobry, S. 50 f.
Bonaparte, Joseph, S. 249
Bonifatius, S. 9 f.
Bonn, S. 106
Bora, Katharina von, S. 148
Borsig, August, S. 308, 314
Bossuet, J.-B., S. 177 f.
Boston, S. 214
Brandenburg, S. 22, 29, 55, 88, 190
Brasilien, S. 326
Braunschweig, S. 95
Bretagne, S. 13
Brissot, Jacques

Pierre, S. 232
Brügge, S. 102
Brun, S. 30
Buchdruck, S. 132 f., 135, 144, 147
Büchner, Georg, S. 271
Bund der Gerechten, S. 278
Bund der Kommunisten, S. 278
Bundestag, S. 265
Bundes-Universitätengesetz, S. 269
Burgen, S. 65, 86
Bürgerrechte, S. 96, 216, 228
Bürgertum, S. 88, 96, 154, 156, 174, 182, 188, 193, 196, 202, 205, 220 ff., 228 f., 232, 234, 237, 239, 242, 244, 247, 260, 263, 265, 267, 271, 276, 282, 290 f., 314
Burgunder, S. 8, 11, 26
Burschenschaften, S. 265, 267, 269
Byzanz, S. 6, 15

C

Ca'da Mosto, Alvise da, S. 127
Calvin, S. 206
Calvinismus, S. 156, 160
Canossa, S. 33, 35
Cartwright, Edmund, S. 298
Childerich, S. 8 f., 11
Chile, S. 326
Chlodwig, S. 8 f., 11
Chlogio, S. 11
Christentum, S. 9, 13, 15, 23, 57, 72, 107, 111, 119, 135, 140 f., 331
Christian IV., S. 164
Christianisierung, S. 55
Cicero, S. 135
Cluny, S. 32, 73
Code Civil, S. 242, 251
Colbert, Jean Baptiste, S. 179 ff.
Commonwealth, S. 208
Comte, Auguste, S. 336
Condorcet, Antoine, S. 235
Cordoba, S. 6
Cortés, Hernán, S. 124
Coubertin, Pierre de, S. 337

Cranach, Lucas d.Ä., S. 168
Cromwell, Oliver, S. 207 f.

D

Daimler, Gottlieb, S. 305
Damaskus, S. 6
Dampfmaschine, S. 301, 303
Dänemark, S. 155, 164
Danton, Georges Jacques, S. 234
Danzig, S. 57 f., 95, 102
David, Jacques Louis, S. 222, 242, 256 f.
DDR, S. 333
De Colonne, S. 224
Declaration of Rights, S. 228
Demagogenverfolgung, S. 267
Deutsche Bundesakte, S. 264
Deutsche, S. 29, 50, 56
Deutscher Bund, S. 265, 267, 271, 273, 279
Deutscher Orden, S. 47, 57 ff.
Deutsches Reich, S. 24, 36, 56
Deutschland, S. 2, 20, 138, 163, 167 f., 180, 184, 192, 211, 244 f., 276, 283, 302, 305, 310 f., 327 f.
Diktatur des Proletariats, S. 333
Direktorium, S. 242
Dohm, Christian W., S. 189
Dominikaner, S. 96, 144, 162
Dominikanische Republik, S. 118
Drake, Francis, S. 122
Dreieckshandel, S. 125
Dreifelderwirtschaft, S. 79, 85
Dreißigjähriger Krieg, S. 163, 167, 190
Dresden, S. 88, 98, 182, 198
Dritte Welt, S. 122, 202
Dritter Stand, S. 202, 220 ff., 239
Dufraisse, Robert, S. 253
Dürer, Albrecht, S. 104 f., 128, 168

E

Edikt von Fontainebleau, S. 177
Edikt von Potsdam, S. 190
Editha, S. 29
Eger, S. 164
Eiffelturm, S. 337
Einhard, S. 12
Eisenbahn, S. 296, 304, 306
Eisenindustrie, S. 303
Elberfeld, S. 331
Elektrotechnik, S. 336
Elisabeth I., S. 102
Elsass, S. 227
Emschertal, S. 325
Engels, Friedrich, S. 278, 302, 325, 333, 335
England, S. 122, 137, 156, 182, 193, 204 ff., 210 f., 213 ff., 237, 249, 276, 297 ff., 302, 304, 307 f., 327 f.
Englische Revolutionen, S. 204 ff.
Enzyklopädie, S. 186
Erasmus von Rotterdam, S. 134, 143
Erfurt, S. 86, 88, 98
Erster Weltkrieg, S. 196, 310
Essen, S. 308
Esten, S. 59
Europa, S. 2, 4, 6, 47, 51, 65, 88, 91, 119, 125, 140, 163, 173, 184, 192, 210, 213, 219, 232, 249, 251, 262, 276, 287, 290
Europäische Union, S. 2, 19
Evangelium, S. 146

F

Fabrikordnung, S. 317
Familie, S. 83, 260, 314
Faraday, Michael, S. 336
Fehrbellin, S. 190
Feminismus, S. 231
Ferdinand II., S. 163
Fernhandel, S. 89, 91, 106, 137
Feudalismus, S. 13, 228, 314
Fichte, Johann Gottlieb, S. 187
Film, S. 336
Flandern, S. 52
Fleurus, S. 237
Florenz, S. 130, 168 f.

345

Florida, S. 210
Flühe, Ludwig von der, S. 226
Föderaten, S. 8
Forster, Georg, S. 311
Fraktion Casino, S. 281
Fraktion Deutscher Hof, S. 281
Fraktion Donnersberg, S. 281
Fraktion Württemberger Hof, S. 281
Franken, S. 10, 12, 19 ff., 24
Frankenhausen, S. 153
Frankenreich, S. 6, 8 ff.
Frankfurt am Main, S. 54, 91, 187, 265
Franklin, Benjamin, S. 314
Frankreich, S. 2, 13, 20, 45, 122, 155, 160, 164, 168, 173 f., 182, 191, 193, 199, 202, 204, 206, 211, 214, 216, 220 ff., 242 ff., 246, 249, 263, 270 f., 276, 302
Franz I., S. 193, 262, 264
Franz II., S. 244
Franz, Günther, S. 154
Franziskaner, S. 96, 110
Französische Revolution, S. 202, 220 ff., 256
Frauen, S. 5, 68 f., 81, 85, 89, 93, 98, 110, 161 f., 216, 218, 228, 231, 235, 274, 299, 317 f.
Frauenbewegung, S. 275
Freie, S. 82, 84
Freikorps, S. 254
Freiligrath, Ferdinand, S. 266
Frieden von Tilsit, S. 246
Friedrich der Weise, S. 146 f., 168
Friedrich I. (König von Preußen), S. 191
Friedrich I. Barbarossa, S. 36, 38 ff., 76
Friedrich II. von Preußen, S. 183, 187, 189, 192 ff., 197, 199
Friedrich II. (deutscher Kaiser), S. 38, 41, 43, 108

Friedrich von der Pfalz, S. 164
Friedrich Wilhelm (Friedrich III.), S. 311
Friedrich Wilhelm I. (Großer Kurfürst), S. 190
Friedrich Wilhelm III., S. 255, 262, 264
Friedrich Wilhelm IV., S. 279 f., 283 f., 286
Friesland, S. 52
Fritzlar, S. 9
Fronarbeit, S. 82 f.
Fronhofordnung, S. 83
Fugger, Jakob, S. 138 f., 144
Fulda, S. 9
Fürer, Christoph, S. 98
Fürstenreformation, S. 155
Fürth, S. 304

G
Galilei, Galileo, S. 134, 159
Gama, Vasco da, S. 120 f.
Gegenreformation, S. 159, 167
Gelasius, S. 30
Geldwirtschaft, S. 108
Gelnhausen, S. 161
Generalstände, S. 220 ff.
Gentlemen, S. 205
Genua, S. 47
Geografie, S. 182
Georg III., S. 218
Georgia, S. 212
Geozentrisches Weltbild, S. 134
Gerhard, Ute, S. 275
Gernrode, S. 60
Gero, S. 29, 31, 50
Geschichte, S. 130
Gettos, S. 109, 186
Gewaltenteilung, S. 216
Gewerbe, S. 190
Gewerbefreiheit, S. 93, 247 f.
Gewerkschaften, S. 327 ff., 331, 333
Gewürze, S. 121, 137
Gilden, S. 91
Girondisten, S. 232, 236 f.
Glorreiche Revolution, S. 202, 209
Glühlampe, S. 336
Gneisenau, August Wilhelm Graf von, S. 246 f.

Gnesen, S. 50
Goch, G.P., S. 197
Goethe, Johann Wolfgang von, S. 311
Göhre, Paul, S. 320
Göhring, Martin, S. 253
Goldene Bulle, S. 42
Gomez, Diego, S. 136
Görlitz, S. 169
Gorze, S. 32, 73
Goten, S. 11
Gotik, S. 60, 168
Gottfried von Straßburg, S. 70
Gouges, Olympe de, S. 231
Grafen, S. 14 ff.
Gregor VII., S. 32 ff., 73
Gregor von Tours, S. 9, 11
Griechenland, S. 276
Grimm, Brüder, S. 265
Grimma, S. 155
Grimmelshausen, H. J. Ch. von, S. 165
Großbritannien, S. 216, 218, 242
Große Armee, S. 252
Großgebietiger, S. 57
Großgrundbesitzer, S. 82, 195, 310
Grundherrschaft, S. 83 f., 151, 153, 220, 228
Grundrechte, S. 282
Grünewald, Mathias, S. 168
Gryphius, Andreas, S. 167
Gustav Adolf, S. 164 f.
Gutenberg, Johannes, S. 132
Gutzkow, Karl, S. 273
Gymnasium, S. 195

H
Habeas-Corpus-Akte, S. 209
Hadrian VI., S. 149
Haiti, S. 118
Hakon VI., S. 102
Hambacher Fest, S. 272 f.
Hamburg, S. 29, 88, 101, 187, 331
Handel, S. 28, 57, 88, 100, 148, 177, 190, 213, 237
Handelsgesellschaften, S. 91
Handwerk, S. 28, 54, 57, 88 f., 92 ff., 100, 108, 148, 177, 190, 213, 222, 237, 282, 299, 314

Hanse, S. 100 ff.
Hardenberg, Friedrich Freiherrr von, S. 247 f., 319
Hargreaves, James, S. 297, 299
Harkort, Friedrich, S. 320, 330
Harun al-Raschid, S. 7
Hattin, S. 45
Hauptmann, Gerhart, S. 337
Hausmaier, S. 12
Havelberg, S. 29
Heidelberg, S. 98, 134
Heilige Allianz, S. 219, 263 f.
Heiliges Römisches Reich Deutscher Nation, S. 244
Heimarbeit, S. 274, 320
Hein, Dieter, S. 284, 289
Heine, Heinrich, S. 273
Heinrich der Löwe, S. 38 ff., 55
Heinrich der Seefahrer, S. 120, 127 f.
Heinrich I., S. 21, 23, 31
Heinrich II., S. 102
Heinrich IV., S. 34, 41
Heinrich V., S. 38
Heinrich VII., S. 41
Heinrich VIII., S. 156
Heinrich von Navarra, S. 160
Heliozentrisches Weltbild, S. 134
Herder, Johann Gottfried, S. 59
Hertz, Heinrich, S. 336
Herwegh, Georg, S. 266, 271
Herz, Henriette, S. 188
Herzogtum Warschau, S. 263
Herzogtümer, S. 21, 38
Hessen, S. 10
Hexenhammer, S. 162
Hexenverfolgung, S. 161
Hildegard von Bingen, S. 76
Hilderich, S. 12
Hispaniola, S. 118
Hobbes, Thomas, S. 182
Hochmeister, S. 57

Hofer, Andreas, S. 249
Hoffmann von Fallersleben, Heinrich, S. 272, 290
Hohenzollern, S. 190 f.
Holbein, Hans d. J., S. 168
Hugenotten, S. 160, 177, 190
Hugo von Cluny, S. 33
Humanismus, S. 128, 134 f., 137, 161, 169, 182
Humboldt, Wilhelm von, S. 247 f.
Hus, Jan, S. 141 ff.
Hussiten, S. 142 f.
Hutten, Ulrich von, S. 65

I
Ibn al-Atir, S. 48
Ibn Chordadbeh, S. 106
Indianer, S. 114, 117 f., 124, 210 f., 213
Indien, S. 114, 117 ff., 121, 242
Indischer Ozean, S. 119, 123
Industrialisierung, S. 220, 274, 276, 294 ff., 300, 302, 304, 310 ff., 314, 324, 327
Inghen, Marsilius von, S. 134
Inkas, S. 124, 126
Innere Mission, S. 331 f.
Innocenz IV., S. 43
Inquisition, S. 159
Intendanten, S. 176
Investitur, S. 73
Investiturstreit, S. 33 ff., 39, 41
Irland, S. 206, 208, 211
Islam, S. 4 ff., 106
Italien, S. 13, 18, 20, 26, 28, 33, 137, 168 f., 198, 276

J
Jagiello, S. 58
Jahn, Ludwig, S. 267 f.
Jakob II., S. 209
Jakobiner, S. 228, 230 ff., 234, 236 ff., 244, 257
Jamaika, S. 208
Jamestown, S. 210 f.
Japan, S. 119
Jaubert, S. 243, 251

Jefferson, Thomas, S. 215, 218
Jena, S. 246, 265, 268
Jerusalem, S. 6, 44 f., 48 f.
Jesuiten, S. 159, 164
Jesus von Nazareth, S. 146, 150
Jiddisch, S. 109
Johanniter, S. 47
Judentum, S. 44, 105 ff., 119, 140, 186 ff., 227, 247 f.
Julirevolution, S. 271
Juniaufstand, S. 286
Junker, S. 190
Jura, S. 98
Jurisch, Konrad, S. 325

K
Kaffeehäuser, S. 184
Kaisertum, S. 18, 26
Kalifen, S. 6
Kalikut, S. 120 f.
Kant, Immanuel, S. 184, 186
Kapitalismus, S. 333
Karibik, S. 122
Karikatur, S. 142
Karl der Große, S. 2 ff., 12 f., 15 ff., 29, 32, 36, 84
Karl der Kahle, S. 20
Karl I., S. 206 ff.
Karl II., S. 209
Karl IV., S. 98
Karl Martell, S. 13
Karl V., S. 139, 146 f., 155
Karl VI., S. 192
Karl X., S. 270 f., 273
Karlspreis, S. 19
Karolinger, S. 12, 21, 30
Kasimir, König von Polen, S. 58
Katharina II., S. 183
Katholische Kirche, S. 157, 162 f., 206 f., 212
Katholische Liga, S. 163 ff.
Kay, John, S. 297, 299
Keith, William, S. 213
Ketteler, Wilhelm Emanuel von, S. 331
Ketzer, S. 141, 159
Kinder, S. 46, 74 f., 81, 110, 155, 173, 211, 274, 299, 309, 316, 318

346

Kinderarbeit, S. 299, 321
Kindersterblichkeit, S. 314
Kirche, S. 16, 26 ff., 72, 140, 143, 146, 174, 177, 198, 204, 220, 230
Klassenkampf, S. 334
Kleinasien, S. 119
Klerus, S. 220
Klöster, S. 69, 72 f., 76, 140, 230
Knigge, Adolph Freiherr von, S. 240
Koch, Robert, S. 314
Koggen, S. 100
Kokarde, S. 226, 257
Köln, S. 20, 88, 95, 98, 102, 106, 331
Kolonialismus, S. 122, 215
Kolonisten, S. 210
Kolping, Adolph, S. 331
Kolumbus, Christoph, S. 114 ff., 117 ff., 124, 210
Kommunismus, S. 333
Kommunistisches Manifest, S. 278, 333
Komtur, S. 57
Kongo, S. 127
Könige, S. 38
Königsberg, S. 191
Königsboten, S. 14 ff., 20
Konrad III., S. 37
Konrad von Zähringen, S. 86
Konrad, Frankenherzog, S. 21
Konstantin, S. 32
Konstantinopel, S. 32
Konstanz, S. 135
Kontinentalsperre, S. 249, 252
Konvent, S. 234, 236, 242
Konvention von Tauroggen, S. 254
Konzil von Konstanz, S. 135, 141
Konzil von Tient, S. 157, 163
Kopernikus, Nikolaus, S. 134
Koran, S. 4
Kosseleck, Reinhard, S. 313
Kossock, Manfred, S. 241
Kotzebue, August von, S. 267, 269

Krak des Chevaliers, S. 45
Kreuzzüge, S. 41, 44 f., 47, 57, 107
Krieg, S. 139, 141, 174, 180, 232, 234
Kriminalität, S. 97
Krischwitz, S. 50
Krupp, Alfred, S. 311, 314, 330
Krupp, Friedrich, S. 308, 314
Kultur, S. 291, 336
Kunst, S. 173, 191, 256
Kuren, S. 59
Kurfürsten, S. 42

L
La Bruyère, Jean de, S. 181
Lamartine, Alphonse de, S. 240, 276
Landesausbau, S. 52 f., 55 f., 105
Landesherren, S. 155
Landflucht, S. 105
Landsknechte, S. 153
Landsturm, S. 255
Landwirtschaft, S. 124, 177, 190, 213, 237, 310, 312
Langobarden, S. 13, 18
Las Casas, Bartolomé de, S. 124 f.
Lassalle, Ferdinand, S. 335
Latein, S. 98, 141
Lateinamerika, S. 326
Lausitz, S. 29
Lechfeld, S. 26
Lehenspyramide, S. 14, 68
Lehenswesen, S. 12 f., 18, 41
Leibeigenschaft, S. 228
Leibniz, Gottfried Wilhelm, S. 191
Leipzig, S. 91, 94, 98, 254
Leo III., S. 18
Leo X., S. 149
Leo XIII., S. 332
Lesegesellschaften, S. 184, 291
Letten, S. 59
Liberalismus, S. 260 ff., 271
Liebig, Justus von, S. 312
Lieder, S. 266
Liselotte von der Pfalz, S. 175
Lissabon, S. 121, 137

Litauen, S. 57 ff.
Literatur, S. 169, 173, 192, 291
Liutizen, S. 28
Livland, S. 56
Locke, John, S. 182, 185
Lombardische Städte, S. 40
London, S. 100, 102, 137
Lorsch, S. 16, 83
Lothar, Herzog von Sachsen, S. 37
Lothringen, S. 21
Louis Philippe (Herzog von Orléans, Bürgerkönig), S. 271
Lübeck, S. 55, 97
Ludwig der Deutsche, S. 20
Ludwig der Fromme, S. 18, 20
Ludwig XIV., S. 173, 175 f., 178, 180 f., 195, 198, 204
Ludwig XVI., S. 220 ff., 226, 228, 230, 232 f., 236 f., 254
Ludwig XVIII., S. 254
Lütge, Friedrich, S. 313
Luther, Martin, S. 140 ff., 144 ff., 152, 154 f.
Lutz, Heinrich, S. 288
Lützen, S. 164

M
Machiavelli, Niccolò, S. 135 f.
Madison, James, S. 219
Maentel, Thorsten, S. 291
Magdeburg, S. 29, 31, 55, 60, 86, 88, 94, 107, 144
Magdeburger Börde, S. 312
Magellan, S. 122 f.
Mailand, S. 168
Mainz, S. 20, 44, 106, 187
Malerei, S. 128, 260
Malitzin, S. 124
Mallorca, S. 119
Malteser, S. 47
Manchester, S. 299
Manesse, Rüdiger, S. 67
Mannesmann, S. 308
Manufakturen, S. 179, 181, 187, 190

Marat, Jean Paul, S. 237, 257
Marconi, Guglielmo, S. 336
Maria Theresia, S. 187, 192 f.
Marie Antoinette, S. 224, 227 f.
Marienburg, S. 57
Märkte, S. 86, 88
Marokko, S. 5
Marseillaise, S. 233
Martin V., S. 143
Marx, Karl, S. 278, 333, 335
Maryland, S. 212
Maschinenstürmer, S. 299
Massachussetts, S. 212
Masuren, S. 310
Mathematik, S. 6, 130, 182
Mathilde von Tuszien, S. 33
Mathilde, deutsche Kaiserin, S. 30
Maximilian I., S. 99, 168
Mayer, Johann, S. 132
Mayflower, S. 210
Mazarin, Jules, S. 174
Mecklenburg, S. 55, 164
Medici, S. 130
Medina, S. 4
Medizin, S. 6, 98, 130, 162, 182, 314
Meißen, S. 29, 155
Mekka, S. 4
Melanchthon, Philipp, S. 99
Memmingen, S. 151
Mendelssohn, Moses, S. 188 f.
Menschenrechte, S. 203, 228 f.
Méricourt, Théroigne de, S. 231
Merkantilismus, S. 180
Merovech, S. 11
Merowinger, S. 8 f., 11 f., 14
Merseburg, S. 31
Metternich, Klemens Wenzel Fürst von, S. 262, 267, 269
Mexiko, S. 126, 198
Michelangelo, S. 168
Miesko I., S. 50
Ministerialen, S. 37 f., 41, 68
Minnesang, S. 68, 70

Mittelalter, S. 2 ff., 64 ff., 110, 128, 140 f., 151
Mittenzwei, Ingrid, S. 197
Monarchie, S. 182, 216, 242
Mönche, S. 41, 73, 98, 110
Monroe, James, S. 219
Monroe-Doktrin, S. 219
Montesquieu, Charles de, S. 182, 185
Morus, Thomas, S. 134
Moskau, S. 252
Müller, David, S. 284
Müller, Frank L., S. 285, 289
Münster, S. 166
Müntzer, Thomas, S. 148, 153
Muslime, S. 45

N
Napoleon, S. 242 ff., 247, 252 ff., 264
Napoleonische Pressegesetze, S. 251
Nationalbewegung, S. 268
Nationalgarde, S. 228, 286
Nationalismus, S. 260 ff.
Nationalsozialismus, S. 19
Nationalstaat, S. 271, 282
Nationalversammlung, S. 222 f., 226 ff., 234, 280, 282, 284, 287
Naturalismus, S. 337
Naturalwirtschaft, S. 108
Naturvölker, S. 184
Navigationsakte, S. 208 f.
Neuzeit, S. 114 ff., 151
New York, S. 209
Niederlande, S. 52, 122, 168, 180, 208 f., 211
Nordafrika, S. 119
Norddeutscher Bund, S. 327
Nördlingen, S. 164
Normannen, S. 20, 35
Norwegen, S. 102
Nowgorod, S. 100
Nürnberg, S. 86 ff., 270, 304

O
Oberlausitzer Städtebund, S. 100
Oberschicht, S. 88 f., 106 f., 188
Oberschlesien, S. 310
Oderbruch, S. 195
Oken, Ludwig, S. 268
Olympische Spiele, S. 337
Orden, S. 72
Orient, S. 91
Osmanisches Reich, S. 276
Osnabrück, S. 166
Österreich, S. 186, 192 f., 196, 227, 237, 242, 244, 249, 254, 262 ff., 276, 281, 283, 286 f., 310
Ostfränkisches Reich, S. 20 f., 51
Ostkirche, S. 49
Ostkolonisation, S. 51 f., 54, 107
Ostpreußen, S. 196, 254, 310, 312
Otto I., S. 24 ff., 29 ff., 50, 86, 244
Otto II., S. 69
Otto III., S. 50, 69
Otto-Peters, Luise, S. 274 f.
Overweg, Carl, S. 311

P
Paderborn, S. 18
Palmer, Robert R., S. 241
Panzerreiter, S. 18
Papsttum, S. 18, 26, 29, 32, 42, 122, 134, 137, 146, 177, 331
Paris, S. 222, 226, 233 f., 237, 244, 254
Parlament, S. 204, 206, 208 f., 213, 219 f., 265
Partei Milani, S. 281
Parteien, S. 271, 281
Parzival, S. 66
Passau, S. 89
Pasteur, Louis, S. 314
Patentrecht, S. 131
Patricius Romanorum, S. 18
Patrizier, S. 91, 94 f.
Paulskirche, S. 280 ff., 286
Pedianus, Q. Asconius, S. 135

347

Penn, William, S. 212
Pennsylvania, S. 212 f.
Peru, S. 126
Pest, S. 58, 104 f., 108 f., 111, 130
Pfalz, S. 27
Philadelphia, S. 211, 215
Philipp von Heinsberg, S. 39
Philosophie, S. 6, 98, 182, 192
Physik, S. 130, 182
Piasten, S. 50 f.
Pippin, S. 12 f., 18
Pisa, S. 47
Pius II., S. 135
Pizarro, Francisco, S. 124
Pogrome, S. 109
Poitiers, S. 13
Polen, S. 50, 57 ff., 192, 196, 310, 312
Polizei, S. 177
Pomerellen, S. 58
Pommern, S. 56
Portugal, S. 119 f., 122, 249
Posen, S. 50, 161, 310
Positivismus, S. 336 f.
Potsdam, S. 195, 199
Präfekten, S. 14
Prag, S. 98, 143, 164, 187
Prämonstratenser, S. 77
Pressefreiheit, S. 279
Preußen, S. 56, 183, 186, 189 ff., 196, 234, 244, 246 ff., 254, 262 ff., 267, 274, 279, 281, 286, 302, 310, 314, 319
Pribislaw, S. 55
Proletariat, S. 276, 327, 330, 333
Protestantische Union, S. 163, 165
Protestantismus, S. 148, 164, 167, 190, 205, 210, 212
Pruzzen, S. 50, 57
Ptolemäus, S. 136
Puritaner, S. 205, 207, 210, 212

Q
Quäker, S. 212
Quintilian, S. 135

R
Radio, S. 336
Raffael, S. 168
Rat, S. 89
Raubrittertum, S. 100
Realismus, S. 337
Recklinghausen, S. 323
Reformatio Sigismundi, S. 143
Reformation, S. 140 ff., 146, 155, 159, 163, 182
Regensburg, S. 22
Reichsfürsten, S. 33, 36, 43, 50
Reichskirchensystem, S. 30
Reichsrittertum, S. 148
Reichstag in Augsburg, S. 156
Reichstag in Roncaglia, S. 39
Reichstag in Worms, S. 146
Reichsversammlung, S. 16
Reisekaisertum, S. 27
Reisekönigtum, S. 15
Reiterkrieger, S. 67
Religion, S. 183, 256
Religionskriege, S. 167
Remigius von Reims, S. 8
Renaissance, S. 128, 131, 134 f., 137, 141, 161, 168
Restauration, S. 263
Revolution 1848/49, S. 276 ff., 326, 333
Revolutionskalender, S. 256
Revolutionstribunale, S. 237
Rheinbund, S. 244, 251
Rheinland, S. 244, 263, 308
Riade, S. 23
Richelieu, Armand Jean du Plessis, Herzog von, S. 164 f.
Riese, Adam, S. 134
Rittertum, S. 65, 67
Ritualmorde, S. 107 f.
Robespierre, Maximilian de, S. 230, 232, 235 ff., 256
Rokoko, S. 198
Rom, S. 26
Romanik, S. 60
Römerstädte, S. 106

Römische Republik, S. 257
Römisches Reich, S. 4, 32, 51, 86
Rotteck, Karl von, S. 271
Rousseau, Jean-Jacques, S. 182, 185, 231
Rudolf II., S. 163
Ruhrgebiet, S. 308, 310, 323
Rumpfparlament, S. 287
Rundlinge, S. 54
Russland, S. 51, 58, 193, 196, 248, 252, 254, 262 ff., 310

S
Saarland, S. 308
Sachsen, S. 13, 15 f., 19, 21, 23 f., 29, 31, 38, 246, 263, 327
Sachsenkriege, S. 20
Säkularisation, S. 155, 167, 187, 244
Saladin, S. 45
Salland, S. 83
Salons, S. 188, 274, 291
Samaiten, S. 57
Samojiten, S. 59
Sand, Karl Ludwig, S. 267
San Salvador, S. 114, 117
Sankt-Peter-Ablass, S. 144
Sansculotten, S. 232 ff., 237, 239, 242
Savanarola, Girolamo, S. 141 f.
Scharnhorst, Gerhard Johann David von, S. 247
Scheffel, Joseph Victor von, S. 290
Schiller, Friedrich, S. 240
Schlacht bei Tannenberg, S. 58
Schleiermacher, Friedrich D.E., S. 188
Schlesien, S. 56, 192, 277, 308, 323
Schlesische Kriege, S. 187, 193
Schmalkaldischer Bund, S. 155 f.
Scholastik, S. 99
Schottland, S. 206, 208
Schule, S. 98, 155, 184, 194, 230, 247
Schulpforta, S. 155

Schultheiß, S. 54
Schwaben, S. 21, 24
Schwarzwald, S. 151
Schweden, S. 164, 190, 254
Schweiz, S. 156
Schwerindustrie, S. 307 f.
Sekten, S. 141
Seldschuken, S. 44
Seuchen, S. 166
Sezessionskrieg, S. 217
Shakespeare, William, S. 169
Siebenjähriger Krieg, S. 193, 214
Siebenpfeiffer, Jakob, S. 271 f.
Siemann, Wolfram, S. 288
Siemens, Werner von, S. 311, 314, 330, 336
Sieyès, Emmanuel J., S. 222
Simonie, S. 73
Skandinavien, S. 211
Sklaven, S. 29, 125, 184, 211 f., 216 f., 228, 313
Slawen, S. 20, 22, 31, 50, 54, 56
Smith, Adam, S. 300
Söldner, S. 164, 174
Sombart, Werner, S. 315
Sorben, S. 55
Soziale Frage, S. 314 ff.
Spanien, S. 6, 13, 117, 122, 124, 159, 164, 180, 206, 210, 249 f., 276
Speyer, S. 44, 106, 109
Spinnmaschine, S. 297, 303
Spitzweg, Karl, S. 260
St. Gallen, S. 74 f., 135
St. Helena, S. 253 f.
St. Quentin, S. 16
Stadtarmut, S. 148
Städte, S. 78, 86 ff., 98, 100, 105 f., 109, 137, 154, 204, 213, 322
Städteordnung, S. 247 f.
Stahlindustrie, S. 304, 308
Stalhof, S. 100
Stammesherzöge, S. 27
Ständestaat, S. 220
Staufer, S. 36 ff., 42

Stein, Heinrich Friedrich Karl vom und zum, S. 247 f., 252, 262
Stehendes Heer, S. 177
Stempelgesetz, S. 214
Stephenson, George, S. 296
Störtebeker, Klaus, S. 101
Strafford, S. 206
Stralsund, S. 101
Straßburg, S. 97, 109
Streik, S. 327, 238
Stühlingen, S. 151
Stuttgart, S. 287
Südostasien, S. 137
Süssmuth, Rita, S. 285
Syagrius, S. 8, 11
Synagogen, S. 106
Syrien, S. 6

T
Taine, H., S. 178
Tannhäuser, S. 66
Tassilo III. von Bayern, S. 12 f.
Technik, S. 130, 336
Telefon, S. 336
Tempelherren, S. 47
Tenochtitlan, S. 124
Territorialstaaten, S. 154
Terror, S. 237
Tetzel, Johann, S. 144 ff., 149
Textilindustrie, S. 297 f., 302, 316
Theater, S. 184, 198, 291
Theologie, S. 98
Theophanu, S. 69
Thietmar von Merseburg, S. 28, 30
Thomas von Aquin, S. 69, 99
Thüringen, S. 10, 24
Thüringer Wald, S. 320
Thyssen, S. 308, 314
Tierzucht, S. 80
Tilly, Johann von, S. 164 f.
Tirol, S. 138, 249
Tizian, S. 168
Tocqueville, Alexis de, S. 276, 325
Tod, S. 110
Tories, S. 209
Toscanelli, S. 117
Tours, S. 13
Trade-Unions, S. 327, 329
Trafalgar, S. 249

Trier, S. 20
Tristan und Isolde, S. 70
Turniere, S. 70

U
Umwelt, S. 53, 324 f.
Unehrliche Leute, S. 96
Ungarn, S. 21 ff., 26, 58, 276
Universitäten, S. 98, 183 f., 267
Unternehmer, S. 276, 310, 314 ff., 330, 336
Unterschichten, S. 96 f., 220, 260
Urban II., S. 44
Urban VI., S. 134

V
Valerius, C., S. 135
Valmy, S. 234
Varnhagen von Ense, Rahel von, S. 291
Vasallen, S. 12 ff., 67
Vaterländischer Krieg, S. 252
Vendée, S. 237
Venedig, S. 47, 91, 131, 137 f., 168, 179
Veranzio, Fausto, S. 129
Verbrennungsmotor, S. 305
Verden, S. 13, 19
Vereine, S. 291
Vereinigte Staaten, S. 202, 210 f., 215 f., 221, 302, 310, 326
Verfassung, S. 216, 219, 223, 228, 230, 234, 242, 280, 282, 286
Verkehrsnetz, S. 137
Verlagssystem, S. 139, 297
Versailles, S. 173 ff., 176, 179, 198, 220, 228
Versammlungsfreiheit, S. 280
Verstädterung, S. 322 f.
Vertrag von Tordesillas, S. 122
Vertrag von Verdun, S. 20
Vespucci, Amerigo, S. 118
Vinci, Leonardo da, S. 129, 168
Virginia, S. 210
Virginia Bill of Rights, S. 218
Visby, S. 102

348

Vitalienbrüder, S. 101
Vögte, S. 88
Völkerschlacht, S. 254
Völkerwanderung, S. 11, 51
Voltaire, S. 192 f.
Vormärz, S. 265, 270, 278

W

Wahlrecht, S. 232, 242
Waldhufendörfer, S. 54
Wallenstein, Albrecht von, S. 164 f.
Walther von der Vogelweide, S. 68
Wartburg, S. 147 f.
Wartburgfest, S. 265
Washington, George, S. 215 f., 219
Waterloo, S. 254
Watt, James, S. 301
Wauer, Hugo, S. 319
Wehler, Hans-Ulrich, S. 315
Weißenau, S. 153
Weitling, Wilhelm, S. 278
Welfen, S. 38
Weltausstellung, S. 337
Weltrevolution, S. 334
Wendenkreuzzug, S. 54
Westafrika, S. 127
Westfalen, S. 52, 263, 326
Westfälischer Frieden, S. 166
Westgoten, S. 6, 8
Weströmisches Reich, S. 8, 18
Westslawen, S. 28 f., 31, 51, 55
Whigs, S. 209
Wichern, Johann Heinrich, S. 331 f.
Widukind, sächsischer Heerführer, S. 13, 19
Widukind von Corvey, S. 21, 23, 29 f.
Wieland, Christoph Martin, S. 244
Wien, S. 98, 187, 262, 286
Wiener Kongress, S. 262 ff., 290
Wilhelm von Oranien, S. 209
Wilhelm von Tyrus, S. 48
Wimpfeling, Jakob, S. 135
Wirth, S. 273
Wirtschaft, S. 179, 271, 302, 336
Wismar, S. 105
Wissenschaft, S. 7, 130, 159, 182, 191, 336
Wittenberg, S. 144, 148
Wohlfahrtsausschuss, S. 234
Wolff, Emil, S. 312
Wolverhampton, S. 324
Worms, S. 44, 106
Wormser Konkordat, S. 33, 36
Württemberg, S. 244
Wüstungen, S. 166
York von Wartenberg, Johann Graf von, S. 254 f.

Z

Zensur, S. 136, 267, 270, 272, 290
Zensuswahlrecht, S. 234
Zentralperspektive, S. 128
Zink, Burkard, S. 92
Zisterzienser, S. 77, 96
Zivilehe, S. 230
Zivilisation, S. 73
Zölibat, S. 27, 148, 157
Zölle, S. 89, 204
Zunftwesen, S. 92 ff., 108, 247
Zwölf Artikel der Bauern, S. 151

LITERATUR

Verzeichnis zitierter Literatur

50 Jahre Karlspreis der Stadt Aachen, in: Karl der Große und Europa, Quellenhefte Wochenschau Verlag, Nr. 1/2000

Acta Imperii, Angliae et Franciae (hg. von F. Kern), Tübingen 1911

Adams, Angela/Willi, P.: Die Amerikanische Revolution und die Verfassung, München 1987 (dtv)

Agulhon, M.: Aux sources de la démocratie moderne, Übersetzung K. Sturm, zit. aus: Geschichte und Geschehen, I. Oberstufe, Ausgabe A, 1995 (Klett)

Allergnädigster Vater. Die Verkrüppelung eines Charakters zu Wusterhausen. Dokumente aus der Jugendzeit Friedrichs II., Berlin (Ost) 1986 (Neues Leben)

Angenendt, A.: Geschichte und Religiosität im Mittelalter, Darmstadt 1997

Anonyme Flugschrift, LHA Dresden, Alte Militärakten, vorläufige Nr. 4667, zit. aus Stulz, P./Opitz, A.: Volksbewegungen in Kursachsen zzt. der Französischen Revolution, Berlin 1956 (Rütten & Loening)

Aquin, Thomas von: Über die Herrschaft der Fürsten, übersetzt von Friedrich Schreyvogl, Stuttgart 1975, zit. nach: Oelmüller, W./Dölle, R./Piepmeier, R.: Philosophische Arbeitsbücher 1. Diskurs Politik, Paderborn 1977 (Schöningh)

Arend, Walter: Geschichte in Quellen, Bd. 1, München 1989 (BSV)

Arndt, E.M.: Geist der Zeit, Bd. 1, Berlin 1806

Aubry, O.: Die Französische Revolution, Bd. 2, Zürich 1948

Ausgewählte Quellen zur deutschen Geschichte des Mittelalters, Bd. 17, Darmstadt 1965 (Wiss. Buchgesellschaft)

Ausgewählte Quellen zur deutschen Geschichte des Mittelalters, Bd. IV b, Darmstadt 1968 (Wiss. Buchgesellschaft)

Ausgewählte Quellen zur deutschen Geschichte des Mittelalters, Bd. 31, Darmstadt 1968 (Wiss. Buchgesellschaft)

Ausgewählte Quellen zur deutschen Geschichte des Mittelalters, Bd. 32, Darmstadt 1974 (Wiss. Buchgesellschaft)

Ausgewählte Quellen zur deutschen Geschichte des Mittelalters, Bd. 37, Darmstadt 1982 (Wiss. Buchgesellschaft)

Auswahl wichtiger Aktenstücke zur Geschichte des neunzehnten Jahrhunderts. Hg. von Oskar Jäger und Franz Modenhauer, Berlin 1893 (Seeagen)

Barudio, G.: Das Zeitalter des Absolutismus und der Aufklärung 1648–1789, Augsburg 2000 (Weltbild)

Bauer, Albert/Rau, Reinhold: Quellen zur Geschichte der sächsischen Kaiserzeit, Darmstadt 1990 (Wiss. Buchgesellschaft)

Bauer, Armin: Schlepper. Die Entwicklung eines Nutzfahrzeugs, Augsburg 1993

Bäumer, G.: Gestalt und Wandel – Frauenbildnisse, Berlin 1955

Baumgart, P.: Erscheinungsformen des preußischen Absolutismus. Nördlingen 1966

Bebel, August: Die Frau und der Sozialismus, Bonn 1994 (Dietz)

Beimel, M./Mögenburg, H.: Industrialisierung – das deutsche Beispiel 1800–1914, Frankfurt a. M. 1987 (Diesterweg)

Ben-Sasson, Haim Hillen: Geschichte des jüdischen Volkes. Von den Anfängen bis zur Gegenwart, München 1995 (Beck)

Bentele, G.: Schwarzer Valentinstag, Stuttgart 1999 (Thienemann)

Berdrow, W. (Hg.): Krupp, Alfred. Briefe 1826–1887, Berlin 1928 (Hobbing)

Bergstraesser, A./Oberndörfer, D.: Klassiker der Staatsphilosophie, Bd. 1, Stuttgart 1975

„Berliner Zeitung" vom 27. 2. 1997

Bernoulli, Christoph: Geschichte der britischen Baumwollmanufactur, Stuttgart 1836

Bernoulli, Christoph: Handbuch der Dampfmaschinen-Lehre für Techniker und Freunde der Mechanik, Stuttgart 1843

Bernstein, E.: Der Kampf der Sozialdemokratie und die Revolution der Gesellschaft, in: Die Neue Zeit, 16. Jg., 1897/98. Erster Bd., zit. aus: Geschichte der Deutschen Arbeiterbewegung Bd. 1, 1966 (Dietz Verlag/Ost)

Bertraud, Jean-Paul: Alltagsleben während der Französischen Revolution, Würzburg 1989 (Ploetz)

Bickel, W./Keil, W.: Erziehung, Unterricht, Schule, in: Praxis Geschichte, Heft 6/1989 (Westermann)

Biskup, M./Labuda, G.: Die Geschichte des Deutschen Ordens in Preußen. Wirtschaft, Gesellschaft, Staat, Ideologie. Aus dem Polnischen von Jürgen Heyde und Ulrich Kodur, Osnabrück 2000

Bismarck, Otto von: Die gesammelten Werke, Berlin 1928

Bitterli, Urs: Die Entdeckung und Eroberung der Welt. Bd. 1: Amerika, Afrika, München 1980 (Beck)

Borries, Bodo von: Massenmord-Heldentat-Erlösung? Die Eroberung von Jerusalem, in: Geschichte Lernen, Heft 7/1989 (Friedrich-Verlag)

Borst, Arno: Lebensformen im Mittelalter, Berlin 1987 (Propyläen)

Boshof, Egon: Heinrich IV. Herrscher einer Zeitenwende, Göttingen 1990 (Muster-Schmidt)

Brakelmann, Günter: Die soziale Frage des 19. Jahrhunderts, Bielefeld 1979 (Luther Verlag)

Bräker, U.: Lesebuch. Hg. von Heinz Weder, Frankfurt 1973

Braunfels, Wolfgang: Abendländische Klosterbaukunst, Köln 1978 (DuMont)

Bredel, Willi: Die Vitalienbrüder, Rostock 1975 (Hinstorf)

Briefe deutscher Klassiker, Leipzig 1946

Brinker, C./Flühler-Kreis, D.: Die manessische Liederhandschrift in Zürich, Zürich 1991 (Schweizer Landesmuseum)

Brito, Bernardo Gomes de: Historia Tragico-Maritima. Berichte aus der großen Zeit der portugiesischen Seefahrt 1552–1602, Nördlingen 1987 (Greno)

Brockhaus-Enzyklopädie, Bd. 23, Leipzig, Mannheim 1994

Brüggemeier, F. J.: Leben vor Ort. Ruhrbergleute und Ruhrbergbau 1889–1919, München 1983

Bubolz, Georg: Religionslexikon, Frankfurt a. M. 1990 (Skriptor)

Büchner, Georg: Werke und Briefe, München 1980

Bühler, Johannes: Bauern, Bürger und Hansa, Leipzig 1929 (Insel-Verlag)

Burg, Peter: Der Wiener Kongress. Der deutsche Bund im europäischen Staatensystem, München 1984 (dtv)

Buszello, Horst: Vom Bundschuh zum deutschen Bauernkrieg, Paderborn 1979 (Schöningh)

Caspar, E. (Hg.): Das Register Gregors VII., o. O. 1920

Castritius, Helmut, u. a.: Herrschaft, Gesellschaft, Wirtschaft, Bd. 1, Donauwörth 1973 (Auer-Verlag)

Chastel, A. (Hg.): Leonardo da Vinci. Sämtliche Gemälde und die Schriften zur Malerei, München 1990 (Schirner)

Chronik des Ruhrgebiets, hg. v. Bodo Harenberg, Dortmund 1987 (Chronik-Verl.)

Cipolla, C. M. (Hg.): Europäische Wirtschaftsgeschichte, Bd. 3, Stuttgart 1979

Comte, Auguste: Rede über den Geist des Positivismus, Felix Meiner Verlag, Hamburg 1994

Conze, Werner (Hg.): Die preußische Reform unter Stein und Hardenberg, Stuttgart 1970

Cooke, Alistair: Amerika. Geschichte der Vereinigten Staaten, München 1977 (Heyne)

Coudy, Julien: Die Hugenottenkriege in Augenzeugenberichten, Düsseldorf 1965

Cunningham, W.: The Growth of English Industry and Commerce in Modern Times, Bd. 2, Cambridge 1907

Deane, P.: Die industrielle Revolution in Großbritannien 1700–1880, in: Cipolla, C.M. (Hg.): Europäische Wirtschaftsgeschichte, Bd. 4: Die Entwicklung der industriellen Gesellschaften, Stuttgart, New York 1977

de Lamartine, A.: Histoire des Gironds, Bd. 6, in: œuvres complétes, Bd. 14, Paris 1862

Der König Friedrich II. in seinen Briefen und Erlassen, Ebenhausen 1912

„Der Sozialdemokrat" vom 2.2.1882

„Der Volksfreund", vom 19. Juni 1832

Deutsche Chroniken, hg. von Hermann Maschek, Darmstadt 1964 (Wiss. Buchgesellschaft)

Deutsche Geschichte in Quellen und Darstellung, Bd. 7, Stuttgart 1997 (Reclam), S. 239 ff., aus: Marx, K./Engels F.: Werke. Hg. vom Institut für Marxismus-Leninismus beim ZK der SED. Berlin 1959 (Dietz)

Deutsche Geschichte, Bd. 4.: Die bürgerliche Umwälzung von 1789 bis 1871, Berlin 1984 (Dt. Verlag der Wissensch.)

Deutsche Könige und Kaiser des Mittelalters, Leipzig/Berlin 1989 (Urania)

Deutsches Handbuch der Politik, Bd. 1: Deutsche Parteiprogramme. Hg. von Wilhelm Mommsen, München 1964 (Olzog)

Deutsche Sozialgeschichte, Bd. 2, hg. v. G. A. Ritter u. J. Kocka, München 1974 (Beck)

Die Befreiung 1813–1814–1815, Urkunden, Berichte, Briefe, München 1913

Die Französische Revolution. Bilder und Berichte 1789–1799 (hg. von Markov, W., Midel, K. und M.), Leipzig 1989 (Reclam)

Die Französische Revolution in Augenzeugenberichten, hg. v. G. Pernoud u. S. Flaissier, München 1989 (dtv)

Die Memoiren des Herzogs von Saint-Simon, Bd. 2, Frankfurt a. M. 1977 (Ullstein)

Die Neuzeit, Frankfurt a. M. 1978 (Diesterweg)

Die Reise in die Vergangenheit, Bd. 3, Braunschweig 1991 (Westermann)

Dietrich, R. (Hg.): Politische Testamente der Hohenzollern, München 1981

Dingetagsprotokolle Zehlendorf, Brandenburgisches Landeshauptarchiv, Potsdam

Dohm, Christian Wilhelm: Über die bürgerliche Verbesserung der Juden (1781), Nachdruck Hildesheim 1973

Dollinger, Philippe: Die Hanse, Stuttgart 1998 (Kröner)

Doormann, Lottemi: Ein Feuer brennt in mir. Die Lebensgeschichte der Olympe de Gouges, Weinheim 1993 (Beltz)

Douglas, D.C.: English Historical Documents. Volume XII (1) (1833–1874), London 1956. Übersetzung von Grüttner, W., zit. aus: Keßel, W. (Hg.): Zeiten und Menschen, Bd. G2, München 1970

Dozy, R.: Geschichte der Mauren in Spanien (711–1110), Darmstadt 1965 (Wiss. Buchgesellschaft)

Duchhardt, Heinz: Das Zeitalter des Absolutismus, München 1998 (Oldenbourg)

Dufraisse, Roger: Napoleon. Revolutionär und Monarch, München 2000 (Beck)

Duroselle, Jean-Baptiste: Europa. Eine Geschichte seiner Völker, Gütersloh 1990 (Bertelsmann Lexikon Verlag)

Dyroff, H.D.: Der Wiener Kongress, München 1966

Ebeling, Max: Blicke in vergessene Winkel, erster Band, Leipzig 1889

Einhardus: Einhards Jahrbücher, Hg. A. Hein, Übers. O. Abel u. W. Wattenbach, Essen, Stuttgart 1986 (Phaidon)

Eisenacher Rechtsbuch, bearbeitet von Peter Rondi, Weimar 1950

Ellerbrock, K. P.: Vom Piepenstock zum Phoenix. Die Geschichte der Hermannshütte, Dortmund 1990 (Hoesch)

Emmerich, R.: Die Ursachen der Gelsenkirchener Typhusepidemie des Jahres 1901, München 1906

Encyclopèdie ou Dictionnaire raisonné des Ciences, des Arts et des Métiers, Paris 1751, Bd. 15, zitiert aus: Geschichte in Quellen III, aus: Handbuch des Geschichtsunterrichts Bd. IV, Frankfurt a. M. 1978 (Diesterweg)

Engels, Friedrich: Die Lage der arbeitenden Klasse in England 1844/45, MEW Bd. 2

English historical documents, Bd. 8, Hg. von David C. Douglas, London 1955 (Eyre & Spottiswoode)

Epochen der Kunst, Bd. 2, hg v. Otto Kammerlohr, Erlangen 1973 (Kammerlohr)

Epochen und Strukturen, Bd. 2, Frankfurt a. M. 1996 (Diesterweg)

Erlanger, Ph.: Ludwig XIV. Das Leben eines Sonnenkönigs, Frankfurt a. M. 1987 (Sozietäts-Verlag)

Fink, Humbert: Martin Luther, Esslingen 1994 (Bechtle)

Fischer Weltgeschichte, Barudio, G.: Das Zeitalter des Absolutismus und der Aufklärung 1648–1789, Frankfurt a. M. 1981

Fischer, J.C.: Tagebücher 1794–1851, Schaffhausen 1951

Fischer, Peter: Reden der Französischen Revolution, München 1974 (dtv)

Fischer-Fabian, Siegfried: Der Jüngste Tag, München 1985 (Knaur)

Fischer-Fabian, Siegfried: Die deutschen Caesaren im Bild, München 1992 (Droemer)

Fischer-Fabian, Siegfried: Die deutschen Caesaren, München 1977 (Droemer)

Forster, Georg: Ansichten vom Niederrhein. Eine Auswahl, hg. von Ludwig Uhlig, Stuttgart 1965 (Reclam)

Fournier, August: Napoleon. Eine Biographie in drei Teilbänden, Essen 1996 (Phaidon)

Franz, Günther: Quellen zur Geschichte des deutschen Bauernstandes in der Neuzeit, Darmstadt 1976 (Ausgewählte Quellen zur deutschen Geschichte, Bd. XI)

Franz, Günther: Quellen zur Geschichte des Bauernkrieges, Darmstadt 1963 (Wiss. Buchgesellschaft)

Franz, Günther: Quellen zur Geschichte des deutschen Bauernstandes im Mittelalter, Freiherr-von-Stein-Gedächtnisausgabe, Bd. 31, Darmstadt 1967 (Wiss. Buchgesellschaft)

Frenzdorff, F.: Die Chroniken der deutschen Städte, Bd. 5, Leipzig 1866

Friedrich der Große: Politische Korrespondenz, Berlin 1879

Friedrich II.: Schriften und Briefe, Leipzig 1985

Gabrieli, F. (Hg.): Die Kreuzzüge aus arabischer Sicht, München 1975

Gause, F.: Mittelalterliche deutsche Ostsiedlung, Stuttgart 1969

Gebhardt, B.: Wilhelm von Humboldt als Staatsmann, Stuttgart 1981

Gebhardt, Wolfgang H.: Geschichte des deutschen Schlepperbaus, Bd. 1, Augsburg 1994

Gerhard, U.: Über die Anfänge der deutschen Frauenbewegung um 1848, in: Frauen suchen ihre Geschichte, hg. von Karin Hausen, München 1987

Geschichte – kennen und verstehen, Kl. 8, Donauwörth 1986 (Auer)

Geschichte für die Hauptschule 7, Donauwörth 1987 (Auer)

Geschichte lernen, Heft 46 (1995)

Geschichtliche Quellenhefte (hg. von Walter Wulf), Heft 4/5: Renaissance, Reformation und Glaubenskämpfe, Frankfurt a. M. 1975 (Diesterweg)

Geschichtliche Quellenhefte, Bd. 6/7, Frankfurt a. M. 1989 (Diesterweg)

Geschichtliche Quellenschriften. (hg. von J. Hartmann), Düsseldorf 1959 (Schwann)

Geschichtsbuch, Klasse 7, Berlin 1989 (Volk und Wissen)

351

Goch, G. P.: Friedrich der Große. Herrscher – Schriftsteller – Mensch, München 1986 (Heyne)

Godechot, J.: Les Institutions de la France sous la Revolution et l'Empire, Paris 1968

Goethe, J. W.: Wilhelm Meisters Wanderjahre oder die Entsagenden, Köln 1997 (Könemann)

Göhring, Martin: Napoleon. Vom alten zum neuen Europa, Göttingen 1959 (Musterschmidt)

Górski, K.: Pánstwo krzzackie w Prusach (Kreuzritterstaat in Preußen), Gdánsk, Institut Baltycki 1946

Gottfried von Straßburg: Tristan und Isolde des Gottfried von Straßburg, Frankfurt a. M. 1994 (Fischer)

Grab, Walter (Hg.): Die Französische Revolution. Eine Dokumentation, Bergisch Gladbach 1989 (Lübbe)

Graus, F.: Die Problematik der deutschen Ostsiedlung aus tschechischer Sicht, in: Schlesinger, W. (Hg.): Die deutsche Ostsiedlung des Mittelalters als Problem der europäischen Geschichte, Sigmaringen 1975

Gregor von Tours: Zehn Bücher Geschichten, in: Ausgewählte Quellen zur deutschen Geschichte des Mittelalters, Bd. 2, Darmstadt 1977 (Wiss. Buchgesellschaft)

Grimmelshausen, H. J. Christoffel von: Der abenteuerliche Simplicissimus, München 1956

Grün, Robert (Hg.): Christoph Columbus. Das Bordbuch 1492, Tübingen 1970 (Erdmann)

Grünewald, Matthias: Das 15. und 16. Jahrhundert. Die Renaissance. (Maler: Leben, Werk und ihre Zeit), Bd. 37, Hamburg 1994

Grundriss der Geschichte, Dokumente, Bd. 1, Stuttgart 1986 (Klett)

Grundzüge der Geschichte. Quellenband I. Frankfurt a. M. 1972 (Diesterweg)

Guggenbühl, G./ Huber, C.: Quellen zur Geschichte der neuesten Zeit, 4. Aufl., o. O. 1976

Günther, F. (Hg.): Staatsverfassungen, 2. Aufl., München 1964

Günzel, Klaus: Der Wiener Kongress. Geschichte und Geschichten eines Welttheaters. München/Berlin 1995 (Koehler und Amelang)

Gutzkow, K.: Berlin 1830 (1839), aus: Piereth, Wolfgang (Hg.): Das 19. Jahrhundert, München 1994 (Beck)

Haase, Carl: Die Stadt des Mittelalters, Bd. 3, Darmstadt 1969 (Wiss. Buchgesellsch.)

Hagenmeyer, H.: Die Kreuzzugsbriefe aus den Jahren 1088–1100, Innsbruck 1901

Hamilton, A., u. a.: Der Föderalist. Artikel 47, hg. von Ermacora, F., Berlin 1958 (Duncker und Humboldt)

Hampe, Karl: Das Hochmittelalter. Geschichte des Abendlandes von 900–1250, Köln 1977 (Böhland)

Hampe, K.: Der Zug nach dem Osten. Die kolonisatorische Großtat des deutschen Volkes im Mittelalter, Leipzig/Berlin 1921, in: Natur und Geisteswelt. Sammlung wissenschaftlichgemeinverständlicher Darstellungen, Bd. 731

Hanauer Artikel, in: Franz, Günther: Quellen zur Geschichte des Bauernkrieges, Darmstadt 1963 (Wiss. Buchgesellschaft)

Hansen, J.: Quellen zur Geschichte des Rheinlandes im Zeitalter der Französischen Revolution 1780–1801, 4 Bände, Bonn 1931–38

Hanserezesse I, 2; Hansisches Urkundenbuch I; Urkundenbuch der Stadt Lübeck I, zit. nach: Dollinger, Philippe, Die Hanse, Stuttgart: Kröner 1966

Hardach, Gerd/ Schulling, J.: Das Buch vom Markt, Luzern 1980 (Bucher)

Hardtwig, Wolfgang/ Hinze, Helmut (Hg.): Deutsche Geschichte in Quellen und Darstellung. Bd. 7, Stuttgart 1997 (Reclam)

Hardtwig, Wolfgang: Vormärz. Der monarchische Staat und das Bürgertum. München 1985 (dtv)

Harkort, Friedrich: Schriften und Reden zu Volksschule und Volksbildung, Paderborn 1969

Hartig, Paul: Die Französische Revolution, Stuttgart 1978 (Klett)

Haupt, U. (Hg.): Des Tannhäusers Hofzucht, in: Zeitschrift für deutsches Altertum, Bd. VI, 1848

Hauptmann, Gerhart: Bahnwärter Thiel, in: Das gesammelte Werk, Bd. 1, Berlin 1942 (Fischer)

Hegel, C.: Die Chroniken der deutschen Städte, Bd. 7, Göttingen 1869

Hein, Dieter: Die Revolution von 1848/49, München 1998 (Beck)

Heine, Heinrich: Ein Lesebuch, Weimar 1960

Heine, Heinrich: Sämtliche Werke, Bd. 7. Zur Geschichte der Religion und Philosophie in Deutschland, Hamburg o. J. (Hoffmann und Campe)

Helmhold: Chronik der Slaven. 2. Aufl., Kettwig 1990

Helmold von Bosau: Slawenchronik (Übersetzer Heinz Stoor), Darmstadt 1973 (Wiss. Buchgesellschaft)

Hennies, Astrid: Ehret die Frauen, Stuttgart 1994 (Klett)

Herder, J. G.: Ideen zur Philosophie der Geschichte der Menschheit, Riga/Leipzig 1791

Herkner, Heinrich: Die Arbeiterfrage, Bd. 1, Berlin 1921 (Gruyter)

Hexenprozesse in Kurhessen. Nach den Quellen dargestellt von K. H. Spielmann, Marburg 1932 (Elwert)

Higounet, Ch.: Die deutsche Ostsiedlung im Mittelalter, Berlin 1986

Hildebrandt, Gunther: Die Paulskirche. Parlament in der Revolution 1848/49, Berlin 1986 (Verlag der Nation)

Hillebrecht, M., in: Mensch und Umwelt im Mittelalter, (hg. von B. Herrmann u. a.) Stuttgart 1986

Hirsch, Helmut: August Bebel. Mit Selbstzeugnissen und Bilddokumenten, Reinbek 1988 (Rowohlt)

Histoire parlementaire XII., in: Ausgabe Q. Zeiten und Menschen, Grüttner, W./Lottes. G.: Die Französische Revolution, 1980 (Schöningh/Schroedel)

Historisch-politisches Quellenbuch, Bd. 1, Frankfurt a. M. 1973 (Diesterweg)

Hochhut, R./Koch, H. H. (Hg.): Kaisers Zeiten. Bilder einer Epoche, München 1985 (Bertelsmann)

Hoffmann v. Fallersleben, in: Der deutsche Vormärz, hrsg. v. J. Hermand, Stuttgart 1997 (Reclam)

Huber, E. R. (Hg.): Dokumente zur deutschen Verfassungsgeschichte, Bd. 1, Stuttgart/Berlin/Köln/Mainz 1978 (Kohlhammer)

Hühns, Erich u. Ingeborg: Bauer, Bürger, Edelmann, Berlin 1963 (Neues Leben)

Jacobeit, Sigrid u. Wolfgang: Illustrierte Alltagsgeschichte des deutschen Volkes 1810–1900, Köln 1988 (Pahl-Rugenstein)

Jakobi, Franz Josef: Klosterkultur des Früh- und Hochmittelalters, Paderborn 1982 (Schöningh)

Jakoby, Ruth/Baasner, Frank: Paris 1789. Journal der Täter, Opfer und Voyeure, Baden-Baden 1988 (Elster)

Janntke, Carl/Hilger, Dietrich (Hg.): Die Eigentumslosen. Freiburg i. Br./München 1965 (Alber)

Jansen, Max: Die Anfänge der Fugger (bis 1494), Leipzig 1907

Jessen, H. (Hg.): Der Dreißigjährige Krieg in Augenzeugenberichten, München 1980 (dtv)

Juettner/Hoetker M. (Übersetzer): Geschichte lernen, Heft 45/1995 (Friedrich Verlag)

Kampmann, Wanda: Deutsche und Juden, Frankfurt a. M. 1994 (Schneider)

Kant, I.: Zum ewigen Frieden. Ein philosophischer Entwurf (1795), in: Kant, I.: Gesammelte Werke, Bd. 9, Wiesbaden 1964

„Karlsruher Zeitung", vom 3.8.1830

Kathe, Heinz: Der Sonnenkönig. Ludwig XIV., König von Frankreich, und seine Zeit, Berlin (Ost) 1981 (Akademie Verlag)

Ketsch, Peter: Frauen im Mittelalter, Düsseldorf 1983 (Schwann)

Ketteler, Wilhelm Emanuel von: Schriften Bd. III. Soziale Schriften und Persönliches, München 1911

Khella, K.: Geschichte der arabischen Völker, Hamburg 1991

Klemm, F./Wissner, A. (Hg.): Fausto Veranzio, Machinae Novae, München 1965 (Heinz Moos Verlag)

Klemm, Friedrich: Geschichte der Technik, Freiburg 1954

Kleßmann, Eckart: Deutschland unter Napoleon in Augenzeugenberichten, Düsseldorf 1982 (Rauch)

Kloß, M.: Albrecht Dürer und seine Zeit. Bild und Leseheft für die Kunstbetrachtung, Berlin 1974

Knigge, A.: Politisches Glaubensbekenntnis mit Hinsicht auf die Französische Revolution und deren Folgen. Hg. von G. Steiner, Frankfurt a. M. 1968 (Insel)

Kocka, J./Ritter, A. (Hg.): Deutsche Sozialgeschichte, Bd. 2: 1870–1914, München 1974 (Beck)

Köllmann, W.: Die Industrielle Revolution, Stuttgart 1987 (Klett)

Köllmann, W. (Hg.): Wuppertaler Färbergesellen-Innung und Färbergesellen-Streiks 1848–1857, Wiesbaden 1962 (Steiner)

König, W. (Hg.): Propyläen Technikgeschichte, Bd. 2: K.-H. Ludwig und V. Schmidtchen, Metalle und Macht, 1000–1600, Berlin 1992 (Propyläen)

Koselleck, R.: Preußen zwischen Reform und Revolution, Stuttgart 1975 (Klett)

Kossock, M.: Versuch einer Positionsbestimmung, in: ders./Kross, E.: 1789 – Weltwirkung einer großen Revolution, Bd. 2, Vaduz/Lichtenstein 1989

Krauße, A.-C.: Geschichte der Malerei. Von der Renaissance bis heute, Köln 1995

Krieger, H. (Hg.): Handbuch des Geschichtsunterrichts, Bd. 3, Frankfurt a. M. 1985 (Diesterweg)

Krieger, H. (Hg.): Handbuch des Geschichtsunterrichts, Bd. 4, Frankfurt a. M. 1978 (Diesterweg)

Krieger, H. (Hg.): Handbuch des Geschichtsunterrichts, Bd. 5, Frankfurt a. M. 1980 (Diesterweg)

Kroeschell, K.: Deutsche Rechtsgeschichte I (bis 1250), Reinbek 1972

Kroeschell, K.: Deutsche Rechtsgeschichte, Bd. 2, Reinbek 1973 (rororo)

Kroneberg, L./Schlösser, R.: Die Weber-Revolte 1844, Köln 1979

Kuhn, Anette (Hg.): Chronik der Frauen, Dortmund 1992 (Chronik Verlag)

Kuhn, A./Rüsen, J.: Frauen in der Geschichte, Düsseldorf 1983 (Schwann)

Landgraf, Wolfgang: Heinrich IV. Macht und Ohnmacht eines Kaisers, Berlin 1991 (Neues Leben)

Larousse, E.: La Crise de l'Economie française à la fin de l'Ancien Régime et au débul de la Révolution française, in: Tempora. Quellen zur Geschichte und Politik, Hartig, I. und P.: Die Französische Revolution im Urteil der Zeitgenossen und der Nachwelt, Stuttgart 1983 (Klett)

Lautemann, W./Schlenke, M. (Hg.): Geschichte in Quellen, Bd. 2, München 1970 (bsv)

Lautemann, W./Schlenke, M. (Hg.): Geschichte in Quellen, Bd. 3, München 1966 (bsv)

Lautemann, W./Schlenke, M. (Hg.): Geschichte in Quellen, Bd. 4, München 1981 (bsv)

Lautemann, W./Schlenke, M. (Hg.): Geschichte in Quellen, Bd. 5, München 1980 (bsv)

Le Goff, Jaques (Hg.): Das Hochmittelalter, Augsburg 2000 (Weltbild)

Liji: Das Buch der Sitte des älteren und jüngeren Dai. Übersetzt von R. Wilhelm, o. O., o. J.

Lobert, S.: Abiturwissen Geschichte. Die Französische Revolution, Stuttgart 1997 (Klett)

Looß, Sigrid: Luther in Worms, in: Illustrierte hist. Hefte Nr. 31

Lübecker Ratschronik, zit. nach: Deutsche Chroniken, hg. von Hermann Maschek, Darmstadt 1964 (Wiss. Buchgesellschaft)

Ludwig, K. H.,/Schmidtchen, V.: Propyläen Technikgeschichte (hg v. W. König), Bd. 2: Metalle und Macht, 1000–1600, Berlin 1992 (Propyläen)

Lütge, F.: Geschichte der deutschen Agrarverfassung vom frühen Mittelalter bis zum 19. Jahrhundert. Deutsche Agrargeschichte, hg. von G. Franz, Bd. 2, Stuttgart 1963 (Ulmer)

Luther, Martin: Ausgewählte Schriften, Frankfurt a. M. 1955 (Fischer)

Lutz, Heinrich: Zwischen Habsburg und Preußen. Deutschland 1815–1866, Berlin 1994 (Siedler)

Mann, Golo: Friedrich von Gentz. Gegenspieler Napoleons. Vordenker Europas, Frankfurt a. M. 1995 (S. Fischer)

Markov, W. (Hg.): Die Französische Revolution. Bilder und Berichte 1789–1799, Berlin 1989 (Propyläen)

Markov, Walter/Soboul, Albert: 1789. Die Große Revolution der Franzosen, Köln 1989 (Pahl-Rugenstein)

Markov, Walter/Soboul, Albert: Die Sansculotten von Paris, Berlin 1957 (Akademie)

Marx, K./Engels, F.: Manifest der kommunistischen Partei, Berlin (Ost) 1945 (Neuer Weg)

Materialien 1850–1945, Frankfurt a. M. 1978 (Diesterweg)

Matschoß, Conrad: Werner von Siemens, Bd. 2, Berlin 1916

Mayer, H.E.: Geschichte der Kreuzzüge, Stuttgart 1965

Mendelssohn, Moses: Schriften über Religion und Aufklärung, Berlin 1989

Merseburg, Thietmar von (Übersetzer: Trillmich, Werner): Chronik, Darmstadt 1992 (Wiss. Buchgesellschaft)

Merseburg, Thietmar von: Chronik I, Kettwig 1990

Michnik, H./Mosler, L.: Historia, Warszawa 1957

Miethke, J./Bühler A.: Kaiser und Papst im Konflikt, Düsseldorf 1988 (Schwann)

Miller, S./Potthoff, H.: Kleine Geschichte der SPD, zit. aus: Materialien für den Sekundarbereich II. Geschichte. Eigner, A., u. a.: Revolution und Reform, 1987 (Schroedel/Schöningh)

Mittenzwei, I.: Friedrich II. von Preußen, Berlin 1984 (Dt. Verlag der Wissensch.)

Möhrmann, Renate (Hg.): Frauenemanzipation im Vormärz. Texte und Dokumente, Stuttgart 1989

Möller, Horst: Fürstenstaat oder Bürgerstaat. Deutschland 1763–1815, Berlin 1994 (Siedler)

Moltmann, Günter: Die Vereinigten Staaten von Amerika von der Kolonialzeit bis 1917, in: Zeiten und Menschen, Ausg. Quellen, Paderborn 1980 (Schroedel/Schöningh)

Montesquieu, C. de: De l'esprit des lois, Stuttgart 1984 (Reclam)

Motive zu dem Entwurf einer Fabrikordnung, 1848, zit. nach: Geschichte Lernen, Heft 46 (1995)

Mühle, Rainer: Ausgewählte frühneuzeitliche Quellen zur Geschichte der Bevölkerungs- und Siedlungspolitik, Rostock 1994 (unveröffentl. Manuskript)

Müller, David: Geschichte des deutschen Volkes in kurzgefasster, übersichtlicher Darstellung zum Gebrauch an höheren Lehranstalten und zur Selbstbelehrung, Berlin 1900

Müller, Frank Lorenz: Die Revolution 1848/49, Darmstadt 2002 (Wiss. Buchgesellschaft)

Müller, Ulrich F.: Lust an der Geschichte. Die Französische Revolution, München o. J. (Piper)

Narciß, G. A.: Klosterleben im Mittelalter, Frankfurt a. M. 1996 (Insel)

Nationalhymnen. Texte und Melodien. Hg. vom Institut für Auslandsbeziehungen Stuttgart, Stuttgart 1971 (Reclam)

Niemetz, G. (Hg.): Vernachlässigte Fragen der Geschichtsdidaktik, Hannover 1992

Nürnberger Chronik des Heinrich Deichsler, zit. nach: Deutsche Chroniken, hg. von Hermann Maschek, Darmstadt 1964 (Wiss. Buchgesellschaft)

Oelmüller, W./Dölle, R./Piepmeier, R.: Philosophische Arbeitsbücher, Bd. 1, Paderborn 1996 (Schöningh)

Ohler, N.: Sterben und Tod im Mittelalter, München und Zürich 1990 (Artemis)

Palmer, R. R.: Die demokratische Volksbewegung in der Französischen Revolution, in: Bahr/Banzhaf/Rumph: Grundkurse Geschichte, Bd. 2, Darmstadt 1991 (Winklers)

Palmer, R. R.: The Age of Democratic Revolution, Princeton 1959, Übersetzung von Th. Schleich, zit. aus: Geschichte Oberstufe, Bd. 1. Von der Antike bis zum Ende des 19. Jahrhunderts 1995 (Cornelsen)

Peters, J. (Hg.): Ein Söldnerleben im Dreißigjährigen Krieg, Berlin 1993 (Akad. Verl.)

Piereth, W. (Hg.):Das 19. Jahrhundert. Ein Lesebuch zur deutschen Geschichte, München 1997 (Beck)

Pietzcker, Frank: Deutsches Bürgertum im 19. Jahrhundert, Frankfurt a. M. 1978 (Diesterweg)

Piltz, Georg: August der Starke. Träume und Taten eines deutschen Fürsten, Berlin (Ost) 1989

Pleticha, Heinrich: Deutsche Geschichte, Bd. 3, Gütersloh 1982 (Bertelsmann)

Pleticha, Heinrich: Deutsche Geschichte, Bd. 9, Gütersloh 1993 (Bertelsmann)

Pleticha, Heinrich: Ritter, Burgen und Turniere, Würzburg 1969 (Arena)

Polisensky Josef: Der Krieg und die Gesellschaft in Europa 1618–1648, übers. v. A. Urbanova, Prag 1971

Pollmann, Eberhard: Lesebuch zur dt. Geschichte, Bd. 1, Dortmund 1984 (Chronik Verlag)

Pothorn, H.: Das große Buch der Baustile. Die Epochen der abendländischen Baukunst und die Baustile der außereuropäischen Kulturkreise, München 2001

Prawer, J.: Die Welt der Kreuzfahrer, Wiesbaden 1974

Praxis Geschichte, Heft 4/1988

Praxis Geschichte, Heft 1/1996

Prokasky, H.: Das Zeitalter der Industrialisierung. Das deutsche Beispiel 1815–1914, Paderborn 1995 (Schöningh)

Quellen und Darstellungen zur Geschichte der Burschenschaft und der deutschen Einheitsbewegung, Bd. 1. Hg.: Haupt, Hermann, Heidelberg 1910 (Winter)

Quellen zur älteren Geschichte des Städtewesens in Mitteldeutschland, Teil 1 (Hg.: Institut für dt. Landes- und Volksgeschichte in Leipzig), Weimar 1994

Quellen zur Geschichte der sächsischen Kaiserzeit, 5. Aufl., Darmstadt 2002 (Wiss. Buchgesellschaft)

Quellen zur Geschichte des 16. und 17. Jahrhunderts. Europa im Zeitalter der Reformation, Paderborn 1957 (Schöningh)

Quellenlesebuch, Bd. 2, Frankfurt a. M. 1980 (Diesterweg)

Ranke, Leopold von: Briefwechsel zwischen Wilhelm IV. und Bunsen, 1873

Rau, Reinhold (Übersetzer): Quellen zur karolingischen Reichsgeschichte, Teile 1 u. 2, Darmstadt 1968 und 1969 (Wiss. Buchgesellschaft)

Recueil des historiens des croisades, ed.: L'Académie des Inscriptions et Belle-Lettres, 15 Bde. (Imprimerie Imperial/Imprimerie National), 1841–1906. Zit. nach: Bodo von Borries: Massenmord – Heldentat – Erlöserwerk? Die Eroberung von Jerusalem, in: Geschichte lernen 2 (1989)

Reimann, G.J./Beyer, K.G.: Renaissance, Leipzig 1966

Rein, Adolf: Die europäische Ausbreitung über die Erde, Potsdam 1931 (Athenaion)

Reinhard, Wolfgang: Geschichte der europäischen Expansion, Bd. 1, Stuttgart 1983 (Kohlhammer)

Ritter, A. M.: Kirchen- und Theologiegeschichte in Quellen, Neukirchen-Vluyn 1977 (Neukirchen)

Rommelspacher, Th.: Das natürliche Recht auf Wasserverschmutzung, in: Brüggemeier, F. J. (Hg.): Blauer Himmel über der Ruhr. Geschichte der Umwelt im Ruhrgebiet 1840–1990, Essen 1992 (Klartext)

Rondi, Peter: Eisenacher Rechtsbuch, Weimar 1950 (Böhlau)

Rotteck, K. von: Gesammelte Schriften, Bd. IV, Pforzheim 1843

Rousseau, J.J.: Der Gesellschaftsvertrag, Leipzig 1988 (Reclam)

Rübherdt, Rudolf: Geschichte der Industrialisierung. Wirtschaft und Gesellschaft auf dem Weg in unsere Zeit, München 1972

Rüdiger, W.: Die Welt der Renaissance, München 1970 (Desch)

Rudolf von Ems: Der gute Gerhard, übersetzt von Karl Simrock, 2. Aufl., Stuttgart 1864

Rump, H.-U.: Quellen zur Entwicklung der modernen Industriegesellschaft, München 1981 (Manz)

Runciman, St.: Geschichte der Kreuzzüge, Bd. 1, München 1957

Salomaon, Felix: Die neuen Parteiprogramme mit den letzten der alten Parteien, Leipzig 1919 (Teubner)

Schama, Simon: Der zaudernde Citoyen, München 1989 (Kindler)

Schambeck, H. (Hg.): Dokumente zur Geschichte der Vereinigten Staaten von Amerika, Berlin 1993

Scharf, C.: Katharina II., Deutschland und die Deutschen, Mainz 1996 (von Zabern)

Scheel, Heinrich (Hg.): Reformministerium Stein. Akten zur Verfassungs- und Verwaltungsgeschichte aus den Jahren 1807/08, Bd. 1–3, (Schriften des Instituts für Geschichte, Reihe 1: Allgemeine und deutsche Geschichte 31/C), Berlin 1968 (Dt. Akademie der Wissenschaften)

Scheffel, Joseph Victor von: Sämtliche Werke, Bd. 9, Hg. von Johannes Franke, Leipzig o. J.

Schieder, T.: Revolution und Gesellschaft. Theorie und Praxis der Systemveränderung, Freiburg 1973 (Herder)

Schiffler, H./Winkeler, R.: Tausend Jahre Schule. Eine Kulturgeschichte des Lernens in Bildern, Stuttgart 1999 (Belser)

Schilling, H.: Aufbruch und Krise. Deutschland 1517–1648, Berlin 1994 (Siedler)

Schinkel, Karl Friedrich: Nachlass, Reisetagebücher, Briefe, Aphorismen, Bd. 3, Berlin 1863

Schmale, Franz J. (Hg.): Die Taten Friedrichs oder richtiger Chronika, Darmstadt 1965 (Wiss. Buchgesellschaft)

Schmale, Franz J.: Quellen zum Investiturstreit I, Darmstadt 1978 (Wiss. Buchgesellschaft)

Schmidt-Linsenhoff, Victoria (Hg.): Sklavin oder Bürgerin. Französische Revolution und neue Weiblichkeit, Marburg 1989 (Jonas)

Schmitt, Eberhard/Verlinden, Charles (Hg.): Die mittelalterlichen Ursprünge der europäischen Expansion, München 1986 (Beck)

Schmitt, Eberhard: Die Anfänge der europäischen Expansion, Idstein 1991 (Schulz-Kirchner)

Schmitt, Eberhard: Die großen Entdeckungen, Dokumente zur Geschichte der europäischen Expansion, Bd. 2, München 1984 (Beck)

Schoeps, Hans-Joachim: Preußen. Geschichte eines Staates, Berlin/Frankfurt a. M. 1995 (Ullstein)

Schraepler, Ernst: Quellen zur Geschichte der sozialen Frage in Deutschland 1871 bis zur Gegenwart, Göttingen 1996 (Musterschmidt)

Schulze, Hans K.: Hegemoniales Kaisertum, Berlin 1994 (Siedler)

Schumacher, B.: Geschichte Ost- und Westpreußens, Würzburg 1959

Schunicht-Rave, A./Lüpkes, V. (Hg.): Handbuch der Renaissance. Deutschland, Niederlande, Belgien, Österreich, Köln 2002

Seifert, Siegfried: Quellen und Dokumente zur Kirchengeschichte von ihren Anfängen bis zur Glaubensspaltung, Leipzig 1970 (St. Benno)

Sieburg, Friedrich: Im Licht und Schatten der Freiheit. Frankreich 1789–1848, Stuttgart 1961 (Dt. Verlags-Anstalt)

Siemann, Wolfram: Die Revolution von 1848/49, in: Piereth, Wolfgang (Hg.): Das 19. Jahrhundert. Ein Lesebuch zur deutschen Geschichte 1815–1918, München 1997 (Beck)

Smith, Adam: Untersuchungen über Natur und Ursache des Wohlstandes der Nationen (1776), in: Treue/Pönicke/Manegold: Quellen zur Geschichte der industriellen Revolution, Göttingen 1966

Sokoll, Thomas: Bergbau im Übergang zur Neuzeit. Historisches Seminar. Neue Folge (hg. von Armin Reese und Uwe Uffelmann), Bd. 6, Idstein 1994 (Schulz-Kirchner)

Sombart, W.: Der moderne Kapitalismus, Bd. 1, München 1927

Sonthofen, W.: Der Deutsche Orden. 800 Jahre Geschichte, Freiburg i. Breisgau 1990

Stadelmann, Rudolf: Geschichte der englischen Revolution, Wiesbaden 1954 (Limes Verlag)

Starke, Dieter: Herrschaft und Genossenschaft im Mittelalter, Stuttgart 1965 (Klett)

Stein, Frhr. vom: Ausgewählte politische Briefe und Denkschriften, Stuttgart 1955

Steinberg, Sigfrid H.: Der Dreißigjährige Krieg und der Kampf um die Vorherrschaft in Europa 1600–1660, Göttingen 1967 (Vandenhoeck)

Steinmetz, M.: Deutschland 1476–1648, Berlin 1978 (Dt. Verlag der Wissensch.)

Suchenwirth, Richard: Deutsche Geschichte, Leipzig 1938 (Dollheimer)

Süssmuth, Rita, in: DAMALS Spezial 1/89. Für die Freiheit streiten, Stuttgart 1989 (DVA)

Taine, Hippolyte: Die Entstehung des modernen Frankreich, Bd. 1, Berlin 1954 (S. Fischer)

Tempora. Quellen zur Geschichte und Politik. Köllmann, W.: Die Industrielle Revolution, Stuttgart 1987 (Klett)

Thiel, Erika: Geschichte des Kostüms, Berlin 1980

Thun, A.: Die Industrie am Niederrhein und ihre Arbeiter, in: Staats- und Sozialwissenschaftliche Forschungen, Hg. Gustav Schmoller, Bd. 2, Berlin 1879/80

Tichy, Christiane/Tornow, Lutz: Französische Revolution. Menschenrechte, Machtkampf, Ideologie, Frankfurt a. M. 1989 (Diesterweg)

Tocqueville, Alexis de: Erinnerungen. Mit einer Einleitung von Carl J. Burckhardt, übersetzt von Dirk Forster, Stuttgart 1962

Tolstoi, Alexej: Peter I., Reinbek 1987 (Rowohlt)

Treue, W./Manegold, K. H.: Quellen zur Geschichte der industriellen Revolution, Göttingen 1979 (Musterschmidt)

Treue, W.: Wirtschaftsgeschichte der Neuzeit, Bd. 1, Stuttgart 1973.

Tumler, M. A. U.: Der deutsche Orden. Von seinem Ursprung bis zur Gegenwart, 5. überarbeitete und erweiterte Auflage, Bad Münstereifel 1992

Ure, A.: Das Fabrikwesen in wissenschaftlicher, moralischer und commerzieller Hinsicht, Leipzig 1835

Vasold, Manfred (Übersetzer): Die deutsche Ostsiedlung im Mittelalter, Berlin 1989 (Siedler)

Voegt, H.: Die deutsche Jakobinerliteratur und Publizistik 1789–1800, Berlin (Ost) 1955

Vorländer, Hans: Die Verfassung. Idee und Geschichte, München 1999 (Beck)

Wauer, W.: Humoristische Rückblicke auf Berlins „gute alte Zeit", Berlin o. J.

Weder, H. (Hg.): Ulrich Bräkers Lesebuch, Basel 1973 (Birkhäuser)

Wehler, H.-U.: Deutsche Gesellschaftsgeschichte 1815–1845/49, Bd. 2, München 1987 (Beck)

Weigang, W.: Der Hof Ludwigs XIV., Düsseldorf o. J. (Rauch)

Weltgeschichte im Aufriss. Arbeits- und Quellenbuch II, Frankfurt a. M. 1956 (Diesterweg)

Weltgeschichte im Aufriss. Die Welt des Mittelalters, Frankfurt a. M. 1995 (Diesterweg)

Wenzel, Horst: Die Autobiographie des späten Mittelalters und der frühen Neuzeit, Bd. 2, München 1980 (Fink Verlag)

Wernher der Gärtner: Meier Helmbrecht, Stuttgart 1955 (Reclam)

Wichern, J. H.: Die innere Mission – eine Denkschrift 1849, in: Sämtliche Werke, hg. von Meinhold, P., Bd. 1, Berlin/Hamburg 1962

Widukind von Corvey: Sachsengeschichte II, Darmstadt 1971 (Wiss. Buchgesellschaft)

Wirth: Das Nationalfest der Deutschen, Hambach, Neudruck 1981 (Topos Rugell)

Wittmütz, Volkmar: Die Französische Revolution, Frankfurt a. M., o. J. (Cornelsen)

Wittram, Reinhard: Peter I. Zar und Kaiser, Bd. 2, Göttingen 1964 (Vandenh. & R.)

Wollschläger, H.: Die bewaffneten Wallfahrten gen Jerusalem. Geschichte der Kreuzzüge, Zürich 1973

Zeeden, Ernst Walter: Europa vom ausgehenden Mittelalter bis zum Westfälischen Frieden 1648, Stuttgart 1981 (Klett-Cotta)

Zehbe, Jürgen (Hg.): Immanuel Kant: Was ist Aufklärung? Göttingen 1967 (Vandenh.)

Zeiten und Menschen. Ausgabe Q, Günther, W./Lottes, G.: Liberalismus und Demokratie im 19. Jahrhundert, Paderborn 1981

Abbildungsnachweis

Akg, Archiv für Kunst und Geschichte, Berlin: 3, 16, 42 u., 50 o., 57 o.M., 57 o.r., 57 u., 104, 115 o.r., 116 M.l., 132 o., 140 u., 151, 152 u.l., 162 u., 173 o., 176, 179 u., 190 u., 196 o., 198 o., 199 o., 199 M., 199 M.l., 223, 226/227, 229, 236 o., 236 u., 239 [4], 247, 260 u., 272 u., 295 o.r., 307 o., 318, 328, 333 o., 333 M., 334 o., 334 u., 337
Foto: Erich Lessing: 174/175, 250

Arena Verlag, Würzburg: 66

Artothek, Carl Spitzweg: Der Abschied: 260 o.M., 260/261

Bayerische Staatsbibliothek, München. Aus: der Heilige Christophorus: 111 M.

Bayerische Staatsgemälde-Sammlung: 155

Berlioz, Paris : 230 o.

Biblioteca Apostolica Vaticana, Rom: 33

Bibliotheca Statale Lucca: 34

Bibliotheque Nationale de France, Paris: 45 o.l.

Bildagentur Helga Lade: 60 M, 60 u., 88 M., 88 r.o.

Bildarchiv Foto Marburg: 168 u.l.

Börde Museum, Ummendorf: 312

Bundesarchiv Preußischer Kulturbesitz, Berlin: 117, 177 o., 183 u., 257 o.r., 267 u., 274 o., 287 o., 287 M., 291 M.

Carlsen Verlag, Hamburg: Das Mittelalter: 72/73

Carlsen Verlag, Hamburg: Von Rittern und Burgen: 68

Casterman S.A., Tournai: La Renaissance: 132 u., 221

Codex Manesse, Universitätsbibliothek Heidelberg: 67 o.r., 67 M., 69 o.l.

Der Kinderbuch Verlag, Berlin: 2, 22

Deutsche Fotothek, Dresden/S. Bregulla: 169 M.r.

Deutsches Historisches Museum, Berlin: 286 u.

Deutsches Hochstift, Frankfurt a. M. Foto: Ursula Edelmann: 194

Deutsches Museum, München: 131 o.l., 131 o.r., 336

Dokumentenkabinett, Vlotho: 254 u.

DPA, Frankfurt: 4, 6/7

DPA/Backhaus: 203 o.r.

Droemer Knaur, München: 36 o.

Gallimard, Paris: 2/3, 78/79, 305 u., 309

Gemeindekirche Stuppach, Stuppacher Madonna. Aus: Die Marshall Cavendish Kunstsammlung, Maler Nr. 37, S. 1161: 168 u.r.

Germanisches Nationalmuseum, Nürnberg, Ludwig Cranach der Ältere: 168 o.

Gesamthochschulbibliothek, Landesbibliothek und Murhardsche Bibliothek der Stadt Kassel, Handschriftenabteilung: 10

Giraudon, Paris: 91, 93 o., 223 o., 233 o., 243

Hachette, Paris: 299 o., 299 u.

Heimatmuseum Neuruppin: 274 u.

Heinemann Educational Secondary Division Paperback/Reid: 297 u., 305 o.

Herzog-Anton-Ulrich-Museum, Braunschweig: 138 u.l.

Historisches Museum Basel: 110

Historisches Museum Frankfurt a. M.: 282/283

Historisches Museum Wien: 25, 274 M.

Istituto Fotografica Scala, Florenz: 130

Karl Müller Verlag, Erlangen: 73 M.

Kunstsammlung zu Weimar: 307 u.

Kupferstichkabinett Berlin. Aus: Schiffer/Winkeler: Hohe Schule Bologna: 98 o.

Metropolitan Museum of Modern Art, New York: 214 o.

Musée Cantonal, Lausanne: 160 u.

Musée Carnavalet: 220

Museum Kurhaus Kleve: 111 o.

National Museum Wien: 142 o.

Reed Educational & Professional Publ.-Ltd., Heinemann Educational Publishers. Aus: Tim Wood: The Aztecs: 126

Ruhrland Museum Essen: 36 u.

Schwabenflugbild, Dombühl: 70 u.

Staatliche Kunstsammlung Kassel: 160 o.

Staatsarchiv Hamburg: 101 u.

terre des hommes/marbod/Roßmeißl: 321

The British Library, London: 79 o.

Thüringisches Landesamt für Denkmalpflege, Erfurt: 198 u.

Ullstein Bilderdienst, Frankfurt: 217 u.

Universitätsbibliothek Heidelberg: 12, 17, 55, 116 o.r., 116 u.

VEB Verlag der Kunst, Dresden, Dürer: Das große Rasenstück: 168 M.

Verlag Econ Ullstein List, Zeichnung Palazzo Strozzi. Aus: Pothorn: Das Große Handbuch der Baustile: 169 o.

Verlag Sauerländer AG, Aarau. Aus: Jörg Müller: Auf der Gasse und hinter dem Ofen: 61 u., 103

Verlag Sauerländer AG, Aarau. Aus: Jörg Müller: Die Stadt im Spätmittelalter: 89 u.

Wella AG, Darmstadt: 199 u.r.

Zeitbild Maiwald: 144

Zentralbild Zürich: 161

Karten und Grafiken:
diGraph, Lahr

Zeichnung:
64/65, 114/115 Hans Georg Schmaderer, Herne